INSIGHT GUIDES

EUA
COM OS PÉS NA ESTRADA

martins fontes
selo martins

Sobre este livro

Em 1970, o primeiro *Insight Guide* foi pioneiro no uso da fotografia colorida em guias de viagem. Desde então, expandimos nossos horizontes para satisfazer nossos leitores com informações confiáveis e também uma real compreensão da cultura e do funcionamento do destino escolhido.

Hoje, em tempos de internet, uma fonte de dados inesgotável (mas nem sempre confiável), nossos guias combinam texto e imagem para oferecer qualidades mais impalpáveis: conhecimento e discernimento. Para isso, estão firmemente embasados na competência de escritores e fotógrafos locais. Este guia está estruturado para transmitir uma visão dos Estados Unidos e de sua cultura singular de viagens rodoviárias, e também para guiar os leitores por suas variadas atrações e atividades.

A seção **O melhor dos Estados Unidos na estrada**, com uma barra amarela no topo de cada página, destaca as melhores atrações e pontos turísticos nas rotas. Assim, você pode priorizar o que quer ver e fazer.

A seção **Atrações**, indicada por uma barra cor-de-rosa no topo de cada página, cobre a história e a cultura de viagens rodoviárias dos Estados Unidos em uma série de artigos esclarecedores.

A seção principal, **Rotas**, indicada por uma barra azul, é um guia completo de todos os pontos turísticos e áreas que vale a pena visitar ao longo das cinco rotas leste-oeste e norte-sul. Lugares especialmente interessantes estão ligados aos mapas por números. Os guias das rotas começam ou terminam com imagens que ilustram lugares recomendados para estadias curtas nas "cidades-polo".

A seção **Dicas de viagem**, em forma de listas, indicada por uma barra amarela, traz todas as informações sobre transporte, hospedagem, atividades, esportes, compras e uma lista de A a Z com dicas práticas essenciais. Um sumário das dicas de viagem está impresso na orelha da contracapa, que também serve de marcador de página.

Os colaboradores

Esta edição foi encomendada por **Rachel Lawrence**, do escritório *Insight Guides* de Londres, e baseada na experiência de **Alyse Dar**. Ela reuniu uma equipe de experientes escritores especializados em viagens, que viajaram muitos milhares de quilômetros para pesquisar atrações

interessantes e descobrir os melhores lugares onde comer, dormir e fazer compras em cada rota.

Um dos quatro escritores responsáveis pela atualização deste livro foi a veterana colaboradora do *Insight Guides* **Nicky Leach**, que reside em Santa Fe, Novo México. Nicky se inspirou nas descobertas que fez nas estradas vicinais da Rota Sul, como a música *cajun* em Breaux Bridge e o encontro de arte moderna com a cultura dos caubóis em Marfa, Texas.

Kristan Schiller é um jornalista de turismo que já teve artigos publicados pelo *The New York Times*, *National Geographic Traveler*, *Town & Country*, *Condé Nast Traveler*, *Salon.com* e *Forbes*, entre outras publicações.

Fran Severn já escreveu para as revistas *Delta Sky* e *Western Horseman*, e é colaborador da revista virtual sobre viagens *Striped Pot* e de blogs como *Chesapeake Life Magazine*.

Bill Scheller trabalha com os *Insight Guides* desde 1999. Entre os livros que ele atualizou estão os guias sobre Nova Inglaterra, Flórida, e da cidade de Boston.

Donna Dailey e **Mike Gerrard** estão entre os contribuintes anteriores e dirigiram pela Rota do Pacífico e por algumas partes das Rotas Sul, Central e Norte. Dailey tem trabalhos em revistas, jornais e *sites* por todo o mundo. Os dois já ganharam prestigiados prêmios por seus escritos de viagem. Também agradecemos a **Martha Ellen Zenfell**, a verdadeira força por trás deste *Insight Guide*.

Legenda dos mapas

— ‧ — Fronteira internacional
— — — Divisa de estado
⊖ Travessia de fronteira
Parque/Reserva Nacional
Rodovia
Outras estradas de pistas múltiplas
Rodovia principal
Rodovia preferencial
Outras estradas
(5) Rodovia interestadual
(1) (29) Rodovia federal
(50) (239) Outras rodovias
Rotas na estrada
✈ ✈ Aeroporto: Internacional/Regional
★ Ponto turístico

Os principais pontos turísticos mencionados na seção "Lugares" estão ligados por número (por exemplo, ❶) a um mapa colorido, e um símbolo no alto de cada página da direita informa onde encontrar o mapa.

Sumário

Introdução
O melhor dos Estados Unidos .. **6**
Estamos na estrada, indo para algum lugar **17**

História
Datas importantes **20**
A revolução no transporte **23**

Atrações
Os artistas norte-americanos e a estrada........................ **29**
Route 66: a principal rua dos Estados Unidos **35**

Insights

ARTIGOS CURTOS
Burma Shave **38**
Baltimore: a cidade charmosa **60**
Savannah: a primeira cidade da Geórgia.............. **78**
Orlando: a melhor área de lazer do mundo......................... **86**
Chicago: a cidade do vento .. **140**
Memphis: cidade da Música, Estados Unidos da América **196**
New Orleans: a cidade fácil . **262**
Houston: a cidade da era espacial **274**
Phoenix: o vale do sol.......... **314**
San Francisco: cidade ao lado da baía **350**
Portland: a cidade de sucesso **376**

MOSAICOS DE FOTOS
Breve estadia em Nova York... **52**
Breve estadia em Miami **92**
Breve estadia em Boston..... **100**
Breve estadia em Seattle..... **172**
Breve estadia em Washington, D.C. **180**
Breve estadia em Los Angeles..................... **236**
Breve estadia em Atlanta..... **244**
Breve estadia em San Diego **322**

Lugares
Rota do Atlântico................... **51**
De Nova York a Virgínia.......... **55**
Da Carolina do Norte a Savannah **69**
Da Geórgia a Florida Keys **81**
Rota Norte............................. **99**
De Boston a Buffalo **103**
De Buffalo a Badlands.......... **123**
De Badlands a Yellowstone .. **143**
De Yellowstone à Península Olympic............ **157**
Rota Central **179**
De Washington, D.C. a Arkansas...................... **183**
De Oklahoma ao Novo México.................... **203**
De Arizona a Los Angeles..... **221**
Rota Sul **243**
De Atlanta a New Orleans **247**
De New Orleans a San Antonio..................... **265**
De San Antonio ao sul do Novo México **281**
Do sul de Arizona a San Diego **299**
Rota do Pacífico **321**
De San Diego a Los Angeles **325**

De Los Angeles a
  San Francisco 339
De San Francisco
  a Oregon 353
De Oregon a
  Washington 367

Dicas de viagem

TRANSPORTE
Chegada 386
Deslocamento 387

HOSPEDAGEM
Escolha de hospedagem .. 394
Rota do Atlântico 396
Rota Norte 401
Rota Central 411
Rota Sul 416
Rota do Pacífico 423

ONDE COMER
O que e onde comer 427
Rota do Atlântico 428
Rota Norte 432
Rota Central 439
Rota Sul 443
Rota do Pacífico 447

ATIVIDADES
Festivais 450
Atividades ao ar livre 452
Compras 454

A-Z
Agências e operadoras
  de turismo 461
Alfândega 461
Banheiros públicos 461

Carona 461
Clima 461
Correio 462
Crianças 462
Crime e segurança 462
Deficientes 462
Dinheiro 463
Eletricidade 463
Embaixadas e consulados 463
Estudantes 463
Etiqueta 463
Fotografia 464
Fumantes 464
Gays e lésbicas 464
Guarda-volumes 464
Horários de
  funcionamento 464
Impostos 465
Informações turísticas 465
Internet e sites 466
Mapas 466
Mídia 466
Mulheres em viagem 467
Objetos perdidos 467
Orçamento de viagem 467
Pesos e medidas 467
Preço de ingresso 467
Religião 467
Restrições de idade 468
Saúde e atendimento
  médico 468
Telefones 468
Vistos e entrada no país .. 468

LEITURA COMPLEMENTAR
Geral 469
Ficção 469
Na estrada 469

Mapas
Rotas através dos
  Estados Unidos 48
Da cidade de Nova York
  à Carolina do Sul 56
Da Carolina do Sul a
  Key West 82
De Boston a Buffalo 104
De Buffalo a Badlands 124
De Badlands à
  Península Olympic 144
De Washington, D.C. a
  Oklahoma City 184
De Oklahoma City a
  Los Angeles 204
De Atlanta a San Antonio . 248
De San Antonio a
  San Diego 282
De San Diego a San
  Francisco 326
De San Francisco
  a Seattle 354

Face interna da capa: Rotas
  através dos Estados Unidos

Face interna da contracapa:
  Mileage Chart Across
  America and Road Signs
  of America

O MELHOR DOS ESTADOS UNIDOS: PRINCIPAIS ATRAÇÕES

De arranha-céus a desfiladeiros profundos, de *pueblos* indígenas nativos a mansões sulistas luxuosas, aqui estão alguns dos lugares mais espetaculares dos Estados Unidos.

▽ **Savannah.** Esbanjando trepadeiras barba-de-velho e charme sulista, Savannah é a joia do sul antigo. Faça um passeio de charrete em volta das praças calçadas de pedra e visite as elegantes mansões do período anterior à Guerra Civil. *Ver p. 78*

△ **Grand Canyon.** O rio Colorado cavou as formações rochosas, as mesas e os desfiladeiros coloridos, criando uma das maravilhas naturais do mundo. *Ver p. 226*

◁ **Cacto saguaro.** Este símbolo do sudoeste norte-americano é uma visão deslumbrante contra o pano de fundo do pôr do sol no Arizona. Esse gigante espinhoso cresce apenas no deserto de Sonora. *Ver p. 303*

▽ **San Francisco.** O Cais dos Pescadores, o parque Golden Gate, os históricos bondes que sobem os morros e sua incomparável localização peninsular fazem desta cidade a joia da costa do Pacífico norte-americano. *Ver p. 350*

INTRODUÇÃO ◆ 7

△ **Everglades.** Este meio ambiente singular forma a maior área silvestre subtropical do país. Ele protege espécies vegetais e animais raras e ameaçadas, algumas delas não encontradas em nenhuma outra parte do mundo. *Ver p. 88*

▷ **Big Sur.** As falésias acidentadas e a arrebentação forte do mar na Califórnia formam um dos trechos mais impressionantes da costa do Pacífico, uma viagem que você nunca vai esquecer. *Ver p. 344*

▷ **Yellowstone National Park.** Gêiseres ativos, poças de lama borbulhante, fontes de águas termais ferventes e outros fenômenos geotermais espalham-se na beleza espetacular das Montanhas Rochosas. *Ver p. 157*

◁ **Cidade de Nova York.** É a capital nacional da arte, do comércio, da moda e da cultura, com museus, restaurantes e lojas de primeira. Da silhueta dos arranha-céus até as luzes de Times Square, ela nunca deixa de impressionar. *Ver p. 52*

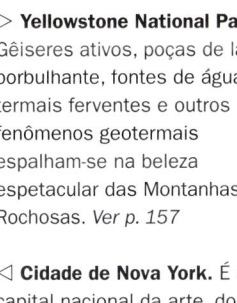

▽ **Península Olympic.** Caminhe entre árvores antigas e gigantescas, samambaias exuberantes e musgos pendentes, que formam uma das maiores áreas de floresta temperada do país. *Ver p. 168*

△ **Cataratas do Niágara.** As cataratas retumbantes marcam a fronteira entre Estados Unidos e Canadá. O passeio de barco através da bruma que se forma na base das cataratas é inesquecível. *Ver p. 120*

O MELHOR DOS ESTADOS UNIDOS: ESCOLHAS DO EDITOR

Com paisagens amplas e magníficas, culturas e culinárias étnicas e regionais e uma infinita capacidade de diversão, sempre há coisas novas a serem exploradas nas estradas dos Estados Unidos. Aqui estão algumas delas.

Monument Valley no Arizona e em Utah.

O MELHOR PARA FAMÍLIAS

Orlando. Diversão ininterrupta nos quatro parques temáticos de Walt Disney World, Universal Studios, Kennedy Space Center e em uma infinidade de outras atrações para famílias. Ver p. 86
San Diego. Do SeaWorld e do zoológico de San Diego aos cruzeiros para observar baleias e aos passeios de trólei, há muito para divertir todas as idades. Ver p. 322
Williamsburg. Viaje no tempo e veja como as pessoas viviam antigamente nos Estados Unidos. Ver p. 66
Monterey Bay Aquarium. Um dos melhores do mundo, com exposições fascinantes e tanques que se pode tocar, trazendo o mundo submarino para perto do visitante. Ver p. 348
Tombstone. O Velho Oeste ainda vive nesta cidade histórica de passarelas de madeira, cemitérios de pistoleiros e tiroteios em OK Corral. Ver p. 301.
Arizona-Sonora Desert Museum. Observe aves de rapina voando, além de porcos-do-mato, coiotes, pumas e outros animais do deserto em seu ambiente natural. Ver p. 304

Seaworld em San Diego.

AS MELHORES ESTRADAS PANORÂMICAS

Pacific Coast Highway. A Highway 1 e a Highway 101 levam o turista do litoral acidentado da Califórnia até as praias paradisíacas de Oregon. Ver p. 339 e 353.
Blue Ridge Mountains. Aprecie as vistas deslumbrantes desta serra romântica, paralela às estradas Skyline Drive e Blue Ridge Parkway. Ver p. 187
Going to the Sun Road. Esta estrada cruza o Parque Nacional das Geleiras e proporciona um dos passeios mais impressionantes das Montanhas Rochosas. Ver p. 163
Atchafalaya Swamp Freeway. Preste atenção nos jacarés ao atravessar este que é o maior pântano do país. Ver p. 267
Monument Valley. Estas incríveis colinas e mesas que se elevam no chão do deserto serviram de cenário para muitos filmes de faroeste de Hollywood. Ver p. 223
Outer Banks. As dunas imaculadas, as praias, as ilhas e os faróis ao longo do litoral atlântico são protegidos por duas áreas costeiras nacionais. Ver p. 71
Badlands. Uma paisagem de beleza agreste, com prados ondulados e desfiladeiros rochosos sinuosos, estende-se através das planícies varridas pelo vento em Dakota do Sul. Ver p. 139

OS MELHORES SÍTIOS HISTÓRICOS

Independence National Historical Park. Os Estados Unidos foram fundados nestes edifícios da Filadélfia. Ver p. 58

Charleston. Os primeiros tiros da Guerra Civil foram disparados no porto desta cidade de elegantes residências do século XVIII. Ver p. 75

Freedom Trail. Uma rota para caminhada em Boston que contempla os mais reverenciados pontos do nascimento da Revolução. Ver p. 100

Washington, D.C. O centro da capital engloba a Casa Branca, o Capitólio e os memoriais a Washington, Lincoln, Roosevelt, King, a Segunda Guerra Mundial e as perdas no Vietnã. Ver p. 181

St Augustine, Flórida. A cidade mais antiga dos Estados Unidos mantém seu passado colonial espanhol em uma fortaleza de pedra e um centro antigo. Ver p. 83

Campo de batalha Little Bighorn. O trágico conflito cultural que definiu o Old West chegou ao ponto máximo na "Resistência final de Custer", na alta pradaria. Ver p. 153

OS MELHORES MUSEUS E GALERIAS

Getty Villa em Malibu. Uma réplica impressionante de vila romana do século I, que abriga uma coleção de antiguidades gregas e romanas. Ver p. 339

Smithsonian Institution. Um grupo de museus que destacam as maiores realizações do país em arte, história e ciência alinha-se no Mall, em Washington, D.C. Ver p. 180

National Civil Rights Museum. A comovente história do movimento pelos direitos civis, contada em torno do motel Memphis, onde Martin Luther King Jr. foi assassinado. Ver p. 196

Heard Museum. Esta bela coleção de arte e artesanato nativo norte-americano em Phoenix, Arizona, está entre as melhores do país. Ver p. 314

New Mexico Museum of Space History. Experimente um simulador de voo no espaço e acompanhe a história dos pioneiros na corrida espacial. Ver p. 292

Chrysler Building, Nova York.

A MELHOR ARQUITETURA

Bairro *art déco* de Miami. Hotéis e lojas em tons pastel, com motivos náuticos surpreendentes, alinham-se em South Beach, Miami. Ver p. 93

Hearst Castle. Repleta de arte e mobiliário sofisticados, esta opulenta residência no topo de uma colina foi local de diversão da elite de Hollywood. Ver p. 343

Midtown Manhattan. A escalada de Nova York rumo aos céus atinge seu ápice no Empire State Building, no Rockefeller Center e no exuberante Art Deco do Chrysler Building. Ver p. 52

Las Vegas. O *kitsch* reina nos alucinantes cassinos iluminados por neon na cidade do pecado, projetados para imitar marcos históricos mundiais, como as pirâmides do Egito. Ver p. 230

Golden Gate Bridge. Gracioso e romântico, dizem que este marco de San Francisco é a ponte mais fotografada do mundo. Ver p. 350

French Quarter. Lindas sacadas de ferro batido ornamentam os prédios históricos do centro da velha New Orleans. Ver p. 262

Veja esculturas greco-romanas no Getty Villa, Malibu.

Estrada em Monument Valley.

Letreiros de motel sinalizam para os viajantes em Gallup, Novo México.

Arranha-céus e a Highway I-280 vistos de Potrero Hill, San Francisco.

Um guarda armado acompanha uma diligência na representação de John Marchand de uma viagem no Velho Oeste, "O desfiladeiro estreito".

ESTAMOS NA ESTRADA, INDO PARA ALGUM LUGAR

Os norte-americanos estão sempre em movimento. Um pensador francês do século XIX identificou este traço singular e o chamou de "intranquilidade em meio à prosperidade".

Rota 66 serpenteando pelo deserto próximo a Williams, Arizona.

As imagens mais comuns da vida norte-americana – a pesada e barulhenta caravana atravessando a pradaria, um vagão de trem veloz cruzando a noite, a chegada de imigrantes à ilha de Ellis – são símbolos marcantes da eterna obsessão dos Estados Unidos pelo movimento. Na verdade, num país onde a única constante é a mudança, o movimento e a viagem estabeleceram o ritmo sempre acelerado da história norte-americana, desde a expedição de Meriwether Lewis e William Clark aos territórios a oeste do rio Mississippi até os históricos passos de Neil Armstrong na Lua.

Se a exploração e a colonização dos Estados Unidos são um exemplo de viagem, existe alguma conexão real com um passeio de um dia pelo campo? É possível sugerir, com alguma seriedade, que os puritanos do século XVII que buscaram refúgio em Boston tenham algo em comum com o gênio da informática de 22 anos que se muda de Lexington, Massachusetts, para Seattle, Washington, em busca de um emprego com salário melhor? Teriam Lewis e Clark algum vínculo com os turistas dos anos 1950 em férias na Route 66?

Cada um desses viajantes acreditava que o movimento podia trazer prosperidade, descoberta e renovação. A diferença estava no objetivo da jornada. Na América pré-moderna a viagem era assunto sério: parte essencial da descoberta e da colonização do continente. Embora alguns norte-americanos ricos embarcassem para longas temporadas na Europa e alguns até viajassem por prazer para Newport ou Saratoga Springs, não associamos facilidade e conforto aos tempos antigos. Em vez disso, vamos nos lembrar de Daniel Boone conduzindo os pioneiros pelo

Os imigrantes, por Ellen Bernard Thompson, 1899.

desfiladeiro de Cumberland; de rapazes prestando atenção ao conselho de Horace Greeley e indo para o oeste crescer com o país; da perigosa viagem dos mórmons através das Grandes Planícies; ou da empresa de diligências que avisava cocheiros para "não mostrar os lugares onde foram cometidos assassinatos, principalmente se houver mulheres entre os passageiros". Em razão da paisagem agreste, pensamos em viagem na América dos primeiros tempos como uma aventura épica e perigosa.

No início do século XXI, há pouco de heroico nas viagens que fazemos. Todavia, os norte-americanos ainda migram por razões econômicas, particularmente para os estados do Cinturão do Sol, no sul, ou para o Noroeste Pacífico. Porém, esse movimento isolado de pessoas não inclui o drama dos pioneiros ou a grande migração provocada pela Dust

Bowl nos anos 1930, imortalizada nas baladas de Woody Guthrie e no romance *The Grapes of Wrath* [*As vinhas da ira*], de John Steinbeck. Ainda assim, é bem provável que os historiadores do futuro julguem esse movimento uma força tão significativa quanto os do passado.

O atual número de automóveis nos Estados Unidos sugere que a experiência da viagem está ao alcance de quase todos. A viagem foi democratizada e sua contribuição não é pequena na tendência norte-americana de ver carros, barcos e aviões como símbolos de igualdade. De qualquer modo, ser norte-americano é acreditar que a liberdade pessoal e a liberdade de viajar são inseparáveis.

Há alguma verdade nessa crença? Há um elo vital entre a cultura democrática singular dos Estados Unidos e a revolução nos transportes dos dois últimos séculos? Michel Chevalier achava que sim. Aristocrata francês enviado aos Estados Unidos na década de 1830 para estudar as obras públicas, Chevalier acreditava que meios de transporte melhores acelerariam a derrocada da velha ordem e teriam um papel importante na emergência da "sociedade moderna". Durante sua turnê, ficou surpreso com a rapidez com que os norte-americanos adotavam novos meios para viajar: primeiro (depois do desinteresse inicial), as estradas foram construídas com uma intensidade apaixonada; depois, a construção de canais tornou-se mania nacional. E Chevalier testemunhou o nascimento da era da ferrovia, para a qual previu corretamente um futuro glorioso.

Congestionamento na hora do rush em uma autoestrada de Los Angeles.

Conforme as avenidas das trocas econômicas abriram-se para um número crescente de pessoas, tanto as ideias quanto as populações migraram de lá para cá, junto com peles, pimenta e chá. A viagem tornou-se, nas palavras de Chevalier, catalisadora "de igualdade e liberdade".

Espíritos inquietos

Chevalier escreveu no início da Revolução Industrial na América. Ele acreditava profundamente na máxima do século XIX do progresso por intermédio da ciência. Hoje, diante do aquecimento global, da escassez de petróleo e dos preços vertiginosos da gasolina, as pessoas esperam que se cumpra a promessa de carros híbridos e fontes alternativas de energia para se manter na estrada, pois, embora a busca de liberdade e aventura no fim da estrada seja muito mais cara, o fascínio de atravessar a América perdeu pouco de seu poder de sedução sobre os espíritos inquietos.

Como Alexis de Tocqueville – autor da citação "intranquilidade em meio à prosperidade" – observou há dois séculos: "Um norte-americano constrói uma casa na qual passar a velhice e a vende antes de colocar o telhado; planta um pomar e o arrenda quando as árvores vão dar frutos; lavra um campo e deixa que outros colham; abraça uma profissão e a abandona; se estabelece num lugar e logo vai para outro com seus desejos cambiantes. Se seus assuntos particulares lhe permitem um momento de descontração, ele mergulha de uma vez no turbilhão da política. Então, se no fim de um ano cheio de trabalho ainda resta um pouco de tempo de lazer, leva sua curiosidade inquieta para viajar pelos vastos territórios dos Estados Unidos. Assim, viaja quinhentas milhas em poucos dias para se distrair da própria felicidade".

Explorando as Montanhas Rochosas perto de Aspen, Colorado.

DATAS IMPORTANTES

1492
O explorador Cristóvão Colombo chega à América e desembarca em San Salvador.

1607
A cidade de Jamestown, Virgínia, é sitiada pelos britânicos.

1620
Fundação da colônia de Plymouth, na baía de Cape Cod, por 66 puritanos.

1773
Na "Festa do Chá em Boston", os homens jogam engradados de chá no mar para protestar contra os impostos.

Cavalgada de Paul Revere à meia-noite.

1775
Paul Revere sai de Boston, alertando sobre a chegada das tropas britânicas. Começa a Revolução Norte-Americana.

1776
Em 4 de julho, o Congresso Continental adota a Declaração de Independência, redigida por Thomas Jefferson.

1789
George Washington assume o poder como primeiro presidente na Câmara Federal, em Nova York.

1804
Lewis e Clark partem numa expedição de 13 mil km até a costa do Pacífico.

1848
A descoberta de ouro em Sutter's Fort, Califórnia, atrai mais de 200 mil garimpeiros nos três anos seguintes.

1860
A Carolina do Sul separa-se da União, e nascem os estados confederados.

1861
Os confederados abrem fogo contra o Forte Sumter – são os primeiros tiros da Guerra Civil.

1863
Abraham Lincoln liberta os escravos nos estados rebelados sancionando a Proclamação da Emancipação.

1864
O telégrafo transcontinental conecta Seattle, Washington, com o resto dos Estados Unidos.

1865
Termina a Guerra Civil. O presidente Abraham Lincoln é assassinado em Washington, D.C. A Emenda Constitucional 13 põe fim à escravidão nos Estados Unidos.

1869
As estradas de ferro Central Pacific e Union Pacific encontram-se em Ogden, Utah, completando a primeira ferrovia transcontinental.

1876
O tenente-coronel George A. Custer e seus homens são dizimados pelos guerreiros sioux e cheyenne na batalha de Little Bighorn Creek.

1890
Um regimento do exército norte-americano ataca um campo perto do riacho Wounded Knee, na reserva de Pine Ridge, Dakota do Sul, matando 300 índios.

1906
Um forte terremoto, de intensidade 8,2 pontos na escala Richter, seguido de um incêndio devastador, arrasa San Francisco.

1908
Henry Ford inicia a produção em massa do carro Modelo T.

Henry Ford, fabricante norte-americano de automóveis.

1920
A Emenda 19 à Constituição garante o direito de voto às mulheres. Tem início a Lei Seca, que duraria treze anos; a lei foi amplamente infringida.

DATAS IMPORTANTES ◆ 21

Fazenda abandonada durante a Dust Bowl.

1929
A bolsa de valores quebra, anunciando a Grande Depressão. A taxa de desemprego nos Estados Unidos chega a 25%.

Década de 1930
A tempestade de areia conhecida como *Dust Bowl* força milhares de pessoas das fazendas nos arredores de Oklahoma a iniciar uma migração para oeste, até a Califórnia, em busca de trabalho.

1932
Franklin D. Roosevelt é eleito presidente por maioria de votos; começam os programas de New Deal, em resposta à Depressão; Roosevelt é reeleito pela terceira vez, um recorde.

1941
O Japão ataca Pearl Harbor, e os Estados Unidos entram na Segunda Guerra Mundial.

1945
A primeira bomba atômica é detonada no México. Bombas caem sobre Hiroshima e Nagasaki. A carta das Nações Unidas é rascunhada em San Francisco.

1955
O reverendo Martin Luther King Jr. lidera o boicote aos ônibus de Montgomery, Alabama.

1963
O presidente John F. Kennedy é assassinado durante uma visita a Dallas, Texas.

1968
Martin Luther King Jr. e o senador Robert F. Kennedy são assassinados.

1969
A *Apolo 11* aterrissa na Lua.

1974
Richard M. Nixon, 37º presidente, renuncia depois de enfrentar o impeachment que se seguiu ao caso Watergate.

2000
Cédulas de votação não totalmente perfuradas causam fúria na Flórida, e George W. Bush é eleito presidente.

2001
Aviões de passageiros, sequestrados por terroristas suicidas, destroem o World Trade Center, em Nova York. Os Estados Unidos invadem o Afeganistão, na caça à Al Qaeda.

2003
O Presidente George W. Bush ordena a invasão do Iraque para derrubar Saddam Hussein.

2005
O furacão Katrina provoca inundação e destruição em New Orleans e ao longo da Costa do Golfo, matando mais de mil moradores.

2008
O colapso da bolha imobiliária e a quebra do banco Lehman Brothers são o gatilho para a "Grande Recessão".

2009
Barack Obama é empossado como 44º presidente dos Estados Unidos, tornando-se o primeiro afro-americano a ocupar o mais alto cargo da nação.

2010
O Congresso aprova a controversa reforma na saúde pública proposta pelo presidente Obama. O extremamente conservador movimento Tea Party pressiona o Partido Republicano para a direita enquanto os Democratas perdem o controle da Câmara dos Representantes.

2011
Forças de combate norte-americanas retiram-se do Iraque.

2012
Barack Obama é reeleito para um segundo mandato, vencendo o candidato republicano Mitt Romney.

Barack Obama.

O explorador Meriwether Lewis (1774-1809).

A REVOLUÇÃO NO TRANSPORTE

Das caravanas de carroções ao cavalo de ferro e às super-rodovias atuais, a viagem ocupa o centro da história dos Estados Unidos.

Durante os séculos XVII e XVIII, os colonizadores brancos da América dos primeiros tempos seguiam a rede de caminhos que os nativos haviam aberto, e as condições de viagem eram notoriamente deploráveis. Durante a época da colonização pela Grã-Bretanha, custava menos transportar mercadorias através do oceano Atlântico, de Londres até a Filadélfia, do que carregar as mesmas mercadorias por 160 km, até Lancaster, na Pensilvânia. Em 1776, as notícias da Declaração de Independência levaram 29 dias para chegar até Charleston, na Carolina do Sul. Não é de admirar que os delegados da Nova Inglaterra, na Convenção Constitucional de 1787, tivessem mais em comum com seus irmãos na Grã-Bretanha do que com seus concidadãos do sul, nas Carolinas e na Geórgia.

Cinquenta anos depois, quando Alexis de Tocqueville, Michel Chevalier e muitos outros viajantes europeus analisaram o experimento norte-americano de autogoverno, as condições em terra firme haviam evoluído pouco. O Império Romano fez da construção de grandes estradas uma importante função do governo central, mas as atitudes liberais da América do século XIX predominaram, deixando a construção de estradas para os governos estaduais e municipais. Com frequência, fazendeiros e trabalhadores que não conseguiam cumprir suas obrigações fiscais acabavam se encarregando do pouco trabalho realizado nas estradas.

Tolerância à lama

Como consequência direta da crença norte-americana no "Quanto menos governo, melhor", as estradas sofreram com a negligência e o abandono. Os pioneiros, como Thomas, pai de Abraham Lincoln, precisavam ter coragem, força

Meio de transporte antigo, relembrado numa canção.

física e uma tolerância incrível à lama. William Herndon, advogado sócio de Lincoln e seu biógrafo, descreveu a mudança da família Lincoln de Indiana para Illinois, em março de 1830, como "adequada ao espírito errante e migratório de Thomas Lincoln". Com o "obscuro e pobre" Abe, então com 21 anos, no comando de uma carroça puxada por dois bois, "a jornada foi longa e tediosa". Num relato literário baseado nas lembranças que Lincoln tinha da viagem, Herndon evoca, de maneira memorável, a experiência de milhares de viajantes como eles. "A carroça tosca e pesada", escreveu, "com rodas primitivas, rangia e chiava ao se arrastar pelos bosques e, de vez em quando, atolava na lama. Os atrasos eram muitos."

> *Thomas Jefferson achava que seriam necessários cerca de 1.000 anos para colonizar as terras a oeste do rio Mississippi; ele errou em mais de 900 anos.*

Na América de antes da Guerra Civil, a geografia representava uma barreira formidável à migração. Ainda na década de 1830, cerca de 80% da população norte-americana ainda morava a leste dos montes Allegheny.

A decisão de Thomas Jefferson de enviar o capitão Meriwether Lewis e o tenente William Clark para explorar os territórios a oeste do rio Mississippi abriu caminho para a colonização de uma vasta região. O presidente despachou Lewis e Clark logo depois da compra da Louisiana, em 1803. Seus motivos para solicitar ao Congresso uma verba de 2.500 dólares para financiar a expedição eram variados. Ainda nessa época, parece que Jefferson não tinha abandonado todas as esperanças de encontrar uma passagem para a Ásia. Ele também acreditava que os exploradores descobririam rotas de comércio que beneficiariam os comerciantes de peles.

Jefferson queria expandir o seu "império da liberdade". Porém, como filho do Iluminismo, ele estava igualmente interessado nos avanços do conhecimento sobre o universo físico. Lewis e Clark não decepcionaram Jefferson. Seus volumosos diários tinham descrições detalhadas das tribos nativas norte-americanas, da flora, da fauna e da topografia. O amplo conhecimento desses exploradores, sua coragem diante da privação física e sua eloquência são inspiradores. Lewis e Clark prepararam o caminho para uma ocupação do oeste que ainda hoje está em curso.

Na década de 1840, o jornalista John O'Sullivan popularizou a frase "destino manifesto" para descrever uma ideologia expansionista muito difundida.

Os políticos do oeste, como Stephen Douglas, baseavam seu destino político na promoção da futura grandeza do oeste como destino último

e exigiam a construção de uma ferrovia transcontinental para unir a economia do país, que estava em rápida expansão. Mas mesmo antes de os trilhos serem instalados, colonos já rumavam para o oeste em rotas de vagões como a lendária Oregon Trail.

Era do cavalo de ferro

Antes que o país pudesse se unir pela ferrovia, os Estados Unidos mergulharam na Guerra Civil. A notícia das primeiras saraivadas de balas no forte Sumter levou quatro semanas para chegar a San Francisco, mas, no fim da guerra, a nação estava construindo laços de união. A era das estradas com barreiras, do barco a vapor e do canal havia sido ultrapassada pela do cavalo de ferro. É amplamente aceita a ideia de que o sistema de transporte superior do norte desempenhou papel crucial na derrota dos rebeldes do sul. Em 1863, o norte era capaz de transportar 25 mil tropas de trem, de Washington, D.C. até Chattanooga, Tennessee, para virar o jogo numa batalha importante.

Mark Twain e Charles Dudley Warner apelidaram o terço final do século XIX de "idade dourada", uma época de consumismo e corrupção. Talvez fosse melhor pensar nela como a era da ferrovia. Os barões das estradas de ferro – Gould, Huntington e Vanderbilt – entendiam que a ferrovia era o lubrificante tanto da economia em expansão quanto da política sórdida.

As estradas de ferro, com suas novas acomodações para dormir e fazer refeições, também tornaram a viagem de lazer de longa distância uma realidade para os norte-americanos de classe média. Períodos de descanso e relaxamento não caíam bem para quem era dedicado ao trabalho, então os publicitários da nova ética do lazer enfatizaram que os norte-americanos estavam ficando doentes – psicológica e espiritualmente – como resultado de sua obsessão pelo sucesso. A regeneração por meio do contato com a natureza e a vida saudável era a promessa típica dos divulgadores do oeste.

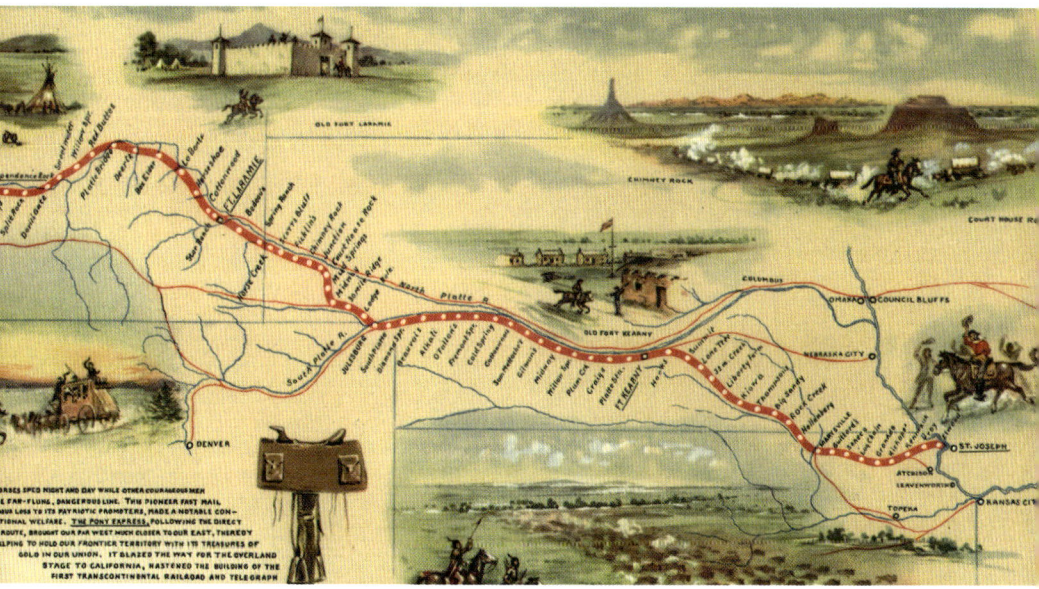

Mapa delineando a Pony Express Trail.

O PONY EXPRESS

Uma das iniciativas mais românticas do século XIX, o Pony Express galopou pela paisagem do oeste e entrou nos livros de História em apenas 18 meses. De abril de 1860 até outubro de 1861, os cavaleiros do Express formaram uma equipe recordista de revezamento através do Mississippi, que conquistou o coração dos norte-americanos, além das carteiras de dinheiro dos congressistas. Os ousados carteiros enfrentavam chuva, neve, granizo, a calada da noite e os ataques dos nativos entre St Joseph, Missouri, e Sacramento, na California, para entregar mais de 35 mil cartas, telegramas e jornais. Esses cavaleiros percorreram um total de um milhão de quilômetros na trilha de 3.164 km do Pony Express e perderam apenas um malote.

Os anúncios de jornal procurando cavaleiros para o Express não mediam palavras: "PROCURAM-SE – Rapazes jovens, magros e resistentes, com no máximo 18 anos. Devem ser exímios cavaleiros, dispostos a arriscar a vida diariamente. Preferência por órfãos". Oitenta cavaleiros, quase todos pesando menos de 57 kg, foram contratados inicialmente, incluindo um órfão de pai, com 15 anos, chamado William F. Cody – mais tarde conhecido como Buffalo Bill. O salário era atrativo – no mínimo 50 dólares por mês –, mais alojamento e comida gratuitos. Cada cavaleiro fazia um juramento, concordando em não usar linguagem chula, não se embebedar e não brigar com os outros empregados. Cada cavaleiro também recebia uma cópia da Bíblia e dois revólveres Colt, uma faca e uma carabina. A viagem durava dez dias em cada sentido.

Em 1893, ano da Feira Mundial de Chicago, dois mecânicos de bicicleta, Charles e J. Frank Duryea, testaram o que viria a ser o primeiro automóvel americano de sucesso comercial nas ruas de Springfield, Massachusetts, e uma nova era começou.

Loucos por carros

As estradas públicas foram os primeiros benefícios da era do automóvel. O movimento para melhorar a qualidade delas começara na década de 1880, quando organizações de ciclismo lideraram as manifestações por estradas melhores.

Engarrafamento numa estrada de New Jersey – com as estradas pavimentadas e os carros mais baratos, vieram os problemas de tráfego.

Quando os automóveis começaram a aparecer nas ruas em números mais expressivos, depois de 1900, o impulso para as estradas pavimentadas conquistou cada vez mais apoio. Em 1916, o presidente Woodrow Wilson assinou uma lei de auxílio federal às estradas, que se tornou a primeira de uma série de ocasiões em que a intromissão federal no sistema de transporte do país foi amplamente aprovada pelo povo.

O eleitorado para esse tipo de ação governamental crescia a cada década, e a pessoa que provavelmente merece a maior parte do crédito pela democratização do automóvel é Henry Ford, que introduziu a linha de montagem na indústria, revolucionando a produção e a venda de carros. Em 1922, ele vendeu a surpreendente quantidade de 1,3 milhão de Modelos T, que transformaram o carro num símbolo de distinção social e numa necessidade.

O impacto da propriedade generalizada de carros sobre as viagens não pode ser desprezado. Ele foi, provavelmente, o fator isolado mais importante na abertura da vida norte-americana, não só para viajantes em busca de paisagens remotas, mas também para os empreendedores e migrantes do século XX.

O que teria sido da década de 1930, afinal, se o personagem literário de John Steinbeck, Tom Joad, e seus pobres companheiros errantes não tivessem podido entrar num carro e rumar para a Califórnia, onde, como prometia a canção de Jimmie Rodgers, a "água tem gosto de vinho de cereja"? A mobilidade cada vez maior oferecida pelo automóvel enfatiza a opinião de George F. Pierson, que, em seu livro *The Morning American* [O americano em movimento], descreve essa liberdade como "a grande oportunidade para que os norte-americanos sejam mais livres e mais iguais do que nossos contemporâneos conseguiriam nas sociedades mais estáticas da Europa".

No entanto, os primeiros anos do novo milênio trouxeram um desafio para esse sonho norte-americano. A preocupação com a poluição do ar já tinha levado a padrões de emissão impostos pelo governo; agora, a realidade do aquecimento global forçou as pessoas a considerarem com mais seriedade o custo ambiental de sua estimada mobilidade. Como o preço da gasolina subiu para mais de 4 dólares, os norte-americanos perceberam que não podiam continuar subestimando o transporte barato que usufruíam desde que nasceram. Ao mesmo tempo, a recessão econômica mundial, que veio à tona depois de graves problemas nos setores de financiamento e habitação, exerceu uma pressão ainda maior sobre a mobilidade, pois o país enfrentava o desemprego, a queda vertiginosa no preço dos imóveis e o quase colapso da indústria automotiva.

Como no passado, os norte-americanos estão enfrentando o desafio com relação à produção de misturas de etanol que incluem combustível de grãos com gasolina e a troca de carros utilitários bebedores de gasolina por uma nova geração de automóveis parcialmente movidos a eletricidade. Carros híbridos são agora produzidos tanto pelos Estados Unidos quanto por fabricantes estrangeiros, e uma empresa norte-americana, a Tesla, comercializa um carro sedã totalmente elétrico desde 2013. Motores convencionais tiveram uma redução significativa: dados publicados em meados de 2012 mostram, pela primeira vez, que mais da metade dos carros novos comprados nos Estados Unidos tinha motores de quatro cilindros. Uma nova revolução no transporte está em marcha – nos corações, nas mentes e também na estrada.

O Oeste é considerado o melhor destino.

Marlon Brando em O selvagem, *um dos primeiros anti-heróis do cinema.*

OS ARTISTAS NORTE-AMERICANOS E A ESTRADA

O criativo espírito norte-americano sempre foi alimentado pelos encantos da estrada livre. Romancistas, poetas, compositores, cineastas – todos são seduzidos pelo romantismo de ir aos lugares.

Os artistas norte-americanos estão eternamente em fuga. O trabalho deles personifica a ânsia dos norte-americanos de conhecer o mundo: a crença no movimento pelo movimento. "O som de um jato", escreveu John Steinbeck em 1961, "de um motor aquecendo, até a batida de cascos ferrados no pavimento provocam um estremecimento ancestral, boca seca e olhar vago, calor nas palmas das mãos e agitação no estômago debaixo das costelas."

Um século antes de Steinbeck, Herman Melville retratou a viagem como um bálsamo para o espírito deprimido. "Sempre que sinto na boca uma amargura crescente", refletia ele no famoso primeiro parágrafo de Moby Dick, "sempre que há em minha alma um novembro úmido e chuvoso [...] sempre que a minha hipocondria me domina a tal ponto que necessito apelar para um forte princípio moral, a fim de não sair deliberadamente à rua e atirar ao chão, sistematicamente, os chapéus das pessoas que passam, então, calculo que é tempo de fazer-me ao mar, e o mais depressa possível" (trad. Berenice Xavier). Na ficção norte-americana clássica de Melville, Edgar Allan Poe, James Fenimore Cooper e Mark Twain, encontramos personagens fugindo da inércia da sociedade educada para fazer viagens por regiões remotas.

Uma pausa contra a confusão

Os grandes escritores da América do século XIX celebravam o distanciamento da complexidade da vida moderna. Viam a viagem como "uma pausa contra a confusão" numa sociedade comprometida com o ganho material. Melville, Nathaniel Hawthorne e Cooper sentiam-se alienados dos tempos em que viviam e procuravam refúgio nas viagens ao estrangeiro.

Sua aflição com as massas democráticas contrasta fortemente com um dos maiores poetas

Tom Hanks, em Forrest Gump, *atravessa os Estados Unidos correndo e participa de grande parte da história recente do país.*

norte-americanos da estrada, Walt Whitman. Uma viagem pela estrada aberta convinha a seu desejo de compreender a vida: o encontro casual, o encontro do olho de quem vê com a paisagem e a atemporalidade da natureza. Whitman via a estrada aberta como a passagem para a sabedoria e a fraternidade.

O próprio ato de viajar era um gesto democrático para o poeta, uma fonte de inspiração e um símbolo de liberdade pessoal. Não só "os norte-americanos eram o maior poema", mas o meio ambiente norte-americano, em si, uma incubadora de liberdade e unidade. Como ele escreveu em seu aclamado poema "Canção da estrada aberta" (trad. Gentil Saraiva Jr.):

Acho que as ações heroicas foram todas concebidas ao ar livre, e todos os poemas livres também,
Acho que eu poderia parar aqui e fazer milagres,
Acho que o que encontrar na estrada eu apreciarei e quem me vir me apreciará,
Acho que quem eu vir deve estar feliz.

Mark Twain usou a viagem como metáfora para a mudança. Em seu romance *As aventuras de Huckleberry Finn*, deixou claro que a viagem era uma experiência de aprendizado e uma revolta contra a moralidade convencional. Alguns dos trechos mais emocionantes do livro já em extinção. Ainda assim, as palavras de Huck no final do livro evocam outra característica da literatura norte-americana: a solidão e o viajante como uma figura solitária.

Desde a Segunda Guerra Mundial, o ritmo acelerado da viagem vem produzindo uma literatura igualmente frenética. O livro de estrada mais famoso é *On the Road: pé na estrada*, de Jack Kerouac, o relato definitivo de sua "Geração Beat" e um influência incalculável sobre a contracultura das décadas de 1960 e 1970. A prosa de Kerouac talvez seja menos impressionante hoje, mas sua celebração da

Jack Kerouac.

Woody Guthrie.

são os relatos de Huck sobre a vida no rio. Toda vez que ele e o escravo fugido Jim encontram pessoas nas margens do rio, predominam problemas, trapaças e crueldade. O livro termina com o famoso voto feito por Huck de abandonar a civilização e sua hipocrisia. Contudo, a antiga fronteira estava desaparecendo quando Twain escreveu, na década de 1880; portanto, o sonho de fuga de Huck pertence a um mundo

> "Anseio por mudar de lugar, chegou a hora, afinal, em que devo deixar minha casa e abandonar minha fazenda!" J. Hector St John de Crevecoeur, *Letters from an American Farmer* [Cartas de um fazendeiro americano]

descoberta de verdades espirituais enquanto se acelera pelo continente afora faz o livro transcender os cânones literários convencionais.

A obra de Kerouac continuou a tradição do escritor como desbravador e viajante espiritual, como em *Blue Highways*, do nativo norte-americano William Least Heat-Moon, que cruzou o país na van "Ghost Dancing". Esse relato é tanto uma ruminação sobre a literatura de viagem quanto um estudo revelador da situação do país. Richard Grant, jornalista britânico, apaixonou-se pelo estilo de vida nômade dos norte-americanos. Seu livro *Ghost Riders* [Cavaleiros fantasmas] conta a história de nômades do presente (com as palavras deles mesmos, da gíria dos vagões de carga ao falar arrastado dos caubóis) e do passado.

Kerouac passou a experiência pelo filtro de seu estado de ânimo; já Heat-Moon e Grant, ao deixarem os personagens falarem por si, capturaram a diversidade de uma paisagem que frequentemente oprime o viajante que cruza o país.

A viagem continua a ser um modo de os escritores questionarem de onde viemos e para onde vamos, seja coletivamente, em sociedade, como em *American Unchained* [América liberta], de Dave Gorman, seja individualmente, como em *Old Bug: The Spiritual Quest of a Skeptical Guy on a Road Trip Across America with a Long Lost Friend in a Beat-Up Beetle* [Problema antigo: a busca espiritual de um ex-crente numa viagem pela América

> *Estou nesta estrada longa*
> *e solitária,*
> *e não vou ser tratado*
> *desse jeito.*
> "Lonesome road blues", Bill Monroe

Música para os ouvidos

Não só os artistas literários cantaram a solidão e os caprichos da estrada aberta. A música *country*, em particular, geralmente fala daquele

John Steinbeck.

Walt Whitman.

num Fusca velho com um amigo que não via há muito tempo], de Dan Jackson. Os dois são odisseias de autodescoberta cômicas e comoventes.

Hoje, a televisão, que substituiu a literatura como mídia de massa, aderiu à tradição, e os escritores adaptaram-se a um papel visual. Em *Stephen Fry in America* [Stephen Fry na América], o escritor e comediante viajou por todos os cinquenta estados para conhecer o coração e a mente da nação; já o historiador Simon Schama caiu na estrada para entender a situação política contemporânea em *The American Future* [O futuro da América]. O jornalista de meio ambiente da BBC, Justin Rowlatt, passou seis semanas viajando 10.400 km pelos Estados Unidos em transporte coletivo e falando sobre a mudança climática.

"cara solitário" que Hank Williams cantou em "Lost Highway". Os caubóis, cantando à noite para espantar o desespero e impedir o estouro da boiada, frequentemente retrabalhavam antigas baladas irlandesas e inglesas sobre assassinato e traição. Grande parte da música produzida nessas circunstâncias saía triste e cheia de resignação. Nos anos 1940 e 1950, cantores caubóis, como Roy Rogers e Gene Autry, evocavam a nostalgia dos campos abertos para uma população cada vez mais limitada pelas convenções urbanas e suburbanas.

Porém, nem toda música *country* é melancólica. Surgiu um gênero musical dedicado à vida dos cavaleiros modernos: os caminhoneiros. Essas figuras folclóricas contemporâneas são ouvintes fiéis da música *country*. Canções como a admirada e muitas vezes regravada "Six Days on the Road" são brados de triunfo, à moda de Walt Whitman, contra a lei, a polícia e tudo o que possa se interpor no caminho.

O tema da estrada aberta estende-se também para o *rock* e o *blues*. Surpreende que um dos hinos do *rock* dos anos 1970 tenha sido "Born to Run", de Bruce Springsteen? O ás do *blues* Robert Johnson cantou a estrada como um local de encontro perturbador. Em sua "Cross Road Blues", canção de muita influência, o medo e a angústia do narrador ficam claros quando, numa encruzilhada, ele pede por misericórdia (assim diz a lenda), pois vendera a alma ao diabo em troca da maestria na guitarra.

Woody Guthrie é, com certeza, o "bardo da estrada aberta". Até uma lista simples de canções – "Dust Bowl Refugees", "I Ain't Got No Home", "Walkin' Down the Railroad Line" – sugere a importância que ele dava a "seguir caminho". Como Whitman, tentou captar toda a América nos versos de "This Land is Your Land [Esta terra é sua terra]". Guthrie viveu a vida que cantou, depois que sua família foi destruída pela tragédia e pela doença. O melhor de sua obra é atemporal – não surpreende que muitas de suas canções sejam bastante inspiradas em hinos e baladas – e viverá enquanto houver estradas para seguir e pessoas para cantar.

As sagas do cinema

Os grandes filmes de estrada de Hollywood são as melhores sagas visuais das planícies abertas. Pessoas de todo o mundo acham que os Estados Unidos são um país de grandes espaços abertos, graças às imagens que viram em filmes de diretores como John Ford e outros cineastas de faroeste. Mais uma vez, encontramos figuras solitárias numa relação incômoda com a sociedade educada. Pronto para endireitar tudo de errado que encontra, o caubói tem de seguir adiante no final do filme.

Dennis Hopper e Peter Fonda caem na estrada aberta em Sem destino.

Os brutos também amam, o clássico de 1953 de George Stevens, estabeleceu o modelo para todos os filmes sobre os errantes e honrados solitários. Nos anos 1980, *O cavaleiro solitário*, de Clint Eastwood, tentou resgatar essa fórmula, mas, desde a década de 1960, os fora da lei motorizados substituíram o caubói nos filmes de estrada. De Marlon Brando, em *O selvagem*, a Mel Gibson, em *Mad Max 2: A caçada continua*, os filmes rodados na estrada vêm enfocando anti-heróis errantes e pouco sociáveis, alienados da sociedade.

Bonnie e Clyde (Arthur Penn, 1967) é um exemplo perfeito do filme de estrada tragicômico. Vista através das lentes da contracultura dos anos 1960, a história de Clyde Barrow e Bonnie Parker parece um conto folclórico da Depressão dos anos 1930. Bonnie e Clyde roubam os bancos que roubam os sonhos dos pobres e fogem ao som de música folclórica de protesto.

Poucos filmes do passado recente inspiraram mais viagens reais do que *Sem destino* (Dennis Hopper, 1969). Quem vê esse filme como história de época exagerada não tem ideia de como os espectadores originais o viam. Ele foi, provavelmente, a propaganda mais poderosa da contracultura a aparecer nos cinemas de todo o centro do país. Até hoje, existem trabalhadores de meia-idade que sonham em jogar fora seus celulares, montar numa moto Harley e partir para a Mardi Gras de New Orleans.

Thelma e Louise (Ridley Scott, 1991) atualizou a história usando carros e mulheres para ilustrar a algazarra e a vida vulgar do escapismo de estrada. A cena final, em que as mulheres terminam tudo, pertence à tradição dos melhores faroestes dos anos 1950.

Porém, o público também tem apetite para filmes mais leves, que retratam a estrada como um antídoto para a angústia moderna. Um exemplo disso está no inesperado sucesso de *Pequena Miss Sunshine*, em que uma família problemática percorre quilômetros, aos trancos e barrancos, numa *kombi* aos pedaços para ajudar uma menina a realizar o sonho de participar de um concurso de beleza, ou em *Sideways, entre umas e outras*, em que um homem espanta a crise da meia-idade na região vinícola da Califórnia.

A história nos acompanha em qualquer estrada, e o viajante tem muitos professores para escolher antes de embarcar numa aventura. Para William Least Heat-Moon, Walt Whitman serviu de modelo. Para Ridley Scott, John Ford foi a inspiração. Quando você cair na estrada, ouça essas vozes, mas saiba que não há experiência melhor do que a original.

Perseguindo o sonho de uma família em Pequena Miss Sunshine.

FILMES DE ESTRADA

Antes só do que mal acompanhado (John Hughes, 1987)
As confissões de Schmidt (Alexander Payne, 2002)
Assassinos por natureza (Oliver Stone, 1994)
Bonnie e Clyde, uma rajada de balas (Arthur Penn, 1967)
Breakdown, implacável perseguição (Jonathan Mostow, 1997)
Coração selvagem (David Lynch, 1990)
Corrida sem fim (Monte Hellman, 1971)
E aí, meu irmão, cadê você? (Joel Coen, 2000)
Encurralado (Steven Spielberg, 1971)
Estranhos no paraíso (Jim Jarmusch, 1984)
Josey Wales, o fora da lei (Clint Eastwood, 1976)
Louca escapada (Steven Spielberg, 1974)
O selvagem (Laslo Benedek, 1953)
Paris, Texas (Wim Wenders, 1984)
Pequena Miss Sunshine (J. Dayton e V. Faris, 2006)
Perseguição (John Dahl, 2001)
Rain Man (Barry Levinson, 1988)
Rastros de ódio (John Ford, 1956)
Sem destino (Dennis Hopper, 1969)
Sideways, entre umas e outras (Alexander Payne, 2004)
Sinais de fumaça (Chris Eyre, 1998)
Terra de ninguém (Terrence Malick, 1973)
Thelma e Louise (Ridley Scott, 1991)
Transamérica (Duncan Tucker, 2005)
Um parto de viagem (Todd Phillips, 2010)
Vinhas da ira (John Ford, 1940)

Passeios em família ao longo da Route 66 eram comuns nas décadas de 1940 e 1950.

ROUTE 66: A PRINCIPAL RUA DOS ESTADOS UNIDOS

Motéis extravagantes, pequenas lanchonetes, *drive-ins*: no auge, muitos achavam que esta era a estrada mais mágica do mundo.

Em 1926, uma estrada cuja extremidade oriental fica na esquina da avenida Michigan com Jackson Boulevard, em Chicago, Illinois, recebeu o nome oficial de Route 66. Com o sugestivo 66 estampado nas placas, essa faixa de asfalto e concreto estende-se para o oeste por 3.940 km, atravessando três fusos horários e oito estados – Illinois, Missouri, Kansas, Oklahoma, Texas, Novo México, Arizona e Califórnia – até as praias do Oceano Pacífico em Santa Monica. A Route 66 foi uma das primeiras extensões contínuas de rodovia pavimentada do país a ligar o leste aos vastos campos e às novas cidades em desenvolvimento do oeste.

Não há estrada como essa

A US Highway 66 reina como a rodovia sobre a qual mais histórias se contam nos anais das viagens nos Estados Unidos. Tema recorrente na literatura norte-americana, ela tem protagonizado mais histórias, livros, canções, filmes e programas de televisão do que qualquer outra.

Happy Lou Phillips chegou às manchetes patinando de Washington, D.C. até San Francisco.

> Se você já pensou em ir de carro para o oeste, siga meu caminho, pegue a melhor estrada. Divirta-se na Route 66!

De meados da década de 1920 até meados da década de 1970, foi mais intensamente percorrida do que a pitoresca Highway 101, na costa do Pacífico, ficou mais famosa do que a Pennsylvania Turnpike e a Alcan Highway, e certamente é mais amada do que a movimentada Route 1, entre Maine Key West, com seu exasperante congestionamento em torno da região metropolitana de Nova York. Antes do advento dos sistemas interestaduais, a US 66 chegou mais perto do que qualquer outra de se tornar a rodovia nacional e logo ficou conhecida como "a estrada mais mágica do mundo". Nascia uma lenda.

E que lenda ela se tornaria! Ninguém conseguia imaginar quantos norte-americanos – dos refugiados da *Dust Bowl*, em Oklahoma, e dos obstinados aspirantes à fama em Hollywood, aos tipos da contracultura dos anos 1960 que rumavam para o Oeste – seguiram pela Route 66, deixando para trás suas antigas vida em direção a um novo começo sob o sol da Califórnia.

O país prestou atenção na US Highway 66 pela primeira vez quando os competidores da

Maratona Internacional Transcontinental de 1928 (carinhosamente conhecida como Bunion Derby) percorreram a Route 66 de Los Angeles a Chicago e, de lá, até o Madison Square Garden, em Nova York, completando a distância de 5.548 km. O prêmio de 25 mil dólares foi para Andy Payne, mestiço de índio *cherokee* de Oklahoma.

Três décadas depois, por 1.500 dólares, Peter McDonald andou de perna de pau de Nova York a Los Angeles – uma distância de 5.150 km. De

Corredores e malabaristas

Em 1972, John Ball, um sul-africano de 45 anos, correu da Califórnia até Chicago pela Route 66 e tornou-se herói na Costa Leste. A corrida durou 54 dias.

A estrada-mãe também cansou de ver balizas de escolas de Ensino Médio, que marchavam pela Velha 66 quebrando recordes duvidosos.

A Route 66 era uma rodovia de pneus furados, radiadores superaquecidos, motéis, carros

Estabelecimentos extravagantes, como o Iceberg Café em Albuquerque, Novo México, foram demolidos.

Chicago a Los Angeles, o caminho dele para oeste foi pela Route 66. Pete não foi nem o primeiro, nem o último a chamar a atenção do público para a rodovia – viriam outras celebridades selvagens, estranhas e maravilhosas. Duas delas foram Happy Lou Phillips e seu amigo Lucky Jimmy Parker. A dupla de viajantes corajosos afivelou os patins e patinou pela rua principal dos Estados Unidos, como era conhecida a estrada, numa travessia de Washington, D.C. até San Francisco. Um jornal do estado do Arizona noticiou: "Eles andaram muito, pois naquela época (1929) a Route 66 só era pavimentada nas cidades".

Outro aprendiz de perambulações pela velha estrada foi "Shopping Cart" Dougherty, que, com sua barba branca e seu turbante, viajou de 14 a 26 km por dia na Route 66, com todos os seus pertences num carrinho de compras. A história não conta qual foi o destino de Dougherty.

sem ar-condicionado, armadilhas para explorar turistas, curvas perigosas, faixas estreitas e placas de desvio.

Nos loucos anos 1920, bandidos e malfeitores – como John Dillinger, Al Capone, Bugs Moran, Bonnie e Clyde, Ma Barker e seus filhos tementes a Deus – passaram furtivamente pela Velha 66, usando-a como rota de fuga. Às vezes, a Associated Press advertia os viajantes dos perigos de "uns poucos criminosos misturados à multidão de turistas".

A Route 66 tinha anúncios de creme de barbear "Burma Shave", letreiros de neon, postos de combustível com todos os serviços, pequenas lanchonetes, pratos feitos, tortas caseiras e garçonetes que chamavam todo mundo de "meu bem", piscavam para as crianças e gritavam com o cozinheiro. Era seguro pegar carona, e os cartazes na beira da estrada eram legais. As pessoas tomavam refrigerante Nehi de uva e o verão era mais longo,

ROUTE 66: A PRINCIPAL RUA DOS ESTADOS UNIDOS ♦ 37

porque havia *drive-ins*, minigolfe e *softbol* à noite. Os motéis não aceitavam reserva, e os médicos não se importavam de atender em casa.

Nas épocas boas e ruins, a rodovia tornou-se símbolo de fé no futuro. O romancista John Steinbeck deu o tom da estrada em seu livro *The Grapes of Wrath* [*As vinhas da ira*], ganhador do prêmio Pulitzer, quando descobriu uma característica acolhedora na Route 66 e a chamou de "estrada-mãe". Ela era a "estrada da segunda chance". Para alguns, como os migrantes da *Dust*

Ela serpenteia de Chicago a L.A.
Mais de duas mil milhas até o final.
Divirta-se na Route 66!

de uma cidade a outra. Em Vega, Texas, conta-se uma história – provavelmente com uma pitada de folclore local – sobre o time de beisebol da cidade. O time queria jogar numa comunidade vizinha, mas não havia estrada para lá.

O DJ Wolfman Jack foi a voz do rádio que acompanhou a maior parte das viagens de longa distância.

Bowl, era a "estrada da glória". Para o arquiteto Frank Lloyd Wright, representava a ladeira de um continente inclinado, em que tudo o que estivesse solto parecia escorregar para o sul da Califórnia. E para as agências de viagem, era o caminho escolhido por números cada vez maiores de turistas norte-americanos de bom gosto.

Ao longo de sua história, a Route 66 receberia vários nomes em diferentes locais: Pontiac Trail, Osage Indian Trail, Wire Road, Postal Highway, Grand Canyon Route, National Old Trails Highway, Ozark Trail, Will Rogers Highway e, por passar pelo meio de tantas cidades, Main Street of America (Rua Principal dos Estados Unidos).

Rádio a noite toda

A Route 66 era também as centenas de faixas melhoradas e conservadas localmente, que iam

Então, os ambiciosos jogadores dessa pequena cidade texana construíram uma. Hoje, dizem que esse antigo caminho, bastante sulcado, é parte da Route 66.

A Route 66 era a rádio noturna de Del Rio, Texas, os ônibus da Continental Trailways e da Greyhound, as barracas de limonada, as reuniões de família, os cortes de cabelo a 25 centavos e as xícaras de café de 5 centavos. As crianças contavam os postes de telefone na estrada, acenavam para os maquinistas dos trens, dormiam em tendas indígenas em Holbrook, Arizona, e as placas no Novo México prometiam "Tucumcari esta noite".

"Route 66", canção de sucesso de 1946, escrita por Bobby Troup, tornou-se o hino nacional da estrada. Originalmente cantada por Nat King Cole, a música simples foi imortalizada por Bing Crosby, Chuck Berry, pelos Rolling Stones e por

Burma Shave

Explorando o potencial de uma audiência cativa, os *slogans* ao longo da estrada-mãe divertiam viajantes fatigados e aumentavam as vendas.

A empresa Burma Shave foi fundada por um criativo vendedor de seguros para oferecer uma barba rápida e sem pincel aos homens de negócio em viagem. Clinton Odell, pai do antigo presidente da empresa, colaborou com o farmacêutico Carl Noren para produzir um artigo que se tornou um dos mais famosos dos Estados Unidos, graças à propaganda em todas as rodovias.

As placas da Burma Shave já foram uma visão familiar ao longo das estradas norte-americanas.

"No começo do ano, recebemos os primeiros pedidos de reposição da história da empresa – todos vindos de drogarias que atendiam aos viajantes que passavam pelas estradas", contou Odell a Frank Rowsome Jr., que escreveu a trajetória da organização.

Um dos primeiros anúncios dizia *Does Your Husband/Misbehave/Grunt and Grumble/Rant and Rave/Shoot the Brute Some/Burma Shave* [Seu marido/se comporta mal/resmunga e rosna/prageja e vocifera?/Atire no bruto um pouco de/Burma Shave]. Os versos ficavam a cem passos um do outro – assim como a maioria dos milhares que se seguiram. No livro *The Verse by the Side of the Road* [O verso na beira da estrada], Rowsome explicou que, viajando a mais ou menos 55 km/h, a sequência levava 18 segundos para ser lida – "Muito mais tempo e atenção do que um anunciante de jornal ou revista poderia esperar do leitor ocasional". Alexander Woollcott afirmava que era difícil ler apenas um anúncio, assim como é difícil comer apenas um amendoinzinho salgado.

Naqueles primeiros anos, anunciantes rivais logo ficaram com inveja. Percebendo a contrariedade, os anúncios responderam de modo atrevido, esfregando na cara dos concorrentes: *Let's Give the/Clerk a Hand/Who Never/Palms off/Another Brand* [Vamos dar/uma mãozinha para o vendedor/que nunca indica/outra marca]. A Burma Shave também sabia como alfinetar a concorrência dos barbeadores elétricos modernos: *A Silky Cheek/Shaved Smooth/And clean/Is Not Obtained/With a Mowing Machine* [Um rosto sedoso/Barbeado de modo macio/E limpo/Não se consegue/Com máquina de cortar grama].

Houve um tempo em que existiam 35 mil placas da Burma Shave, mas até 1963 elas já tinham sido todas removidas. Nessa época, custavam à empresa quase 250 mil dólares por ano e, claramente, tinham impacto menor nas vendas.

"O destino comercial da empresa Burma-Vita pode ser lido nos próprios *jingles*, como se fossem folhas de chá", escreveu Rowsome. Havia muitas razões para a queda nas vendas: os motoristas dirigiam rápido demais, a preferencial nas super-rodovias geralmente proibia placas comerciais e, possivelmente, as pessoas estavam ficando muito sofisticadas e olhavam para os anúncios apenas como relíquias de mau gosto.

A maioria ficou triste ao ver o desaparecimento dos anúncios da Burma Shave, pois sua crescente insignificância mostrou que a morte da vibrante estrada-mãe estava próxima. Até 1930 a empresa havia gasto 65 mil dólares por ano nos anúncios, mas não eram apenas os motoristas que passavam que gostavam deles: relações cordiais haviam sido estabelecidas com as centenas de fazendeiros, em cujas terras as placas vermelhas e brancas apareciam.

Nunca houve a menor chance de a Burma Shave ficar sem *slogans*. Um concurso anual atraiu mais de 50 mil inscrições, das quais foram selecionadas as mil melhores estrofes. É claro que havia milhares de inscrições que não eram consideradas apropriadas e, por isso, elas nunca foram usadas: *Listen, Birds/These Signs Cost Money/So Roost a While/But Don't Get Funny* [Ouçam, aves/Estas placas custam caro/Por isso, pousem por um momento/Mas não sejam impertinentes].

ROUTE 66: A PRINCIPAL RUA DOS ESTADOS UNIDOS ◆ 39

muitos outros artistas – na última contagem, mais de cem. Nenhuma outra canção traduziu tão bem o caso de amor do país com essa estrada.

Ela celebrava o fim da Segunda Guerra Mundial e o fim do racionamento de gasolina e comida. A letra convidava os norte-americanos a se divertirem na Route 66, e milhões de aventureiros motorizados, viciados no cheiro da gasolina e no barulho da borracha sobre o asfalto, levaram a sério a sugestão de Bobby.

Comichão de viagem

Os norte-americanos ansiosos por viajar estavam prontos para cair na estrada. Retiraram as lonas mofadas que cobriam e protegiam as capotas dos conversíveis Plymouth e Oldsmobile Woody desde o início da guerra. E, embora os carros estivessem guardados sobre blocos, os pneus de antes da guerra foram substituídos por jogos de pneus Allstate de seis camadas, com custo total de 43,80 dólares. Os veranistas lustraram seus sedãs novos do pós-guerra, passaram os olhos pelos mapas estaduais e traçaram a rota da aventura – a Route 66.

As mães escreviam cartões-postais com mensagens como "Queria que você estivesse aqui". Os filhos compravam barrinhas de noz-pecã, gostosas e pegajosas, na Stuckey's Candy Shoppe, enquanto os pais enchiam o tanque de gasolina a 17 centavos o galão e compravam para toda a família os picolés de laranja grudentos que retiravam do congelador.

A tarifa de pedágio na ponte Chain of Rocks, sobre o imenso Mississippi, custava 35 centavos por veículo, e placas de cores vivas na periferia de St Louis, Missouri, anunciavam "o maior espetáculo da Terra" nas cavernas de Merimac, que ficavam nas imediações.

Os anos 1950 viram a Route 66 chegar à condição de verdadeira celebridade. As famílias saíam de casa, no leste e no meio-oeste, e dirigiam até o Painted Desert ou o Grand Canyon, ou seguiam até o final, no oceano Pacífico, nessa estrada que atravessava cidades onde o jovem Jesse James roubara bancos e Abraham Lincoln advogara, e que cruzava o grande rio a respeito do qual Mark Twain escrevera. Os turistas viam ninhos de cobra e bichos selvagens enjaulados, cavernas misteriosas, caubóis e índios de verdade, e visitavam o reino encantado do Mickey na Disneylândia, Califórnia.

A Route 66 alcançou uma popularidade ainda maior quando um livro comercial com o mesmo nome da estrada foi transformado num

"Route 66", a série semanal dos anos 1960, vendeu mais carros esportivos Corvette do que qualquer propaganda de televisão.

> Como a Route 66 já não consta da maioria dos mapas rodoviários, muitos de seus trechos são difíceis de achar. Contudo, no site www.historic66.com há uma descrição, curva a curva, da velha Route 66 através de cada estado.

> "Hobo" Dick Zimmerman caminhou pela Route 66, da Califórnia até Michigan, empurrando um carrinho de mão, para visitar a mãe, de 101 anos. Dick tinha 78.

programa de sucesso na TV no período de 1960 a 1964. O *route 66* (sim, no título do programa o "r" era minúsculo) contava a história de dois jovens aventureiros, Buz (George Maharis) e Tod (Martin Milner), divertindo-se na Route 66 a bordo de um Corvette. Dos 116 episódios, poucos foram realmente filmados na Route 66.

As antigas jukeboxes *Wurlitzer conservam vivo o romantismo da estrada aberta nas lanchonetes ao longo da estrada-mãe.*

Em parte patrocinado pela Chevrolet, o programa vendeu mais Corvettes do que qualquer comercial feito para a televisão e firmou o modelo como símbolo norte-americano.

Quando a lei das estradas federais, de 1956, determinou a construção dos sistemas interestaduais em todo o país, as luzes brilhantes da fama e do sucesso, que haviam iluminado a Route 66 durante tantos anos, pareciam começar a apagar.

Pouco a pouco, aqui e ali, trechos dela foram substituídos por estradas interestaduais. Contornar as cidades que a lendária estrada servira foi uma tarefa que precisou de cinco super-rodovias diferentes – Interestadual 55, de Chicago a St Louis; Interestadual 44, de St Louis a Oklahoma City; Interestadual 40, de Oklahoma City a Barstow; Interestadual 15, de Barstow a San Bernardino; e Interestadual 10, de San Bernardino a Santa Monica.

O último trecho da Route 66 foi contornado em 1984, em Williams, Arizona, quando a velha rodovia foi substituída pela Interestadual 40. Houve uma cerimônia, quase um velório. Bobby Troup, hoje falecido, estava lá para discursar. Com lágrimas escorrendo pelo rosto, disse que aquele era "um dia muito triste".

As vitrolas automáticas Wurlitzer

Em 1985, a licença da US Highway 66 foi cancelada, abrindo caminho para super-rodovias com fumaça de óleo diesel e redes de *fast-food*. Como a estrada já não é classificada como rodovia federal, algumas pessoas vão lhe dizer que ela não existe. Durante algum tempo, a rodovia que simbolizara o caso de amor entre os norte-americanos e a estrada aberta parecia estar destinada a viver apenas na lembrança e nos museus.

Porém, o progresso não vence necessariamente tudo. Além da infinita monotonia das interestaduais, existe um ritmo pulsante numa velha estrada de duas faixas que ainda sobe e serpenteia pelas colinas onduladas, pelas montanhas e pelos desertos. Desacelerando ao atravessar cidades sossegadas e acelerando novamente até a serra seguinte, você vai encontrá-la, esperando para ser descoberta em cada um dos oito estados da Route 66.

Nas áreas rurais, pode ser que você passe por remanescentes abandonados e em decomposição, que evocam a lembrança do auge da rodovia, mas, em outros lugares, os cafés e as atrações da beira da estrada foram revitalizados, restaurados e reinaugurados. Antigas *jukeboxes* da marca Wurlitzer tocam alto velhas canções de estrada. Pessoas em carros clássicos entram nas lanchonetes para comer hambúrgueres e tomar *milk-shakes*. Os frentistas dos postos de combustível se oferecem para verificar o óleo e lavam o para-brisa. Restaurantes pequenos, de administração familiar, servem tortas caseiras, e uma garçonete de uniforme cor-de-rosa engomado ainda chama o cliente de "meu bem" e grita com o cozinheiro. A velha estrada ainda seduz peregrinos não só dos Estados Unidos como também de outros cantos do mundo.

Com o carro aberto ao vento e uma estação de rádio AM sofrendo interferência da estática de uma tempestade no horizonte, as lembranças vão e vêm na doçura do momento. Os quilômetros dissolvem os problemas, menos o que interessa: o que nos espera lá, logo depois da próxima subida na Route 66?

Parada de descanso para um Corvette no hoje vazio Club Café em Santa Rosa, Novo México.

Route 66 em Amboy, Califórnia.

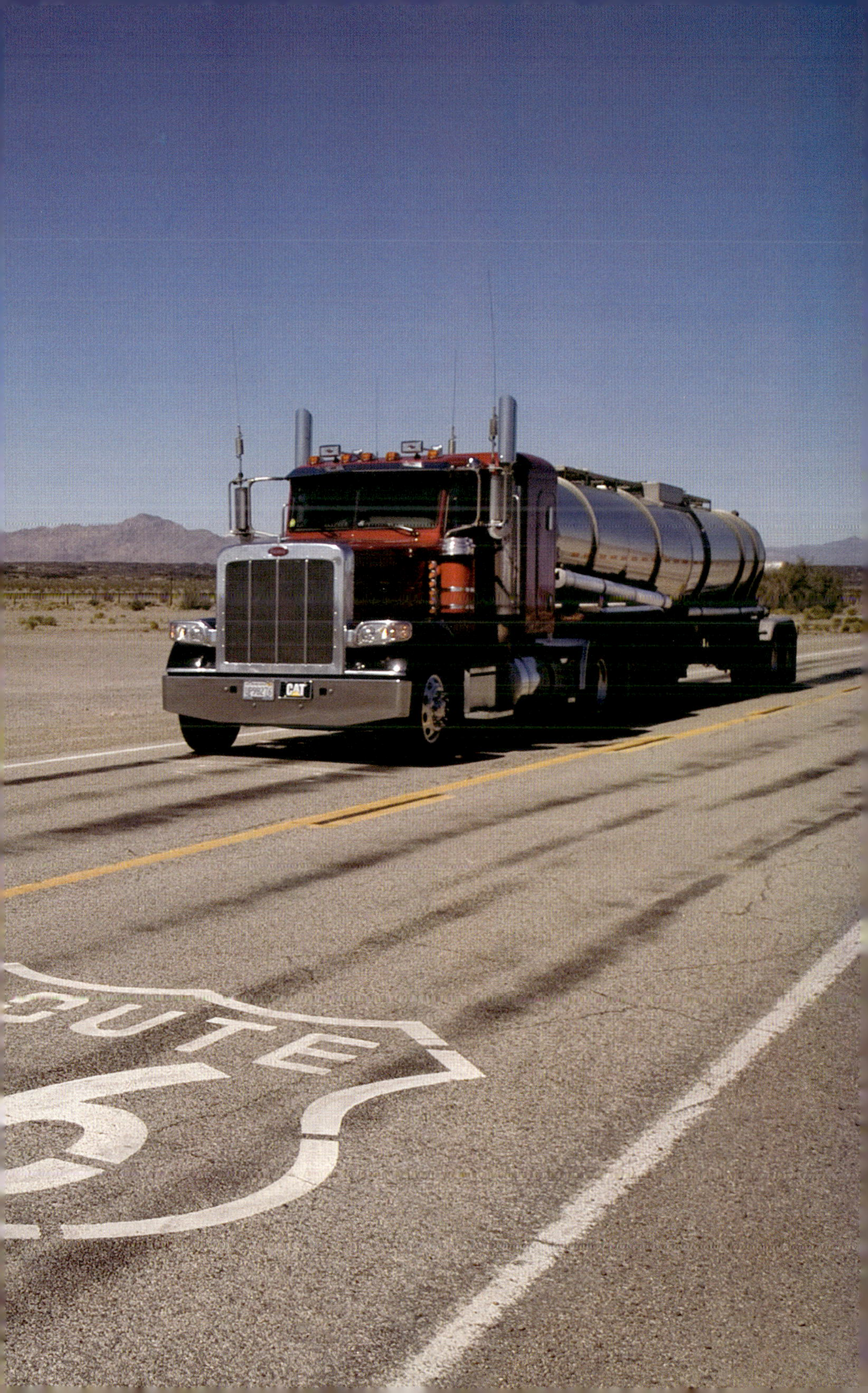
CAT

Centro do bairro Ybor City em Tampa, na Rota do Atlântico.

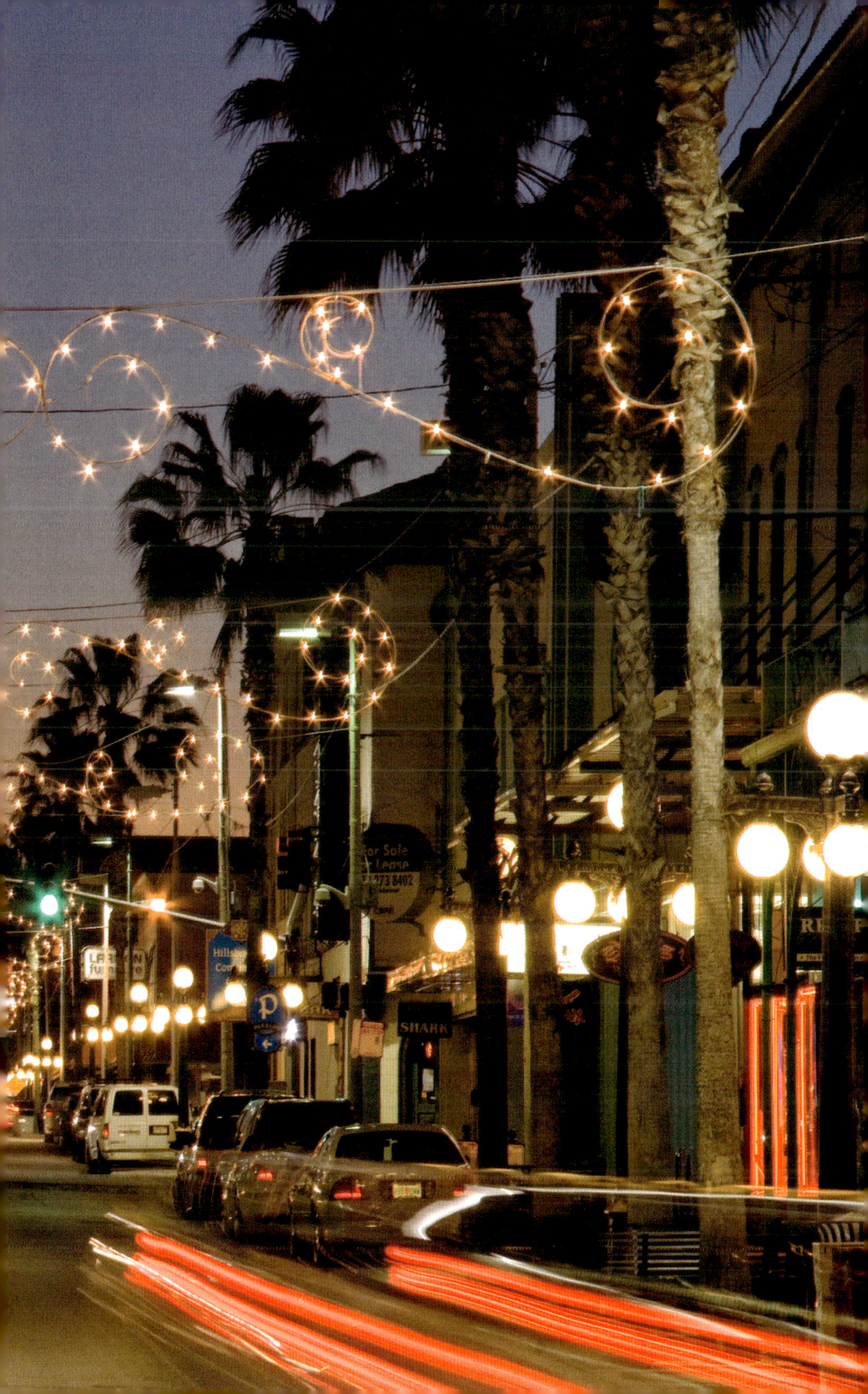
SHARK

A ponte Golden Gate de San Francisco.

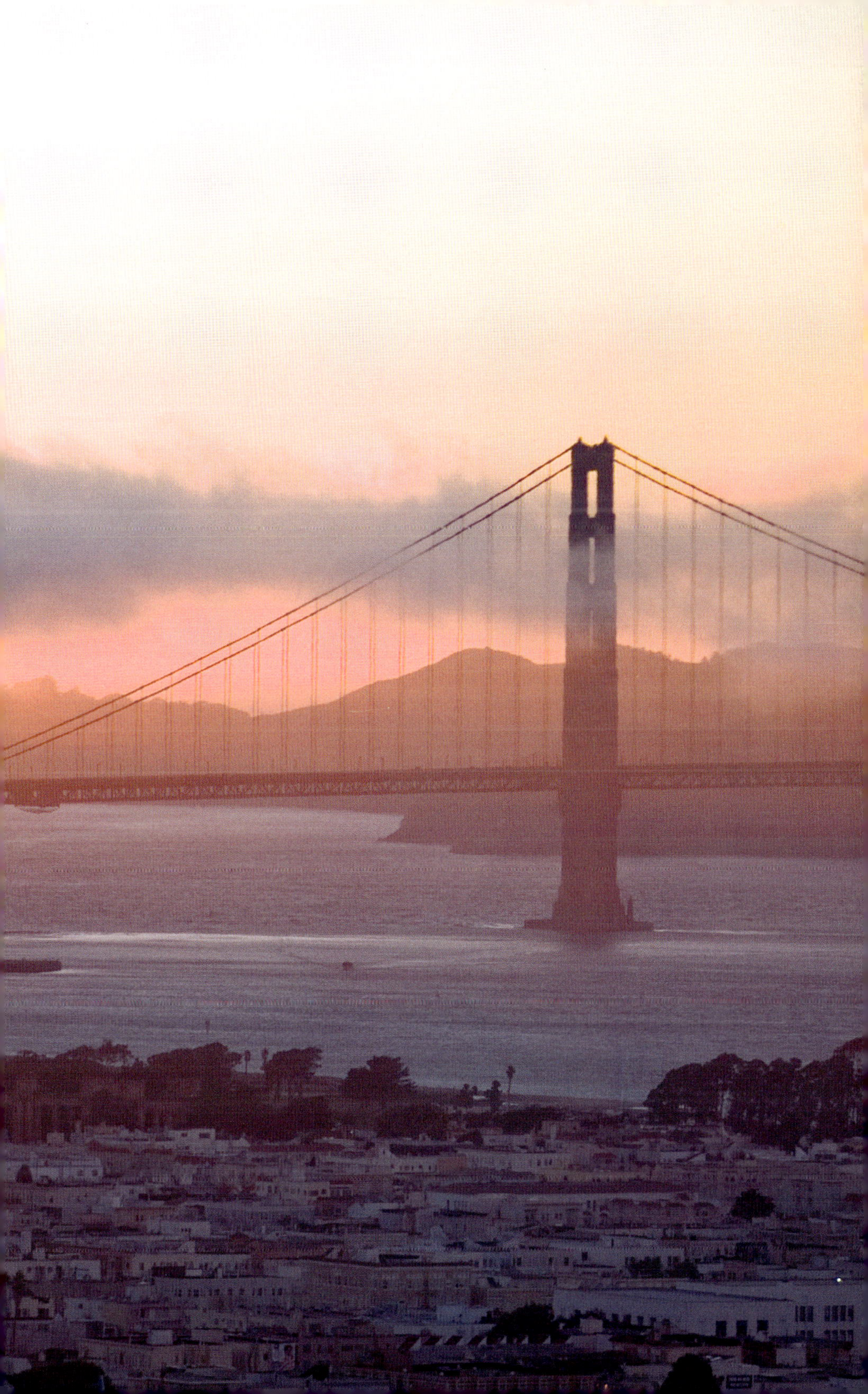

Rotas através dos Estados Unidos

- Rota do Atlântico
- Rota Norte
- Rota Central
- Rota Sul
- Rota do Pacífico

0   200 miles
0   200 km

OCEANO
ATLÂNTICO
GOLFO
DO
MÉXICO
Chibougamau
Chicoutimi
Pickel Lake
Hearst
Rouyn-
-Noranda
Québec
Timmins
Montréal
Wawa
Ottawa
Thunder Bay
Lake Superior
Sault
Ste Marie
Sudbury
North Bay
Lake Huron
Toronto
Lake Ontario
Niagara
London
Lake Erie
Lake Michigan
Duluth
Wisconsin
Wausau
Green Bay
Michigan
Grand Rapids
Flint
Detroit
Eau Claire
St Paul
Rochester
Madison
Milwaukee
Rockford
Chicago
Dubuque
De Kalb
Toledo
Cleveland
Akron
Youngstown
Pittsburgh
Ohio
Columbus
Wheeling
Indiana
Des Moines
Peoria
Normal
Illinois
Springfield
Dayton
Indianapolis
Cincinnati
Terre Haute
Omaha
Hannibal
Kansas City
St Louis
Louisville
Ohio
Lexington
Kentucky
Jefferson City
Missouri
Mississippi
Bowling Green
Cape Girardeau
Springfield
Branson
Nashville
Knoxville
Tennessee
Huntsville
Chattanooga
Arkansas
Muskogee
Little Rock
Memphis
Birmingham
Atlanta
Hot Springs
Alabama
Georgia
Macon
Augusta
Columbus
Montgomery
Albany
Texarkana
Meridian
Monroe
Jackson
Shreveport
Mississippi
Dallas
Fort Worth
Waco
Baton Rouge
Lafayette
Red
Mobile
Gulfport
New Orleans
Louisiana
Beaumont
Port Arthur
Houston
Galveston
Austin
Victoria
Corpus Christi
McAllen
Brownsville
Ciudad Madero
Tampico
Maine
Fredericton
Halifax
Saint John
Bangor
Auburn
Augusta
Portland
Burlington
Ver.
N.H.
Manchester
Rutland
Boston
Worcester
Mass.
Springfield
Providence
R.I.
Conn.
New Haven
Bridgeport
St Lawrence
Watertown
New York
Utica
Syracuse
Rochester
Buffalo
Binghamton
Scranton
Jamestown
Erie
Pennsylvania
New York
Allentown
N.J.
Philadelphia
Harrisburg
Baltimore
M.D.
Del.
Washington, D.C.
West Virginia
Charlottesville
Appalachian Mts
Richmond
Virginia
Norfolk
Lynchburg
Roanoke
Greensboro
Durham
Raleigh
North Carolina
Charlotte
Wilmington
Asheville
South Carolina
Columbia
Charleston
Savannah
Jacksonville
Tallahassee
Florida
Gainesville
Daytona Beach
Orlando
Melbourne
Tampa
St Petersburg
Fort Myers
Fort Lauderdale
Miami
Key West
Great Abaco
Grand Bahama
Eleuthera
BAHAMAS
Cat
Andros
Sagua la Grande
Habana
CUBA
Moron
Cienfuegos
Trinidad
Pinar del Rio
Camagüey
Isla de Pinos
Manzanillo
Rio Lagartos
Progreso
Cancun
Mérida
Valladolid
MÉXICO
Little Cayman
Grand Cayman
Montego Bay
JAMAICA

Blue Ridge Parkway, Virginia.

ROTA DO ATLÂNTICO

Um guia minucioso das atrações da Costa Leste, com os principais lugares indicados por números nos mapas.

Exato início da US 1 em Key West, Flórida.

A colonização sistemática da Costa Leste dos Estados Unidos pelos britânicos só foi conseguida quando os colonizadores aprenderam a utilizar a água para se deslocar: as baías do litoral atlântico, os longos rios que descem dos Apalaches e as calmas enseadas de maré, vitais para o transporte até o interior das regiões planas, mas de mata densa, no sul. Foi na foz dos rios e nos portos que surgiram quase todas as cidades importantes do leste.

Convém, portanto, que nossa rota para o sul raramente se afaste muito da água. Começando na cidade de Nova York – indiscutivelmente a rainha das cidades norte-americanas –, passaremos por duas cidades mais importantes em seguida, cada qual com sua personalidade distinta: Filadélfia, berço da independência norte-americana, e Baltimore, originalmente uma cidade pesqueira e, ainda hoje, bastante dependente das atividades portuárias.

Daí, vamos ao interior, para fazer duas viagens excepcionalmente pitorescas na Virgínia, entrando finalmente na Carolina do Norte e conhecendo um dos estados mais agradavelmente diversos do sul. Vamos cortar para leste, através dos campos de tabaco, até o litoral

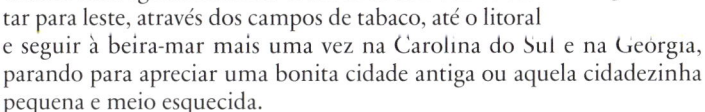

Casas geminadas em Baltimore.

e seguir à beira-mar mais uma vez na Carolina do Sul e na Geórgia, parando para apreciar uma bonita cidade antiga ou aquela cidadezinha pequena e meio esquecida.

Chegando à Flórida, o clima – e a temperatura da água do mar – vai ficando cada vez mais quente, conforme ziguezagueamos para o sul, saindo do povoado mais antigo da nação, St Augustine, no litoral atlântico, passando pelos lagos de Orlando, pelas águas mornas do Golfo do México em Tampa, pela ponta sul da Flórida e chegando à vasta (e úmida) área natural conhecida como Everglades. Por fim, sairemos mais uma vez na costa atlântica, roçando Miami e suas praias – para onde voltaremos depois –, a fim de continuar até as Florida Keys, um lugar onde a água provavelmente tem mais influência e é mais óbvia do que em qualquer outro lugar da América do Norte.

BREVE ESTADIA EM NOVA YORK

Nova York é a cidade que nunca dorme; tem energia e confusão, cultura e muito charme. Segue abaixo uma lista das atrações imperdíveis.

Central Park, que se estende da 59th Street até a 110th Street, tem patinação no gelo no inverno e concertos ao ar livre no verão. Há barcos para alugar no lago.

9/11 Memorial Para visitar o local, é necessário um ingresso, que você pode adquirir pela internet (www.911memorial.org).

Museu da Imigração, na ilha de Ellis, que oferece uma história visual do porto, com base na qual 40% dos norte-americanos conseguem traçar sua árvore genealógica, e documenta a imigração para os Estados Unidos.

Museu de Arte Moderna de Nova York (MoMA), na West 53rd Street, é considerado por muitos o museu de arte moderna mais influente no mundo. Fundado em 1929, o prédio do museu foi lindamente reformado no começo deste século.

Radio City Music Hall, famoso pelas Rockettes, com espetáculos maravilhosos de música e teatro. Pode ser visitado durante o dia.

Lincoln Center, no Upper West Side, sede da **New York City Opera**, do **New York City Ballet**, do **American Ballet Theater** e da **Metropolitan Opera**.

Greenwich Village, centro de grande parte da vida noturna de Nova York, ainda é um núcleo de músicos, artistas, consumidores e excêntricos.

SoHo e Tribeca, com galerias de arte e restaurantes, locais perfeitos para passear no sábado. **Chinatown** fica perto, se você estiver com fome.

Wall Street, no centro histórico de Nova York, tem arquitetura notável, embora seus financistas já não sejam os senhores do universo.

Estátua da Liberdade. Os barcos saem de South Ferry e levam os turistas para a ilha da Liberdade, para que vejam o ícone que saúda os imigrantes desde 1886.

O famoso skyline *visto da ponte Brooklyn.*

Vá até o mirante do 102º andar do Empire State Building para ter uma perspectiva diferente. A vista de 360º sobre Manhattan e seus arredores é impressionante.

Chinatown é uma das áreas mais vibrantes da cidade.

A BIG APPLE

Em Nova York, existe um misto de fantasia e exotismo que nenhum outro lugar supera. Quer tomar um drinque na altura das nuvens? Dançar quando a lua estiver alta e der vontade? Quer patinar sobre rodas, no gelo ou assistir àquele show da Broadway? Então, você está na cidade certa. A silhueta de Nova York se reconhece de imediato; suas atrações são as melhores do mundo. A vida cultural só é igualada pelo interesse pela culinária – são mais de 15 mil lugares onde comer. Se aqui existem mais formas de fazer qualquer coisa, também existem mais maneiras de gastar, por isso, venha com a carteira recheada e muita energia.

Times Square. As luzes brilhantes da praça reformada, entrada para a Broadway, novamente a transformaram numa atração para turistas.

INFORMAÇÕES IMPORTANTES

População: 8,3 milhões de habitantes
Códigos de área: 212, 347, 646, 718, 917
Site: www.nycgo.com
Informações turísticas: 810 Seventh Avenue, NY 10019; tel.: 212-484-1200

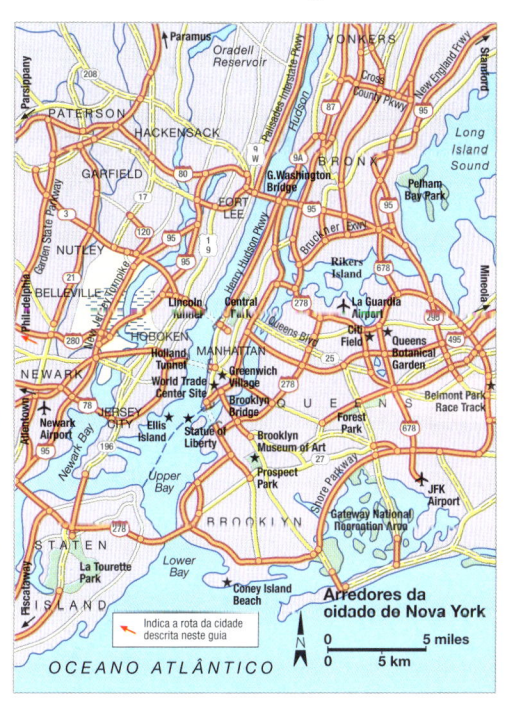

Mabry Mill, perto da Blue Ridge Parkway, na Virgínia.

LUGARES Mapa na página 56 55

DE NOVA YORK A VIRGÍNIA

Logo depois da agitação de Nova York, há cidades e sítios históricos relacionados à época colonial, além das colinas verdejantes da Virgínia.

Principais atrações
Cidade de Nova York
Independence National Historical Park
Baltimore
Brandywine Valley
Fredericksburg
Williamsburg
Richmond
Monticello
Blue Ridge Parkway

Este primeiro trecho da Rota do Atlântico abarca alguns dos principais sítios históricos dos Estados Unidos – lugares onde foram travadas a Guerra Civil e a Guerra da Independência, e onde foi concebida uma nação nova e audaciosa. Porém, para fazer esse passeio pela história, é necessário primeiro tomar algumas decisões ao volante. Há três caminhos para sair da **cidade de Nova York** ❶ (*ver p. 52*) e atravessar o rio Hudson, a fim de entrar no estado vizinho de New Jersey. Do centro de Manhattan, as vias alternativas são a **Holland** ou os **túneis Lincoln**, ambos localizados mais para a extremidade sul de Manhattan. Seu objetivo final é a I-280W em direção a **Oranges**. Do túnel Holland, pegue a US 1/9 para a I-95N para I-280. A partir de Lincoln, pegue a I-495 para I-95S para I-280. Outra opção é a **ponte George Washington**, no extremo norte de Manhattan. A partir da ponte, pegue a I-95S para I-280. A viagem é mais arrepiante do que uma volta em uma montanha-russa. Os motoristas de New Jersey e Nova York têm a fama de serem quase patologicamente agressivos dirigindo.

O laboratório e a casa de Edison

Às vezes descrito como o "berço da indústria norte-americana", o **Edison National Historic Site** (tel.: 973-736-0550; www.nps.gov/edis; 4ª-dom.) é uma fascinante visita pelo complexo que era o Vale do Silício e no Triângulo de Pesquisa de seu tempo. Para chegar lá, pegue a I-280W em direção à saída 10 (West Orange) e siga as placas marrons. A maioria dos prédios está como no dia em que a empresa foi fechada em 1931, com maquinário original, loja de ferramentas, tábuas de moldes e equipamentos esperando pacientemente o retorno de seus inventores, químicos e engenheiros. A mesa de Edison está coberta com papéis e blocos de anotações; seu escritório é parte de uma fabulosa biblioteca que

A ponte George Washington atravessa o rio Hudson.

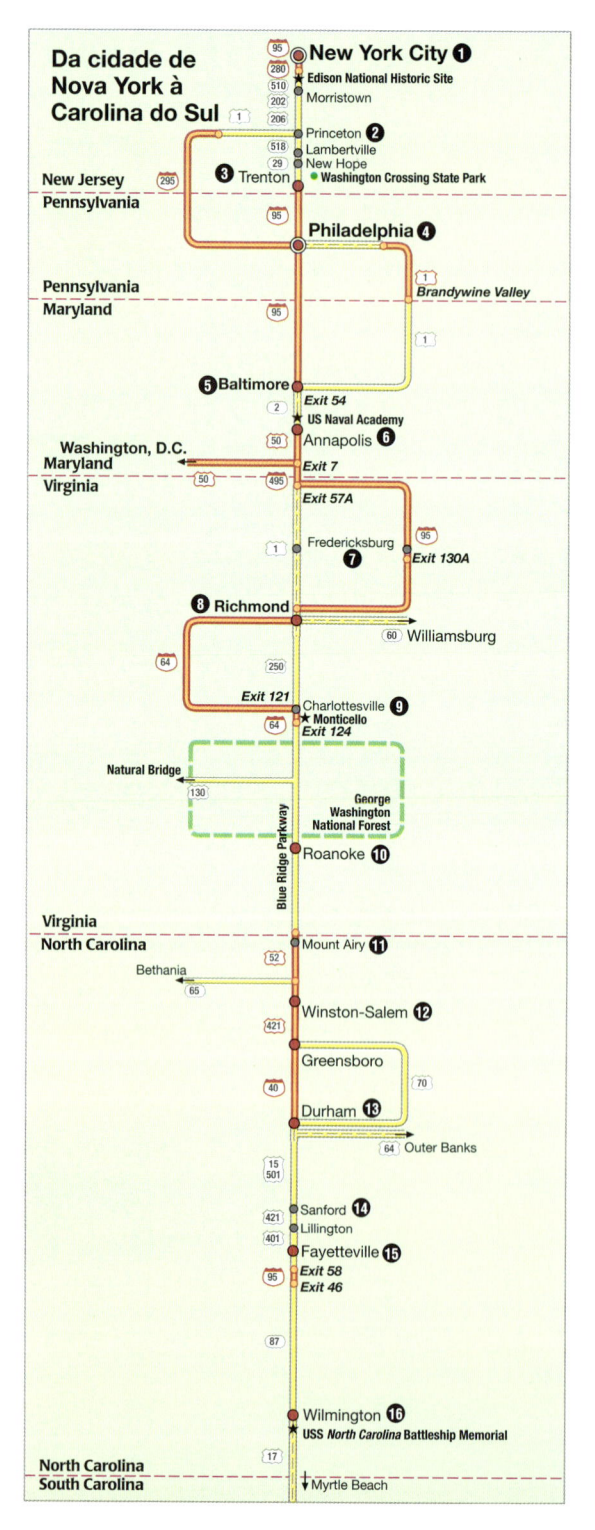

os trabalhadores usavam diariamente, com fileiras de milhares de volumes encadernados em couro.

Guias oferecem um passeio a pé pelo laboratório químico. No centro de informações turísticas há um vídeo sobre o trabalho de Edison e uma apresentação do filme *The Great Train Robbery* (1903), realizado pela companhia de Edison, o Black Maria, que foi o primeiro estúdio de filmes e que também está no local.

Alguns minutos mais adiante fica **Glenmont** (tel.: 973-736-0550; jul.--ago., 4ª-dom.; set.-jun., 6ª-dom.; visitas das 12h às 16h. Entrada apenas com ingresso, que fica disponível no local do Edison Lab), a residência de Edison, que ele comprou para sua segunda esposa, Mina. (Sua primeira esposa, Mary, morreu aos 29 anos.) Mina sabia muito bem da reputação de seu marido e de seu legado, por isso protegeu tanto a casa como a fábrica para a posteridade.

Morristown

Há duas maneiras de chegar a **Morristown**: você pode retornar à I-280 e atravessá-la bem como a I-80 por cerca de 24 km (15 milhas), antes de pegar a I-287, ou você pode seguir a Route 510 (South Orange Avenue). A vantagem dessa estrada rural é que ela passa por algumas agradáveis áreas arborizadas e bairros luxuosos em vez das pouco pitorescas estradas.

Um adorável vilarejo que remonta aos tempos coloniais, Morristown abriga muitos pontos da Guerra de Independência. Nos arredores há seis universidades e faculdades, e é onde está o **Seeing Eye** (tel.: 973-539-4425, ramal 1762; www.seeingeye.org; telefone para informações turísticas), a organização que adestra os cães-guias para cegos. Você verá cães em treinamento por toda a cidade. Durante a Revolução, a **Jacob Ford Mansion**, na Morris Street n. 230 (tel.: 973-539--2016; diariamente), foi a elegante casa que George Washington usava como seu quartel-general nos rigorosos invernos de 1777 e 1780. Atrás dela, o **Washington Headquarters Museum** (tel.: 973-543-4030; www.nps.gov/morr; diariamente) conta com uma riqueza de documentos originais, porcelanas, mapas e armas da época. O **Morris Museum** (tel.: 973-971-3700; www.morrismuseum.org; 4ª-dom.) apresenta um delicioso acervo de instrumentos mecânicos e brinquedos. O **Museum of Early Trades and Crafts** (tel.: 973-377-2982; www.metc.org; 3ª-dom.) fica em um prédio que por si só já é uma atração com suas janelas de vitrais, paredes com estêncil e mosaicos. Nas proximidades fica **Parsippany**, o **Stickely Museum at Craftsman Farms** (tel.: 973-540-0311; www.stickleymuseum.org; abr.-nov., 4ª-6ª; dez.-mar., sáb.-dom.) é a casa de 1911 de Gustav Stickley, um dos patriarcas do American Arts & Crafts Movement.

Siga para o sul na US 202 e você se encontrará rodeado por densas florestas e pequenas cidades. **Jockey Hollow**, o acampamento da Guerra de Independência, fica a 6 milhas (10 km) de Morristown. Os passeios a pé ou de carro mostram recriações das cabanas do passado, onde atores às vezes demonstram como era a vida no Exército Continental.

Princeton

Em Bridgewater, pegue a curva acentuada à esquerda na US 206 e você logo chegará a **Princeton** ❷, sede da elegante **Universidade de Princeton**. Epítome do campus Ivy League, seu ar exala aspirações intelectuais, idealismo juvenil e mais do que uma pitada de privilégio. Dois presidentes norte-americanos, James Madison e Woodrow Wilson, formaram-se lá, bem como a primeira-dama Michelle Obama.

O **Nassau Hall**, o edifício mais antigo do *campus*, foi sede do Congresso Continental de 1783 depois que soldados amotinados forçaram o Congresso a sair da Filadélfia. Visitas de uma hora de duração ao *campus* acontecem o ano todo, partindo do Clio Hall nos dias de semana e do Frist Campus Center nos fins de semana (www.princeton.edu/main/visiting/tours).

Volte para o norte pela US 206 até a State 518 e vire para oeste para um desvio pelo adorável **Delaware River Valley**. Preste atenção à conversão à direita para Lambertville na Broad Street, no vilarejo de Hopewell, que por si só vale uma parada. Às margens do rio, **Lambertville** tem velhas pousadas, lojas de antiguidades e uma ponte estreita que a conecta à cidade de **New Hope**, na Pensilvânia. O lado

Formando da Universidade de Princeton.

Folhagem de outono espelhada num lago de Morristown, New Jersey.

Poste marcando um cruzamento que tem os nomes de duas grandes cidades da Rota do Atlântico.

da Pensilvânia tem muitos estabelecimentos próximos ao rio. No lado de New Jersey, siga o rio ao longo da Route 29. Há excelentes exposições no **Washington Crossing State Park** (tel.: 609-737-9304; diariamente), onde o general George Washington parou na véspera do Natal de 1776, e no **Old Barracks Museum** (tel.: 609-396-1776; www.barracks.org; 2ª-sáb.) em **Trenton** ❸, onde o exército de Washington capturou soldados hessianos em batalha naquela noite. O **New Jersey State Museum** (tel.: 609-292-6464; www.njstatemuseum.org; 3ª-dom.) em Trenton engloba exploração arqueológica, artes, cultura e história natural do The Garden State. A **State House** é a segunda mais antiga do país (a de Maryland é a primeira); do outro lado da rua está o **New Jersey World War II Memorial**.

De Trenton, pegue a US 1 para I-95 rumo à Filadélfia.

Filadélfia

Na época da Revolução Norte-Americana, a **Filadélfia** ❹ era o centro econômico e político dos incipientes Estados Unidos. Nos primeiros anos da República, no entanto, o coração econômico do país foi transplantado para o norte, para a cidade de Nova York, e o poder político viajou para o sul, até a nova cidade de Washington, D.C., o que deixou a Filadélfia numa crise de identidade. Porém, desde então, uma interessante mistura étnica vem sustentando a cidade, fazendo dela uma das cidades grandes mais vibrantes dos Estados Unidos.

Quinta cidade mais populosa da nação, ela é, para turistas e historiadores – junto com Boston –, a cidade norte-americana por excelência. Situada na confluência dos rios Schuylkill e Delaware, a cidade foi fundada em 1682 pelo *quaker* inglês William Penn, que imaginou uma colônia onde o direito à liberdade de expressão religiosa não seria sufocado. Essa atitude liberal permeou a colônia e a cidade, por isso não surpreende que os representantes das treze colônias tenham se reunido aqui para debater a independência. O resultado foi, é claro, a assinatura da Declaração de Independência, em 4 de julho de 1776, assim concebendo os Estados Unidos da América.

Pontos revolucionários

O melhor lugar para começar o passeio é no **Independence National Historical Park Visitor Center** (Sixth Street com Market Street; tel.: 800-537-7676; phlvisitorcenter.com; diariamente), que exibe filmes gratuitos sobre a história da cidade, tem quiosques computadorizados com informações turísticas, intérpretes fantasiados e serviço de reserva para muitos passeios e atrações.

Também emite os bilhetes gratuitos, necessários entre março e dezembro, para entrar no **Independence Hall** (Chestnut Street, entre Fifth Street e Sixth Street; tel.: 877-444-6777 para reservas; diariamente), onde foram assinadas a Declaração de Independência e a Constituição. Os ingressos são distribuídos de tempos em tempos, e, quanto mais cedo você chegar, maiores são as chances de conseguir um. O Salão da Assembleia

A South Street, na Filadélfia, atrai grandes multidões nas noites de fim de semana.

DE NOVA YORK A VIRGÍNIA

guarda o tinteiro usado pelos signatários da Declaração e também a cadeira em que George Washington se sentou para rascunhar a Constituição.

A oeste do Independence Hall fica o **Congress Hall**, onde o Congresso norte-americano reuniu-se entre 1790 e 1800, quando a Filadélfia foi capital do país por um breve período. Na Sixth Street, entre Market e Chestnut, fica o **Liberty Bell Center**, com exposições sobre suas origens e seu papel como um símbolo internacional de liberdade. Não é necessário fazer reserva, mas há filas nos horários de pico.

Na Independence Mall, entre as ruas Race e Arch, fica o **National Constitution Center** (tel.: 215-409-6600; www.constitutioncenter.org; diariamente). Com exposições interativas e atores, esse museu conta a história da Constituição – sua criação nos Estados Unidos dos primeiros tempos, sua aplicação ao longo da história e seu impacto contínuo na vida dos norte-americanos de hoje.

Na Market Street, na direção do rio Delaware, fica **Franklin Court**, local da residência de Ben Franklin. A casa já não existe, mas é lembrada por um contorno feito com vigas pintadas de branco. No subsolo fica Benjamin Franklin Museum. A **Christ Church**, na Second Street, logo acima da Market Street, foi construída em 1695, e era a casa de oração preferida dos homens do Congresso Continental. Placas marcam bancos que já foram ocupados por George Washington, Ben Franklin e Betsy Ross. Há excursões diariamente. A **Betsy Ross House**, na Arch Street n. 239 (tel.: 215-629-4026; www.historicphiladelphia.org/betsy-ross-house; mar.-nov., diariamente; dez.-fev., 3ª-sáb.), foi o lugar onde Ross costurou a primeira bandeira da nova nação.

Reading Terminal Market

Depois do Liberty Bell e do Independence Hall, a atração turística mais popular é o **Reading Terminal Market**, na 12th com a Arch (tel.: 215-922-2317; www.readingterminalmarket.org; diariamente). Inaugurado inicialmente em 1893, o Mercado é um bazar gastronômico com 80 estandes montados por fazendeiros, padeiros, açougueiros e agricultores. É um bom local para almoçar. Experimente o *Philly cheese steak*, o

DICA

Há estacionamento no centro de Filadélfia, num espaço subterrâneo, debaixo do Independence Hall. As entradas ficam na Fifth Street e na Sixth Street, entre Market e Arch. Também se pode estacionar no National Constitution Center, na Fifth Street com Arch Street.

O Independence Hall da Filadélfia.

Baltimore: a cidade charmosa

Baltimore é uma cidade grande com ares de cidade pequena – terra de boa comida, ótimo beisebol e do hino dos Estados Unidos, "The Star Spangled Banner" ["A Bandeira Estrelada"].

O National Aquarium tem vista para o Inner Harbor.

Comece com uma vista panorâmica da cidade no mirante do **Top of the World** (tel.: 410-837-VIEW; www.viewbaltimore.org; diariamente), localizado no 27º andar do World Trade Center, em forma de pentágono. O Inner Harbor é o foco das atrações da cidade, e o Water Taxi (www.baltimorewatertaxi.com) é uma boa maneira de visitar as atrações. Aqui, pavilhões à beira-mar abrigam restaurantes e lojas especializadas, e um anfiteatro a céu aberto recebe artistas e apresentações. Na água, você pode visitar o histórico **USS Constellation** (tel.: 410-539-1797; www.historicships.org; diariamente), uma corveta de três mastros e 22 canhões, lançada em 1854.

Um curto passeio ao longo da orla leva ao ótimo **National Aquarium** (tel.: 410-576-3800; www.aqua.org; diariamente), um dos melhores do país, com simulação do deserto australiano Outback, da Floresta Amazônica, exposição de recife de coral e um tanque oceânico aberto com 830 mil litros de água. Do outro lado do porto, na Light Street, o Maryland Science Center (tel.:

Washington Monument em Mount Vernon Place.

410-685-2370; www.mdsci.org; 3ª-dom.) tem exposições interativas sobre temas como dinossauros e viagens espaciais. Perto dali, o Visionary Art Museum (tel.: 410-244-1900; www.avam.org; 3ª-dom.) exibe as fantásticas visões de artistas autodidatas e experimentais. Faça um piquenique no **Federal Hill** e desfrute da maravilhosa vista do porto. Os fãs de beisebol vão gostar do **Babe Ruth Museum** (tel.: 410-727-1539; www.baberuthmuseum.com; diariamente), cheio de recordações, na Emory Street n. 216. Babe Ruth, frequentemente chamado de "o maior jogador de beisebol de todos os tempos", nasceu nessa casa modesta em 1895. **Oriole Park**, no estádio Camden Yards, deu início à tendência dos estádios de beisebol, refletindo a clássica era desse esporte; um passeio nos bastidores é fascinante. O **Geppi's Entertainment Museum** (tel.: 4210-625-7060; www.geppismuseum.com; 3ª-dom.), perto do estádio, homenageia histórias em quadrinhos e a cultura pop dos anos 1940 em diante.

O **Fell's Point**, primeiro centro marítimo e de construção de embarcações, conserva o charme de uma cidade portuária antiga. Nas ruas calçadas de pedra, há mais de 350 casas geminadas coloniais, intercaladas por velhos pubs, antiquários e ótimos lugares onde comer. Mais a leste, o antigo bairro de trabalhadores de Canton foi renovado e hoje ostenta shoppings e restaurantes luxuosos ao longo da marina repleta de iates.

A atração mais famosa da orla é o **Fort McHenry** (tel.: 410-962-4290; www.nps.gov/fomc; diariamente). Durante a guerra de 1812, esse forte resistiu a um bombardeio de 25 horas imposto pela frota britânica, inspirando Francis Scott Key a escrever, em 1814, o poema que se tornaria, em 1931, a letra do hino nacional norte-americano, "The Star Spangled Banner".

Siga a Charles Street para visitar a Walters Art Gallery (tel.: 410-547-9000; www.thewalters.org; 4ª-dom.), com seu reconhecido acervo de arte oriental, e o **Baltimore Museum of Art** (tel.: 443-573-1700; www.artbma.org; 4ª-dom.), que abriga obras de Picasso e Matisse, peças de arte da África e um belo jardim de esculturas modernas.

preferido da região, e dê uma olhada nos Tasty Cakes – os *butterscotch krimpets* são deliciosos.

Bairros históricos e animados

Do Independence Hall, continue o caminho na direção da South Street, passando pelas ruas calçadas de pedra e pelos caminhos ajardinados de **Society Hill**, o bairro residencial original de Philly [apelido de Filadélfia], lugar de elegantes casas de 300 anos de idade em estilo federalista. Seus limites principais são aproximadamente as ruas Walnut, Lombard, Front e Eighth.

No final dos anos 1970, a orla marítima da Filadélfia passou por uma grande revitalização. **Penn's Landing**, entre as ruas Market e Lombard, ao longo do rio Delaware, foi o local onde William Penn desembarcou em 1682. Hoje, a área tem o **Independence Seaport Museum** (tel.: 215-413-8615; diariamente) – vários navios históricos estão ancorados no porto – e vistas de **Camden**, New Jersey (onde morou o poeta norte-americano Walt Whitman), do outro lado do rio. Uma quadra depois da Lombard, na **South Street**, você vai encontrar uma atraente série de lojas de roupas *punk* e de butiques sofisticadas. Certamente é a região de comércio mais interessante.

A **Prefeitura** (**City Hall**), na Broad com Market, é o maior edifício municipal dos Estados Unidos e foi copiado do Louvre. No topo do terraço está a estátua de 11 metros de William Penn – a mais alta do mundo entre aquelas que se localizam no alto de edifícios. Até recentemente, o horizonte urbano da Filadélfia era delimitado por uma regulamentação que dizia que nenhuma estrutura poderia ser mais alta do que o chapéu de Penn.

A **Benjamin Franklin Parkway**, construída nos anos 1920, foi inspirada nos Champs-Elysées de Paris. Essa avenida larga atravessa o quadriculado de Philly diagonalmente, indo da Prefeitura até o parque Fairmount. Na altura da 20th Street, visite o **Franklin Institute** (tel.: 215-448-1200;

diariamente), museu de ciência que é também um memorial a Franklin, com muitos de seus objetos pessoais. Quatro andares de exposições científicas e um planetário agradam e educam todas as idades.

Arte na cidade

A duas quadras de distância fica o **Rodin Museum** (tel.: 215-763-8100; www.rodinmuseum.org; 4ª-2ª), com um excelente acervo de moldes e originais do grande escultor francês – entre eles *O pensador*, uma das estátuas mais apreciadas no mundo, além de materiais explicativos.

No fim da rua, fica o **Philadelphia Museum of Art** (tel.: 215-763-8100; www.philamuseum.org; 3ª-dom.), um dos grandes museus de arte norte-americanos. Entre as obras de seu acervo estão *Banquete nupcial*, de Bruegel, e *Os três músicos*, de Picasso, além de uma extraordinária coleção de peças de arte e artefatos da Idade Média.

Depois de algumas horas andando pelas ruas dos bairros históricos de Philly e visitando os museus, o verde do **Fairmount Park** recupera até o mais exausto dos turistas. O maior parque municipal do país é um conjunto de 63 parques e áreas verdes espalhados por toda a cidade. Além

Placa representando a ação do passado em Spotsylvania, um campo de batalha da Guerra Civil.

Rodin Museum.

62 ♦ LUGARES

> **DICA**
>
> Em Baltimore, a Old City Art Association patrocina a First Friday. Na primeira noite de sexta-feira de cada mês, as galerias de arte abrem as portas. O evento é seguido pelo First Saturday, quando os artistas, curadores e proprietários das galerias oferecem oficinas, palestras e outras reuniões informais.

Canhão da Guerra Civil em Chatham Manor.

de campos gramados e grandes extensões de bosques, o parque tem um centro de horticultura, zoológico, casa e jardim japonês, e várias casas históricas ao longo das margens do Schuylkill. Quando estiver descansado, pegue a rodovia novamente em direção a **Baltimore** ❺ *(ver p. 60)*. Saindo da Filadélfia, são aproximadamente duas horas na I-95. Muito mais agradável é a viagem pela US 1 pelo **Brandywine Valley**. Entre **Chadd's Ford** e **Kennett Square**, você vai passar pelo **Brandywine Battlefield** (tel.: 610-459-3342; www.brandywinebattlefield.org), local de uma antiga batalha revolucionária em que os colonos perderam; pelo **Brandywine River Museum** (www.brandywinemuseum.org; diariamente), que exibe os trabalhos de Andrew Wyeth, N. C. Wyeth e Jamie Wyeth; pelos **Longwood Gardens** (tel.: 610-388-1000; www.longwoodgardens.org; 3ª-dom.) com uma estufa interna de 1,6 hectare e 405 hectares de jardins externos; e pelo **Winterhur Museum** (tel.: 302-888-4600; www.winterhur.org; 3ª-dom.), que foi a casa de Henry Francis du Pont e o primeiro museu norte-americano de arte decorativa. Você vai passar pela paisagem norte de Maryland, cruzará a Conowingo Dam sobre o Susquehanna River e vai passar por alguns subúrbios de Baltimore antes de pegar a I-695, a Baltimore Beltway e a I-95.

Em frente, rumo à Virgínia

Ao sair de Baltimore, pegue a I-695 (a Baltimore Beltway) para a I-97, a estrada que segue direto para Annapolis. Faça a conexão com a US 50 East e pegue a saída do Rowe Boulevard para chegar ao centro de **Annapolis** ❻. A cidade reluz, daquele modo especial como reluzem as cidades que são construídas à beira do mar e que dele dependem – ao entardecer, as elegantes casas georgianas e as ruas estreitas e sinuosas bruxuleiam na luz do entardecer. Caminhar é uma maneira fácil de ver a cidade, começando no alto, onde fica a **Maryland State House**. Foi aqui que o Congresso Continental ratificou o Tratado de Paris, que oficialmente encerrou a Guerra da Independência, e onde Washington renunciou ao poder.

Siga as curvas na direção da orla marítima do século XVIII, lindamente preservada, até a **US Naval Academy** e seu museu em **Preble Hall** (tel.: 410-293-2108; www.usna.edu; diariamente), que tem exposições sobre a vida marítima e a história dessa venerável instituição. Há excursões a pé de hora em hora pela Academy, que partem do centro de informações turísticas. Dirija mais 48 km (30 milhas) da US 50, para oeste, e chegará à capital do país, **Washington, D.C.** *(ver p. 180).* Para seguir os objetivos dessa rota, contorne a cidade usando o anel I-495 e pegue a Saída 57A para a I-95. Apesar de Maryland ficar na parte de baixo da Mason-Dixon Line, que tradicionalmente separa o "Norte" do "Sul", é só quando você entra na Virgínia que o sotaque fica mais suave e o sul "real" começa.

O sul confederado

A meio caminho entre Washington, D.C. e Richmond, a capital da Confederação, não é de estranhar que **Fredericksburg** ❼ tenha sido um campo de batalha importante durante a Guerra Civil. Na verdade, com 110 mil baixas nas quatro batalhas mais importantes travadas nos arredores da cidade, dizem que esse é o "território mais sangrento" da América do Norte.

O **Fredericksburg and Spotsylvania County Battlefields Memorial National Military Park** (tel.: 540- -373-6122; www.nps.gov/frsp; diariamente) é o segundo maior parque militar do mundo. Ele incorpora os campos de batalha de Fredericksburg, Chancellorsville, Wilderness e Spotsylvania Court House. Fica a oeste da cidade, em ambos os lados da Route 3. Tanto o Fredericksburg Battlefield, perto da região histórica da cidade, quanto o Chancellorsville, a oeste da cidade pela Route 3, têm centros de informações turísticas que ficam abertos diariamente, com folhetos, funcionários especializados e opções de excursão.

Em um despenhadeiro sobre o Rappahannock River, de frente para Fredericksburg, ao norte da Route 3, fica a imponente casa de tijolos **Chatham Manor** (tel.: 540-373-6122; www.nps.gov/frsp/chatham; diariamente), construída em 1771 e que recebeu Washington e Jefferson nos tempos coloniais. Ela serviu de quartel-general e de hospital durante a batalha de Fredericksburg. Clara Barton e Walt Whitman uniram esforços para cuidar das centenas de soldados feridos que eram levados para lá.

Fredericksburg foi também a residência onde George Washington passou a infância. A **Ferry Farm** (tel.: 540-370-0732; diariamente), onde ele cresceu, também fica na Route 3. É preciso procurar com atenção pela pequena placa na entrada de cascalho. Recentemente arqueologistas encontraram o local onde

FATO

A Maggie L. Walker House (600 North Second Street, Richmond) homenageia a mulher que, em 1903, fundou o mais antigo e duradouro banco de propriedade de negros no país. Nas proximidades, uma estátua homenageia Bill "Bojangles" Robinson (1878-1949) – o menino mais rápido do que um raio –, que ficou famoso como sapateador.

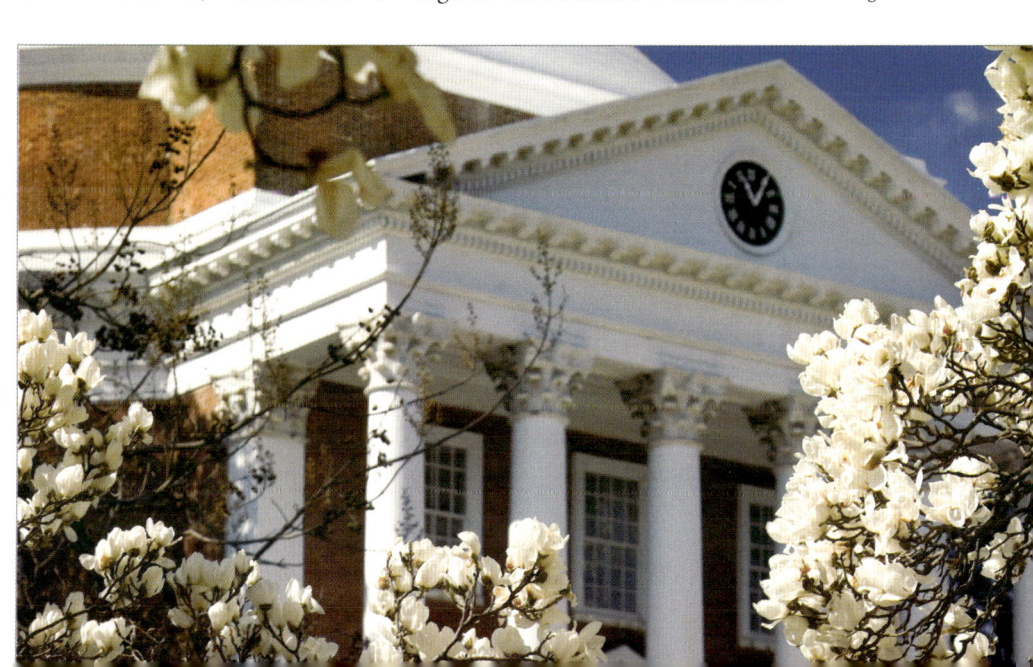

Rotunda, na Universidade da Virgínia.

FATO

James Monroe, presidente de 1817 a 1825, é lembrado hoje principalmente pela Doutrina Monroe, que condenou a intromissão europeia no hemisfério ocidental e tornou-se um importante elemento da política externa norte-americana. Além disso, também durante seu mandato, comprou-se a Flórida, o Missouri foi declarado estado escravista e o Maine foi admitido na União.

Viaduto Linn Cove na Blue Ridge Parkway.

ficava a casa original, que queimou quando Washington ainda era criança. Visitantes podem assistir às escavações que estão em andamento e, eventualmente, até participar delas.

O quinto presidente da nação, James Monroe, também nasceu aqui; o **James Monroe Museum and Memorial Library** (tel.: 540-654-1043; jamesmonroemuseum.umw.edu; diariamente), na Charles Street, tem uma coleção de objetos pessoais, mobília e documentos de Monroe e de sua esposa, Elizabeth.

A Fredericksburg de hoje ainda mantém uma atmosfera histórica. O centro da cidade composto de quarenta quadras é o Distrito Histórico Nacional, com lojas de antiguidades, restaurantes e museus como o **Hugh Mercer Apothecary Shop** (tel.: 540-373-1569; www.apva.org; diariamente), onde os visitantes podem aprender como tratar a histeria de uma dama, e a **Rising Sun Tavern** (tel.: 540-371-1494; www.apva.org; diariamente), que oferece uma interpretação da vida de taberna no século XVIII. O cunhado de George Washington era o proprietário do elegante **Kenmore Plantation and Gardens** (tel.: 540-373-3381; www.kenmore.org; mar.-dez., diariamente).

Visitar esses pontos é ter uma boa ideia da vida naqueles tempos.

Richmond

Volte 88 km (55 milhas) para chegar a **Richmond** ❽. A Saída 92 leva a Scotchtown, terra de Patrick Henry. No dia seguinte ao enterro de sua jovem esposa, Henry se dirigiu a Richmond para proferir seu discurso "Dê-me a liberdade ou dê-me a morte".

Pegue a Saída 75 para o centro de informações turísticas de Richmond. Há um estacionamento gratuito em frente ao prédio. No interior do centro há folhetos, mapas e funcionários bem informados sobre as atrações e a história da região. Eles também podem fazer reservas de hospedagem e sugerir restaurantes e centros de compras. A loja de suvenir vende produtos fabricados na Virgínia. Importante na história da Guerra de Independência e da Guerra Civil, a cidade merece um tempo. Na bonita **St John's Church**, na Broad Street, aconteceu a Segunda Convenção da Virgínia em 1775. O debate que culminou no brado de Patrick Henry é encenado todos os domingos no verão, e os visitantes sentam-se lado a lado com os representantes. Situada sobre a linha de desnível do rio James, a localização de Richmond transformou-a num centro natural de comércio. Em 1779, a cidade substituiu Williamsburg como capital da Virgínia.

Thomas Jefferson projetou o admirável **State Capitol** (www.virginiacapitol.gov; diariamente), de estilo neoclássico, que abriga a estátua de George Washington em tamanho natural, feita por Jean-Antoine Houdon, uma das esculturas mais valiosas do país. Durante a Guerra Civil, Richmond foi capital da Confederação. Grande parte da cidade foi destruída quando as tropas da União a incendiaram. Talvez o melhor museu sobre a Guerra Civil seja o **The American Civil War Center** (tel.: 804-780-1865; www.tredegar.org; diariamente), na Tredegar Street n. 500, a oeste do State Capitol. As exposições provocativas fazem que os visitantes examinem os aspectos políticos, éticos, militares, morais e práticos da guerra a partir do ponto de vista da União, dos confederados, dos afrodescendentes e de sua própria visão. Na 12th Street com Clay Street, o **Museum of the Confederacy** (tel.: 804-649-1861; www.moc.org; diariamente) tem o maior acervo do mundo de *memorabilia* confederativa. A Casa Branca da Confederação, adjacente ao museu, tem sido restaurada como um templo do movimento Lost Cause (a Causa Perdida da Confederação).

Os corpos do presidente confederado Jefferson Davis e de 18 mil confederados estão enterrados no **Hollywood Cemetery** (www.hollywoodcemetery.org), na Cherry Street. Esses vastos campos também são o local do descanso final dos presidentes norte-americanos James Monroe e John Tyler. O centro de Richmond é um agradável ponto de negócios e de política. Prédios de escritórios modernos projetam-se ao redor das praças e fontes; edifícios históricos foram restaurados e são hoje lojas e restaurantes; o Canal Walk, com 2 km de extensão, abre as margens do James River para lazer. A cidade é famosa pela sinfônica, pela ópera, pelo balé e também pelo **Virginia Museum of Fine Arts** (tel.: 804-340-1400; www.vmfa.state.va.us; 4ª-dom.), na Grove Avenue.

Jefferson e Monticello

Saindo de Richmond, entre na I-64W e siga por 119 km (74 milhas) em direção a Charlottesville, local da Universidade da Virgínia e lar de Thomas Jefferson. Para percorrer uma rota mais pitoresca, pegue a Saída 167 para a US 250 West. A estrada de pista dupla segue pelas colinas e por fazendas com cavalos, rolos de feno, lagoas e senhores sentados no jardim. As estradas sinuosas eram conhecidas de Jefferson. À medida que se aproxima da cidade, placas na Route 729 direcionam para Monticello; se você pegou a I-64, siga para a Saída 121.

Os norte-americanos que chegam a **Monticello** (tel.: 434-984-9800; www.monticello.org; diariamente), a "pequena montanha", propriedade de Thomas Jefferson, já estão familiarizados com seu formato. A imagem enfeita a coroa da moeda norte-americana de cinco centavos. Essa forma elegante, em cúpula, é particularmente jeffersoniana e se parece não só com a Rotunda da Universidade da Virgínia, mas também com o telhado do prédio do Memorial Jefferson, em

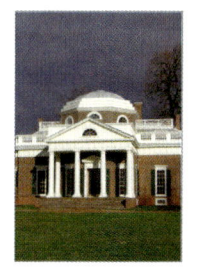

Todos os detalhes de Monticello, a casa de Thomas Jefferson, foram projetados por esse criativo presidente.

A Natural Bridge calcária da Virgínia.

FATO

A Blue Ridge Parkway, "a estrada predileta da América", foi concebida na década de 1930, num projeto de obras públicas do tempo da Grande Depressão. Construí-la no terreno montanhoso foi um desafio de engenharia que incluiu a abertura de 26 túneis. O último trecho foi concluído em 1987.

Sapateiro em Colonial Williamsburg.

Washington, D.C. Jefferson projetou cada detalhe de Monticello, e a marca de sua mente ativa é evidente em todos os lugares.

Tente chegar cedo, pois a fila de espera para a visita guiada é famosa por ser de até duas horas no meio do dia. O passeio leva o turista pelo andar térreo da residência, com os guias apontando para as invenções e inovações de Jefferson, como a máquina de escrever dupla e o sistema de elevador de alimentos. A mesma atenção é dada à vida pessoal da família. Um passeio fascinante, e que pode ser feito sem os guias, é a exploração das áreas de serviço na parte inferior da mansão; lá é possível ver como escravos, criados e trabalhadores contratados mantinham a propriedade em funcionamento. Ônibus circulares do centro de informações turísticas até a mansão param no terreno da família onde Jefferson e cerca de 200 membros de sua família estão enterrados.

O bom amigo de Jefferson, James Monroe, quinto presidente dos Estados Unidos, morou a aproximadamente 4,8 km dali, em **Ash Lawn-Highland** (tel.: 434-293-8000; www.ashlawnhighland.org; diariamente). Vire à esquerda saindo de Monticello, na Route 53, e depois à direita na Route 795. O despretensioso retiro reflete a introversão e a natureza pensativa de Monroe, com suas fileiras de freixo ladeadas por cercas de madeira que levam a uma simples casa de campo. É a tranquilidade de Monroe contrastando com a energia frenética de Jefferson.

Ao retornar para Monticello em direção à I-64 para continuar até Charlottesville, você vai passar pelo bar pré-revolucionário **Michie Tavern** (tel.: 434-977-1234; www.michietavern.com; almoço e visitas diariamente), hoje um museu repleto de mobília e artefatos coloniais. Também serve um cardápio de almoço baseado na época.

Charlottesville

São apenas 9 km (6 milhas) de Monticello a **Charlottesville** ❾ e à **Universidade de Virgínia**. Continue na Route 53; vire à direita na Route 20 e depois pegue a I-64W para a saída da Fifth Street, que leva diretamente ao centro da cidade e à área da universidade. Jefferson projetou os edifícios originais e o *campus* na década

DESVIO PARA WILLIAMSBURG

Saindo de Richmond, uma viagem de 87 km (54 milhas) pela SR 60 termina em Colonial Williamsburg, que recria o cotidiano dos primeiros anos da nação. Fundada em 1633, Williamsburg transformou-se num centro de cultura, moda e vida festiva. Depois que o governo estadual mudou-se para Richmond, em 1780, a cidade definhou, até que o doutor William R. Goodwin aproximou-se de John D. Rockefeller Jr., em 1926, a fim de pedir verba para salvar os edifícios históricos que ainda restavam e reconstruir outros. Usando plantas e material originais, Goodwin ressuscitou a cidade inteira, do Congresso – onde a Declaração de Direitos de George Mason para a Câmara dos Cidadãos lançou a base para a Constituição – à Raleigh Tavern, onde George Washington traçou estratégias militares na revolta contra a Grã-Bretanha. Quase 2 mil "residentes" recriam a comunidade original de Williamsburg. O ferreiro bate o ferro em brasa; uma criada com uma touca tece roupas de cama; carruagens puxadas por cavalos rodam pelas ruas; milicianos treinam nos campos. O padeiro, o tipógrafo e o soprador de vidro também estão representados. Para uma completa experiência dos primeiros anos dos Estados Unidos, o povoado de Jamestown (sítio original com escavações arqueológicas e uma autêntica recreação) e Yorktown, onde os britânicos renderam-se aos norte-americanos, ficam a menos de uma hora de carro dali. Para informações, tel.: 757-220-7645, 800-HISTORY ou 757-229-1000; www.colonialwilliamsburg.com.

de 1820 e afirmou que essa era a obra de que ele mais se orgulhava. Sua arquitetura baseia-se no estilo clássico europeu, adaptado ao material local, como tijolos avermelhados e madeira pintada. Olhando da passarela elevada da **Rotunda**, você vai ver a esplêndida faixa gramada conhecida como "**The Lawn**", ladeada por pavilhões com colunas. Originalmente, moravam nesses pavilhões todos os estudantes e professores das "vilas acadêmicas" de Jefferson; hoje eles são ocupados por funcionários da escola e estudantes que se destacam. **West Range**, onde Edgar Allan Poe (1809-49) morou durante seu malsucedido período de graduação aqui, fica na McCormack Road. O antigo quarto de Poe está aberto à visitação.

Continue pela University Avenue até "**The Corner**", uma série de restaurantes e lojas que atendem estudantes, turistas e moradores.

Blue Ridge Parkway

Siga a I-64W até Rockfish Gap, onde começam os impressionantes 739 km da **Blue Ridge Parkway** (www.blueridgeparkway.org). Atravessando a **George Washington National Forest**, essa rodovia – como outra parecida nas proximidades, a Skyline Drive – leva ao topo das Blue Ridge Mountains (Cordilheira Azul). No entanto, como a área não é um parque nacional, você vai notar uma grande diferença: a estrada não só tem floresta e flores, como também fazendas em atividade. As árvores atapetam as montanhas da vizinhança, que ficam cada vez mais azuis conforme somem a distância. Esse efeito é causado pelas químicas emitidas pelas árvores, uma explicação prosaica que de modo algum diminui o belo resultado. Se estiver viajando sozinho, não deixe que as paisagens soberbas desviem seu olhar para fora da estrada, ou você vai acabar batendo em uma árvore.

No km 98 (Milha 61), a Route 130 West leva até a **Natural Bridge** (tel.: 540-291-2121; www.naturalbridgeva.com; diariamente). A formação rochosa natural de 66 metros de altura é estimada como "A Ponte para Deus" pela tribo *monacan*. Para ver essa maravilha, no entanto, é necessário comprar ingressos e atravessar um inevitável conjunto de cafonices turísticas: um museu de cera, a casa das borboletas e uma enorme loja de suvenires.

Roanoke

De volta à Parkway, continue para o sul. A Route 220 leva à bela cidade de **Roanoke** ❿ *(ver p. 187)*. O restaurado Mabry Mill, na Milepost n. 176, é um moinho, ferraria e destilaria da era de 1900. Mas a joia dessa viagem fica em Milepost n. 210. O Blue Ridge Music Center (tel.: 276-236-5309; www.blueridgemusiccenter.org) conta, através de exposições e vídeos, sobre a característica música das montanhas, tocada com rabeca, bandolim, violão e banjo. Músicos se reúnem no pátio todas as tardes.

Saia de Parkway pela Route 89 e siga para sudeste em direção à Carolina do Norte, onde o ritmo da vida é muito tranquilo e a conversa é conduzida pelo jeito de falar arrastado do sul, que às vezes é difícil de entender para os que vêm de fora. Você acaba de entrar no Deep South, a região sudeste dos Estados Unidos.

Admirando a estrela em Roanoke.

Entrada para Bethesda, o antigo orfanato perto de Savannah.

LUGARES 69

DA CAROLINA DO NORTE A SAVANNAH

Esta região diversificada tem cidades universitárias e praias, plantações de antes da guerra e marcos dos direitos civis, campos agrícolas e cidades cheias de história, além da cultura e da culinária únicas de Lowcountry.

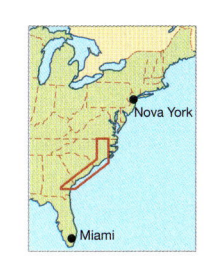

Principais atrações
Greensboro
Durham
Chapel Hill
Fayetteville
Outer Banks
Wilmington
Georgetown
Charleston
Savannah

Tudo o que resta do primeiro povoamento conhecido na atual Carolina do Norte é uma palavra – *croatan* – que manteve etimologistas e filólogos ocupados durante séculos, desde que foi encontrada escrita numa árvore na desaparecida colônia de Fort Raleigh, na ilha de Roanoke. Nada mais sobrou da "colônia perdida", fundada em 1587.

Hoje, o estado está passando por uma rápida transformação, de fim de mundo rural para potência industrial e educacional. Os empregos, principalmente na indústria leve, e os subúrbios brotam ao longo do corredor da I-85. Charlotte tornou-se o centro financeiro do sul, e a região de Raleigh-Durham tem alta concentração de boas universidades. Uma prova desse sucesso é que hoje pode-se assistir a partidas de hóquei no gelo num estado onde raramente neva, e também de futebol americano profissional – os dois esportes chegaram recentemente, junto com os novos empregos. Os estilos musicais *folk* e *bluegrass* ainda são os hinos ouvidos a oeste dos Apalaches.

História morávia

Saindo da Blue Ridge Parkway na Virgínia, a US 52 atravessa a divisa, passando pela arrumada **Mount Airy** ⓫ – cidade natal do ator e produtor Andy Griffith, herói da Carolina, e cidade modelo do clássico programa de TV de Griffith, tremendamente popular, chamado *Mayberry RFD* – e seguindo para Winston-Salem.

A US 52 leva a **Winston-Salem** ⓬ *(ver p. 188)*, sede da fábrica de tabaco R. J. Reynolds, que produz mais de 450 milhões de cigarros por dia. Apesar da imagem negativa do produto, o tabaco ainda é a segunda maior indústria da Carolina do Norte (a primeira é a têxtil). A Winston Cigarettes há muito tem patrocinado a Winston Cup de Nascar; muitos campeões da Nascar nasceram e ainda vivem na área.

Antiga jukebox *de mesa numa lanchonete e, ao fundo, um Ford Modelo B, de 1932, em Winston-Salem.*

Homem de Winston-Salem, em trajes morávios, trabalhando com tabaco.

Centro de Winston-Salem.

A parte Salem de Winston-Salem foi fundada por morávios em 1766. O nome deriva do hebraico *shalom*, que significa "paz". Em 1913, Salem foi incorporada pela vizinha Winston, e, quando seus edifícios ficaram em mau estado, um projeto de restauração nos anos 1930 os salvou. O sucesso dessa empreitada pode ser visto em **Salem Old Town**, aonde se chega pela Old Salem Road, perto do centro da cidade. Especialmente interessantes são **Mikisch Garden and House**, casa e horta da família Mikisch; a **Winkler Bakery**, padaria morávia restaurada, que produz ótimos pães e *cookies* de *wafer* fino excepcionais de segunda a sábado; e a **Salem Tavern**, com seu **Barn and Farm Museum**. O **God's Acre**, cemitério morávio nas proximidades, tem 4 mil túmulos, muitos deles enfeitados com marcos simples de mármore, que simbolizam a igualdade entre os mortos.

A movimentada US 421, de quatro faixas, segue para **Greensboro**, local de um momento crucial do movimento pelos direitos civis – a primeira manifestação de negros exigindo o fim da segregação. A loja Woolworth, onde a manifestação ocorreu, é agora o **International Civil Rights Center and Museum** (tel.: 336-274-9199; www.sitinmovement.org; 3ª-dom.). A visita guiada, com duração de uma hora, conduz o turista por um inquietante passeio pelos elementos históricos e morais do legado de escravidão e segregação dos Estados Unidos. O balcão, ao qual quatro calouros da faculdade negros sentaram-se, continua intocado desde aqueles dias em 1960. Outras exposições revisitam as leis "Jim Crow", o papel das igrejas no movimento sem violência e uma parede com os nomes daqueles que morreram durante as lutas pelos direitos civis.

Durham

Continue para leste, pela US 70 ou pela I-40E, até **Durham** ⓭. No caminho, procure por **Piedmont Farmers' Market** na Saída 210 da I-40, um sólido mercado coberto que ocupa três prédios, onde fazendeiros locais vendem produtos agrícolas, carnes, queijos, verduras e hortaliças (tel.: 336-606-9157; diariamente).

Durham é sede da **Universidade de Duke**. Ao lado de **Chapel Hill** e **Raleigh**, ela faz parte do triângulo

DA CAROLINA DO NORTE A SAVANNAH

da pesquisa, um oásis liberal no meio da Carolina do Norte, que afirma ter mais doutores *per capita* do que qualquer outra região do país. Esse também é o melhor lugar para ver excelentes jogos universitários de basquete. A Carolina do Norte é um estado de fanáticos por basquete, e os times Duke Blue Devils, North Carolina Tar Heels e North Carolina State Wolfpack, todos do triângulo, são seu orgulho. O *campus* de Duke está entre os mais bonitos do sul, com edifícios góticos e georgianos, dispostos em quadras ordenadas. O **Duke Garden** (tel.: 919-684-3698; www.gardens.duke.edu/; diariamente), com seus 22 hectares, tem um jardim incrivelmente aparado em formas geométricas, fontes, áreas para piquenique e lagoas. Encontre um lugar adequado para estacionar e vá até a capela da universidade para ver o **Benjamin N. Duke Memorial Flentrop Organ**, um órgão extravagante de 5 mil tubos. Visitas a pé pela universidade são coordenadas no Admissions Office.

A cultura de Durham

A cidade tem uma mistura alegre de armazéns de tabaco abandonados e fábricas transformadas em comércios, galerias de artistas e restaurantes chiques. Operários e professores, sulistas tradicionais e novos ricos do norte compartilham seu amor pela cidade para criar uma comunidade envolvida. A **Ninth Street** é bom lugar para visitar, com muitas lojas de discos, livrarias, cafés e restaurantes.

Insista até encontrar o estádio de beisebol do time de segunda divisão Durham Bull, um dos melhores e mais perfeitos locais do país para passar uma noite quente de verão. Observe o touro fora do campo, que expele fumaça quando o time marca um ponto. O antigo estádio do Bull, El Toro Field, era ainda mais autêntico – um lado era formado por armazéns de tabaco, e o touro que expele fumaça fez sua estreia durante a filmagem de *Bull Durham*; o acesso a pé é fácil saindo do centro da cidade.

Durham é também um ímã culinário. Muitos *chefs* de renome nacional cozinham aqui. Há mais de trezentos restaurantes locais, um número elevado para uma cidade relativamente pequena. **Durham Performing Arts Center** é o terceiro mais movimentado do país, depois do Radio City Music Hall e do Caesar's Palace em Las Vegas.

FATO

Por que a Carolina do Norte é conhecida como "estado do calcanhar de piche"? A explicação mais popular é que os operários que produziam alcatrão pela queima de pinheiros de folhas longas ficavam com a substância pegajosa nos calcanhares, mesmo depois de deixarem a mata. A explicação poética é que, durante a Guerra Civil, os soldados da Carolina do Norte diziam às tropas que batiam em retirada que haviam colocado piche nos saltos de suas botas, para que eles permanecessem em campo na batalha seguinte.

Farol da Bodie Island, Parque Nacional de Cape Hatteras, em Outer Banks.

DESVIO – OUTER BANKS

Uma viagem tranquila de 311 km pela SR 64, partindo de Raleigh, conduz até Outer Banks, que surge como a cabeça de uma baleia emergindo no Atlântico. Dois parques nacionais marinhos, Cape Hatteras e Cape Lookout, preservam 190 km de praias nas ilhas de Bodie, Hatteras e Ocracoke e as barreiras de Core e Shackleford. A maioria das ilhas costeiras fica a menos de 16 km do litoral, mas as Outer Banks pertencem ao reino marinho; em alguns lugares, 48 km de mar separam a ilha de Hatteras do continente. Os parques nacionais nas Outer Banks têm características peculiares ao resto da Carolina do Norte. As ilhas têm praias largas arrasadas pela água, atrás das quais manchas espalhadas de aveia-do-mar e estorno conectam dunas baixas. Moitas de arbustos de sabugueiro-do-pântano e faia-da-terra pontilham o pântano arenoso. O lado das ilhas voltado para o continente tem extensos brejos de maré cobertos pela morraça que oscila ao vento. Faróis distintamente estampados marcam a costa para os navios, em particular o farol Cape Hatteras, pintado em espiral. Como uma erosão na praia ameaçava derrubar o farol no mar, em 1999 o farol de 4.400 toneladas foi cuidadosamente rolado por trilhos de aço para outro lugar, a 487 metros do mar. Para mais informações, ligue para a Outer Banks Chamber of Commerce, tel.: 252-441-8144, ou visite o Outer Banks Visitors Bureau no *site* www.outerbanks.org.

Caixa de correio da região rural da Carolina do Norte.

Stock car dos anos 1950, Carolina do Sul.

A sudoeste de Durham, uma cidade menor, **Chapel Hill**, é a sede do *campus* da agradável **Universidade da Carolina do Norte**. Essa foi a primeira universidade estadual a ser reconhecida nos Estados Unidos. Os fãs de astronomia vão gostar do **Morehead Planetarium and Science Center**, na East Franklin Street n. 250 (tel.: 919-962-1236; www.moreheadplanetarium.org; 3ª-dom.). Os visitantes do *campus* podem usar o estacionamento adjacente ao planetário. A Franklin Street é o centro para fazer compras, comer e socializar com os estudantes. Os 32 hectares do **North Carolina Botanical Garden** (tel.: 919-962-0522; www.ncbg.unc.edu; diariamente) têm plantas nativas das diferentes regiões do estado em ambientação natural. O prédio da educação e centro de informação é uma construção com certificação Leadership in Energy and Environmental Design [certificação de construções sustentáveis] e, por si só, vale a pena ser visitado.

Rumo ao litoral

Saindo de Durham, pegue a US 15-501 (também conhecida como Jefferson Davis Highway) em direção ao sul, rumo a **Sanford** ⓴, onde a cerâmica tornou-se uma indústria caseira popular. Em Sanford, mude para a US 421. Na beira da estrada, os campos estão novamente cobertos de tabaco e os poucos salgueiros-chorões e lagoas cobertas de alga não conseguem dispersar o calor sufocante do verão.

Essa estrada atravessa campos cultivados de milho e tabaco, que se estendem por muitos hectares a partir da beira da estrada. Há inúmeras igrejinhas ao longo do caminho, a maioria delas batista, com tendas exortando os passantes a reexaminarem suas vidas cheias de pecados. Em **Lillington**, vire para o sul na US 401 em direção a **Fayetteville** ⓯, onde fica o Fort Bragg do Exército. Os militares são altamente respeitados e honrados aqui. O **Airborne and Special Operations Museum** (tel.: 910-643-2766; www.asomf.org; 3ª-dom.) acompanha o desenvolvimento dos soldados paraquedistas da Segunda Guerra Mundial até suas missões atuais. Dioramas em tamanho real, pelos quais se pode caminhar, dão a sensação única de fazer parte da ação, seja em um vilarejo francês do ano de 1944, seja em um campo afegão em 2012. Uma exposição separada sobre o suplício dos prisioneiros de guerra no Vietnã é assustadora.

Ao lado, o comovente **North Carolina Veterans Park** (tel.: 910-433-1547; www.ncveteranspark.org; 3ª-dom.) homenageia aqueles Tar Heels ("Calcanhares de Piche", apelido dado ao estado da Carolina do Norte e seus habitantes) que serviram à nação desde os textos da Independência. Moldes das mãos de veteranos como se estivessem erguidas em juramento cobrem 100 obeliscos – um para cada município do estado. No interior do prédio, em uma parede estão fileiras de placas identificadoras de todos os norte-carolinianos mortos nas guerras. Em uma fileira vazia está escrito "Futuro".

Cape Fear Botanical Garden (tel.: 910-486-0221; www.capefearbg.org; diariamente), no North Eastern Boulevard n. 536, é um bálsamo depois de meditar sobre os impactos da guerra. Contudo, é um pouco desconcertante o fato de o campo de tiro da polícia ser nas proximidades; o som das cigarras e o canto dos pássaros às vezes são abafados pelo estampido de pequenas armas de fogo. O jardim abrange 31 hectares de florestas de pinheiros e árvores decíduas. Áreas cultivadas exibem mais de 2 mil variedades de plantas ornamentais, inclusive belos jardins de lírios-de-um-dia, camélias e hostas. Há muitos pontos de observação, inclusive redes de frente para uma lagoa.

Wilmington

Se você tiver um *audiobook*, a viagem de duas horas de Fayetteville até Wilmington ao longo da State Route 87 é a oportunidade de ouvi-lo. A estrada é plana, o cenário não tem nada de interessante e as cidades são pouco mais do que postos de gasolina.

A recompensa é a cidade costeira de **Wilmington** ⓰. Localizada no Cape Fear River, perto do oceano Atlântico, tem sido um porto de águas profundas desde os tempos coloniais. Depois da longa e quente viagem, recompense-se com um dos muitos cruzeiros ao longo do rio ou inscreva-se para um passeio de caiaque para as ilhas costeiras. A brisa quase sempre sopra pelos 3 km de calçadão, que se estende por antigos armazéns e fábricas, que são hoje uma coleção de lojas, restaurantes e hotéis com vistas para o mar. Muitas belas casas antigas se enfileiram nas ruas de pedra perto da orla, inclusive a **Zebulon Latimer House** (South Third Street n. 126) e a **Burgwin-Wright House** (Third Street e Market Street).

Do outro lado do rio, visite o **USS North Carolina Battleship Memorial** (tel.: 910 251 5787; www.battleshipnc.com; diariamente). Encomendado em 1941, ele foi considerado na época a melhor embarcação de guerra dos Estados Unidos. O passeio sem guia permite ao visitante imaginar a vida cotidiana do navio e o combate violento que seus tripulantes experimentaram no Pacífico.

DICA

Os sulistas são grandes contadores de histórias. Em Wilmington, Carolina do Norte, pergunte sobre o assassinato não esclarecido de 1760, que envolveu um homem, um anel em forma de cobra e um cavalo sem cavaleiro numa noite chuvosa.

Píer do parque estadual de Myrtle Beach.

Fonte em formato de abacaxi no Waterfront Park, em Charleston.

Árvores adultas e varandas elegantes proporcionam sombra agradável em Charleston.

CAROLINA DO SUL

De todos os estados do sul, a Carolina do Sul foi o mais virulento na defesa da escravidão e de seu direito de deixar a União. Em 20 de dezembro de 1860, tornou-se o primeiro estado a se separar da União. Outros seis estados rapidamente o seguiram. Quando as forças confederadas abriram fogo contra as tropas da União estacionadas no Fort Sumter no porto de Charleston em abril de 1861, o estado jogou a nação numa guerra contra si mesma.

Atribuindo à Carolina do Sul a responsabilidade pela guerra, o general William Tecumseh Sherman foi particularmente rigoroso na região em sua marcha para o mar, devastando a base agrícola e incendiando os portos do estado. Entre esse fato e o fim da escravidão, a base da economia da Carolina do Sul foi destruída. Foi só depois da Segunda Guerra Mundial, quando a economia do estado iniciou a transição da agricultura para as indústrias têxtil, moveleira e química, que a sorte do estado começou a prosperar. (No entanto, a agricultura continua forte: o estado é o maior produtor de pêssego dos Estados Unidos e o único produtor de chá.) O turismo é outro suporte econômico ao longo da costa da Carolina, que tem desde resorts na praia até cidades históricas.

Assim que sair da USS North Carolina, vire à esquerda na US 17 sul para entrar na Carolina do Sul – você está num trecho de 88 km de praia, conhecido como **Grand Strand**. Há muitas cidades pontilhadas no litoral arenoso, cada uma com personalidade própria. Atlantic Beach mantém muito da atmosfera de vila pesqueira; Pawley's Island é um território de casas de veraneio. O litoral atrai famílias, enquanto Muretta Inlet atrai surfistas. A maior e mais agitada cidade é **Myrtle Beach** ⓱, a terceira atração turística mais popular da Costa Leste, depois de Disney World e Atlantic City. É bem provável que a extraordinária comercialização da área seja demais para o turista; a US 17, com o pomposo nome de King's Highway, é formada por muitos quilômetros de minicampos de golfe, shopping centers, teatros e lojas baratas que vendem

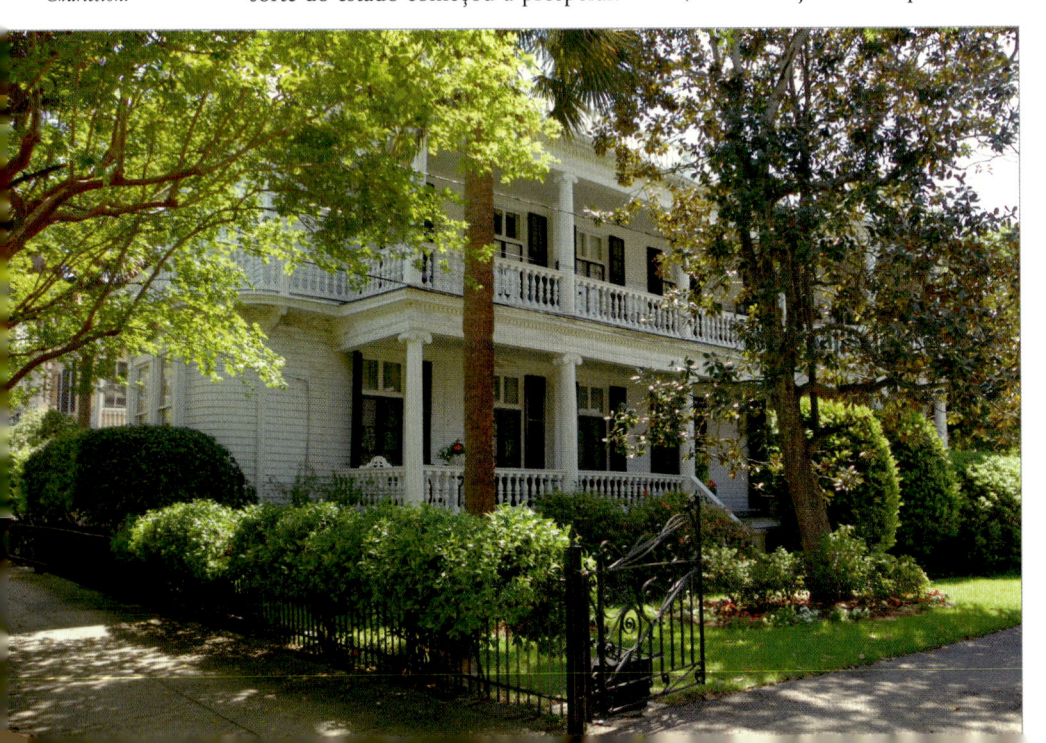

DA CAROLINA DO NORTE A SAVANNAH

acessórios da cultura praiana. Mas os hotéis e centros turísticos da cidade foram removidos da estrada e dividem agora uma praia ampla e limpa, que raramente fica lotada, mesmo na alta temporada de verão. Ao sul de Myrtle Beach, na US 17, em Sampit River, fica a mais tranquila e elegante **Georgetown** ⑱. Um próspero porto durante a era das madeireiras, ainda é o segundo porto marítimo mais movimentado do estado. Você não saberia disso partindo do lento ritmo de vida e do adorável centro com casarões antigos e um calçadão ao longo do rio. O **Rice Museum** (tel.: 843-546-7423; 2ª-sáb.) dá uma amostra do cultivo que sustentou a região em boa parte do início de sua história. A apenas poucos passos dali, o **South Carolina Maritime Museum** (tel.: 843-520-0111; www.scmaritimemuseum.org; 2ª-sáb.) conta sobre os 300 anos do comércio marítimo. **Kaminski House** (1769) e **Parker House** (1740) estão lado a lado na Front Street; as excursões são amistosas e informais (tel.: 843-546-7706; diariamente).

A Charleston histórica

Indo novamente para o sul pela US 17, você vai notar pequenas armações ao lado da estrada, de Awendaw até Mount Pleasant. Essa é a **Sweetgrass Basketweavers Highway**, o centro da região dos *gullahs*. A cultura *gullah* se desenvolveu entre os escravizados provenientes da África Ocidental que trabalhavam nas vastas plantações de arroz ao longo da costa. Eles adaptaram seu estilo de vida, artesanato, língua e culinária tradicionais para criar uma tradição ímpar. Cerca de 300 mil pessoas que afirmam terem raízes *gullah* vivem na costa, da Carolina do Sul até o norte da Flórida. As mulheres que ficam nas barracas na beira da estrada praticam a arte da tecelagem que foi trazida da África por seus ancestrais escravizados e passada de geração para geração como parte da cultura *gullah*. Encoste o carro para observar o processo, dar uma olhadinha nos produtos e comprar.

Em 1670, os colonizadores ingleses fundaram Charles Towne, em homenagem a Charles II, na margem do rio Ashley, a 8 km da localização atual de **Charleston** ⑲. Essa foi a primeira colônia permanente das Carolinas. Depois de 10 anos lutando contra a malária, o calor, as inundações e as tribos *kiawah*, os habitantes recolheram seus pertences e rumaram para a península onde a moderna Charleston foi erguida. A prosperidade dos primeiros anos da cidade está refletida nas elegantes residências do século XVIII, que enchem a área residencial ao sul da Broad Street. Na verdade, essa é uma das melhores cidades norte-americanas para se andar a pé.

Museum Mile

O centro de informações turísticas na rua Meeting com Anne fica no extremo norte do **Museum Mile** de Charleston. Dali até Charleston Harbor, a Meeting Street e ruas adjacentes têm mais de trinta museus, casas históricas, igrejas e outros lugares notáveis, entre eles o **Charleston Museum**

FATO

Charleston, na Carolina do Sul, chamada de "a cidade mais bem-educada" da América por causa da falecida especialista em etiqueta, Marjabelle Young Stewart, fundou o primeiro Tribunal de Habitabilidade do país. Esse tribunal tem jurisdição limitada para tratar de infrações às normas de meio ambiente, ruído, controle de animais, tráfego e turismo.

Interior de uma cabana de escravos.

A agulha em forma de bolo de noiva da Igreja Episcopal de St Michael, em Charleston.

Casas luxuosas à beira-mar em Charleston.

(tel.: 843-722-2996; www.charlestonmuseum.org; diariamente), em frente ao centro de informações turísticas. É o primeiro museu dos Estados Unidos (1773) e expõe artefatos de história natural e cultural de Lowcountry – região litorânea, incluindo as ilhas, da Carolina do Sul –, que é assim chamada pois fica no nível do mar. A agricultura – especialmente o cultivo de arroz – já foi a principal atividade em Lowcountry; hoje o turismo – com os resorts à beira-mar, sítios históricos, culinária e cultura – lidera a economia. O **Gibbes Museum** (tel.: 843-722-2706; www.gibbesmuseum.org; diariamente) conta a história de Charleston através da arte. **Joseph Manigault House** (Meeting Street n. 350) e **Nathaniel Russell House** (Meeting Street n. 51) são dois exemplos do luxo de que as classes altas desfrutaram. Num espaço fechado e ao ar livre fica o **City Market**, que ocupa dois quarteirões da Market Street e tem 140 barracas de comércio. Essa é a área das galerias, butiques, lojas especializadas e restaurantes.

A Meeting Street termina na **Battery**, ladeada de palmeiras, com **White Point Gardens**. Olhando para a água, a quase desinteressante ilha na entrada do porto é **Fort Sumter** (tel.: 843-883-3123; www.nps.gov.fosu; diariamente). O bombardeio confederado das fortificações da União foi a ação que deflagrou a Guerra Civil. O centro interpretativo na Concord Street é o ponto de partida para cruzeiros ao forte. A excursão completa (cruzeiro e tour pelo forte) leva duas horas e cinquenta minutos.

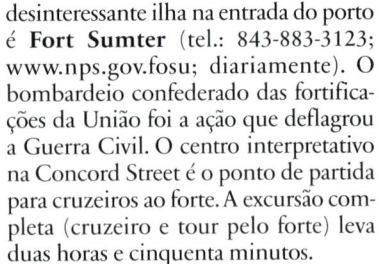

O **Old Slave Mart Museum** (tel.: 843-958-6467; www.oldslavemart.org; 2ª-sáb.), na Chalmers Street, guarda, entre outros objetos, fac-símiles de recibos usados no comércio de escravos. "Excelente bando de 25 negros acostumados ao cultivo de algodão de fibra longa e arroz", diz um anúncio de venda de 25 seres humanos ao cativeiro. É um museu chocante e que faz refletir, principalmente quando nos damos conta de que essa prática abominável ainda estava em vigor há apenas um século e meio. A opulência presunçosa ao sul da Broad Street, de repente, parece bem diferente depois de uma longa e atenta visita ao mercado de escravos.

Charleston está abarrotada de igrejas históricas, bem como de outras atrações culturais e sociais. Duas das mais interessantes são **Huguenot Church**, estrutura gótica erguida por protestantes franceses, e **St Michael's Episcopal Church**, com sua agulha de 57 metros de altura.

Fazendas e chá-da-índia

Três fazendas localizadas nos arredores de Charleston também merecem ser visitadas. **Magnolia Plantation and Gardens** (tel.: 800-367-3517; www.magnoliaplantation.com; diariamente), na Ashley River Road n. 3.550 (State Route 61). Além das fazendas do século XIX, Magnolia também tem belos jardins, cultivados desde 1870, um centro natural e passeios de barco aos antigos arrozais (onde é possível avistar jacarés). Muitas cabanas de escravos dos anos 1850 estão sendo restauradas e são o foco de um premiado programa sobre a história e a cultura dos afrodescendentes da área.

Middleton Place (tel.: 843-556-6020; www.middletonplace.org; diariamente) tem os mais antigos jardins com paisagismo do país, 26 hectares, um estábulo do período anterior à guerra reformado e intérpretes que demonstram as técnicas usadas pelos escravos para manter o lugar em funcionamento. **Boone Hall Plantation** (tel.: 843-884-4371; www.boonehallplantation.com; diariamente) tem a bela avenida de carvalhos que aparece no filme *...E o vento levou*. A mansão é, para a maioria das pessoas, um exemplo perfeito de residência anterior à Guerra Civil. Na verdade, a casa foi reconstruída só em 1935. A plantação tem uma apresentação singular sobre a cultura *gullah* adaptada pelos africanos escravizados.

Fossem as plantas para fazer chá-da-índia de mais rápido crescimento, a história dos Estados Unidos poderia ter sido um pouco diferente. O clima de Lowcountry é perfeito para a propagação do chá-da-índia, mas, como são necessários cerca de quatro anos para que as folhas possam ser colhidas, os coloniais dedicavam-se mais ao arroz e ao algodão, que cresciam mais rapidamente. O **Charleston Tea Plantation** (tel.: 843-559-0383; www.charlestonteaplantation.com; diariamente), cerca de trinta minutos ao sul de Charleston, cultiva – há um século e em 51 hectares – plantas importadas para outro experimento de chá-da-índia, na única plantação de chá-da-índia dos Estados Unidos.

Depois de Charleston, siga a US 17 para o sul, através de Lowcountry, na direção da divisa com a Geórgia. Saindo da US 17 e virando a leste na US 21, fica **Beaufort**, a segunda cidade mais antiga da Carolina do Sul, ainda bem pequena e bonita. Os produtores de cinema de Hollywood usam as bonitas casas à beira-mar, construídas antes da Guerra Civil, como cenário. O cultivo de índigo e arroz trouxe riqueza durante o século XVIII, quando foi erguida a maioria dessas casas (algumas delas são pousadas). A melhor maneira de conhecer a cidade é perambular por ela, curtindo a conversa simpática dos moradores em qualquer um dos restaurantes de frutos do mar, antes de seguir novamente para o sul, rumo à Geórgia. Pegue a Route 170 ao sul atravessando o Broad River, pegue a US 17 de novo e atravesse a ponte para chegar à linda cidade de **Savannah** [20] (*ver p. 78*), a "Bela do Sul".

FATO

As cabanas de escravos em Boone Hall foram construídas com tijolos feitos no local; entre várias outras atividades, a fazenda tinha uma olaria de tijolos e cerâmica.

Azaleias e carvalhos cobertos com musgos em Magnolia Plantation and Gardens, Charleston.

Savannah: a primeira cidade da Geórgia

O porto de Savannah é um lugar atrativo e sedutor – com partes iguais de história, nobreza, traição e excentricidade.

Lápide no cemitério Bonaventure.

Mais conhecida pelos belos carvalhos da Virgínia cheios de musgo, pelas ruas calçadas de pedra e pelas construções em tons pastel, um ar místico ainda paira sobre Savannah, o primeiro povoamento da Geórgia.

O atrevido *best-seller* intitulado *Midnight in the Garden of Good and Evil* [Meia-noite no jardim do bem e do mal] fez dessa cidade um nome familiar, provocando um aumento correspondente no turismo local. Hoje, uma visita provavelmente é composta de um passeio em carruagem puxada por cavalo pelas praças imponentes, de almoço num café ao ar livre – e de uma noite procurando fantasmas nas passagens sombrias. Em 1733, James Edward Oglethorpe recebeu autorização real para fundar "a colônia da Geórgia na América" e proteger a costa contra a Flórida espanhola, produzindo vinho e seda para a Coroa. Oglethorpe planejou um quadriculado de vias largas, pontuadas a intervalos regulares por 24 espaçosas praças públicas. As 20 que restam foram reformadas e compõem o núcleo do **Savannah's Historic District** – um dos maiores bairros históricos urbanos do país e, provavelmente, o mais bonito. O bairro é margeado pelo rio Savannah ao norte e pelo parque Forsyth ao sul, com 4 km de raio ao todo.

A Bull Street, que corta o bairro de norte a sul, liga algumas das praças mais bonitas, que têm de sobra os detalhes mais típicos de Savannah: elegantes trabalhos em ferro e nostálgicos musgos barba-de-velho. Elas também são animadas pelas atividades do cotidiano – vendedores de arte, barracas de cachorro-quente e artistas de rua. O verão traz concertos gratuitos de *jazz* para a John Square, perto do rio, mas a melhor época para uma visita é o início da primavera, quando a florada das azaleias está no auge.

Caminhar é a melhor maneira de ver a cidade, a menos que o calor esteja escaldante. Nesse caso, as melhores opções são os passeios de carruagem puxada por cavalos ou de *trolley*. **Old Town Trolleys** (www.trolleytours.com) e **Ogle-thorpe Trolleys** (www.oglethorpetours.com) oferecem excursões para as principais atrações. Você verá carruagens nas proximidades de muitas praças.

Uma das mais divertidas maneiras de conhecer as praças históricas é na companhia de **Savannah Dan** (tel.: 912-398-3777). Usando terno de linho riscado, chapéu de abas largas e gravata-borboleta, e exibindo o puro charme do sul, ele é um nativo com conhecimento enciclopédico sobre a cidade e um dom para a contação de histórias. O passeio a pé de duas horas deixa o turista com a sensação de conhecer a cidade como um local.

A maioria das cidades que circundam as praças tem história, e muitas estão abertas para visitação. Vá a **Owens-Thomas House** (Abercorn Street n. 124; www.telfair.com). Construída com uma atenção obsessiva à simetria, algumas portas abrem-se para paredes brancas para manter o equilíbrio gracioso e o *design*. O marquês de Lafayette hospedou-se lá durante sua visita ao país em 1825. A **catedral de São João Batista**, também na Lafayette Square, é outra parada que vale a pena. A **casa onde nasceu Juliette Gordon Low** (www.juliettegordonlowbirthplace.org), Bull Street n. 142, é a bela residência onde a fundadora da organização Girl

A grandiosa fonte do parque Forsyth.

Scouts of America, as bandeirantes norte-americanas, passou a infância.

Lucas Theatre for the Arts (www.lucastheatre.com), na Abercom Street n. 32, foi inaugurado em 1921 em Savannah e tinha a maior tela daquele tempo. No entanto, a TV roubou seus espectadores, e ele fechou em 1976. Escalado para ser demolido, cidadãos locais o resgataram e o restauraram como um local de apresentações. Fica aberto para visitação de terça a sexta (tel.: 912-525-5040). Próximo à esquina, a Broughton Street é a principal via pública de compras com uma mistura principalmente de lojas locais e alguns grandes varejistas. **Leopold's Ice Cream** (www.leopoldsicecream.com) vem fazendo seus sorvetes há 93 anos.

Os horticultores devem ir até o **Trustee's Garden** (www.trusteesgarden.com), na East Broad Street. Plantado no século XVIII como o primeiro jardim experimental da Geórgia, hoje ele está repleto de plantas exóticas do mundo todo.

Nos tempos coloniais e antes da guerra, a River Street, uma rua de pedras na zona portuária de Savannah, era o centro do transporte marítimo da cidade. Agora essa faixa aos pés de uma colina muito íngreme é o centro do turismo. Os velhos armazéns de tijolos, trocas de algodão e escritórios de remessas hoje são pousadas, bares, restaurantes e lojas de suvenires. Estacionar é um desafio, pois os estacionamentos ao longo do rio enchem rapidamente. O melhor é usar os estacionamentos públicos na Bay Street e usar as escadarias íngremes para chegar a River Street. O **Savannah History Museum** (tel.: 912-238-1779; www.visit-historic-savannah.com; diariamente), na Martin Luther King Jr. Blvd. n. 303, traz o passado fascinante da cidade, com muitos artefatos, que vão desde o banco de Forrest Gump até as armas da Guerra de Independência. Fica no mesmo prédio do **Centro de Informações Turísticas**. Uma quadra à frente, na MKL Blvd. com Turner Blvd., a **Savannah College of Art and Design (SCAD) Gallery** (tel.: 912-525-7191; www.scadmoa.org; 3ª-dom.) tem exposições itinerantes de artistas contemporâneos e de vanguarda. Todos os guias são estudantes da escola. Mais adiante, o **Ships of the Sea Museum** (tel.: 912-232-1511; www.shipsofthesea.org; 3ª-dom.) é uma joia que com frequência passa despercebida. Nele há modelos em escala muito detalhada de dezenas de navios. Muitos deles são projetados com a carga e os tripulantes, acessórios e maquinário, todos parecendo prontos para navegar até Liliput.

Saia do centro, seguindo para leste na Victory Drive, na direção das ilhas costeiras, a fim de visitar o **Bonaventure Cemetery** (www.bonaventurehistorical.org), um luxuoso lugar de descanso para os cidadãos mais notáveis de Savannah. Bonaventure, uma antiga fazenda, é de uma beleza nostálgica, cheio de musgos e azaleias, jasmins, magnólias e carvalhos da Virgínia. As imagens em várias das lápides viraram sinônimo do romance *Midnight* e da própria cidade.

Casas geminadas de conto de fadas, pintadas com cores alegres.

Píer de Naple no Golfo do México, Flórida.

LUGARES

DA GEÓRGIA A FLORIDA KEYS

Atmosfera de cidade pequena, paraíso tropical, jacarés nos Everglades e o ponto mais meridional dos Estados Unidos marcam o fim da Rota do Atlântico.

O litoral da Geórgia é uma das regiões naturais mais interessantes do sudeste, uma sequência de mangues, ilhas em grande parte sem urbanização e boas praias, raramente procuradas pelo viajante concentrado apenas em atravessar o estado pela I-95 o mais depressa possível. Com razão, a região é conhecida localmente como Golden Isles. No entanto, o que o viajante desatento perdeu, outros ganharam: muitas aves incomuns vivem ocultas ao longo desse litoral, e também há vestígios de cultura africana dos dias sombrios em que os escravos eram trazidos através do Atlântico para trabalhar nas plantações do sul.

Saia de Savannah para oeste pela Victory Drive (US 17), que logo torna-se Ogeechee Road e também adquire uma característica mais rural. Depois de mais ou menos 40 km, pare em **Midway** ㉑ para dar uma olhada na igrejinha caiada da vila, construída em 1792 para substituir a original de 1752, erguida pelos exilados da Nova Inglaterra e destruída durante a Guerra de Independência. Observe o local designado aos escravos e o cemitério bem cuidado do lado de fora. A igreja e o terreno são administrados pelo pequeno **Midway Museum** (tel.: 912-884-5837; www.themidwaymuseum.org; 3ª-dom.), que fica ao lado e que tem um acervo de objetos de época.

Pêssegos maduros da Geórgia numa banca de beira de estrada.

Harris Neck NWR para Brunswick

Depois de Riceboro, sede de um centro de pesquisa agrícola, a rodovia passa sob a I-95 novamente e cruza uma ponte sobre uma enseada para entrar no condado de McIntosh. Para aprender mais sobre a política, a pobreza e as intrigas de cidade pequena desse condado, leia o mordaz *Praying for Sheetrock* [Orando por placas de gesso], de Melissa Fay Greene, livro de não ficção que ganhou prêmios pelo perspicaz retrato da vida local.

Se você virar à esquerda logo depois da ponte e entrar na Harris Neck Road,

Principais atrações
Midway
Cumberland Island
St Augustine
Castillo de San Marcos
Orlando
Clearwater Beach
Alligator Alley
The Everglades
Key West

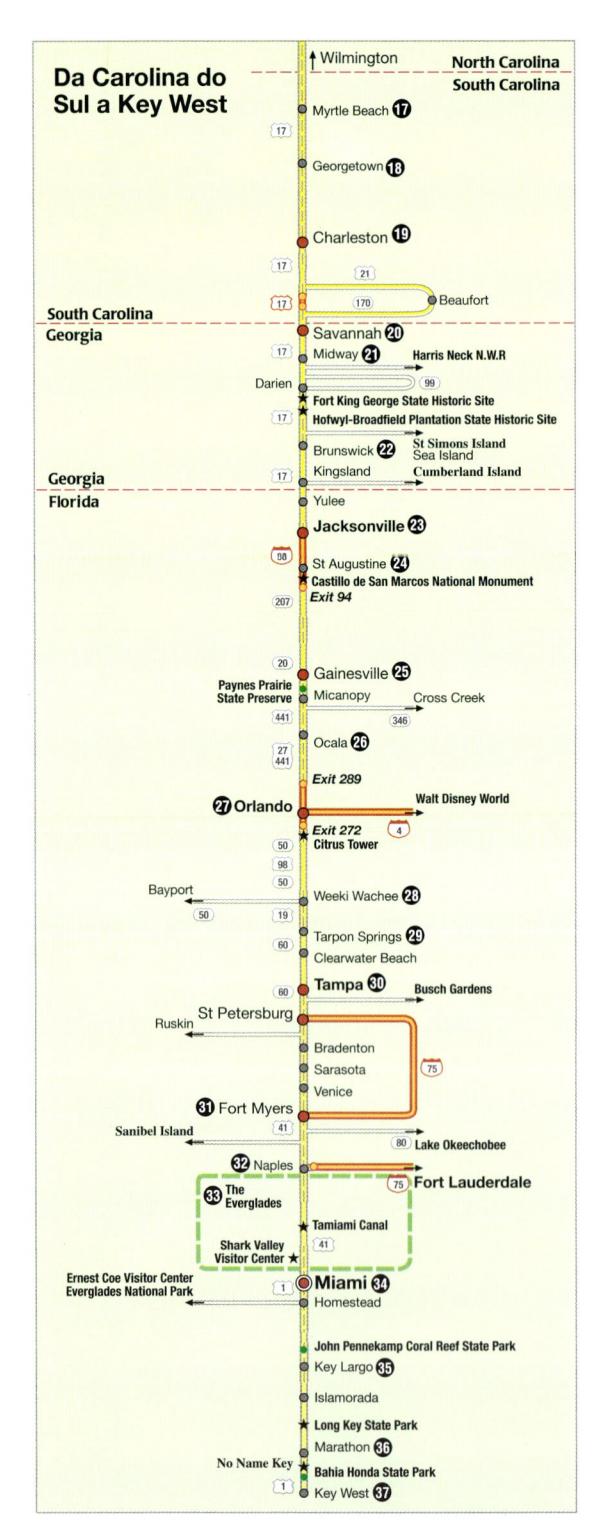

sem número, vai encontrar o **Harris Neck National Wildlife Refuge**, uma área de vida silvestre salva da expansão urbana porque uma antiga pista de pouso militar ocupava o terreno. A atividade mais popular aqui é a pesca, mas você também pode seguir uma estrada de terra de mão única para ver aves aquáticas em seu *habitat*. Perto do litoral fica St Catherines Island, uma ilha de acesso proibido usada pelo Bronx Zoo como criadouro de aves e outros animais raros.

Indo para o sul outra vez, pela US 17, faça um desvio rápido para a Georgia 99, que revela algumas cidades e moradias realmente antiquadas – na maioria, choças, muitas delas ocupadas por descendentes de escravos libertos. Hoje, essas pequenas comunidades – Crescent, Valona, Meridian, Carnigan e Ridgeville – vivem da pesca e da coleta de mariscos.

Em **Darien**, a rústica Georgia 99 junta-se novamente à US 17. O **Fort King George State Historic Site** (tel.: 912-437-4770; www.gastateparks.org/FortKingGeorge; 3ª-dom.) recria aqui uma pequena fortificação da época colonial; esse é o local onde os britânicos primeiro se estabeleceram na Geórgia e, durante um breve período, administraram a área.

Cerca de 8 km (5 milhas) ao sul, na foz do rio Altamaha, fica a **Hofwyl-Broadfield Plantation** (tel.: 912-264-7333; www.gastateparks.org/HofwylBroadfield; 3ª-dom.), que embeleza um pouco a história da escravidão, pois demonstra como o conhecimento dos escravos vindos da África foi crucial para o cultivo bem-sucedido do arroz nas ilhas.

Tape o nariz quando entrar na industrial **Brunswick** ㉒, importante centro de fabricação de papel e produtos químicos. Apesar da característica industrial, o centro de Brunswick tem um ritmo surpreendentemente lento e um estilo sulista antigo, com um quadriculado bonito de ruas, casas e carvalhos da Virgínia cobertos de musgo. Acredita-se que um desses carvalhos, o Lover's Oak, tenha centenas de anos, talvez quase mil.

DA GEÓRGIA A FLORIDA KEYS

A cidade também fica num pântano amplo e bonito (apesar de não ser exatamente limpo), imortalizado pelo poeta Sidney Lanier em *Marshes of Glynn* [Os pântanos de Glynn] (referente ao condado de Glynn). Num desvio, de frente para o pântano, há informações sobre sua formação – uma oportunidade para esticar as pernas, tirar algumas fotos e reunir bastante informação turística.

Ilhas exuberantes

Saindo do pântano, vire para leste e cruze a ponte com pedágio para dar uma olhada em **St Simons Island**, exuberante, mas um pouco exclusiva. Folhas de palmeira, carvalhos da Virgínia e flores cobrem ambos os lados da estrada, sempre verdes, acompanhando a viagem até o bonito porto, e talvez você queira pernoitar nesse ambiente relaxante. Um museu no antigo farol conta a história da Geórgia litorânea. Há uma boa praia além do povoado principal. **Sea Island**, o balneário ainda mais exclusivo, aonde se chega por outra série de estradas na ilha, tem belas praias e um campo de golfe de primeira linha.

Seguindo novamente para o sul, pela US 17, você vai cruzar mais pontes e, depois, virar para o interior, passando por minúsculas cidades. Em Kingsland, é possível sair para pegar a balsa rumo à preservada **Cumberland Island**, uma das mais bonitas da série de ilhas da Geórgia. Antigamente, era domínio exclusivo de famílias ricas; hoje, o principal proprietário é o governo federal, pois a área é "reserva marinha", o que significa que há no local um pequeno número de *campings* rudimentares abertos ao público (www.nps.gov/cuis). Porém, a animada corrida por uma vaga nesses *campings* começa cedo; por isso, não vá esperando chegar com calma e pegar lugar na última hora.

FLÓRIDA

Ao atravessar o rio St Marys, um curso d'água largo que chega ao Okefenokee, você é recebido com uma dupla fileira de palmeiras e, possivelmente, por carros da polícia: estamos na Flórida. A primeira cidade é **Yulee**, nome do legislador e empresário David Yulee, que construiu uma ferrovia de costa a costa na Flórida, a qual prosperou durante pouco tempo. Logo a política e a Guerra Civil a arruinaram, e hoje a cidade tem pouca importância. Não muito mais adiante, as estradas rurais dão lugar a grandes extensões de terra, anunciando a proximidade de **Jacksonville** ㉓.

Jacksonville está tentando com afinco refazer-se como novo destino urbano. Sedes de empresas estão se mudando para cá, para aproveitar o clima excelente e as praias imaculadas. Também há atrações culturais – com razão, a cidade tem orgulho, por exemplo, de **Riverwalks**, sua passagem de norte a sul, e do **Museum of Science and History** (tel.: 904-396-6674; www.themosh.org; diariamente) associado a ela. O **Cummer Museum of Art and Gardens** (tel.: 904-356-6857; www.cummer.org; 3ª-dom., exceto feriados) fica no meio de jardins exuberantes nas margens do rio St Johns.

Descanso numa praia da Geórgia.

Pântano à beira-mar na ilha de St Simons.

Varanda sombreada numa casa de madeira na região rural da Geórgia.

Castillo de San Marcos, em St Augustine, Flórida.

Siga para o sul na I-95 até a indiscutível joia do norte da Flórida: **St Augustine** ㉔. Fundada por exploradores espanhóis em 1565 e depois ocupada pelos britânicos, é a cidade de ocupação contínua mais antiga do país. A maioria dos edifícios do centro não é tão antiga, mas uma atmosfera agradavelmente mediterrânea foi preservada nas vielas estreitas, flores, lojas e na arquitetura espanhola. Vários museus e atrações disputam a atenção do turista – alguns reivindicam títulos bastante discutíveis de "o mais antigo disso" ou "o mais antigo daquilo". Há muitas praias excelentes e parques estaduais do outro lado da ponte Lions, acessível a partir do centro da cidade.

A atração principal da cidade é o forte em forma de estrela do século XVII **Castillo de San Marcos** (tel.: 904-829-6506; diariamente). Ele defendia a cidade dos invasores no tempo dos espanhóis. Nas proximidades, o **Spanish Quarter** recria o cotidiano local no século XVIII, com oficinas de ferreiros, carpinteiros e outras profissões semelhantes. A série de construções erguidas por Henry Flagler, magnata do petróleo e da ferrovia, é impressionante, principalmente a **Memorial Presbyterian Church**, que Flagler construiu em memória de sua filha. Por fim, observe o enorme e redondo **marco zero** do outro lado da estrada, em frente ao centro de informações turísticas: essa pedra marca o final de uma série de missões espanholas que antigamente estendiam-se por todo o caminho até San Diego. A Old Town Trolley (tel.: 888-910-8687) oferece uma ótima excursão pela cidade.

Gainesville

Saindo de St Augustine para sudoeste, pela Florida 207, passe sob a interestadual e, em seguida, atravesse os campos de batata-doce, repolhos e outras verduras – você está de volta ao mundo rural sulista; do outro lado do largo rio St Johns, a rodovia vira Florida 20 e passa por Newnans Lake – um belo lugar para fazer um piquenique – e segue direto até **Gainesville** ㉕, sede da Universidade da Flórida. Os destaques incluem a floresta de borboletas do Florida Museum of Natural History (tel.: 352-846-2000; www.flmnh.ufl.edu; diariamente).

A US 441 sai da cidade pelo sul e logo atravessa bem ao meio a **Paynes Prairie State Preserve** (tel.: 352-466-3397; diariamente), uma enorme área de pântano e pasto conectada pelas quatro pistas da rodovia. Apesar de estar localizada na Flórida, essa área tem por objetivo preservar algumas das espécies das Grandes Planícies que antigamente se desenvolviam no oeste indômito e agreste. Abrigo para bisões e grous raros, entre outros animais, o parque proporciona vislumbres desse mundo perdido do alto da torre de observação ou em visitas regulares patrocinadas pelo parque. Ao sul fica a minúscula **Micanopy**, cidade de caminhos de terra e construções simples – uma anomalia, um exemplo de como deve ter sido a antiga Flórida.

Para ver o passado do estado ainda mais de perto, entre na State Route 346, alguns quilômetros a leste, e siga as placas para o sul, ao longo da Route 325, rumo a **Cross Creek** – uma cidadezinha, na verdade, nem chega a ser uma cidade; está mais para um lugarejo fortemente ligado à escritora Marjorie Kinnan Rawlings, da Flórida. Você pode visitar a casa onde ela morou, hoje parte do Marjorie Kinnan Rawlings Historic State Park (tel.: 352-466-3672; excursões de out.-jul., 5ª-dom.; os campos ficam abertos diariamente), onde escreveu sua obra mais famosa, *The Yearling* [O corço], e onde suportou a vida dura da fazenda. A US 441 continua para o sul, atravessando uma região de criação de cavalos até **Ocala** ㉖, pequena cidade comercial sulista, com uma bela praça e muitos restaurantes antiquados. Saindo de Ocala, a US 441 fica movimentada e avança devagar por calmas cidades na beira de lagos, exuberantes plantações de cítricos e fábricas de suco com cheiro forte. Logo depois, você entra nos grandes subúrbios, que anunciam a mais improvável história de sucesso da Flórida, **Orlando** ㉗ *(ver p. 86)*.

SUL DA FLÓRIDA
Ao longo do Golfo do México

A grande maioria dos turistas que saem de Orlando usa as interestaduais e as rodovias pedagiadas, mas, para ver mais da Flórida de verdade, continue um pouco mais nas estradas estaduais. Saia dos caminhos mais movimentados (nesse caso, a rodovia pavimentada de quatro pistas) e você verá uma vida de cidade pequena que não muda há décadas. A Florida 50 (também chamada de West Colonial Drive) sai do centro de Orlando e segue direto para oeste, deixando os subúrbios para trás. Depois de mais ou menos 24 km (15 milhas), chega-se a Clermont, única por sua **Citrus Tower** (tel.: 352-394-4061; 2ª-sáb.), onde você pode pagar para subir de elevador os 22 andares até o topo para ver os lagos e morros das redondezas. Embora atualmente seja ofuscada por parques temáticos bem mais famosos, a humilde torre, construída em 1956, foi uma das primeiras atrações turísticas da Flórida.

A Florida 50 agora atravessa a espinha dorsal de calcário da Flórida central – uma terra de árvores baixas e plantas espinhosas, dunas de areia, plantações de cítricos carregadas de frutos no meio do inverno, campos de golfe e até caubóis cuidando de rebanhos. Bancas de beira de estrada vendem de tudo, de remédio para o gado a amendoim cozido; você também vai ver muitos templos de várias religiões.

A rota continua para oeste, roçando o limite da Withlacoochee State Forest (tel.: 352-754-6896; diariamente; centro de informações turísticas de 2ª-6ª, exceto feriados), antes de chegar a **Weeki Wachee** ㉘, cidade de nome extravagante e famosa entre gerações de turistas pela fonte natural de água quente e por shows de "sereias". Hoje a tradição vive no Weeki Wachee State Park (tel.: 352-592-5656; diariamente), onde os visitantes podem assistir a um show aquático, fazer um passeio de barco ao longo do rio, nadar, andar de bote e assistir a apresentações com animais.

Se estiver com pressa para ver o **Golfo do México**, acelere para oeste por mais alguns quilômetros até a pequena **Bayport**, com área de piquenique de frente para o mar. Do contrário, vire para o sul, desça a US 19 e prepare-se para um trecho de tráfego pesado em quatro pistas cheias de semáforos. Traga seu boné de beisebol – no início da primavera, a área de Dunedin até Fort Myers (www.floridagrapefruitleague.com) é campo de treinamento de vários times da primeira divisão.

São mais 48 km (30 milhas) pela US 19 até o cruzamento com a Alt-19.

A geleia de laranja da região é um ótimo presente.

Epcot Center da Disney World.

Orlando: a melhor área de lazer do mundo

Não faz muito tempo, Orlando era apenas mais uma cidade agrícola. Hoje, é a história de maior sucesso na Flórida, transformação que um camundongo de desenho animado tornou possível.

A atração mais conhecida, mais amada e mais vilipendiada de Orlando fica a sudoeste da cidade. O Walt Disney World (tel.: 407-934-7639; www.disneyworld.disney.go.com; diariamente), com quatro enormes complexos de entretenimento, fica abarrotado o ano todo de turistas norte-americanos e estrangeiros, e inspirou o surgimento de parques semelhantes em todo o mundo.

O **Magic Kingdom** é o reino de Mickey Mouse e o parque original. Ainda é o mais frequentado por visitantes de todas as idades e está dividido em quatro áreas temáticas distintas: Tomorrowland, Adventureland, Fantasyland e Frontierland.

Apresentadas por uma cúpula geosférica brilhante, as exposições do Future World, no **Epcot Center** – segunda parte do complexo Disney –, proporcionam um olhar estimulante sobre a ciência passada, presente e futura. A outra metade do Epcot é o World Showcase, onde se pode "viajar pelo mundo" em menos de um dia, passando por várias atrações culturais (e culinárias).

Os brinquedos e passeios nos Disney-MGM Studios, parte da experiência em Disney World que permite chegar perto do show business, oferecem as perspectivas de quem está atrás e à frente das câmeras. O Animal Kingdom da Disney, acréscimo mais recente ao império do Mickey, é o maior dos parques, com mais de 1.700 animais representando 250 espécies. O parque convida os visitantes a explorar o mundo dos animais num safári, num mundo pré-histórico e em espetáculos de palco especiais, realizados o dia todo.

Não distante de Disney World – mas constituindo uma organização totalmente independente – fica o **Universal Orlando Resort** (tel.: 407-363-8000; www.universalorlando.com; diariamente). Inaugurado no mesmo ano que as instalações da Disney-MGM, esse resort oferece uma experiência semelhante: em seus dois parques temáticos, o Universal's Islands of Adventure e o Universal Studios Florida, você terá a chance de aprender mais sobre a produção ao vivo em TV e no cinema por meio de vários brinquedos incríveis com temas de filmes. Procure os refletores a oeste da I-4.

Existem dúzias de diversões parecidas espalhadas pela área metropolitana de Orlando. Os toboáguas, museus estranhos e brinquedos de parque de diversões predominam, e as crianças ficam doidas de alegria enquanto os pais simplesmente enlouquecem.

A atração mais intrigante da área, não relacionada à Disney, nem cinema, nem parque temático, fica fora dos limites da cidade, mas compensa a viagem de alguns quilômetros. Mais ou menos 64 km (40 milhas) a leste, num trecho arenoso conhecido como Cabo Canaveral, o **Kennedy Space Center** (tel.: 321-452-2121; www.kennedyspacecenter.com; diariamente) permite ver de perto o fascinante trabalho do programa espacial norte-americano e o panteão dos astronautas. Se você tiver sorte, sua visita vai coincidir com o lançamento de um ônibus ou foguete espacial. Se não, ainda assim você poderá visitar as mesmas pistas, áreas de treinamento, edifícios de montagem e plataformas de lançamento utilizados pela Nasa para preparar as espaçonaves – e as tripulações – para os voos. O popular "Lunch With an Astronaut" do centro permite que membros do público passem uma hora com um dos astronautas da Nasa (tel.: 866-737-5235).

O castelo da Cinderela em Fantasyland, no Magic Kingdom.

DA GEÓRGIA A FLORIDA KEYS

Entre na Alt-19 para **Tarpon Springs** ㉙, comunidade portuária fascinante não pelo aspecto físico, mas pela população, majoritariamente grega. Os gregos aí se estabeleceram originalmente para mergulhar em busca das abundantes esponjas que vivem nas águas mornas do mar da região. Hoje, as lojas e os restaurantes locais continuam a refletir essa tradição.

Depois de Dunedin, entre na Florida 60 para oeste, atravessando a ponte para **Clearwater Beach**, uma cidade turística com restaurantes de frutos do mar, motéis, hotéis, resorts e casas de veraneio. É um ótimo local para nadar em água morna e esticar-se nas bonitas – e públicas – praias de areias brancas.

Vire para o sul na estrada da praia (que, no fim, vira Florida 699). Você vai passar por mais cidades à beira-mar, a maioria delas com areia excelente, mas algumas excessivamente desenvolvidas. A melhor praia de toda a sequência é, provavelmente, a mais meridional, **Pass-a-Grille Beach**, mais ou menos 32 km (20 milhas) depois de Clearwater, numa estrada lenta. Pasme com o enorme e cor-de-rosa **Don CeSar Hotel**, uma obra-prima *art déco* bem ao lado da água azul do Golfo, e depois atravesse o tranquilo vilarejo e pise na areia. Para conhecer outra praia mágica, continue depois da ponte com pedágio na Route 682 e vire à direita na Route 679 para Fort De Soto Park (tel.: 727-552-1862; diariamente); essa faixa de praia, pântanos e floresta na baía de Tampa é um paraíso para amantes da natureza e do sol (e ainda tem um forte histórico para explorar).

Tampa

No centro de St Petersburg, na Third Street, o **Salvador Dalí Museum** (tel.: 727-823-3767; www.thedali.org; diariamente) tem a maior coleção dos trabalhos do artista no país e é sem dúvida a principal atração cultural da cidade. A leste, do outro lado da baía de Tampa, pela I-275 ou pela US 92, à beira-mar, diante de St Pete, fica **Tampa** ㉚. A influência cubana nessa cidade é mais óbvia em **Ybor City**, com uma concentração de restaurantes cubanos e nostálgicas fábricas de charutos. Ybor City foi construída num matagal vazio por um fabricante local de charutos no fim do século XIX e ainda guarda a influência espanhola, mas também tem bares sofisticados, vida noturna animada e, frequentemente, recebe festivais de cinema e outros eventos culturais.

Tenha um pouco de cuidado se chegar depois de escurecer, o que não quer dizer que você não deva se aventurar e experimentar o que a cidade oferece. Outras atrações incluem uma programação completa de eventos em fevereiro, começando com um desfile delirante, parecido com carnaval, e a própria baía de Tampa – que pode ser mais bem apreciada num passeio ao longo da calçada que faz um arco em torno do sofisticado Bayshore Boulevard ou durante a travessia da deslumbrante Sunshine Skyway, uma longa ponte suspensa que cruza a linda baía.

Sul a partir de Tampa

A maioria dos turistas que vêm a Tampa também visita **Busch Gardens** (tel.: 888-800-5447; www.buschgardens.com; diariamente), o "outro" parque temático famoso da área, que vai agradar a qualquer um que goste desse tipo de atração. O parque tem montanhas-russas de botar o coração

DICA

O sistema de angras e lagunas rasas do Florida Gulf Coast é ótimo para a pesca esportiva. Como essa também é uma área privilegiada para os manatis, os barqueiros devem ficar muito atentos e observar placas e avisos, a fim de evitar colisões.

Venda de esponjas coletadas na região de Tarpon Springs.

> **DICA**
>
> A melhor maneira de explorar os Everglades é alugando uma canoa ou barco ou entrando em contato com um dos fornecedores autorizados, que também providenciam guias. Ver esse lugar exótico apenas da margem não faz justiça a seu mistério.

na boca, toboáguas e simulação de corredeiras, para não falar das mundialmente famosas apresentações de balé aquático, esqui aquático, entre outras.

Saia de Tampa pela US 41, rumo ao sul, parando um momento nos arredores de **Ruskin**, onde o rio Little Manatee deságua na baía. Como o nome sugere, às vezes há manatis brincando nessa enseada durante o inverno, quando nadam até aqui buscando águas mornas – nessa época, não é raro ver dúzias deles amontoados na foz.

A US 41 mergulha direto para o sul, passando por uma série de cidades de todos os tamanhos, cheias de construções, muitas delas servindo de moradia para aposentados. Um caminho bem mais rápido é pela paralela I-75.

Bradenton e **Sarasota**, cidades gêmeas, são as próximas no Golfo do México, com clima muito agradável, beisebol na primavera, além de mais algumas boas praias de areia e mar de águas mornas. O mestre do circo John Ringling construiu sua mansão, Ca' d'Zan, no litoral de Sarasota. Os que visitam o Ringling Museum of Art (tel.: 941-359-5700; diariamente) podem passear pela propriedade, que compreende a mansão, uma coleção de arte e uma apresentação circense.

Montanha-russa SheiKra em Busch Gardens, Tampa.

As praias continuam por Siesta Key e Casey Key até **Venice**, e mais além. A rodovia contorna a enseada de Charlotte, cruza o rio Caloosahatchee e entra na famosa **Fort Myers** ㉛, cujo clima ameno há muito tempo a transformou numa cidade muito procurada no inverno. Nortistas, como Thomas Edison e Henry Ford, por exemplo, eram vizinhos na beira do rio; com um ingresso combinado, você pode visitar as propriedades em que eles passavam o inverno (tel.: 239-334-7419; www.edisonfordwinterestates.org; diariamente). Os destaques incluem as magníficas paisagens do terreno ao redor da casa e o Edison Ford Museum.

Se estiver com vontade de catar conchas, siga as placas sobre a ponte pedagiada até **Sanibel Island**. Talvez Sanibel seja o melhor lugar do país para catar conchas. Os adeptos dessa prática vêm aqui com tanta frequência que alguém cunhou uma frase para descrever o desfile desses catadores curvados que inspecionam a areia depois de cada onda, para encontrar novos exemplares: essa postura é chamada de *Sanibel stoop* ["corcunda de Sanibel"]. Aqui, é possível encontrar várias conchas de cores brilhantes, além de eventuais dentes de tubarão fossilizados.

A rota continua para o sul até a exclusiva **Naples** ㉜, refúgio dos ricos e bonitos. O centro da cidade tem lojas elegantes, restaurantes e cafés ao ar livre perfeitos para observar pessoas. Muitos parecem seguir para a Fifth Avenue, em direção ao **Adelheidi's Organic Sweets** (tel.: 239-304-9870; diariamente), para tomar um sorvete caseiro. O píer de Naples de 1888 é um marco histórico.

Nos Everglades

Hoje, você pode escolher entre ir para leste pela **Alligator Alley**, como é conhecida a I-75 pedagiada de alta velocidade, e ir pela mais antiga US 41 (Tamiami Trail), mais ao sul, que passa pelo **Tamiami Canal**, que liga o oceano Atlântico ao Golfo do México. Quem quiser ver de perto o maior réptil da América do Norte não ficará decepcionado se escolher o caminho mais antigo – os animais tomam

DA GEÓRGIA A FLORIDA KEYS

banho de sol em grandes grupos ao longo do canal pantanoso. É fácil tirar fotos, mas preste atenção ao tráfego enquanto anda por ali e não chegue muito perto da água – os jacarés conseguem se movimentar com uma rapidez incrível e você não vai querer que sua última foto seja de si mesmo sendo devorado.

A US 41 corta pelo tranquilo e quieto coração da Flórida. Não há cidades, porque, lentamente, você está entrando nos **Everglades** ㉝, um enorme bolsão de pântanos parcialmente protegidos por lei, onde, de qualquer modo, seria difícil construir.

Essa paisagem estranha abriga jacarés, cobras venenosas, riachos sinuosos de águas escuras cobertos de vegetação exuberante e, provavelmente, alguns fora da lei. Ela também fornece grande parte da água potável consumida na grande Miami. Os escritores, incluindo Marjory Stoneman Douglas e Peter Matthiessen, registraram as pessoas e os animais únicos da região em livros como *River of Grass* [Rio de grama] e *Killing Mister Watson* [Matando senhor Watson], mas o lugar continua, de certo modo, impenetrável. O best-seller de Susan Orlean, *The Orchid Thief* [O ladrão de orquídeas],

trata dessa paisagem única e de seus personagens exuberantes com detalhes maravilhosos. Na estrada, você vai ver placas avisando "Travessia de onça" – se tiver muita, muita sorte, talvez veja a própria onça. Como todos os parques naturais, os Everglades são uma área singular e fascinante, com inúmeras atividades ao ar livre, embora, em certas épocas do ano, toda a planície fique inundada, às vezes por alguns centímetros de água, às vezes por muito mais. Lentamente, ela escoa para o Golfo do México.

Nas proximidades, no **Miccosukee Indian Village/Resort** (tel.: 305-552-8365), você pode comprar suprimentos, pernoitar, jogar (dentro da reserva, o jogo é legalizado), assistir a brigas de jacarés ou fazer um passeio em um aerobarco pelos Everglades. Mas não há muito sobre a história da tribo: os heroicos guerreiros seminoles, como Osceola, levavam vantagem sobre as tropas federalistas nestes pântanos intermináveis e, durante mais de um ano, resistiram em vez de se render. Alguns quilômetros para oeste fica uma das duas entradas principais do Everglades National Park (a outra é

Uma tartaruga-de-pente perto de Florida Keys.

Crianças da tribo seminole navegando pelos Everglades num aerobarco.

DESVIO PARA O LAGO OKEECHOBEE

Uma viagem de 93 km pela Florida 80, partindo de Fort Myers, leva ao lago Okeechobee, com 1.940 km² de águas cristalinas. O maior lago da Flórida é tão bonito quanto triste: ele reflete os estragos causados ao frágil meio ambiente dos Everglades pela população da Flórida, que não para de crescer.

Antigamente, a água do lago alimentava o largo e raso rio dos Everglades, mas diques, estações de bombeamento e canais foram construídos para domar essa espetacular massa de água e suas regiões de inundação. Embora essas medidas tenham transformado a área vizinha em um paraíso agrícola (a área produz açúcar suficiente para satisfazer o gosto por doce de 15 milhões de norte-americanos durante um ano inteiro), os projetos trouxeram problemas ecológicos para o meio ambiente e, até certo ponto, também para os moradores. Tanto os Everglades quanto as cidades do sul da Flórida têm estado sob a ameaça da seca, consequência do nível decrescente de água no lago. O excesso de bombeamento da água dos Everglades para a população cada vez maior que vive ao longo do litoral do Golfo também está secando o lago. Destino ainda muito procurado por pescadores, o lago tem alojamentos em todo o perímetro. Okeechobee, a maior cidade da margem norte, é a melhor base para explorar a área. Passeios de barco podem ser organizados com facilidade. Para obter mais informações, visite www.visitflorida.com/en-s/topiclanding.gridview.html/?t=lake+okeechobee.

Não alimente os animais silvestres da Flórida.

em Homestead). No centro de informações turísticas de Shark Valley (tel.: 305-221-8776; diariamente), os visitantes podem alugar uma bicicleta ou embarcar em um bonde para dar a volta de 24 km pelo parque.

FLORIDA KEYS

Este arquipélago de ilhotas minúsculas abriga algumas das espécies animais e vegetais mais singulares do mundo, local frequentado por literatos notáveis e celebridades, que vieram visitar e resolveram se estabelecer aqui. Talvez o mais famoso deles seja Ernest Hemingway, mas muitos outros já passaram por aqui ou moraram nessa "República da Concha". Nas últimas décadas, ela se tornou um sucesso entre os turistas homossexuais, em parte, talvez, pela atitude descontraída e despreocupada que predomina na região (frequentemente chamada de "Keys Disease" – "Doença de Keys").

Não chegue esperando se irritar e se estressar durante as férias. Ache uma cadeira de praia e um lugar ao sol, escolha uma bebida e deixe suas preocupações na entrada... ou, melhor ainda, deixe-as em casa. Até a luz é diferente aqui, de um misterioso tom azul-turquesa que se reflete em tudo o que toca. É surpreendente que essas ilhas tão diferentes estejam conectadas umas às outras e ao continente, mas o fato é que uma série de 42 pontes na rodovia faz a ligação entre eles.

De **Miami** ㉞ *(ver p. 92)*, a US 1 segue para o sul através da tranquila comunidade de **Homestead**. Uma estrada vicinal, a Florida 9336, atravessa o **Everglades National Park** (Ernest Coe Visitor Center; tel.: 305-242-7700; www.nps.gov/ever; diariamente) e proporciona visões de pântanos de ciprestes, relvados, mangues e muito mais. Não se esqueça de procurar os jacarés e resista à tentação de acelerar – os guarda-parques são educados, mas muito zelosos na cobrança de ingressos. Quem gosta de doces vai adorar experimentar sorvete de lima nas bancas da estrada.

Key Largo

Reserve bastante tempo caso pretenda chegar até Key West. A maior parte do caminho é feita a 48 km/h. A US 1 entra nas ilhotas com o nome de Overseas Highway em **Key Largo** ㉟, imortalizada no filme de mesmo nome, estrelado por Humphrey Bogart e Lauren Bacall [lançado no Brasil como *Paixões em fúria*], que não foi filmado aqui, e logo você tem a chance de ver o mar bem de perto. No **John Pennekamp Coral Reef State Park** (tel.: 305-451-6300; www.pennekamppark.com; diariamente), um dos parques mais frequentados da Flórida, você pode ver as mais incríveis formações de coral no fundo do mar através do fundo de vidro dos barcos. Também irresistíveis são os peixes e mariscos que vivem e nadam em todo esse delicado ecossistema. Mergulhos com *snorkel* e garrafa são imprescindíveis, e há locação de caiaques e canoas.

Se esse recife é o melhor lugar para ver a natureza das ilhotas, o parque seguinte, **Long Key State Park** (tel.: 305-664-4815; diariamente), uns 48 km (30 milhas) adiante na US 1, é a melhor opção para nadar ou tomar banho de sol antes de seguir para oeste. Há também locação de caiaques e canoas.

A Overseas Highway, em Florida Keys.

DA GEÓRGIA A FLORIDA KEYS

Para ter uma aula sobre o que fez das ilhotas esse lugar tão especial, siga 32 km (20 milhas) depois de Long Key até o melhor museu da região, o **Crane Point Museum and Nature Center** (tel.: 305-743-9100; www.cranepoint.net; diariamente), na cidade de veraneio de **Marathon** ㊱. Não se esqueça de visitar o centro de aves silvestres do museu. Marathon é mais uma cidade grande do que um paraíso ilhéu – um bom lugar para fazer estoque de suprimentos. Assim que sair de Marathon, mantenha-se à esquerda para chegar ao centro de informações turísticas de Pigeon Key (tel.: 305-743-5999; partidas diárias às 10h, às 11h30, às 13h e às 14h30), em Knight Key. Lanchas levam os turistas à ilha que abrigou mais de 400 trabalhadores da ferrovia de Flagler (também é possível caminhar aqui).

As florestas de mangue se adensam depois desse ponto, pois a natureza começa a tomar conta das ilhas mais ocidentais. Você vai ver muito mar dos dois lados do carro ao cruzar a **ponte Seven Mile**, parando rapidamente em **No Name Key** e no **Bahia Honda State Park** (tel.: 305-872-2353; www.floridastateparks.org/bahiahonda; diariamente) – mais um maravilhoso parque estadual que oferece mergulhos com *snorkel*, passeios de caiaque e uma praia excelente. O cervo das ilhotas é uma espécie ameaçada relativamente fácil de ver na região e merece ser apreciado, principalmente em No Name Key.

Key West

Você ainda vai passar por mais pontes, que levam a **Big Pine Key, Sugarloaf Key e Looe Key**, cada qual com sua própria personalidade e seus restaurantes descontraídos. Por fim, a rodovia descansa na agradável **Key West** ㊲, a última ilhota do arquipélago – e também nome da cidade que há muito tempo vem atraindo personagens interessantes. Hoje, ela é uma mistura de pescadores, aposentados, cubanos e turistas, além de uma grande população *gay*.

O escritor Ernest Hemingway morou aqui, e vender a imagem dele tornou-se um dos negócios locais mais rendosos. Para ver como ele vivia, visite o **Ernest Hemingway Home and Museum** (tel.: 305-294-1575; www.hemingwayhome.com; diariamente), onde o brilhante escritor viveu durante uma década. São incríveis os jardins de que ele mesmo cuidava e os gatos que enchem o local – a maioria descende dos gatos do escritor; os outros são gatos de rua que encontraram um bom lugar para viver. Duval Street – o centro da cidade – tem lojas cafonas para turistas, restaurantes e bares extremamente barulhentos (muitos deles eram frequentados por Hemingway). O concurso de sósias de Hemingway, realizado anualmente, é o destaque da temporada social.

No entanto, as duas atrações mais populares da cidade são gratuitas. A primeira é **Mallory Square Dock**, onde moradores e turistas reúnem-se há décadas para apreciar o bonito pôr do sol no mar. A outra é a boia de cores vivas que marca o **ponto mais meridional** dos 48 estados norte-americanos continentais. Os moradores dizem que, mesmo indistintamente, numa noite bem clara é possível ver as luzes de Cuba, que fica a menos de 160 km de distância.

ONDE

No Name Key é um dos melhores lugares para avistar o raro e ameaçado cervo das ilhotas, subespécie do cariacu do continente, um animal maior. O tamanho diminuto desse cervo é uma adaptação à vida nas ilhotas. Com frequência, esses animais são atropelados pelos carros, por isso os limites de velocidade são impostos com rigor. Mas, mesmo que você esteja dirigindo devagar, fique bem atento para não atropelar esses raros animais. Os outros animais silvestres também agradecem.

Casa de Ernest Hemingway.

BREVE ESTADIA EM MIAMI

Sensual e calorosa, picante e sedutora, Miami seduz o turista ansioso por uma escapada. Segue abaixo uma lista das atrações imperdíveis.

Coral Gables é um bairro encantador em estilo mediterrâneo, onde ficam o glorioso **Biltmore Hotel** (1926) e a **Venetian Pool**, também chamada de "a piscina mais bonita do mundo".

Kampong, a casa onde David Fairchild morou, é um jardim tropical exuberante com inúmeras maravilhas botânicas, laguinhos e arquitetura de inspiração indonésia.

Coconut Grove é um bairro vibrante e eclético de casas estilosas, densa vegetação natural e boas compras em **Coco Walk**.

I. M. Pei projetou o futurista **International Place**, um edifício de 47 andares no centro de Miami que muda de cor ao apertar de um botão.

O **Wolfsonian** abriga o eclético acervo de arte e objetos diversos que Mitchell Wolfson Jr. colecionou durante a vida.

O **Lummus Park** combina as estruturas mais antigas de Miami (a **William English Slave Plantation House** e a **William Wagner House**) com uma praia de areia branca que se estende ao longo da costa.

Viscaya Museum and Gardens, a vila em estilo renascentista italiano construída em 1916 pelo industrial James Deering, continua um dos principais destinos turísticos de Miami.

Key Biscayne, um paraíso de ilha ligada ao continente por ponte oferece muitas diversões relacionadas à água, como *jet ski*, windsurfe e, é claro, banho de sol.

O **Bill Baggs Cape Florida State Park**, na extremidade de **Key Biscayne**, com vista para o **farol do cabo da Flórida**, tem poucas instalações e pouca sombra – só paz e isolamento.

Fantasias em tons pastel alinham-se na Ocean Drive.

Barraca dos salva-vidas em Miami Beach.

Quilômetros e mais quilômetros de areias douradas, as comunidades sofisticadas e a arquitetura chamativa do modernismo de Miami, conhecido localmente como MiMo, significam que Miami Beach está de volta à cena.

CIDADE DA FANTASIA

Miami é tudo o que as outras cidades não são – os tons pastel, as palmeiras ondulantes e as varandas *art déco* não são apenas suaves aos olhos, mas também boas para o humor: é impossível irritar-se quando há um coquetel efervescente sobre a mesa, um flamingo de plástico rosa sobre o balcão e uma banda de três músicos tocando alto uma salsa atrevida nos seus ouvidos. Se estiver hospedado em South Beach, você pode deixar o carro para trás e esticar as pernas cansadas antes de bronzeá-las na praia de areia do outro lado da rua. Ou ainda fazer um pouco de exercício, surfando algumas das melhores ondas da região. Miami tem muita coisa que vale a pena descobrir. Só não esqueça o filtro solar.

Vôlei de praia em South Beach, a nova riviera norte-americana, onde os fanáticos, os bronzeados e os bonitos vêm jogar.

INFORMAÇÕES IMPORTANTES

População: 400 mil habitantes
Códigos de área: 305, 786
Site: www.gmcvb.com
Informações turísticas: Convention & Visitors Bureau, 701 Brickell Avenue, Suite 2700, FL 33131; tel.: 305-539-3000

Arranha-céus de Chicago, Illinois.

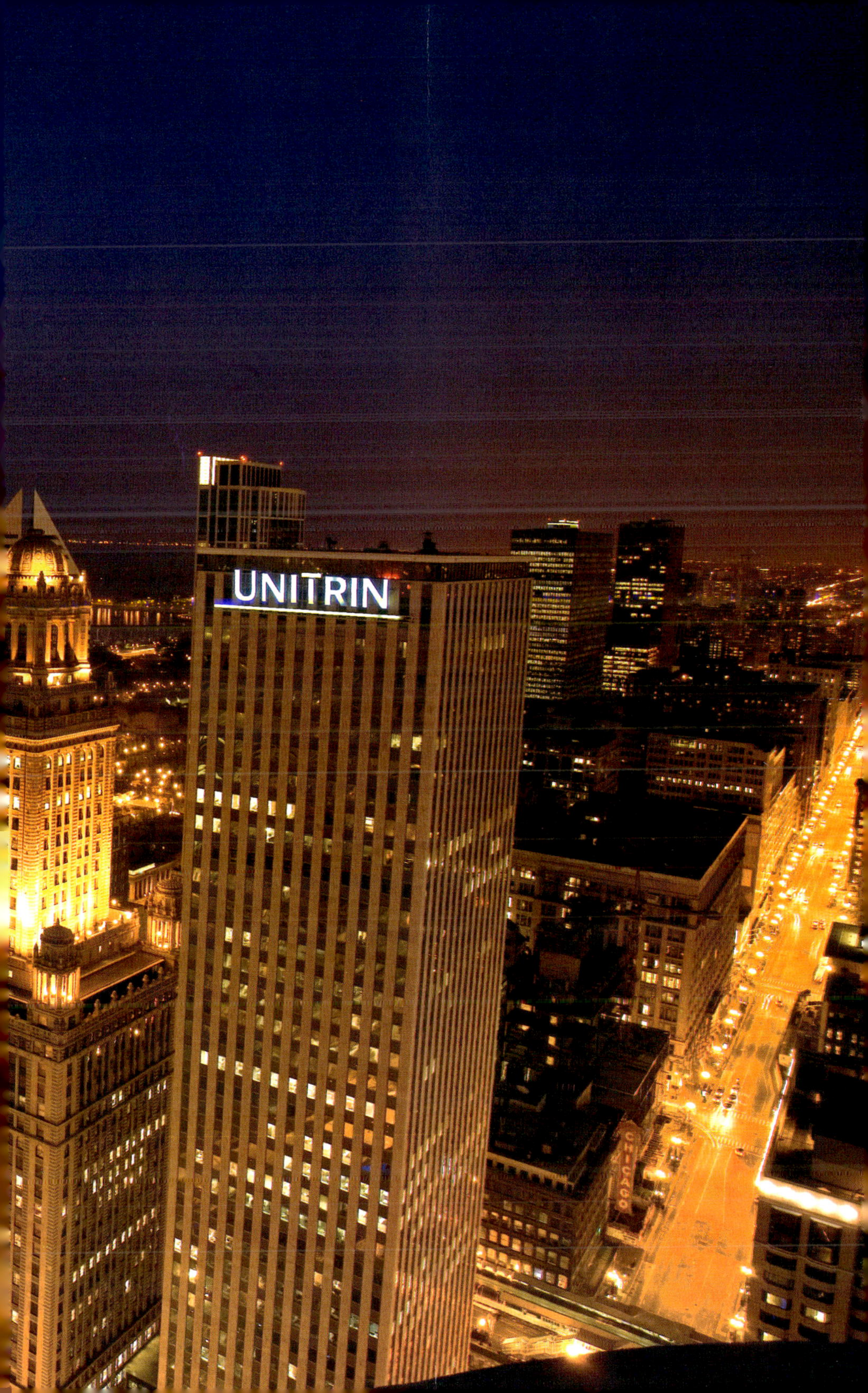
UNITRIN
CHICAGO

A grandeza do Grand Teton National Park de Wyoming.

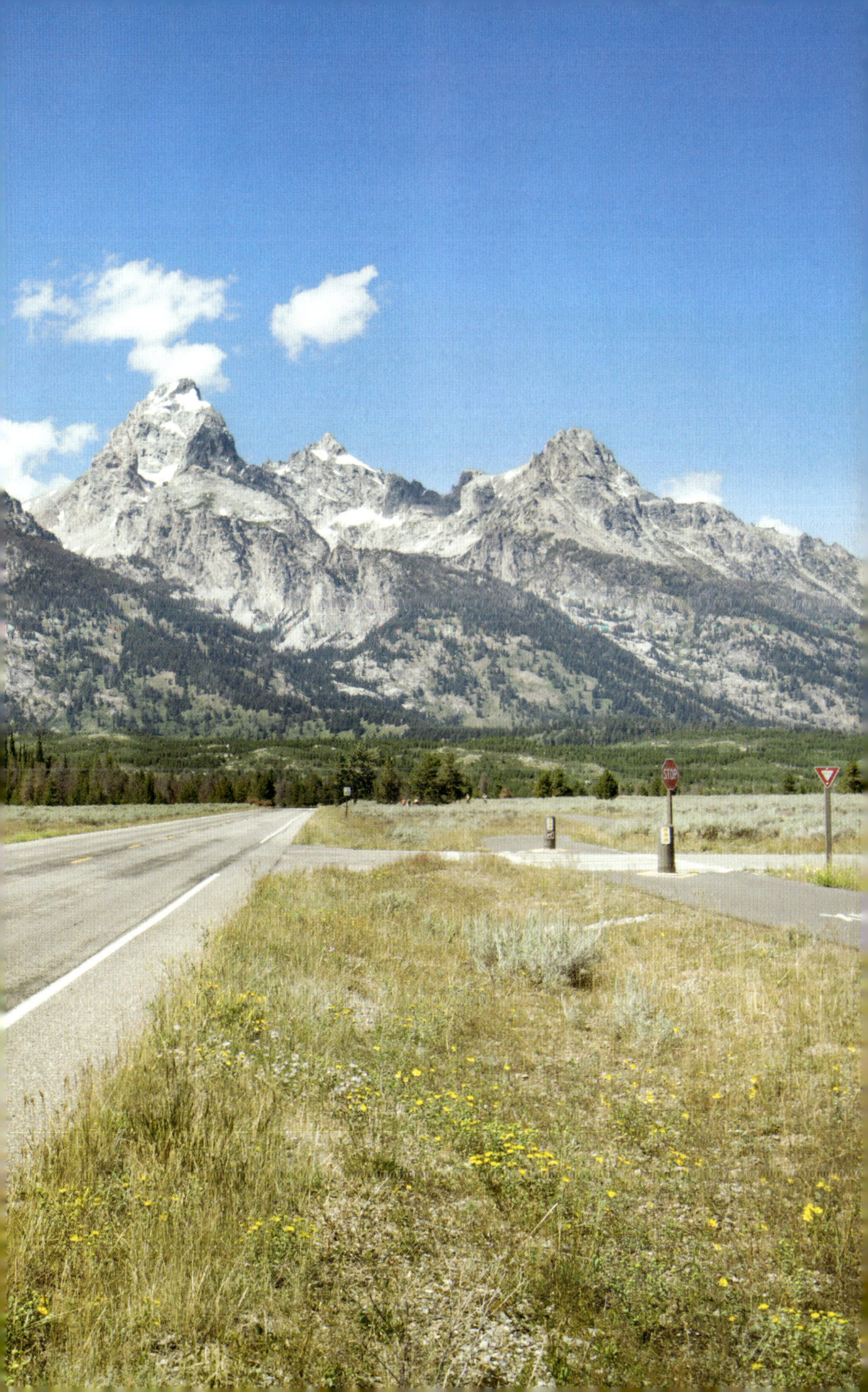

Vitral na cúpula do palácio do governo de Massachusetts, em Boston.

ROTA NORTE

Guia minucioso de leste a oeste, com os principais pontos claramente indicados por números no mapa.

Vaqueiro de Montana.

Em nossa Rota Norte, entre Boston e a península Olympic, no estado de Washington, você vai encontrar um mosaico de campos cultivados, fazendas de gado, regiões desabitadas, cidades portuárias, cidades industriais em declínio, centros urbanos revitalizados e lembranças constantes da história da nação.

A primeira metade da viagem é fortemente marcada e guiada pela água. De Boston, segue-se a costa atlântica, atravessando a Nova Inglaterra até o Maine; depois, partindo da região de Albany, a rota vira para oeste, seguindo o canal do Erie, que já foi muito movimentado e hoje está inativo.

Os Grandes Lagos dominam o trecho seguinte da viagem, que inclui Chicago, a grande encruzilhada do meio-oeste, na margem sul do lago Michigan. Daqui até as prósperas cidades gêmeas de Minneapolis e St Paul, a rota nunca se afasta muito da água, principalmente quando segue paralela ao poderoso Mississippi. Porém, ao chegar ao oeste de Minnesota, a característica do terreno começa a mudar. Conforme se atravessa Dakota do Sul, a geografia domina o cenário: eleva-se da pradaria, na paisagem sobrenatural de Badlands, nas Black Hills e em Wounded Knee, um lembrete do tratamento brutal que a nação deu aos norte-americanos nativos. Ao longo de uma lendária rota de diligências aparecem as cidades do famoso Velho Oeste. Aqui, o céu é imenso e a terra parece vasta, caracterizada por pequenas colinas e arbustos de artemísia. A rota que atravessa o Wyoming e Montana passa pelo local da última resistência do tenente-coronel Custer contra as forças dos nativos norte-americanos.

Marco de latão na calçada, em Freedom Trail.

Desse ponto, a viagem segue para o norte das montanhas Rochosas, com seus belos parques nacionais. Cruzando a Divisória Continental por caminhos antes trilhados pelas tribos das montanhas, pelos garimpeiros de ouro e pelos colonos, a rota atravessa florestas, lagos e reservas de bisões em Montana, a extremidade norte de Idaho e entra no estado de Washington, onde o terreno varia entre desertos, desfiladeiros e campos irrigados.

O trecho final da viagem segue para oeste, na direção do oceano Pacífico, através de Seattle e da península Olympic. De repente, a água é abundante outra vez, pois se entra na única floresta tropical do país. Esse local de beleza agreste é ideal para refletir sobre a viagem transcontinental que acaba de ser concluída.

BREVE ESTADIA EM BOSTON

As muitas faculdades dessa charmosa cidade histórica garantem a aparência jovem e vibrante. Segue abaixo uma lista das atrações imperdíveis.

Réplicas em tamanho natural de três navios do século XVIII – *Beaver II*, *Dartmouth* e *Eleanor* – estão ancoradas no porto, no **Boston Tea Party Ships and Museum**. Eles celebram o protesto de 1773, que lançou ao mar a carga de chá tributada pela Coroa britânica, incidente que alimentou as chamas da independência norte-americana.

Construída em 1676, a **Paul Revere House** é um dos 17 pontos históricos ao longo da Freedom Trail de Boston, e é a residência mais antiga do centro da cidade; Revere morou aqui de 1770 a 1800. As exposições incluem os alforjes que o patriota usou em sua famosa cavalgada à meia-noite em 1775 para anunciar um ataque britânico.

Desde 1877, **barcos em forma de cisne** navegam na **lagoa do Public Garden**. Inspirados na ópera *Lohengrin*, os barcos, que seguem um lento trajeto em forma de "8" na água, são administrados pela mesma família há três gerações.

O **Public Garden** é o jardim botânico mais antigo da América e o espaço verde mais bonito de Boston. O foco é a lagoa, cercada de salgueiros e atravessada por uma falsa ponte suspensa.

Trinity Church, na **Copley Square**, construída em 1877, é a obra-prima de H. H. Richardson e um dos edifícios eclesiásticos mais bonitos dos Estados Unidos. A riqueza dos murais, mosaicos, esculturas e vitrais faz dela o interior mais suntuoso de Boston.

Inaugurada em 1895, a **Boston Public Library** é a obra-prima em estilo neorrenascentista de Charles Mckim, com uma ampliação feita por Philip Johnson em 1972. O interior tem murais de John Singer Sargent e de Puvis de Chavannes; o pátio lembra a Itália do século XVI.

O **Isabella Stewart Gardner Museum**, de 1903, tem muitos elementos arquitetônicos, de molduras de janelas venezianas a piso cerâmico em mosaico romano. As galerias abrigam pinturas de Ticiano, Rafael, Degas e Rembrandt.

Palácio do governo de Massachusetts. Em 4 de julho de 1795, o governador do estado, Samuel Adams, e Paulo Revere lançaram a pedra fundamental do "novo" palácio do governo. O edifício fica de frente para o Boston Common e pode ser explorado durante uma visita guiada gratuita.

Nichols House Museum, sediado num esplêndido solar de 1804, de estilo federalista, atribuído a Bullfinch. A Nichols House é uma verdadeira obra-prima do período de Beacon Hill.

USS Constitution. Conhecida como "Old Ironsides", a fragata de 1797 venceu as 40 batalhas que travou. Ainda em condições de navegar, ela fica atracada em Charlestown.

A CIDADE NO FUNDO DA BAÍA

"Aprendi a nunca discutir com um bostoniano", disse o poeta Rudyard Kipling, no início do século XX – e isso continua sendo verdade. Segundo os padrões norte-americanos, Boston é antiga. Ruas calçadas de pedra, iluminadas por lampiões a gás; marcos históricos nacionais; edifícios de grande estatura e encanto. Há 50 anos, Boston correu o risco de se tornar um museu de história viva, presa para sempre no auge que viveu nos séculos XVIII e XIX. Mas a mudança chegou: a baía foi limpa, os edifícios foram lavados e, atraídas pelas indústrias de alta tecnologia na vizinha Cambridge, as empresas começaram a voltar. Hoje, Boston tem mentalidade moderna – vá até lá para ver. Mas sem discussão.

Centro da cidade. Hoje, andar nas ruas do centro de Boston é andar com os fantasmas dos colonizadores sobre um terreno sombreado por modernos arranha-céus. Os nomes das ruas mudaram, mas o traçado é praticamente o mesmo do século XVII.

INFORMAÇÕES IMPORTANTES

População: 635 mil habitantes
Códigos de área: 617, 857
Site: www.bostonusa.com
Informações turísticas: Greater Boston C&VB, 2 Copley Place, Suite 105, MA 02116; tel.: 888-SEE-BOSTON

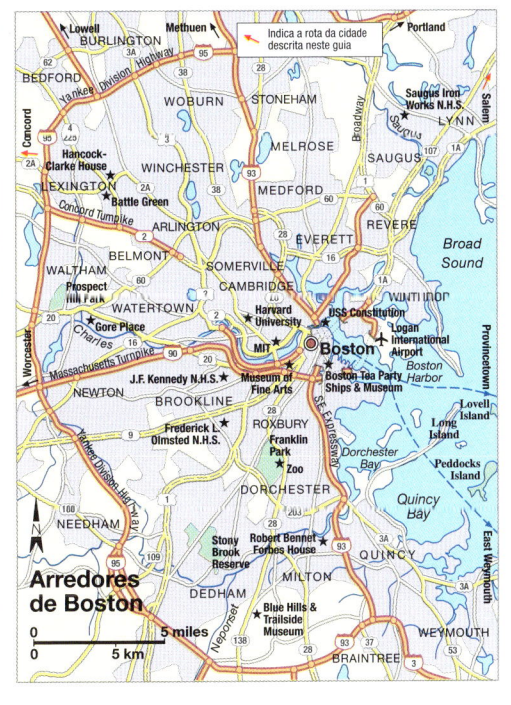

Edifício John Hancock e igreja Trinity na Copley Square em Boston.

LUGARES   Mapa na página 104   103

DE BOSTON A BUFFALO

Passeie pelos trechos mais bonitos da Nova Inglaterra antes de seguir para oeste, nessa viagem de costa a costa que se inicia na antiga rota do canal do Erie.

Com início no centro de **Boston** ❶ *(ver p. 100)*, a Rota Norte, que cruza os Estados Unidos, começa visitando a Boston "suburbana", depois de atravessar o rio Charles até a agitada **Cambridge** ❷. A combinação de ruas antigas e arborizadas, praças movimentadas e uma vida estudantil pulsante faz de Cambridge uma das áreas mais interessantes da Grande Boston. A atividade concentra-se em torno da triangular **Harvard Square** e da mais desordenada mas não menos vibrante **Central Square**. Enquanto estiver aqui, explore os edifícios de tijolo aparente e os jardins meticulosamente aparados da **Universidade de Harvard**, a segunda instituição educacional mais antiga do país; ela foi licenciada em 1636 e continua sendo uma das melhores dos Estados Unidos, com museus como o Peabody Museum of Archaeology and Ethnology (tel.: 617-496-1027; www.peabody.harvard.edu, diariamente) e o Harvard Museum of Natural History (tel.: 617-495-3045; www.hmnh.harvard.edu; diariamente).

Vale a pena visitar também o cemitério da cidade, **Mount Auburn Cemetery**, conservado com capricho; a área tranquila abriga os restos mortais de luminares artísticos, como Henry Longfellow, Oliver Wendell Holmes e Winslow Homer.

Continue seguindo as placas para a 2A, uma rota panorâmica que leva da Massachusetts Avenue a cidades mais calmas. Logo se chega a **Arlington**, hoje suburbana e com alta tecnologia, mas antigamente uma comunidade têxtil onde soldados britânicos em retirada entraram em conflito com os moradores do local, conhecidos como "Minutemen" (dizem que eles estavam a postos para lutar um minuto depois de receber o aviso), em abril de 1775, quando os britânicos recuaram usando esse caminho.

A cavalgada de Paul Revere

Em **Lexington**, uns 16 km (10 milhas) distante de Boston, saia da State Route 2A rumo ao centro da cidade, a fim de ver o parque, palco principal da batalha

Principais atrações
Boston
Salem
York
Nubble Light
Appalachian Trail
Norman Rockwell Exhibit
National Baseball Hall of Fame
National Women's Hall of Fame
Niagara Falls

Estátua de Paul Revere, em Boston.

De Boston a Buffalo

Massachusetts
- Boston ❶
- Cambridge ❷ (2A)
- Concord (2A)
- Salem ❸ (1A)
- Lexington (225)
- Gloucester (127)

New Hampshire / Maine
- Rye Beach ★
- Portsmouth ❹
- York ❺ (1)
- Wells
- Kennebunk (1) — Kennebunkport (99)
- Portland ❻
- Gorham (25)
- Cornish ❼

Maine / New Hampshire
- Center Harbor (25)
- Mount Washington (16) — Meredith (3)
- Lake Winnipesaukee ❽ (104)
- Potter Place
- New London ❾ (11)
- Corbin Covered Bridge (114) — Lake Sunapee (11)
- Newport ❿
- Claremont (10) (103)

New Hampshire / Vermont
- Ascutney
- Fairlee / Orford, NH (5) — Windsor ⓫ (5)
- Norwich (120) — Hanover, NH
- Quechee State Park (4)
- Woodstock ⓬ (100A)
- President Calvin Coolidge State Historic Site (100)
- Stockbridge — Appalachian Trail ⓭
- Bread Loaf (125) — Waterbury (100)
- Ripton (7)
- Middlebury (30)
- Pawlet
- Dorset ⓮ (30)
- Manchester
- Hildene ★ (7A)

Vermont / New York
- Arlington ⓯ (313)
- Cambridge (372)
- Saratoga National Historical Park ★ (29)
- Saratoga Springs ⓰ (50)
- Schenectady (20) — Old Stone Fort ⓱
- Esperance — Schoharie
- Cherry Valley (30) — National Baseball Hall of Fame
- Cooperstown (80) ⓲
- Richfield Springs
- Little Falls (167)
- Herkimer (55)
- Fort Herkimer Church ★
- Mohawk ⓳
- Ilion
- Utica ⓴ (55)
- Rome ㉑ (69)
- Oneida (46)
- Chittenango (5)
- Syracuse ㉒
- Camillus
- Auburn
- Seneca Falls ㉓ ★
- Waterloo
- Geneva ㉔ (20)
- Canandaigua
- Granger Homestead & Carriage Museum ★ (21)
- Sonnenberg Gardens ㉕
- Mormon Historic Sites ★
- Palmyra
- (31)
- Rochester ㉖
- Medina ㉗ (31)
- Lockport
- Niagara Falls
- Niagara Falls ㉘ — River Rd
- Buffalo ㉙

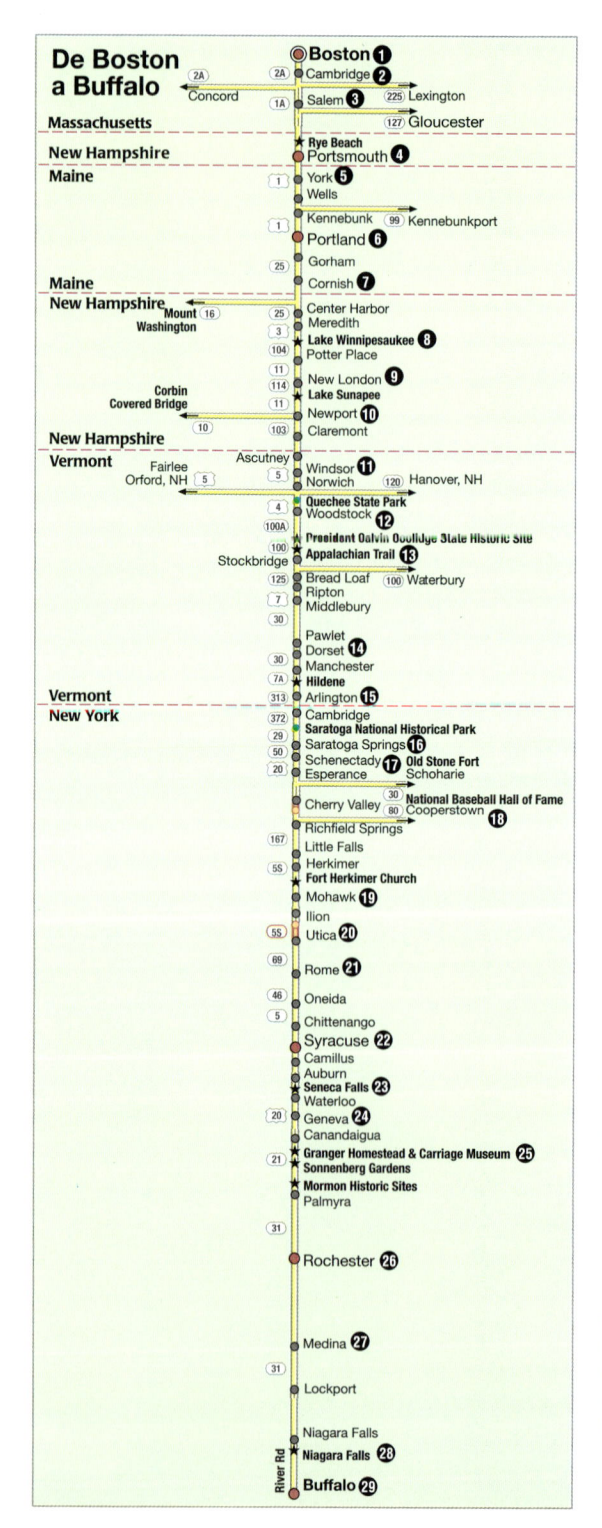

de Lexington, travada numa fatídica manhã de 19 de abril de 1775. Vários monumentos e estátuas celebram a corajosa defesa norte-americana da cidade, considerada o início da batalha da Guerra de Independência; o ourives Paul Revere cavalgou até aqui, vindo de Boston, protegido pela noite, para avisar os moradores do ataque britânico. Também há muitas tabernas antigas na área, uma das quais – Munroe Tavern – serviu de hospital britânico e centro de comando durante a luta.

Continue para oeste na State Route 2A, onde os eventos da Guerra de Independência também estão registrados no hoje tranquilo **Minute Man National Historical Park** (tel.: 978-369-6993; www.nps.gov/mima; diariamente), que ocupa ambos os lados da rodovia, uma mancha verde a noroeste da praça da cidade.

Concord, a cidade seguinte, foi o cenário da segunda batalha naquela manhã de abril. O local do conflito, a ponte (hoje reconstruída) sobre o rio Concord, está preservado como parte do parque histórico. Concord foi centro de literatura e filosofia durante o século XIX, com moradores célebres como Ralph Waldo Emerson, Henry David Thoreau e Louisa May Alcott, entre outros. A antiga casa de Alcott, **Orchard House** (tel.: 978-369-4118; diariamente), onde ela escreveu *Little Women* [*Mulherzinhas*], é a primeira ao se entrar na cidade, à direita. A **Emerson House** (tel.: 978-369-2236; meados de abr.-out., 5ª-dom.) vem em seguida, algumas centenas de metros à frente, com objetos da vida e do trabalho do influente pensador transcendentalista.

No centro da cidade, pegue a Walden Street para o sul e ande um pequeno trecho para visitar a **Walden Pond State Reservation** (tel.: 978-369-3254), um testemunho da vida, do trabalho e do ponto de vista característico de Henry Thoreau. Ele construiu uma cabana simples na beira do lago em 1845 e morou ali durante algum tempo. Depois, escreveu *Walden*, sobre essa experiência. "Fui para os bosques viver de livre vontade", proclamou, revelando uma visão da natureza como mestra – e não como escrava – do homem. Embora o livro não tenha vendido bem na época, tornou-se, desde então, um dos duradouros clássicos da literatura norte-americana. O lago já não é tranquilo como no tempo de Thoreau, mas ainda se pode ter uma ideia do que ele deve ter sentido.

CENTRO DA NOVA INGLATERRA

Antes de partir de Boston, rumando para o Velho Oeste, vale a pena fazer antes um pequeno desvio para o norte e atravessar os esplendores da Nova Inglaterra rural, onde a América começou e onde, ainda hoje, é possível sentir a deliciosa amabilidade das cidades pequenas.

Comece, então, saindo do centro de Boston e seguindo para o norte pela Route 1A (North Street, saindo do centro) na direção de **Salem** ❸. Essa cidade litorânea foi uma das primeiras capitais da colônia na baía de Massachusetts e está cheia de casas de capitães da época, muitas das quais podem ser visitadas (Peabody Essex Museum; tel.: 978-744-3390). No entanto, é mais famosa pelos **julgamentos das bruxas de Salem**, que começaram em 1692, numa tentativa de erradicar a suposta bruxaria praticada por mulheres e crianças da comunidade; quase duas dúzias foram mortas no auge dessa loucura – desde então, um símbolo da perseguição injusta. (A expressão "caça às bruxas", amplamente aplicada a atividades políticas, permanece no vocabulário atual.) O **Salem Witch Museum** (tel.: 978-744-1692; www.salemwitchmuseum.com; diariamente), ao lado da grande praça da cidade, oferece uma explicação sobre os julgamentos. O escritor Nathaniel Hawthorne nasceu em uma das casas do **House of the Seven Gables Historic Site** (tel.: 978-744-0991; www.7gables.org; diariamente), na orla marítima, nas proximidades; a célebre casa de teto inclinado sobre a qual ele mais tarde escreveu em seu famoso romance também fica ali – o nome "oficial" dela é Turner-Ingersoll Mansion.

A State Route 1A segue direto para o norte depois de Salem e continua por um caminho pitoresco, que atravessa pântanos de água salobra, pequenas pontes levadiças, campos cultivados e pequenas cidades pesqueiras e cidades-dormitório, como Ipswich, Rowley e Newbury. Ao longo do caminho, talvez você queira desviar para leste até **Gloucester**, entrada para o lindo Cape Ann, porto com grande número de barcos para observação de baleias e pesca.

New Hampshire e Maine

Depois de entrar em **New Hampshire**, a State Route 1A liberta-se das construções praianas de qualidade inferior e, em **Rye Beach**, revela o Atlântico – é a primeira vez que realmente se vê o oceano aberto nessa rota. Continue por mais alguns quilômetros até **Portsmouth** ❹, a cidade mais charmosa e animada de New Hampshire.

Originalmente conhecida como Strawberry Banke em razão dos morangos silvestres que cobriam o campo, Portsmouth tinha a localização ideal, no encontro da foz do rio com o oceano; foi fundada em 1631 e, desde então, é centro pesqueiro e de transporte marítimo. Lindas casas de antigos marinheiros ainda enchem

Uniforme de sargento do 13º Regimento de Voluntários de Massachusetts, da época da Guerra Civil.

Museu das Bruxas de Salem.

FATO

O monte Katahdin, no Maine, com 1.606 metros de altitude, marca a extremidade norte da trilha dos Apalaches.

O farol Portland Head Light, construído no cabo Elizabeth, em 1794.

o centro e, embora cafés e microcervejarias de grife estejam rapidamente expulsando os velhos lobos do mar – lembre-se de que a cidade fica a apenas uma hora de Boston –, ainda se encontra uma boa sopa de mariscos nos restaurantes locais.

Ao norte, do outro lado do rio Piscataqua e de suas pontes, fica o **Maine**, o "Estado dos Pinheiros". Saia da movimentada US 1 depois de 10 km (6 milhas) para visitar **York** ❺, o primeiro povoamento do Maine, com um punhado de construções antigas (incluindo uma velha prisão) na orla marítima, todas ligadas pela trilha costeira Cliff Walk. No entanto, a maioria dos turistas vem até aqui pela boa praia no trecho conhecido como **Long Sands**, marcado, numa das extremidades, por um farol muito fotografado, Cape Neddick Light Station, conhecido no lugar como **Nubble Light**. Nos meses de verão, compre o excepcional sorvete fabricado por Brown's Old Fashioned Ice Cream, na subida do famoso farol; se houver no estoque, escolha entre os sabores mirtilo (*blueberry*), gaultéria (*checkerberry*, uma frutinha da Nova Inglaterra) e canela.

Novamente na US 1, seguindo para o norte, encontramos **Wells**, cidade praiana pouco memorável, mas, ao norte dela, fica a **Wells National Estuarine Reserve** – uma área protegida de pântano à beira-mar que abrange o National Wildlife Refuge, homenagem à cientista Rachel Carson, cujos livros sobre o oceano, os pássaros canoros e a ecologia mudaram a maneira norte-americana de pensar sobre a natureza.

PORTLAND E CORNISH

Mais ao norte, chega-se às Kennebunks, duas cidades fisicamente unidas por uma ponte, mas com personalidades bem diferentes. **Kennebunk** é mais comum, com uma praia exclusiva de vários quilômetros a leste; já **Kennebunkport** é um pedaço da Nova Inglaterra pitoresca e elitizada – lojas de presentes, cervejas de marca e restaurantes, tudo caríssimo. A residência da família do ex-presidente George Bush (o pai) está localizada no meio de um cenário espetacular de rochas litorâneas e ondas, a leste do centro.

São mais lentos 32 km (20 milhas) para o norte, pela US 1 (a alternativa é pagar o pedágio para seguir pela I-95), até **Portland** ❻, a maior cidade e centro cultural do estado. O **Eastern Promenade Park** é uma boa parada, com vista panorâmica das ilhas da baía e de parte da ativa orla marítima da cidade. O bairro **Old Port**, antigamente um labirinto de ruas perigosas frequentadas por marinheiros, foi reformado nas últimas décadas e é hoje um animado bairro de butiques e restaurantes. O **Arts District**, onde fica a **Victoria Mansion** (também conhecida como Morse-Libby House; tel.: 207-772-4841; maio-out.), na Danforth Street, é um excelente exemplo de arquitetura vitoriana. Ou pegue a balsa até a pequena e tranquila **Peaks Island**, para ver o mar mais de perto. De volta ao centro da cidade, o **Portland Museum of Art** (tel.: 207-775-6148; www.portlandmuseum.org; jun.-set., 3ª-dom.; out.-maio, 2ª-dom.) às vezes tem boas exposições e mantém um acervo permanente da obra de Winslow Homer. Só não se esqueça do tempo no parquímetro: os fiscais da cidade são desnecessariamente implacáveis.

Saindo de Portland, a Route 25, mais sossegada, segue direto para oeste, através dos subúrbios e, depois, por ondulados campos cultivados. A cidade de **Gorham** é pouco mais do que o entroncamento de quatro caminhos e o principal *campus* rural da Universidade do Sul do Maine; continue na Route 25, atravessando mais cidades pequenas. Em East Limington, a ponte cruza o rio Saco, excelente para canoagem, que serpenteia desde o extremo oeste do Maine até o mar. Um parque gratuito na margem esquerda da estrada proporciona um panorâmico local para piquenique; as rochas são boas para tomar sol, e uma trilha conduz rio abaixo, até uma pequena praia onde se pode nadar fora da correnteza forte.

Mais para oeste, a rota cruza mais regiões rurais até **Cornish** ❼, uma das lindas cidades do oeste do Maine. Aqui a atividade concentra-se em torno de um pequeno espaço verde triangular, ladeado de pequenas lojas e de uma casa de ferragens, a maioria no típico estilo caiado da Nova Inglaterra. Em setembro, o Festival Anual da Maçã expõe tortas caseiras, cidra e outros produtos feitos com a fruta na área comunal da cidade – o concurso de tortas de maçã é realizado na varanda do venerável Cornish Inn, que fica ao lado da praça. A melhor parte é depois do julgamento, quando todas as tortas – as vencedoras e as perdedoras – são arrematadas pelos espectadores.

Território do lago

Continue na Route 25, que vai para oeste, entra em New Hampshire – o "Estado do Granito" – e segue para o norte por uma curta distância; se você continuar para o norte na Route 16, logo vai passar por **Mount Washington**, o pico mais alto a leste do Mississippi, com 1.917 metros – local dos ventos mais fortes já registrados no planeta.

Em West Ossipee, volte para o interior e siga a Route 25 através de Moultonborough, **Center Harbor** – cujo armazém vende o refrigerante Squamscot, de New Hampshire – e finalmente **Meredith**, balneário onde fica o Annalee Doll Museum, na beira do grande e bonito **lago Winnipesaukee** ❽, a maior massa de água de New Hampshire.

Siga um pouco para o sul na US 3, que passa bem na margem do lago. Ao sair da cidade, suba o morro e fique à direita para pegar a Route 104, estadual, e passar por cidades típicas de

A indústria da pesca de lagosta contribui grandemente para a economia do Maine. A pesca geralmente é feita entre o final de junho e o final de dezembro.

Barcos para pesca de lagosta no Maine.

FATO

O telhado característico de uma ponte coberta da Nova Inglaterra tinha dois propósitos: evitar que a madeira apodrecesse e impedir que as águas agitadas dos rios que corriam sob as pontes assustassem os cavalos que puxavam carroças.

Típica ponte coberta da Nova Inglaterra, em Vermont.

New Hampshire. Em Danbury, vire para o sul na US 4, dirija um pequeno trecho até a Route 11 e, em seguida, vire novamente para oeste, logo depois de **Potter Place**.

São só mais 16 km (10 milhas) até a recatada cidade de **New London** ❾ (vire à direita na Route 114, depois de Elkins), que tem uma bela praça central e boas vistas dos morros e montanhas da vizinhança. Na região, ela é conhecida como cidade estudantil, com a charmosa Colby-Sawyer College bem ao lado da praça. Durante muito tempo, essa faculdade, que antigamente era só para mulheres, foi uma das poucas instituições de nível superior não mistas que restavam no país – ela só se tornou mista em 1990. Vindo da Route 114 e juntando-se à Route 11, a estrada atravessa as aldeias de George Mills (um armazém, enseadas em ambos os lados da estrada e pouco mais) e a cidade lacustre de Sunapee, com um porto bonito no **lago Sunapee** – que tem a fama de ser um dos lagos mais limpos do país, circundado por morros cobertos de árvores de madeira nobre.

Cerca de 10 km adiante, para leste, na Route 11, **Newport** ❿ espalha-se no vale do rio Sugar. É uma pequena cidade de fábricas têxteis e de armas, com uma ópera antiga, ponte coberta de madeira e a bonita "área comunal" retangular, tão característica das cidades mais antigas da Nova Inglaterra. Esses espaços verdes já serviram de pasto para o gado local, mas hoje funcionam principalmente como área para jogos de futebol, carnaval e feiras.

Newport talvez seja mais conhecida por Sarah Josepha Buell Hale (1788-1879). Apesar das tragédias que marcaram o início de sua vida, incluindo a perda da mãe, da irmã e do marido, Hale alcançou fama em Boston e na Filadélfia como uma das primeiras feministas e editoras do país. Ela defendeu educação e oportunidades iguais para as mulheres, convenceu o presidente Abraham Lincoln a criar o Dia de Ação de Graças e escreveu a popular canção infantil "Mary had a little lamb" ["Maria tinha um carneirinho"]. A casa onde nasceu fica na Route 11, poucos quilômetros antes da cidade, em frente a um lanifício famoso antigamente.

Cidades do Connecticut Valley

Para ver a **Corbin Covered Bridge**, dirija pela rua principal de Newport e continue para o norte na Route 10 por mais ou menos 1,5 km; então, vire à esquerda, passe pelo aeroporto municipal e atravesse um corredor de pinheiros. No final dele, está a ponte, construída para substituir a estrutura original, que foi queimada por um incendiário enlouquecido em 1993. Há pontes como essa espalhadas por toda a Nova Inglaterra. Seu desenho característico é uma forma de proteger a madeira do apodrecimento, pois não havia creosoto na região. Alguns dizem que era também um método para que os cavalos que puxavam carroças não se assustassem com as águas agitadas dos rios que passavam sob as pontes.

O artesão que construiu essa ponte era tão perfeccionista que copiou o desenho original e depois transportou a ponte substituta para seu lugar sobre o rio Sugar usando uma junta de bois – tanto para que ela ficasse intacta como para preservar a história.

Do centro de Newport, a Route 103 prossegue para oeste através de **Claremont**, antigamente uma decadente cidade têxtil, que está revitalizando os moinhos destruídos da beira do rio. A histórica ópera localizada na Opera House Square tem espetáculos o ano todo, de ópera e teatro a comédia e música. A oeste da cidade, a rodovia cruza o largo e pitoresco rio Connecticut, que faz divisa entre New Hampshire e o estado vizinho de Vermont, de tamanho semelhante, mas muito diferente na maneira de pensar.

Em **Ascutney**, do outro lado do rio, o pico do Mount Ascutney, com uma antena no topo, enche os olhos; a Vermont 5 o separa do largo rio Connecticut, rumando direto para o norte. Logo depois, chega-se a **Windsor** ⓫ – cidade que, com razão, reivindica ser o "berço de Vermont". Na taberna de Elijah West, na Main Street, hoje conhecida como **Old Constitution House** (tel.: 802-672-3773; fim de maio-meados out.; sáb.-dom.), foi redigida e assinada a Constituição de Vermont, em 1777, que tornou a região uma república independente – nem britânica, nem norte-americana – durante certo tempo. Esse traço independente ainda caracteriza os habitantes de Vermont – nos anos 1990, eles elegeram e reelegeram um socialista, Bernie Sanders, para a Câmara dos Representantes dos Estados Unidos. Em 2005, Sanders tornou-se o primeiro senador socialista.

Talvez a fábrica de vidro **Simon Pearce**, também em Windsor, seja uma das melhores do país. (O estabelecimento também tem um restaurante na Main Street, em **Quechee**, que serve refeições em objetos de vidro feitos na fábrica.)

Ainda seguindo para o norte na Vermont 5, você acompanha o rio em mergulhos e curvas e logo chega a **Norwich**, uma minúscula cidade típica de Vermont, com seu clássico armazém – o primeiro de muitos que você vai ver nessa viagem. Perto da interestadual, a **King Arthur Flour Baker's Store** vende a excelente farinha que a empresa produz em moinho de pedra, além de alguns utensílios e livros de culinária de ótima qualidade, numa loja pitoresca na Vermont 5. Fora da cidade, o **Montshire Museum of Science** (tel.: 802-649-2200; www.montshire.org; diariamente) oferece às crianças uma incrível experiência interativa em ecologia e natureza nos campos da beira do rio.

Dartmouth, coberta de hera

Novamente, atravesse o rio Connecticut e entre em New Hampshire pela Route 120 até **Hanover**, cidade charmosa graças à presença elegante do **Dartmouth College**, coberto de hera. Dartmouth foi fundada em 1769, pelo reverendo Eleazer Wheelock, para educar (e, claro, converter) as crianças nativas da região. Hoje, é uma das melhores faculdades particulares do país, com programas especialmente fortes em Ciências, Humanidades e estudos sobre os nativos norte-americanos. O agradável Dartmouth Green é o centro da vida local, cercado por todos os lados de prédios da faculdade, incluindo o espaço de artes cênicas **Hopkins Center** – projetado por Wallace K. Harrison, arquiteto responsável pelo Lincoln

Ex-alunos famosos de Dartmouth College incluem Daniel Webster, Robert Frost, Theodore "Dr." Seuss e Nelson Rockefeller.

As crianças adoram a visita à fábrica de sorvetes Ben & Jerry's, em Waterbury, Vermont.

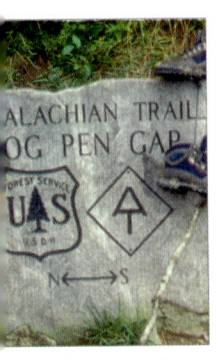

Estima-se que sejam necessários cinco milhões de passos para percorrer toda a trilha dos Apalaches.

Killington Resort tem neve boa e temporada longa.

Center de Nova York e pela sede da Organização das Nações Unidas.

O centro da cidade também tem a excelente Dartmouth Bookstore, além de uma das cooperativas de alimentos naturais mais apreciadas da Nova Inglaterra. Não é raro ver caminhantes exaustos, com a barba por fazer, carregando mochilas enormes e arrastando-se pela cidade, pois a ponte que sai de Norwich e o centro de Hanover formam um dos mais urbanizados trechos de toda a trilha dos Apalaches.

Para ver um pouco mais da Nova Inglaterra antes de seguir para oeste, continue rumo ao norte na Vermont 5, que se aninha entre a interestadual e o rio, passando principalmente por pastos de gado leiteiro e milharais. Várias das cidadezinhas têm interessantes pontos de encontro, como o Fairlee Diner (ver p. 434), em **Fairlee**, Vermont. Do outro lado da pequena ponte que sai de Fairlee, em **Orford**, New Hampshire, bonitas casas de madeira branca e tijolos vermelhos do início do século XIX, sem falar da Orford Social Library e do armazém cheio de personagens locais, alinham-se na rua principal. Foi daqui que saiu o vendedor de carros Mel Thomson,

que se tornou governador do estado durante muitos mandatos, nunca se afastando de sua visão extremamente republicana. Nos fins de semana de verão, a **Mount Cube Sugar House**, que fica nos morros a leste de Orford, descendo a Route 25A, serve enormes cafés da manhã com seu próprio xarope de bordo (maple syrup): um delicioso sabor da região, que você não deve deixar de provar quando visitar a área. Os moradores locais o recomendam fortemente.

Saindo de Hanover, atravesse de volta para Vermont e siga um curto caminho para o sul, antes de virar para oeste na US 4 em White River Junction. Logo se chega à pequena Quechee – desinteressante, a não ser pela profunda **Quechee Gorge**. Essa garganta de rio, com 50 metros, escavada na rocha pelo rio Ottauquechee, é acessível de vários pontos; não é possível descer pelas paredes íngremes e estreitas, mas dá para andar pelos bosques e acampar num parque estadual do outro lado da rua.

Woodstock

A compacta **Woodstock** ⑫, 16 km (10 milhas) mais adiante, tem uma ótima localização entre árvores, serras e rio. Em tardes de outono, fica lotada de turistas que querem ver a folhagem da estação. A época certa é o início de outubro – um festival anual de receitas com maçã e pimenta e outros eventos de outono competem com a folhagem exuberante. Saindo do centro, são apenas alguns passos até a bonita **Middle Bridge**, ponte coberta que fica ao lado de uma fileira de casas excepcionalmente bonitas em torno do espaço verde da cidade.

A Woodstock Historical Society tem visitas guiadas a algumas dessas casas que circundam o espaço comunal e dois excelentes museus nas proximidades oferecem diversão extra: o **Billings Farm & Museum** proporciona uma visita a uma fazenda de laticínios do século XIX (tel.: 802-457-2355; www.billingsfarm.org; maio-out., diariamente; nov.-fev., sáb.-dom.) e o **Vermont Institute of Natural Science** (tel.: 802-359-5000;

DE BOSTON A BUFFALO

maio-out., nov.-abr., 4a-dom.), com seu bom índice de recuperação de filhotes de aves de rapina. O **Marsh-Billings-Rockefeller National Historical Park** (tel.: 802-457-3368; área: diariamente; excursões: jun.-out.) é uma reserva de 202 hectares, coroada pela suntuosa casa do falecido Laurance Rockefeller, o benfeitor do parque. Apenas 3 km (2 milhas) a oeste da cidade, pela US 4, a comunidade de **West Woodstock** tem um ar menos organizado. O sazonal White Cottage Snack Bar serve mariscos fritos, sorvetes e outros lanches de verão, enquanto a feira de produtos agrícolas de Woodstock vende alimentos *gourmet* ao lado. Siga vários quilômetros até **Bridgewater Corners**, sede da Long Trail Brewing Company e da popular cerveja local Long Trail Ale.

Vire à esquerda na Route 100A para fazer um pequeno e bonito desvio através de algumas das melhores paisagens do estado – passando por montes de feno, placas de venda de xarope de bordo, celeiros vermelhos, vacas malhadas e cavalos pastando: puro Vermont. O trecho é particularmente bonito quando as folhas estão mudando de cor. Cerca de 10 km (6 milhas) adiante, vire à direita na estrada de terra para visitar o **President Calvin Coolidge State Historic Site** (tel.: 802-672-3773; www.historicsites.vermont.gov/coolidge; fim de maio-meados de out., diariamente), a casa de fazenda onde "Cal, o Silencioso" cresceu e para onde retornava periodicamente.

Em 1923, quando o presidente Warren G. Harding morreu, durante seu mandato, Coolidge foi empossado no cargo por seu pai, que era tabelião. Para os habitantes de Vermont, ele continua sendo um herói, símbolo da ética de trabalho humanística e taciturna que ainda guia os fazendeiros e políticos do estado.

Montanhas verdes e o sul de Vermont

Continue na Route 100A até o fim dela, na Route 100, vire à direita e siga para o norte. Você vai passar por várias pousadas em cidadezinhas agradáveis; se estiver com pressa de ir para o oeste, vire à esquerda onde a Route 100 e a Route 4 se separam em **Killington** e atravesse as belas montanhas até Rutland. É perto desse entroncamento que duas famosas trilhas norte-americanas de montanha – a **Appalachian Trail** ⑬ *(ver quadro nesta página)* e a **Long Trail** de Vermont – se separam. Se continuar mais um pouco para o

---

FATO

Embora quase todas as árvores de Vermont já tivessem sido derrubadas no fim do século XIX, hoje mais de 75% da área desse estado está reflorestada.

O colorido do outono anuncia a temporada de turistas que vêm para ver a folhagem.

APPALACHIAN TRAIL

Uma viagem agradável de 31 km (19 milhas) ao longo da Route 100A e, depois, pela Route 100, saindo da cidade de Bridgewater Corners, Vermont, leva a uma das trilhas sinalizadas mais longas do mundo, que serpenteia por um total de 3.505 km do Maine à Geórgia. Benton MacKaye, que propôs a trilha em 1921, escreveu sobre seu grande projeto: "O principal objetivo? São três: 1) andar; 2) ver; 3) ver o que você vê... Algumas pessoas gostam de registrar a velocidade com que conseguem terminar uma trilha, mas eu premiaria aqueles que levam mais tempo". A ideia de MacKaye era de uma supertrilha que atravessasse toda a Costa Leste industrializada. Seria uma trilha agreste, mas ao alcance dos maiores centros urbanos e das multidões de trabalhadores afastados da vida ao ar livre. Ele achava que a trilha funcionaria, para quem passasse algum tempo nela, como um tônico curativo da natureza.

Serpenteando de norte a sul, ela atravessa as muitas serras diferentes que formam a cordilheira dos Apalaches, passando pelos pontos culminantes de muitos dos estados onde entra. Embora não tenha sido a primeira do gênero, a trilha dos Apalaches continua sendo a preferida de quem gosta da vida ao ar livre e uma das estrelas entre as grandes trilhas do mundo. Para mais informações, ligue para Appalachian Trail Conservancy no telefone 304-535-6331 ou visite o *site* www.appalachiantrail.org.

FATO

O ilustrador Norman Rockwell (1894-1978) era famoso por suas cenas realistas e humorísticas do cotidiano de cidade pequena. O melhor de sua obra foi publicado na capa da revista The Saturday Evening Post.

Ponte coberta em West Arlington.

norte na Route 100, você pode estacionar e fazer um passeio curto a pé na trilha à esquerda (no Gifford Woods State Park) ou à direita, em torno do lago Kent.

Seguindo para o norte na Route 100, atravesse a pequena **Stockbridge** até que a Route 100 se junte à Route 125; então, escolha: comida ou natureza? Se você adora doces, continue para o norte na Route 100 até **Waterbury** e faça uma visita à fábrica de sorvetes Ben & Jerry's. No entanto, para fazer uma rota mais panorâmica, vire à esquerda na Route 125 e percorra lindos 21 km (13 milhas) de área nacional de floresta. Você vai descobrir por que ela foi designada estrada estadual panorâmica ao serpentear pela **Green Mountain National Forest**. No meio do caminho, pouco antes de **Ripton**, pare para apreciar vários locais relacionados a Robert Frost.

Frost, um dos mais amados poetas norte-americanos, mudou-se para essa região e escreveu o melhor de sua poesia numa fazenda local. **Bread Loaf**, o conjunto de construções amarelas à direita, é um *campus* da Middlebury College, que se transforma numa famosa escola para escritores no verão; o Bread Loaf Inn, também amarelo, oferece hospedagem. A **Robert Frost Interpretive Trail**, à esquerda, combina trechos das obras do poeta com os elementos típicos – paredes de pedra, árvores de bordo – que o inspiraram. Há também várias caminhadas incríveis perto da estrada principal, bem sinalizadas, embora seja necessário dirigir em estradas de cascalho e terra para chegar até elas. Os últimos quilômetros sinuosos da Route 125 descem a encosta oeste das Green Mountains, ao lado do rio Middlebury, e devem ser trafegadas com cuidado; a recompensa é uma vista deslumbrante das colunas rochosas e enevoadas dos Adirondacks, à medida que a estrada desce até o povoado de East Middlebury. Na US 7, vire à direita e entre em **Middlebury**, cidade universitária com construções bonitas e microcervejaria própria.

Agora, vamos para o sul na Route 30, que faz um ângulo quase reto nessa direção. É delicioso dirigir pelas paisagens clássicas de Vermont, com vacas malhadas pastando, rios, celeiros vermelhos etc. Você vai passar por vários lagos tranquilos com bons *campings* e depois por **Pawlet**, que tem uma das melhores lojas rurais de Vermont, hoje chamada de Mach's: entre as geladeiras de cerveja feitas de madeira e as pilhas de ancinhos e botas de borracha, você vai ver, através de uma grade, o riacho correndo sob a loja. O local já foi um hotel, e existe uma fotografia antiga, feita no século XX, dos homens garbosos de bigode que se hospedavam aqui.

Em seguida, vem East Rupert e, depois, **Dorset** ⓮, cidade charmosa, com um campo de golfe e um teatro (aberto apenas durante o verão) bem ao lado de residências clássicas da Nova Inglaterra, onde hoje funcionam pousadas típicas.

Compras, história e arte

As multidões começam a surgir novamente em **Manchester**, cidade cheia de turistas localizada na margem do **rio Battenkill**, um dos melhores do mundo para pesca com mosca. Você pode aprender mais no **American Museum of Fly Fishing** (tel.: 802-362-3300; 3ª-sáb.), que expõe as varas e os equipamentos de pescadores famosos, como Hemingway e Eisenhower, entre outros. Logicamente, o local também é sede da Orvis, fábrica de equipamento e vestuário para atividades ao ar livre, e de muitas outras lojas, muitas das quais com descontos em marcas famosas.

Passe rápido pela cidade e continue para o sul pela Route 7A, conhecida aqui como "Historic 7A", pois passa por **Hildene** (tel.: 802-362-1788; www.hildene.org; diariamente), a antiga casa de Robert Todd Lincoln, filho de Abraham Lincoln. Essa bela mansão neogeorgiana tem um enorme órgão de tubos. Em seguida, a estrada entra na agradável serra de **Mount Equinox**, que fica particularmente deslumbrante no outono. Uma estrada pedagiada vai até o topo, se você quiser chegar lá. Pomares de macieiras, prados e vacas continuam a ser o tema predominante ao longo da Route 7A.

Em **Arlington** ⓯, você pode ver a famosa **Norman Rockwell Exhibit** (tel.: 802-375-6423; fev.-dez., diariamente), acervo da obra do artista. Rockwell morou em duas casas dessa região, cujos moradores frequentemente serviam de modelo para os retratos tão tipicamente norte-americanos que ele pintava.

Vire para oeste na Route 313; ao sair da cidade e de Vermont, há uma última atração: antes da divisa com o estado de Nova York, você vai passar por **West Arlington Bridge**, uma pequena ponte coberta sobre o Battenkill, com uma típica igreja simples da Nova Inglaterra atrás – uma composição que, segundo dizem, o próprio Norman Rockwell adorava. Cenários assim são típicos do local, e esse é o último que você vai contemplar nessa rota através do país. Pare um pouco para admirar o rio – e a Nova Inglaterra – que você acabou de ver.

ESTADO DE NOVA YORK

Ao ver a placa de boas-vindas ao estado de Nova York, você não só cruzou a linha do mapa que separa um estado do outro como também atravessou um limite imaginário – mas não menos real – depois do qual as *yard sales* (brechós caseiros) são chamadas de *tag sales*, o *tonic* (refrigerante) vira *soda*, e uma mentalidade de "estado imperial" substitui a mentalidade do "pensar pequeno" de Vermont. Entrando no Hudson Valley, você também vai descobrir uma história formada por

Água fresca de fonte em Saratoga Springs.

Evento de corrida na pista de Saratoga.

> **CITAÇÃO**
>
> "O, the E-ri-e was a-rising / And the gin was a-getting low / And I scarcely think we'll get a drink / Till we get to Buffalo" ["O Erie está subindo / E o gim está baixando / Acho que não vamos ter o que beber / Até chegar a Buffalo"], trecho da letra da velha canção "Erie Canal".

Atores em uma encenação da Guerra da Independência, ao lado de barracas de acampamento, no vale do Mohawk.

povoadores holandeses, e não pelos *yankees* de Nova Inglaterra.

Ao entrar na Route 313, logo se chega a um agradável local para piquenique na margem do Battenkill. Depois, você vai atravessar **Cambridge**, cidadezinha com lojas de antiguidades e um charmoso armazém, que hoje vive mais da aparência do que de suas atividades. Vai passar também pelo Cambridge Hotel, construído em 1885, que afirma ter inventado a *pie à la mode* (torta com sorvete). Mude para a Route 372, entre na Route 29 e continue para oeste. Cerca de 16 a 19 km (10 a 12 milhas) adiante, a estrada cruza o **rio Hudson** em Schuylerville, que não é impressionante nessa região, pois está dividido em muitas partes; na verdade, o grande rio parece bem domado – ainda não há sinal do poder e da beleza que logo vão encher um grande vale e inspirar incontáveis artistas.

Foi a poucos quilômetros dessas margens, rio abaixo, que, em 1777, travaram-se as duas batalhas de Saratoga que resultaram na fragorosa derrota das tropas britânicas – uma mudança crucial no curso da revolução. Uma saída leva até o **Saratoga National Historical Park** (tel.: 518-664-9821; www.nps.gov/sara; campo de batalha: diariamente; estrada turística: abr.-nov.; diariamente), que celebra as batalhas, onde você pode dirigir sozinho ou fazer uma visita guiada pelos campos.

Siga até **Saratoga Springs** ⓰, uma antiga estação de águas com fontes minerais que brotam do subsolo e, mais recentemente, local muito procurado nos fins de semana. É também local de moradia de estudantes e professores da Skidmore College, por isso, um bom número de cafés, sorveterias e livrarias pontilha o centro da cidade. O Saratoga Performing Arts Center, num parque verde situado na extremidade sul da cidade, frequentemente organiza concertos com grandes nomes. O verão também atrai multidões para as corridas locais de charrete, numa região onde o turfe reina – visite o **National Museum of Racing and Hall of Fame** (tel.: 518-584-0400; www.racingmuseum.org; abr.-out., diariamente; nov.-dez., 3ª-dom.; jan.-mar., 4ª-dom.). Por fim, não deixe de ir ao **Caffé Lena**, um café de sobreloja numa rua do centro que dizem ter sido o primeiro café do país a ter espetáculos regulares de música folclórica – e ainda tem.

Canal de Erie

A Route 50 traz você para o sul através de Ballston Spa, sede do excêntrico **National Bottle Museum** (tel.: 518-885-7589; jun.-set., diariamente; out.-maio, 2ª-6ª), até o rio Mohawk e o canal de Erie. O caminho percorrido por esse grande curso d'água para oeste, até Buffalo, não é o mais curto, mas está repleto de história.

No começo, a ideia de construir um canal que ligasse as cidades portuárias de Albany (nas margens do rio Hudson) e Buffalo (nas margens do lago Erie) foi recebida com ceticismo e desdém. Os detratores chamavam o canal de "valeta de Clinton", em homenagem ao governador de Nova York DeWitt Clinton, defensor do projeto. Concluído em 1825 e desviado no início do século XX, o canal de Erie foi responsável pelo povoamento do meio-oeste e pela ascensão do estado de Nova York. As velhas cidades do canal, antigamente locais de grande atividade, hoje são calmas e muitas delas, decadentes.

Comece a acompanhar a rota em **Schenectady** ⓱. Uma placa resume os primórdios da história da cidade: "Fundada por Van Curler, 1661. Queimada por franceses e índios, 8 de fevereiro de 1690".

Como esse foi o mais ocidental dos povoamentos holandeses no Novo Mundo, os colonos da cidade construíram uma paliçada em torno da área, limitada pelo rio Mohawk e por um afluente chamado Binne Kill. A paliçada já não existe – foi destruída durante a Guerra de Independência –, mas a área que ela protegia é hoje um bairro histórico chamado **Stockade**, que abriga um variado conjunto de construções que cobrem mais de três séculos da vida norte-americana.

A localização estratégica de Schenectady na margem do rio transformou a cidade, historicamente, em um centro de comércio e transporte. Ela supriu as tropas revolucionárias que combateram no vale do Mohawk e foi um importante porto no século XIX. Em 1831, tornou-se terminal do primeiro trem a vapor de passageiros do país, o "DeWitt Clinton", uma inovação motivada pelo demorado processo de atravessar as 23 eclusas entre Albany e Schenectady.

Schenectady não escapou do êxodo da indústria na região nordeste. No século XIX, progrediu de centro de fabricação de vassouras a "cidade que ilumina e transporta o mundo". A Schenectady Locomotive Works (depois, American Locomotive Company) foi inaugurada em 1851, seguida por Edison e sua Machine Works – que, mais tarde, tornou-se General Electric. A Locomotive Company saiu da cidade em 1969, mas as luzes ainda estão acesas na GE.

As trilhas dos desbravadores

Em geral, considera-se que o centro de Nova York começa a oeste do triângulo industrial formado por Albany, Troy e Schenectady. Essa área essencialmente rural ao norte das montanhas Catskill e ao sul dos Adirondacks também é conhecida como **Leatherstocking District**, nome derivado das vestimentas de couro que os desbravadores usavam para proteger o corpo. James Fenimore Cooper, que nasceu aqui, imortalizou a região no livro *Leatherstocking Tales* [Contos dos desbravadores] e em outras obras. As várias batalhas da Guerra de Independência travadas no vale do rio Mohawk são tema do romance histórico *Drums Along the Mohawk* [Tambores ao longo do Mohawk], de Walter D. Edmonds.

A Broadway de Schenectady sai da cidade pelo sudoeste (Route 7), atravessa Rotterdam e Duanesburg, para onde a Route 7, a US 20 e a I-88 convergem. Desse ponto, a US 20 segue para **Esperance**, na margem do riacho Schoharie. Essa agradável cidade tem casas antigas, antiquários e o costumeiro armazém geral. Uns 13 km (8 milhas) ao sul, pela Route 30, paralela ao riacho, fica a cidade de **Schoharie**, a terceira mais antiga do estado. Seu **Old Stone Fort Museum Complex** (tel.: 518-295-7192; jul.-ago., diariamente; maio-jun. e set.-out., 3ª-dom.) era apenas uma igreja em 1772 e tornou-se um forte durante a revolução. Desde

Vilarejo de Cooperstown.

1889, funciona como museu e biblioteca especializada nos primórdios da história norte-americana.

Um capítulo interessante do passado de Schoharie inclui a ferrovia de Middlebury e Schoharie, construída no fim da década de 1860. Essa estrada de ferro curta (9,2 km) descia o vale do riacho Schoharie transportando lúpulo e outros produtos da região. O presidente da ferrovia gostava de destacar que, embora ela não fosse tão extensa quanto outras ferrovias, era tão larga quanto elas. Em seus últimos dias, a única locomotiva da linha cambaleava física e financeiramente, e a empresa encerrou suas atividades em 1936.

Um santuário do beisebol

A US 20 a oeste de Sharon e Sharon Springs é um dos trechos mais bonitos da estrada no centro de Nova York, com vista panorâmica de **Cherry Valley** – local de um infame massacre em 1778, mas que hoje só se colore de vermelho no outono.

Você vai se arrepender se não fizer o desvio de 16 km (10 milhas) para o sul, em Springfield Center, na Route 80, para visitar **Cooperstown** ⑱, uma charmosa cidade com várias atrações importantes. O Fenimore Art Museum (tel.: 607-547-1400; abr.-meados de maio, out.-dez., 3ª-dom.; meados de maio-começo de out., diariamente) e o Farmers Museum (tel.: 607-547-1450; horários e datas iguais aos do Fenimore Museum) valem a pena, mas a principal atração é o **National Baseball Hall of Fame** (tel.: 607-547-7200; www.baseballhall.org; diariamente) – uma experiência incrível sobre a história do beisebol, que inspirou diversos romances, filmes e até poemas. Reserve tempo para visitar os monumentos, ver as biografias e coleções.

Depois de **Richfield Springs**, famosa pelas fontes sulfurosas e pelos campos com fósseis, a Route 167 vai para o norte, na direção de **Little Falls**. Não muito longe da estrada fica o **Russian Orthodox Holy Trinity Monastery**, uma festa para os olhos no meio de uma terra de história colonial, construções do século XIX e casas rústicas de fazenda. A **Herkimer Home**, em Little Falls, antiga residência do herói da Guerra de Independência, o general de brigada Nicholas Herkimer, proporciona uma visão da vida colonial, com festivais de xarope de bordo, tosquia de ovelhas e outras exposições. Essa cidade do canal já teve a maior eclusa do mundo, com 12,5 metros de altura.

A oeste, ao longo da Route 5, fica Herkimer, que tem o nome do general da Guerra de Independência norte-americana Nicholas Herkimer, cuja estátua ainda chama a atenção. O **Herkimer County Courthouse** foi o local do julgamento de Gillette pelo assassinato que inspirou Theodore Dreiser a escrever *An American Tragedy* [Uma tragédia americana], retratando o lado sombrio do sonho americano. A versão de George Stevens para o cinema, *Um lugar ao sol*, foi estrelada por Montgomery Clift, Shelley Winters e Elizabeth Taylor. Entre Herkimer e **Mohawk** ⑲, na Route 5S, fica a **Fort Herkimer Church**, construída em 1730.

Ilion, um pequeno bolsão industrial, está localizado depois de Mohawk. O interessante **Remington Firearms Plant and Museum** (tel.: 315-895-3200; museu: 2ª-6ª; visitas à fábrica: última 2ª de maio-primeira 2ª de setembro,

Mural patriótico representando Paul Revere, em Rome, estado de Nova York.

2ª-6ª) dedica-se às armas fabricadas pela Remington Arms Company, no passado e no presente. Continuando para oeste, a estrada termina em **Utica** ⓴, a única cidade propriamente dita que se vê desde Schenectady.

Utica, que já se chamou Fort Schuyler, é rica em história colonial e revolucionária, mas sua maior atração é o **Munson-Williams-Proctor Arts Institute** (tel.: 315-797-0000; www.mwpai.org; 3ª-dom.), famoso por ter um dos melhores acervos de arte norte-americana e europeia do século XVIII ao XX na região nordeste, num edifício projetado por Philip Johnson. Num aspecto bem menos cultural, a **Matt Brewing Company** de Utica (tel.: 315-732-0022; visitas: jun.-ago., 2ª-sáb.; set.-maio, 6ª-sáb.) serve sua cerveja numa taberna da era vitoriana, construída em 1888. Tudo faz parte de uma visita guiada pela cervejaria, que culmina num passeio de bonde até a taberna.

A vila do canal do lago Erie

A Route 69 sai de Utica e vai até **Rome** ㉑, mais conhecida por seu papel fundamental na construção do canal de Erie. Além desse ponto, não existiam cursos d'água naturais contínuos para oeste. Foi onde começou a escavação. Para celebrar esse importante capítulo de sua história, foi erguida a **Erie Canal Village** (tel.: 315-337-3999; www.eriecanalvillage.net; última 2ª de maio-primeira 2ª de setembro, 4ª-dom.), reconstrução de uma aldeia dos anos 1840 perto de um trecho reformado do antigo canal. As maiores atrações turísticas aqui são um passeio de trem em uma ferrovia de bitola estreita, o Hudson Museum de veículos puxados a cavalo, o New York Museum of Cheese e um museu que conta a história do grande canal.

O canal trouxe indústrias para Rome – algumas delas continuam aqui. A cidade sempre levou o país a sério, afinal, foi nela que seu filho Francis Bellamy escreveu "Pledge of Allegiance", o juramento à bandeira nacional, que toda criança norte-americana em idade escolar sabe de cor.

A Route 46 vai levar você de Rome para **Oneida**, que ainda é a região dos índios *oneida*. A comunidade *oneida* – associada à cidade, mas localizada a sudeste de Sherrill – foi fundada em meados do século XIX por John Humphrey Noyes e seus seguidores. Eles, que se diziam perfeccionistas, aderiram a um rígido código de conduta sexual como parte de um sistema comunitário de procriação seletiva. Nas horas vagas, produziam travessas folheadas a prata. A comunidade foi dissolvida em 1881, mas o negócio de prata ainda prospera.

Partindo de Oneida de carro pela Route 5, **Chittenango** é bem próxima. Na cidade, não se surpreenda ao ver uma calçada de tijolos amarelos: é a "**Oztown, USA**" ("Cidade de Oz, Estados Unidos"). A calçada é um tributo a L. Frank Baum, autor do adorado *Mágico de Oz*. Continue na Route 5; ela leva direto para Syracuse, a maior cidade da região.

Finger Lakes

A movimentada **Syracuse** ㉒ é a entrada urbana dos lagos Finger. A Route 5 vira Erie Boulevard ao atravessar o centro da cidade, paralela ao caminho aberto pelo Erie Canal. O **Weighlock Building**, construído em 1849 em estilo neogrego, antigamente pesava os barcos

ONDE COMER

Experimente *pusties* (diminutivo de *pasticciotti* – tortinhas italianas recheadas de creme), uma das receitas típicas de Utica.

Clinton Square em Syracuse, estado de Nova York.

> **DICA**
>
> Em Auburn, Nova York, não deixe de visitar a casa de Harriet Tubman, a escrava fugida que coordenou a rede chamada de Underground Railroad ["Ferrovia Subterrânea"], que encorajava outros escravos a fugirem do sul.

O impressionante Nott Memorial Building, com 16 lados, no campus da Union College de Schenectady, reúne símbolos das religiões mais importantes do mundo.

que passavam pelo canal, a fim de calcular o pedágio a cobrar. Na virada do século XX, foi transformado em prédio de escritórios e, em sua última "encarnação", é o **Erie Canal Museum** (tel.: 315-471-0593; www.eriecanalmuseum.org; diariamente).

Graças ao canal, antigamente essa cidade era um centro de comércio de sal – algumas pessoas ainda referem-se a ela como "Salt City". A cidade se desenvolveu muito durante o século XIX e no começo do século XX, à custa do sal e de outras indústrias. Sua arquitetura bem preservada comprova essa antiga prosperidade. O **Landmark Theatre**, um ornamentado "palácio de fantasia" construído nos anos 1920, hoje funciona como centro artístico de entretenimento, mas a principal atração é a **Universidade de Syracuse**, localizada no alto de um morro da cidade, que atrai multidões de estudantes, fãs de esportes e outros públicos até seu enorme **Carrier Dome**. Os jogos de basquete são particularmente os mais cheios, embora os de futebol americano e os concertos de *rock* venham logo atrás. Para os mais tranquilos, o *campus* também oferece as **Su Art Galleries**. Os apreciadores de arte também não devem deixar de ir ao **Everson Museum of Art** (tel.: 315-474-6064; www.everson.org; 3ª-dom.), projetado pelo famoso arquiteto I. M. Pei. A Route 5 sai de Syracuse e segue para **Camillus**, onde você pode passear de canoa e caiaque, conforme sua vontade, ao longo de 11 km de canal navegável no **Camillus-Erie Canal Park**. Mais adiante, a Route 5 junta-se à US 20, uma estrada que conecta a extremidade norte dos lagos **Finger** maiores.

Seguindo de perto o mesmo caminho da região dos desbravadores, essa série de onze depressões cheias de água foi rasgada por geleiras. A área caracteriza-se por vinhedos, hotéis charmosos, atividades aquáticas e balonismo. Os vinhedos da região ficam particularmente bonitos quando as folhas começam a avermelhar no fim do verão. Os balões coloridos também proporcionam uma bela visão. A pequena cidade de **Auburn**, na US 20/Route 5, não fica exatamente na margem dos lagos, mas tem um local a ser visitado: a **casa de Harriet Tubman** (tel.: 315-252-2081; www.harriethouse.org; 3ª-sáb.), na South Street.

Seneca Lake

Depois de Auburn, a US 20/Route 5 passa pelo lago Cayuga e segue o rio Seneca até **Seneca Falls** ㉓, onde aconteceu a primeira convenção de direitos da mulher. O local foi transformado em sítio histórico nacional e inclui o **National Women's Hall of Fame** (tel.: 315-568-8060; www.greatwomen.org; maio-set., diariamente; out.-abr., 4ª-sáb.). **Waterloo**, que também fica entre os lagos Finger, orgulha-se de ser a cidade onde foi criado o Memorial Day, dia que homenageia os soldados norte-americanos mortos em combate. A estrada passa pela velha Scythe Tree, na qual os rapazes das fazendas locais, a caminho de guerras passadas, penduravam suas foices.

Seguem-se o **lago Seneca** e a cidade de **Geneva** ㉔, sua joia, repleta de hotéis e mansões elegantes. Essa cidade também é a porta de entrada para um circuito em torno do lago, conhecido como Seneca Lake Wine Trail – o passeio engloba dezenas de viticultores, incluindo quatro especializados em champanhe e hidromel (vinho de mel). Ela é muito bonita no outono, quando as folhas das parreiras e dos bordos mudam de cor. O lago Seneca pode parecer pequeno e estreito, mas é, na verdade, um dos lagos de água doce mais profundos do mundo – desce a mais de 180 metros de profundidade. A Marinha norte-americana usou esse lago para testar cargas de profundidade durante a Segunda Guerra Mundial.

Mais ou menos 32 km (20 milhas) a oeste de Geneva, na US 20/Route 20, fica **Canandaigua**, na extremidade norte do lago Canandaigua. Uma atração especial aqui é o **Granger Homestead and Carriage Museum** ❷ (tel.: 585-394-1472; fim de maio-fim de outubro, 3ª-6ª; jun.-set., 3ª-dom.), uma construção de 1816, em estilo federalista, com um acervo de cerca de 70 veículos puxados por cavalos. Ao norte da cidade – pegue a Route 21 – ficam os **Sonnenberg Gardens** (tel.: 585-394-4922; www.sonnenberg.org; meados de maio-meados de out., diariamente), enorme propriedade de estilo vitoriano com uma mansão que abarca o Wine Center, que abriga uma coleção de produtos *gourmet* e vinhos da região dos Finger Lakes. Na adega, há um bar de degustação com estoque rotativo.

Continue na Route 21 e você vai passar por Shortsville no caminho para **Palmyra**, um lugar de peregrinação para os mórmons. Aqui morava Joseph Smith, que, de acordo com a crença mórmon, recebeu e traduziu registros antigos do Livro dos Mórmons, enterrou-os aqui e depois fundou a igreja, na década de 1820. Os sítios religiosos, a casa original construída pela família Smith e uma réplica da casa da fazenda de Smith estão abertos ao público, assim como a **Martin Harris Landmark Cobblestone House**, construída em 1850, típica casa de fazenda entre as que surgiram ao longo do Erie Canal.

São aproximadamente 32 km (20 milhas) de Palmyra a Rochester pela Route 31. Os nomes das cidades do percurso talvez sejam mais exóticos do que as próprias cidades: depois de Palmyra vêm Macedon e Egypt, onde o sistema de canais do estado de Nova York faz o papel de Nilo.

Rochester

Como outras cidades do norte do estado de Nova York, Rochester ❷ prosperou durante a era do canal e sofreu economicamente com o advento de meios de transporte alternativos; contudo, adaptou-se melhor à mudança do que suas vizinhas e está em recuperação, funcionando como centro de indústrias de alta tecnologia, apesar de manter preservada grande parte do ambiente arquitetônico do século XIX. Eastman Kodak, que vem lutando desde o advento da fotografia digital – ainda é uma presença aqui, assim como na Xerox Corporation.

A antiga mansão de George Eastman, fundador da Kodak, hoje abriga o **International Museum of Photography and Film** (tel.: 585-271-3361; www.eastmanhouse.org; 3ª-dom.), dedicado à história dessa arte e ciência. A **Eastman School of Music** patrocina eventos musicais de *jazz*, *rock*, *folk* e obras sinfônicas; já o **Eastman Theatre** é a sede da Filarmônica de Rochester. Para quem ainda gosta de coisas da infância, o **Strong National Museum of Play** (tel.: 585-263-2700; www.museumofplay.org; diariamente) tem uma das maiores coleções de bonecas e

Percorra de bicicleta a sinuosa trilha do vinho em torno do lago Seneca.

International Museum of Photography and Film.

brinquedos do mundo, além de um jardim de borboletas e um aquário de recifes de coral. Os invernos são rigorosos em Rochester, como consequência de sua localização ao norte, nas margens do lago Ontario, o mais setentrional dos Grandes Lagos. Porém, na primavera, quando o **Highland Park** floresce, Rochester fica tão colorido quanto os slides Kodachrome da Kodak. Em maio, o parque (que se autodenomina "Capital Mundial do Lilás") é cenário do Lilac Festival, a maior exposição dessa flor no mundo.

Rumo às cataratas

A Route 31 continua paralelamente ao canal de Erie, de Rochester até Niagara Falls. Os nomes das cidades ao longo do caminho, incluindo Spencerport, Brockport, Middleport e Gasport, relembram constantemente o viajante da antiga importância do canal, mas há outras lembranças: **Medina** ❷ tem edifícios de pedra e a Culvert Road, que passa sob o canal. **Lockport** também tem casas de pedra, embora seja mais conhecida pela magnífica sequência de cinco eclusas.

Saindo de Lockport, a Route 31 (aqui chamada de Saunders Settlement Road) segue direto para **Niagara Falls** ❷. Antigamente conhecida como "Capital da Lua de Mel", a cidade gosta de se considerar destino turístico internacional. De fato, ela continua sendo uma das maiores atrações turísticas dos Estados Unidos, apesar do mau gosto sem limites. Os 3 milhões de litros de água que despencam das cataratas a cada segundo simplesmente provocam sensações maravilhosas, algo que deve ser vivenciado enquanto se está no país. A atração magnética que essas cataratas exercem já inspiraram alguns turistas a tentar atravessá-las andando na corda bamba ou dentro de barris, com alguns resultados trágicos; hoje, essas iniciativas são ilegais, embora alguns atrevidos ainda tentem de vez em quando.

A beleza natural do lugar teria sido irremediavelmente afetada, não fosse o esforço do arquiteto e paisagista Frederick Law Olmsted, do pintor de paisagens Frederic Church e de outros. A campanha "Free Niagara" ["Liberte Niágara"] (do comercialismo) lançada por eles resultou na criação da Niagara Reservation em 1885. Hoje, uma das melhores maneiras de experimentar as cataratas é vestir capas plásticas e embarcar no **Maid of the Mist**. A alternativa é atravessar o rio de carro até o Canadá e curtir o que muitos consideram uma "visão privilegiada".

A River Road contorna o braço leste do rio Niagara, depois das cataratas, e atravessa a paisagem industrial até **Buffalo** ❷. Assim como outras gigantes industriais cujo auge ficou no passado, a segunda maior cidade de Nova York adquiriu uma reputação não muito boa. Como terminal do canal do Erie no século XIX, Buffalo funcionava como um funil, pelo qual passavam matéria-prima, dinheiro, pioneiros e mão de obra imigrante, com destino aos estados do meio-oeste. Hoje está um pouco deteriorada, mas há razões para fazer uma parada e visitá-la; aqui come-se bem e barato. Uma especialidade local são as asinhas de frango apimentadas – em outros lugares chamam-se *buffalo wings*, mas aqui são conhecidas apenas como *wings*. Talvez você queira ir até a fonte, o Anchor Bar *(ver p. 434)*; dizem que foi o dono do estabelecimento quem inventou essa receita.

Lago Seneca.

As cataratas do Niágara e o barco turístico Maid of the Mist.

Vôlei de areia às margens do lago em Chicago.

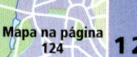

DE BUFFALO A BADLANDS

Acompanhe a margem do lago Erie em Nova York, Pensilvânia e Ohio, para depois atravessar o meio-oeste e os Grandes Lagos até as belas e inóspitas colinas das Badlands.

Principais atrações
Lake Erie State Park
Chain O'Lakes State Park
Chicago
Taliesin
Walker Art Center
Minnesota State Fair
Corn Palace
Badlands National Park

Buffalo foi um importante ponto de partida para os colonizadores do século XIX que rumavam para o meio-oeste. De Buffalo, viajavam para portos importantes nos Grandes Lagos, a fim de começar vida nova. Hoje, a estrada de Buffalo até os estados do meio-oeste acompanha a margem do lago Erie, atravessando Nova York, Pensilvânia e Ohio. Embora seja conhecida como uma área primordialmente industrial, ainda existem alguns trechos intocados de margem, de beleza extraordinária. Em Toledo, a rodovia afasta-se da margem, a caminho da grande, movimentada e bela Chicago.

Ao sul de Buffalo, na US 62, fica a cidade de **Hamburg**, onde supostamente, em 1885, foi inventado o hambúrguer – talvez a maior contribuição dos Estados Unidos para a culinária mundial. Para celebrar o centenário desse evento, J. Wellington Wimpy veio até a cidade e foi homenageado como campeão mundial invicto no consumo de hambúrguer. Cidade essencialmente rural, Hamburg é sede da maior exposição rural do país desde 1868. Fica a apenas 8 km (5 milhas) do Erie, onde se pode pegar a State 5, que margeia o lago, até Ohio.

Trilha das antiguidades

O lago Erie sofreu mais do que os outros Grandes Lagos nas mãos da indústria; ainda assim, existem quilômetros ainda intocados em sua bonita margem, arenosa como na beira do mar. O trecho de Silver Creek, Nova York, até a divisa com a Pensilvânia é chamado de "trilha das antiguidades", pela quantidade de antiquários.

A State 5 conduz a áreas cobertas de parreiras e outras árvores frutíferas. Em **Silver Creek**, siga direto para o local da **Skew Arch Railroad Bridge**, na Jackson Street. Construída em ângulo em 1869, ela é uma das duas únicas pontes desse tipo no mundo.

Dunkirk e Fredonia vêm a seguir, no coração do Concord Grape Belt (cinturão agrícola da uva *concord*, o maior do mundo), que se estende até a Pensilvânia. **Dunkirk**, com seu porto

Fãs do Chicago Cubs.

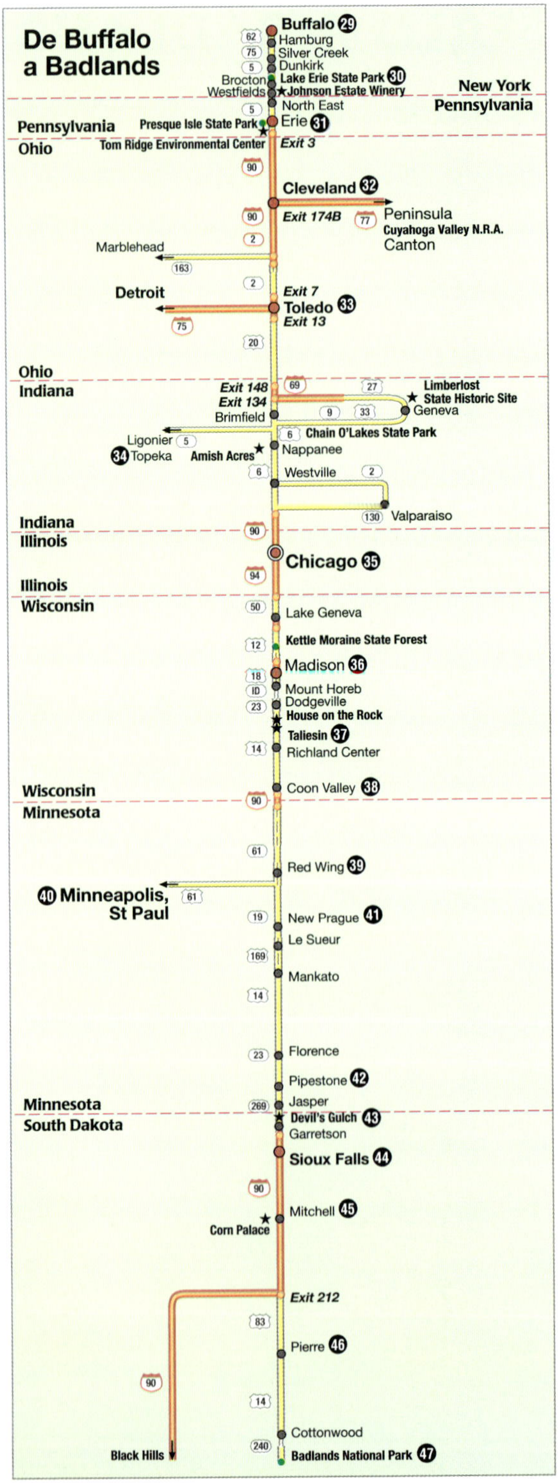
De Buffalo a Badlands
Buffalo 29
Hamburg
Silver Creek
Dunkirk
Brocton
Lake Erie State Park 30
Westfields
Johnson Estate Winery
New York
Pennsylvania
North East
Pennsylvania
Ohio
Presque Isle State Park
Erie 31
Tom Ridge Environmental Center
Exit 3
Cleveland 32
Exit 174B
Peninsula
Cuyahoga Valley N.R.A.
Canton
Marblehead
Detroit
Exit 7
Toledo 33
Exit 13
Ohio
Indiana
Exit 148
Exit 134
Brimfield
Limberlost State Historic Site
Geneva
Chain O'Lakes State Park
Ligonier
34 Topeka
Amish Acres
Nappanee
Westville
Valparaiso
Indiana
Illinois
Chicago 35
Illinois
Wisconsin
Lake Geneva
Kettle Moraine State Forest
Madison 36
Mount Horeb
Dodgeville
House on the Rock
Taliesin 37
Richland Center
Coon Valley 38
Wisconsin
Minnesota
Red Wing 39
40 Minneapolis, St Paul
New Prague 41
Le Sueur
Mankato
Florence
Pipestone 42
Minnesota
South Dakota
Jasper
Devil's Gulch 43
Garretson
Sioux Falls 44
Mitchell 45
Corn Palace
Exit 212
Pierre 46
Cottonwood
Black Hills
Badlands National Park 47

natural, é também centro de navegação e do circuito vinícola do condado de Chautauqua. Em **Fredonia**, ao sul, fica o *campus* da Universidade do Estado de Nova York, co-projetado e modernizado no fim dos anos 1960 pelos renomados arquitetos I. M. Pei e Henry N. Cobb.

Continuando ao longo da margem do lago, a estrada passa pelo bonito **Lake Erie State Park** 30 (tel.: 716-792--9214; http://nysparks.com/parks/129/details.aspx; maio-out., diariamente), em **Brocton**, onde os campistas vão encontrar um lugar para colocar suas barracas. Segue-se **Westfield**, que se denomina "capital mundial do suco de uva" e é dominada por várias unidades produtoras dos populares sucos e geleias de uva. O sanduíche feito com duas fatias de pão, geleia de uva e manteiga de amendoim disputa com o hambúrguer de Hamburg o posto de comida norte-americana por excelência.

Não existe uma transição óbvia entre Nova York e a Pensilvânia, sua vizinha a oeste. A paisagem continua a mesma – lago reluzente de um lado e vinhedos exuberantes do outro. Quando é época, as bancas na margem da estrada vendem as uvas da região de todas as formas imagináveis. Escassos 101 km (63 milhas) de margem no lago Erie impedem que a Pensilvânia seja um estado interior, cercado só por terra (uma decisão econômica que teve a ver com o acesso ao lago), e ela sabe tirar proveito disso. Depois da divisa fica a cidade de **North East**, centro da minúscula indústria de vinho do estado. Várias vinícolas prosperam aqui, e todas oferecem visitas e degustações. A Johnson Estate Winery em Westfield – a vinícola mais antiga de Nova York – é uma das melhores.

Uns 24 km (15 milhas) a oeste da região vinícola, na State 5, fica a cidade de **Erie** 31, em cujo litoral a frota do comandante Oliver Hazard Perry derrotou os britânicos na Batalha do Lago Erie, durante a guerra de 1812. Apesar de seu lema – "Não abandone o navio!" –, a nau capitânia *Niagara* foi abandonada para afundar no local, que depois ficou conhecido como **Misery Bay**. Essa baía é hoje uma

DE BUFFALO A BADLANDS

tranquila enseada pesqueira perto de Presque Isle. O navio foi resgatado há um século. Um *Niagara* reconstruído está ancorado atrás do **Erie Maritime Museum** (tel.: 814-452-2744; www.eriemaritimemuseum.org; abr.-out., diariamente; nov.-mar., 5ª-sáb.). Quando está ancorado aqui, há visitas guiadas a bordo, como parte do ingresso do museu – mas fique atento, pois no verão o navio segue uma intensa programação de navegação.

Do outro lado fica a atração geográfica mais bonita do Erie, **Presque Isle**, um pedaço de terra em forma de garra – quase uma ilha – que avança pelo lago. Você pode trafegar por todo o comprimento dela, passar pelo farol de Presque Isle e contornar pelo sul, passando por Misery Bay. Há bonitas praias de areia, trilhas arborizadas, locais de pesca e lagoas tranquilas. Em Presque Isle, faça uma visita ao Tom Ridge Environmental Center (tel.: 814-833-6050; www.trecpi.org; diariamente), que tem exposições interativas sobre a história natural da região e um grande cinema que exibe documentários sobre questões referentes aos Grandes Lagos. Ao sul de Erie fica Pittsburgh, cidade típica norte-americana tão eloquentemente recordada pelo romance vencedor do prêmio Pulitzer, *An American Childhood* [Uma infância norte-americana], de Annie Dillard.

CLEVELAND

Você já estará em Ohio antes que consiga dizer *"knee-high by the Fourth of July"* ["na altura do joelho por volta do 4 de Julho", referência ao crescimento saudável do milharal]. A I-90 atravessa os campos cultivados ondulados dessa parte do estado, passando por Ashtabula, Geneva e Euclid antes de chegar à região de **Cleveland** ㉜. Cleveland tem um pouco de cultura de elite – a Cleveland Orchestra e sua sede, o Severance Hall, e o **Cleveland Museum of Art** (tel.: 216-421-7350, www.clevelandart.org; 3ª-dom.) – e um pouco de cultura popular – o **Rock and Roll Hall of Fame** (tel.: 216-781-ROCK; www.rockhall.com; diariamente), que inclui todo mundo, de Louis Jordan a John Lennon – as exposições mostram desde boletins escolares até o uniforme de escoteiro de Jim Morrison. Não perca o **Museum of Contemporary Art** (tel.: 216-421-8671; www.mocacleveland.org; 3ª-dom., das 11h às 17h, 5ª até 22h),

Hora do almoço: os hambúrgueres e os sanduíches de manteiga de amendoim com geleia pertencem a esta região dos Estados Unidos.

Arranha-céus de Cleveland iluminados pelo pôr do sol.

FATO

O atleta afro-americano James Cleveland "Jesse" Owens nasceu em Cleveland, Ohio. Ele ganhou quatro medalhas de ouro nos jogos olímpicos de Berlim em 1936 com o mundo na iminência de uma guerra. Em 1955, o presidente Eisenhower nomeou Owens embaixador dos esportes, e ele viajou o mundo falando sobre as virtudes dos esportes amadores e sobre o movimento dos direitos civis. O mais alto prêmio do atletismo norte-americano leva seu nome, como uma homenagem ao atleta.

Fazenda em Indiana.

inaugurado em outubro de 2012 em uma moderna estrutura espelhada na University Circle, projetada pela renomada arquiteta londrina Farshid Moussavi. O famoso *chef* norte-americano Michael Symon é natural de Cleveland e tem três premiados restaurantes aqui.

Vale a pena fazer um pequeno desvio ao sul de Cleveland para explorar o verde **Cuyahoga Valley**. As colinas do vale foram povoadas no fim do século XVIII por colonos vindos da Nova Inglaterra, que foram os primeiros a fazer o reconhecimento da região e até hoje têm influência sobre ela.

O panteão do futebol americano profissional

Os fãs de esportes vão querer fazer um rápido desvio para o sul, pela I-77, através de Akron – capital norte-americana dos pneus e da borracha – até a cidade de **Canton**. Aqui, o **Pro Football Hall of Fame** (tel.: 330-456-8207; www.profootballhof.com; diariamente) propicia um olhar para os heróis do futebol americano. O auge é o mês de agosto, quando acontece um jogo anual que inicia a temporada e homenageia os jogadores iniciantes.

A State 2 sai de Cleveland rumo ao oeste, separando-se da I-90 e seguindo mais de perto o lago Erie. Em Ceylon, ela fica bem nas margens do lago, contorna Sandusky, passa por cima de Sandusky Bay e chega à península de Marblehead. A State 163 leva o turista até a ponta e revela um lugar meio decadente, mas relaxante e descontraído, cheio de enseadas movimentadas, o resort temático de aventuras africanas Kalahari Waterpark, pomares e bancas de frutas. Na extremidade rochosa fica o **farol de Marblehead**, em funcionamento contínuo desde 1822 – mais do que qualquer farol dos Grandes Lagos. Saindo de Marblehead, a exótica Kelleys Island fica a vinte minutos de balsa e tem passeios de barco, nado, vinícolas e até o bairro histórico de South Shore, inserido no registro nacional de lugares históricos em 1975. Olhando para trás, para o sul, por cima da baía, você vai ver as montanhas-russas de **Cedar Point** (tel.: 419-627-2350; www.cedarpoint.com; meados de maio-ago., diariamente; set.-out., sáb.-dom.), um parque de diversões popular de 147 hectares em Sandusky. Perto da península de Marblehead, a State 2 prossegue na direção de Toledo. A região já foi parte do **Black Swamp**, um refúgio de vida silvestre que se estendia de Sandusky até Detroit. Pequenos fragmentos do pântano conseguiram sobreviver ao longo do caminho.

Toledo

A estrada emerge do pântano e vai direto, como uma flecha, até a cidade de **Toledo** ❸❸, passando por lojas de iscas, lojas de bebidas onde não é preciso descer do carro para comprar e *drive-ins*. A faixa de Toledo já foi objeto de litígio de fronteira entre Ohio e Michigan. Ohio conquistou a faixa de terra e Michigan ficou com a Upper Peninsula, que pertencia ao território de Wisconsin, para compensar – uma troca na qual Michigan saiu ganhando.

À primeira vista, Toledo parece uma área industrial arrasada. Ainda assim, há sinais de revitalização e desenvolvimento na área central na beira do rio, ao longo do Maumee. Se tiver tempo, passe no Tony Packo's Café *(ver p. 435)*, que ganhou fama com o cabo

DE BUFFALO A BADLANDS

Max Klinger, da longa série de TV *M*A*S*H*; é um restaurante divertido, conhecido pelos "cachorros-quentes húngaros" e pela bizarra coleção de pães de cachorro-quente autografados por celebridades.

Por fim, deixando Toledo e o lago Erie para trás, a US 20 segue direto para oeste, atravessando a região rural de Ohio até a divisa com Indiana, a uma distância de cerca de 100 km (60 milhas). A estrada é paralela à divisa com Michigan, que fica poucos quilômetros ao norte.

INDIANA

Indiana tem o apelido de *Hoosier State*, e seus habitantes são chamados de *hoosiers*. Alguns dizem que esse nome deriva de uma pergunta comum nos tempos dos pioneiros, *"Who's yer"* ("Quem é?"). Outros afirmam que vem do nome de um construtor do canal, chamado Samuel Hoosier, que preferia empregar homens de Indiana a outros; os trabalhadores ficaram conhecidos como *hoosiers* e o apelido pegou. (Há inclusive um filme chamado *Hoosiers* [*Momentos decisivos*] – amplamente considerado um dos melhores filmes com temática esportiva já feitos –, que conta a história de um time escolar de basquete de Indiana que vence um campeonato estadual.) Qualquer que seja a origem do nome, o estado já produziu grandes celebridades, como o astro do basquete Larry Bird, o cantor John Mellencamp e David Letterman, apresentador de um *talk show* da TV.

Parques históricos estaduais

Depois de adentrar 16 km (10 milhas) no estado, em Angola, saia da US 20 e, 24 km (15 milhas) depois, entre na I-69S. Passe para a US 6, que vai levar você para oeste, através do norte de Indiana até Illinois. Campos de grãos dourados (principalmente milho) e silos avisam: você está em pleno meio-oeste. Em Brimfield, faça um desvio de alguns quilômetros para o norte pela Indiana 9 até o **Limberlost State Historic Site** (tel. 260-368-7428; abr.-meados de dez., 4ª-dom.; meados de dez.-mar., 3ª-sáb.), uma cabana de troncos de árvore onde Gene Stratton-Porter morou e escreveu seus adorados livros e ensaios sobre a natureza da região. É um lugar tranquilo no meio de árvores, à beira de um lago – perfeito para um piquenique.

Farol de Marblehead no lago Erie.

Rua de tijolos da Michigan Avenue, em Detroit.

DESVIO – DETROIT

Uma viagem de 72 km (45 milhas) nas margens do lago Erie, pela I-75, sai de Toledo, Ohio, para Detroit, Michigan, a "Cidade do Carro". Henry Ford tornou-se o norte-americano mais influente da indústria automobilística após fundar a Ford Motor Company, em 1903. Seis anos depois, ele tinha 10 mil pedidos para fabricar seu mais novo veículo, o Modelo T, e em 1919 já estava vendendo cerca do 1 milhão de automóveis. Suas inovações levantaram a economia de Detroit, incrementaram a popularidade dos carros e criaram mais empregos; contudo, a companhia tem sido severamente abalada por falências e demissões resultantes da crise econômica mundial. Apesar disso, na cidade vizinha de Dearborn, o Henry Ford Museum (www.thehenryford.org), com 105 hectares, junto com o complexo de Greenfield Village, é o maior museu do mundo, com áreas internas e externas; ele homenageia a contribuição de Ford para a cidade. O Ford Museum guarda a coleção dos primeiros carros e aviões históricos de Ford; já a vila abriga réplicas de empresas e residências famosas, incluindo o laboratório de Thomas Edison, em Menlo Park. Detroit é também sede da Motown Records, fundada por Berry Gordy Jr., ex-operário da Ford, em 1958, gravadora que produziu estrelas do som de Detroit, como Smokey Robinson e Diana Ross. O Motown Historical Museum registra a influência do selo dos anos 1960 até hoje. Centro de informações turísticas de Detroit: 800-338-7648 ou www.visitdetroit.com.

Os amish evitam a mundanidade, em favor de valores mais íntimos, com ênfase na comunidade.

Charrete amish numa estrada rural.

Do outro lado de Brimfield, na Indiana 9 ao sul, há outro bonito parque, o **Chain O'Lakes State Park**, uma série de oásis relaxantes no meio do condado de Noble.

Território *amish* de Indiana

De volta à US 6, cidades minúsculas pontilham a paisagem de milharais da região, conhecida pela fertilidade da terra e pela grande população *amish*. Os *amish* moram nessa área há mais de um século. Esse povo inventivo, trabalhador e profundamente religioso vive sem itens como botões, zíperes, eletricidade e veículos automotores. Siga para o norte, na Indiana 5, para ver as fazendas, casas e carroças puxadas por cavalos, mas seja respeitoso: a maioria dos *amish* não gosta que tirem fotos deles, pois acreditam que isso é uma atitude de vaidade. Aconselha-se também que se dirija devagar no território *amish*, uma vez que nunca se sabe quando uma carroça pode virar a esquina.

Quando passar por **Ligonier**, verá uma cidade pequena, com uma bonita rua principal e várias mansões vitorianas lindas. O interessante relógio da cidade foi construído por John Cavin, filho do pioneiro Isaac Cavin, em memória do pai, que desenhou o plano da cidade em 1835. Veja também o **Indiana Visitor's Bureau and Heritage Station Museum** (tel.: 260-894-9000; 3ª-sáb.), com exposições da agora fechada Wilkinson Quilt Factory e da original Kidd's Marshmallow Company. Além disso, há aproximadamente uma dúzia de antigos objetos relacionados ao rádio, emprestados da Indiana Historical Radio Society.

Continue para o norte na Indiana 5 e, depois, vire à direita num posto de combustível para chegar a **Topeka** ❸❹, cidadezinha cujo lema é "A vida na faixa lenta". É o tipo de lugar onde as carroças *amish* alinham-se nos estacionamentos, e as lojas de ferragens e alimentos são mais numerosas do que os bancos, numa proporção de três para um. Os *amish* circulam de bicicleta pela cidade, trabalham nos balcões dos restaurantes e, de modo geral, misturam-se à vida dessa comunidade rural. Para ver mais de perto, pergunte no local sobre a rede de pousadas *amish* ou simplesmente dirija por uma das muitas estradas vicinais da região. As casas de fazenda brancas, com varais cheios de roupas e entradas sem carros geralmente são *amish*, mas sempre pergunte nos centros de informações turísticas, antes de tentar visitar uma residência particular.

Agora, volte para a US 6 e siga para oeste. **Amish Acres** (tel.: 800-800-4942; www.amishacres.com; fechado jan.-fev., horário variado mar.-dez.), em **Nappanee**, é uma propriedade rural histórica que interpreta o estilo de vida *amish* para os visitantes – divertida, mas um pouco comercial demais. O celeiro vermelho redondo é local de apresentações teatrais.

A linda viagem pela região rural continua, passando por outros milharais e uma ou outra plantação de bordo. Deixando-se levar pela US 6 como o sopro dos instrumentos da banda Windiana, atravesse a última área rural do estado, antes da periferia industrial de Chicago. A rota passa por cima do rio Kankakee (bom lugar para pescar) e segue até **Westville**, local de um festival anual de abóboras que, no final de setembro, traz para a cidade um carnaval – além de pilhas de abóboras maduras, é claro.

Cidade natal de Orville Redenbacher

Se estiver com fome, faça um pequeno desvio para a US 30, na Indiana 2, até **Valparaiso**, onde o Schoop's Hamburguers serve a atmosfera do passado na forma dos refrigerantes da marca Green River. A cidade também foi lar do magnata da pipoca, Orville Redenbacher, que só usava gravata-borboleta. Ainda existe uma ou outra banca de pipoca nessa parte do norte de Indiana. Na verdade, é uma região do país que, às vezes, parece congelada em 1950 – é provável que você veja carros clássicos, cortes de cabelo à escovinha e gente simpática. Aproveite bem antes de receber um choque nos sentidos – num ritmo bem diferente – em **Chicago** ⑤ *(ver p. 140)*.

WISCONSIN

Ao sair de Chicago, entre na Lake Shore Drive direto para o norte da cidade e siga a US 41, ou pule para a I-94 durante algum tempo. Logo você chega a **Wisconsin**, a capital nacional não oficial do queijo – um simpático lugar colonizado por escandinavos louros, ainda hoje bastante numerosos.

Alguns quilômetros estado adentro, vire para oeste na Wisconsin 50 e faça um lindo passeio por pomares, bancas de frutas e pequenas cidades lacustres, uma das quais se chama **Lake Geneva** – bonita, mas não exatamente comparável à Genebra suíça. Vire para o norte na US 12, passando por muitos pés de bordo, pequenos cafés, hamburguerias e estradas rurais (sinalizadas com placas de estrada estadual). Você também vai passar pela **Kettle Moraine State Forest**, que tem esse nome em virtude de características incomuns da paisagem produzidas durante a última grande glaciação na América do Norte – *kettles* são depressões circulares cheias de cascalho e sedimentos que, às vezes, formam pequenos lagos após o derretimento do gelo. Alugue uma bicicleta na LaGrange General Store para explorar a área à vontade.

Em Whitewater, pequena cidade universitária, você vai notar que há muitas bancas que vendem hambúrgueres e creme de ovos congelado – um doce inventado na vizinha Milwaukee. De

FATO

Desde 1693, os *amish* são uma dissidência dos anabatistas suíços que se estabeleceram na Pensilvânia. Hoje, praticamente metade dos estados norte-americanos tem comunidades, e o número de seguidores está crescendo.

Fazendeiro de Indiana e seu milharal.

Placa de estrada rural em Wisconsin, no formato do estado.

acordo com a lei estadual, o creme de ovos precisa ter determinada porcentagem de creme e determinado número de ovos. Parece sorvete, mas é muito mais consistente – uma colher mal consegue tirá-lo da cumbuca.

Madison

A US 12 conduz até **Madison** ㊱, capital de Wisconsin, uma das cidades mais agradáveis do meio-oeste, que tem orgulho do traçado esplêndido das ruas do centro, com um edifício importante no meio, um bairro universitário para combinar e quilômetros de margens de lago, muito frequentadas por corredores, ciclistas, navegadores, esquiadores e skatistas – dependendo da estação do ano. Faça um lanche de *brats* (diminutivo de *bratwurst*, salsichas locais de origem alemã) e cerveja, ou aproveite a feira de produtos agrícolas ao ar livre que ocupa a praça principal no verão (sábados) e tem de tudo um pouco, de produtos orgânicos a carne de bode, bisão e ema – tudo produzido no estado. Há também vários museus aqui.

Depois de Madison, pegue a US 18 para oeste e atravesse pastos verdes e falhas na estrada que revelam o calcário no subsolo. Essa área é uma exceção no meio-oeste, normalmente plano: tem numerosas serras que se elevam entre você e o horizonte; as fazendas ficam no topo das colinas distantes, como navios na crista das ondas. Na cidadezinha de **Mount Horeb**, saia para a County Road ID – em Wisconsin, excepcionalmente, as estradas vicinais têm letras em vez de números – para ver duas atrações: o marco natural nacional **Cave of the Mounds** (tel.: 608-437-3038; www.caveofthemounds.com), um bonito local subterrâneo, e **Little Norway** (tel.: 608-437-8211; maio-out., diariamente), atração um pouco brega, que homenageia os imigrantes noruegueses que colonizaram grande parte do estado.

Volte para a US 18 e continue até a County Road BB, onde um pequeno desvio para o sul leva até **Folklore Village** (tel.: 608-924-4000; 3ª-dom.), um pequeno conjunto de edifícios de época. Há oficinas de arte folclórica, de culinária a dança e fiação de lã. Quando estiver na região, pergunte sobre os programas culturais e recreativos. O destaque é uma igreja de 1882, com um único salão, muito simples, mas lindamente restaurada; ela foi erguida com um macaco e trazida de uma cidade próxima.

Apenas alguns quilômetros adiante fica **Dodgeville**, sede da marca de roupas Land's End; seguindo a Wisconsin 23 para o norte, você passa na frente dela. No caminho para sair da cidade, fica o **Don Q Inn**, um hotel excêntrico. Os quartos temáticos incluem um iglu para dois, uma gôndola de balão e muitas outras opções adequadas para todos os gostos.

Mais subidas e descidas na estrada levam até a **House on the Rock** (tel.: 608-935-3639; www.thehouseontherock.com; maio-out., diariamente), a atração mais extravagante – e imperdível – de Wisconsin. Esse singular conjunto de edifícios no topo de uma estranha formação rochosa foi construído durante décadas por Alex Jordan Jr., um colecionador inveterado. As diversas atrações incluem salas e mais salas de antiguidades e curiosidades, a "Sala do Infinito", uma ponte de vidro

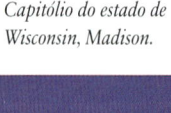

Capitólio do estado de Wisconsin, Madison.

DE BUFFALO A BADLANDS

com vista para o desfiladeiro abaixo dela, uma enorme coleção de casas de boneca, um acervo de livros raros, carros antigos e o maior carrossel do mundo. Vale o ingresso caro, mesmo que seja apenas para visitar o fruto da obsessão de um único homem – é fácil passar a maior parte do dia perambulando nesse complexo *kitsch*. Se não tiver tempo para uma visita longa, há um local charmoso, ao norte da entrada para o parque; vá até lá, ande um pouco e dê uma olhada na casa a distância.

O Wisconsin de Frank Lloyd Wright

A Wisconsin 23 logo alcança as margens arenosas do rio Wisconsin, onde você vai se surpreender ao chegar de repente à **Taliesin** ❸ de Frank Lloyd Wright (tel.: 608-588-7900; www.taliesinpreservation.org; maio-out., diariamente; nov., 2ª-6ª), que significa "fronte brilhante" em galês. Essa propriedade de 242 hectares inclui a residência Taliesin, a Hillside Home School, o Midway Barns e a Tan-y-Deri, a casa que Wright projetou para sua irmã e seu cunhado, Jane e Andrew Porter; você deve se juntar a um grupo guiado para ter acesso a essa propriedade particular. O cenário é tranquilo e bonito.

A rota continua até a linda cidadezinha de Spring Green, vira para oeste na US 14 e de repente fica plana antes de passar por **Richland Center**, onde se pode ver o depósito A. D. German projetado por Wright em 1915. Conhecida hoje como "The Warehouse", essa estrutura de tijolos vermelhos encimada por uma faixa de friso de concreto ilustra uma característica influência da arquitetura maia. Daí a estrada começa novamente a subir e a fazer curvas, indicando que o rio Mississippi está próximo. Em **Coon Valley** ❸, arrumadinha num vale surpreendentemente profundo, você vai se maravilhar com os arredores e com a enorme igreja luterana da cidade. **Norskedalen** (tel.: 608-452-3424; www.norskedalen.org; maio-out., diariamente; nov. abr., dom.-6ª), um complexo fora da cidade, é uma visão agradável da herança norueguesa numa calma paisagem rural. Passe rápido pela industrial La Crosse, pule para a I-90 e atravesse a grande ponte sobre o Mississippi; saia novamente da estrada e caia no outro lado, seguindo as placas que indicam a Highway 61,

> **FATO**
>
> O Seth Peterson Cottage (www.sethpeterson.org) em Mirror Lakes State Park, fora de Lake Delton, Wisconsin, foi projetado por Frank Lloyd Wright em 1958. A casa foi restaurada por membros da comunidade em uma bem-sucedida campanha de restauração e é o único edifício projetado por Frank Lloyd Wright disponível para visitantes que querem pernoitar.

Fazenda de laticínios em Wisconsin.

rodovia para a qual Bob Dylan chamou a atenção na canção e no disco de mesmo nome. Você entrou em **Minnesota** e agora está seguindo a **Great River Road** na direção da nascente do rio. O caminho para o norte agarra-se aos barrancos do rio Mississippi, revelando cores espetaculares no outono e vistas impressionantes do rio em qualquer época do ano. Antigamente, os turistas embarcavam em vapores para subir o rio desde St Louis, a fim de admirar esses barrancos altos e bonitos.

A Highway 61 é, em grande parte, composta de grandes paisagens e cidades comuns daqui até as cidades gêmeas, mas há algumas poucas paradas que merecem ser feitas ao longo do trajeto. **Pepin**, do lado de Wisconsin, é famosa por ser a cidade natal da escritora Laura Ingalls Wilder. Há uma cópia da cabana "Little House Wayside" ["pequena casa à beira do caminho"], ao norte da cidade, e também um pequeno museu (meados de maio-meados de out.; diariamente).

Indo novamente para o norte, **Red Wing** ㊴, com uma vista particularmente boa do vale, é um bom lugar para piquenique e fotos. Há também uma reserva indígena nas proximidades, e é bom dar uma olhada em volta antes de mergulhar no anel suburbano de cidades e rodovias que substituíram aquilo que eram milharais: hoje são subúrbios habitados por legiões de pessoas que trabalham em Minneapolis e em St Paul.

As cidades gêmeas

Em razão da proximidade, **Minneapolis** e **St Paul** ㊵, em margens opostas do Mississippi, serão eternamente conhecidas como as "cidades gêmeas" de Minnesota. Gêmeas, mas não idênticas, elas são como os dois lados de uma moeda: diferentes, mas inseparáveis. St Paul, a mais conservadora, étnica e provinciana das duas, tem uma aparência mais grosseira e curtida. Tem também um ar mais simpático, e cervejarias, lojas de alimentos saudáveis; aqui as casas são mais comuns do que os apartamentos, condomínios e arranha-céus do outro lado do rio.

Minneapolis, mais competitiva e cosmopolita, está preparada para vencer, ao mesmo tempo que pratica o conceito de qualidade de vida. Garrison Keillor, humorista de rádio local, diz o seguinte: "A diferença entre St Paul e Minneapolis é a diferença entre pão de centeio e pão branco".

Ainda assim, juntas, elas são responsáveis por uma história de sucesso urbano, invejada por todas as metrópoles superpopulosas e violentas. Os pioneiros de Minnesota foram forçados pelas circunstâncias a cooperar uns com os outros, e esse espírito genuíno de camaradagem em relação aos forasteiros prevalece até hoje.

As pessoas aqui dão muita importância à política; elas desenvolveram uma tendência bastante cívica e populista: o estado alimentou a carreira de Hubert Humphrey e Walter Mondale. O falecido senador Paul Wellstone e, escandalosamente, o ex-governador Jesse "The Body" Ventura, que já foi lutador profissional, continuaram essa tradição populista, mas de maneiras bem diferentes.

MINNESOTA: TERRA DOS 10 MIL LAGOS

Estamos sempre de volta aos lagos. Sem suas águas, Minnesota nem seria

Minneapolis.

DE BUFFALO A BADLANDS

Minnesota; esse nome provém do *sioux* e significa "água azul-celeste". A margem do **lago Superior** marca o limite nordeste do estado, e o rio Mississippi faz o limite leste. As placas dos veículos licenciados aqui têm a inscrição "Terra dos 10 mil lagos", mas há mais do que isso em Minnesota.

Durante o século XVIII, exploradores franceses toparam com essa região e a chamaram de *L'Étoile du Nord*, estrela do norte. Nos 150 anos seguintes, os *sioux* e os *ojibwa*, habitantes nativos do território, foram frequentemente atacados por centenas de colonizadores brancos, e os confrontos violentos entre os dois grupos indígenas aumentaram.

A fim de proteger os primeiros colonos e estabelecer um posto de comércio seguro, foi construído o **Fort Snelling** em 1819, no alto dos barrancos do rio, local onde hoje fica Minneapolis. Quando a violência dos nativos arrasava as planícies, os fazendeiros brancos fugiam para o forte em busca de proteção, e assim nasceu a cidade. O forte foi reconstruído; atores recebem os turistas com uma encenação original da vida na fronteira por volta de 1825.

O aumento do comércio ao longo do rio fez nascer as cidades de St Paul e Minneapolis. A primeira surgiu como centro de navegação local e se chamava Pig's Eye, "olho de porco", em homenagem a "Pig's Eye" Parrent, proprietário de um bar à beira do rio. Em busca de uma imagem melhor, os moradores a rebatizaram de St Paul.

A sempre industriosa Minneapolis, "a cidade da água", evoluiu rio acima, em torno das **St Anthony Falls**, fonte de energia para serrarias e moinhos de grãos. Ambas as cidades foram inundadas por vagas de imigrantes – a maioria do norte da Europa –, que chegavam para colher as riquezas dos grandes bosques do norte: madeira e minério de ferro. Depois do *Homestead Act* (Lei de assentamentos rurais), mais colonos vieram para ajudar a cultivar um mar de trigo.

A posição das cidades gêmeas no mundo da agricultura nunca está distante da mente dos habitantes de Minnesota. Relatórios da Minneapolis Grain Exchange, a maior bolsa de mercadorias do país, monopolizam as ondas de rádio locais. A General Mills e a Pillsbury têm sede aqui (assim como a Target Corporation, a segunda maior varejista nos Estados Unidos). Silos magníficos, que se elevam acima do Mississippi, rivalizam com as contrapartidas de Minneapolis, o edifício do **Investors Diversified Services (IDS)** – o mais alto entre Chicago e San Francisco –, a **catedral de St Paul** e o bonito **Capitol Building**.

Metrodome e Walker Art Center

Caracterizadas por bairros estáveis, locais públicos e espaços abertos planejados com maestria, as cidades gêmeas funcionam perfeitamente, mesmo no frio. Aqui se dá muita atenção ao clima; ao longo dos anos, foram aperfeiçoados métodos para lidar com o inverno tipicamente rigoroso e implacável. Passarelas envidraçadas irradiam de Crystal Court, no edifício do IDS, assim como do centro de St Paul, e o estádio fechado **Hubert H. Humphrey Metrodome** abriga eventos esportivos e concertos o ano todo – foi cenário de dois títulos mundiais do time de beisebol Minnesota Twins

Canoagem num lago de Minnesota na calma da manhã.

Catedral de St Paul.

FATO

Realizada no auditório da Universidade de Minnesota, a Northrop Dance Season recebe as estrelas das grandes companhias nacionais e internacionais de balé e dança contemporânea.

Gondola Ferris Wheel, um dos muitos brinquedos da Feira Estadual de Minnesota.

e de vitória para o time de futebol americano, os Vikings.

Ainda assim, os habitantes daqui têm um orgulho obstinado da própria habilidade de suportar recordes de baixa temperatura e celebram o gelo e a neve no carnaval de inverno de St Paul, um evento anual desde 1886.

A cultura é bem subvencionada e próspera, especialmente em Minneapolis. O **Walker Art Center** (tel.: 612-375-7600; www.walkerart.org; diariamente), junto com seu jardim de esculturas, é um fórum de artes visuais e cênicas contemporâneas que o *New York Times* chamou de "uma das melhores instalações para exposições de arte contemporânea do mundo". O **Guthrie Theatre** (www.guthrie-theater.org), localizado perto do rio Mississippi, com ótima vista das cataratas de St Anthony, é indiscutivelmente um dos melhores teatros de repertório. A **Northrop Dance Season** (http://northrop.umn.edu/events/northrop-dance) organiza um dos mais impressionantes eventos de dança. Os arquivos do **American Swedish Institute** e as coleções europeias do **Minneapolis Institute of Arts** (tel.: 888-642-2787; http://new.artsmia.org; 3ª-dom.) ficam a pouca distância um do outro – ambos são incríveis.

E há ainda mais a ser descoberto – filmes de vanguarda, música clássica, galerias de arte, *jazz*. O **Dakota Jazz Club** apresenta os melhores músicos locais e internacionais todas as noites, no centro de Minneapolis.

Minnesota State Fair

Se estiver passando por aqui no fim do verão, não perca a anual **Minnesota State Fair** (www.mnstatefair.org), a segunda maior do país (depois da de Nova York). Realizada nos State Fairgrounds durante uma semana e meia, ela consiste numa série de demonstrações de pesca e agricultura, apresentações de música folclórica e *country*, espetáculos equestres, exposições especiais para crianças e parques de diversões – junto com todos os tipos de carne e queijo que se possa imaginar, espetados num palito e fritos. A feira comemorou o centenário em 2009 – numa dose maciça de cultura do meio-oeste, um pouco exagerada, mas absolutamente autêntica.

DE MISSISSIPPI A BADLANDS

A região que se estende do rio Mississippi, em Minnesota, ao rio Missouri, em Dakota do Sul, marca a transição dos estados do meio-oeste para os do oeste – geográfica, cultural e espiritualmente.

A transição pode ser sutil. Se você ligar o rádio do carro, vai ouvir os relatórios de última hora do pregão da Bolsa de Grãos de Minneapolis com frequência cada vez menor. As expressões idiomáticas do oeste começam a surgir nos povoados rurais. As mudanças na geografia são mais abruptas, pois o rio Missouri é um limite marcante entre o cinturão do trigo e o verdadeiro oeste.

Minnesota rural

A região de Minnesota a sudoeste das cidades gêmeas é claramente rural. Esse território foi colonizado por europeus – principalmente escandinavos – durante a segunda metade do século XIX. Alguns os chamam de "destruidores de relva", pois eles limpavam os campos indiscriminadamente e retiravam a relva silvestre, expondo o solo fértil da pradaria do meio-oeste. Muitos dos netos e bisnetos deles ainda cultivam aqui, numa ocupação que hoje se conhece como agronegócio.

Os fundadores de **New Prague** ㊶, cidade dominada pela **St Wenceslaus Church**, obviamente não tinham nenhuma intenção de esconder suas origens europeias do leste. A oeste da cidade, ao longo da State 19, há construções de peculiar aparência medieval, com tetos abobadados, que destoam no meio da região tipicamente norte-americana do milho.

Está enganado quem acha que o *Valley of the Jolly Green Giant* ["Vale do Alegre Gigante Verde", o vale do rio Minnesota] é um lugar mítico, criado por publicitários da televisão. Em **Le Sueur**, famosa pelas ervilhas, a US 169 cruza o rio Minnesota e atravessa seu vale verde e exuberante, marcado pelo Gigante Verde em pessoa, que surge no alto de um grande cartaz.

Bifurcando-se para sudoeste, na direção de **Mankato**, a estrada entra no território de Blue Earth, do outro lado do **rio Blue Earth**. Essa é uma das regiões agrícolas mais produtivas do estado, uma extensão verde interrompida apenas pelos lagos. O cultivo moderno ainda é um negócio familiar aqui, e não é incomum ver famílias inteiras nos campos, operando vários tipos de máquinas.

Saindo de Mankato, pegue a US 14 para oeste já na minúscula Florence, passando por muitas outras fazendas ao longo do caminho; então, vire para o sul na Minnesota 23 e entre num trecho mais bonito. Em **Pipestone** ㊷, perto da divisa de Dakota do Sul, o forte é o quartzito, e não a agricultura. Há prédios construídos com essa rocha local, de tom rosado, nas históricas Main Street e Hiawatha Street. Eles são importantes não só por serem bonitos de olhar, mas também porque estão entre os últimos desse tipo. O uso do quartzito já não é considerado econômico.

No entanto, durante um período de menos de 20 anos, antes da virada do século XX, Pipestone fez a festa com ele – **County Courthouse**, **Public**

Fardos de feno num campo de Minnesota.

Banda da Universidade de Minnesota na Feira Estadual.

FATO

Região frequentada por arqueólogos e paleontólogos, Dakota do Sul foi o local onde se encontrou o mais completo esqueleto de Tyrannosaurus rex, na reserva indígena sioux do rio Cheyenne, perto de Faith.

Library, **National Bank Building**, **Calumet Historic Inn** (www.calumetinn.com) e o impressionante **Moore Block** (1896) são todos prédios construídos com esse material. L. H. Moore, um homem de negócios da região proprietário de uma pedreira de quartzito, embelezou a quadra que leva seu nome com imagens extravagantes do sol, de anjos, gárgulas, de um bufão e do diabo.

Debaixo do quartzito, fazendo veios nele, há um material chamado *pipestone* ["catlinita"], que deu nome à cidade. O poema épico "The song of Hiawatha", escrito por Longfellow, fala da "grande pedreira de catlinita vermelha"; as pedreiras em Pipestone e a área que as circunda ainda são território sagrado dos *sioux* e de outros nativos americanos – uma terra de lendas e tradições, hoje também patrimônio nacional.

Para ver mais, pegue a **Circle Trail**, um circuito de mais ou menos 1,5 km que atravessa a pradaria em volta das pedreiras. A trilha passa pelo **lago Hiawatha**, pela **cachoeira de Winnewissa**, por paredões de quartzito e formações rochosas esculpidas pelo vento, conhecidas como **Old Stone Face** e **Oracle**. Uma inscrição na pedra documenta a presença da expedição Nicollet, cujos integrantes passaram por aqui em 1838, enquanto exploravam as terras da isolada região do alto Mississippi.

Continue para o sul depois de Pipestone, ao longo da Minnesota 23, passando por **Jasper** (que também tem seus prédios de quartzito). Faça um ângulo para entrar na Route 269; depois de alguns quilômetros, você terá atravessado mais uma divisa de estado e estará exatamente no meio do caminho entre os oceanos Atlântico e Pacífico.

A ESTRADA COR-DE-ROSA PARA DAKOTA DO SUL

O departamento rodoviário de Dakota do Sul escolheu usar o abundante quartzito local, por isso, uma estrada cor-de-rosa abre-se na divisa do estado. Ela leva até **Garretson**, conhecida pela **Devil's Gulch** ❹❸. Essa garganta é uma fenda nos paredões de quartzito que ficam acima do **riacho Split Rock**. Segundo uma lenda, as rochas foram separadas pelo machado do Grande Espírito. Outra lenda conta que o bandido Jesse James pulou esse precipício

Pôr do sol na pradaria.

enquanto era perseguido por um bando. Felizmente para os turistas modernos, hoje há uma pequena ponte ligando os dois lados. A garganta do diabo dá a Garretson um ar de Velho Oeste, mas ela é basicamente uma pequena comunidade rural.

As pradarias do leste de Dakota do Sul e os pioneiros que colonizaram essa região foram imortalizados em quadros e na literatura popular. As pinturas de Harvey Dunn, filho de colonos e fazendeiros, representam a realidade e a dignidade dessas pessoas. Os mesmos temas são espelhados na obra de Laura Ingalls Wilder, autora do adorado *Little House on the Prairie* [*Uma casa na campina*] e de outros livros a respeito da vida dos pioneiros, antes que se transformasse nos tempos modernos. (Esses livros viraram uma enorme indústria, com mais de 50 milhões de volumes vendidos. Com a ajuda de alguns dos descendentes dos Ingalls, foram contratados escritores para dar continuidade à série.)

Para ganhar tempo nesse trecho das grandes planícies, entre na I-90, que atravessa o leste de Dakota do Sul em linha praticamente reta, por um território um pouco mais acidentado e menos verde, pois a chuva é mais escassa, e o cultivo de feno e de trigo se mistura com o do milho.

A colheita desses campos vai acabar sendo levada para a movimentada e industriosa **Sioux Falls** ❹, centro comercial do estado – cidade pouco interessante, a não ser pelas cachoeiras do Falls Park.

Mais para oeste, em **Mitchell** ❺, foi erguido um monumento ao milho, feito com grãos de cereais: o **Corn Palace** (tel.: 866-273-2676; www.cornpalace.org; dez.-mar., 2ª-sáb.). É uma boa razão para parar em Mitchell – a outra é fazer uma pausa necessária na viagem pela interestadual. O Corn Palace é provavelmente a única estrutura bizantina do mundo decorada com murais de milho e outros grãos; os desenhos mudam a cada ano, de acordo com o capricho local. É um exemplo da típica cultura norte-americana.

Conforme a I-90 aproxima-se do rio Missouri, que divide Dakota do Sul em "a leste do rio" e "a oeste do rio", o terreno muda bastante.

Deadwood Trail e Cottonwood

O oeste de Dakota do Sul é, sem dúvida, onde começa o oeste. Visualmente, as Badlands e as Black Hills elevam-se na pradaria e atingem o turista com dois golpes seguidos; as duas são inesperadas e deslumbrantes. Mas há mais nessa região do que a beleza inóspita – ela é testemunha de uma história bastante tumultuada.

Se estiver com pressa, fique na I-90 e passe por essas duas maravilhas, mas, se tiver tempo e vontade de explorar a área rural de Dakota do Sul, serpenteie para oeste pela US 14; por aí você consegue entrar em **Pierre** ❻, a capital do estado, cidade bem comum, aonde se chega pela US 83 ao norte de Vivian. Depois de cruzar as margens do rio Missouri, acerte o relógio (atrase-o em uma hora) e prepare-se para atravessar monte após monte de prado relvado. Esse trajeto coincide com uma parte da

> **DICA**
> Depois de cruzar o rio Missouri, acerte o relógio, atrasando-o em uma hora; aqui, o fuso horário central dá lugar ao fuso horário da montanha.

Corn Palace, em Mitchell, Dakota do Sul.

FATO

A parte do Badlands National Park que fica dentro da reserva indígena tem vários sítios sagrados para os índios *lakota oglada*. Esse território, ao sul da Highway 44, tem acesso rodoviário limitado.

Badlands National Park – paisagem esculpida pelo vento e pela água.

antiga **Deadwood Trail**, rota lendária de caravanas de carroções e diligências.

Esses carroções e diligências iam para as áreas remotas de uma nação que se expandia, mas tinham certas regras. Uma delas era "Se tiver de beber, compartilhe a garrafa". Era permitido mascar tabaco, mas pedia-se que o mascador cuspisse "a favor do vento, e não contra". E determinados assuntos eram proibidos numa conversa, entre eles roubos a diligências e revoltas indígenas.

A US 14 segue direto para o sul e depois para oeste novamente, na direção de **Cottonwood**, que se faz anunciar por bosques e mais bosques de álamo – uma árvore quase mágica, com a capacidade de "achar" água na paisagem árida e se reproduzir em pequenos aglomerados. Essa árvore foi a ferramenta mais útil para os colonizadores da pradaria: construíam cercas com ela, sentavam à sua sombra e até faziam cortes em sua casca para beber um pouco da polpa aquosa numa emergência. Toda vez que você vir as folhas denteadas do álamo num vale, vai saber que há água por perto, na forma de rio, riacho ou alguma outra fonte escondida.

Continuando para oeste, os motoristas são cercados por um número cada vez maior de placas implorando que parem em Wall Drug, em Wall, na extremidade norte das Badlands. Dependendo da sua sede, fome, indisposição ou resistência, você pode continuar para oeste e chegar logo a Wall, ou virar para o sul em Cottonwood e ir direto para as Badlands.

Essa área também é conhecida como *dakota* pelos índios *sioux*, nome que significa algo como "terra ruim". Caçadores franceses do início do século XIX a descreviam como "terra ruim de atravessar". Muitos viajantes contemporâneos contornam as Badlands (raramente visíveis da interestadual), com pressa de chegar às Black Hills e aos rostos de pedra do Mount Rushmore, mas elas são uma paisagem única, que certamente merece ser visitada – mesmo no escaldante calor do verão.

Badlands National Park

Essa paisagem em constante erosão tem servido, com frequência, de metáfora para a inquietação juvenil e a falta de raízes. Terrence Malick utilizou-a no título de um filme

DE BUFFALO A BADLANDS

aclamado (*Badlands*, 1973); depois, Bruce Springsteen cantou "Badlands", no álbum *Darkness at the Edge of Town*, de 1978. Apesar de todas as palavras desencorajadoras, existe uma beleza rara e surpreendente aqui – vale muito a pena sair da interestadual e pagar os 15 dólares cobrados por veículo na entrada do parque nacional.

As Badlands já foram descritas como "inferno de chamas apagadas", mas o fogo não tem nada a ver com isso; a área foi moldada principalmente pelo vento e pela água. Agulhas, torreões e cristas formam uma silhueta silenciosa, que muda a cada rajada de vento ou chuvarada (não muito frequente). O **Badlands National Park** ❼ (tel.: 605-433-5361; www.nps.gov/badl; diariamente) não é um pedaço único de terra; ele se compõe de vários fragmentos, mais ou menos conectados, da **Buffalo Gap National Grassland** e da **Reserva Indígena de Pine Ridge**.

É possível estar dirigindo por pastos ondulados e, de repente, sem aviso, ficar de frente com o terreno das Badlands: enormes castelos de areia e paredões de desfiladeiros. Uma estrada circular de 64 km atravessa o parque e propicia acesso a interessantes pontos geológicos e paleontológicos, incluindo várias caminhadas pelo estranho terreno.

A área já foi território de antigos camelos, cavalos de três dedos e tigres-dente-de-sabre, cujos restos mortais fossilizados continuam a ser escavados pelos elementos. Muitos desses fósseis datam do Oligoceno, de 24 a 34 milhões de anos atrás, e estão sendo preservados pela **South Dakota School of Mines e Technology**; ficam expostos no **Museum of Geology** (tel.: 605-394-2511; http://museum.sdsmt.edu; maio-ago., diariamente; set.-abr., 2ª-sáb.), em Rapid City. O maior mamífero do Oligoceno era o titanotério, conhecido na mitologia *sioux* como "cavalo-trovão". Os *sioux* acreditavam que essa criatura descia do céu durante as tempestades e matava bisões.

Os entusiastas retiraram muitos tesouros fósseis das Badlands antes da intervenção e proteção do governo. Grande parte da vida silvestre abundante da região também havia desaparecido na década de 1890 – dizimada por uma multidão de pessoas a caminho das Black Hills, em busca do "metal do diabo", o ouro.

Santuário da vida silvestre

No entanto, graças à reintrodução e à proteção, hoje o parque é um santuário de antilocapras e bisões. Os cães-de-pradaria também crescem aqui, em sua própria metrópole. Esses roedores singulares empregam um complexo sistema de túneis, buracos e postos de sentinela; um "latido" estridente ecoa na pradaria se alguém se aproxima demais.

Os criadores de gado não são muito fãs desses animais – o gado pode se machucar seriamente se pisar nos buracos que eles fazem –, nem do clima, que aqui é tão rigoroso quanto imprevisível. Os mais antigos ainda falam da nevasca de maio de 1905, quando a temperatura caiu de amena para gélida. Milhares de cabeças de gado e cavalos foram arrastados para o sul pelo vento e acabaram morrendo ao despencar do paredão norte das Badlands.

Por onde vagueiam os bisões – travessia de uma estrada em Dakota do Sul.

Chicago: a cidade do vento

Cidade de ombro amigo e coração grande, Chicago tem uma longa lista de apelidos: Chitown e Second City são apenas dois deles.

Embora algumas pessoas possam discutir a autenticidade de alguns dos vários apelidos de Chicago, um em particular veio para ficar: encruzilhada do meio-oeste. Os pátios ferroviários de Chicago são os maiores do mundo. O aeroporto de O'Hare afirma ser o mais movimentado do planeta. Até o famoso Art Institute of Chicago estende-se de ambos os lados dos trilhos dos trens. Os turistas deslocam-se pela cidade num trem leve conhecido como El, de "elevado", porque geralmente ele anda no alto.

O lugar, na confluência da pradaria do meio-oeste com o rio Chicago e o lago Michigan, era claramente propício ao surgimento de uma cidade. Na década de 1840, com a construção de um canal – que basicamente ligava os Grandes Lagos ao sistema de drenagem do rio Mississippi –, seguida do advento da ferrovia, Chicago alastrou-se como fogo com a chegada do comércio e das massas de imigrantes.

Então, em 1871, o fogo tornou-se realidade. Diz a lenda que uma vaca que pertencia a uma senhora chamada O'Leary tropeçou num lampião, dando início a um incêndio desastroso, conhecido como "Great Chicago Fire". Depois do incêndio, a

Willis Tower (antigamente chamada de Sears Tower).

Apresentação de música ao vivo em The Back Room.

cidade tornou-se escritório de arquitetos como William LeBaron Jenny ("pai" do arranha-céu), Louis H. Sullivan, Frank Lloyd Wright e, mais tarde, Ludwig Mies van der Rohe.

Da **Chicago Water Tower** e da **Pumping Station**, a única construção pública que sobreviveu ao grande incêndio, até a **Sears Tower**, o edifício mais alto do país, os prédios e a silhueta da cidade foram pensados para impressionar.

Alguns remanescentes do século XIX conseguiram sobreviver, especialmente no **Prairie Avenue Historic District**. Antigamente conhecida como "a avenida das avenidas", a área passou por um êxodo em massa no início do século XX, mas os edifícios que restaram estão sendo restaurados e cuidadosamente protegidos.

Chicago tira grande proveito da magnífica margem do lago. Um enorme espaço engloba 47 km de praias, parques maravilhosos com características distintas e algumas das mais sofisticadas instituições culturais do país, algumas delas abertas diariamente: **Museum of Science and Industry** (tel.: 773-684-1414) no South Side; **Field Museum** (tel.: 312-922-9410); o excelente **Shedd Aquarium** (tel.: 312-939-2438; www.sheddaquarium.org; diariamente); e o Art Institute of Chicago (tel.: 312-443-3600; www.artic.edu; diariamente), todos no Grant Park. O Art Institute, com sua soberba ala moderna projetada pelo notável arquiteto Renzo Piano, é famoso pelo acervo de obras de impressionistas franceses e também guarda aquele célebre casal estoico, de olhar fixo, do quadro *Gótico americano*, do pintor Grant Wood.

Chicago adora esculturas ao ar livre. Todos os grandes nomes estão representados aqui – incluindo Oldenburg, Calder, Picasso, Miró e Dubuffet. Chicago é o cenário por excelência do filme

DE BUFFALO A BADLANDS

noir. Nunca um lugar esteve tão intimamente associado a gângsteres e corrupção política, esta última quase uma instituição. Eternamente orgulhosa das características que a diferenciam, a cidade fez poucas tentativas para dissipar essa imagem, mesmo elas sendo hoje bastante irreais. A realidade de Chicago é um pouco diferente. Os políticos são uma faceta dela: o ativista negro Jesse Jackson iniciou a carreira política aqui, e o ex-prefeito Richard J. Daley – falecido, mas jamais esquecido – administrou a cidade durante tanto tempo que hoje os anos são medidos em anos AD [*after Daley*, "depois de Daley"]. E é claro que ninguém pode esquecer o ex-governador de Illinois, Rod Blagojevich, que foi cassado pelo senado de Illinois em 2009 por tentar vender o cargo do então senador Barack Obama, e que depois apareceu no programa de TV de Donald Trump, *The Celebrity Apprentice*.

Chicago é também uma cidade de escritores que se expressam bem e de maneira audaciosa. Um fluxo constante de escritores tem interpretado sua cidade natal para o resto do mundo, de James T. Farrell e Richard Wright a Saul Bellow, Studs Terkel, David Mamet e o colunista Mike Royko. The Second City, um provocativo grupo de comédia de improvisação que se originou em Chicago, é um ponto de partida para comediantes que depois vão estrelar no *Saturday Night Live*, programa que tem veiculação nacional, cuja base fica na cidade de Nova York.

Clubes de *blues* escuros e enfumaçados há muito fazem parte da cena de Chicago, desde que músicos e cantores dos campos do sul mudaram-se para cá e inventaram o "*blues* elétrico". Você pode ouvir tudo isso no **B.L.U.E.S.**, em North Halsted, ou no realocado **New Checkerboard Lounge**, no South Side, lugar um pouco menos sofisticado da cidade onde várias gerações de alunos da Universidade de Chicago aprenderam com o músico de *blues* Muddy Waters as coisas importantes da vida.

Há um brilho novo no moderno North Side de Chicago. Depois de um debate longo e acalorado, o Wrigley Field, a sede dos Chicago Cubs, foi o último campo de beisebol da primeira divisão a ser iluminado, facilitando os jogos noturnos.

As comunidades em volta de Chicago entraram para o cinema em vários filmes que ridicularizam os subúrbios. **Glencoe**, ao norte, é familiar para muitas pessoas como a casa de Joel, o adolescente fictício interpretado por Tom Cruise no filme *Negócio arriscado*, aquele que afunda o Porsche do pai no lago Michigan. **Aurora** foi cenário da comédia maluca *Quanto mais idiota melhor*. E a penitenciária de Joliet abrigou John Belushi durante um curto período em *Os irmãos cara de pau*.

O **Oak Park**, sem acesso ao lago, fica a oeste do Chicago Loop, pela I-290, do outro lado da cidade. Ernest Hemingway cresceu aqui, e Frank Lloyd Wright morou e trabalhou em Oak Park no início da carreira, antes de se mudar para Wisconsin, deixando para trás os 25 edifícios que fazem de Chicago o maior repositório de sua obra no mundo. A casa e o escritório de Wright, construída em 1889, revela sua personalidade e seu gênio: cada toque tem sua marca pessoal, do típico e famoso *prairie style* ["estilo das pradarias"] simplificado até o provérbio escocês gravado sobre uma lareira.

Desfile de Ação de Graças na State Street.

Estrada aberta em Dakota do Sul.

LUGARES

DE BADLANDS A YELLOWSTONE

Atravesse os domínios de Buffalo Bill, Wild Bill Hickok, Calamity Jane e Sundance Kid, para visitar o monte Rushmore e os locais de trágicas guerras indígenas.

Deixando as Badlands para trás e rumando para oeste pela Route 44, através de Dakota do Sul, chega-se à minúscula Scenic, um lugar em ruínas batizado por alguém com senso de humor bastante irônico; exatamente no mesmo espírito, uma placa na via principal ["Business District", centro comercial] avisa que você chegou. Aqui há uma igreja pequenina, alguns barracões abandonados, vários *trailers* antigos, uma minúscula agência de correio, uma pilha de carros velhos e, no limite da cidade, o lugar que atrai turistas até aqui: o Longhorn Saloon.

O Longhorn foi fundado em 1906. A serragem depositada no chão, que chega até os tornozelos, vem se acumulando desde então, assim como os buracos de bala e as marcas desenhadas no teto, usadas para identificar o gado. No auge, sempre havia tiroteios aqui e, até hoje, o ambiente é de mal-estar. Assentos de trator montados em barris de metal fazem as vezes de banquetas no bar. A fachada tem crânios de gado *longhorn*, com longos chifres, e uma placa deteriorada pelo clima, que originalmente tinha os dizeres "Não se admitem índios"; o NÃO foi apagado – os funcionários, em geral, são *oglala sioux*, da reserva vizinha Pine Ridge. A Route 44 prossegue até Rapid City.

Joelho ferido

A reserva de Pine Ridge circunda a faixa sul do parque nacional de Badlands e coincide com o condado de Shannon, que tem a menor renda *per capita* dos Estados Unidos. Nessa terra inóspita, o riacho Wounded Knee sangra do rio White para o local do mal-afamado massacre de 29 de dezembro de 1890, quando 250 *sioux*, em sua maioria desarmados, foram violentamente mortos pelo exército. O chefe Touro Sentado foi uma das vítimas nessa batalha – o último episódio trágico das guerras indígenas –, e o nome *Wounded Knee* tornou-se o símbolo duradouro de uma perda irreparável.

Principais atrações
Black Hills
Mount Rushmore National Memorial
Deadwood
Devils Tower
Denver
Sheridan
Little Bighorn Battlefield
Big Horn County Historical Museum
Buffalo Bill Historical Center

Túnel na rocha em Iron Mountain Road, em Black Hills.

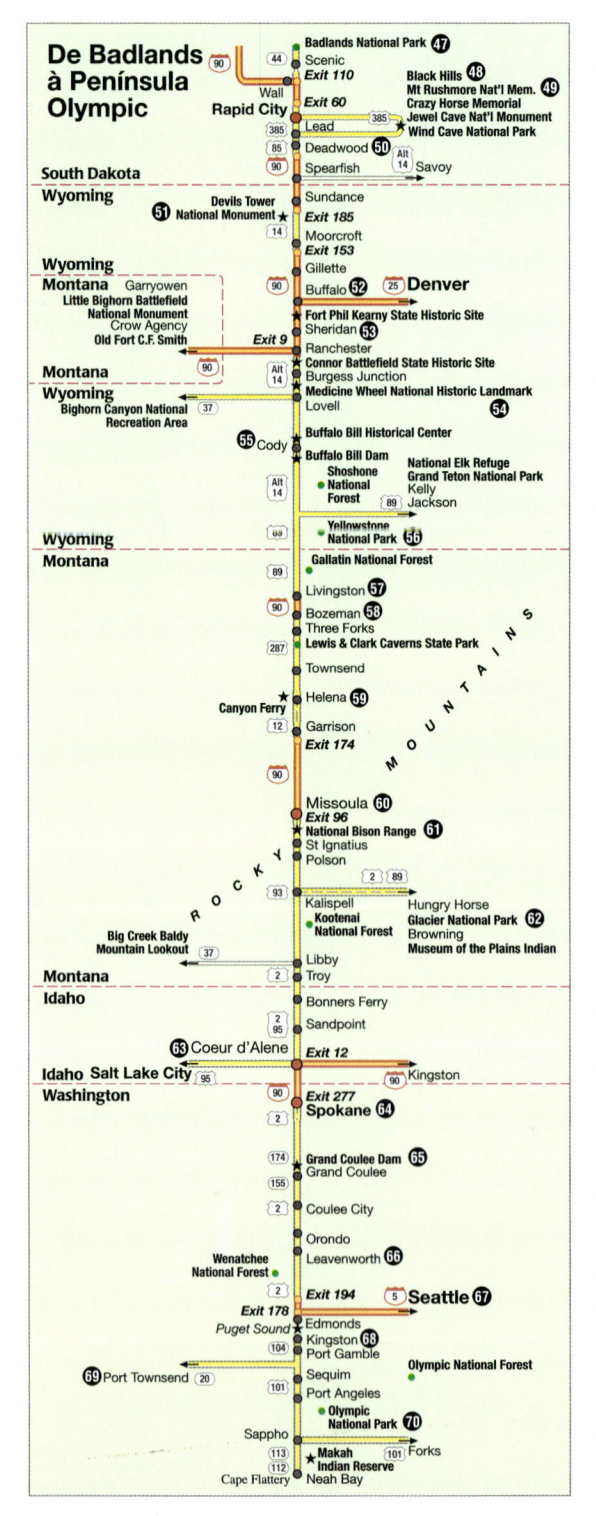

Wall Drug (tel.: 605-279-2175; www.walldrug.com), na cidade de Wall (na I-90, após completar a volta do parque), é uma parada singular na beira da estrada – embora seja impossível ela chegar aos pés do que anunciam os quilômetros de propaganda repetida à exaustão, pintada em caminhões abandonados e placas de madeira, na direção oeste. Jamais existiu uma drogaria tão complexa como essa: localizada no paredão norte das Badlands, paralelo à interestadual, é difícil passar por essa parte de Dakota do Sul sem parar.

O boticário Ted Hustead começou a colocar as inúmeras placas ao longo da rodovia no início dos anos 1930, inspirado na propaganda do antigo *Burma Shave* (ver p. 38). Ao chegar ao rio Missouri, até mesmo o mais estoico dos motoristas sentia necessidade de um copo (ou mesmo uma jarra) da famosa água gelada da Wall Drug – que foi oferecida gratuitamente por décadas. Assim, o que antes era a única drogaria de uma cidade pequena e poeirenta ganhou fama com o nome de *Ice Water Store*; hoje ela ocupa grande parte da Main Street.

A Wall Drug tem, entre outras coisas, uma capela para quem precisa de consolo; uma loja de roupas e botas para quem precisa de inutilidades do oeste; uma livraria; joias feitas de ouro de Black Hills e uma galeria de arte do oeste. Há também uma variedade prodigiosa de "atrações" do oeste, de uma réplica do monte Rushmore (para quem estiver cansado de dirigir) a um mítico *jackalope* (coelho com chifres, para quem não sabe) de dois metros de altura, um bisão montado e esculturas em tamanho natural de Butch Cassidy e Sundance Kid. O café e as rosquinhas são grátis o ano todo para casais em lua de mel, veteranos de guerra, esquiadores e caçadores durante a temporada. Num dia bom, cerca de 20 mil pessoas param em Wall Drug. Ela é o arquétipo da história de sucesso norte-americana, e Ted Hustead define do jeito dele a lição desse sucesso: "Neste mundo de Deus, não existe nenhum lugar que Ele tenha esquecido".

A viagem de Wall a **Rapid City**, pela I-90, cobre mais ou menos 80 km

DE BADLANDS A YELLOWSTONE

(50 milhas) de pradaria e campos de trigo ondulados e sem árvores. Você vai ver o gado preto nos pastos, as colinas lentamente se elevando, e um ou outro campo de girassóis. Rapid City, colonizada por garimpeiros em 1876, lentamente tornou-se um lugar sofisticado e é a porta de entrada para as Black Hills.

As Black Hills

"... enquanto os rios correrem, a relva crescer e as árvores tiverem folhas, Paha Sapa, *as Montanhas Negras de Dakota do Sul, serão sempre a terra sagrada dos índios* sioux." (trecho do tratado firmado entre o governo norte-americano e a nação *sioux* em 1868)

"Tem ouro lá naquelas montanhas." (atribuído a patrulheiros do exército norte-americano, 1874)

Essas palavras, juntas, resumem o curso da história do fim do século XIX nas **Black Hills** ❽ e, na verdade, em todo o oeste; uma época caracterizada por ganância, decepção e banhos de sangue. Os *sioux* "receberam" direitos eternos sobre esse território, que pouco interessava aos homens brancos até a descoberta de ouro – claro que depois a história foi outra.

Em 1874, George Armstrong Custer liderou uma expedição de reconhecimento do exército na região. A existência de ouro mal tinha sido confirmada quando uma enxurrada de gente inundou as montanhas, destruindo o acordo de 1868 ao passar. Anos de derramamento de sangue se seguiram, e os *sioux* nunca recuperariam os direitos de exclusividade sobre suas sagradas *Paha Sapa*. No entanto, em 2012 uma comissão especial das Nações Unidas conduziu uma excursão de doze dias na região e concluiu que as Black Hills deveriam ser devolvidas à tribo *sioux*. A disputa ainda está sendo resolvida. Enquanto isso, um fluxo contínuo de viajantes atravessa as Black Hills todos os dias – a maioria passa pelo monte Rushmore, o "santuário da democracia", que nunca foi concluído.

Depois de Rapid City e de todo o comercialismo desenfreado da US 16, você vai chegar a uma estrada com outra cor – uma espiral de 27 km conhecida como **Iron Mountain Road**. É uma das rodovias de Black Hills, espetaculares e especialmente projetadas nos anos 1930 para o turismo. Ideia do

Você está na terra das cascavéis.

Mount Rushmore National Memorial.

> **FATO**
>
> O escultor Korczak Ziolkowski representou o herói norte-americano nativo que aponta com a mão esquerda, em resposta à pergunta de um homem branco: "Onde ficam suas terras agora?". Cavalo Louco respondeu: "Minhas terras estão onde meus mortos estão enterrados".

A cabeça esculpida do Crazy Horse Memorial.

representante do departamento rodoviário Peter Norbeck, essas estradas são caracterizadas por curvas fechadas, zigue-zagues, túneis de granito (colocados ali para proporcionar vistas maravilhosas) e pontes espiraladas, construídas sobre colunas de pinheiro nativo, e não de aço.

Mount Rushmore National Memorial

Em vez de circundar a montanha, a Iron Mountain Road vai direto para o topo. Passa pelo **Mount Rushmore National Memorial** ㊾ (tel.: 605--574-2523; www.nps.gov.moru; diariamente), cuja primeira aparição é emoldurada pela saída de um túnel. Essa visão é parecida com assistir ao filme *Intriga internacional* (1959), de Hitchcock, numa televisão do outro lado da sala. Você vai se pegar apertando os olhos para ver se aquelas manchas são realmente Cary Grant e Eva Marie Saint fugindo pelos rostos de granito, com altura equivalente a um prédio de seis andares.

Supostamente, Rushmore – o monte, sem esculturas – recebeu o nome de Charles E. Rushmore, advogado nova-iorquino que visitou a região em 1885. Ao perguntar a um morador qual era o nome do pico (até então, sem nome), dizem que este respondeu gentilmente: "Ele se chama monte Rushmore". Nos anos 1920, Doane Robinson, historiador oficial de Dakota do Sul, estava analisando vários projetos para atrair turistas para as Black Hills e decidiu-se pela ideia de uma escultura colossal na montanha, imaginando estátuas de lendários caçadores, como Jim Bridger, John Colter e Kit Carson. Porém, os presidentes (George Washington, Thomas Jefferson, Abraham Lincoln e, depois, Theodore Roosevelt), admirados por um número maior de pessoas, foram os escolhidos.

Em 1927, o escultor Gutzon Borglum (aos 60 anos) foi contratado para o trabalho. A enorme empreitada durou o resto da vida dele: a obra na montanha foi permanentemente interrompida depois de sua morte e do ataque japonês a Pearl Harbor. É interessante notar que a intenção de Borglum era a de que as figuras fossem esculpidas até a cintura. Se ele tivesse começado pela parte de baixo, e não pela de cima, teria deixado para os Estados Unidos uma estranha homenagem à democracia.

DE BADLANDS A YELLOWSTONE

O projeto sempre foi controverso e marcado pela falta de verba, em grande parte em consequência da Grande Depressão, do temperamento artístico e do egoísmo de Borglum. Alguns dizem que ele forçou a inclusão de Roosevelt, porque considerava os óculos do presidente um desafio especial para suas habilidades, por exemplo. É também controverso o fato de o local do monumento ser considerado sagrado pelos *sioux*. O promontório de granito é parte da investigação das Nações Unidas, que tem sugerido sua devolução aos *sioux*.

Cavalo Louco

O monte Rushmore não é a única escultura nas Black Hills. Existe também o Crazy Horse Memorial (tel.: 605-673-4681; diariamente), uma obra em andamento de autoria do falecido Korczak Ziolkowski. O monte Rushmore continua incompleto, mas o Crazy Horse, até mais ambicioso em escala, ainda está no começo. Ziolkowski deixou planos detalhados e instruções, e o terreno – hoje, cidade de Crazy Horse – está literalmente apinhado de trabalhadores.

Ziolkowski foi contratado para esculpir essa representação do grande guerreiro *sioux* pelo chefe Henry Standing Bear ["Urso em Pé"] para que o homem branco soubesse que "os peles-vermelhas também tinham grandes heróis". Embora cerca de 8 milhões de toneladas de rocha já tenham sido retiradas da montanha com explosivos desde 1949, ainda é difícil visualizar a figura montada a cavalo sem a ajuda de um modelo de gesso na escala de 1:34. Mas a figura está gradativamente tomando forma. Venha dar uma olhada na montanha e também visitar o **Indian Museum of North America**, que nunca para de crescer, assim como o ateliê de Ziolkowski. Aprender sobre esse escultor, sua vida e seus planos para esse lugar é tempo bem empregado. Ziolkowski era um homem grandioso e fascinante como pai, artista e filantropo. Gostava de se considerar um "contador de histórias em pedra", palavras que ele mesmo inscreveu na porta de seu mausoléu.

Ao sul do monte Rushmore e de Crazy Horse fica **Wind Cave**, a primeira caverna a ser transformada em parque nacional. Wind Cave e **Jewel Cave** (sua irmã a oeste) são, respectivamente, a quarta e a segunda cavernas mais compridas do mundo. Elas caracterizam-se por cristais de calcita em formações com aparência de favo de mel, conhecidas como *boxwork* e encontradas em maior quantidade aqui do que em qualquer outro lugar do mundo. Durante os meses de verão, o serviço dos parques nacionais oferece excursões agendadas usando luz de velas à Wind Cave, uma experiência mística para a maioria dos visitantes.

Dirigindo pela Needles Highway

Ao norte da Wind Cave, na direção de Lead, fica a Needles Highway, outra experiência rodoviária nas Black Hills. Essa estrada foi construída para destacar as Needles, agulhas de granito muito altas. A rodovia é sinuosa e sobe vários quilômetros em direção ao céu, às vezes dentro de minúsculos túneis de granito. Você precisa buzinar antes de prosseguir e não deve desviar muito sua atenção da pista.

Depois da Needles Highway, continuando para o norte na direção de

Agulhas de catedral – a Needles Highway foi construída para destacar essas formações.

Viagem pelo desfiladeiro de Spearfish, Dakota do Sul.

Sepulcro de "Wild Bill" Hickok no cemitério de Mount Moriah.

Dança e canto numa reunião tribal em Dakota do Sul.

Lead, pela US 385, o aroma de pinho enche a atmosfera, conforme a estrada atravessa os espessos e escuros corredores de pinheiro ponderosa. A aparência dessas árvores ao longe deu o nome de Black Hills às montanhas. Lead, que tem esse nome em razão de um filão ou veio de chumbo, é o local da **Homestake Gold Mine**, que produziu mais ouro do que qualquer outra mina do hemisfério ocidental durante seus 125 anos de funcionamento. Lead ainda é uma cidade comercial de motoristas grosseirões de picape, embora hoje os turistas misturem-se a eles de forma curiosa no mosaico da rua principal. A principal atração turística é o antigo "**Open Cut**" – um talho na lateral da montanha, onde foi descoberto ouro pela primeira vez, em 1876.

Deadwood ⑤⓪, 5 km (3 milhas) a nordeste de Lead, na US 85, é a outra cidade de Black Hills construída pelo ouro. Na verdade, foi o centro original da mineração de ouro na região – relembrado na canção "Deadwood, South Dakota", de Eric Taylor e Nanci Griffith – antes que Lead assumisse o lugar. Durante a década de 1870, Deadwood ganhou reputação de cidade típica do Velho Oeste, graças a personagens locais como "Wild Bill" Hickok, Calamity Jane e outros. Wild Bill e Calamity estão enterrados lado a lado no **Mount Moriah Cemetery**, bem acima de Deadwood, de acordo com a última vontade de Jane; hoje o lugar está bem civilizado e até desenvolvido demais, com cada um de seus cantos dedicado a perpetuar a falsa imagem de Velho Oeste ou a tirar dinheiro dos turistas em um dos muitos cassinos. *Deadwood* também foi o nome de uma famosa e premiada série televisiva transmitida pela HBO de 2004 a 2006, que representava o começo da cidade e usava relatos dos jornais e diários do século XIX como inspiração para as histórias e enredos.

Se for fundamental, visite o **Saloon No. 10**, onde Wild Bill recebeu um tiro fatal de Jack McCall – mas você vai ter de achá-lo primeiro, já que vários bares afirmam ser o local verdadeiro, que é anunciado como "Home of the Deadman's Hand" ["casa da mão do morto"] e "The Only Museum in the World with a Bar" ["o único museu do mundo com um bar"], mas as atrações mais interessantes dessa área ficam fora da cidade, quando se vai mais para oeste. Desça das montanhas pelo espetacular **Spearfish Canyon**, aonde se chega saindo de Deadwood, seguindo

DE BADLANDS A YELLOWSTONE

alguns quilômetros para o norte na US 85 e, depois, para oeste na I-90 e para o sul na US Alt-14. Você pode virar numa estrada ainda mais acidentada do serviço florestal, na cidade de **Savoy**, para dar uma olhada na paisagem onde foi rodada uma parte do filme *Dança com lobos*.

Território do rio Spearfish

Na US Alt-14, o desfiladeiro, cortado pela rodovia, desce sinuoso bem junto ao fresco e sombreado rio Spearfish. Você vai ter a companhia de muitas motos e *vans*, mas há várias áreas de descanso, onde se pode estacionar e caminhar para cima ou para baixo no desfiladeiro com alguma privacidade, observando os surpreendentemente altos penhascos de rocha cor de areia, com pinheiros e álamos no topo. Como esse é o último oásis verde antes de alguns trechos muito longos e descampados da desolada região oeste, é aconselhável aproveitar.

WYOMING E SUL DE MONTANA

O oeste simplesmente não é como o resto do país. Aqui, o esporte profissional preferido não é o futebol americano nem o beisebol – é o rodeio. O céu parece maior do que nos outros lugares; aliás, é comum ouvir referências à terra do "céu grande". É uma terra de últimas batalhas, últimas chances, sonhos frustrados; é também uma região de espaços abertos pouco povoados, caracterizados por uma beleza natural selvagem. O premiado filme de 2005, *O segredo de Brokeback Mountain*, dirigido por Ang Lee e estrelado por Heath Ledger e Jake Gyllenhaal como vaqueiros, foi rodado em Wyoming e representa lindamente o deserto inóspito do estado.

Wyoming e Montana são os estados do oeste por excelência. Eles lideram todos os outros nos extremos estatísticos – têm a maior quantidade de bares, *drive-ins*, postos de combustível, carros e *trailers* por pessoa. Os mitos do oeste continuam vivos no coração e na mente das pessoas que vivem aqui; elas vão lhe contar que não é uma vida fácil, mas que não a trocariam por nada.

Descendo das Black Hills de Dakota do Sul pelo desfiladeiro de Spearfish, você sai direto na I-90, a menos de 16 km (10 milhas) da divisa com **Wyoming**. O "estado dos caubóis", conhecido na região apenas como "Wyo", saúda o turista com um sinal que comprova que se está no oeste: o estado vizinho de Dakota do Sul escolheu rostos presidenciais carrancudos para as placas dos carros; já Wyoming optou pela silhueta de um caubói montado num cavalo chucro – você vai ver esse símbolo em todos os lugares.

Wyoming tem um pequeno fragmento da **Black Hills National Forest**, localizado não muito longe da divisa, perto da sem graça **Sundance** – cidade "que deu nome a Kid". Dizem que Harry Longabaugh, mais conhecido como "Sundance Kid", atirou num xerife perto daqui e depois fugiu para seu mal-afamado esconderijo "**Hole-in-the-Wall**", cerca de 240 km (150 milhas) a sudoeste. Antigamente, fora dessa região, ninguém sabia quem ele era, mas hoje sua memória está viva e seu nome tornou-se muito conhecido graças a Robert Redford e a Paul Newman, astros do filme eternamente popular *Butch Cassidy e Sundance Kid*.

CITAÇÃO

"Tem ouro lá naquelas montanhas."
(patrulheiros do exército norte-americano, 1874)

A Devils Tower é bem conhecida dos fãs de Contatos imediatos de terceiro grau.

Filhote de bisão brincando na relva.

O Capitólio de Denver.

Depois de Sundance, a US 14 faz uma volta na direção de Black Hills e **Devils Tower** ⑤, alvo de obsessão num filme bastante diferente, mas também popular, *Contatos imediatos de terceiro grau*. Visível a quase 160 km de distância, essa formação rochosa estriada, de topo plano e laterais íngremes, é a mais alta desse tipo no país. Fica do outro lado do rio Belle Fourche, onde as Black Hills encontram os barrancos e a relva das planícies.

Os primeiros homens brancos a explorar essa região – supostamente interpretando mal o nome benigno dado a ela pelos nativos – deram-lhe o nome de Devils Tower. Ela tem um lugar importante no folclore e nas lendas dos *sioux* e serviu de marco para quem viajava para oeste, exatamente como hoje.

Você pode andar em torno da base da torre, mas tome cuidado com as cascavéis. A maioria dos turistas apenas contempla seu formato e seu tamanho quase sobrenaturais – ela é especialmente luminosa ao amanhecer e à luz da lua. A visão impressionou Teddy Roosevelt de tal maneira que ele a designou o primeiro monumento nacional do país em 1906.

Ao sul do monumento, a estrada faz novamente a volta para a I-90 em **Moorcroft**, uma antiga cidade pecuarista. A antiga trilha do Texas passava por aqui no século XIX, pisoteada por caubóis que conduziam o gado até Montana. Mais para oeste, na apagada **Gillette** e depois dela, as planícies são vastas e belas, marcadas apenas pelo gado e um ou outro fundo de vale com álamos. Mesmo antes de cruzar o rio Powder e seu afluente, o riacho Crazy Woman, você consegue ver a inverossímil pilha das Crazy Mountains aparecendo no horizonte e, depois, os picos estriados de neve das **Bighorn Mountains** à distância: um grande alívio para o viajante cansado das Grandes Planícies.

Buffalo, Wyoming

Se você estiver na US 14, vai passar por cidades com nomes pitorescos, como Spotted Horse e Ucross, mas pegue a I-90 e dirija por um trecho descampado (mas bonito) de 113 km (70 milhas) sem cidades ou bombas de gasolina para interromper – apenas

DESVIO – DENVER

Uma viagem de grandes paisagens ao longo da base das montanhas Rochosas pela I-25, saindo de Buffalo, Wyoming, percorre 624 km (388 milhas) até Denver, a cidade de 1 milha de altura. Para celebrar a Corrida do Ouro, que a construiu, há o grandioso edifício do Capitólio, coberto por 7 kg de folhas de ouro de 28 quilates. Em meados do século XIX, garimpeiros cansados e sem sorte corriam para Denver em busca de armas, bebida e mulheres; os salões de jogos nunca fechavam. Em toda a década de 1880, o dinheiro dos campos de prata sustentou a economia, e a população praticamente triplicou. O Black American West Museum e o Buffalo Bill's Museum and Grave (www.buffalobill.org), no alto da Lookout Mountain, remontam a esses primeiros tempos. Um ar metropolitano é acrescentado por atrações como a cervejaria Coors (amostras grátis) e o Denver Art Museum (www.denverartmuseum.org), especializado em arte asiática, pré-colombiana e americana nativa (com uma ala de titânio e vidro projetada por Daniel Libeskind). Mas, apesar de toda a cultura, o cenário natural da cidade é uma distração. As Rochosas ficam a menos de uma hora de distância, e Denver responde pelo maior sistema de parques do país. Até sua sempre muito frequentada casa de espetáculos, Red Rocks Amphitheatre (www.redrocks-online.com), é uma maravilha natural ao ar livre, escavada no arenito vermelho, num local bem acima da cidade. Para mais informações, ligue para o Denver Visitors Bureau no número 1-800-233-6837 ou acesse www.denver.org.

DE BADLANDS A YELLOWSTONE 151

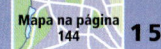

quilômetros de pastos vazios. A única pausa nesse trecho é uma desolada área de descanso entre árvores, no cruzamento com o rio Powder.

Seguindo para oeste, as Bighorns ficam cada vez mais próximas. Elas têm o nome do carneiro selvagem que já foi muito abundante na região, mas hoje raramente é visto. Tão escarpadas quanto majestosas, as Bighorns são um prenúncio das Rochosas, que vêm logo depois. Hoje, esses contrafortes a leste são cortados pela I-90, como já foram pela trilha Bozeman no século XIX, um atalho sangrento no avanço para o oeste através do território de caça dos índios *sioux*, *crow* e *cheyenne*.

Buffalo ⓮, onde a rodovia interestadual vira para o norte, na direção de Montana, recebeu esse nome em homenagem à cidade nova-iorquina, e não aos formidáveis bisões que costumavam atravessar com estrondo as planícies. Foi um dos primeiros povoados nesse canto de Wyoming, e a rua principal já foi uma trilha antiga, que passava pelo riacho Clear.

A estrada de Buffalo a Sheridan passa perto dos restos do **Fort Phil Kearny** (tel.: 307-684-7629; diariamente), hoje sítio histórico estadual. Esse era o mais odiado de todos os postos avançados do Exército ao longo da trilha Bozeman; quando finalmente foi abandonado, em 1868, os nativos locais imediatamente o incendiaram.

Sheridan histórica

Uns 32 km (20 milhas) ao sul da divisa com Montana fica a pequena cidade histórica de **Sheridan** ⓯, onde a I-90 e a US 14 encontram-se e o condado abrange uma região antigamente habitada por índios *crow*, mas hoje importante área de pecuária. A ferrovia chegou à cidade em 1890 e desempenhou um importante papel no desenvolvimento urbano. Há algumas residências históricas, mas o maior prazer é andar pela Main Street, no meio de autênticos *saloons* e caubóis. Tome uma bebida no Mint Bar, cujas paredes de placas de madeira têm centenas de marcas – todas diferentes – dos caubóis que beberam aqui. Do outro lado da rua, atrás da King's Saddlery, fica o **Don King's Museum** (tel.: 307-672-2702; 2ª-sáb.). É possível que você passe algumas horas admirando essa fascinante coleção particular de objetos do oeste, que inclui lembranças de caubóis e nativos, fotos históricas, artigos de couro e cerca de 600 selas, muitas delas decoradas com entalhes intrincados.

FATO

Buffalo, Wyoming, tem esse nome em homenagem à cidade nova-iorquina, e não aos bisões peludos que vagavam pelas planícies e ainda podem ser vistos em Yellowstone.

Bisão no Yellowstone National Park. Um bisão adulto pode pesar aproximadamente 900 kg e correr a 64 km/h.

FATO

A batalha de Little Bighorn, também conhecida como "Resistência Final de Custer", aconteceu em 25 de junho de 1876 e durou apenas 1 hora, tempo em que a 7ª Cavalaria perdeu mais de 200 soldados, e os *sioux* e os *cheyenne* perderam menos de 100 homens.

Bighorn Canyon.

Defronte à antiga estação de trem fica o **Sheridan Inn** (hoje infelizmente fechado, *ver abaixo*), estrutura graciosa com uma longa e convidativa varanda, construída em 1893 pela Burlington Railroad and Sheridan Land Company. William F. "Buffalo Bill" Cody foi proprietário de parte desse hotel e fez dele sua segunda casa; Cody costumava sentar-se na varanda e preparar números para seu *Wild West Show*.

Seguindo o modelo de um hotel escocês, a maior parte do material usado na construção chegou de trem, proveniente do leste. Na época, era considerado o melhor hotel entre Chicago e San Francisco; presidentes e celebridades como Ernest Hemingway, General Pershing e Will Rogers pernoitaram aqui, e esse foi o primeiro edifício da área a ter banheiras e energia elétrica. As luzes eram alimentadas por uma debulhadora de grãos abandonada e ficavam acesas do entardecer até meia-noite, quando soava um apito avisando que a escuridão estava próxima. Depois veio um telefone – o primeiro do condado. Mas o orgulho do hotel era o bar, construído na Inglaterra, de carvalho e mogno, e transportado desde Gillette por uma junta de bois. Ainda em uso, ele é conhecido como "Buffalo Bill Bar".

Infelizmente, o histórico hotel está lutando para levantar fundos e permanecer à tona, mas seu futuro é incerto. Em 2012, o banco começou o processo de fechamento.

Ao longo da I-90, ao norte de Sheridan, conforme se aproxima a divisa de Montana, há dois dos lugares de pior fama nas "guerras indígenas" da década de 1860. **Ranchester** é o local de **Connor Battlefield**, onde o general Patrick E. Connor comandou uma divisão de mais de 300 soldados numa emboscada ao acampamento *arapaho*. Morreram 64 índios *arapaho*, e o acampamento ficou praticamente destruído. Mulheres e crianças foram brutalmente massacradas aqui, o que fez Connor perder o comando.

Ao norte de Ranchester fica a divisa de **Montana** – também início da gigantesca **Crow Indian Reservation**, aparentemente vazia, cortada ao meio pela I-90, que atravessa os pastos da reserva, de aparência desolada, mas cuidadosamente tratados.

A batalha de Little Bighorn

A cidade de Garryowen, que tem o nome de uma canção irlandesa de bêbados, conduz ao lendário **Little Bighorn Battlefield** (tel.: 406-638-2621; www.nps.gov/libi; diariamente), hoje monumento nacional. De acordo com um observador, a batalha de Little Bighorn, mais conhecida como "Resistência Final de Custer", durou o mesmo tempo que um homem branco leva para jantar, mas os *sioux* e os *cheyenne* que combateram naquele dia perderiam a luta maior. Hoje, há 260 lápides de mármore branco, junto com as palavras do chefe *oglala* Alce Negro, em *lakota* e em inglês: "*Know the power that is peace*" ["Conheça o poder da paz"], santificando o campo onde os homens de Custer morreram.

Além do campo de batalha fica **Crow Agency**, sede dessa reserva de 1 milhão de hectares – bem menos do que as terras demarcadas no tratado original, que abarcavam 15 milhões de hectares de território *crow*. Essa área, dividida em duas pelo rio Bighorn e caracterizada por colinas onduladas, foi descrita pelo chefe *crow* Barriga Podre na década de 1830 como "o lugar exato. Tudo de bom é encontrado aqui. Não existe terra como a terra dos *crow*". Para ver um pouco da vida moderna dos índios, saia da interestadual e pare no posto de combustível ou no armazém.

De volta à rodovia, você vai começar a notar as primeiras de muitas placas que indicam *chain up areas* – desvios onde os caminhoneiros, quando o tempo está ruim, param para envolver os pneus com pesadas correntes, a fim de aumentar o atrito com o solo nos traiçoeiros desfiladeiros das montanhas que os aguardam mais adiante em Montana.

Na extremidade norte da reserva *crow*, ao sul de Hardin, planeje-se para fazer uma parada no **Big Horn County Historical Museum** (tel.: 406-665-1671; www.bighorncountry-museum.org; maio-set., diariamente; out.-abr., 2ª-6ª). Esse conjunto de estruturas arquitetônicas provenientes de todo o enorme e sóbrio condado – que é o melhor do estado em produção agrícola – inclui estação de trem, igreja alemã, além da casa e do celeiro originais da fazenda que ocupava o lugar. O museu também serve de primeiro "guichê" de informações sobre Montana – os simpáticos funcionários podem orientar sobre atrações locais, como a excelente pesca em **Bighorn Canyon**. Cobrando uma taxa, guias *crow* levam os turistas ao desfiladeiro; para quem quiser se hospedar na reserva, há muitos alojamentos e motéis em **Fort Smith**.

De Crow Agency a Billings, a I-90 margeia o limite norte da reserva, passando por cidades com nomes como Big Timber. Ela só volta a ficar interessante quando se chega a Livingston e a Bozeman. Se quiser visitar Yellowstone, você também pode chegar a essas cidades por uma via panorâmica, mas indireta, que volta um pouco para o sul até Ranchester, em Wyoming.

Túmulos em Little Bighorn Battlefield, Montana.

Buffalo Bill alcançou a fama em uma série de romances baratos, baseados em seu personagem. Seu show de faroeste foi lançado em 1883 e, na década de 1890, estava sendo apresentado na Europa, para a realeza.

Casaco de pele de búfalo (c. 1871) de William F. Cody, exposto no Buffalo Bill Museum.

Rumo a Yellowstone

Ao se aproximar das Bighorn Mountains pela I-90 num dia claro, pode ser que você consiga discernir uma estrada em zigue-zague subindo as encostas marcadas por faixas de neve. A viagem para oeste, de Ranchester a Lovell, proporciona essa experiência em primeira mão. A US 14, saindo de Ranchester, sobe a Bighorn National Forest, passando por placas de sinalização crivadas de balas até Burgess Junction. A estrada é traiçoeira depois desse ponto: várias rampas de escape e saídas para resfriamento dos freios ajudam os motoristas a passar pelas encostas íngremes e curvas fechadas.

Uns 32 km (20 milhas) depois de Burgess Junction, há uma estrada de cascalho acidentada, com 5 km (3 milhas) de extensão, a US 14A, que leva ao **Medicine Wheel** ⓾, o maior sítio antigo da América do Norte. Embora bem pavimentada, a estrada é muito estreita e sinuosa e, em certo ponto, atravessa uma crista estreita; contudo, a vista dessas alturas das Bighorns é estupenda, e a região rural próxima é salpicada de flores silvestres. Perto do fim, a estrada se bifurca e oferece uma escolha óbvia: uma instalação de radar do século XX, à esquerda, ou uma roda da cura, à direita. Siga para a direita. Essa roda da cura é a mais elaborada de uma série de círculos de pedra encontrados a leste das Rochosas, com 28 raios formando um círculo quase perfeito de 23 metros de diâmetro. Acredita-se que tenha cerca de 600 anos, mas seus criadores e seu significado ainda são um mistério. Segundo a lenda *crow*, a roda já estava aqui quando eles chegaram, na década de 1770. Hoje, ela tem função cerimonial para os nativos norte-americanos. Talvez olhando para a estação de radar, alguns turistas se perguntem como *aquela* estrutura será interpretada daqui a alguns séculos.

Depois da roda da cura, a US 14A, também conhecida como Big Horn Scenic Byway, desce a montanha até **Big Horn Basin**. Protegida pelas montanhas, essa região tem um clima mais ameno do que o resto de Wyoming. É uma região de pecuária excelente, que assistiu a uma das últimas disputas rurais entre pecuaristas e pastores de ovelhas no início do século XX.

Continue na US 14A para viajar de Lovell a Cody pelo vale do rio Shoshone. **Lovell**, cidade bem arrumadinha, foi fundada por fazendeiros nos anos 1870 e continua ligada ao gado, embora também seja conhecida como "Cidade das Rosas de Wyoming". Depois de Garland, as montanhas Rochosas aparecem pela primeira vez – com a **montanha Heart**, de topo quadrado, em primeiro plano. A pouca distância fica Cody, cidade que tem o nome de William F. "Buffalo Bill" Cody.

Cody

Não se pode passar por **Cody** ⓾ sem dar de cara com a lembrança de Buffalo Bill, que foi cavaleiro do Pony Express, soldado, caçador de bisões, chefe dos patrulheiros do exército, fazendeiro, explorador, ator e diretor de espetáculos. Ele era chamado, mais precisamente, de "caleidoscópio da experiência do homem branco no oeste". Com seu *show* de faroeste, os papéis que interpretou na tela e outros filmes que trataram de sua personalidade (interpretada por muitos atores, de Roy Rogers a Charlton Heston e Paul Newman),

DE BADLANDS A YELLOWSTONE

ele influenciou, mais do que qualquer outra pessoa, a visão – boa ou má – que o mundo tem do oeste. E, sem dúvida, deixou sua marca em Cody.

O lugar é inquestionavelmente turístico. Quando Yellowstone virou parque nacional, a cidade entrou na onda, anunciando-se como porta de entrada do parque. Hoje há muitos ônibus de turismo, atrações turísticas e propagandas cuja inclinação é explorar os turistas, mas, se você conseguir suportar as lojas de suvenir e fachadas falsas, vai descobrir um pouco do Velho Oeste aqui.

O melhor é o **Buffalo Bill Historical Center** (tel.: 307-587-4771; www.bbhc.org; mar.-nov., diariamente; dez.-fev., 5ª-dom.), que, na verdade, tem cinco museus em um. O **Buffalo Bill Museum** é dedicado à vasta coleção de objetos do homem, famoso pela extravagância e pelo excesso, e seu acervo é um belo exemplo disso. A **Whitney Gallery of Western Art** cobre o período do século XIX até hoje. Todos os grandes nomes estão representados nela – Catlin, Bierstadt, Moran, Remington, Russell; o ateliê de Remington foi recriado aqui. Talvez o **Plains Indian Museum** exponha o melhor acervo do mundo em artefatos dos *sioux*, *cheyenne*, *shoshone*, *crow*, *arapaho* e *blackfoot*. Extremamente interessante é uma série de pictogramas precisos, feitos pelo chefe Touro Sentado quando estava preso em Fort Randall, em 1882. Desenhados no papel de carta do Fort Randall, eles representam os eventos que o chefe considerava importantes em sua própria vida.

Capital mundial do rodeio

Cody também é conhecida pelo rodeio noturno, uma tradição que, junto com o rodeio anual do 4 de Julho, legitima o título de "capital mundial do rodeio", reivindicado pela cidade. A **Old Trail Town** (tel.: 307-587-5302; meados de maio-meados de set., diariamente), que inclui o Museum of the Old West, fica a oeste, no lugar original da cidade. Mania cultivada com carinho por Bob e Terry Edgar, forma uma impressionante coleção de edifícios autênticos da fronteira, veículos puxados por cavalos e outros objetos do passado de Wyoming. A cabana "Hole-in-the-Wall", usada por Butch Cassidy e Sundance Kid, também está aqui, sinalizada por uma rocha que tem a inscrição de data mais antiga do norte de Wyoming: 1811.

Vários exploradores lendários foram sepultados novamente no cemitério local, entre eles John "Jeremiah Liver-Eating" Johnson, representado por Robert Redford no filme *Jeremiah Johnson*. Johnson morreu num antigo retiro de soldados, longe das montanhas onde viveu; seu novo sepultamento foi marcado por uma cerimônia comovente, assistida por Robert Redford e pelos Utah Mountain Men, que carregaram o caixão. Sua lápide diz apenas "*No more trails*" ("Chega de trilhas").

A US 14, a oeste de Cody, segue o rio Shoshone, serpenteando pelas formações de **Shoshone Canyon** e passando pelo **Buffalo Bill Dam**, a primeira barragem de concreto em arco do mundo. Ela abre um túnel através da **montanha Rattlesnake** e continua pela **Shoshone National Forest**, a primeira do país. Ao sair, você logo chega à entrada do Parque Nacional de Yellowstone.

FATO

Buffalo Bill, reivindicado por Cody, Wyoming, na verdade nasceu em Iowa. O artista moderno Jackson Pollock nasceu em Cody, um fato praticamente ignorado.

Estrada sinuosa perto do Buffalo Bill State Park, Cody.

Paisagem geotermal do Yellowstone National Park.

LUGARES · 157

DE YELLOWSTONE À PENÍNSULA OLYMPIC

A Rota Norte conclui a travessia de costa a costa passando por vários dos mais gloriosos parques nacionais do país até o longínquo canto noroeste dos Estados Unidos.

Principais atrações
Yellowstone National Park
Grand Teton National Park
Museum of the Rockies
Montana Historical Society
National Bison Range
Glacier National Park
Museum of the Plains Indian
Lake Pend d'Oreille
Seattle
Olympic National Park

Os parques nacionais das Rochosas do norte – Yellowstone, Grand Teton e Glacier – são regiões de impressionante beleza natural, retrato de uma América do Norte mais primitiva. Todos esses parques montanhosos têm natureza em abundância, mas cada um deles tem características próprias. Yellowstone tem gêiseres; Grand Teton engloba a incomparável cordilheira Teton, que se eleva acima da região de criação de gado; e Glacier tem desfiladeiros de montanha espetaculares.

O caminho entre Yellowstone e Glacier atravessa a parte mais ocidental das **Great Plains**, tradicional campo de caça dos índios da região. Primeiro descrita por Lewis e Clark, no começo do século XIX, e depois retratada por Charles Russell, hoje a paisagem é dominada por fazendas de gado e trigais imensos.

O mais antigo parque nacional

O **Yellowstone National Park** ⑤⑥ (tel.: 307-344-7381; www.nps.gov/yell; meados de abr.-nov., diariamente, quando o clima permite; a maioria das estradas fecha no inverno) é tanto um símbolo quanto um santuário. Localizado no canto noroeste de Wyoming, foi o primeiro parque nacional do mundo e, para muitas pessoas, ainda é o mais esplêndido. Essa paisagem primitiva, forjada pelo fogo e pela água, já foi chamada de "a maior concentração de maravilhas da face da Terra", e suas formas e cores são caracterizadas como algo "além do alcance da arte humana". Ela é fonte de atividade geotermal, com mais de 10 mil fenômenos térmicos, e também um dos últimos habitats do urso-pardo nos Estados Unidos fora do Alasca. Tudo isso, além de muitos desfiladeiros, penhascos e cataratas, para agradar o mais cansado dos olhares.

Embora os nativos americanos tenham caçado aqui durante séculos, o crédito pela descoberta da região é de John Colter, o primeiro homem branco a pisar no que hoje é o Wyoming. Depois, no século XIX,

Pike Place Market, Seattle.

O território dos caubóis em torno de Yellowstone é também território do bisão, do alce e do urso-negro.

O deslumbrante Grand Teton.

caçadores e garimpeiros atravessaram a região, dentre eles Jim Bridger, um célebre homem das montanhas e contador de histórias fantásticas. Impressionado com as árvores petrificadas de **Specimen Ridge**, ele "enfeitou" um pouco a descrição com delírios como "árvores petrificadas cheias de aves petrificadas cantando canções petrificadas". Em 1870, Henry Washburn, supervisor-geral do território de Montana, liderou uma expedição mais ilustre, empenhada em fazer o registro correto. Retornou impressionado e comprometido com a criação de um "parque da nação" – sonho realizado em 1872.

Yellowstone abarca uma área de mais de 800 mil hectares. Quem prefere a solidão na natureza pode estar certo de que 95% da área é remota. Para os menos intrépidos, há quase 480 km de estradas. A **Grand Loop Road** dá acesso à maioria das principais atrações, do **lago Yellowstone** e do **Grand Canyon de Yellowstone** às fontes termais de **Mammoth Hot Springs** e ao **gêiser Old Faithful**. Elas são simplesmente magníficas.

Muitos turistas acham que a atividade do Old Faithful é uma obrigação. Embora não seja tão confiável como costumava ser, o gêiser satisfaz a multidão com regularidade – cerca de 21 a 23 vezes por dia. É também um excelente local para ver gente, uma chance de apreciar uma parcela autêntica de norte-americanos paralisados pela expectativa.

Vida silvestre de Yellowstone

Algumas pessoas vêm a Yellowstone principalmente para admirar a vida silvestre; poucas vão embora decepcionadas. Carros parados ao longo da estrada geralmente indicam que algum mamífero de grande porte está se alimentando por perto. Infelizmente, tanto para os seres humanos quanto para os animais, os turistas costumam esquecer o medo natural e o respeito por criaturas selvagens. Um guarda florestal relata que pessoas que geralmente têm medo de acariciar o cachorro do vizinho não veem o menor problema em posar para fotos com um animal silvestre que tem duas vezes o tamanho delas. É melhor deixar os bisões em paz – visitantes que se aproximam demais às vezes levam chifradas, que podem ser fatais. Para os funcionários do parque, mais preocupantes ainda são os ursos

DE YELLOWSTONE À PENÍNSULA OLYMPIC

– tanto os negros quanto os pardos, mas estes últimos são mais perigosos e estão mais ameaçados. Uma maneira de evitar os ursos é visitar o parque no inverno, época de hibernação e estação que chega cedo a Yellowstone.

Grand Teton National Park

Com a chegada do inverno, a população de alces em Yellowstone sai da região alta e segue para o National Elk Refuge, nos arredores de Jackson, Wyoming. Embora não siga exatamente a trilha desses animais, a US 89 sul sai do limite sul do Yellowstone Park, passa pelo majestoso **Grand Teton National Park** (tel.: 307-739-3300; www.nps.gov/grte; diariamente) e por Jackson Hole, ao lado do refúgio, chegando a Jackson, a cidade do progresso perene.

Se as Rochosas fossem uma coroa, **Teton Range** seria sua pedra mais preciosa. De beleza ímpar, em tons de ametista, bem recortada, coberta de neve e hipnótica, essa cordilheira surge no horizonte a oeste da rodovia. O **rio Snake**, cujo curso faz jus ao nome, intervém. As cordilheiras de Teton e **Gros Ventre** circundam o vale de **Jackson Hole**. Os caçadores trabalhavam nesse território no início do século XIX, e ele recebeu o nome de David E. Jackson, profissional de destaque. Os povoadores chegaram na década de 1880; eram foras da lei, colonos e fazendeiros. A paisagem é bela e nunca apareceu nas telas com esplendor maior do que em *Shane*, de 1953, clássico do faroeste filmado aqui.

Ainda é território de pecuária, mas o turismo tornou-se o pilar econômico. As pessoas vêm de todo o país para esquiar na região – principalmente quem tem dinheiro. Nas proximidades fica a montanha **Rendezvous**, que quer ficar famosa pela queda vertical – a maior entre todas as estações de esqui dos Estados Unidos, que pode ser apreciada até no verão, num passeio de teleférico, que tem uma subida a pique (tel.: 307-733-2292; final de maio-set.) com mais de 1,5 km. A vista do pico é estupenda – vê-se Grand Teton e muito além.

Jackson

O Velho Oeste e o Novo Oeste convergem em **Jackson**, terra de condomínios e caubóis. É um *resort* de renome, com sua parcela de cor local; basta procurar. Veja além das butiques, dos chalés de esqui, dos "tiroteios" noturnos e dos passeios de diligência. Os bares são geralmente o melhor lugar para esse tipo de busca, portanto, monte num banquinho do **Million Dollar Cowboy Bar** e tome umas cervejas com os moradores do local.

Ao norte de Jackson fica o **National Elk Refuge** (tel.: 307-733-9212; diariamente), criado em 1912 e hoje o *habitat* de inverno de cerca de 5 mil animais. Antigamente vítimas de fome e doenças, hoje os alces são protegidos por lei. Passeios de trenó com saídas regulares transportam os turistas para uma breve visita a essas graciosas criaturas. Na primavera, o alce perde os chifres, que são rapidamente recolhidos por escoteiros locais e depois leiloados com altos lucros.

MONTANA

Gardiner, em Montana, fica na US 89, ao norte de Yellowstone, no limite sul da **Gallatin National Forest**. Saindo de Yellowstone, a estrada atravessa

> **DICA**
>
> No inverno, a melhor maneira de explorar Yellowstone e o interior de Tetons é com esquis nórdicos ou calçados para neve. As motos e os carros de neve têm acesso limitado quando as estradas estão fechadas para a maioria dos veículos. As áreas de termas são bons lugares para ver animais silvestres aquecendo as patas.

Cerca de 5 mil alces passam o inverno perto de Jackson, Wyoming.

> **DICA**
>
> Quem gosta de tocar guitarra deve visitar Bozeman, Montana. As cobiçadas guitarras Gibson são produzidas numa fábrica perto da cidade. Para informações sobre visitas, ligue para 406-587-4117.

Nascer do sol sobre as montanhas Bitterroot, perto de Bozeman.

planícies inóspitas, fazendas irrigadas e uma região de muitas fontes termais – as estações de águas pululam aqui – antes de chegar à floresta, rica em minerais. Essa estrada brinca de esconde-esconde com o rio Yellowstone durante algum tempo, bem antes de interceptar a US 191 em Livingston.

Livingston ❺❼ foi colocada no mapa pela Northern Pacific Railroad e por ficar perto de Yellowstone, apenas 90 km ao sul. Conservando um pouco de sua autenticidade de cidade do oeste, ela também tem sido um refúgio muito procurado por escritores e pintores, como Russell Chatham e Jim Harrison – para não mencionar estrelas de cinema e nomes da mídia, como Andie MacDowell e Ted Turner, entre outros. A cidade consiste num pequeno quadriculado de ruas, com bares e cafés; a proximidade de Bozeman também atrai um número cada vez maior de estudantes e professores universitários.

Um pouco para oeste, ao longo da I-90, fica **Bozeman** ❺❽, aninhada no vale do Gallatin, sob picos de 2.700 metros de altura que, no ar transparente como gim, parecem próximos o bastante para serem tocados. Esse local era conhecido como "Vale das Flores" pelos índios *blackfoot*, *crow*, *cheyenne* e *snake* que caçavam aqui. William Clark passou pela região com as bênçãos deles em 1806, na volta da expedição de desbravamento. Depois, John Bozeman e Jim Bridger conduziram caravanas pela área, violando um tratado e expondo-se a um risco bem grande. Mais tarde, a trilha chamou-se Bonanza Trail, Bridger Cut-Off e Bloody Bozeman – um atalho traiçoeiro para pioneiros impacientes.

Como tantas outras cidades do oeste, Bozeman tem uma rua principal histórica, mas várias de suas construções centenárias foram destruídas numa explosão de gás, em 2009. Tem também uma universidade estadual, que atraiu lojas de equipamentos para atividades ao ar livre, de comidas naturais, entre outras. A Gibson Guitar produz instrumentos de qualidade numa fábrica nos arredores da cidade. Talvez você também queira visitar o **Museum of the Rockies** (tel.: 406-994-2251; www.museumoftherockies.org; diariamente), instituição dedicada à herança física e cultural das Rochosas do norte. Bozeman tem seu próprio cemitério de pistoleiros, o **Sunset Hills Cemetery**, local de descanso do jornalista Chet Huntley, do pioneiro John Bozeman e do minerador de Nevada Henry T. P. Comstock.

Lewis e Clark

A noroeste de Bozeman, ao longo da Montana 2, fica Manhattan – que não tem silhueta famosa – seguida pela cidade de **Three Forks**, do outro lado do rio Madison. A cidade recebeu esse nome porque a cabeceira do rio Missouri é formada por três rios: Gallatin, Madison e Jefferson, todos batizados por Lewis e Clark. Meriwether Lewis e William Clark atravessaram a região com sua expedição histórica em julho de 1805, depois de aceitar o desafio de explorar a recém-adquirida Louisiana seguindo o rio Missouri e seus afluentes até (assim esperavam) a Passagem do Noroeste. Quando chegaram à área de Three Forks, no entanto, perceberam que o sistema de drenagem do Missouri, na verdade, não levava ao Pacífico. Mesmo assim, o sucesso da expedição é inegável. Ela abriu o oeste para uma geração e para sempre; logo se seguiu uma onda de exploração e abuso.

A vida silvestre abundante que Lewis e Clark encontraram nas nascentes já não existe mais, embora tenha sido criado um parque estadual para celebrar e interpretar sua importância histórica. Aqui, você pode fazer piquenique exatamente no mesmo lugar onde a expedição parou para tomar café da manhã em 27 de julho de 1805 e, depois, subir até **Lewis Rock**, onde Lewis esboçou um mapa da região. Na entrada do parque ficam as ruínas de uma cidade-fantasma, **Second Gallatin City**.

A cidade mudou-se para cá, vinda do outro lado das cabeceiras, para que pudesse ocupar os dois flancos de uma importante rota de caravanas, pois naquele tempo já havia sido abandonada pelos barcos a vapor. Infelizmente, porém, sua existência foi curta: ela foi superada pela nova onda nos transportes, a do "cavalo de ferro" da poderosa ferrovia.

Alguns quilômetros a oeste de Three Forks, na I-90, a cor muda de repente para o ouro do trigo e começa a US 287, que vai para o norte, na direção de Helena. Depois de **Townsend**, o **lago Canyon Ferry** aparece a leste da estrada, como um oásis na pradaria. Atrás dele ficam as **montanhas Big Belt**. A US 287 continua para o norte e junta-se com a I-15, margeando **Helena** 59, sede do governo de Montana.

Cruzando a Divisória em direção às Geleiras

Em Helena, é produzida a *ale* Lewis and Clark e ainda ouve-se falar de Last Chance Gulch – embora atualmente o local seja um calçadão de compras. Os admiradores do artista-caubói Charles Russell, muito aclamado em Montana, vão querer parar na **Montana Historical Society** (tel.: 406-444-2694; www.montanahistoricalsociety.org; 2ª-sáb.), que abriga um acervo de sua obra.

Saindo de Helena, a US 12 sobe e atravessa o desfiladeiro MacDonald (não tente se o inverno estiver chegando), a 1.920 metros de altitude, e a **Divisória Continental**. As bacias hidrográficas nesse ponto fluem para o Pacífico, e não para o Atlântico. A oeste da divisória, em Garrison, você deve voltar para a I-90, para mais um trecho acidentado de montanha; agora você está realmente no interior

FATO

O imenso mural do caubói-artista Charles Russell, "Lewis e Clark encontram índios *flathead* em Ross' Hole", enfeita as câmaras da Assembleia Estadual em Helena, Montana.

Edifício da sede do governo de Montana no centro de Helena.

FATO

A cidade de Hungry Horse, em Montana, tem esse nome em homenagem a alguns cavalos de carga que fugiram e quase morreram de fome antes de serem descobertos e alimentados até se recuperarem.

Lago Hidden, Glacier National Park.

das Rochosas, com serras menores, como Garnet Range, dos dois lados da estrada. Uma área de descanso na interestadual proporciona a você (e a seu veículo) uma boa chance de repousar depois de tanto subir montanhas e contemplar os picos da redondeza.

Daí, é só descida até **Missoula** ⑥⓪, a cidade de inclinação mais liberal do estado, graças à influência da Universidade de Montana. Você vai ver um "M" gigantesco entalhado nas encostas perto da cidade; ele marca a universidade. Uma trilha que leva ao "M" passa pelo *campus* e é muito frequentada. Claro que a cidade gaba-se dos costumeiros bares barulhentos do oeste, mas também das lojas de comidas naturais, das livrarias e da música – não é um mau lugar para passar a noite.

Em Missoula, pegue a US 93 direto para o norte e comece a subir outra vez, pelo menos um pouco; você está entrando na **Flathead Indian Reservation**. Bancas e restaurantes de beira de estrada vendem hambúrguer de bisão e *milk-shake* de uva-do-monte – um toque local nos lanches rápidos. Toda essa área já foi território *flathead* por força de tratado, mas as terras indígenas foram gradativamente colonizadas por missionários e vendidas aos pedaços a especuladores. Hoje, uma mistura de residentes convive na linda paisagem silvestre.

No entroncamento da Montana 200, vire para oeste e percorra uma curta distância para visitar a **National Bison Range** ⑥① (tel.: 406-644-2211; diariamente, quando o clima permite), onde cerca de 350 a 500 desses animais magníficos – assim como muitas outras espécies de vida silvestre – vagueiam em mais de 7.700 hectares de belos relvados e fragmentos de bosques parecidos com parques. No entanto, mais uma vez, lembre-se de não chegar muito perto – tecnicamente, você nem deveria sair do carro durante a travessia da serra.

Alguns quilômetros ao norte, novamente na US 93, **St Ignatius** é uma saída no pé da esplêndida cordilheira Mission. Hoje a principal atração da cidade é, na verdade, a impressionante igreja missionária (tel.: 406-745-2768; diariamente), construída em 1854, em cujo interior há alguns afrescos interessantes. As montanhas do entorno ainda são ocupadas pelos *flathead*, e você vai precisar de autorização da tribo para pescar, caçar ou visitar. É um território bonito e acidentado; ursos e pumas são vistos com frequência.

DE YELLOWSTONE À PENÍNSULA OLYMPIC

Novamente para o norte, a US 93 fica bem reta – um dos trechos de rodovia mais sujeitos a acidentes na região, portanto, preste atenção. Ela continua para o norte, paralela às montanhas até a cidade simples de **Polson**, onde o imenso **lago Flathead** escoa através de uma garganta; depois, a estrada faz uma curva, a fim de contornar a margem oeste do lago. Um gigantesco cassino de propriedade dos *flathead*, de certo modo, mancha a paisagem que já foi imaculada, mas o lago ainda é maravilhoso para contemplar, à medida que se sobe em torno dele até **Kalispell**, centro populacional da área e base para excursões ao Parque Nacional das Geleiras. O nome é bem adequado – significa "pradaria acima do lago".

A US 2 vira para leste, a fim de atravessar as Columbia Falls e, depois, **Hungry Horse**. A rodovia cruza o rio Middle Fork Flathead e serpenteia através da natureza imaculada e imensa da **Flathead National Forest**, antes de, finalmente, chegar às maravilhas do parque.

O Parque Nacional das Geleiras

O **Glacier National Park** ⑫ (tel.: 406-888-7800; www.nps.gov/glac; diariamente) é mais remoto e menos cheio do que o parque das montanhas Rochosas e Yellowstone; ainda assim, o tráfego pode ficar pesado. Portanto, viajar aqui é mais satisfatório fora dos horários de pico – ao amanhecer ou ao entardecer, ou durante o início do verão e o início do outono. Em geral, a estrada está limpa e apropriada para trafegar de meados de junho a meados de outubro, quando o serviço de parques fecha-a para o inverno.

Perto do limite oeste do parque fica o **riacho McDonald**, onde morre o salmão *kokanee*, que vem do lago Flathead para desovar aqui, no fim do outono. Esse acontecimento atrai centenas de águias-calvas, que, por sua vez, atraem uma quantidade cada vez maior de observadores de aves.

A Divisória Continental forma a espinha dorsal do Glacier, que é atravessado pela espetacular **Going to the Sun Road**, no desfiladeiro do Logan. Inaugurada em 1933, essa é a única estrada que cruza o parque, dividindo-o em duas partes praticamente iguais. Ela foi chamada de "a estrada mais bonita do mundo", com seus 80 km de curvas numa pista dupla que sobe do povoado de West Glacier até a margem do lago McDonald, Garden Wall e, por fim, cruza o desfiladeiro do Logan, descendo até St Mary. A estrada toda fica aberta de meados de junho a meados de setembro.

Ao longo do caminho, pare para apreciar as vistas espetaculares da **Hanging Garden Trail**, que conduz a vastos prados alpinos. Esquilos terrestres saúdam os excursionistas no início da trilha, que prossegue, passando por árvores deformadas pelo vento, conhecidas como *Krummholz* [do alemão, significa "madeira torcida"], e atravessando o prado. Existe ali uma variedade sempre mutante de eritrônios de flores amarelas, *castillejas*, mímulos vermelhos e ericáceas. Daqui, às vezes é possível ver cabras-monteses, assim como ursos-pardos, que se alimentam dos abundantes bulbos e raízes do prado. A **Highline Trail**, do outro lado da estrada, em frente à Hanging Garden, é uma trilha mais difícil e potencialmente perigosa

Glacier National Park.

– não recomendada para medrosos. Há muitas oportunidades para andar em trilhas remotas dentro do parque, que tem aproximadamente cinquenta geleiras e duzentos lagos, prados alpinos e florestas, que formam um paraíso para pescadores, excursionistas e também para a vida silvestre. Dois chalés rústicos de pedra (chamados **Granite Park** e **Sperry**), aonde só se chega a pé ou a cavalo, oferecem acomodação para a noite; ambos foram construídos por volta de 1914, pela Great Northern Railroad. As geleiras que criaram esse magnífico parque estão desaparecendo rapidamente devido ao aquecimento global; por isso, a única forma de ver algumas delas é a pé.

No limite leste do parque – e da avenida Going-to-the-Sun – fica a pequena e simpática cidade de **St Mary**, que separa o lago Lower St Mary do lago St Mary propriamente dito. Até a viagem para fora do parque, pela US 89, é de uma beleza espetacular, descendo depressa de St Mary a Kiowa, com curvas fechadas e íngremes, e depois virando para leste, para fora das montanhas. Daqui, essa estrada tentadora segue para **Browning**, sede da **Blackfeet Reservation** e do interessantíssimo **Museum of the Plains Indian** (tel.: 406-338-2230; www.browningmontana.com/museum; jun.-set., diariamente; out.-maio, 2ª-6ª), com o acervo mais completo que existe de artefatos da tribo *blackfoot*.

Merecem destaque os tambores dos *assiniboine*, alguns dos quais são pintados com maravilhosos desenhos visionários, que sugerem imagens alucinatórias; acredita-se que as alucinações eram provocadas por jejum prolongado.

ALÉM DA GRANDE DIVISÓRIA

Assim como as águas fluem para oeste da **Divisória Continental**, na direção do Pacífico, os caminhos da civilização seguem o mesmo rumo. Os *nez percé*, os *kootenai*, os *pend d'oreille*, os *flathead* e outras tribos das montanhas viviam e caçavam aqui, em paz. Depois, a tribo *blackfoot* veio das planícies do outro lado da divisória, em assaltos para roubar cavalos – um caminho que, desde então, muitos seguiram por razões diferentes.

Os primeiros brancos a chegar foram os caçadores e comerciantes, no início do século XIX, seguidos por garimpeiros em busca de ouro e prata. Colonos seguindo para oeste

Placa da Divisória Continental.

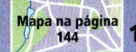

conquistaram as Rochosas e foram em frente, alguns se estabelecendo no leste do estado de Washington. Com a chegada da estrada de ferro, a indústria madeireira encontrou um lar permanente nas florestas a oeste da divisória.

Vastas áreas florestais

Saindo de Browning, pegue a US 2 para oeste, sobre o **Marias Pass**, e margeie o limite sul do Glacier Park, atravessando Hungry Horse e Kalispell mais uma vez. A oeste de Kalispell, a **Kootenai National Forest** assume o lugar de Flathead. Ao longo da rodovia, na direção de **Libby**, a presença da indústria madeireira na área fica cada vez mais evidente. A madeira é um grande negócio aqui desde 1892, quando a Great Northern Railroad chegou. No entanto, como acontece com todas as florestas nacionais, a Kootenai é uma região de uso misto e, dentro de seus limites (uma área de praticamente três vezes o tamanho de Rhode Island), ficam muitos hectares de mata virgem – *habitat* de várias espécies de alce, cervo e do carneiro selvagem das Rochosas. Um sistema de torres de observação, com vigias noite e dia, foi o primeiro método utilizado para detectar incêndios na floresta. À medida que os métodos se sofisticaram, essas estruturas foram sendo desocupadas. A **Canoe Gulch Ranger Station** (tel.: 406-293-8861; 2ª-6ª) abriu ao público sua guarita no topo da **Big Creek Baldy Mountain**, com um sistema de reserva e de pagamento antecipados (tel.: 877-444-6777; meados de jun.-set.). Você recebe a combinação do cadeado e instruções para chegar, ou pode ligar para a Canoe Gulch Ranger Station para saber mais detalhes. A State Highway 37, perto de Libby, conduz às estradas de acesso do serviço florestal; a última delas sobe sinuosa até a base do Big Creek Baldy Lookout. O último trecho é muito acidentado e íngreme, mas a emoção de chegar ao topo, misturada com a expectativa de apreciar o panorama que nos aguarda lá em cima, deixa qualquer um sem fala. E tudo isso fica ainda melhor depois de subir os degraus da torre de 12 metros.

O espaço de 21 m², com vista desimpedida nas janelas e plataforma de observação em todos os lados, contém objetos essenciais para sobrevivência e conforto, e nada mais – exceto um instrumento para avistar incêndios, que fica bem no meio do piso. Abaixo, a beleza tranquila da floresta estende-se por muitos quilômetros, em todas as direções; o vento fica bem mais forte,

Templo mórmon, Salt Lake City.

DESVIO PARA SALT LAKE CITY

Uma viagem longa mas bonita de 1.276 km pela US 95 começa em Coeur d'Alene, Idaho, atravessa cinco florestas nacionais e segue para a capital da igreja mórmon: Salt Lake City, Utah. Fundada em 1847 por Brigham Young – líder dos mórmons na perseguição que sofreram no leste e na fuga para as terras prometidas na bacia de Utah –, hoje a Igreja mórmon congrega cerca de 70% da população de Salt Lake. O templo mórmon (um dos mais de 100 no mundo) é a atração da cidade e um lugar sagrado para seus membros; a fé reserva o templo para as ocasiões mais especiais, portanto, ele não está aberto para visitas. No entanto, o entorno bem cuidado e o centro de visitantes permitem conhecer um pouco dessa religião fechada e bem organizada. Os mórmons vivem segundo um código rígido, evitam álcool, tabaco e até bebidas quentes, como chá e café. Há muitos sítios históricos para visitar, incluindo o Mormon Tabernacle e a Beehive House, casa de Brigham Young. Alguns quilômetros para oeste fica o Grande Lago Salgado (Great Salt Lake) propriamente dito. Como muitas cidades do sudoeste, Salt Lake é abençoada por um cenário maravilhoso: as montanhas ao fundo compensam o deserto em primeiro plano e a arquitetura impressionante e característica dessa rara capital religiosa. Para entrar em contato com o Salt Lake Convention and Visitors Bureau ligue para 801-534-4900 ou acesse www.visitsaltlake.com

> **DICA**
>
> A caminho de Coeur d'Alene, Idaho, prepare-se para um encontro de perto com os lobos. A organização Wolf People cuida de uma matilha de 21 desses animais fascinantes e esquivos numa área de *habitat* natural. Contate o tel. 208-263-1100 para saber detalhes.

pois já não é barrado pelas árvores. É um local solitário, espiritual e romântico para pernoitar.

Do centro de Libby é possível avistar as **montanhas Cabinet**; saindo da cidade para oeste, a viagem até a divisa de Idaho é curta, seguindo pela US 2, ao longo do rio Kootenai, passando perto das lindas e espetaculares **Kootenai Falls** e atravessando **Troy**, local da maior mina de prata dos Estados Unidos. Você está saindo da terra dos chapéus de caubói e entrando na dos lenhadores e mineiros.

ENTRANDO EM IDAHO

A estrada entra em Boundary County – nome bem apropriado, pois esse condado faz limite não só com Montana, mas também com a Columbia Britânica, no Canadá, e com Washington – e junta-se à US 95 ao norte de **Bonners Ferry**. Com a serra de Selkirk ao fundo, **Sandpoint** fica na margem do imenso **lago Pend d'Oreille**.

Aqui, a US 2 segue para oeste e a US 95 cruza o lago pela Long Bridge, com 3 km de extensão, na direção de Coeur d'Alene, a sudoeste. De 1890 a 1910, três ferrovias transcontinentais abriram caminho nessa parte de Idaho, criando a sequência de cidades salpicadas à margem da rodovia.

Antes de chegar a **Coeur d'Alene** ⑥⑧, a US 95 encontra a interestadual. Vale a pena voltar um pouco para leste, ao longo da I-90, não só porque a estrada abraça 18 km de margem do **lago Coeur d'Alene**, mas principalmente porque conduz a dois vestígios da Idaho do século XIX; ambos são únicos à sua maneira.

A **Coeur d'Alene Mission of the Sacred Heart** (também conhecida como Old Mission; tel.: 208-682-3814; diariamente) fica no topo de uma colina, de frente para a estrada principal (I-90). É o edifício mais antigo ainda de pé em Idaho, construído de madeira, barro e pregos de madeira, em 1853, pelo padre Anthony Ravalli e pelos índios *coeur d'alene*.

Os jesuítas vieram para essa parte de Idaho sabendo que seriam bem recebidos pelos *coeur d'alene*, pois as tribos vizinhas haviam lhes contado dos grandes poderes dos "togas pretas". Ravalli era um homem verdadeiramente renascentista; sua formação europeia refletiu-se no estilo da missão, cuja melhor descrição talvez seja nativo americano italiano. O interior espaçoso, como numa catedral, é decorado com candelabros feitos de latas de conserva, jornal caiado e pintado com motivos florais, cruzes de pinho entalhadas, altar de madeira pintada para parecer mármore e muitos outros objetos preciosos.

Em 1877, os *coeur d'alene* foram forçados a abandonar sua amada missão e ir para uma reserva ao sul; contudo, eles ainda a consideram sua missão e voltam todo dia 15 de agosto para celebrar a Festa da Assunção. Pela localização, a missão também tornou-se ponto de encontro de exploradores das montanhas, comerciantes de peles e "todo tipo de ralé", nas palavras dos soldados de cavalaria que frequentemente eram chamados para restabelecer a paz e a ordem. A Historic Skills Fair, que acontece anualmente em julho, relembra esses dias com artesanato, música e comida tradicionais.

A Old Mission não tinha confessor até o fim do século XIX, quando um foi designado, supostamente para atender

Cavalgada no estado de Washington.

DE YELLOWSTONE À PENÍNSULA OLYMPIC

aos colonos brancos, alguns dos quais talvez tenham cometido pecados num estabelecimento que hoje chama-se **Enaville Resort** (tel.: 208-682-3453; diariamente), localizado em **Kingston**, a leste da missão pela I-90 e, depois, ao norte pela Coeur d'Alene River Road. Ele foi construído em 1880 para ser uma parada de pernoite no caminho para o território do ouro e da prata; ganhou vários apelidos ao longo dos anos – os moradores do lugar ainda o chamam de Snake Pit. Em frente a um depósito de madeira, um cruzamento de estrada de ferro e uma ramificação do rio Coeur d'Alene, funcionou como bar, hotel e casa de má reputação na época em que a cidade progredia rapidamente.

Hoje o Enaville é apenas um lugar para fazer uma pausa para descansar, beber e comer algo. A mobília foi amontoada por anos e inclui muitas peças feitas à mão por um misterioso homem da Finlândia conhecido apenas como Mr. Egil. Como materiais ele usava nós de pinheiro, chifres e peles de animais; sua única remuneração era um quarto, comida e cerveja de graça.

ESTADO DE WASHINGTON

Uma viagem curta para oeste na I-90 tira você de Idaho e leva para o leste de **Washington**, uma terra de desertos, desfiladeiros, ravinas, trigais e campos irrigados – um contraste acentuado com o terreno de densas florestas do norte de Idaho. Historicamente, essa região abrigou vários povos nativos, a maioria deles vivendo nas margens do rio Columbia. Hoje, seus descendentes, membros da Colville Confederated Tribes, moram numa reserva limitada de dois lados pelo mesmo rio. Esse era um território sem atrativos para os primeiros exploradores brancos. O próprio leito da Grand Coulee representava um obstáculo importante, com poucas aberturas por onde passar. Na década de 1880, os primeiros colonos brancos na região enfrentaram dificuldades enormes. Até a conclusão da barragem de Grand Coulee, eles continuavam sendo muito poucos. Construída durante o auge da Grande Depressão, a barragem e o projeto de irrigação e eletrificação da bacia do Columbia mudaram para sempre a face dessa região.

Nos arredores de **Spokane** ⑭, a US 2 atravessa trigais dourados na direção da barragem. As placas de sinalização

O sistema de balsas do estado de Washington, o maior dos Estados Unidos, opera embarcações que saem de Seattle para a península Olympic.

Represa da hidrelétrica de Grand Coulee.

ficam um pouco confusas conforme a estrada aproxima-se da barragem de Grand Coulee e das cidades de Electric City, Grand Coulee, Grand Coulee Dam e Coulee City. Em Wilbur, a State 174 segue para o norte até Grand Coulee, de onde a State 155 continua até a barragem. Como se diz por aí, "não dá para não ver". Não há como superestimar o impacto da **Grand Coulee Dam** ⑥⑤, nem econômica, nem visualmente. Os objetivos, as conquistas e o tamanho puro e simples da barragem são gigantescos. O projeto tem tal integridade de estilo que ainda hoje parece moderno.

A viagem ao longo da State 155, da barragem até **Coulee City** e a US 2, é incrivelmente bonita. A estrada margeia o lago de um lado e as encostas da ravina, cobertas de alga, do outro. A oeste de Coulee City, ao longo da US 2, campos levemente inclinados de trigo, pontilhados por uma ou outra casa de fazenda, têm a aparência de um vasto deserto. Camadas de montanhas azuis aparecem a distância, como uma miragem – a primeira da cordilheira litorânea.

Em **Orondo**, a rodovia encontra, segue e cruza o **rio Columbia**, e depois se divide, acompanhando seu afluente – o Wenatchee – até a base da **Cordilheira das Cascatas**. Essa é uma região de pomares: fragmentos verdes de terra fértil avançam para o rio e contrastam com as colinas douradas; algumas das bancas do local vendem damascos frescos.

Agora, a US 2 sobe e entra num reino de árvores altas, atravessando a cidade de **Leavenworth** ⑥⑥, estação de esqui de estilo próprio – pseudobávaro –, porta de entrada para a **Wenatchee National Forest**. Sobre a corredeira da bifurcação sul do rio Skykomish e através da **Snoqualmie National Forest**, passando por várias cidadezinhas de nome objetivo, como Gold Bar e Startup, a US 2 continua para oeste, levando você até o nordeste de **Seattle** ⑥⑦ *(ver p. 172)*, onde pega-se a via expressa e (com sorte) chega-se tranquilamente a uma das cidades mais interessantes e bonitas dos Estados Unidos.

A PENÍNSULA OLYMPIC

Antes de entrincheirar-se em Seattle, no entanto, outro destino acena para você nas proximidades. A **península Olympic** de Washington marca o extremo noroeste dos 48 estados contíguos – uma região remota, exótica e de beleza selvagem pertinho de Seattle e de Victoria, na Colúmbia Britânica, Canadá. A península está separada dessas cidades não só pelo estuário de Puget e pelo estreito de Juan de Fuca, mas também pelo clima, pela geologia, pelo mistério de seus picos e florestas, e pelos ritmos naturais que orientam a marcha da vida.

Saindo de **Edmonds**, exatamente ao norte de Seattle, uma balsa cruza a curta e panorâmica distância até o outro lado do estreito, **Kingston** ⑥⑧, na península. Daqui faz-se uma bonita viagem para oeste e para o norte até a extremidade nordeste, na entrada do estuário de Puget.

No meio da península ficam as majestosas **Olympic Mountains**, sulcadas de neve mesmo no verão. Há muito tempo objeto de lendas, essas montanhas continuavam inexploradas até a década de 1890, quando uma expedição de Seattle partiu em

Sol Duc Falls, na península Olympic.

DE YELLOWSTONE À PENÍNSULA OLYMPIC

busca de canibais. Até os indígenas da península evitavam aventurar-se para o interior, com medo da ira do poderoso "pássaro do trovão", que eles acreditavam viver no topo do monte Olympus. Hoje, as montanhas estão preservadas e protegidas em estado quase natural, como parte do Olympic National Park, que abrange 374 mil hectares da península – a maioria no interior –, mas inclui também uma faixa de 80 km na costa do Pacífico. Poucas estradas entram no parque e ficam apenas na periferia. Na verdade, o parque propriamente dito é cercado pela **Olympic National Forest**, que representa um obstáculo. Em sua maior parte, a península está sob alguma forma de jurisdição federal, e há muito conflito com a indústria madeireira.

A Olympic Peninsula é a base de florestas úmidas dos vales dos rios Hoh, Quinault e Queets, de picos gelados das montanhas e da acidentada costa do Pacífico, bem como de cidades madeireiras, vilas de pescadores e nove reservas de nativos.

A charmosa **Port Gamble**, a primeira cidade ao longo da rota, é uma autêntica cidade madeireira, que reflete uma época antiga. Logo depois dela, uma ponte cruza o canal Hood – obra das geleiras, e não do homem. Na cidade de **Discovery Bay**, a State 20 desvia e sobe até Port Townsend.

Cidade vitoriana

Port Townsend ⓬, ocupada pela primeira vez em 1851, é a cidade mais antiga da península e uma base interessante. Capitães do mar e comerciantes do leste estabeleceram-se aqui, e ela logo se transformou numa cidade próspera, construída com a expectativa de ser uma estação da Union Pacific Railroad e, assim, tornar-se o principal porto do noroeste. Tudo isso aconteceu – mas em Seattle, não em Port Townsend. Depois do fracasso, os colonos destruíram os trilhos do trem, fecharam os bancos e partiram para regiões mais prósperas.

Ficou para trás o melhor exemplo de cidade costeira vitoriana ao norte de San Francisco. Declarada distrito histórico nacional, Port Townsend tornou-se paraíso de artistas e também sede da **Northwest School of Wooden Boatbuilding** (tel.: 360-385--4948; 2ª-6ª), onde uma arte quase em extinção vem sendo revivida.

A US 101 dá voltas pela península como uma ferradura disforme, aberta na parte inferior. Ao norte, atravessa a Olympic National Forest e segue para as cidades madeireiras do "West End". A região entre Discovery Bay e Port Angeles é chamada de "cinturão da banana", em razão do clima mais quente em relação ao resto da área, pois fica na sombra de chuva das montanhas Olímpicas. Os fazendeiros locais só veem 430 mm de chuva, em média, comparados com os 3.560 mm do outro lado das montanhas. Fazendas irrigadas são comuns nesse trecho, assim como os medronheiros, árvores retorcidas de tom avermelhado.

Cidades pequenas e uma floresta tropical

As cidades ao longo do caminho são pequenas e singulares. **Blyn** acaba antes que se possa dizer "igrejinha marrom de Blyn", sua única atração. Ao norte de **Sequim**, no estreito de Juan de Fuca (o explorador De Fuca achava que o estreito era a Passagem

Caminhada na verdejante Olympic National Forest.

Pousada vitoriana em Port Townsend.

DICA

O *status* da cidade de Forks, no estado de Washington, como "capital madeireira" foi ofuscado por sua fama como "capital dos vampiros" desde que ela se tornou cenário dos romances e filmes adolescentes da série *Crepúsculo*, da escritora Stephanie Meyer. Para os fãs, há um passeio chamado Twilight, que pode ser adquirido no centro de informações turísticas.

Second Beach, no Olympic National Park.

Noroeste), fica **Dungeness**, onde é descarregada a pesca de caranguejos da espécie sapateira-do-pacífico.

As fábricas de várias empresas madeireiras importantes ficam em **Port Angeles**, e o cheiro da madeira invade o ar; aqui, você pode embarcar em grandes barcos de cruzeiro para Victoria, Colúmbia Britânica, na bela ilha de Vancouver. Port Angeles é a entrada do **Olympic National Park** ❼⓪ (tel.: 360-565-3130; www.nps.gov/olym; diariamente). Suba até Hurricane Ridge para apreciar vistas deslumbrantes do monte Olympus e das geleiras que o circundam. Seguindo para oeste, a US 101 acompanha o riacho Elwha, entra na floresta nacional e desce sinuosa até o cristalino lago Crescent, dentro do parque. À medida que a rodovia segue para oeste, na direção do oceano, e a quantidade de chuva de repente aumenta outra vez, as margens são tomadas por árvores altas sempre verdes, e a beira da estrada fica atapetada de samambaias.

Extremidade oeste

A madeira é um meio de vida no "West End" da península, e há prova disso em toda parte: encostas sem árvores, reflorestamentos e caminhões carregados de troncos descendo as estradas em disparada. A maior parte das árvores grandes já não existe, e o que resta está geralmente – mas nem sempre – fora do alcance das madeireiras.

A US 101 atravessa as cidades de **Sappho** e **Forks**. A aldeia de **La Push**, na **Quilayute Indian Reservation**, é acessível pela La Push Road (Route 110), saindo de Forks. Quem mora aqui vive da pesca, e quem visita vem para pescar. Se La Push não fosse tão simples, poderia, sem dúvida, proclamar-se capital mundial da madeira trazida pelo mar: sua praia é bonita à noite, com uma fileira de fogueiras convidativas e pilares de rocha no mar, visíveis através da bruma perpétua.

As florestas úmidas temperadas a oeste das montanhas formam as vistas mais bonitas de todo o parque nacional. Elas são as únicas desse tipo na América do Norte e têm algumas das árvores de madeira para construção mais altas do mundo. A mais acessível dessas florestas formidáveis está no **vale do rio Hoh**, ao sul de Forks, e no interior, ao longo da Hoh River Road. As árvores mais deslumbrantes são as perenes antigas – cedro vermelho do pacífico, pícea de sitka, pseudotsuga e cicuta-ocidental – cobertas de musgo, atravessadas por raios de sol, cercadas de samambaias e do som do rio. É um lugar misterioso, mágico, coberto de vegetação, mal tocado pela mão do homem – com uma exceção.

John "The Iron Man of Hoh" Huelsdonk veio de Iowa para o vale do Hoh em 1891. Mesmo desencorajado por todos aqueles que o conheciam, ele impeliu sua canoa rio acima e instalou-se na floresta. O que ele não conseguia carregar na canoa – como o seu fogão de ferro fundido – amarrava às costas – vêm daí seu apelido e a origem da lenda. O "Homem de Ferro" morreu e está enterrado na floresta que tanto amou, junto com a esposa.

A US 101 continua para o sul até outro litoral largo, cheio de madeira trazida pelo mar, em **Ruby Beach**; procure pelas ostras e estrelas-do-mar que ficam agarradas nas pedras quando a maré baixa. No lado sul do parque, a **Quinault Rainforest** tem trilhas acessíveis para caminhada no meio de árvores enormes.

O fim da terra

Nos Estados Unidos continentais, o ponto mais a noroeste é a isolada **Neah Bay**. Saindo de uma curva da US 101 em Sappho, a State 113 e depois a State 112 seguem sinuosas até o oceano, paralelas ao estreito. A ilha de Vancouver já é visível à distância. Neah Bay é o lar ancestral e atual da bela **nação indígena** *makah*, cuja presença na região, há pelo menos 3 mil anos, foi confirmada por arqueólogos. Antigamente caçadores famosos de baleias e focas, que entravam no mar em canoas de cedro, os *makah* ainda vivem do mar, mas hoje a pesca mais provável é a do salmão. Ao entrar na cidade, uma placa avisa: "*Makah Nation – a treaty tribe since 1855*" ["Nação *Makah* – tribo reconhecida por tratado desde 1855"]. Os *makah* não subestimam a importância desse tratado, que garante seus direitos territoriais e de pesca, que para eles significam sobrevivência.

Neah Bay é também a entrada para um dos trechos mais esplêndidos de litoral agreste da América. Uma malha de estradas de cascalho e terra cobre parte da área, mas para chegar ao fim da terra é necessário seguir a pé. Se quiser um pouco de aventura, dirija até onde conseguir e, depois, desça pela trilha íngreme até a bonita **Shi-Shi Beach** e simplesmente admire o mar. Preste atenção na hora – e nas marés –, pois a água sobe depressa por aqui.

A trilha para **Cape Flattery** é mais curta e menos perigosa. Ela desce uma escada intrincada de raízes de árvores, atravessa a floresta, uma clareira e um talhão de arbustos de uva-do-monte, antes de terminar na beira da falésia. Admire o cabo Flattery, sabendo que você está de pé no ponto mais a noroeste possível dos 48 estados norte-americanos contíguos – e que chegou ao fim de uma jornada que começou há milhares de quilômetros, na margem de um oceano diferente, no movimentado porto de Boston.

Daqui, volte para Seattle ou siga a US 101 para dar a volta no restante da península e descer até a cidade de Aberdeen, de onde você pode, se quiser, dirigir até o México pela US 101 e pela Highway.

Cervo na floresta tropical Hoh.

BREVE ESTADIA EM SEATTLE

Seattle é jovem e simpática, voltada para os negócios, movimentada e bonita: uma cidade do século XXI. Segue abaixo uma lista das atrações imperdíveis.

Deslize para o **centro de Seattle**, local da Space Needle, a bordo do monotrilho e explore suas diversas atrações, de teatros e museu infantil ao excelente **Pacific Science Center**. Aqui também é realizado o famoso **festival de música Bumbershoot**, anualmente, no fim de semana do Dia do Trabalho.

O **aquário de Seattle** abriga duzentas variedades de peixes nativos do estuário de Puget, além de ambientes que simulam recifes rochosos, fundos do mar arenosos, leitos de feno-do-mar e poças de maré. É uma parte da vibrante área à beira-mar, que também tem navios, píer, lojas e restaurantes.

Bruce Lee, os pioneiros fundadores de Seattle e outras figuras famosas estão enterrados no cemitério de **Capitol Hill**, um bairro eclético de cafés, lojas originais, bares da moda e restaurantes. O renomado **Seattle Asian Art Museum** fica no Volunteer Park, de onde se têm ótimas vistas da cidade do alto da torre de água.

Localizado num edifício projetado por Frank Gehry, o **Experience Music Project** (**EMP**) é um museu do rock concebido por Paul Allen, o famoso cofundador da Microsoft; abriga, em seu acervo, objetos como a guitarra de Eric Clapton, tecnologia de ponta e exposições interativas. Fica ao lado do incrível **Science Fiction Museum**, cujas exposições não são deste mundo.

De aviões espiões a jatos supersônicos e naves de treinamento espacial, explore mais de 85 aeronaves no fascinante **Museum of Flight**. Depois vá até o **Future of Flight Aviation Center**, em **Everett**, com exposições interativas, e visite a Boeing para ver esses aviões famosos serem montados.

"The Mountain" (como é conhecida pelos habitantes do lugar) fica no **Mount Rainier National Park**, nos arredores da cidade. Uma estrada simples dá a volta por uma grande área de parque e desfiladeiros arborizados.

Construída para a Exposição Mundial de 1962, a Space Needle proporciona as melhores vistas da cidade e das colinas do entorno a partir dos 360º de sua plataforma de observação.

Como a Space Needle, o monotrilho é da época da Exposição Mundial de 1962. Os trens rodam entre Westlake Center e o centro da cidade.

Sunfish Fish & Chips é um fast-food antigo, com influência grega, que fica ao longo da praia em Alki.

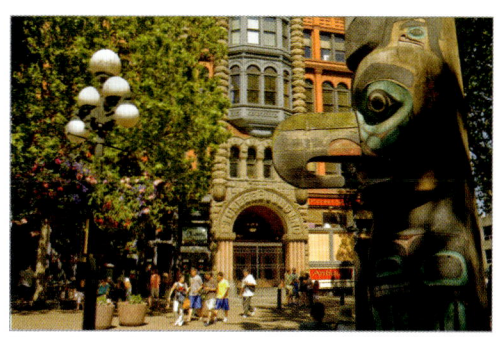

Pioneer Square é a parte mais antiga da cidade. Seus edifícios do século XIX são hoje vitrines de bares e restaurantes.

A CIDADE ESMERALDA

Seattle é constantemente classificada como uma das cidades mais agradáveis para morar nos Estados Unidos. Com população diversificada, vida cultural rica e indústrias prósperas (Boeing, Starbucks e Microsoft), tudo isso situado em meio a um cenário impressionante, quem não gostaria de morar aqui? A cidade tem o nome do chefe indígena Sealth, e o estilo de vida descontraído associado a ela é bastante antigo; tribos como *salish* e *duwamish* viveram pacificamente nas colinas durante anos, assim como fazem os habitantes modernos, cercados de água e picos montanhosos, trabalhando bastante, levando a vida com calma e bebendo litros de café forte. Se o futuro da América tem um lugar, provavelmente ele fica bem aqui.

Projetado por Robert Venturi, o Seattle Art Museum abriga um acervo muito respeitado de arte indígena do noroeste, pinturas de artistas modernos e uma galeria aborígene australiana.

INFORMAÇÕES IMPORTANTES

População: 610 mil habitantes
Código de área: 206
Site: www.visitseattle.org
Informações turísticas: One Convention Place, 701 Pike Street, Suite 800, WA 98101 (necessário agendar); tel.: 206-461-5840

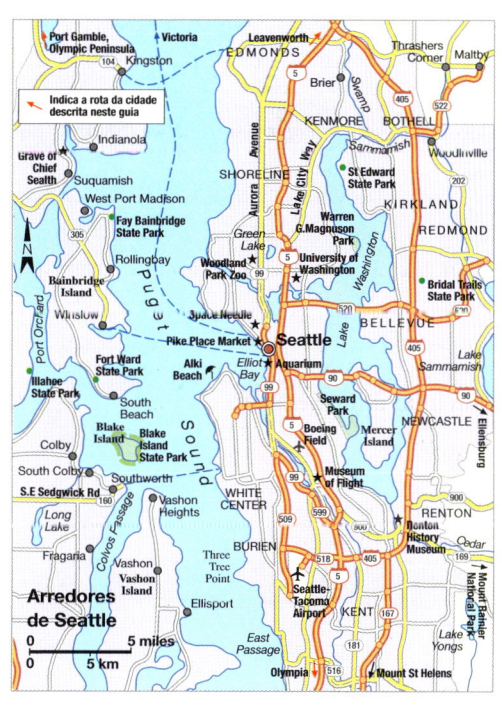

Antigas placas de licenciamento são bons suvenires.

ZONA
725
NYON STATE
AZ 94
G429189
19 OKLAHOMA
E
14795
1776 BICENTENNIAL
RIZ 69
AZ 72
3036
NYON STATE
Vermont
56AF6
Green Mountain State
NTANA
FEB
3731
77
185734
G SKY
LAND OF ENCHANTME
H
75
19 NEW MEXICO
ONA 73
AZ77
F 05992
-348
AZ78
ANYON STATE
88
WYOMIN
2
1
633
TRUCK

Um vaqueiro.

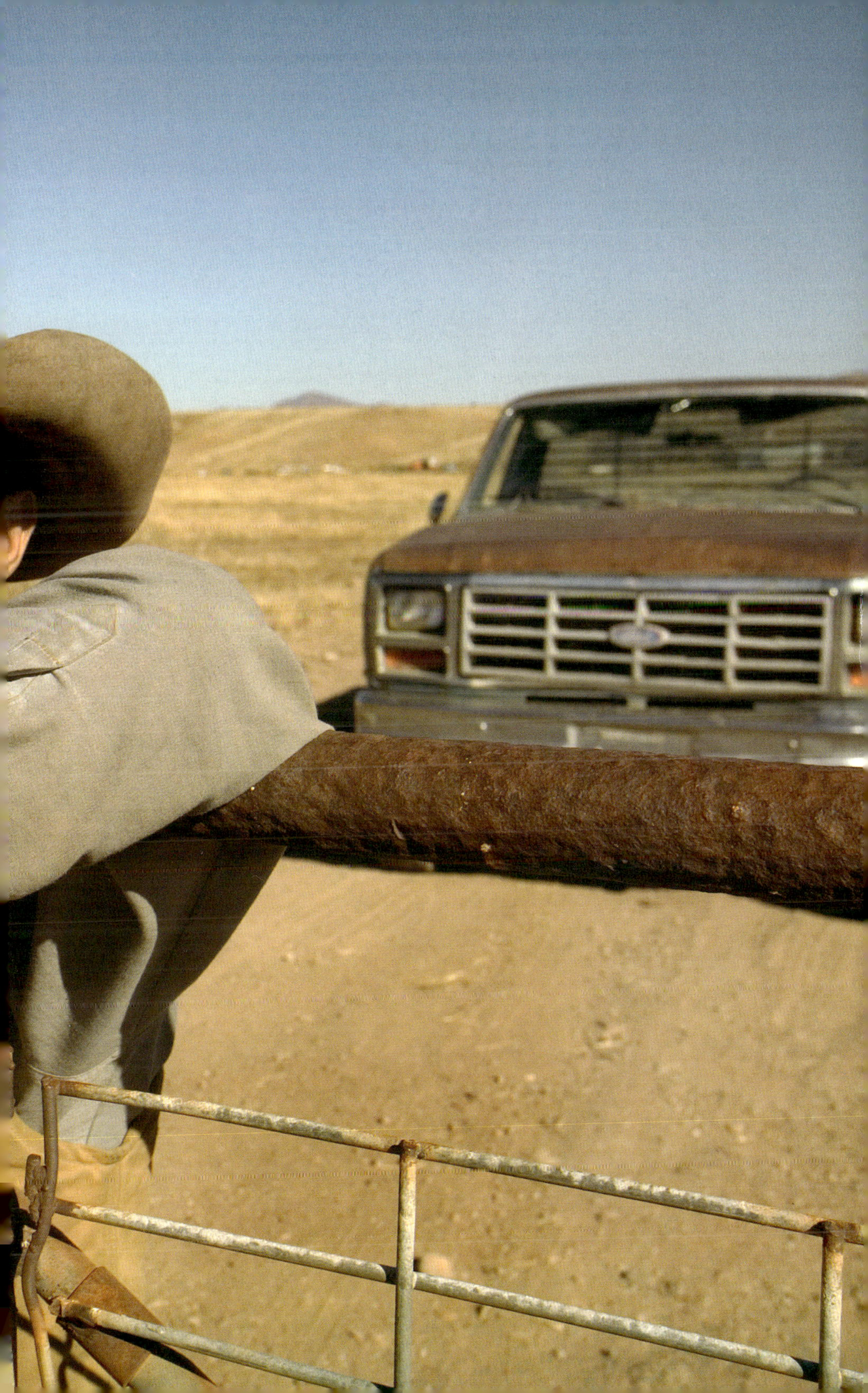

Luar sobre o edifício do Congresso norte-americano, Washington, D.C.

ROTA CENTRAL

Guia detalhado do centro dos Estados Unidos, com os lugares principais claramente indicados por números nos mapas.

Memorial da Guerra Civil.

Talvez seja conveniente iniciar a travessia dos Estados Unidos pela capital, Washington, D.C., pois seus inúmeros museus e marcos históricos, que oferecem uma visão do passado do país, contribuem bastante para preparar o terreno para o resto da excursão ao oeste. Escolhemos uma rota "centro-sul", que combina história e beleza na medida certa para saciar o apetite de qualquer viajante.

A aula de História começa assim que se sai de Washington, rumando para oeste, primeiro, e direto para o sul, em seguida, ao longo da Skyline Drive e da Blue Ridge Parkway, através dos Apalaches, na Virgínia. Esse era o território de Stonewall Jackson, e a rota está cheia de sítios históricos da Guerra Civil. A Interstate 40, pela qual seguiremos na maior parte do trajeto, entra na Carolina do Norte e atravessa as Great Smoky Mountains, passando por belas casas antigas em Knoxville, Tennessee, antes de chegar a Nashville, capital do estado e da música *country*.

Daí em diante, o turista viaja imerso na América provinciana até chegar a Arkansas, com uma parada em Little Rock, que tem um impressionante capitólio estadual, bairro histórico e fontes termais. Depois, entramos em Oklahoma, onde pegamos a Route 66. Algumas pessoas conhecem a lenda da Route 66, outras conhecem essa estrada desde a infância, quando cada poste de telégrafo desgastado pelo tempo e cada motel de aspecto extravagante eram um marco na jornada para uma terra de fantasia, cujas atrações de beira de estrada incluíam ninhos de cobras, bisões vivos e dançarinos indígenas.

Marca de combustível inspirada na Route 66.

O trecho da Route 66 em Oklahoma atravessa muitas cidadezinhas interessantes e também algumas cidades maiores, como Oklahoma City. Antes de seguir para o Novo México e visitar a charmosa Santa Fe, você vai cruzar o prolongamento norte do estado, chamado de Texas Panhandle. O Texas é rico em povoados antigos, lares dos primeiros habitantes nativos. Ao entrar no Arizona, você ingressa ao mesmo tempo na nação *navajo*; a rota passa pelo Petrified Forest National Park antes de chegar a Flagstaff, porta de entrada para o incomparável Grand Canyon. Você vai passar por regiões rurais desoladas no oeste do Arizona e também no leste do deserto de Mojave, na Califórnia, antes de começar a ver sinais de civilização, à medida que entra na área urbana de Los Angeles. Depois de percorrer cerca de 4.700 km, chegará ao Pacífico.

BREVE ESTADIA EM WASHINGTON, D.C.

Planejada para ser uma cidade de monumentos e memoriais, a capital do país também é uma de suas cidades mais bonitas. Segue uma lista das atrações imperdíveis.

Visitas à **Casa Branca** são muito restritas, mas o centro de informações turísticas do Department of Commerce, 15th Street com E Street NW, oferece uma visão da história do edifício desde 1792.

Quer sua intenção seja refazer os passos de Martin Luther King Jr., cujo discurso "Eu tive um sonho" foi feito nos degraus deste memorial, quer seja simplesmente dar uma olhada na imensa estátua de Abraham Lincoln, o **Lincoln Memorial** celebra a liberdade que os pais da nação buscavam.

Reserve tempo para explorar o maior museu e complexo de pesquisas do mundo. O **Smithsonian Institute** exibe um acervo extraordinário de artefatos e arte visual em dezenove museus e galerias, incluindo o National Museum of American History, o National Museum of the American Indian e a National Portrait Gallery.

O **Vietnam Veterans Memorial**, em Bacon Drive com Constitution Avenue, enumera em granito polido os nomes de mais de 58 mil soldados norte-americanos mortos no conflito da década de 1960.

No princípio uma fortaleza estratégica da Guerra Civil, no fim da luta o **Arlington National Cemetery** tinha 16 mil lápides. A chama eterna no túmulo de John F. Kennedy homenageia o presidente assassinado, e o Tomb of the Unknowns celebra os soldados desconhecidos que tombaram em batalha nos últimos 100 anos.

As exposições do **National Air and Space Museum** vão do *Flyer* dos irmãos Wright até a nave espacial *Apollo 11*, e as atrações incluem um planetário e um cinema IMAX.

A notável escultura em granito do **Martin Luther King Jr Memorial** na Independence Avenue com West Basin Drive é cercada por dezessete frases de líderes que lutam pelos direitos civis.

O **World War II Memorial**, na alameda entre os memoriais Washington e Lincoln, homenageia os norte-americanos que lutaram por seu país.

Basílica da Imaculada Conceição e a cúpula do Capitólio.

O Mary Livingston Ripley Garden da Smithsonian Institution, que fica entre o Arts and Industries Building e o Hirshhorn Museum and Sculpture Garden.

A Casa Branca no inverno.

A CAPITAL DA NAÇÃO

Uma visita a Washington, D.C. é nada menos do que uma aula de História – trata-se de história viva, literalmente, já que o presidente dos Estados Unidos mora aqui. A cidade também tem uma beleza singular, cujo crédito deve ser dado a George Washington: o então presidente insistiu na criação de uma cidade para ser a capital da nação, um lugar tão grandioso quanto Paris e Londres. Com isso em mente, contratou o arquiteto francês Pierre Charles L'Enfant para criar uma "cidade de distâncias magníficas".
O projeto de L'Enfant foi concretizado apenas em parte, mas Washington é magnífica e as distâncias entre os monumentos são maiores do que parecem – traga um par de calçados confortáveis para caminhar.

Mercado de peixe na Main Avenue. Ao longo do Washington Channel, dezenas de comerciantes anunciam frutos do mar frescos.

INFORMAÇÕES IMPORTANTES

População: 581.500 habitantes
Código de área: 202
Site: www.washington.org
Informações turísticas: 901 Seventh Street NW, Fourth Floor, Washington, D.C., 20001; tel.: 800-422-8644

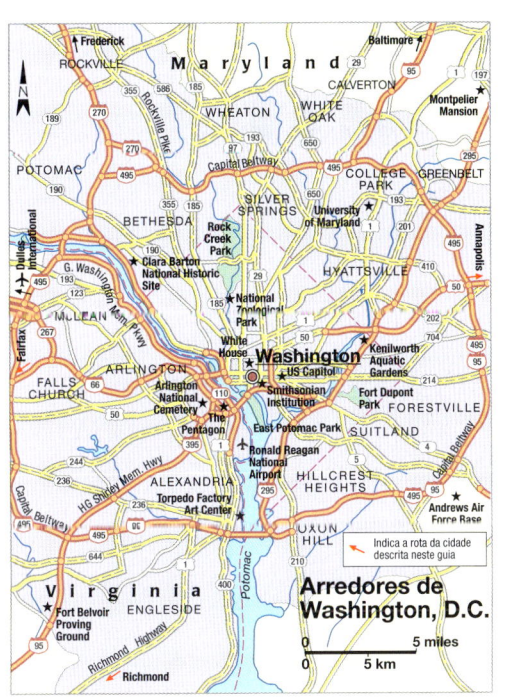

Arredores de Washington, D.C.

Encenação de uma batalha da Guerra Civil.

LUGARES | Mapa na página 184 | 183

DE WASHINGTON, D.C. A ARKANSAS

Esta rota traça a essência dos Estados Unidos: campos de batalha da Guerra Civil, reservas de nativos em montanhas perfumadas de pinheiros, *blues* e música *country* em Memphis e Nashville e a história dos pioneiros em Arkansas.

N ossa rota começa em **Washington, D.C.** ❶ *(ver p. 180)*, e o primeiro trecho dela explora o norte da Virgínia e os Apalaches até Winston-Salem, Carolina do Norte. Alguns trechos da rota deverão ser feitos pela I-66 e pela I-81, mas as estradas secundárias paralelas às interestaduais são geralmente mais panorâmicas, menos movimentadas e sem grandes caminhões.

Saindo de Washington pela I-66, procure pelo **Virginia Welcome Center**, a oeste de Fairfax. Lá você encontrará informações sobre todas as atrações, hospedagens e atividades possíveis em "Old Dominion" ["Velho Domínio", apelido da Virgínia].

Manassas

Pegue a Saída 47B para visitar o **Manassas National Battlefield Park** ❷ (tel.: 703-361-1339; www.nps.gov/mana; diariamente), local de duas grandes vitórias confederadas durante a Guerra Civil – a Primeira e a Segunda batalha de Manassas (ou *Bull Run*, como é conhecida localmente). Dez horas de combate mortal em 21 de julho de 1861 resultaram na derrota da União, mas o preço foi alto: 3 mil vítimas da União e 2 mil dos Confederados. Espectadores que chegavam em carruagens de Washington esperavam enfrentar uma tarefa fácil, numa tarde de heroísmo brilhante. Contudo, eles foram massacrados, uma vez que as tropas anteciparam em um dia o conflito.

No palco do Grand Ole Opry.

Foi nessa batalha que o general Thomas J. Jackson ganhou o apelido de "Stonewall", por ficar em seu cavalo diante das forças inimigas "como um muro de pedra". A segunda vitória dos Confederados, um ano depois, convenceu o general Robert E. Lee a entrar em Maryland, numa tentativa malsucedida de invadir a Pensilvânia. O centro de informações turísticas tem informações sobre visitas sem guias, guiadas por guarda-parques e passeios guiados pelo celular.

Para as montanhas da Virgínia

A Guerra Civil tem forte presença na região, pois a Virgínia foi palco de mais da metade das principais batalhas. Quase todas as saídas da

Principais atrações
Washington, D.C.
Manassas National Battlefield
Shenandoah National Park
Old Salem
Great Smoky Mountains National Park
Nashville
Memphis
Little Rock Central High School National Historic Site
Fort Smith

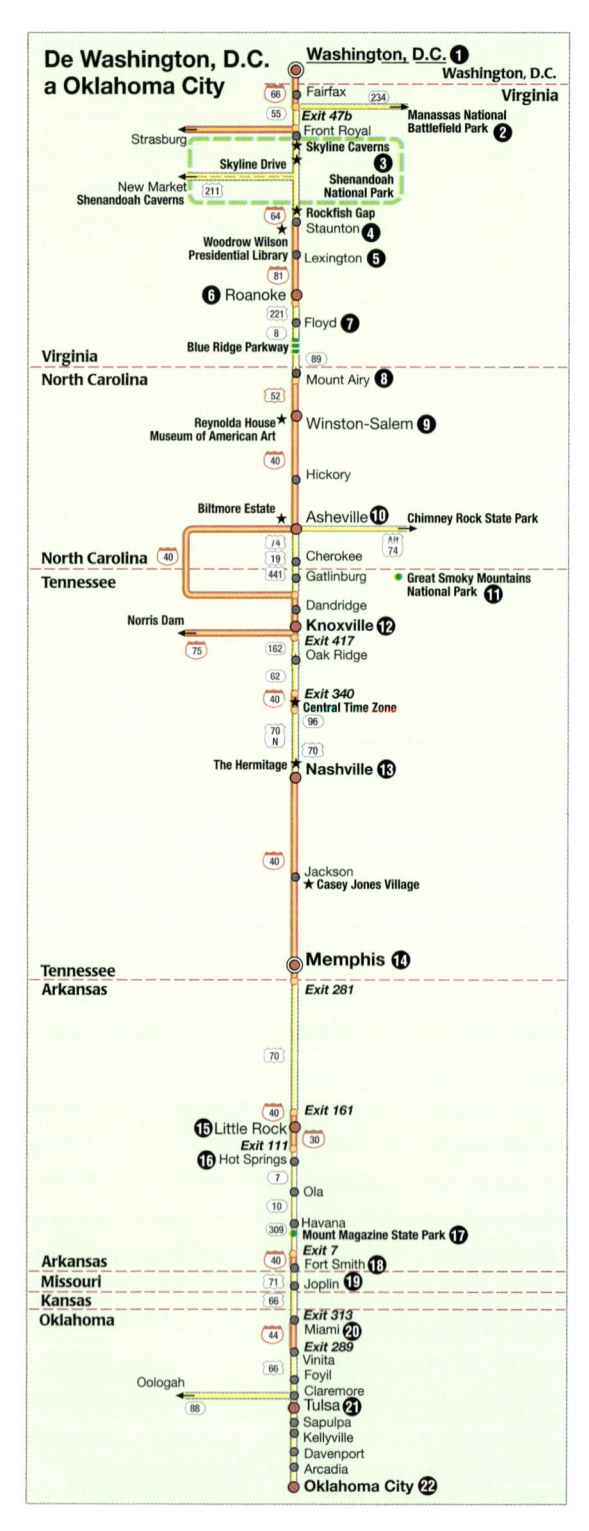

interestadual levam a locais de algum conflito, ataque ou outro evento.

Mesmo que você não se interesse por essa página da história, é uma boa ideia sair da interestadual e aproveitar as estradas alternativas, que são mais bonitas e cômodas. Tente pegar a Saída 23 virando à esquerda e depois à direita entrando na Route 55. Ali o gado pasta perto de celeiros vermelhos desbotados, e barracas na beira da estrada vendem produtos frescos. No outono, pomares vendem maçãs em cestos, além de sobremesas feitas com maçã (procure por rosquinhas de maçã e canela). Esse também é o centro da indústria de vinhos da Virgínia, e placas direcionam para vinhedos ao longo do caminho. Na maioria deles, é possível encontrar panfletos sobre o passeio Blue Ridge Whiskey e o Wine Loop.

Cerca de 112 km (70 milhas) a oeste de Washington, D.C., na junção da I-60 com a I-81, no limite oriental do Shenandoah Valley, fica **Front Royal**. Como a maioria das pequenas cidades espalhadas pelo vale, ela foi um agitado centro para fazendeiros e povos da montanha. Contudo, a melhoria nos transportes e na comunicação enfraqueceu muito da vitalidade de suas economias. Localizada no extremo norte de Skyline Drive, a poucos quilômetros ao norte da entrada do Shenandoah National Park, Front Royal se sai melhor do que a maioria das cidades do vale, fornecendo comida e serviços aos turistas. O **centro de informações turísticas** de Front Royal, na East Main Street n. 414 (tel.: 540-635-5788; www.discoverfrontroyal.com; diariamente), tem funcionários entusiasmados e informações úteis sobre a região.

Shenandoah National Park

Povoadores europeus transformaram o fértil Shenandoah Valley em uma bem-sucedida região agrícola. Durante a Guerra Civil, a carne, os grãos, o couro e a lã da região abasteceram os rebeldes, e as forças da União devastaram o vale. Depois da guerra, o declínio continuou, e os desmatamentos, as precárias técnicas agrícolas e uma

DE WASHINGTON, D.C. A ARKANSAS

praga que atacou as árvores levaram à exaustão e à erosão do solo.

Em 1926, o Congresso criou o **Shenandoah National Park** ❸ (tel.: 540-999-3500; www.nps.gov/shen; diariamente). Na inauguração, em 1936, o presidente Roosevelt anunciou uma experiência de recuperação de terras, que faria que cerca de um terço da área do parque, que havia sido desmatada por décadas de atividade madeireira e agricultura intensiva, voltasse ao seu estado natural. Entre o crescimento natural e um vigoroso programa de restauração, terras cultiváveis e pastos foram substituídos por carvalhos, pinheiros, louros-americanos e arbustos frutíferos. Flores silvestres e azaleias agora iluminam a paisagem, e a vida silvestre está de volta. O parque agora tem a maior população de ursos-negros do leste dos Estados Unidos. O cariacu, ou veado-da-cauda-branca, passeia calmamente ao longo das estradas. Às vezes é possível avistar linces e coiotes, enquanto pássaros como o tordo americano e o junco voam lá no alto.

Em 1939, a **Skyline Drive** foi concluída. Os 169 km da National Scenic Byway percorrem o comprimento total do Shenandoah National Park.

Ao lado da entrada perto de Front Royal, há outros três pontos de acesso, cada um a cerca de uma hora de distância do outro. O ingresso por carro vale por uma semana. O limite de velocidade é de 56 km/h ao longo da sinuosa estrada de duas faixas. Não se apresse; você vai querer parar em um dos 82 mirantes e locais para piquenique para ver, a oeste, o **Shenandoah Valley** e o **Shenandoah River** e a leste o **Piedmont Plateau**.

No **Dickey Ridge Visitor Center** (abr.-nov.; diariamente), você pode comprar guias para caminhadas e para identificação da flora e da fauna. O **Harry Byrd Visitor Center**, em Mile Marker 51, dá informações sobre a criação do parque e as pessoas que já viveram nele.

Em certo ponto, você deve experimentar a floresta além dos limites de seu veículo. No km 82 (milha 50.7), pare para uma caminhada curta em circuito até **Dark Hollow Falls**. A caminhada de 2,25 km tem alguns pontos íngremes, mas a trilha larga e bem cuidada leva à cachoeira de 21 metros de altura, que é especialmente impressionante durante a primavera.

Você pode concluir a viagem em um dia, mas se quiser esticar um pouco,

FATO

Há marcos de distância em milhas na margem oeste da Skyline Drive do Shenandoah National Park, que começam em 0.0 em Front Royal e vão até 105 na extremidade sul do parque. Os mapas do parque usam esses marcos como referência.

Vista magnífica sobre o vale do Shenandoah.

Filhote de corça malhada dando os primeiros passos no Shenandoah National Park.

Deliciando-se com a paisagem da Blue Ridge Parkway do alto do Raven's Roost.

os chalés Skyland e Big Meadow e o acampamento Big Meadow são bem equipados e confortáveis.

Cenário subterrâneo

A rocha de calcário sob o Blue Ridge foi erodida durante eras da história geológica por riachos subterrâneos, deixando dezenas de cavernas aninhadas na base das colinas perto de Front Royal. As **Skyline Caverns** (tel.: 540-635-4545; www.skylinecaverns.com; diariamente), as **Luray Caverns** (tel.: 540-743-6551; www.luraycaverns.com; diariamente), as **Endless Caverns** (tel.: 540-896-2283; www.endlesscaverns.com; diariamente) e as **Shenandoah Caverns** (tel.: 540-477-3115; www.shenandoahcaverns.com; diariamente; há um elevador para visitantes com problemas de mobilidade) são todas perto de **New Market**. Se estiver na Skyline Drive, pegue a Route 211 oeste para chegar tanto a Luray quanto a New Market.

Em New Market, o **Virginia Museum of the Civil War** (tel.: 866-515-1864 ou 540-740-3103; www.vmi.edu/newmarket; diariamente) conta o conflito conforme ele impactou o estado. A Batalha de New Market é mais lembrada pelos 257 jovens cadetes da Academia Militar da Virgínia que nela lutaram: foram 10 mortos e 47 feridos.

A Skyline Drive termina em **Rockfish Gap**. Você pode pegar a I-64 para **Staunton** ou optar pela mais tranquila Route 250.

Staunton e Lexington

Staunton ❹, entranhada nas íngremes encostas dos Apalaches, é uma cidade agradável onde antigamente havia mineração; ali há construções que datam do século XIX. A **Woodrow Wilson Presidential Library** (tel.: -540-885-0897; www.woodrowwilson.com; diariamente) retrata a carreira política do 28º presidente e seus 8 anos (1913-21) de mandato na Casa Branca.

Não perca uma apresentação no **Blackfriars Playhouse** (tel.: 540-885--5588 ou 877-MUCHADO). A sede da American Shakespeare Company é uma réplica exata do palco que o bardo conheceu, e as apresentações remontam àquele tempo. O público fica no palco, a iluminação é feita com candelabros, os equipamentos são mínimos e os atores atuam no mais vivo espírito do período elisabetano. Há excursões pelos bastidores diariamente. Também vale a pena visitar o **Frontier Culture Museum** (tel.: 540-332-7850; www.frontiermuseum.org; diariamente), que compara dependências das fazendas da Europa e África Ocidental com fazendas de fronteira norte-americanas de 1750 a 1840 para demonstrar a junção de diferentes tradições.

Saindo de Staunton, pegue a I-81, ou a mais pitoresca US 11, para chegar a outra cidade profundamente ligada à Guerra Civil. A atraente **Lexington** ❺ é onde o velho Stonewall deu aula para cadetes no Virginia Military Institute (VMI) logo depois de sua fundação, em 1831. O VMI Museum (tel.: 540-464-7230; www.vmi.edu; diariamente) inclui o casaco que Jackson estava vestindo quando foi acidentalmente baleado por seus próprios homens. Há também seu cavalo Little Sorrel empalhado (assustador e de muito mau gosto), uma extensa coleção de armas de fogo do século XIX e sete medalhas de honra concedidas a graduados do VMI.

Na cidade, você pode visitar a **Stonewall Jackson House** (tel.:

540-464-7704; www.stonewalljackson.org; diariamente), a única residência de Jackson.

O comandante de Jackson, o **general Robert E. Lee**, tornou-se presidente da **Washington College** depois da Guerra Civil. Ao contrário da disciplina no VMI, sua única "regra" era a de que "todo estudante devia ser um cavalheiro". Lee e sua família estão sepultados na cripta sob a capela da faculdade. No porão da capela fica um excelente museu sobre os fortes laços entre a "aristocracia" da Virgínia e a vida de Lee depois da guerra. Os restos mortais de Traveler, o amado cavalo de Lee, estão respeitosamente sepultados do lado de fora da capela. A escola foi renomeada **Washington and Lee College** depois da morte do general.

A vivaz Roanoke

Continue para o sul na Route 11. Ela percorre a fascinante paisagem da Virgínia até **Roanoke ❻**, uma cidade agradavelmente tranquila e sofisticada, que tem o bônus de ser próxima à Blue Ridge Parkway. A Mill Mountain, coroada pela enorme e iluminada **Roanoke Star**, tem vista para a cidade. O excelente e aberto **City Market**, com cerca de cinquenta barracas que vendem produtos agrícolas, plantas, assados e carnes – tudo de produtores locais –, funciona diariamente no coração do bairro histórico da cidade. O **Center in the Square** (tel.: 540-342-5700; www.centerinthesquare.org) tem museus de ciência, história regional e cultura afro-americana, jardins de teto e o maior recife de corais do Leste. O ultramoderno **Taubman Museum of Art** (tel.: 540--342-5760; www.taubmanmuseum.org; 3ª-sáb. e primeiro domingo de cada mês) deve algo de seu *design* à Sydney Opera House da Austrália. No seu interior, há um abrangente acervo que percorre uma gama de inspirações artísticas: arte popular e visionária, mestres norte-americanos e artistas regionais contemporâneos. Adjacente ao **Visitor Center** (tel.: 800-635-5535; diariamente) fica o **O. Wilson Link Museum** (tel.: 540-982-5465; www.linkmuseum.org; diariamente), com uma evocativa coleção de vinhetas fotográficas que registra os últimos anos das ferrovias a vapor.

Blue Ridge Mountains e música

Saindo de Roanoke, pegue a US 221 para o sul. Ela serpenteia a Bent Mountain, passa por igrejas batistas pregando a redenção e casas com a bandeira dos Confederados. É o paraíso para os motociclistas, e os adeptos dos veículos recreativos precisam seguir devagar. A viagem termina em **Floyd ❼**, onde a música *bluegrass* está no ar. Floyd é um dos pontos de encontro para a Crooked Road, a trilha da herança musical da Virgínia, uma rota pelo sudoeste do estado. Na **Floyd Country Store** (tel.: 540-745--4563; www.floydcountrystore.com; 3ª-dom.), é possível comprar guloseimas, guias de campo sobre vacas, macacões, produtos de limpeza ecológicos e pegar um mapa da Crooked Road. Músicos se reúnem nas noites de quintas e sábados e nas tardes de domingo para tocar. A cidade atrai muitos artesãos, há galerias e festas de arte e música quase toda semana.

Siga a Route 8 para o sul por 9,6 km (6 milhas) até o Tuggle's Gap e a **Blue Ridge Parkway** (www.blueridgeparkway.org). Ela é uma National Scenic

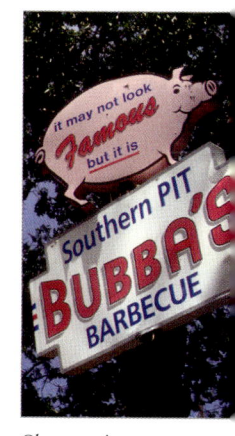

Churrascaria tradicional em Eureka Springs, Arkansas.

Vista de Roanoke a partir da Mill Mountain.

> **DICA**
> Reserve bastante tempo para aproveitar as caminhadas ao longo do caminho; até mesmo um passeio bem curto a uma cachoeira bonita consegue espantar o tédio de dirigir.

Byway [estrada reconhecida por seu valor histórico e natural] e conecta os parques nacionais Shenandoah e Great Smoky Mountains, passando por florestas, fazendas antigas e povoados. Há muitos mirantes pitorescos, mas não tantos quanto ao longo da Skyline Drive. Pegue um guia gratuitamente no **Rocky Knob Visitor Center** em Milepost 169.

Mabry Mill, em Milepost 176, tem um moinho de grãos e alambique do início do século XX, restaurado e digno de um quadro. Em Milepost 210, **The Blue Ridge Music Center** (tel.: 276-236-5309; www.blueridgemusiccenter.org; diariamente) reconta a história da música típica dessas montanhas: *bluegrass*, *ballads*, *gospel* e músicas tradicionais tocadas com rabeca, bandolim, violão e banjo. Músicos improvisam no pátio coberto todas as tardes.

Saia da Parkway na VA Route 89 e siga nela a sudeste, entrando na Carolina do Norte, até **Mount Airy** ❽. É a cidade natal do falecido ator, diretor e cantor Andy Griffith e cenário da comédia de televisão dos anos 1960 *Mayberry RFD*. Há um museu sobre a carreira de Griffith e uma recriação do posto de combustível, da prefeitura e do posto do xerife que aparecem no seriado.

Pedalando pela Blue Ridge Parkway.

Winston-Salem

Continue para o sul na US 52 até **Winston-Salem** ❾. A história da cidade é dividida entre os povoadores morávios que chegaram na década de 1750 e a R.J. Reynolds Tobacco Company, que começou a empacotar tabaco em 1875. Mesmo com a queda do consumo de tabaco nos Estados Unidos, a fábrica ainda produz mais de 400 milhões de cigarros por dia. A empresa patrocina a Sprint Cup [antiga Winston Cup] Series de Nascar. O **Winston Cup Museum** (tel.: 336-724-4557; www.winstoncupmuseum.com; 3ª-sáb.) é a meca para os fãs da Nascar.

Mas os morávios chegaram primeiro a **Old Salem** (tel.: 336-721-7300; 3ª-dom.). Ligeiramente afastada da cidade moderna, a parte "Salem" de Winston-Salem é um dos mais autênticos e convidativos distritos de história viva dos Estados Unidos. Uma ponte coberta leva do centro de informações turísticas ao vilarejo, onde fica o **Museum of Early Southern Decorative Arts** no Frank L. Horton Museum Center (tel.: 336-721-7306; www.mesda.org; 3ª-dom.). Para cada peça há uma história de onde, quando, por quem e por que ela foi produzida.

A maioria dos prédios de Old Salem é propriedade privada, mas há modernas concessões: ares-condicionados fazem ruídos atrás das casas e os carros estacionam nas ruas. Guias com roupas de época perambulam pelo vilarejo, e prédios funcionando como exemplos do período histórico retratam a vida cotidiana. A antiga taberna é um restaurante fino. A tipografia de John Christian Blum, primeiro editor do *Farmers' and Planters' Almanac* [Almanaque dos Fazendeiros e Agricultores], em 1828, é uma das construções em exposição. Não se esqueça de passar na **Winkler Bakery** para provar os biscoitos de gengibre morávios. E o que dizer do gigantesco bule de café de metal que fica no parque municipal? Construído pelos filhos dos fundadores de Salem, Samuel e Julius Mickey, ele era usado para fazer propaganda de sua funilaria.

Guias com roupas de época perambulam por outra aldeia morávia restaurada, **Historic Bethabara Park** (tel.: 336-924-8191; www.bethabarapark.org; 3ª-sáb.), num agradável espaço verde perto da University Parkway. O museu ao ar livre tem uma igreja de 1788, ruínas arqueológicas e 32 km de trilhas naturais.

O **Reynolda House Museum of American Art** (tel.: 336-758-5150; www.reynoldahouse.org; 3ª-dom.) é a antiga residência de Katherine Smith e Richard Joshua Reynolds (fundador da R.J. Reynolds Tobacco). A casa, os jardins e a adjacente Reynolda Village, na qual os antigos edifícios foram transformados em lojas, escritórios e restaurantes, estão abertos ao público. O **Southeast Center for Contemporary Arts** (**SECCA**) (tel.: 336-725-1904; www.secca.org; 3ª-dom.) é ligado ao Reynolda Museum por uma passagem fechada, e é tão contemporâneo quanto Reynolda é tradicional.

Saindo de Winston-Salem, a I-40 é a estrada a oeste. Depois de mais ou menos 117 km (73 milhas) fica a cidade de **Hickory**, o centro da indústria de móveis do estado.

Asheville

Com as Blue Ridge Mountains como pano de fundo, **Asheville** ❿ desfruta de grande beleza natural, além de uma galeria de elegantes edifícios comissionados por homens de negócio paternalistas do início dos anos 1900. Eles promoveram com sucesso Asheville aos investidores. Nos primeiros anos do século XX, a cidade estava progredindo rapidamente. Contudo, quando chegou a Grande Depressão, a cidade tornou-se a mais endividada da nação. Em vez de agir de modo inadimplente, a comunidade de Asheville jurou que pagaria todos os empréstimos e acabou por assinar o último cheque nos anos 1970.

Esse desastre econômico impediu a participação de Asheville nos projetos de reforma urbana dos anos 1960, que fizeram que muitos prédios clássicos do centro das cidades fossem substituídos por uma arquitetura "Nouveau Gulag". Desse modo, o Grove Arcade – o *shopping center* original – é o mesmo desde sua conclusão em 1923, e as ruas nos arredores retêm o charme do período. Apenas Miami tem mais prédios *art déco*. Você não encontrará varejistas nacionais no centro da cidade; por consenso da comunidade, todos os negócios são de proprietários locais. O River District ao longo do rio French Broad abriga estúdios de quase duzentos artistas.

No **Grove Park Inn Resort** (*ver p. 411*), você pode passear pela Grovewood Gallery of Regional Crafts e por uma coleção de carros antigos. O **Thomas Wolfe Memorial** (tel.: 828-253-8304; www.wolfememorial.com; 3ª-dom.) preserva a pensão onde Wolfe cresceu e que foi usada por ele em seu romance *Look Homeward, Angel* [Olhe para casa, anjo]. O pouco elogioso romance sobre Asheville enfureceu tanto os moradores (muitos dos quais se reconheceram na ficção) que foi proibido na cidade.

Uma vinícola, atividades esportivas, lojas e restaurantes são parte da imensa propriedade de 250 cômodos de **Biltmore Estate** (tel.: 800-411-3812; www.biltmore.com; diariamente). É a maior residência particular dos Estados Unidos. A visão de George Vanderbilt tomou corpo em 1887, quando ele visitou Asheville nas férias e ficou encantado com a paisagem montanhosa. Vanderbilt tinha a intenção de criar uma mansão inspirada nos

> **DICA**
> O centro de informações turísticas de Winston-Salem, na Brookstown Avenue n. 200 (tel.: 336-728-4200; 2ª-6ª), distribui mapas e fornece outras informações sobre a cidade e arredores.

Caminhando no Shenandoah National Park.

Apelidado de "edifício do Batman" por se parecer com a máscara do super-herói, o prédio da AT&T em Nashville, com 32 andares, é o mais alto do estado do Tennessee.

Um dia do Dogwood Arts Festival, celebração da primavera em Knoxville.

castelos franceses do vale do Loire. A excursão sem guia inclui três andares e o porão. No interior da casa, há tapeçarias do século XVI, muitas antiguidades com valores incalculáveis e um salão de festas com 21 metros de altura. O antigo vilarejo de empregados agora é um distrito de compras. Todos os novos prédios devem refletir a arquitetura original em estilo Tudor, até mesmo o McDonald's, que tem piso de mármore falso e uma lareira.

A sudeste de Asheville, perto do cruzamento da US 64 com a US 74A, fica **Chimney Rock State Park**, um patrimônio natural de 405 hectares que inclui a própria Chimney Rock. Um elevador conduz os visitantes a uma altura equivalente a 26 andares até o topo da formação, a 366 metros acima do nível do mar. As quedas d'água da majestosa **Hickory Nut Falls** serviram como pano de fundo das cenas culminantes do filme *O último dos moicanos*.

AS GREAT SMOKIES

O **Great Smoky Mountains National Park** ⓫ (tel.: 865-436-1200; www.nps.gov/grsm; diariamente), que tem 16 picos com mais de 1.800 metros de altitude, espalha-se majestosamente sobre a divisa entre Carolina do Norte e Tennessee. O acesso, pelo lado da Carolina do Norte, é pela cidade de **Cherokee**, pegando a I-40W, Saída 27 (US 74) a partir de Asheville e, depois, a Saída 103 (US 19). A chegada a Cherokee é chocante, com o hotel e cassino Harrah, com 21 andares, dominando a paisagem da cidade. Esse resort é vital para a economia da Nação Cherokee, cuja reserva cerca a cidade.

A cidade de Cherokee é a capital não oficial dos *cherokees* do leste (Eastern Band of Cherokee). Cerca de 12 mil membros da tribo vivem na fronteira Quallah, reserva de 23 mil hectares adjacente ao parque nacional.

Lojas de suvenir vendem mocassins, bordados de contas, chaveiros e outras bugigangas, e muitas têm apresentações de danças indígenas. Os 11 mil anos de história *cherokee* documentada são dignamente apresentados no **Museum of the Cherokee Indian** (tel.: 828-497-3481; www.cherokeemuseum.org; diariamente). Um filme introdutório descreve o uso de histórias e da natureza *cherokee* para definir seu lugar no mundo. Exposições explicam sua ordem social não material, a viagem que seus líderes fizeram à Inglaterra para encontrar George III e seus esforços para que sua terra fosse reconhecida como uma nação independente. Apesar de a Suprema Corte dos Estados Unidos ter apoiado sua reivindicação em 1831, Jackson a ignorou.

O **Qualla Arts and Crafts** Center (tel.: 828-497-3103; www.quallaartsandcrafts.com; diariamente), próximo ao museu, é a cooperativa das artes dos nativos norte-americanos mais antiga do país. Artistas *cherokees* contemporâneos expõem motivos tradicionais e interpretativos em cerâmica, amuletos e objetos decorativos e cerimoniais. O **Oconaluftee Indian Village** (tel.: 828-497-2111; maio-out., 2ª-sáb.) recria a vida em um povoado *cherokee* de 1760.

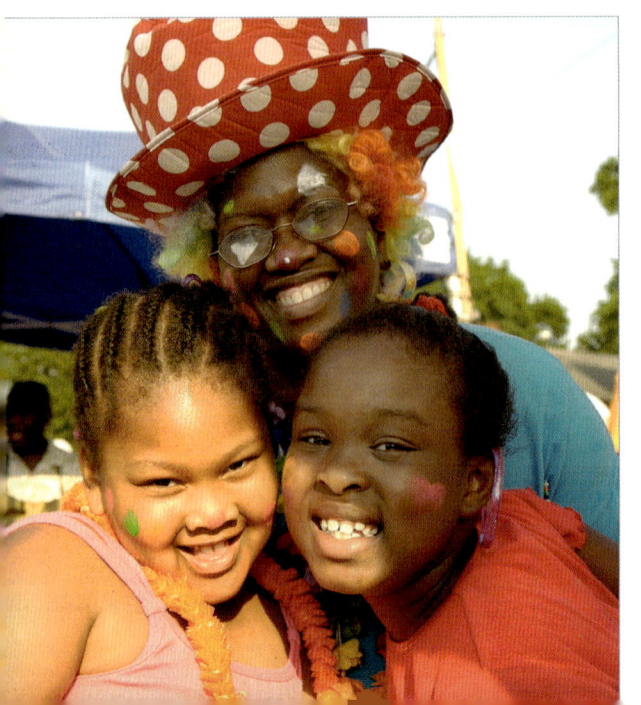

A US 441 sai de Cherokee pelas Great Smoky Mountains em direção a **Gatlinburg**. Assim que a viagem começa, uma placa alerta sobre os "56 km de estrada íngreme e sinuosa". Logo se chega ao **Oconaluftee Visitor Center** do Great Smoky Mountains National Park, que fica em um lugar incrivelmente bonito em uma vasta clareira cercada por montanhas azul-acinzentadas.

Há muitos mirantes ao longo do caminho. É impossível capturar as paisagens com a câmera, mas de qualquer maneira deve-se tentar. Há um semáforo ao término da floresta. Saindo da folhagem, você abruptamente estará em **Gatlinburg**, confrontado com todas as redes de restaurantes e lojas de presentes conhecidas pelo homem. O **Sky Lift Gatlinburg** (tel.: 865-436-4307; www.gatlinburgskylift.com; abr.-out., diariamente; nov.-mar., horários variados) leva os visitantes a 459 metros acima do vale, de onde se tem tranquilas vistas da floresta. Há estacionamento gratuito no centro de informações turísticas e transporte de ida e volta para a cidade.

Pigeon Forge, a 6,5 km dali, é onde fica o Dollywood Theme Park (tel.: 865-428-9488; www.dollywood.com; abr.-dez.) – criado por Dolly Parton, cantora *country* e atriz – e outras atrações. Para contorná-los, vire na Route 449 e continue até a interseção em T no Dolly Parton Boulevard. Vire à direita para voltar à US 441.

Para Knoxville

Rumando para o nordeste a partir de Gatlinburg, são 37 km (23 milhas) por uma agradável região de colinas e pastos até **Chestnut Hill**, onde fica o **Bush's Baked Beans** (tel.: 865-509-3077; www.bushbeans.com; 2ª-sáb.). O centro de informações turísticas da companhia fica na estrada. A marca é mais conhecida por um anúncio famoso na televisão norte-americana estrelado por Duke, um cachorro falante que planeja vender a receita secreta da família. Há um vídeo com um *tour* virtual pela fábrica e que conta a história da companhia (a receita realmente vem da matriarca da família), uma escala que mostra o seu peso em feijões e a oportunidade de ter sua foto tirada em cenários com Duke. O café serve pratos do sul e o "feijão do dia".

Do centro de informações turísticas de Bush, pegue a Route 92 para **Dandridge**. As vistas ao longo do lago Douglas vão deixá-lo com vontade de comprar uma propriedade às margens do lago. Daqui, a I-40 segue direto para **Knoxville** ⓬. O Tennessee tem orgulho de sua herança musical, que já começa no **Visitor Center**, na Gay Street n. 301 (tel.: 865-523-7263; diariamente), local do *The Blue Plate Special*, uma apresentação ao vivo e gratuita de música tradicional, que acontece todos os dias ao meio-dia e é transmitida pela estação de rádio WDVX.

Em 1982, Knoxville sediou o World's Fair (Exposição Mundial), que atraiu 11 milhões de visitantes de 30 países e instituiu Knoxville – considerada um lugar improvável para o evento – como um local sofisticado para eventos urbanos. A maior atração do centro da cidade é o extenso parque com um lago e um riacho cercado por pedras, que foi criado para a exposição. Os prédios erguidos para a exposição não são mantidos.

"Voices of the Land", em **East Tennessee Historical Society** (tel.: 865-215-8824; www.easttnhistory.org; diariamente) usa trechos escritos e orais de diários, cartas e documentos oficiais, que dão à história da região uma perspectiva pessoal. "Betsy", o rifle do herói nacional e caçador de

---

FATO

Tendo início em 1831, os *cherokees* tiveram de suportar o percurso pela Trilha das Lágrimas, quando foram removidos à força de suas terras por ordem do presidente Andrew Jackson, que queria agradar os povoadores brancos. Cerca de 16 mil *cherokees* marcharam no inverno até Oklahoma, sendo que 4 mil morreram no caminho.

Vista deslumbrante do Great Smoky Mountains National Park.

> **FATO**
>
> A família Ramsey foi uma das primeiras famílias a se estabelecer na área de Knoxville. O coronel F. A. Ramsey ajudou a fundar a Blount College, hoje Universidade do Tennessee.

Todas as idades são bem recebidas no festival anual da associação de música country em Nashville.

ursos Davy Crockett, está exposto, assim como relíquias da Guerra Civil (a qual rapidamente se degenerou em vinganças pessoais) e da exploração madeireira. A Main Street, em **Old City**, é um calçadão de compras e área de negócios. Poucas quadras adiante, a **12th Street** é um bem-sucedido bairro residencial e de entretenimento.

James White's Fort (tel.: 865-525-6514; www.jameswhitesfort.org; diariamente) é a fazenda restaurada do fundador de Knoxville. Cerca de cem pessoas e o gado ficaram dentro do complexo de paliçadas, que não é muito maior do que um lote em um conjunto habitacional suburbano. Do outro lado da rua, no **Women's Basketball Hall of Fame** (tel.: 865-633-9000; www.wbhof.com, maio-primeira 2ª de set., 2ª-sáb.; primeira 2ª de set.-abr., 3ª-sáb.) você pode assistir a vídeos sobre glórias passadas e também fazer umas cestas. Ao longo das margens do rio, o **Volunteer Landing** tem uma trilha para caminhada e uma doca para jantares em barcos.

Ao norte da cidade, na US 441, a **Norris Dam** foi a primeira barragem a ser construída pela gigantesca Tennessee Valley Authority, que trouxe a energia elétrica para a região na década de 1930. O **lago Norris**, aclamado como um dos mais limpos da América do Norte, tem várias marinas, casas-barco e pesca. Há trilhas e *campings* nos bosques vizinhos. Na Highway 61, o **Museum of Appalachia** (tel.: 865-494-7680; www.museumofappalachia.org; diariamente) é uma "aldeia viva da montanha" e faz um soberbo trabalho de interpretação do Tennessee rural. A extensa coleção de construções transplantadas, as demonstrações das técnicas básicas usadas na vida cotidiana, os objetos pessoais e as histórias contadas pelos proprietários deixam o visitante profundamente consciente do quão difícil era sobreviver nas montanhas.

A cidade secreta da Segunda Guerra Mundial

A oeste de Knoxville, na Saída 364 da I-40, fica **Oak Ridge**, a "cidade secreta", construída em 1942. Nela viveram, em sigilo total, 75 mil pessoas para o trabalho na produção da primeira bomba atômica. O **American Museum of Science and Energy** (tel.: 865-576-3200; www.amse.org; diariamente) conta histórias sobre a vida em Oak Ridge (no acervo há inclusive uma foto de guardas revistando um Papai Noel). O restante do museu tem explicações sobre a energia nuclear e exposições sobre o Y-12 National Security Complex, que é responsável por vários aspectos da atividade nuclear e sobre como lidar com as vulnerabilidades nucleares. De volta à I-40, você entra na **Central Time Zone** logo depois da Saída 340. Pegue a Saída 268, vire à direita na Route 96 para a US 70 Norte. Vire à esquerda. Agora você está a cerca de 80 km (50 milhas) de Nashville. A viagem pela última das montanhas começa em uma pista simples, que corre numa faixa estreita de terra ao lado de um barranco íngreme. Ela leva para pastos e campos cultivados, onde velhos celeiros prateados com telhados vermelhos posam para fotos.

Antes de chegar a Nashville, pare para visitar a graciosa e bonita mansão do presidente Andrew Jackson, **The Hermitage** (tel.: 615-889-2941; www.thehermitage.com; diariamente), em cujo terreno ainda está de pé a casa de fazenda onde ele morou antes de tornar-se o sétimo presidente dos Estados Unidos. Jackson morreu em 1845.

Nashville

Nos anos 1850, **Nashville** ⓭ foi considerada a cidade mais refinada e sofisticada do sul, autodenominando-se "a Atenas do sul". Em 1897, para as comemorações do centenário da cidade, foi construída uma réplica do **Parthenon**, do mesmo tamanho do original. Ele domina de modo imponente uma colina no Centennial Park, e em seu interior há uma estátua dourada de Atena de 12,8 metros de altura. O prédio também funciona como o **Nashville's Art Museum** (tel.: 615-862-8431; www.nashville.gov/Parks-and-Recreation/Parthenon.aspx; 3ª-dom.), com um acervo permanente dedicado aos artistas norte-americanos dos séculos XIX e XX.

O **Frist Center for Visual Arts** (tel.: 615-244-3340; www.fristcenter.org; diariamente), localizado no magnífico prédio em *art déco* do antigo correio, na rua Broadway, não tem um acervo permanente, mas organiza três ou quatro exposições temporárias a qualquer momento. Com frequência elas se complementam e, como sempre, demonstram a grande variedade da expressão visual.

O **Tennessee State Museum** (tel.: 615-741-2692; www.tnmuseum.org; 3ª-dom.) explora de modo abrangente a história e a cultura do Tennessee, da era pré-histórica aos primeiros anos do século XX. O destaque do museu é uma história ilustrada da Guerra Civil, enfatizando o papel desempenhado pelo estado, que era confederado. Um andar inteiro é ocupado por exposições interativas com efeitos de som, filmes, bandeiras de batalha e objetos pessoais dos soldados. Há também exposições sobre o "Novo Sul" que o Tennessee ajudou a criar durante a Reconstrução (o período pós-Guerra Civil), o polvorim de David Crockett e um antigo carroção Conestoga, no qual famílias há muito esquecidas da Virgínia migraram para o Tennessee por volta de 1800.

Cidade da música

Não obstante suas outras atrações, Nashville é conhecida principalmente como o epicentro da música *country*. Músicos, cantores, compositores e artistas gravitam em torno da cidade desde 1925, quando a estação de rádio WSM começou a transmitir o WSM Barn Dance Show nas noites de sábado. Dois anos depois, mudou o nome para **Grand Ole Opry** (tel.: 615-871-6779; www.opry.com), uma

DICA
Faça um passeio a pé pela Calçada da Fama de Nashville, que fica no trecho de cerca de 1,5 km que liga o centro da cidade com a Music Row. Marcos de estrelas e guitarras homenageiam Jimi Hendrix, Roy Orbison e Emmylou Harris, entre outros.

Charlie Daniels, estrela do country rock, *num show no Grand Ole Opry.*

The Hermitage, a casa de Andrew Jackson no Tennessee.

Country Music Hall of Fame.

paródia do programa precedente que transmitia ópera. Em 1943, o programa foi transferido para o **Ryman Auditorium** (tel.: 615-889-3060; www.ryman.com; diariamente). Com uma acústica que perde apenas para a do Mormon Tabernacle, ele foi originalmente construído como o Union Gospel Tabernacle, daí seu apelido de "A Igreja Mãe da Música Country". Ele recebeu apresentações teatrais e musicais de todos os gêneros, de Katherine Hepburn a Caruso. Em 1974, o Opry mudou para instalações maiores e mais modernas, e o Ryman ficou fechado até 1994. Hoje ele recebe uma programação de apresentações musicais no teatro clássico, com seus assentos de igreja e janelas de vitrais.

Hoje o Grand Ole Opry fica ao norte de Nashville, em uma instalação grande e construída especialmente para esse fim. Para honrar a história do Opry, um grande círculo de madeira do palco do Ryman está incrustrado na parte dianteira do novo palco. Apresentações acontecem às sextas e sábados, e às terças durante o verão. Todo artista *country* sonha ser convidado para se apresentar aqui; ser escolhido como um membro do rol do Opry é um ponto positivo na carreira de qualquer artista.

O Ryman é um dos pilares de um bairro dedicado à música *country*, que compreende um espaço entre as avenidas Second e Fifth e as ruas Church e Demonsbreun. Entre as avenidas Second e Fourth, a rua Broadway é repleta de pequenos bares-cabarés que nunca fecham e onde músicos desconhecidos tocam até altas horas, esperando que algum caça-talentos de passagem os note. Pare no **Hatch Show Print**, na rua Broadway n. 316 (tel.: 615 256 2805; www.countrymusichalloffame.org/our-work; 2ª-sáb.), uma empresa que, desde 1875, produz panfletos e pôsteres para artistas usando um bloco de madeira e técnicas tipográficas pouco diferentes das usadas por Gutenberg, o inventor da técnica. Do outro lado da rua, a **Ernest Tubb Music Shop** (tel.: 615-255-7503; www.etrecordshop.com; diariamente) foi inaugurada em 1947, e sua lista de CDs e vinil é inacreditável.

DE WASHINGTON, D.C. A ARKANSAS

O **Country Music Hall of Fame** (tel.: 615-416-2001; www.countrymusichalloffame.org; diariamente) ocupa um quarteirão inteiro da Demonbreun Street. De cima, o prédio tem o formato de uma clave de fá, as janelas imitam as teclas do piano e o sublime canto noroeste lembra a cauda dos carros da década de 1950. Reserve pelo menos três horas para apreciar as exposições. Começando pela origem da música que trata de "pessoas reais e de vidas reais", ele homenageia caubóis cantores e o *swing* do Oeste, o cantor e apresentador Tennessee Ernie Ford e o programa televisivo de variedades *Hee-Haw* (com o cenário original de um milharal). Compositores explicam sua inspiração, cabines com áudio tocam gravações clássicas e antigas. Estão em exposição o Cadillac dourado de Elvis, dezenas de guitarras de donos famosos e o *laptop* de Taylor Swift. No centro dos prédios, o Hall of Fame tem blocos de bronze que homenageiam membros das comunicações criativas e empresariais que se dedicaram a propagar a música *country*. A disposição aleatória das placas em uma sala circular demonstra a igualdade entre todos os seus membros.

Na Third Avenue, o **Johnny Cash Museum** (tel.: 615-736-9909; diariamente) homenageia a memória e a carreira de um dos ícones da música *country*. Já o **Musicians Hall of Fame** (tel.: 615-244-3263; www.musicianshalloffame.com) é dedicado aos "músicos de estúdio", aqueles que acompanham artistas e estrelas e que raramente são reconhecidos. A **Willie Nelson and Friends General Store**, perto do novo Opry, tem exibições sobre a longa carreira de Willie Nelson e vende todos os tipos de lembrancinhas de Nashville e do cantor.

Estrada da música

A maioria das cidades ao longo da I-40 alega uma conexão com alguma estrela da música. A Saída 143 leva até **Loretta Lynn's Ranch** (tel.: 731-668-1222; www.lorettalynnranch.net; diariamente, abr.-out.; atrações limitadas de nov.-mar.). Lá há uma réplica da "casa em Butcher Holler [comunidade de mineiros de carvão]", onde Loretta Lynn nasceu e onde há excursões pela casa da fazenda de 1837 que ela comprou quando tornou-se uma estrela.

Jackson, na Saída 82, reivindica Tina Turner, Isaac Hayes e Carl Perkins. Em **Casey Jones Village** (tel.: 731-668-1222; www.caseyjones.com; diariamente), um museu e um local de apresentações têm exibições de todos os gêneros. Jackson foi a casa de Casey, apelido de John Luther Jones, que entrou para a história quando a locomotiva que dirigia, a *Cannonball Express*, colidiu com um trem de carga que estava parado nos trilhos; ele conseguiu reduzir a velocidade do veículo a tal ponto que todos os seus passageiros sobreviveram. A casa onde ele viveu com a esposa e três filhos está aberta para visitação. A garagem do trem está cheia de artigos sobre a lenda Casey Jones e a história das ferrovias do Tennessee. O cantor e compositor de música *country* Hank Williams Jr. vive em Paris, uma cidade vizinha.

Na Saída 56, **The West Tennessee Delta Heritage Center** (tel.: 731-779-9000; www.westtnheritage.com; diariamente) é um bom lugar para parar e obter informações sobre as atrações da

FATO

A Interstate 40, estrada que liga Nashville a Memphis, é conhecida como "Rodovia da Música".

Memphis: cidade da Música, Estados Unidos da América

A porta de entrada para o delta do Mississippi, Memphis é a terra do blues e da Beale Street, e a lembrança de dois reis: Elvis e Martin Luther.

A lista dos hóspedes do ornamentado e venerável **Peabody Hotel** inclui presidentes dos Estados Unidos e também o general Robert E. Lee, mas hoje os patos do Peabody são muito mais populares. Toda manhã, às 11h, fazem um passeio de elevador, de sua casa no telhado até o saguão, rebolam pelo tapete vermelho e, ao som de John Philip Sousa, sobem na fonte, onde eles alegremente nadam até 17h, quando a *performance* repete-se de forma inversa.

Memphis é mais conhecida, obviamente, por **Graceland** (tel.: 800-238-2000; www.elvis.com/graceland; dez.-fev., 4ª-2ª), casa e local do último descanso de Elvis Presley. O detalhado audioguia cobre o térreo e o porão da mansão. Em outros prédios estão os prêmios e recordações dos shows e filmes do cantor. Chegue cedo: em dias movimentados, o tempo de espera pelo transporte até a mansão pode ser de mais de uma hora.

Clubes de música na Beale Street.

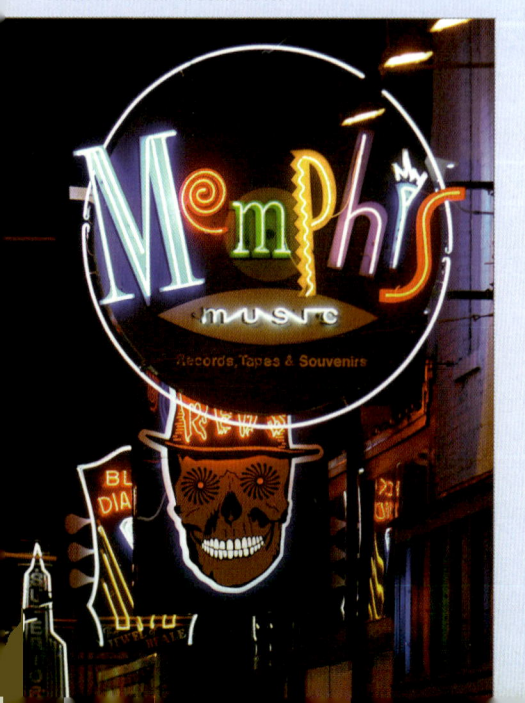

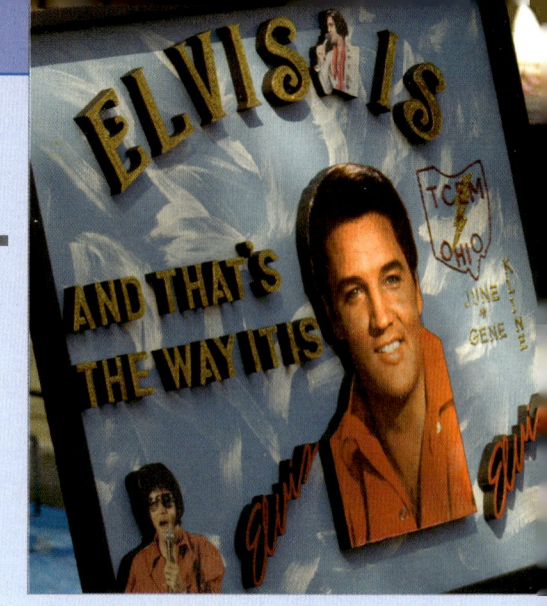

Tributos a Elvis, em Graceland.

O **Sun Studio** (tel.: 901-521-0664; www.sunstudio.com; diariamente) foi onde o "Rei" gravou, mas B. B. King, Ike Turner e muitos outros artistas vieram antes dele. Nos últimos anos, Bono, U2 e Paul Simon foram clientes do Sun. Há visitas guiadas com duração de trinta minutos. O **Stax Museum of American Soul Music** (tel.: 901-946-2535; www.staxmuseum.com; abr.-out., diariamente; nov.-mar, 3ª-dom.) homenageia músicos – como Aretha Franklin e Otis Redding – que viveram, trabalharam ou estão enterrados na região de Memphis, chamada Soulsville. Já o **Memphis Rock'n'Soul Museum** (tel.: 901-205-2533; www.memphisrocknsoul.org; diariamente), na Beale Street, tem sete galerias que enfocam a história da música na cidade.

Há muitos outros locais relacionados à música, entre eles o **Center for Southern Folklore** (tel.: 901-525-3655; www.southernfolklore.com; 2ª-sáb.), que coloca a música em um contexto cultural e social mais amplo. A **Beale Street** é a rua onde tudo começou, e seus bares e casas noturnas crescem com as composições do *delta blues* criado por W. C. Handy (1873-1958).

Na Mulberry Street, o **National Civil Rights Museum** (tel.: 901-521-9699; www.civilrightsmuseum.org; 4ª-2ª) engloba o Lorraine Motel, onde Martin Luther King Jr. foi assassinado em 4 de abril de 1968. A visão da cama desfeita, da bandeja de café da manhã e de alguns objetos no quarto 306 – as últimas coisas que o doutor King viu antes de ir para o balcão – de alguma forma torna o evento muito particular. Outras exposições relatam os momentos decisivos do movimento pelos direitos civis norte-americanos e os esforços mundiais nessa direção.

DE WASHINGTON, D.C. A ARKANSAS

região. Se tiver tempo, passe por "The Minefield" em **Brownsville**, na South Main/Highway 54. À primeira vista, a maior escultura ao ar livre do Tennessee parece uma subestação de energia elétrica; contudo, um olhar mais apurado mostra uma reflexão visionária e sempre crescente sobre a vida, de autoria do artista autodidata Billy Tripp.

A herança musical e cultural do Tennessee continua diretamente até **Memphis** ⓮ *(ver p. 196)*.

ARKANSAS

Em Memphis, a I-40 cruza o **rio Mississippi** em Arkansas. Com apenas 3 milhões de habitantes em uma área de 138 mil km², boa parte do Arkansas continua pouco desenvolvida; daí vem um de seus apelidos: "The Natural State" ["O Estado Natural"]. Little Rock, a capital, tem apenas 700 mil habitantes; Forth Smith, a segunda maior cidade, tem 87 mil.

Em vez de pegar a interestadual, considere viajar pela US 70 oeste para Little Rock. Vá com calma para observar algumas das melhores paisagens naturais do Arkansas ao longo dessa rota – rica vegetação às margens do delta, pradarias, florestas de pinheiros e ciprestes – antes de voltar à I-40 em Galloway na Saída 161.

Little Rock

O rio Arkansas cava sua passagem entre as montanhas de Ouachita e Ozark até a foz, em **Little Rock** ⓯. Portanto, antes de tudo, é uma cidade ribeirinha. O **Breckling Riverfront Park** é um espaço aberto maravilhoso, com uma grande calçada às margens da água, uma fonte repleta de crianças e com alguns adultos quando está calor, e a "Pequena Rocha", que dá nome à cidade.

A Markham Street tem hotéis e um centro de convenções. Ao atravessar a Broadway, a rua passa a se chamar President Clinton Avenue. Esse é o **River Market District**, o centro de atividades turísticas e de entretenimento. Na **Clinton Presidential Library** (tel.: 501-748-0419; www.clintonlibrary.gov; diariamente), o passeio inclui a única réplica em tamanho real do Salão Oval, uma cronologia da carreira de Clinton e muitos dos presentes recebidos pelos Clinton durante o tempo que passaram na Casa Branca. Do lado de fora, uma ponte ferroviária reformada agora é uma passagem de pedestres que atravessa o rio até North Little Rock, um bairro em desenvolvimento.

Atrás da livraria fica a sede do **Heifer International** (tel.: 800-422-0474; www.heifer.org; 2ª-sáb.). A instituição de caridade desenvolve a autossuficiência ao oferecer animais de criação às comunidades pobres do Terceiro Mundo. As exposições explicam como isso leva a melhores condições de vida e ao progresso social.

O **Arkansas Museum of Discovery** (tel.: 501-396-7050; www.museumofdiscovery.org; 3ª-dom.) é divertido para crianças, mas igualmente divertido para os mais velhos, tanto que o museu tem noites "apenas para adultos". O Tornado Alley Theater leva você para dentro de um abrigo contra tornados durante uma tempestade. Mesmo sabendo que não é real, ainda assim é muito assustador.

Cercado pela cidade moderna, o **Historic Arkansas Museum** (tel.: 501-324-9351; www.historicarkansas.org; diariamente) é uma coleção dos primeiros edifícios em Little Rock. A estrutura mais antiga da cidade, o **Hinderliter Grog Shop**, infelizmente não atende mais o público. O orgulho

> **DICA**
>
> Enquanto estiver atravessando Arkansas, talvez você sinta vontade de abrir os vidros do carro: um programa do departamento de estradas de rodagem resultou no plantio de 600 espécies de flores silvestres, algumas das quais atraem beija-flores.

Revivendo uma batalha da Guerra Civil em Arkansas.

Pausa para o lanche numa encenação da Guerra Civil.

Barco a vapor no rio Arkansas, em Little Rock.

do museu é a prensa usada para produzir o primeiro jornal do estado.

A história moderna de Little Rock está inexoravelmente ligada à solicitada dessegregação da **Central High School**. Em 1957, nove estudantes negros entraram na escola depois de violentos protestos. A cidade já planejava dessegregar as escolas naquele ano, mas o governador jurou que as escolas do Arkansas continuariam segregadas. No **Central High School Visitor Center** (tel.: 501-374-1957; www.nps.gov/chsc; diariamente), exposições interativas recriam as semanas tensas e incluem lembranças dos "Little Rock Nine" [nome dado ao grupo dos nove alunos negros citados acima] e de outros envolvidos na escola e na comunidade.

O **Arkansas Arts Center** (tel.: 501-372-4000; www.arkarts.com; 3ª-dom.) está comprometido a construir uma coleção de trabalhos extraordinários em papel, da Renascença até os dias atuais. Você pode perambular pelos trabalhos de Van Gogh, Cézanne e Jackson Pollock. Técnicas contemporâneas são outro foco, com peças de Dale Chihuly e Dorothy Gill Barnes.

Um submarino é a última coisa que você esperaria encontrar no rio Arkansas. Contudo, o **USS Razorback** está ancorado no **Inland Maritime Museum** (tel.: 501-371-8320; www.aimmuseum.org; 4ª-dom.). O submarino serviu no Pacífico, durante a Guerra Fria, e no Vietnã, até ser descomissionado em 2001, depois de quase 65 anos de serviço. Visitas guiadas mostram o maquinário extremamente complicado e as instalações apertadas que os tripulantes tiveram de suportar.

Hot Springs

A viagem de uma hora de Little Rock para **Hot Springs** ❻ é puramente funcional. Pegue a I-30 Oeste para a Saída 111 e a US 70. A última parte do caminho segue por um terreno montanhoso íngreme; *hikers* podem explorar as trilhas ao redor da cidade *resort*. Há muitos pontos de acesso para as entradas das trilhas, claramente sinalizadas. Os nativos norte-americanos chamavam Hot Springs de "o Vale dos Vapores", por causa do vapor que sai das águas termais. Nos anos 1880, ela era uma elegante cidade *resort*, quando o Bathhouse Row, com seus elaborados *spas*, foi concluído. Hoje, dois desses balneários ainda funcionam. O Buckstaff Bathhouse (tel.: 501-623-2308; www.buckstaffbaths.com; diariamente) oferece banhos tradicionais, enquanto o Quapaw Baths and Spa (tel.: 501-609-9822; www.quapawbaths.com; 4ª-dom.) tem instalações e atmosfera mais modernas. O **Hot Springs National Park** (tel.: 501-620-6715; www.nps.gov/hosp; diariamente) abrange o Bathhouse Row e preserva o Fordyce Bathhouse; o passeio inclui salas de banho, salões e a academia onde o jogador de beisebol Babe Ruth treinava. O antigo "Ozark Bathhouse", de 1920, agora funciona como o **Museum of Contemporary Art** (tel.: 501-609-9966; 4ª-dom.), que conta com um pequeno acervo permanente, agora aumentado com exposições únicas de escultura, fotografia e multimídia.

Antes de existir Las Vegas, existia Hot Springs. Nas décadas de 1930 e 1940, esse era um lugar muito frequentado por famosos e famigerados. Os mafiosos ítalo-americanos Al Capone e Lucky Luciano passavam férias aqui.

Muitos dos prédios que hoje são lojas funcionavam como *speakeasies* [lugares que vendiam bebidas alcoólicas durante a Lei Seca vigente no país de 1920 a 1933]. Para uma versão divertida daquela época, visite o **Gangster Museum of America** (tel.: 501-318-1717; www.tgmoa.com; diariamente). Usando chapéu fedora e com um mínimo de sotaque nova-iorquino, os guias contam histórias – verdadeiras, em sua maioria – sobre as décadas em que Hot Springs era sinônimo de maus hábitos, corrupção e bons tempos.

A poucos quilômetros da cidade, os **Garvan Woodland Gardens** (tel.: 502-262-9300; www.garvangardens.org; diariamente) são uma parada bem-vinda depois da confusão de Hot Springs. Administrados pelo Departamento de Arquitetura Paisagista da Universidade de Arkansas, os jardins constituíam uma área de desmatamento. A restauração começou há cerca de 40 anos, e os jardins agora são uma vitrine de flores, bulbos, árvores e arbustos perenes e maduros, tanques com carpas, riachos e cascatas. Há passeios com carrinho de golfe para as pessoas com problemas de mobilidade.

Mount Magazine

A viagem de duas horas de Hot Springs para **Mount Magazine State Park** ⓱ segue por alguns dos cenários mais adoráveis da Ouachita National Forest. Saia de Hot Springs pela State 7 para a State 10 e vire na State 309 até o parque. Essa é a joia da coroa dos parques estaduais do Arkansas. O "Island in the Sky" [Ilha no Céu] é o pico mais alto no estado, elevando-se a 839 metros acima do vale onde o Blue Mountain Lake brilha. É um ótimo destino para os amantes da natureza, com dezenas de trilhas para caminhada, instalações para escaladas, para mochileiros e para praticantes de asa-delta e de *mountain biking*. No lado oriental da montanha, o **Mount Magazine Lodge** *(ver p. 413)* tem vistas impressionantes do vale. De Hot Springs, pegue a Route 7 Norte para Ola, mude para a Route 10, depois vire na Route 309 em Havana. A viagem de noventa minutos e uma das mais bonitas do estado.

Fort Smith

A partir de Mount Magazine, pegue a Route 309 Norte para a I-40W até **Fort Smith** ⓲. A cidade revela sua herança do "Velho Oeste". Na North B. Street n. 2, a bela mansão vitoriana restaurada onde fica o **centro de informações turísticas** já foi o "Clube Social da

> **DICA**
>
> Pare no museu da Old State House, em Little Rock, lugar onde Bill Clinton fez discursos na noite em que venceu a eleição (tel.: 501-324-9685; diariamente).

Flores silvestres numa fazenda em Mountain Country.

FATO

Fort Smith é caracterizada em *True Grit* [Bravura indômita] um romance de Charles Portis que inspirou duas adaptações para o cinema.

O edifício do capitólio de Little Rock, onde o ex-presidente dos Estados Unidos Bill Clinton serviu como governador por cinco mandatos.

Senhorita Laura" – constando agora no Registro Nacional de Lugares Históricos, ele foi um dos bordéis mais luxuosos da cidade (tel.: 479-783-8888; diariamente). Muitos quartos foram restaurados de modo que aparentassem os "negócios" ali realizados, e os funcionários alegremente guiam as visitas.

O **Fort Smith National Historic Site** (tel.: 479-783-3961; www.nps.gov/fosm; diariamente) conta o resto da história pitoresca. Foram restaurados o tribunal de Isaac Parker, o "Juiz da Forca", e a prisão onde ficaram encarcerados muitos dos condenados dos 13.490 casos julgados por ele. Excelentes exposições contam sobre os tempos difíceis, perigosos, violentos e emocionantes, quando os fora da lei cruzaram o rio e entraram em "Território Indígena", seguidos pelos marechais norte-americanos.

O **Fort Smith Museum of History** (tel.: 479-783-7841; www.fortsmithmuseum.com; 3ª-dom.) foca mais nos tempos "respeitáveis" da cidade e seu povo, que frequentemente manobrava entre os residentes ilegais. Uma antiga *"soda fountain"* [lugares que vendiam principalmente refrigerantes, mas que hoje vendem outras bebidas e alimentos] é um bom lugar para se refrescar. Do lado de fora, pegue o **trolley** antigo que circula pelo distrito histórico no centro da cidade. O belo passeio de trem pelos campos é especialmente bonito no outono.

Quando Elvis Presley entrou para o Exército, ele se apresentou em Fort Chafee, ao sul de Fort Smith, a leste da I-540. O **Chafee Barbershop Museum** (tel.: 479-783-7841; 2ª, 4ª-sáb.) é onde Elvis fez o famoso corte de cabelo. A barbearia foi restaurada com a cadeira em que Elvis se sentou e com vídeos do tumultuado corte. O Fort tem desempenhado um papel importante em outros eventos, como no auxílio a refugiados vietnamitas e aos desabrigados do furacão Katrina. O edifício tem exposições sobre as atividades mais importantes.

Fayetteville

A I-40 vai levá-lo através de todo o estado de Oklahoma e continuar para oeste, mas, se você estiver interessado numa viagem mais colorida, sugerimos a I-540 para **Fayetteville**, a cerca de uma hora ao norte de Fort Smith. A cidade abriga a Universidade de Arkansas e a primeira casa de Bill e Hillary Clinton, de quando ambos eram professores na universidade. O **Clinton House Museum** (tel.: 479-444-0066; 2ª-sáb.) é uma casa modesta

MUD ISLAND RIVER PARK

Você pode passar um dia muito agradável no **Mud Island River Park and Museum** (tel.: 901-576-7241; www.mudisland.com; meados de abr.-out., 3ª-dom.), uma versão em escala reduzida do rio Mississippi, em um belo cenário no rio.

Essa versão, na qual um passo equivale a 1,6 km, significa que você pode "caminhar" por toda a extensão de 1.535 km do rio, com os níveis de água precisos e em tempo real, e com detalhes geográficos, geológicos e históricos. O percurso pela extensão dessa ilha no meio do Mississippi dura aproximadamente uma hora.

É possível alugar pequenos barcos e bicicletas. O museu enfatiza os tempos em que os barcos navegavam pelo rio Mississippi, contando inclusive com um barco a vapor com rodas de pás, quase em tamanho real, para ser explorado.

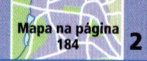

em estilo Tudor, em uma rua lateral, perto da escola. Estacione na entrada de cascalho e bata à porta. Voluntários têm grandes histórias para contar, como a de quando Bill Clinton levou seis meses para colocar os ladrilhos em torno da lareira, um trabalho que ele havia dito a Hillary que levaria apenas um final de semana.

Bentonville: artes visuais e Wal-Mart

Mais adiante na I-540, um pouco antes da fronteira com o Missouri, fica **Bentonville**, a casa do Wal-Mart. Uma das fachadas de frente para a praça da cidade é a loja original de variedades a preços acessíveis que Sam Walton administrou e onde ele fez seus planos para o Wal-Mart. A loja é agora o **centro de informações turísticas Wal-Mart** (tel.: 479-273-1329; diariamente). Depois de assistir a um vídeo-tributo a Sam Walton e uma animada peça promocional sobre a empresa, há várias exposições sobre o crescimento do império de Sam e o seu funcionamento nos dias de hoje.

Os Walton estão entre os mais ricos do país, possuindo muitos bilhões de dólares. Assim, quando Alice Walton decidiu construir um museu dedicado à história e à arte norte-americanas, ela fez algumas compras culturais que impressionaram o mundo das artes. (Ela comprou da biblioteca pública de Nova York a paisagem do movimento artístico Escola do Rio Hudson, *Kindred Spirits*, de Asher B. Durand, por 35 milhões de dólares.) O resultado é o estonteante **Crystal Bridges Museum of American Art** (tel.: 479-418-5700; www.crystalbridges.org; 4ª-2ª). Todos os "mestres" das artes norte-americanas, do período colonial ao moderno, estão ali representados; entre outras obras, estão o retrato de George Washington de Charles Wilson Peale e o tributo a Dolly Parton feito por Andy Warhol. O prédio, projetado por Moshe Safdie, é notável: oito pavilhões ligados, beirando duas grandes piscinas alimentadas pelas Crystal Springs, que dão nome ao museu.

Daqui, continue para o norte pela US 71, entrando no Missouri. Em **Joplin** ⑲, você pode pegar a "estrada-mãe" – a Route 66 –, que cruza o canto sudeste de Kansas antes de entrar em Oklahoma. Partes de Joplin foram devastadas por um enorme tornado que arrasou o sudeste da cidade em maio de 2011. Muito da área leste do St John's Hospital, a primeira região atingida pelo tornado, ainda é uma terra devastada, varrida pelos ventos.

Ex-casa de Bill e Hillary Clinton em Little Rock.

Estrada rural convidativa em Oklahoma.

LUGARES — Mapa na página 184 — 203

DE OKLAHOMA AO NOVO MÉXICO

"Caminhe sobre rodas" na Route 66, atravessando Oklahoma e a faixa norte do Texas, para depois cruzar Santa Fe e Albuquerque até Gallup. O hino a essa rodovia começa aqui.

Oklahoma foi cenário de uma das mais dramáticas corridas pela terra no país em 1889. Hoje, o "Sooner State", como é conhecido, é onde finalmente vamos conhecer a Route 66 (ver p. 35), com seus 3.940 km, a "estrada-mãe" do *The Grapes of Wrath*, de John Steinbeck, que tem em Oklahoma um de seus mais longos trechos aptos a serem rodados.

Esteja preparado para se perder. Em alguns trechos, as placas marrons que indicam "Historic US 66" desaparecem, deixando pouca ou nenhuma pista de onde a rota foi parar ou se ela foi tomada pela interestadual vizinha. Tempo, paciência e um pouco de adivinhação – além de um mapa passo a passo confiável – são o segredo para uma viagem cheia de êxito. Para percorrer a rota toda, espere levar pelo menos oito dias, do início, em Illinois, ao quilômetro final, na Califórnia. Uma exploração mais meticulosa tomará mais tempo.

A ROUTE 66 ENTRA EM OKLAHOMA

A Route 66 entra em Oklahoma na cidade de **Quapaw**, no canto nordeste do estado, depois atravessa 644 km (400 milhas) de seu território, correndo paralela à I-44 (ou sendo substituída por ela) por toda a extensão de Oklahoma City, onde se pega a I-40 para oeste através do Novo México, Arizona e muito da Califórnia.

Relíquias da estrada aberta ao longo da Route 66, em Oklahoma.

Em 1817, Oklahoma tornou-se território indígena, onde os nativos das terras a leste do Mississippi foram reassentados à força pelo governo expansionista norte-americano. No entanto, depois da criação do território de Oklahoma e a subsequente "Corrida pela Terra", da noite para o dia o território indígena foi reduzido à metade, e as tribos de Oklahoma foram forçadas a abandonar a propriedade comunal em favor da propriedade individual de pequenos lotes. Mais de 65 tribos nativas ainda têm representação no estado, e, ao seguir a oeste pela Route 66, você vai passar por inúmeras reservas.

Principais atrações
Gilcrease Museum
Philbrook Museum of Art
National Cowboy & Western Heritage Museum
Oklahoma Route 66 Museum
Cadillac Ranch
Santa Fe
Albuquerque Old Town
Indian Pueblo Cultural Center
Acoma Sky City
El Morro National Monument

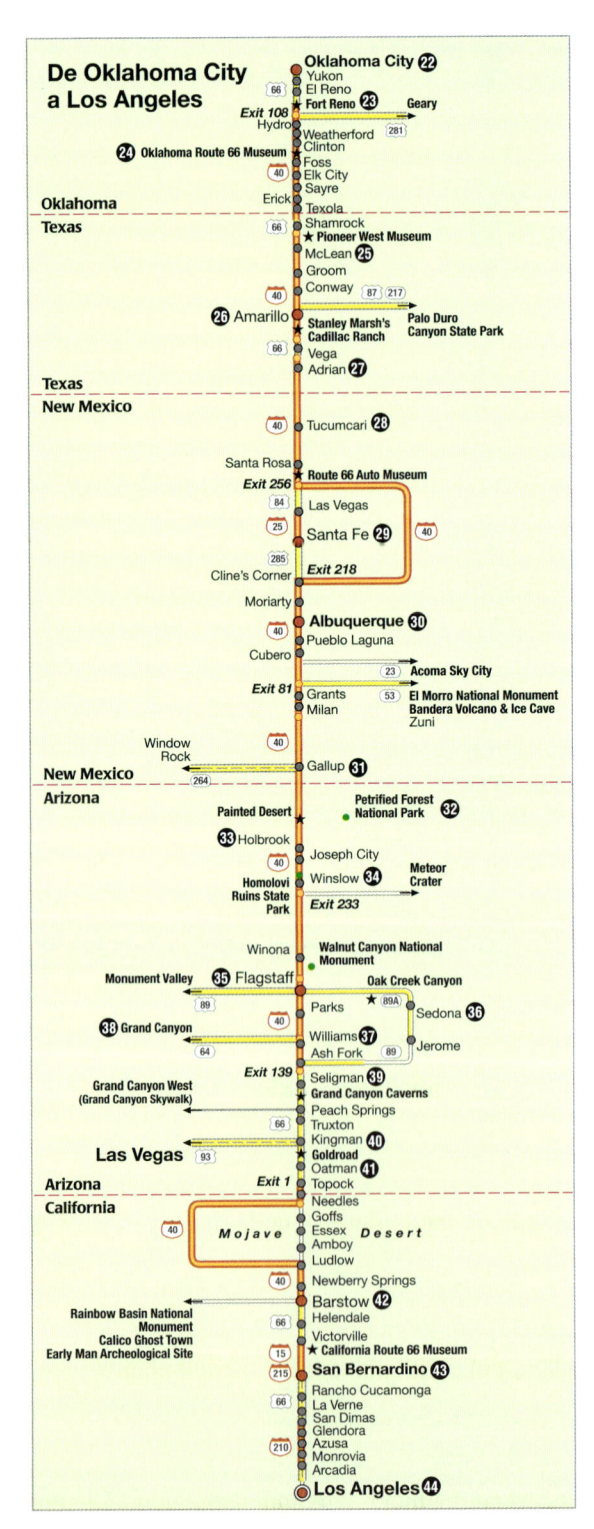

De Miami a Claremore

A primeira cidade grande que você vai encontrar depois de entrar em Oklahoma é **Miami** ⓴, que recebeu o nome de uma tribo local (assim como Quapaw). Localizada no que havia sido uma proeminente região de mineração de zinco, Miami ainda é um centro comercial, e um dos primeiros trechos da Route 66 passa direto pela cidade. O orgulho e a alegria de Miami é seu marco restaurado, o **Coleman Theatre** (tel.: 918-540-2425; www.colemantheatre.org; visitas gratuitas de 3ª-5ª e sáb.), construído em 1929 e que ainda conserva seu órgão Wurlitzer. Saindo da cidade, procure pelo **Waylan's Ku-Ku Burger**, um *drive-in* clássico da 66.

A sudoeste de Miami, você pode dirigir por um dos dois trechos da "estrada calçada" da Route 66, o antigo alinhamento original de 2,74 metros de largura, até **Afton**, que recebeu o nome de um rio da Escócia, dado pela filha de um engenheiro ferroviário escocês. Vale a pena visitar o **Afton Station and Route 66 Packards** (tel.: 918-257-4044; http://postcardsfromtheroad.net/afton.shtml; diariamente), um antigo posto de combustível DX reformado, com um pequeno museu sobre a Route 66 em First Street.

Vinita foi fundada em 1871 por Elias Boudinot, filho de um dos *cherokees* que venderam terras ancestrais ao governo norte-americano, o que resultou na migração em massa dos *cherokees* pela Trilha das Lágrimas em 1838. Boudinot renomeou a comunidade com o nome de uma amiga, a senhorita Vinnie Ream, que, aos 18 anos de idade, esculpiu uma estátua de Lincoln em tamanho real no capitólio norte-americano. A Route 66 continua viva em Vinita. O **Clanton's Café** (ver p. 441), inaugurado em 1927, é o mais antigo restaurante do estado gerenciado continuamente pela mesma família na Route 66, e você vai encontrar muitos prédios 66 antigos na cidade.

A 6 km (4 milhas) a leste de **Foyil** fica o maior totem do mundo. Com 27 metros de altura, é um dos muitos esculpidos por Ed Galloway na década de 1940. A rua principal de Foyil

DE OKLAHOMA AO NOVO MÉXICO

fica no primeiro trecho original da Route 66 pavimentado com cimento Portland. Tem o nome de Andy Payne, morador do local que ganhou a competição "Bunion Derby", que teve duração de 84 dias, em 1928. Nela, os participantes deviam percorrer 3.862 km, de Nova York a Los Angeles – a maior parte do caminho na Route 66.

Em **Claremore**, pare para visitar o **Will Rogers Museum** (tel.: 918-341-0719; www.willrogers.com; diariamente). Oito galerias com exposições interativas homenageiam um dos filhos mais famosos de Oklahoma. Will Rogers era caubói de origem *cherokee*, artista *vaudeville*, comentarista social e famoso por sua sagacidade. O trecho da I-44 entre Miami e Tulsa é conhecido como Will Rogers Turnpike. É o tema de uma canção folclórica que celebra a Route 66, composta por Woody Guthrie, nascido em Okemah, sudeste de Oklahoma City, onde a famosa Woodyfest é celebrada todos os anos no mês de julho.

Nas proximidades de Tulsa fica **Catoosa**, local de uma atração clássica de beira de estrada na Route 66: a **Blue Whale**, uma grande e sorridente escultura de papel machê perto de um lago e de uma área para piquenique popular entre os moradores de Tulsa. Ao lado fica o **Molly's Landing Restaurant** (*ver p. 440*), um ótimo lugar para fazer um churrasco antes de seguir para Tulsa, onde há muita comida boa pela frente na capital cultural de Oklahoma.

Tulsa: berço da Route 66

Tulsa ㉑ (392 mil habitantes), às margens do sinuoso rio Arkansas, já foi conhecida como "capital mundial do petróleo". No centro da cidade ela exibe sua riqueza nos vários edifícios comerciais e hotéis em *art déco* restaurados, e nos bairros repletos de mansões, como a Brookside, ao sul da 11th Street, no alinhamento da Route 66 pós-1933.

Reserve um dia para visitar os dois museus mais importantes de Tulsa, que ocupam as antigas casas e os extensos jardins de dois homens que enriqueceram com o petróleo, mas cujo amor pela arte e pela beleza criou um legado duradouro em sua cidade natal.

O **Gilcrease Museum** (tel.: 918-596-2700; www.gilcrease.org; 3ª-dom.), a noroeste do centro, abriga um dos maiores acervos de arte do Oeste e dos nativos norte-americanos do país, resultado do trabalho de Thomas Gilcrease, que transferiu sua casa e seu acervo para Tulsa em 1955. Agora parte da Universidade de Tulsa, o museu inclui o Henry Zarrow Center for Art and Education, no centro do dinâmico distrito de Brady, na escola de artes da universidade.

Também em Brady fica o **Woody Guthrie Center** (East Brady n. 116), que abriga a maior parte do arquivo de Guthrie, inclusive a letra original do famoso hino do cantor, "This Land is Your Land". O arquivo foi comprado por 3 milhões de dólares pela George Kaiser Family Foundation e representa uma espécie de regresso à casa para Guthrie, o filho pródigo de Oklahoma, no ano do centenário de seu nascimento.

Ao sul da 11th Street, em um bairro arborizado próximo da Peoria Avenue, fica o maravilhoso **Philbrook Museum of Art** (tel.: 918-749-7941;

> **DICA**
> O 1-44 é um pedágio entre Miami, Oklahoma e Oklahoma City. Não há atendentes em todas as cabines de pedágio, e, para passar pelas cabines automáticas, é preciso ter o dinheiro trocado no valor exato. Sendo assim, certifique-se de carregar muitas moedas e dinheiro trocado. Peça o recibo e guarde-o; se entrar e sair para visitar as cidades da Route 66, você será restituído naquelas saídas.

Tulsa, Oklahoma.

www.philbrook.org; 3ª-dom.), que ocupa um casarão de 1927 em estilo italiano, construído por Waite Phillips. O amplo acervo de arte, cuidadosamente exposto na íntima ambientação da casa, inclui excelentes trabalhos feitos por artistas nativos e do sudoeste, uma paixão de Phillips, cuja antiga casa em Philmont, no nordeste do Novo México, é agora outro museu de arte. Independentemente de sua idade ou inclinação, esse é verdadeiramente um lugar romântico e inspirador. O café em estilo europeu com vistas para os clássicos jardins de nove hectares criados pelo próprio Phillips, um renomado jardineiro, é uma pausa bem-vinda durante o abafado verão.

O desaparecimento de Tulsa da literatura sobre a Route 66 é estranho, uma vez que, segundo o historiador Michael Wallis, autor do *best-seller Route 66: The Mother Road* [Rota 66: a estrada-mãe] a Route 66 deve sua existência aos incansáveis esforços de Cyrus Avery, um morador de Tulsa. Avery foi o proprietário de um posto de combustível e restaurante em Mingo Circle, perto da 11th Street Bridge (hoje Cyrus Avery Memorial Bridge), e uma força motriz na construção da Route 66 em 1926.

Depois de décadas de negligência, Tulsa está finalmente conseguindo promover seu importante papel na história da Route 66. Fundos têm sido destinados para a construção de placas de entrada nos limites leste e oeste da 11th Street, o principal trecho da Route 66 em Tulsa, e para a instalação de quiosques informativos, inclusive um nos famosos motéis de beira de estrada da 66. A **Cyrus Avery Centennial Plaza**, perto da Cyrus Avery Memorial Bridge, já foi concluída. A praça tem um centro de informações e uma grande escultura em bronze intitulada "East Meets West" ["O Leste encontra o Oeste"], representando a família Avery em um Ford Modelo T deparando-se com uma carroça puxada por cavalos em seu caminho de volta para Tulsa, vinda dos campos de petróleo no oeste de Oklahoma.

Lanchonetes, hotéis de beira de estrada e vinícolas

Depois de cruzar o rio, a Route 66 continua pela desordenada área industrial de West Tulsa até a vizinha **Sapulpa**, que se tornou um importante centro de exportação de gado com a chegada da ferrovia (a estrela do *western* Gene Autry cantou uma vez na sorveteria local). Sapulpa foi a sede da **Frankoma Pottery**, fundada

Gramado dos fundos do Philbrook Museum, em Tulsa, Oklahoma.

em 1933 e localizada em um velho alinhamento da Route 66. Com o fechamento da fábrica em 2010, suas antigas e encantadoras cerâmicas – conhecidas nos cafés da Route 66 e no Norma's Diamond Café, que fechou quando sua proprietária faleceu – são hoje peças de colecionadores.

O trecho da Route 66 entre Sapulpa e Edmond é um dos mais longos e mais bonitos da rota em Oklahoma, e uma famosa viagem de um dia. Os campos vão passando, e sua folhagem exuberante contrasta lindamente com o vermelho do solo de Oklahoma, com os campos de milho e com os típicos silos de grãos, um sinal de que você ainda está na fértil confluência do meio-oeste com o sul e ainda não alcançou o árido oeste.

A rota segue os trilhos do trem por **Kellyville** e **Bristow**. Não esqueça a saída para **Depew**, um trecho quase fantasma no velho alinhamento, cuja rua principal vem sendo restaurada pelos entusiastas da Route 66. Essa é uma inesperada e encantadora oportunidade para tirar grandes fotos.

Stroud certamente não é um local fantasma. Na verdade, fervilha como o centro do que vem se tornando a região do vinho de Oklahoma. Ao passar pela cidade, você verá muitos estabelecimentos para degustação de vinho, mas tenha cuidado, principalmente nos finais de semana, ao beber e dirigir por aqui – os vinhos de mais alta qualidade são frequentemente mais fortes. O melhor é parar um instante e degustar qualquer tipo de bebida alcoólica acompanhada de uma refeição no histórico **Rock Café** (*ver p. 441*), que fica em um edifício de 1939 no centro da cidade. O Rock Café é famoso por essas bandas. Ele sofreu um incêndio em 2008, mas seus fãs ajudaram a reconstruí-lo e ele foi reaberto (a propósito, seu proprietário, Dawn Welch, foi o modelo para o personagem Sally, na animação *Carros*).

Vale a pena fazer uma rápida parada em **Davenport** e dirigir por suas ruas de pedra esburacadas de 1925, para ver os enormes murais que representam cenas do passado da cidade pintadas nas construções. O Early Bird Diner, na esquina, é coberto com placas de carro – uma clássica montagem da Route 66.

A estrada sinuosa que passa pela bela cidade de **Chandler** tem o clima da Route 66. O **Lincoln Motel** (*ver p. 413*), com suas cabines e garagens, é um clássico motel de beira de estrada, embora já tenha visto dias melhores. Não perca o original **Route 66 Interpretive Center** (tel.: 405-258-1300; www.route-66interpretivecenter.org; diariamente), localizado em um prédio de 1930 que já abrigou um arsenal e onde a "experiência Route 66" inclui uma viagem virtual pela estrada-mãe.

Há dois marcos principais na pastoril **Arcadia**: o grande e reformado celeiro **Old Round Barn** (www.arcadiaroundbarn.com; das 10h às 17h), do século XIX, e o **POPS Diner** (*ver p. 440*) (www.route66.com; diariamente), um divertido posto de combustíveis e lanchonete retrô, em uma construção de vidro com cantilever no Deep Fork River Valley. O POPS foi projetado pela mesma companhia que criou o Route 66 Museum em Clinton. Dirigir aqui em uma agitada noite de sábado é como chegar a um cenário da série dos anos 1970 *Happy Days*.

Logo depois de **Lake Arcadia**, em Edmonds, a Route 66 fica instável assim que você entra no vasto

Oklahoma City.

Estátua "Bem-vindo, pôr do sol", no National Cowboy & Western Heritage Museum.

subúrbio de Oklahoma City. Planeje pegar a I-44 ao sul para visitar a capital do estado.

Uma capital exuberante

Oklahoma City ㉒ floresceu da noite para o dia, em 22 de abril de 1889, quando a corrida pela terra em Oklahoma abriu o território vizinho à colonização, atraindo 50 mil garimpeiros esperançosos. Hoje, o atrativo para os visitantes é o seu charmoso **Centro**, repleto de prédios de bancos em *art déco* reformados e hotéis-butique, ao lado do **Bricktown Historic District**, onde armazéns restaurados abrigam restaurantes modernos e clubes noturnos, assim como um inesperado tesouro, o encantador **American Banjo Museum** (tel.: 405-604-2793; www.americanbanjomuseum.com; diariamente) – uma visita "obrigatória" para os fãs de *bluegrass*.

O centro da cidade se beneficiou do gênio de planejador do arquiteto I. M. Pei, que, nos anos 1960 e 1970, ajudou a desenvolver o plano de renovação urbana da cidade, criando uma mistura elegante de lagos, parques, encostas ajardinadas, bairros distintos e edifícios estilosos. As atrações principais são o **Myriad Botanical Gardens** (tel.: 405-445-7080; www.myriadgardens.org; diariamente), um oásis de 7 hectares, com sua iluminada Crystal Bridge, de sete andares, que abriga uma estufa tropical cheia de plantas, árvores e uma cachoeira, e o **Oklahoma City Museum of Art** (tel.: 405-236-3100; www.okcmoa.com; 3ª-dom.), que tem uma das maiores coleções do país de arte em vidro, de autoria do mestre Dale Chihuly.

Água, plantas, luz e arte aparecem em grande quantidade naquele que, para muitos visitantes, é a atração mais importante de Oklahoma City: o comovente **Oklahoma City National Memorial and Museum** (tel.: 405-235-3313; www.oklahomacitynationalmemorial.org; diariamente), que lembra o bombardeio do Alfred P. Murrah Federal Building, em abril de 1995, quando 168 pessoas, entre adultos e crianças, morreram. No memorial, que é administrado e bem representado pelo National Park Service, os mortos são lembrados por 168 cadeiras de bronze vazias, dispostas num terreno inclinado e gramado debaixo da copa das árvores, de frente para um espelho d'água.

Ao norte, um prédio sobrevivente hoje abriga o museu do memorial. Em frente a ele fica a Survivor Tree, um grande carvalho que escapou da destruição e agora é símbolo de esperança. Um bom horário para uma visita é ao entardecer, a hora reflexiva do dia. Você pode sentar silenciosamente ao lado de outros peregrinos que vêm ao marco zero de Oklahoma, observar os pássaros e as luzes que se acendem debaixo das cadeiras, o que faz que elas pareçam flutuar eteremente entre o céu e a terra – uma metáfora inteligente.

Os clássicos neons, as vacas e o petróleo

A Route 66 parece passar ainda mais despercebida em Oklahoma City do que em Tulsa, mas há alguns prédios visíveis nos antigos alinhamentos ao longo da 23rd Street e da Beltline 66. O **Milk Bottle Building**, de 1930, ao norte da 23rd Street, em um velho alinhamento da Route 66, é um exemplo típico da arquitetura que fica às margens da 66, com sua grande garrafa de leite anunciando o leite Braum no topo de um prédio triangular de 33 metros quadrados. E ele ainda funciona, agora como uma loja vietnamita de sanduíches.

O capitólio estadual de Oklahoma (na Route 66, na 23rd Street com Lincoln Boulevard) é único ao ter uma bomba de petróleo em seu solo, uma lembrança de que a riqueza da cidade provém de um poço importante, que jorrou há 75 anos; campos petrolíferos ainda funcionam no estado. O algodão também já reinou aqui, mas hoje é a pecuária que predomina – essa grande tradição é comemorada em **Stockyards City**, a poucos minutos da região sudoeste do centro, perto da I-40, para onde fazendeiros e caubóis de verdade vêm desde seu surgimento, no início do século XX, em busca de vestuário, equipamento, suprimentos e uma boa refeição.

National Cowboy and Western Heritage Museum

Se você gosta do estilo de vida caubói, vá ao **National Cowboy & Western Heritage Museum** (tel.: 405-478-2250; www.nationalcowboymuseum.org; diariamente), a nordeste do centro, perto da I-44 (Saída 129). Esse espaçoso museu parece maior do que o normal e é um tanto conservador, com ênfase na promoção da arte contemporânea e histórica do Oeste, o que pode fazer dele um pouco chato para crianças (apesar de haver uma "cidade de fronteira" por onde elas podem caminhar). Como sempre, o caubói de Hollywood tem espaço aqui: pôsteres de filmes de Gene Autry, Tom Mix e John Wayne decoram uma galeria, perto de uma estátua grande de Ronald Reagan e do famoso destaque do museu: uma estátua imensa, chamada *The End of the Trail* [O fim da trilha], de autoria de James Earle Fraser.

Continue para oeste na Route 66 ou na I-40 (de qualquer modo, as duas juntam-se uns 64 km depois de sair da cidade). A trilha Chisholm, que era usada para levar o gado até o mercado, passava por onde é hoje a Ninth Street da minúscula **Yukon** – nos limites de Oklahoma City, na Route 66 – cidade natal de Garth Brooks, astro da música *country*. Sid's Diner e Johnnie's Grill, na vizinha **El Reno**,

Fantástico ornamento de capô num Ford antigo em uma reunião de carros clássicos.

Clinton, Oklahoma, tem um dos melhores museus da Route 66 ao longo da rota histórica.

FATO

Entre os texanos famosos está Larry McMurtry, escritor laureado com o Prêmio Pulitzer, autor de *Lonesome Dove* [Pomba solitária], romance definitivo sobre o oeste, ligeiramente baseado em pessoas e fatos reais.

afirmam ser os criadores de uma delícia de Oklahoma, o hambúrguer com cebola frita. O El Reno Hotel, construído em 1892, quando a pernoite em qualquer um dos quartos custava 50 centavos, é hoje parte do Canadian County Historical Museum.

A trilha Chisholm

O **Fort Reno** ❷❸ (tel.: 405-262-3987; www.fortreno.org; diariamente) abriga exposições sobre o tempo em que servia de posto de cavalaria, durante as guerras indígenas. Hoje, El Reno é sede da tribo *cheyenne-arapaho*. Se você pegar a Saída 108 da I-40, um desvio curto ao norte, na US 281, leva a **Geary**, que em 1933 era contornada pela Route 66, apesar do trabalho que os moradores tiveram para nivelar a estrada e jogar cascalho sobre ela, na esperança de atrair a rota – e seus dólares – para a cidade. Não muito distante fica **Left Hand Spring Camp**, onde está enterrado Jesse Chisholm, que deu seu nome à famosa Chisholm Trail. Essa trilha, que se estende por 400 km, de San Antonio a Abilene, foi aberta pela primeira vez em 1860, quando os bisões ainda vagavam pelas redondezas. Depois de 20 anos, quando estava mais ou menos abandonada, serviu de passagem a mais de 10 milhões de cabeças de gado.

O histórico primeiro posto de combustível Phillips, em McLean, Texas.

Morros íngremes e postos de combustível históricos

Bem perto de onde a I-40 intercepta a US 281 fica a "ponte de cavalos", que cruza o rio South Canadian – com 1.202 metros de extensão; tem um único vão, típico do modelo usado na construção da Route 66. Além de oferecer vistas soberbas do rio, a ponte William H. Murray estrelou uma cena de *The Grapes of Wrath*, filmado por John Ford em 1940.

O morro que leva até a ponte é tão íngreme que os Fords Modelo T – com motores que geravam mais energia rodando ao contrário – só conseguiam subir de ré (um problema que acontecia também no infame morro La Bajada, no Novo México, no alinhamento pré-1938 da Route 66, entre Santa Fe e Albuquerque).

Continuando para oeste na I-40, ao norte da Saída 88, ficam o posto de combustível e a loja de Lucille, em **Hydro**. Lucille administrou a propriedade durante 59 anos, até sua morte, em 2000, e ainda é uma parada sentimental para os frequentadores da Route 66. Algumas dessas pessoas compram combustível e mantimentos aqui desde 1941. Em 2004, um morador local comprou o Lucille e reformou a fachada; mais tarde, ele abriu o Lucille's Roadhouse, na vizinha **Weatherford**, como um tributo a esse marco da Route 66 e à sua proprietária. Outros marcos históricos de Weatherford são um edifício de colunas gregas (antigamente um banco, hoje uma loja de roupas) e a centenária oficina de ferreiro Lee Cotter's Blacksmith Shop, onde o **General Thomas P. Stafford Air and Space Museum** (tel.: 580-772-5871; www.staffordmuseum.com; diariamente), com jatos de caça e pedras lunares, homenageia o primeiro astronauta de Oklahoma.

Um museu para a estrada-mãe

É na sossegada **Clinton** (8.852 habitantes) que realmente se começa a sentir a travessia da velha estrada, onde o **Oklahoma Route 66 Museum** ❷❹ (tel.: 580-323-7866; www.route66

org; fev.-nov., diariamente; dez.-jan., 3ª-sáb.), patrocinado pelo estado, é o mais abrangente – e memorável – dos muitos lugares semelhantes ao longo da famosa rodovia. Em 2012, ele passou por uma grande reforma para modernizar as exposições audiovisuais em todas as salas dedicadas a cada década da história da Route 66. As crianças vão adorar os jogos de computador que permitem ir a uma época da Route 66 diariamente enquanto viajam pelo país. Cada sala tem álbuns de recortes com manchetes da época e lembranças familiares típicas.

Há fotografias da construção da estrada na década de 1920. Na década de 1930, ainda vigorava a Lei Seca em Oklahoma, e o aumento dos contrabandistas de bebidas resultou num aumento equivalente no número de agentes da lei, que estão retratados em seus uniformes intimidadores.

Uma garagem típica da mesma época – há uma bomba de gasolina Red Crown, com topo de vidro – tem fotos de alguns dos 3 milhões de migrantes de Oklahoma em seus caminhões velhos, com placas que diziam "Califórnia ou nada". As fotos dos caminhões lotados de móveis, roupa de cama, panelas e engradados de galinhas são características dos anos da grande tempestade de areia (*Dust Bowl*), quando os campos de cultivo ressecados estimularam a fuga de quase um quinto da população do estado para o oeste.

Um ônibus da Greyhound e uma kombi, que evocam a era dos *hippies* na estrada da década de 1960, estão entre os veículos expostos; a kombi é iluminada por luz fluorescente numa sala cujas paredes exibem capas de discos de Sinatra e Dina Shore a Hank Williams e Chuck Berry.

Um pôster de propaganda de um *show* único envolvendo uma cascavel, um mapa feito por um agente do correio aposentado com carimbos de franquia postal de todas as agências de correio ao longo da estrada, uma vitrine de suvenires de lojas há muito fechadas, uma lanchonete e um vídeo com antigos filmes de famílias que se repete indefinidamente também fazem parte da visita ao museu, cujo auge é um filme nostálgico e cativante sobre a contínua história de amor entre a estrada e seus personagens e lugares, escrito e narrado pelo historiador Michael Wallis (é possível também alugar audioguias do museu narrados por Wallis).

Cidades das vinhas da ira

A cidade-fantasma de **Foss** e o conjunto do museu na cidade velha, em **Elk City**, com edifícios antigos trazidos de outros locais (erroneamente chamado de National Route 66 Museum), podem tirar você da estrada depois de sair de Clinton. Quando a US Highway 66 Association realizou uma convenção em Elk City, no Casa Grande Hotel, em 1931, mais de 20 mil fãs compareceram. Hoje o hotel abriga o **Anadarko Basin Museum of Natural History** (tel.: 580-243-0437; visitas com hora marcada). O compositor Jimmy Webb ("Up, Up, and Away") nasceu aqui.

Sayre também está inquietantemente vazia, mas a cidade tem um tribunal bastante pomposo, que apareceu rapidamente no filme *The Grapes of Wrath*. A pequena **Erick**, bem comum, e a quase deserta **Texola**, em épocas diferentes e de acordo com levantamentos distintos, foram ambas declaradas local de passagem do 100º meridiano, que vai

Big Texan, o famoso restaurante do "filé de 2 kg", localizado no Texas Panhandle.

FATO

Em 1893, registrou-se assim a população de Amarillo: "Entre 500 e 600 seres humanos e 50 mil cabeças de gado". Uma estimativa recente diz que a cidade tem mais ou menos 194 mil pessoas.

Mascote do restaurante Big Texan.

do polo Norte ao polo Sul, usado para definições geográficas.

No trecho que atravessa Erick, a Route 66 passa a se chamar Roger Miller Boulevard – um tributo ao compositor ("King of the Road") que nasceu na cidade, e que é homenageado em um pequeno museu no centro da cidade.

O ESTREITO TERRITÓRIO AO NORTE DO TEXAS

Conforme se avança pelo planalto de Oklahoma, que se mescla com a estreita faixa de território ao norte do Texas, conhecida como Texas Panhandle, o ar fica mais seco, a grama, mais baixa e os morros viram deterioradas elevações isoladas de topo achatado e pequenos platôs. A sensação de insignificância é forte diante do espaço amplo e aberto que se estende até o horizonte. Como já era de esperar, quando se está no Texas também se tem uma sensação palpável de ter chegado ao oeste real, que se reflete na grande confiança de seus moradores.

Em **Shamrock**, Texas, não deixe de ver a obra de arte verde-limão e cor de areia, em estilo *art déco*, que é o **U Drop Inn** (hoje, centro de informações turísticas; www.shamrocktexas.

com) e o posto de combustível anexo, com uma torre combinando. Os primeiros postos de combustível tiveram de se empenhar muito para conquistar clientes num mercado competitivo, e as bombas tomaram formas bem diferentes. Uma delas, no lugar do atual teatro Lobo, em Albuquerque, Novo México, tinha o formato de um grande cubo de gelo.

Na pitoresca e letárgica **McLean** ❷⑤ (814 habitantes), que se autodescreve como "o coração da velha Route 66", a sensação é de estar em um cenário do filme *The Last Picture Show* [*A última sessão de cinema*]. Aqui, um antigo posto Phillips 66 foi restaurado por voluntários e é um dos poucos ao longo da rota (não existe nenhum no Arizona). A Phillips Petroleum Company registra algumas das muitas explicações errôneas que as pessoas dão para o número 66 no nome da empresa. Michael Wallis afirma ter a verdadeira história sobre a companhia em seu livro: Phillips estava viajando a 66 milhas por hora (106 km/h), na Route 66, quando pensou no novo nome.

Arame farpado: o laço do diabo

No **Devil's Rope Museum** (tel.: 806- -779-2225; www.barbwiremuseum. com; 3ª-sáb.), o "laço" [*rope*] em questão é o arame farpado, e do lado de fora há uma grande bola enferrujada feita com ele. Embora o acervo seja relativamente pequeno, inclui mais de 8 mil tipos diferentes desse arame. Em meados do século XIX, havia centenas de padrões concorrentes, mas foi a patente de Joseph F. Glidden para material de cerca, composto de farpas enroladas num filamento único de arame, que acabou dominando.

O trecho não pavimentado da Route 66 entre Alanreed e **Groom** sempre foi um problema para motoristas imprudentes. De acordo com o guia sobre a Route 66 escrito por Bob Moore e Patrick Gauwels, Jericho Gap, como o trecho era conhecido, "era famoso por atolar carros e caminhões numa lama preta e viscosa toda vez que chovia". Quando estiver chegando a Groom, esteja atento à enorme torre

DE OKLAHOMA AO NOVO MÉXICO

d'água inclinada que desafia a lei da gravidade na beira da rodovia.

O desfiladeiro de Palo Duro

Pouco antes de Amarillo (onde o fazendeiro local J. F. Glidden inventou seu arame farpado), vire para o sul na US 87, a fim de visitar o **Palo Duro Canyon State Park** (tel.: 806-488-2227; www.palodurocanyon.com), chamado de Grand Canyon do Texas e intimamente associado ao lendário vaqueiro Charles Goodnight, inventor do carroção-cozinha e, antigamente, proprietário da maior fazenda de gado do Texas. Ele foi o primeiro fazendeiro a mudar-se para o Texas Panhandle, na década de 1870. Passeios em carroções-cozinha, começando ou terminando com café da manhã ou jantar em estilo *country*, são oferecidos à beira do desfiladeiro, onde foi rodada parte de um dos filmes de Indiana Jones.

Amarillo

Dusty Amarillo ㉖, que recende o cheiro dos currais de engorda, realiza rodeios regularmente (tel.: 800-692-1338). Os fãs da Route 66 a conhecem pelo grande e rústico **Big Texan Steak Ranch** (ver p. 442), uma divertida atração de beira de estrada que oferece, gratuitamente, um filé de 2 kg a qualquer um que consiga comê-lo (com os acompanhamentos) em menos de uma hora. O sistema de tráfego de mão única da cidade pode confundir, mas você vai conseguir voltar para a Route 66 se seguir a Sixth Street, que conduz ao "**corredor das antiguidades**", onde muitos cafés e lojas relacionados à estrada-mãe seduzem os turistas com sua sinalização colorida, como o Golden Light Café.

A oeste da cidade fica o **Cadillac Ranch**, a muito fotografada fileira de Cadillacs grafitados, uma instalação artística do grupo Ant Farm, bancada pelo mecenas local Stanley Marsh. Os Cadillacs, enfiados no solo com a traseira para cima, estão no meio de um campo, ao sul da I-40. Para chegar mais perto, procure uma estrada marginal, paralela à interestadual. O estacionamento é gratuito e basta passar a pé por um portão para tirar fotos dos carros.

Ponto central da Route 66

Vega é praticamente deserta agora, mas você ainda pode ver prédios antigos às margens da estrada, inclusive o restaurado Magnolia Gas Station, de 1926, e o Vega Motel, que hoje está fechado. A minúscula **Adrian** ㉗ tem uma grande vocação para a fama: ela fica no exato centro da Route 66 – são 1.833 km até Chicago e 1.833 km até Los Angeles. Uma placa que anuncia esse dado pode ser vista no limite oeste da cidade, em frente ao **Midpoint Café** (ver p. 441), uma clássica lanchonete que funciona na Route 66 desde os seus primeiros tempos e é famosa por suas tortas caseiras.

NOVO MÉXICO

Nada pode prepará-lo para o prazer do primeiro encontro com a beleza do Novo México, uma paisagem desértica de terra parda, artemísias, pinheiros baixos e juníperos, mesas flutuantes e altos e distantes picos vulcânicos. Uma grande placa amarela anunciando "Bem-vindo ao Novo México, terra de encantos" é um convite que gerações de sonhadores ao longo da Route 66 aceitaram alegremente – e muitos nunca o deixaram.

Tinkertown, a excêntrica e divertida atração de beira de estrada, repleta de curiosidades, fica poucos quilômetros a leste de Albuquerque, na velha Route 66.

A instalação "Cadillac Ranch", nos arredores de Amarillo, Texas.

> **DICA**
>
> Lembre-se de atrasar o relógio em 1 hora quando cruzar a divisa do Texas com o Novo México, passando o fuso horário central para o da montanha.

Llano Estacado ["Planície Estacada"], um planalto de 85.430 km², é uma das áreas mais quentes e mais planas dos Estados Unidos continentais. Em 1540, o explorador espanhol Francisco Vázquez de Coronado vasculhou essa área – sem sucesso – em busca das lendárias Sete Cidades de Cibola, esperando descobrir tesouros inimagináveis de ouro e prata. Em vez disso, descobriu muitos *pueblos* nativos, cujo brilho vinha das casas de adobe micáceo, da cerâmica e das joias confeccionadas por artesãos nativos a partir da turquesa local. Dezenove desses *pueblos* ainda existem e podem ser visitados.

Curiosidades de Tucumcari e neon

A Route 66 estende-se por mais de 483 km pelo estado ao lado da I-40. Em seu limite oriental, a estrada cruza e torna a cruzar a I-40 antes de atravessar **Tucumcari** ❷❽ ("duas milhas de extensão e duas quadras de largura"), onde está a **Tee Pee Curio Store** (1944), uma das lojas de suvenir mais antigas da rota. Todos os tipos concebíveis de suvenir aparecem aqui e em dúzias de lojas independentes em uma cidade pequena atrás da outra, ao longo da estrada: edifícios recortados em papel, que se abrem em três dimensões, cartões-postais antigos, bonés, jaquetas, lenços, placas de trânsito, estrela de xerife, baralhos, canecas, óculos, pesos de papel, cinzeiros, brincos, fivelas de cinto, prendedores de notas e até babadores de bebê com o logotipo 66.

A simples Tucumcari antigamente anunciava seus "milhares de quartos de motel" nas placas "Tucumcari Tonite" espalhadas por todos os lugares. Apesar da diminuição do tráfego, a cidade ainda abriga um conhecido motel veterano da estrada, o histórico **Blue Swallow**, famoso por seus letreiros brilhantes de neon e suas garagens antigas. Durante décadas ele foi administrado por Lilian Redman, a gentil e prestativa dona, que ganhou o motel como presente de noivado do futuro marido. Agora um pouco surrado, mas melhorando lentamente sob a direção de novos e enérgicos proprietários, continua sendo um destino nostálgico para os amantes da Route 66.

Santa Rosa

Santa Rosa, famosa por seus lagos de águas cristalinas, mantém fortes laços com a Route 66. O **Route 66 Auto Museum**, em Will Rogers Boulevard (tel.: 575-472-1966; www.route66automuseum.com; diariamente), tem exposições de carros clássicos, e a cidade recebe um Festival Route 66 todos os anos em setembro. O Joseph's Bar and Grill serve hambúrgueres e comida típica do Novo México aos viajantes da Route 66 desde 1956 (procure pela histórica placa de um homem gordo, que foi trazida do Center Café, de 1935, um marco da rota, quando foi fechado em 1991).

Um desvio para Santa Fe

Logo depois de Santa Rosa, na Saída 256, partindo da I-40, fica o principal desvio da Route 66 que você não pode perder. O velho alinhamento pré--1938 da Route 66 vira para o norte na US 84, cruza o rio Pecos e passa por minúsculos vilarejos hispânicos em direção a Las Vegas, Novo México,

Jemez Mountains, ao norte do Novo México.

DE OKLAHOMA AO NOVO MÉXICO

antes de fazer a curva acentuada para oeste até **Santa Fe** ㉙, a mais antiga capital dos Estados Unidos.

Santa Fe era o fim da Santa Fe Trail, que, iniciada em 1821, estendia-se por quase 1.290 km, de Santa Fe Plaza até Kansas City, Missouri. Essa trilha foi a maior rota de imigração e de comércio do oeste até a chegada da ferrovia nos anos 1880. Ainda é possível seguir o velho alinhamento da Route 66 até Santa Fe Plaza pela Old Santa Fe Trail (saída para Pecos Trail a partir da I-25), ao longo da Water Street, por fora em Cerrillos Road (Highway 14) e ao sul por Santo Domingo Pueblo e Algodones até Albuquerque. Ela foi desativada em 1938, quando uma estrada mais direta por Albuquerque a substituiu e encurtou a viagem em 200 km.

Hoje, os tradicionais edifícios de adobe no atraente centro histórico de Santa Fe, com seus telhados planos e largos portais, estão ocupados por museus intrigantes, restaurantes soberbos, pousadas pequenas, bares animados, galerias de arte e excelentes butiques, que vendem artesanato do sudoeste. Santa Fe é conhecida como a "Cidade Diferente" por sua mistura única de história espanhola, influências de nativos e cultura artística contemporânea, que fazem da cidade um dos destinos mais procurados no sudoeste.

Uma histórica meca tricultural

O coração de Santa Fe é sua **Plaza**, que data da fundação da cidade por colonizadores espanhóis provenientes do México, por volta de 1610. Com seu coreto e seus bancos de ferro fundido, é um bom lugar para observar as pessoas e para assistir a shows ao ar livre no verão. Do lado norte fica o **Palace of the Governors** (tel.: 505-476-5100; www.palaceofthegovernors.org; última 2ª de maio-primeira 2ª de setembro, diariamente), onde, debaixo de sua fachada, há nativos vendendo bijuterias de alta qualidade, cerâmica e outros artesanatos. Sede do governo regional há 300 anos por sucessivos administradores da Espanha, México e Estados Unidos (assim como, brevemente, por indígenas locais durante a Revolta *Pueblo* de 1680), o palácio é o edifício público mais antigo do país. Hoje ele faz parte do **New Mexico History Museum** (tel.: 505-476-5200; www.nmhistorymuseum.org), um fascinante museu interativo, inaugurado em 2009. Na quadra seguinte fica o **New Mexico Museum of Art** (tel.: 505-476-5072; www.nmartmuseum.org), com obras de artistas do sudoeste. Todos esses museus (e o Museum of Indian Arts and Culture no Museum Hill) são parte do **Museum of New Mexico** (www.museumofnewmexico.org; para todos os museus: última 2ª de maio-primeira 2ª de setembro, diariamente; começo de set.-final de maio, 3ª-dom.; o bilhete de quatro dias é válido para os quatro museus; grátis às sextas, das 17h às 20h).

Nas proximidades fica o **Georgia O'Keeffe Museum** (tel.: 505-946-1000; www.okeeffemuseum.org; diariamente). Inspirada pela luz e pelas paisagens, a artista fez do norte do Novo México sua casa. Esse museu guarda a maior coleção de suas obras.

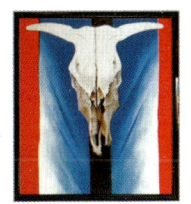

"Crânio de vaca: vermelho, branco e azul", de Georgia O'Keeffe; visite o museu dedicado à artista em Santa Fe, Novo México.

Pintando o Santuario de Nuestro Señor de Esquipulas, em Chimayó, Novo México.

FATO
O trem Rail Runner liga Albuquerque a Santa Fe, Novo México, e faz a conexão por ônibus com o Albuquerque International Sunport e o serviço da Amtrak.

A leste da praça fica o **Museum of Contemporary Native Arts** (tel.: 505-983-1777; www.iaia.edu/museum; última 2ª de maio-primeira 2ª de setembro, diariamente; começo de set.-final de maio, 4ª-2ª), no histórico prédio do correio, com arquitetura típica de Santa Fe. Administrado pelo Institute of American Indian Arts, apresenta o maior acervo de arte nativa contemporânea do país. Em frente fica a **Cathedral Basilica of St Francis**, cujo fundador, o arcebispo Jean-Baptiste Lamy, enterrado atrás do altar, serviu de inspiração para a personagem do romance *Death Comes to the Archbishop* [*A morte vem buscar o arcebispo*], de Willa Cather.

Logo depois da catedral fica a **Loretto Chapel** (tel.: 505-982-0092; www.lorettochapel.com; diariamente), com sua "escadaria milagrosa". Ao sul do rio localiza-se a parte mais antiga de Santa Fe, onde estão a encantadora e muito fotografada **San Miguel Mission** (tel.: 505-983-3974; diariamente) e o **State Capitol**, ou **Roundhouse** (tel.: 505-986-4589; 2ª-6ª). Até essa sede de governo é uma galeria de arte, com obras de artistas do Novo México cobrindo as paredes circulares.

Museum of Indian Arts and Culture.

Cidade arte

A arte está em toda parte em Santa Fe. Perto do Paseo de Peralta, o **Canyon Road** – o anel rodoviário no centro da cidade – antigamente era uma trilha de burros usada pelos moradores, mas hoje ela está ladeada de galerias de arte, que funcionam em históricas construções de adobe. (Nas noites de sexta há uma Art Walk, quando muitas galerias ficam abertas). A oeste da Plaza, a South Guadalupe Street leva até **The Railyard**, o mais novo bairro de artes e entretenimento da cidade, com jardins originais e armazéns modernos onde funcionam, o ano todo, uma feira com produtos das fazendas, galerias de arte e o trem Rail Runner, que liga Santa Fe a Albuquerque.

Perto da Old Santa Fe Trail fica o Museum Hill, que abriga o maravilhoso **Museum of International Folk Art** (tel.: 505-476-1200; www.internationalfolkart.org; 3ª-dom.; diariamente no verão), assim como o **Museum of Spanish Colonial Arts** (tel.: 505-982-2226; www.spanishcolonialblog.org; diariamente), o **Wheelwright Museum of the American Indian** (tel.: 505-982-4636; www.wheelwright.org; diariamente) e o impressionante **Museum of Indian Arts and Culture**

DE OKLAHOMA AO NOVO MÉXICO

(tels.: 505-476-1250; www.indianartsandculture.org; mesmos horários do Museum of New Mexico).

A cidade é uma boa base para visitas a outras atrações do norte do Novo México, incluindo os Oito *Pueblos* do Norte, o Santuario de Chimayó – "a Lourdes da América" –, as moradias do penhasco de Puye no *pueblo* Santa Clara e as que ficam próximas ao Monumento Nacional de Bandelier, assim como a artística Taos, ao norte, pela garganta do rio Grande.

Rumo a Albuquerque

Você pode seguir a I-25 para o sul, que corre paralela ao velho alinhamento até Albuquerque, ou pegar o novo alinhamento para o sul pela pitoresca Galisteo Basin, na US 285, até a I-40. No entroncamento, não deixe de visitar a loja **Cline's Corners**, em funcionamento desde os anos 1930, em um ponto que o fundador Roy Cline descreveu como o "lugar mais frio, miserável e que tem mais ventos da Route 66".

O mais longo trecho remanescente da Route 66 no Novo México passa por **Moriarty**, uma poeirenta cidade rural. As recordações aqui incluem o posto de combustíveis Whiting Brothers e o Sputnik, uma enorme esfera giratória cheia de pontas de neon, chamada "*rotosphere*", da década de 1960, que fica no topo do ainda famoso restaurante **El Comedor de Anayas** (ver p. 442). Essa é uma das 264 *rotospheres* restantes criadas por Warren Milks entre 1960 e 1971. Acredita-se que seja a única na Route 66 ainda em uso.

O parque de diversões estadual em Albuquerque foi o local das celebrações de 75 anos da Route 66 em 2001. A estrada-mãe pós-1938 cruza **Albuquerque** ㉚, passando pela Universidade do Novo México em Nob Hill, no que é hoje a Central Avenue. O centro cívico, o centro de informações turísticas e um punhado de edifícios de época alinham-se do outro lado dos trilhos da estrada de ferro de Atchison, Topeka e Santa Fe, logo depois da Second Street, no centro de Albuquerque. Um projeto de revitalização de milhões de dólares transformou esse trecho da rota num vibrante cenário de centro comercial, com neons, teatros, casas noturnas, hotéis e restaurantes. Um marco notável é o **KiMo Theater**, construído em 1927, num estilo misto de *pueblo* renovado e *art déco*.

FATO

A International Balloon Fiesta dura nove dias em outubro, com centenas de balões alçando voo no Balloon Fiesta Park, em Albuquerque.

Almoço no restaurante La Hacienda, na praça de Albuquerque.

Uma flecha de 6 metros fura o solo do lado de fora de uma loja em Gallup, Novo México.

Lanchonete em estilo anos 1950, Albuquerque.

A cidade velha de Albuquerque

Cerca de 3 km para oeste, antes de chegar ao rio Grande e no limite oeste da cidade, a **cidade velha**, com suas lojas charmosas e seus restaurantes, fica uma quadra ao norte da Central Avenue, com sua praça dominada pela igreja de adobe de **San Felipe** (1706). Cinco bandeiras já tremularam nessa praça: a espanhola, a mexicana, a confederada, a norte-americana e a do Novo México.

No coração da cidade velha estão o **Albuquerque Museum of Art and History** (tel.: 505-243-7255; www.cabq.gov/museum; 3ª-dom.), o chacoalhante **American International Rattlesnake Museum** (tel.: 505-242-6569; www.rattlesnakes.com; diariamente) e o **Turquoise Museum** (tel.: 505-247-8650; www.turquoisemuseum.com; 2ª-sáb.), que ajuda a explicar um pouco as compras de joias. Nas proximidades estão o **New Mexico Museum of Natural History and Science** (tel.: 505-841-2800; www.nmnaturalhistory.org; diariamente), com planetário, e o **Explora** (tel.: 505-224-8300; www.explora.us; diariamente), centro de aprendizagem interativa para crianças. A oeste da cidade velha fica o **Albuquerque BioPark** (tel.: 505-764-6200; www.cabq.gov/biopark; diariamente), com zoológico, aquário e jardim botânico.

Se você não tiver tempo de visitar um *pueblo* de verdade, a melhor opção é o excelente **Indian Pueblo Cultural Center** (tel.: 505-843-7270; www.indianpueblo.org; diariamente), cujas galerias expõem as histórias de cada um dos dezenove *pueblos*. O centro tem loja de presentes, restaurante de culinária nativa e apresentações gratuitas de dança tradicional desses povos nos fins de semana. Do outro lado do espectro está o **National Museum of Nuclear Science and History** (tel.: 505-245-2137; www.nuclearmuseum.org; diariamente). Qualquer que seja seu ponto de vista político, esse museu tem uma perspectiva intrigante da era atômica e do papel do Novo México no desenvolvimento da bomba atômica.

Acoma Sky City

A oeste de Duke City, a Route 66 atravessa **Laguna Pueblo** (tel.: 505-552-6654), que tem uma igreja do início do século XVIII, e **Cubero** (uma história duvidosa conta ser este o lugar em que Ernest Hemingway escreveu *The Old Man and the Sea* [*O velho e o mar*], hospedado em um motel de beira de estrada). Uma estrada vicinal segue alguns poucos quilômetros para o sul até **Acoma Sky City**, que, pendurada numa mesa de 112 metros de altitude, afirma ser o povoado de ocupação contínua mais antigo do país (o *pueblo* de Taos também faz a mesma afirmação). Membros da tribo guiam passeios que partem do novo e charmoso **Sky City Cultural Center** (tel.: 800-747-0181; www.acomaskycity.org), e vão até o *pueblo* antigo, com seu povoado e sua igreja, explicando sua complexa história. O centro cultural tem um pequeno museu excelente e um restaurante que serve pratos regionais e café Starbucks.

Grants (nome de três irmãos) tem o ar de uma cidade da Route 66. Em meados do século XX, foi centro de mineração de urânio, uma história que pode ser explorada no **New Mexico Mining Museum** (tel.: 505-287-4802; 2ª-sáb.). O **centro de informações turísticas do noroeste do Novo México** (tel.: 505-876-2783; www.nps.

DE OKLAHOMA AO NOVO MÉXICO

gov/elma/planyourvisit), ao sul da I-40, orienta sobre os parques nacionais nos arredores (o remoto Chaco Culture National Historical Park fica ao norte e requer pelo menos um dia de viagem) e sobre outras atrações regionais.

Sua melhor aposta é fazer um desvio ao sul na Highway 53, entre Grants e Gallup, para conhecer esse glorioso campo de mesas de arenito e de remotas lavas vulcânicas do vizinho monte Taylor. Em **Bandera Volcano e Ice Cave** (tel.: 888-423-2283; www.icecaves.com; diariamente) e **El Malpais National Monument** (tel.: 505-783-4774; www.nps.gov/elma; diariamente) é possível ver as características vulcânicas da área, mas o destaque da estrada é **El Morro National Monument** (tel.: 505-783-4226; www.nps.gov/elmo; diariamente), um promontório de arenito coberto por petróglifos entalhados e pictogramas feitos por viajantes que, por séculos, paravam aqui para tomar a água do reservatório debaixo da rocha. Eram desde nativos norte-americanos, exploradores espanhóis e uma unidade de camelos do exército americano, até os pioneiros que seguiam para o oeste em meados do século XIX e inspetores da ferrovia. Uma trilha leva a um *pueblo* em ruínas no topo da rocha.

Um pouco antes de chegar a Gallup, a estrada cruza **Zuni**, o maior *pueblo* do estado, famoso por sua Missão de Nossa Senhora de Guadalupe, de 1629, e por suas elaboradas joias em prata, habilidosamente incrustadas com turquesa e coral.

Ponto de encontro de estrelas do cinema em Gallup

Apesar de seu cenário com rochas avermelhadas ser glorioso, a cidade ferroviária de **Gallup** ❸ não é muito bonita. No entanto, ela é uma clássica cidade da Route 66, uma daquelas que vale a pena conhecer. O destaque, no limite leste da cidade, é **El Rancho Hotel and Motel**, construído em 1937 por Raymond E. Griffith, que se fazia passar por irmão de D. W. Griffith, pioneiro do cinema. Desde o início, o hotel foi muito frequentado por estrelas do cinema que gravavam cenas por ali; até a década de 1960, pelo menos quinze filmes haviam sido rodados usando o hotel como base, entre eles *Sundown* [*Quando morre o dia*], *Streets of Laredo* [*As ruas de Laredo*] e *The Hallelujah Trail* [*Nas trilhas da aventura*].

Gallup se descreve como o lugar "onde começa o sudoeste indígena" e continua sendo um centro comercial para os navajos, ou diné – cerca de 300 mil pessoas –, que vivem nos 25.426 km² da vizinha **nação navajo**. A capital navajo de **Window Rock** fica a 40 km a noroeste de Gallup, logo depois na divisa do Arizona, na State Route 264.

Objetos indígenas, como tapetes, joias e outros artesanatos, podem ser adquiridos em antigos postos de comércio como o Richardson's e o Ortega's no centro de Gallup, uma área de 12 quadras em torno da Hill Avenue e da Fourth Street. O centenário **Rex Hotel** (tel.: 505-863-1363) é hoje museu, e a histórica estação de trem está ocupada por um centro cultural que apresenta dança cerimonial todas as noites no verão. Se estiver aqui em agosto, dê uma olhada no cerimonial indígena intertribal, uma reunião enorme que acontece no parque estadual Redrock, na região leste da cidade.

FATO

O arco de pedra vermelha que dá nome à capital da nação navajo, Window Rock, fica num pequeno parque próximo do Navajo Nation Administration Center.

Substituindo o combustível pela força nas pernas em uma estrada deserta.

Frank Lloyd Wright Spire, em Scottsdale.

LUGARES | Mapa na página 204 | **221**

DE ARIZONA A LOS ANGELES

Motéis em forma de tenda, postos de combustível magníficos, antigos balcões de refrigerante que ainda funcionam – o passeio ao longo da Route 66 continua, incorporando fantasmas e o Grand Canyon no trajeto.

Principais atrações
Petrified Forest National Park
Meteor Crater
Monument Valley
Sedona
Grand Canyon
Grand Canyon Skywalk
Kingman Route 66 Museum
Las Vegas
Route 66 "Mother Road" Museum
California Route 66 Museum

Na passagem do Novo México para o Arizona, a estrada-mãe fica difícil de acompanhar; por isso, se percorrer toda a extensão da Route 66 não for sua prioridade, continue na I-40 ao atravessar Holbrook, Arizona. Cerca de 40 km estado adentro, a saída 330 da I-40 leva até o **Petrified Forest National Park** ❷ (tel.: 928-524-6228; www.nps.gov/pefo; diariamente), cujos 89 mil hectares estão repletos de gigantescos troncos petrificados. Há mais de 200 milhões de anos, a região era pantanosa e tropical, com solo rico em minerais, que ajudaram a preservar os ossos fossilizados de animais pré-históricos. Na parte norte do parque fica o **Painted Desert Inn National Historic Landmark**, que hoje abriga um museu e uma livraria (não há hospedagem).

Estátuas de dinossauro ladeiam a estrada a caminho de **Holbrook** ❸, cuja principal atração é o **Wigwam Motel** (ver p. 415), à beira da rodovia, há muito um dos locais preferidos (principalmente pelas crianças) da Route 66. Cada um dos quinze quartos aconchegantes fica dentro de uma alta tenda de pedra, construída nos anos 1940 pelo pai do proprietário John Lewis, com base em projetos do arquiteto Frank Redford. Ele autorizou sete motéis semelhantes em todo o país a construir com base em seus projetos, apenas estipulando que cada um deveria ser equipado com um rádio que tocasse durante 30 min por 10 centavos.

Do lado de fora, estacionada ao lado das tendas, fica a coleção de Fords e Buicks dos anos 1950 pertencente à família; já no interior do prédio principal há um museu pequeno com pedaços de árvores petrificadas, artefatos nativos, rifles e polvorinhos dos tempos da colonização. Há um centro de informações turísticas e um museu histórico no **Historic Navajo County Courthouse** (tel.: 928-524-6558; diariamente), construído em 1898, no Navajo Boulevard (Route 66), que atravessa o centro da cidade. No verão, danças nativas são apresentadas todas as noites no

Posto de combustível da década de 1920 na Route 66, Cool Springs.

DICA

Se quiser que sua carta seja levada pela Hashknife Posse no espírito do antigo Pony Express, envie-a selada nas duas primeiras semanas de janeiro. Ponha esse envelope dentro de outro envelope, endereçado a Holbrook Postmaster, Pony Express Ride, Holbrook, AZ, 86025. No canto inferior esquerdo, escreva: Via *Pony Express*.

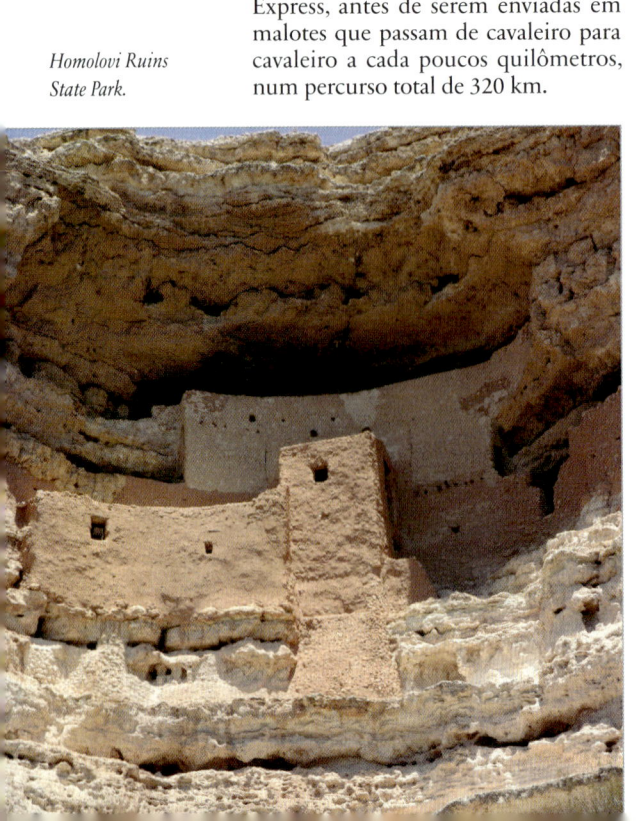

Homolovi Ruins State Park.

gramado desse palácio da justiça. Os postos comerciais locais são um bom lugar para comprar cestas, bijuterias de prata e turquesa e cerâmica apache.

Pony Express

O espírito do efêmero mas lendário Pony Express, cujo desaparecimento foi provocado pelo sistema de telégrafo há cerca de 150 anos, é mantido vivo em Holbrook pela comitiva do xerife do condado de Navajo, que leva a correspondência até Scottsdale (perto de Phoenix) todos os anos, no fim de janeiro.

Sob um contrato assinado com o serviço postal norte-americano, a Hashknife Posse, composta por quarenta homens, dá continuidade a uma tradição que começou em 1954, quando um grupo semelhante levou ao governador do estado um convite para comparecer a um rodeio. Aproximadamente 20 mil cartas (enviadas por admiradores de todo o mundo) são carimbadas manualmente com o logotipo oficial da viagem e franqueadas com um carimbo postal do Pony Express, antes de serem enviadas em malotes que passam de cavaleiro para cavaleiro a cada poucos quilômetros, num percurso total de 320 km.

O nome da comitiva é derivado de The Hash Knife Outfit, um ramo da terceira maior empresa de pecuária do país, que iniciou o transporte de milhares de cabeças de gado depois de 1881, quando a fundamental estrada de ferro começou a passar pela região.

A preservada **Blevins House**, em Holbrook, em frente à Estação Santa Fe, foi cenário de um tiroteio espetacular em 4 de setembro de 1887, quando o xerife do condado saiu para prender um ladrão de cavalos e foi ferido ao atirar em vários membros da família do bandido. Perto ficam o notório Bucket of Blood Saloon, o J&J Trading Post, de 1910, e a antiga Campbell's Coffee House (hoje uma drogaria da rede Rexall), que ficou famosa com seu *"son of a bitch stew"*.

Ruínas *anasazi*

A cerca de 8 km da I-40, perto de **Joseph City**, fica o Jack Rabbit Trading Post, com a placa original do coelho agachado; 26 km à frente, um desvio para o norte na State Route 87 – pouco antes de chegar a Winslow – leva até o extenso sítio *anasazi* do século XIV, no **Homolovi Ruins State Park** (tel.: 928-289-4106; www.azstateparks.com; diariamente). O nome *homolovi* é a palavra em *hopi* para "lugar de colinas baixas".

Winslow ❹ ganhou fama após ser citada num sucesso dos Eagles, "Take It Easy", composta por Jackson Browne. A música fala em *"Standin' on a corner in Winslow, Arizona"* ["De pé numa esquina de Winslow, Arizona"], e chovem turistas na cidade para simplesmente ficar de pé numa esquina no Standin' on the Corner Park (Kinsley Street com Second Street), onde há uma estátua de bronze representando um homem com uma guitarra. A letra diz: *"Well, I'm standing on a corner in Winslow, Arizona/Such a fine sight to see/It's a girl, my Lord/In a flatbed Ford/Slowing down to take a look at me"* ["Bom, estou de pé numa esquina de Winslow, Arizona/Uma cena bonita de se ver/Meu Deus, é uma garota/Numa caminhonete Ford/Reduzindo para olhar para mim"].

DE ARIZONA A LOS ANGELES

Até a década de 1960, Winslow, que nasceu com a chegada da estrada de ferro em 1880, era a maior cidade do norte do Arizona, mas os negócios começaram a diminuir quando a interestadual contornou o lugar. Seu renascimento se iniciou com a revitalização do centro, principalmente de **La Posada** (tel.: 928-289-4366), o hotel da ferrovia Fred Harvey, de 1930 *(ver p. 415)*.

Ao sul de Winslow, perto da SR 99, há gravuras rupestres *anasazi* que podem ser admiradas no **Chevelon Canyon**, a oeste da cidade, aonde se chega em passeios guiados que saem de Rock Art Canyon Ranch (tel.: 928-288-3260; maio-out.; essencial reservar com antecedência). Os pescadores conhecem bem a área, que tem a truta arco-íris e (a mais tentadora) truta-comum, que vivem no lago e nos riachos locais.

Cerca de 30 km a oeste, na I-40, a saída 233 segue para o sul até **Meteor Crater** (tel.: 928-289-5898; www.meteorcrater.com; visitas diárias), um buraco com 183 metros de profundidade e quase 1,5 km de diâmetro, criado pelo impacto de um meteorito há quase 50 séculos. Os astronautas eram treinados aqui antes da visita à Lua, e o Astronaut Park tem uma cápsula espacial Apollo. O museu abriga exposições que documentam a história de meteoritos que se chocaram com a Terra e um teatro que recria esses choques, como se o espectador estivesse no ponto zero. De volta à estrada principal, rumo oeste, a cidade fantasma de **Two Guns** fica num trecho abandonado da Route 66.

Apesar de **Winona** ser mencionada na canção "Route 66", de Bobby Troup (*Winona* rima com *Arizona*), ela é, na verdade, um fim de linha que Tony Snyder, historiador da Route 66, chama de "cidade de uma piscadela só". Perto de Winona, 11 km antes de Flagstaff, fica o **Walnut Canyon National Monument** (tel.: 928-526-3367, www.nps.gov/waca; diariamente), onde uma caminhada curta por uma trilha pavimentada revela antigas moradias no penhasco, que deixaram de ser usadas há centenas de anos.

Flagstaff

Única cidade grande no norte do Arizona, **Flagstaff** ㉟ é uma base de preparação para passeios ao Grand Canyon, 129 km ao norte. A viagem pela US 89 e, depois, pela State Route

Esqueleto de dinossauro com garras em forma de foice no Museum of Northern Arizona, em Flagstaff.

Um pastor navajo na formação rochosa "orelha do vento", no Monument Valley, um parque da tribo navajo.

O VALE DOS MONUMENTOS

Uma viagem de 293 km (182 milhas), partindo de Flagstaff, Arizona, conduz a uma das atrações mais famosas do sudoeste. É fácil reconhecer o Monument Valley a distância, graças às cenas de um sem-número de filmes de faroeste, principalmente os do diretor John Ford, que frequentemente usava o vale como cenário de suas produções. Com serenas formações rochosas dominando as planícies desérticas, as mesas do vale não eram bonitas apenas para Hollywood, elas também eram monumentos religiosos importantes para os nativos da região. Antigamente, os curandeiros subiam até a mesa do Deus da chuva – que abriga um cemitério sagrado – para pedir chuva. A rocha em forma de totem servia de cenário para acontecimentos míticos do folclore, e Yei-Bi-Chei se parece com figuras navajo sagradas executando uma dança tradicional. Como o Grand Canyon e Sedona, o mistério atemporal dessas rochas nos apequena. O que parece uma criação impossível é resultado da erosão contínua do arenito e do xisto, que expõe intacta a pedra mais dura. O Monument Valley está todo nos limites da reserva da nação navajo, e a tribo conduz passeios através dessa beleza desolada. Programe um nascer ou pôr do sol no centro de informações turísticas (tel.: 435-727-5870), de onde se podem ver muitas formações famosas. Para aventurar-se mais a fundo no Monument Valley, você vai precisar de uma permissão (tel.: 928-879-6647) da nação navajo. Para obter mais informações, acesse www.navajonationparks.org

> **CITAÇÃO**
>
> Não faça a curva a 60 por hora, nós detestamos perder clientes.
>
> Burma Shave

Na Route 66, perto de Winslow.

64 é mais longa, porém mais bonita do que o trajeto mais curto, que sai de Williams e acompanha a rodovia. Dois museus de Flagstaff são atrações, o **Pioneer Museum** (tel.: 928-774-6272; www.arizonahistoricalsociety.org/museums; 2ª-sáb.) e o **Museum of Northern Arizona** (tel.: 928-774-5213; www.musnaz.org; diariamente), que não ficam longe um do outro na Fort Valley Road nem da US 180, que também leva ao desfiladeiro. As outras atrações de Flagstaff ficam no charmoso bairro ferroviário histórico no centro ou perto dele, por onde passa a Route 66. Anualmente, em setembro, a cidade celebra os velhos tempos da Route 66 com música ao vivo, desfile de carros clássicos e exposições de arte e artesanato.

Vindo do leste para Flagstaff, não deixe de parar no **Museum Club** (tel.: 928-526-9434; diariamente), uma casa de beira de estrada de 1931 que, no tempo da Lei Seca, iniciou um "zoológico" de animais empalhados. Hoje ela está cadastrada no National Register of Historic Places e, à noite, é um popular clube de dança. Dezenas de estrelas da música já tocaram aqui, na maior cabana de troncos de árvore do sudoeste. Mais perto do centro da cidade ficam o **Lowell Observatory** (tel.: 928-774-3358; www.lowell.edu; diariamente) e a ricamente mobiliada **Riordan Mansion** (tel.: 928-779-4395; diariamente), com quarenta cômodos, situada num bonito parque.

Em frente à estação de trem, na Leroux Street, você vai encontrar o extraordinário **Weatherford Hotel** *(ver p. 415)*, inaugurado no primeiro dia de 1899. Naquele dia, o hotel recebeu, entre dezenas de hóspedes ilustres, o editor William Randolph Hearst, o presidente Theodore Roosevelt e o xerife Wyatt Earp. O bar exibe um balcão antigo, que veio de Tombstone, e o salão de baile tem o nome do escritor Zane Grey, que hospedou-se aqui enquanto escrevia *Call of the Canyon* [O chamado do cânion].

Um jovem leitor dos livros de Zane Grey era Cecil B. DeMille, que concluiu que Flagstaff parecia um bom lugar para iniciar sua carreira no cinema. No entanto, quando chegou à cidade, vindo do leste, estava nevando e DeMille decidiu continuar no trem até Los Angeles, mudando para sempre o curso da história do cinema.

Uma bonita viagem paralela, partindo de Flagstaff, dá-se ao longo da State Highway 89A, passando pelo espetacular **Oak Creek Canyon** e seguindo até a sofisticada comunidade

DE ARIZONA A LOS ANGELES

artística de **Sedona** ㊱, 45 km ao sul. Ela é cercada por impressionantes formações de rocha vermelha, que também representam um atrativo para diretores de cinema, além da turma *new age*, que é seduzida pelos "vórtices" místicos. Mais ao sul, há outro refúgio de artistas, **Jerome**, ex-cidade fantasma que tem o nome de uma mina de cobre desativada e charmosas construções do Velho Oeste.

De volta à Route 66

Entre Flagstaff e Williams, a maior parte da Route 66 não é pavimentada nem bem conservada, mas tem o diferencial de abrigar o ponto mais alto da estrada, 2.225 metros acima do nível do mar, uns 2 ou 3 km antes de **Parks**. O armazém geral Parks in the Pines existe há mais de 80 anos. Nas proximidades ficam os restos da **Beale Wagon Road Historic Trail**, uma sólida trilha de 37 metros de largura, construída em 1857, pela qual os pioneiros podiam viajar com segurança até o rio Colorado.

De volta à I-40, a cidade seguinte, **Williams** ㊲, assim como sua rua principal na Route 66 e a montanha vizinha, têm o nome de Bill Williams (1787-1849), um caçador de peles cuja estátua está no limite oeste da cidade. A excelente *Route 66 Magazine* já foi publicada aqui, na última cidade da Route 66 a ser contornada pela I-40.

Perto do armazém da ferrovia (que também abriga um museu interessante) fica o restaurado **Fray Marcos Hotel** (atualmente, Grand Canyon Railway Hotel; *ver p. 415*), originalmente uma unidade da antigamente muito comum rede Harvey House, que um imigrante inglês, Fred Harvey, fundou na década de 1880 ao longo da linha de Santa Fe, revolucionando os péssimos padrões da comida nas ferrovias da época. Uma das regras básicas de Harvey era que o café – servido por sorridentes "Harvey Girls" com vestidos pretos e aventais e laços brancos imaculados – devia ser passado a cada 2 horas, mesmo que o reservatório ainda estivesse cheio. Por 75 centavos, os clientes podiam escolher entre sete pratos principais e repetir a refeição.

Um Cadillac 1953 cor de canela e figuras de James Dean e Marilyn Monroe, recortadas em papelão, em tamanho natural, ficam do lado de fora de **Twisters**, uma lanchonete que diz ser "uma volta às lanchonetes dos anos 1950". Abriga uma exposição de centenas de fotos de famílias, tiradas ao longo da estrada, e uma antiga bomba de gasolina Sky Chief, com topo de

Ave canora do deserto.

O Monument Valley é paisagem que simboliza o oeste norte-americano e o epicentro da cultura navajo.

vidro, que foi transformada em suporte para suvenires típicos da estrada.

Sente-se aqui durante mais ou menos 20 minutos e mergulhe no mais puro *kitsch*. O cardápio oferece uma dúzia de diferentes *milk-shakes*, leites maltados, refrigerantes com sorvete e gasosas de cereja. Para quem procura algo mais convencional, o restaurante mais famoso da cidade, **Rod's Steak House**, vem servindo clientes na Route 66 há mais de meio século.

O Grand Canyon

Williams é o principal ponto de partida para o **Grand Canyon** ❽ (tel.: 928-638-7888; www.nps.gov/grca). A Grand Canyon Railway (tel.: 800-843-8724) parte para o desfiladeiro todas as manhãs. A viagem de ida e volta dura 5 horas – em trens a vapor no verão e a diesel no resto do ano – e oferece 3 horas de paisagens turísticas no desfiladeiro, mas vale a pena pela viagem em si (principalmente para famílias), pois inclui músicos que andam pelos vagões e, na viagem de volta, um "assalto ao trem".

A borda sul (South Rim) do Grand Canyon, aonde também se pode chegar saindo de Williams e seguindo uns 64 km para o norte pela US 180, fica aberta o dia inteiro todos os dias do ano, embora o centro de informações turísticas e a maioria das instalações do parque só funcionem das 8h às 17h. Um bom lugar para começar sua visita é a Canyon View Information Plaza, em frente ao Mather Point. Esse centro espaçoso tem mapas enormes, exposições e guias que colocam o desfiladeiro dentro de um contexto maior e ajudam na orientação. Os guarda-parques estão à disposição para responder às perguntas. Daqui, continue para oeste até Grand Canyon Village, um polo de instalações para turistas.

Ônibus gratuitos de ida e volta ao desfiladeiro funcionam de março a novembro, saindo do lugarejo para oeste, ao longo da Hermits Rest Route, com 11 km, que dá aos turistas acesso a nove dos melhores panoramas do desfiladeiro e a uma trilha de caminhada na borda. Carros particulares só podem chegar até esse trecho da estrada no inverno. Em **Trailview Point**, pode-se olhar para trás e ver o lugarejo e a **Bright Angel Trail** serpenteando até o rio. De manhã,

Mirante de Grandview, na beirada sul do Grand Canyon.

DE ARIZONA A LOS ANGELES

comitivas de mulas arrastam-se pelo desfiladeiro, carregando novatos que, no fim do dia, talvez lamentem não ter seguido a pé. Outros pontos recomendados ao longo da Hermits Road são **Hopi**, **Mohave** e **Pima**. De cada ponto de vista, diferentes rochas e "templos" se apresentam, muitos deles com nomes fantasiosos, criados pelos primeiros exploradores. A estrada termina em **Hermits Rest**, que tem loja de presentes, quiosque de guloseimas e banheiros. Voltando para o lugarejo, outra estrada, **Desert View Drive**, acompanha a borda do desfiladeiro por 40 km para leste. As vistas ao longo do caminho mostram cenários ainda mais espetaculares do lugar.

O Grand Canyon é uma das grandes maravilhas da natureza e vale a pena ficar ali pelo menos uma noite para apreciar as vistas espetaculares em diferentes horas do dia, quando as formações adquirem cores e aparências diversas. Para reservar hospedagem em um dos alojamentos do Grand Canyon, ligue para 303-297-2757. Reserve com antecedência, pois os quartos são muito procurados.

Depois de Williams

Partindo de Williams, 31 km a oeste, ao longo da I-40, vale a pena sair da estrada movimentada para visitar a sonolenta **Ash Fork**, que foi ponto de parada de diligências até a chegada da estrada de ferro, em 1882. Era também uma parada costumeira na Route 66, até que a cidade foi contornada pela via expressa; uma bandeira confederada tremula no alto do Route 66 Grill. Uma das adoráveis Harvey Girls morou aqui perto até morrer e doou vários objetos da extinta rede Harvey House para um museu recém-inaugurado, situado num armazém enorme e vazio ao lado do centro de informações turísticas.

Seligman

Após um breve retorno à interestadual, é aconselhável sair dela outra vez e entrar na Crookton Road, rumo ao trecho mais longo e mais nostálgico de toda a Route 66 histórica. É bem simples manter-se nela durante todo o trajeto até a divisa da Califórnia, em Topock, a aproximadamente 290 km.

Você não pode deixar de passar por **Seligman** ㊴, cuja principal via expressa

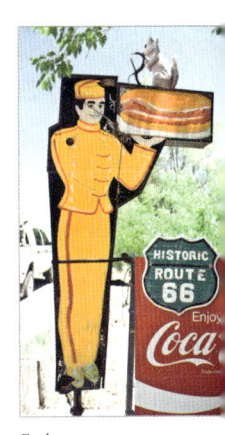

Estômagos e tanques cheios no Delgadillo's Snow Cap Drive-in, em Seligman, Arizona.

Delgadillo's Snow Cap Drive-in, em Seligman.

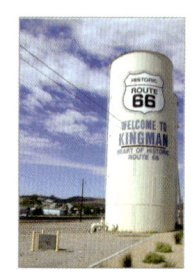

Clark Gable e Carole Lombard casaram-se em Kingman, Arizona.

Trecho da Route 66 em Seligman.

e a Route 66 estão ladeadas de lojas de presentes estranhamente sedutoras e dedicadas à história da estrada, com todos os tipos possíveis de suvenir, desde placas da US 66, placas de licenciamento da estrada-mãe e placas de companhias de petróleo até garrafas e pôsteres antigos da Coca-Cola, além dos hoje familiares óculos, canecas e camisetas com inscrições. Uma delas é Delgadillo Route 66 Gift Shop (tel.: 928-422-3352), que também funciona como centro de informações turísticas. Aqui, você pode pegar um folheto que orienta um passeio de 20 minutos por resquícios coloridos do auge da Route 66 na cidade, incluindo a Rusty Bolt Souvenir and Gift Shop, com sua coleção de carros antigos, e o Delgadillo's Snow Cap Drive-In, um marco histórico da Route 66 que serve comida clássica de estrada e tem decoração *kitsch* na mesma medida.

Seguindo 40 km para oeste de Seligman, chega-se às **Grand Canyon Caverns** (tel.: 928-422-3223; www.gc-caverns.com; diariamente), onde antigamente cada visitante pagava 25 centavos para descer 46 metros por uma corda. Hoje, há um elevador e caminhos iluminados por onde se pode andar.

Grand Canyon Skywalk

Peach Springs é a sede da nação *hualapai*, cujas terras englobam o limite oeste do Grand Canyon. **Grand Canyon West** (tel.: 928-769-2636; www.grandcanyonwest.com; diariamente) fica a 389 km (242 milhas) da entrada na borda sul – uma distância quase tão grande quanto a própria extensão do desfiladeiro. Aqui os *hualapai* construíram a fenomenal Grand Canyon Skywalk, uma passarela em forma de "U" com piso de vidro que avança da beira do alto de um penhasco para o vazio, acima do desfiladeiro, permitindo aos turistas apreciar os arredores e o rio Colorado, 1.220 metros abaixo, do ponto de vista de uma ave. Não é para quem tem vertigem nem para quem está com o orçamento apertado. Além do ingresso caro para a Skywalk, os turistas têm de comprar um pacote de turismo *hualapai* para ter acesso ao local, mas acaba sendo um divertido dia de atividades e uma oportunidade única de andar no ar e ver o desfiladeiro de uma perspectiva diferente.

O acesso a Grand Canyon West, 112 km (70 milhas) ao norte de Kingman, dá-se por estradas menores. Os últimos 34 km são rodados em terreno sem pavimentação, portanto, quem tem veículo rebaixado ou *van* deve usar o serviço de ônibus Park and Ride, disponível no local.

Kingman ❹ é a cidade natal do ator de cinema Andy Devine, rechonchudo e de voz rouca. A rua principal tem o nome dele; nela e na vizinha Beale Street ficam os edifícios mais antigos, incluindo o velho Beale Hotel, onde Clark Gable e Carole Lombard casaram-se em março de 1939.

O **Route 66 Museum** de Kingman fica no centro de informações turísticas (tel.: 928-753-9889; http://www.gokingman.com; diariamente), e uma de suas exposições é a recriação da rua principal de uma cidade pequena, que tem de tudo, até mesmo um Studebaker amarelo da década de 1950. O **Mojave Museum of History and Arts** (tel.: 928-753-3195; www.mohavemuseum.org; 2ª-sáb.) expõe bonitas joias de turquesa e uma réplica de moradia *hualapai*, entre outros objetos históricos.

Seguindo para oeste, a rodovia ganha uma aparência desolada, rochosa e agreste – sinal do que está por vir; verifique os freios. Logo, a estrada estará subindo entre picos dentados, numa série aparentemente infinita de ziguezagues e curvas fechadas e assustadoras até o topo, a 1.067 metros de altitude, no **Sitgreaves Pass** (que, assim como a Beale Wagon Trail, tem o nome de um inspetor do exército de meados do século XIX), antes de começar uma descida também muito sinuosa até a minúscula cidade de Oatman.

Oatman e suas esquisitices

Na descida para Oatman, você vai passar por **Goldroad**, local de uma mina que valia 2 bilhões de dólares em ouro nos primeiros anos, mas fechou em 1907, quando o preço do metal despencou.

Centenas de burros selvagens, soltos pelos primeiros garimpeiros, vagueiam pelas montanhas; às vezes, eles vão parar na rodovia e entram em **Oatman** ❹, onde se revelam material irresistível para os fotógrafos e inspiram o nome da loja de presentes Classy Ass, perto do Oatman Hotel, que vende bijuteria feita de rochas e ouriços e outros presentes similares. Oatman se parece exatamente com a ideia que se faz de uma cidade antiga do Velho Oeste, com choças tortas de madeira margeando uma rua vazia e sem calçamento, na qual acontecem divertidos tiroteios de mentira todos os dias.

Em frente à Fast Fanny's (que vende roupas, óculos de sol e cartões-postais), uma cama com rodas promove

> **DICA**
>
> A cidade "quase" fantasma de Chloride (16 km ao norte de Kingman), Arizona, é um lugar muito apropriado para o Dia do Velho Minerador. Junte-se às comemorações do Velho Oeste – tiroteios de mentira, concursos de torta, desfiles, barracas de comida e outras coisas. A festa acontece no último sábado de junho. Para obter mais informações, ligue para 928-565-9419.

Sheep Hole Pass, na Amboy Road.

> **CITAÇÃO**
>
> É como se a natureza testasse a resistência e a perseverança do homem para provar se ele é bom o bastante para chegar à Califórnia.
>
> Referência ao deserto de Mojave, de fonte desconhecida.

a grande corrida anual de camas de Oatman, realizada em janeiro. No verão, a temperatura pode chegar a 48ºC, inspirando um concurso anual, em 4 de julho, em que se fritam ovos na calçada (é permitido usar lupa).

O desgastado e característico **Oatman Hotel** (tel.: 928-768-4408), de 1902, já não aluga quartos, mas será sempre famoso como o local onde Clark Gable e Carole Lombard passaram a lua de mel, no quarto 15, depois de se casarem em Kingman. O quarto simples é conservado como uma espécie de santuário ao glamoroso casal de Hollywood, com fotos dos noivos nas paredes e uma camisola rosa sobre uma cadeira. No térreo, há uma sorveteria e um bar-restaurante muito frequentados pelos moradores.

São 32 km (20 milhas) de deserto com vegetação rasteira entre Oatman e **Topock**, onde o rio Colorado marca a divisa com a Califórnia. A Route 66 chega a um beco sem saída no Moabi Regional Park, com lago e aluguel de barcos – uma parada refrescante depois de uma longa viagem sob o sol quente.

CALIFÓRNIA

À medida que o carro se aproximar do pôr do sol, pense nos migrantes dos primeiros tempos da Route 66, para os quais cruzar a divisa da "terra prometida" transformou-se numa experiência penosa. Diante do fluxo de refugiados dos estados atingidos pela grande tempestade de areia, os californianos ficaram preocupados com o impacto no preço das propriedades e com os salários já baixos. Em alguns lugares, foram colocados guardas na divisa e dezenas de migrantes exaustos foram mandados embora. Essa história ainda soa familiar, embora noutra fronteira.

Infelizmente, na Califórnia, a maior parte da velha Route 66 – exceto por poucos trechos ressequidos na travessia do deserto de Mojave – foi substituída e está enterrada debaixo de uma confusão de vias expressas movimentadas; ela só reaparece em trechos curtos, aqui e ali, ou na forma de rua principal em cidades como Barstow, Victorville e Rancho Cucamonga.

DESVIO – LAS VEGAS

Uma viagem de 163 km (101 milhas) pelo deserto, na US 93, começando em Kingman, Arizona, leva direto à cidade do pecado. De acordo com os últimos levantamentos, quase 40 milhões de visitantes gastam mais de 9 bilhões de dólares anualmente jogando sozinhas nesta capital da frivolidade, ganância e gula – para não falar da diversão pura e simples. Durante muito tempo, depois que o jogo foi legalizado, em 1931, Las Vegas continuou sendo uma letárgica cidade do deserto. Foi preciso que um visionário do submundo, o assassino de aluguel Bugsy Siegel, libertasse esse furioso dragão de neon. Em 1946, Siegel inaugurou o Flamingo Hotel, não poupando o dinheiro da quadrilha no interior luxuoso, que tinha uma parede brilhante de neon rosa; assim, ele criou um novo padrão de ostentação.

Do ponto de vista de um grande apostador, Las Vegas está dividida em duas partes: a primeira é Strip, onde os hoteleiros modernos competem entre si para oferecer as mais recentes extravagâncias em termos de hospedagem, fazendo réplicas de Veneza, Paris, Roma, navios de cruzeiro oceânico e pirâmides egípcias; a segunda é o centro da cidade – a Las Vegas original –, também conhecido como Glitter Gulch. No que diz respeito ao jogo, o turista sempre perde, mas dizem que os cassinos do centro oferecem mais chances. O melhor conselho é simplesmente curtir: ganhando, perdendo ou empatando, não há nada que se iguale a Strip à noite, ardente em luz elétrica e na falta de moderação. Para obter mais informações, entre em contato com Las Vegas Convention and Visitors Authority (tel.: 702-892-0711; www.visitlasvegas.com).

Needles

Na primeira cidade californiana a que se chega, **Needles**, a Route 66 atravessa o bairro comercial e segue paralela à Broadway. Depois do terminal da Amtrak, a extinta Fred Harvey House, de 1906 – conhecida como El Garces e considerada a melhor da rede –, é hoje apenas parte da estação. As Harvey Girls moravam nos andares superiores. Treinadas em limpeza e cortesia, as moças assinavam um contrato de emprego em que concordavam em não se casar durante 1 ano e em morar nos andares superiores do hotel.

O **Needles Regional Museum** (tel.: 760-326-5678; 2ª-sáb.) tem um acervo extravagante de objetos que certamente vão arrancar sorrisos: roupas de época, jarras e garrafas antigas, dinheiro obsoleto, fotografias velhas em sépia, cartuchos de balas e artefatos de nativos. O **Fort Mojave Tribal Center** (tel.: 760-629-4591) compreende o *resort* da tribo, o cassino, o campo de golfe e a marina do rio Colorado. Uma conferência em fevereiro comemora a cultura nativa norte-americana.

Na Segunda Guerra Mundial, o general George Patton criou um centro de treinamento do exército no Mojave, percebendo que a familiaridade com esse território agreste prepararia as tropas para a futura campanha na África – de fato, as condições eram semelhantes. O quartel-general do US Army National Training Center ainda fica em Barstow, 233 km (145 milhas) a oeste de Needles.

A distância de Needles a Barstow pode ser percorrida rapidamente pela I-40, mas a velha Route 66 corre ao norte da interestadual e atravessa **Goffs**, antes de se desviar para o sul, através das quase inexistentes comunidades de Essex, Amboy e Bagdad (famosa por seu histórico café – inspiração para o filme *cult Bagdad Café*, de 1987 – e, antes, por outra Harvey House). A minúscula **Essex** apareceu no programa de televisão *Tonight Show*, da rede NBC, em 1977, quando reivindicava o título de única cidade dos Estados Unidos sem televisão. Uma empresa da Pensilvânia imediatamente doou o equipamento necessário. A mais ou menos 1,5 km de **Amboy** (hoje cidade-fantasma

Fique de olho nas cobras quando estiver andando no deserto: uma cascavel pega de surpresa pode não agitar o chocalho antes de atacar.

Luzes de Las Vegas.

FATO

O Route 66 Mother Road Museum, em Barstow, tem uma exposição especial, dedicada ao grande número de hispânicos que viajaram pela Route 66 ao migrar do Novo México para o oeste.

A cidade-fantasma de Calico, perto de Barstow.

de propriedade do conservacionista Albert Okura, com café e posto de combustível fechados, já foi uma das preferidas dos diretores de cinema) fica um vulcão extinto, conhecido como **Amboy Crater**.

Ludlow, onde a Route 66 conecta-se novamente com a interestadual, era antigamente uma cidade em desenvolvimento: era servida não só pela estrada de ferro Santa Fe, como também por duas outras (linhas locais, que carregavam minério do Vale da Morte), e, de fato, recebeu o nome de um técnico da Central Pacific. O Ludlow Café, dos anos 1940, está abandonado, assim como o Ludlow Mercantile Building (1908), mais adiante nos trilhos do trem, porém, a recente Ludlow Coffee Shop costuma ser bem movimentada. A água é escassa na região; antigamente, era trazida por carros-tanque para abastecer os trens a vapor desde **Newberry Springs**, 54 km (40 milhas) a oeste (verdadeiro local do *set* do filme *Bagdad Café*). Há fontes de verdade aqui, e elas complementam o abastecimento de água proveniente dos numerosos poços artesianos da região.

Na State Agricultural Inspection Station, pode ser que perguntem se você está trazendo qualquer tipo de fruta cítrica para a Califórnia; é uma precaução contra pestes que podem ameaçar a safra de laranjas do estado. Pouco antes de Barstow fica **Daggett**, cujo **Stone Hotel** (fechado para reforma), um marco histórico, era muito frequentado por Tom Mix e outros caubóis do cinema. Exposto no pequeno Daggett Museum (tel.: 760-254-2629; sáb.-dom.), há um modelo em escala da usina Solar One (1981-86), da California Edison Company, que fica no deserto. Espelhos gigantescos conduzem os raios solares para tanques de sais de nitrato, cujo objetivo é transformar água no vapor necessário para acionar um gerador de turbina.

Barstow

Nos anos 1870, quando o ouro, a prata e o bórax estavam entre os metais e minerais valiosos que atraíam garimpeiros e mineradores de todo o país, o deserto de Mojave era um lugar ameaçador, mas paradoxalmente convidativo. A chegada da estrada de ferro Santa Fe, em 1883, ligou – e, em muitos casos, criou – pequenas cidades isoladas. A Estação da Santa Fe, em estilo mediterrâneo, em **Barstow** ㊷, e a reformada Casa del Desierto, de 1911 (ex-Harvey House, hoje museu da

DE ARIZONA A LOS ANGELES

Route 66), dão uma ideia do esplendor esquecido de outros tempos. Entre as atrações da estação, há lojas de presentes e um McDonald's onde os clientes comem em vagões de trem reformados. Entre as exposições do **Route 66 "Mother Road" Museum** (tel.: 760-255-1890; 6ª-dom.), há fotos antigas e contemporâneas de fotógrafos que captaram imagens da estrada e de seus ícones. Muitas delas estão à venda.

Com a chegada, antes da Segunda Guerra Mundial, da National Old Trails Highway, precursora da Route 66, a importância de Barstow como centro de transporte foi consolidada. Situada no importante cruzamento da I-15 com a I-40, ela mostra poucos sinais de declínio. No meio do caminho entre Los Angeles e Las Vegas, é uma parada de descanso prática para os motoristas que vão ou vêm da cidade turística. Os motéis mais antigos na Route 66 ficam a oeste da cidade. Procure pelo El Rancho, construído com mourões da ferrovia, que tem um letreiro de neon com 30 metros de altura, marco da rodovia desde os primeiros tempos.

O **Mojave River Valley Museum** (tel.: 760-256-5452; www.mojaverivervalleymuseum.org; diariamente) e o **Desert Discovery Center** (tel.: 760-252-6060; www.desertdiscoverycenter.com; 3ª-sáb.), juntos, respondem a todas as perguntas sobre o deserto – do passado e do presente.

Viagens paralelas partindo de Barstow

Uma viagem paralela que vale a pena, saindo de Barstow, é para **Rainbow Basin** (tel.: 760-252-6000; diariamente), onde uma estrada de 6 km circunda uma área cheia de restos fossilizados de animais e cercada por penhascos multicoloridos; outra é para **Calico Ghost Town** (tel.: 800-862-2542; diariamente), 18 km (11 milhas) a leste, cuja prosperidade entre 1881 e 1896 foi resultado da mineração de um veio de prata de 12 milhões de dólares – um desenvolvimento repentino complementado pela descoberta de bórax nas proximidades.

Quando a fonte de dinheiro se esgotou, os 22 *saloons* da cidade fecharam, um depois do outro, à medida que a população migrava para outras áreas, em busca de fortuna. Contudo, muitas das construções antigas foram revitalizadas e criaram-se atrações turísticas, como passeios de carroção, encenações de tiroteio e lavagem de ouro em

Árvore de Josué, no deserto de Mojave.

bateia. Alguns quilômetros a leste, na cidade de **Calico**, o **Archeological Site** (tel.: 760-252-6000; www.blm.gov; 4ª-dom.) expõe relíquias do Pleistoceno, de aproximadamente 50 mil anos atrás.

Victorville

A viagem de 64 km (40 milhas) por uma estrada boa (paralela à I-15) é tranquila até Victorville, onde a Route 66 não passa de mais uma rua da cidade. **Victorville** teve início como campo de mineração no século XIX e tornou-se um ímã para diretores de cinema durante a idade de ouro de Hollywood, atraídos pela atmosfera de Velho Oeste. Durante algum tempo, o Roy Rogers-Dale Evans Museum também foi um atrativo, e suas galerias cintilavam com os trajes de lantejoulas usados pelo casal de estrelas do faroeste, antes que o museu se mudasse para Branson, cidade de música *country* no Missouri.

O **California Route 66 Museum** (tel.: 760-951-0436; www.califrt66museum.org; 2ª, 5ª-sáb.) é a última chance que os turistas que seguem para oeste e ainda não conseguiram se fartar têm para ver objetos efêmeros relacionados com a estrada-mãe; o edifício do museu já foi uma casa de beira de estrada chamada Red Rooster Cafe. A exposição principal é Hula Ville, um exemplo das atrações simples de beira de estrada que eram vistas antigamente em toda a extensão da Route 66. Em meados da década de 1950, um homem chamado Miles Mahan decidiu colocar pregos nos postes de uma cerca e pendurar neles todas as garrafas largadas por quem passava na estrada. Depois, resgatou uma placa de metal enorme no formato de uma dançarina de hula-hula e colocou-a acima da cerca, praticamente fazendo parar o tráfego ao longo da rota. Os moradores do local começaram a doar outros objetos para o "jardim de cactos" de Mahan, e logo Hula Ville tornou-se uma lenda importante do deserto na Route 66.

San Bernardino

Ao sul de Victorville, a I-15 avança até os 1.310 metros do Cajon Summit; depois de sair em Oak Hill, leva você até Mariposa Road e **Summit Inn**, um antigo marco da Route 66 que serve os passantes desde 1952. Exceto por um trecho curto, a I-15 substituiu a maior parte da estrada antiga, mas você estará nela se seguir o Cajon Boulevard até **San Bernardino** ❹, cidade mórmon na década de 1850 e antigo centro de cítricos. Ela é a porta de entrada para a montanhosa **San Bernardino National Forest**, com mais de 243 mil hectares de natureza dominados pelo monte San Gorgonio, com 3.505 metros de altitude, o mais alto do sul da Califórnia. No meio da floresta ficam os famosos *resorts* de **Big Bear** e **Lake Arrowhead**, refúgios tradicionais de estrelas de Hollywood. A State Route 18, conhecida pelo nome romântico de Rim of the World Drive, é uma rodovia elevada de 64 km que conduz a esses destinos.

Caminho à beira do mundo

Com vistas panorâmicas, zigue-zagues e muitos mirantes, a **Rim of the World Drive** é divertida de percorrer, principalmente de moto. O melhor

Suvenires kitsch *da estrada-mãe.*

DE ARIZONA A LOS ANGELES

trecho são os 40 km de Redlands até o **lago Big Bear**, subindo o morro.

De volta ao chão, em San Bernardino propriamente dita, o antigo (1928) e fino **California Theater**, na West Fourth Street, vale a pena ser visto. Saia da cidade pela Mt Vernon Avenue, passando por alguns motéis velhos, uma chaminé da estrada de ferro Santa Fe – difícil de não notar – e, finalmente, pelas tendas de outro Wigwam Motel (1950), ao longo do Foothill Boulevard. Esse trajeto leva a **Rancho Cucamonga** e começa com uma série de *shoppings* grandes e anônimos, mas na esquina da Vineyard Avenue há um vislumbre dos tempos antigos, com um antigo posto Mobil da década de 1920 em frente ao histórico edifício da Thomas Winery. Essa vinícola, que já foi uma parada popular da Route 66, é um marco estadual; ela é conhecida como a mais antiga vinícola comercial da Califórnia e a segunda mais antiga do país. Infelizmente, os vinhedos da Thomas foram vitimados pelo desenvolvimento na década de 1960. Hoje, o lugar está apropriadamente ocupado por The Wine Tailor, loja de vinhos personalizados.

Mais adiante fica o histórico **Sycamore Inn**, um enorme e rústico palácio de troncos e churrascaria no local de uma hospedaria de beira de trilha de 1848, que atendia aos aventureiros da corrida do ouro. Em 1858, tornou-se uma parada na rota do Butterfield Stage, o correio de diligências.

Depois de **Claremont**, onde a antiga rota de repente se sofistica, com canteiro central gramado e eucaliptos, há alguns restaurantes dos quais a velha guarda deve se lembrar. Há o Wilson's (hoje La Paloma) em **La Verne**; o Pinnacle Peak Steak House, onde se cortam as gravatas dos clientes, em **San Dimas**; e o Golden Spur (que começou como barraca de hambúrguer há 80 anos), em **Glendora**.

Há muitos motéis e restaurantes antigos nesse trecho da Route 66, incluindo o Derby e o Rod's Grill, em **Arcadia**, e o típico Aztec Hotel, de dois andares, em **Monrovia**. Esse hotel data de 1925 e foi projetado pelo arquiteto Robert Stacy-Judd, em estilo pseudomaia, para chamar a atenção dos motoristas.

O fim da estrada

Pouco antes de **Los Angeles** ㊹ propriamente dita, a Route 66 vira Pasadena Freeway, que, no fim de 1940, era Arroyo Seco Parkway, a primeira via expressa de um experimento novo e ousado que cobriria todo o estado da Califórnia com uma malha rodoviária igualmente rápida. Continue dirigindo e pegue a saída de Sunset Boulevard; depois, siga para oeste pela Sunset, até que ela se junte a Santa Monica Boulevard, que vai até o oceano Pacífico. Ali, no Palisades Park, de frente para a praia, uma placa modesta comemora a extremidade oeste dessa famosa rodovia norte-americana.

Ninguém se lembra de ter visto anúncio de Burma Shave em Santa Monica, onde termina a Route 66, mas, se a empresa tivesse colocado um aqui, ele provavelmente diria: *If You/Don't Know/Whose Signs/These Are/You Can't Have/Driven Very Far!* [Se você/Não sabe/De quem são/Esses anúncios/É porque ainda não/Dirigiu o bastante!].

DICA

Se calhar de você estar em Long Beach em agosto, vá ao festival de *jazz* ao ar livre, à beira-mar, ao sul de Los Angeles. Grandes nomes, como Poncho Sanchez e Michel Franks, além de músicos tradicionais da Motown, apresentaram-se nos últimos anos. Para saber detalhes, ligue para 562-424-0013 ou acesse www.longbeachjazzfestival.com.

Santa Monica, Los Angeles.

BREVE ESTADIA EM LOS ANGELES

Cidade da fantasia e do cinema, Los Angeles tem sol constante, atmosfera descontraída e, claro, Hollywood. Segue abaixo uma lista das atrações imperdíveis.

O **Hollywood Museum** é o lugar para prestar homenagem às conquistas do cinema. Há exposições sobre história, personalidades e inovações da Max Factor.

Em parte parque de diversões, em parte estúdio de cinema, a **Universal Studios Hollywood** é um dos lugares mais visitados de LA. Vá para os bastidores ver truques sensacionais e efeitos especiais ou encare dinossauros e múmias vingativas em atrações emocionantes.

Ladeada de joalherias, ateliês de estilistas, moda sofisticada e butiques de acessórios, a **Rodeo Drive**, em Beverly Hills, é um dos endereços de compras mais exclusivos do mundo.

Assista a um desfile de estrelas – as do céu – no importante **Griffith Observatory**. Como o famoso letreiro de Hollywood, ele fica no Griffith Park, que se estende por quilômetros e tem vistas bem abrangentes de LA e do vale de San Fernando.

O **Grammy Museum** celebra a música moderna, com quatro andares de exposições interativas sobre artistas e canções populares e seu impacto no mundo.

Os fãs de arte não podem perder o **Los Angeles County Museum of Art**. Suas exposições de roupa, cerâmica, prataria e objetos decorativos, além de pintura e escultura de todas as épocas, expandiram-se para o novo **Broad Contemporary Art Museum**, no *campus*, projetado por Renzo Piano.

L.A. Live é o destino de entretenimento mais animado da cidade, com o Nokia Theatre, clubes de música, restaurantes e, perto da principal arena esportiva do centro da cidade, o **Staples Center**.

As antigas e modernas injustiças relacionadas ao racismo e ao preconceito são o foco do sério **Museum of Tolerance**, no West Pico Boulevard.

Sidney Grauman, que "inventou" a pré-estreia no cinema, projetou o Grauman's Chinese Theatre nos anos 1920. A principal atração é a calçada, com as marcas das mãos e dos pés dos artistas.

As estrelas que compõem a Calçada da Fama em Hollywood Boulevard.

Vista sobre LA a partir do Griffith Observatory.

CIDADE DOS ANJOS

Em 1781, o padre Junípero Serra batizou um povoado seco e poeirento com o nome da primeira igreja de São Francisco de Assis, Santa Maria Rainha dos Anjos. Ninguém poderia imaginar que aquele lugar quente e árido se transformaria na brilhante Los Angeles, capital do cinema e sinônimo mundialmente famoso de *glamour* e diversão. Os moradores de cidades grandes fingem ficar à vontade na presença de celebridades, mas os de Los Angeles realmente ficam: artistas de cinema são comuns aqui, tão comuns quanto os sentinelas de paletó vermelho de Londres e os táxis amarelos de Nova York. LA é também uma cidade de aventura e inovação: Disneylândia, patinação, cultura praiana, música rap da costa oeste – tudo isso começou aqui.

...amosa depois do magnífico melodrama de Billy Wilder, Sunset Boulevard é uma avenida importante na evolução ...e Hollywood.

Arredores de Los Angeles

Indica a rota da cidade descrita nest guia

INFORMAÇÕES IMPORTANTES

População: 4 milhões de habitantes
Códigos de área: 213, 310, 323, 562, 626, 714, 818, 949
Site: www.discoverlosangeles.com
Informações turísticas: LA Visitor Info Center, 685 South Figueroa Street, CA 90017; tel.: 213-689-8822; Hollywood branch, 6801 Hollywood Boulevard; tel.: 323-467-6412.

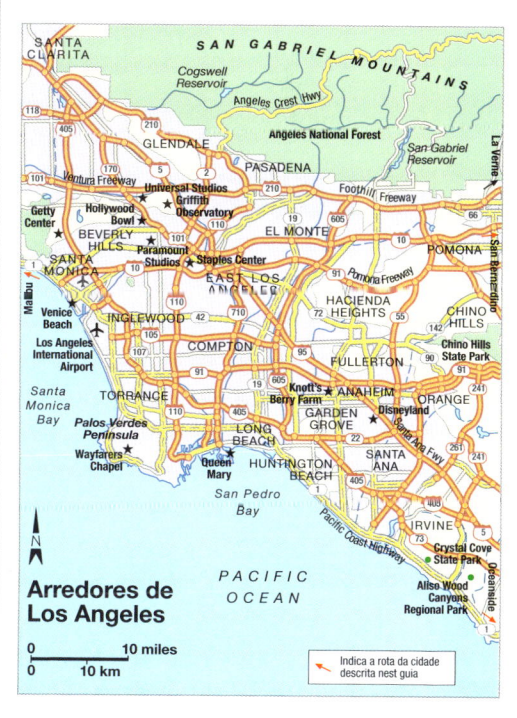

Oak Alley Plantation, Louisiana.

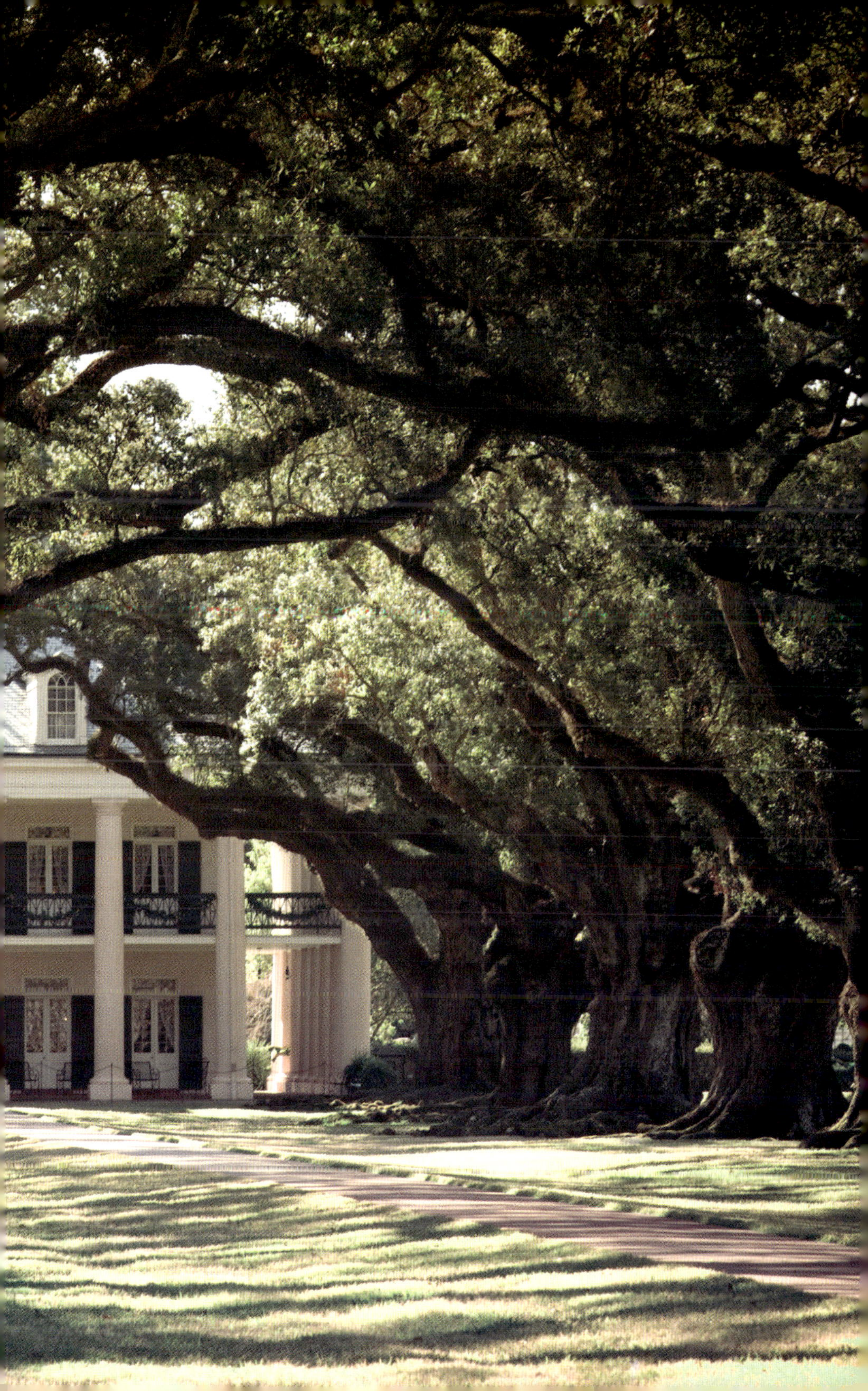

Produtor de feno observando o resultado de um dia de trabalho.

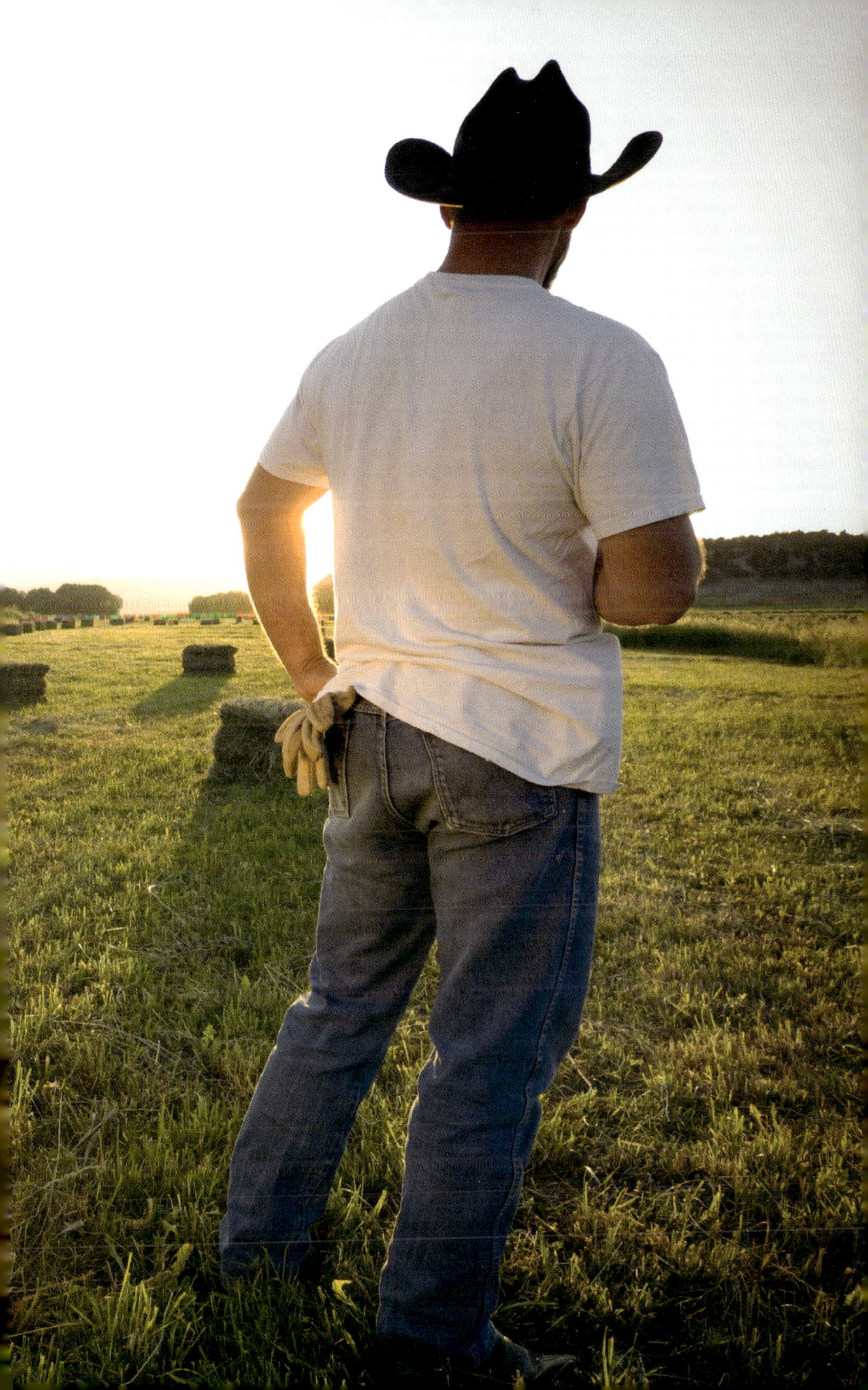

Fazendeiro texano.

… LUGARES ♦ 243

ROTA SUL

Um guia para o sul e o sudoeste, com os principais lugares claramente indicados por número nos mapas.

Clássico tipicamente norte-americano.

Se você escolheu atravessar o continente pela Rota Sul, recoste-se, relaxe e aproveite a viagem. O ritmo é lento, enquanto serpenteia por uma rua da Geórgia margeada por árvores cheias de musgo, descansa numa praia do Texas ou se diverte num *saloon* de Tombstone, Arizona.

Nossa jornada de quase 3.900 km pelo sul dos Estados Unidos começa em Atlanta, capital do "Novo Sul" e casa do defensor dos direitos civis assassinado Martin Luther King. Atlanta é sede de corporações mundialmente reconhecidas como a CNN, e seu atraente cenário de floresta, sua inclinação *gourmet* e suas numerosas atrações turísticas fazem dela um ótimo ponto de partida. Depois de um desvio na charmosa Macon, a rota segue para o sul ao longo da trilha Civil Rights até Montgomery, a capital do estado do Alabama, com uma bela arquitetura, e continua até Mobile, no Golfo do México, rica em petróleo. A partir daqui, você vai seguir o Golfo através do Mississippi e da Louisiana, dois estados devastados pelo furacão, e vai parar em New Orleans, onde há uma explosão sensorial, com belas vistas, sons, comida nobre, arquitetura graciosa e cidadãos resilientes, que desafiam as adversidades depois do furacão Katrina.

A oeste de Baton Rouge, capital do estado da Louisiana, a rodovia cruza o maior pântano do país em Cajun Country, uma das atrações culturais da viagem. Entre devagar na turbulenta Texas mergulhando os dedos dos pés nas águas do Golfo do México, na ilha de Galveston, antes de seguir para o norte até Houston, famosa por seus programas espaciais, mas também um notável destino de arte. A excelente música ao vivo é a atração da dinâmica Austin, capital do Texas. A rodovia segue pela Hill Country, coberta de flores silvestres, até chegar a San Antonio, reconhecida por suas missões históricas, o Alamo, e seu calçadão à beira do rio no centro.

A Louisiana tem a maior população de jacarés.

A viagem é longa até El Paso; a rodovia segue o rio Grande, a fronteira mexicana e passa pelas empoeiradas cidades de fronteira, conectadas com o Velho Oeste. Viagens pelo rio entre os belos cânions e a observação da vida silvestre atraem amantes da natureza ao espetacular Big Bend National Park, ao sul de Marfa, um crescente destino de arte e cultura no interior.

Depois de El Paso e a sua "cidade irmã" mexicana, Ciudad Juárez, a viagem continua até o Novo México, com seu cenário contrastante, antigas culturas, fábricas de armamento de alta tecnologia e história atômica. A rodovia cruza a Divisória Continental antes de entrar no Arizona, onde o Velho Oeste sobrevive em locais como Tombstone e Bisbee. Em Tucson e Phoenix, permita-se ser mimado em um *spa resort* antes de seguir pelo deserto de Mojave até San Diego, na Califórnia.

BREVE ESTADIA EM ATLANTA

Atlanta é arrojada, impetuosa e segura de si, uma ilha cosmopolita cercada pela Geórgia rural. Segue abaixo uma lista das atrações imperdíveis.

As principais atrações de Atlanta são acessíveis a pé, pois elas se aglomeram em torno do pequeno **Centennial Olympic Park**, de 1996, no centro da cidade. Há muitas atrações para famílias no dinâmico Georgia Aquarium, que tem o maior tanque de peixes do mundo, no **Imagine It!**, museu infantil da cidade, e no **New World**, da Coca-Cola. O **passeio Inside CNN Atlanta** vale a pena, pois oferece uma visão fascinante do mundo do noticiário por trás das câmeras.

O **Underground Atlanta** está cheio de lojas e bares e se estende por seis quadras no solo e no subsolo. Já o **Little Five Points** tem lojas especializadas em tudo, de cristais *new age* e roupas de época a música e livros, além de servir de terminal central no excelente sistema de transporte de Atlanta, o **MARTA**.

Midtown, com centro na 10th Street e na Peachtree Street, é o bairro das artes de Atlanta, em franca expansão. Os destaques são o iluminado **High Museum of Art**, projetado por Richard Meier, com esculturas de Rodin, obras de Picasso e Matisse e grandes exposições itinerantes; o **Fox Theatre**, de 1929, cinema em estilo mourisco, pode ser mais bem aproveitado numa visita guiada pela Atlanta Preservation Society.

A escritora **Margaret Mitchell**, autora de *E o vento levou*, é uma heroína literária da cidade. O apartamento modesto onde essa jornalista pioneira escreveu sua obra-prima fica aberto para visitação diariamente.

O **Piedmont Park**, cercado de ruas arborizadas e casas antigas, é um dos pontos preferidos de Midtown. O lado norte tem um jardim botânico; o lado sul tem uma feira de produtos agrícolas aos sábados (maio-dez.) e realiza em abril o Dogwood Festival.

O bairro residencial luxuoso de **Buckhead** tem casas bonitas, restaurantes e um mercado de alimentos integrais. O **Atlanta History Center** é um tesouro escondido. Aninhado no meio de 13 hectares de trilhas arborizadas e jardins, ele cobre a Guerra Civil e a história local, oferecendo visitas à **Tullie Smith Farmhouse** e à **mansão Swan House**.

Antigas máquinas operadas por moedas no New World, da Coca-Cola.

Descubra mais sobre o líder dos direitos civis no Martin Luther King National Historic Site. O bairro de Sweet Auburn, com quatro quadras, inclui a casa onde ele nasceu (na foto), seu túmulo e a igreja em que a família King pregava.

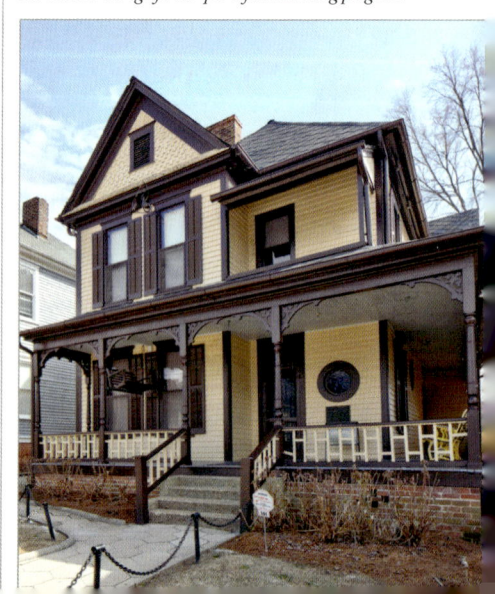

245

Uma visita pelo estúdio da CNN mostra os profissionais trabalhando.

A CAPITAL DO NOVO SUL

Atlanta é uma cidade atenta a oportunidades – e não só porque foi incendiada durante a Guerra Civil; ela sempre foi assim. Vencer a disputa para sediar as Olimpíadas de 1996 foi apenas o começo; hoje, ela é um fenômeno urbano que exala prosperidade, autoconfiança, atenção consigo mesma e constante reinvenção. Mas não se iluda com todas as obras; Atlanta conserva uma graça sulista e é muito hospitaleira. A população é diversa – a cidade tem a segunda maior população gay dos Estados Unidos e, assim que você se habituar a andar pelas ruas sem boa sinalização, logo vai se sentir em casa e querer ficar.

O Buckhead District é o centro da vida noturna de Atlanta.

Arredores de Atlanta

INFORMAÇÕES IMPORTANTES

População: cidade, 420.003 habitantes; região metropolitana, 5.626.400 habitantes
Códigos de área: 404, 770, 678
Site: www.atlanta.net
Informações turísticas: Atlanta C & V Bureau, 233 Peachtree Street, Suite 1400, GA 30303; tel.: 404-521-6600; aberto 2ª-6ª.

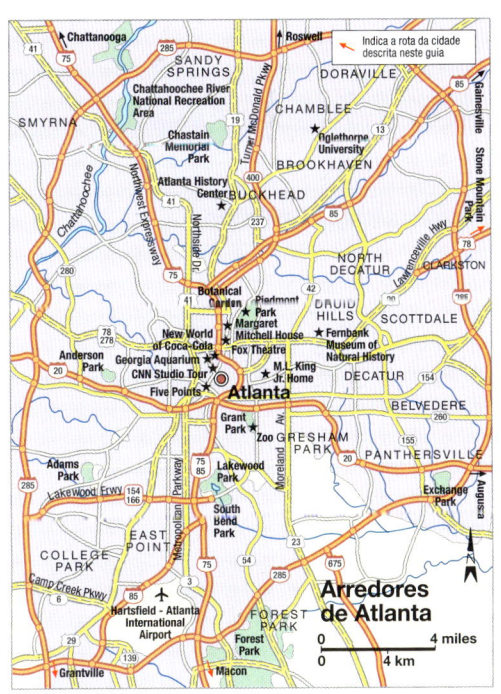

Trem de carga em um cruzamento.

DE ATLANTA A NEW ORLEANS

O apito triste dos trens de carga, as cidades pequenas em noites quentes de verão e as cidades grandiosas e gloriosas, anteriores à Guerra Civil, marcam essa viagem pela Geórgia e pelo Alabama.

Mais de um século depois do encontro catastrófico com seu destino histórico – como centro da Confederação durante a Guerra Civil (1861-65) –, o sul separou-se de seus conquistadores (o governo federal, ou União) e teimou em identificar-se com os tempos pré guerra no Cinturão do Algodão. Finalmente – em parte de má vontade, como resultado das mudanças forçadas pelas campanhas de direitos civis nos anos 1950 e 1960 –, um Novo Sul está surgindo. Embora ainda seja verdadeira a imagem da região como lugar rural atrasado, pobre, não desenvolvido e não instruído, muitas das comunidades urbanas se remodelaram e estão irreconhecíveis no papel de excelentes produtoras de alta tecnologia, equivalentes a qualquer outra no país.

O NOVO SUL ENCONTRA O VELHO SUL NA GEÓRGIA

Em nenhum outro lugar isso é mais verdadeiro do que nas cidades da Geórgia, especialmente na dinâmica capital, **Atlanta** ❶ (ver p. 244), no amplo Piedmont Plateau da região centro-norte. Sede de empresas mundiais, da Coca-Cola à CNN, Atlanta com razão reivindica ser o coração do "Novo Sul", mas conseguiu conservar aspectos mais charmosos do passado, como a tradicional elegância sulista, amável no trato, e o famoso talento para a hospitalidade. Macon, na linha de desnível que vai de Augusta a Columbus e separa o norte da Geórgia da planície costeira, também prosperou sem perder de vista sua tradição, ao passo que Savannah, às margens do rio Savannah, perto do oceano Atlântico, cerca seu deslumbrante centro, dos tempos anteriores à Guerra Civil, com uma moderna atividade industrial e de transporte.

As finanças, a indústria, a mídia, as instalações militares e o turismo podem ter chegado para dominar essas cidades, mas grande parte do restante da Geórgia continua rural. Produtos agrícolas, como os pêssegos e as cebolas

Principais atrações
Hay House
Little White House State Park
Carver Museum
Civil Rights Memorial
Bellingrath Gardens
Walter M. Anderson Museum of Art
Beauvoir
The French Quarter

Teleférico no Summit Skyride, em Stone Mountain, Geórgia.

De Atlanta a San Antonio

Georgia
1. Atlanta
   - Stone Mountain Park
   - Juliette
   - Forsyth
2. Macon
3. Warm Springs
   - Little White House State Historic Site
   - Pine Mountain
   - West Point Lake
   - Exit 78

Alabama
   - Exit 38
4. Tuskegee
5. Montgomery
   - Exit 0 / 171
   - Exit 93
   - Evergreen
6. Canoe
   - Atmore
   - Poarch Creek Indian Reservation
   - Exit 57
   - Exit 45
7. Perdido
8. Mobile
   - Theodore
   - Malbis
   - Bellingrath Gardens and Home
9.
   - St Elmo
   - Bayou La Batre
   - Grand Bay

Mississippi
   - Pascagoula
   - Gulf Islands National Seashore
   - Ocean Springs
   - Walter M. Anderson Museum of Art
   - Ohr-O'Keefe Museum
10. Biloxi
    - Gulfport
11. Long Beach
    - Pass Christian
    - Bay St Louis

Louisiana
12. New Orleans
13. Lake Pontchartrain
    - Toll Causeway
    - Mandeville
14. Baton Rouge
    - Mississippi
    - Atchafalaya N.W.R.
15. Lafayette
    - Eunice
    - Opelousas
    - Crowley
    - Exit 109
    - Breaux Bridge
16. St Martinville
17. Abbeville
    - Grand Chenier
    - Lake Calcasieu
    - Holly Beach
18. Sabine National Wildlife Refuge
    - 20

Texas
    - Exit 829
    - Crystal Beach
    - High Island
    - Bolivar Peninsula
    - Lyndon B. Johnson Space Center
19. Galveston
20. Houston
    - Exit 696
    - Dallas
21. Austin
    - Dripping Springs
    - Lyndon B. Johnson State Park & Historic Site
22. Johnson City
    - Fredericksburg
23. Luckenbach
    - Exit 538
24. San Antonio

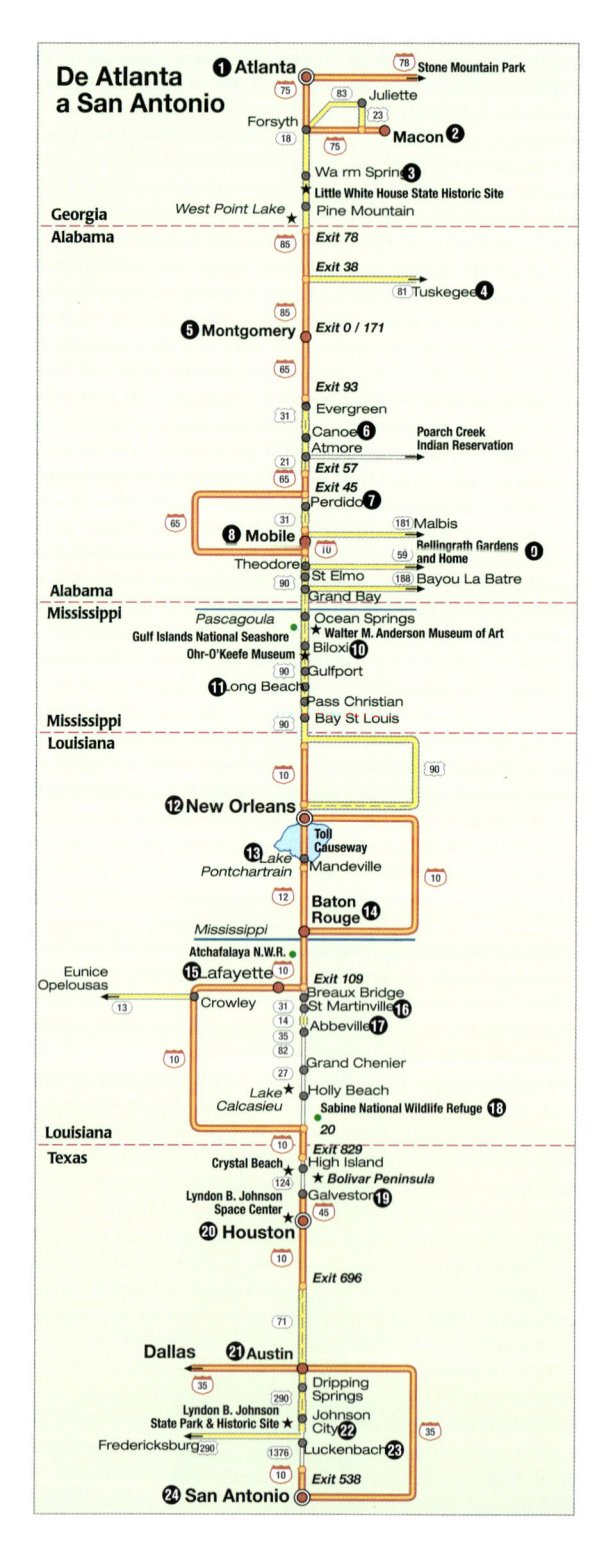

doces de Vidalia, que são a marca registrada do estado, junto com a madeira, o gado e as granjas, continuam a figurar com destaque na economia.

Em toda a Geórgia, prepare-se para dias quentes e úmidos e noites agradáveis de maio a setembro, conforto temperado em abril e outubro, e temperatura de fresca a fria de novembro a março, com ocasionais ventos gélidos do norte e até neve. A Geórgia desabrocha com maior beleza na primavera, que é a estação ideal para uma visita. O sul do estado, na planície costeira, é mais agradável, geralmente com verões sufocantes.

Se a procura por um lugar para estacionar no centro de Atlanta deixar você louco para fugir, percorra 11 km pela US 78, a leste da I-285, até **Stone Mountain Park** (tel.: 770-498-5690; www.stonemountainpark.com; diariamente), um complexo para recreação com atrações sazonais, que incluem rinque de patinação no gelo, campo de golfe, *camping*, hotéis, toboáguas, barcos, pesca, tênis, trilhas na natureza, passeio panorâmico de trem e uma fazenda reconstruída. Essa fazenda de Stone Mountain tem construções típicas de todo o estado.

O parque espalha-se em torno do ponto de referência de mesmo nome, a **Stone Mountain**. A parte exposta desse gigante de granito ocupa um volume de 213 milhões de metros cúbicos e estima-se que tenha mais ou menos 3 milhões de anos. Sua gestação foi longa, pois as rochas ígneas fizeram um esforço violento para chegar à superfície. Esse impulso da montanha em direção ao céu é uma ótima metáfora para a explosão concreta da moderna Atlanta depois de ser arrasada pelo exército da União.

A montanha em si, lisa – exceto por algumas marcas leves na superfície –, é espetacular. Porém, o foco de atenção está na **escultura da Stone Mountain**, que levou 50 anos para ser produzida e representa os líderes confederados Jefferson Davis, Robert E. Lee e "Stonewall" Jackson. Ela tem 45 metros de largura, fica a 112 metros do solo e foi concluída em 1972.

DE ATLANTA A NEW ORLEANS   249

Macon

Saindo de Atlanta pelo sudoeste, na I-75, você vai começar a encontrar aquilo que foi descrito no Federal Writers' Project: "A característica ondulante da terra provoca ondulações nas estradas, nos campos e nas florestas de pinheiros que os margeiam. Os morros de argila são profundamente sulcados pela erosão, e sua cor vermelha contrasta com os pinheiros escuros das regiões florestais, criando uma paisagem sempre vívida". Mais ou menos 130 km (80 milhas) depois de sair da "cidade grande", a I-75 faz uma curva acentuada para o sul e segue direto para o centro de **Macon** ❷ (que rima com *bacon*); você pode se aventurar na cidade pela I 75 ou pela I-16, que continua para sudeste até Savannah. Nos últimos anos, o centro da cidade experimentou certo ressurgimento, iniciado não só pelo maior número de mansões e edifícios cívicos históricos anteriores à Guerra Civil de toda a Geórgia, como também pela merecida reputação como meca da música: é a cidade natal das lendas do *rock* Little Richard, Otis Redding, Allman Brothers e REM, entre outros.

O Velho Sul

Os maravilhosos prédios históricos de Macon foram poupados da destruição durante a Guerra Civil por uma estratégia simples. Em 1864, quando o general Sherman e suas tropas atiraram na cidade do outro lado do rio Ocmulgee, o fogo de resposta foi sinal de uma forte resistência; contudo, as tropas que desviaram Sherman e esse espírito incendiário extremamente trágico para Savannah não eram formadas por soldados confederados comuns, mas sim por idosos e crianças.

A arquitetura que foi preservada e restaurada é incrivelmente diversa e totalmente sulista. Como diz um morador: "Quando as pessoas de fora chegam para encontrar o 'Velho Sul', isso não acontece em Atlanta, que é nova demais, nem em Savannah, que, por conta dos colonizadores e da aparência, está mais para uma cidade europeia. O Velho Sul se encontra aqui, em Macon".

Durante a repentina expansão econômica do início do século XIX, os reis do algodão construíram casas luxuosas em estilo federalista antigo com toques clássicos. A elas se seguiram estruturas no estilo dos templos gregos, com adaptações ao clima. Com

FATO

Mais de 100 ruas de Atlanta têm a palavra *peachtree* ["pessegueiro"] no nome, em razão dos famosos pêssegos da Geórgia. A Peachtree Street é a principal via norte-sul de Atlanta.

Macon é um exemplo perfeito do Velho Sul.

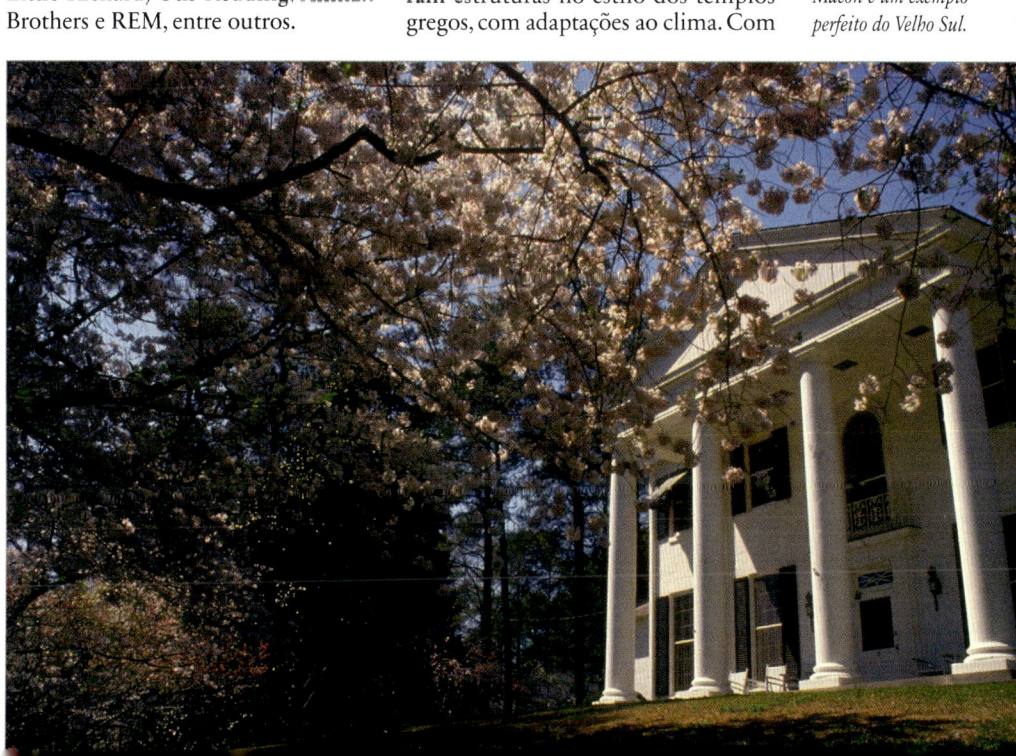

250 ♦ LUGARES

> **DICA**
>
> O Jarrell Plantation State Historic Site, na Geórgia, preserva uma antiga propriedade familiar e um moinho, oferecendo hospedagem num cenário rural. Fica perto do Whistle Stop Cafe e do Piedmont National Wildlife Refuge. Para chegar lá, siga a US 23 para o norte de Macon e observe as placas.

A neoitaliana Hay House, em Macon.

o passar dos anos, ondas de expansão comercial inspiraram incursões em novos estilos nas mansões e prédios cívicos e comerciais. Experiências com novas versões do italiano, do romano e do acadêmico foram realizadas até os anos 1920. Entre belos exemplos abertos diariamente ao público estão a imensa **Hay House** (tel.: 478-742-8155; www.georgiatrust.org/historic_sites/hayhouse), na Georgia Avenue, e a **Cannonball House** (tel.: 478-745-5982; www.cannonballhouse.org), na Mulberry Street, marcada por um tiro da artilharia de Sherman e hoje sede de um **museu confederado**.

Tudo isso pode ser apreciado com maior proveito em março, quando o Cherry Blossom Festival celebra a florada simultânea do orgulho de Macon: as incríveis 300 mil cerejeiras japonesas que foram plantadas ao longo das ruas do centro.

O **Macon Visitor Information Center** (tel.: 478-743-3401; www.maconga.org; 2ª-sáb.), no Martin Luther King Boulevard, exibe um filme narrado por Little Richard que apresenta Macon; tem também exposições interativas e oferece visitas guiadas a pé por casas e museus históricos da cidade. Apesar de, infelizmente, o Music Hall of Fame de Macon estar agora fechado, o **Georgia Sports Hall of Fame** (tel.: 478-752-1585; www.gshf.org; 3ª-sáb.) continua sendo um destino muito procurado na Cherry Street, homenageando os atletas de Geórgia, como o recordista rebatedor de beisebol Henry "Hank" Aaron e a lenda do golfe Bobby Jones.

Uma ponte em honra ao músico lendário mais famoso de Macon, Otis Redding, cruza o rio Ocmulgee, conduzindo até o **Ocmulgee National Monument** (tel.: 478-752-8257; www.nps.gov/ocmu; diariamente). Esse parque nacional pequeno e tranquilo não faz muita propaganda, mas é um dos tesouros escondidos de Macon. Ele abriga montes cerimoniais, campos de trigo e outros resquícios da poderosa cultura mississippiana construtora de montes que floresceu aqui entre 900 e 1100 d.C.

O museu no interior do moderno centro de informações turísticas, da década de 1930, e as exposições na margem das trilhas explicam o estilo de vida dos mississippianos. As crianças vão gostar de entrar no abrigo semissubterrâneo reconstruído, com 12,8 metros de diâmetro. Com altar em forma de pássaro do trovão, fogueira e bancos compridos para sentar, a estrutura se parece com as grandes *kivas* encontradas no Chaco Canyon, no Novo México, um dos distantes parceiros comerciais dos mississippianos.

Whistle Stop Cafe

Seguir pela US 23, que serpenteia para o norte depois de Macon, acompanhando o rio Ocmulgee, é uma ótima oportunidade para apreciar a Geórgia rural. A minúscula **Juliette**, 32 km (20 milhas) à frente, foi revigorada no início dos anos 1990, quando seu ar pitoresco de região remota abandonada fez dela a locação perfeita para o filme *Tomates verdes fritos*, baseado no romance original de Fannie Flagg. O **Whistle Stop Cafe** (tel.: 478-992-8886; www.whistlestopcafe.com; diariamente) original – construído para a filmagem ao lado de uma estação de trem do interior ainda em uso – quase foi destruído por uma inundação em 1994.

DE ATLANTA A NEW ORLEANS

O local já esteve em melhor estado, e a comida tem dividido opiniões, mas ainda atrai turistas, que fazem uma peregrinação até lá para comer a especialidade do sul, os tomates verdes preparados no estilo *tempura* japonês.

Saindo de Juliette, pegue a State 83 para leste e, depois, a State 18, que segue sinuosa o caminho até a divisa da Geórgia com o Alabama. A bucólica cidade de **Warm Springs** ❸, aproximadamente uma hora a leste de Juliette, fica aninhada no sopé da Pine Mountain. Ela ficou famosa como centro terapêutico para vítimas de poliomielite na década de 1920, quando o então governador de Nova York, Franklin Roosevelt – ele próprio atacado pela doença – começou a usar as fontes minerais termais para aliviar os sintomas. Roosevelt inaugurou um hospital com piscinas terapêuticas que é hoje uma instituição particular internacionalmente conhecida no tratamento dessa doença (as piscinas não são abertas ao público).

Em 1932, um ano antes de vencer a eleição para presidente, Roosevelt construiu um chalé de seis cômodos em Warm Springs, que lhe servia de refúgio constante; era ali que ele tomava as águas, reformulava suas políticas do *New Deal* e onde, por fim, morreu, em 12 de abril de 1945. O **Little White House State Historic Site** (tel.: 706-655-5870; www.gastateparks.org/LittleWhiteHouse; diariamente) abriga um museu sobre Roosevelt e é uma parada fascinante. Vale a pena curtir essa parte da Geórgia. Usando Warm Springs ou o vizinho F. D. Roosevelt State Park como base, você pode andar de bicicleta, acampar, pescar, andar a cavalo e descansar, antes de entrar no Alabama, que fica a pouca distância, a oeste, pela I-85.

DE ATLANTA AO SUDOESTE DO ALABAMA

O Alabama e grande parte do território a oeste desse estado passaram por várias mãos antes de serem ocupados pelos Estados Unidos, no fim do século XVIII. Lutas coloniais complexas, envolvendo cinco nações nativas (*cherokee*, *seminole*, *muscogee*, *chickasaw* e *choctaw*), marcam o início da história do Alabama; o brasão do estado exibe os emblemas das cinco nações não indígenas que sucessivamente governaram a região: França, Grã-Bretanha, Estados Unidos, a Confederação e, novamente, os Estados Unidos.

Os dois últimos regimes, obviamente, foram aqueles que deixaram a marca mais forte no Alabama, que

No dia do trabalho, a multidão se prepara para assistir ao show de laser na Stone Mountain. De um lado da montanha fica o Confederate Memorial Carving, que representa os três heróis da Guerra Civil: o presidente Jefferson Davis e os generais Robert E. Lee e Thomas J. Jackson.

O abrigo semissubterrâneo do Ocmulgee National Monument.

FATO

O doutor Martin Luther King fez um discurso comovente do alto do capitólio estadual em Montgomery, ao final de uma marcha pelos direitos civis que foi de Selma a Montgomery em 1965.

Estátua "Lifting the Veil of Ignorance" [Levantando o véu da ignorância], de Booker T. Washington, em Tuskegee.

tem o nome do rio Alabama, que, por sua vez, recebeu o nome de uma tribo nativa. O Alabama viveu seu auge econômico durante a repentina expansão do algodão no século XIX e relutou em abandonar a lembrança dos bons tempos confederados. Só depois de campanhas amargas nos anos 1990 é que o edifício do capitólio estadual, em Montgomery, finalmente deixou de hastear a bandeira confederada. O estado já viveu dias melhores, econômica e socialmente, mas os recursos naturais, os cidadãos trabalhadores e um orgulho persistente recusam-se a admitir o declínio.

Embora em princípio o **rio Chattahoochee** marque a divisa entre Geórgia e Alabama, na verdade nesse ponto você atravessa o limite do estado um pouco a oeste. Mesmo assim, só entra no fuso horário central (1 hora mais cedo) – horário do resto do Alabama – depois do vale do Lanett.

Tuskegee e a educação dos negros

Após viajar por uma área de floresta ao longo da I-85 para oeste, você pode pegar a Saída 38 para **Tuskegee** ❹, via State 81 para o sul e State 126 para oeste. Tuskegee é o local do **Tuskegee Normal and Industrial Institute**, de Booker T. Washington, uma das poucas instituições de ensino superior para negros norte-americanos existentes no século XIX.

Nas palavras do renomado intelectual negro W. E. B. Dubois, Booker T. Washington foi "o maior homem que o Sul produziu desde a Guerra Civil". Bonito, politicamente hábil e extremamente inspirado, Washington acreditava na cooperação com os governantes brancos e na educação prática para atender às necessidades da população negra concentrada no sul. Sua política de evitar o confronto fez inimigos entre outros negros instruídos e brancos liberais, mas ele manteve Tuskegee viva de 1881 a 1915.

Embora o instituto continue muito ativo, grande parte do *campus* histórico foi preservada com a ajuda do serviço nacional de parques. O ponto central é o **Carver Museum** (tel.: 334-727-3200; www.nps.gov/tuin; diariamente), que tem o nome do químico agrícola George Washington Carver. Ele trabalhou e lecionou no *campus* desde 1896 até se retirar para a residência The Oaks, em Tuskegee, onde morreu em 1943.

Ex-escravo, Carver abandonou suas aspirações artísticas para criar a ciência pioneira da agricultura industrial. Suas descobertas salvaram a economia sulista do colapso, depois que a infestação de bicudo-do-algodoeiro, em 1919, arrasou a indústria do algodão. Muitos de seus "comunicados" estão expostos no museu; com trabalhos do tipo "Como cultivar amendoim e 105 maneiras de prepará-lo para consumo humano", um negro salvou a região cuja elite tinha oprimido e continuaria a oprimir sua raça. O museu também exibe dois filmes de 30 minutos sobre Carver e Washington que detalham a história da instituição e da luta desses dois homens, sem se esquivar das controvérsias que os cercaram.

Entre os interesses de Carver estavam as terapias para a poliomielite, que chamaram a atenção de Franklin Roosevelt. Em 1939, Roosevelt visitou Tuskegee e, logo depois, ela se tornou base de treinamento de pilotos do 99º

Esquadrão de Buscas, totalmente composto por afro-americanos.

Em 1998, o Moton Field foi designado **Tuskegee Airmen National Historic Site** (tel.: 334-724-0922; www.nps.gov/tuai; diariamente) para homenagear a vida desses heróis esquecidos da Segunda Guerra Mundial. O Hangar Nº 1 tem uma sala de exposição onde é possível assistir a um vídeo de 4 minutos sobre os aviadores de Tuskegee, e um museu recria algumas das vistas e dos sons de Moton Field durante a década de 1940, além de duas aeronaves da Segunda Guerra Mundial. Um centro de informações turísticas abriga exposições e exibe cinco filmes sobre os aviadores, além de possibilitar vistas do campo de aviação. Anualmente, acontece aqui o Tuskegee Airmen Fly-In, no fim de semana do Memorial Day (última 2ª de maio), com aeronaves históricas, exibições aeronáuticas e exposições.

Montgomery

De volta à I-85, rumo ao sul, percorra 66 km (41 milhas) de Tuskegee até o limite de **Montgomery** ❺, capital do Alabama, composta por uma área central pequena e surpreendentemente tranquila, cercada de grandes bairros periféricos, cujos nomes têm um sabor agrícola. Embora o solo das planícies ainda seja fértil, Montgomery baseia sua sobrevivência nos serviços públicos, na construção e na indústria. Também se beneficia do patrocínio da força aérea norte-americana, cujos membros de elite são frequentemente nomeados para a **Maxwell Air Force Base**, no local da escola de voo dos famosos aviadores Wilbur e Orville Wright.

O conjunto do governo estadual em Goat Hill tem vários prédios públicos extraordinários, no estilo branco e vistoso de antes da Guerra Civil, que simplesmente vão deixar você sem fôlego. O **State Capitol** (tel.: 334-242-3935; 2ª-sáb.), com colunas de mármore, é um dos únicos do país designado como marco histórico nacional: é o lugar onde o presidente confederado Jefferson Davis fez seu juramento de posse.

Duas estruturas grandiosas estão do outro lado da Washington Street, em frente ao capitólio: a **First White House of the Confederacy** (tel.: 334-242-1861; www.first-whitehouse.org; 2ª-sáb.) e o imponente **Alabama Department of Archives and History** (tel.: 334-242-4435; www.archives.alabama.gov; 2ª-sáb.). A Casa Branca, transferida de seu local original na Bibb Street com Catoma Street, foi residência do presidente confederado Jefferson Davis durante o período de Montgomery como a primeira capital dos Estados Confederados da América. Essa nação rebelde era composta dos treze estados e territórios que se separaram dos Estados Unidos entre 1860 e 1861, em razão do litígio sobre os direitos dos estados – entre eles, o direito de manter a escravidão. Davis foi ofuscado na história pelo general confederado Robert E. Lee, mas, no sul, ele ainda é reverenciado como símbolo de distinção e autodeterminação, como se lê em adesivos de para-choque: "Não me culpe – eu votei no Jefferson Davis".

Esta trepadeira, conhecida como kudzu, foi trazida da Ásia e usada pelo governo para conter a erosão do solo. Hoje, é praticamente incontrolável e asfixia milhares de hectares de solo.

Civil Rights Memorial, em Montgomery.

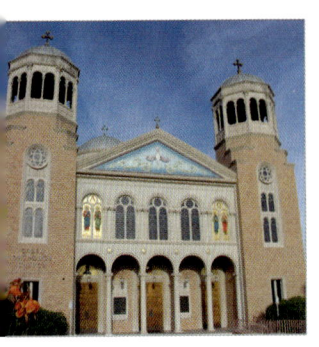

Igreja ortodoxa grega Malbis Memorial.

Lugar sossegado numa praia da costa do Golfo.

O neoclássico Archives Building tem um acervo rico em arte nativa americana, história confederada e desenvolvimento do estado. Antigamente, abrigava uma coleção variada de roupas de *show* pertencentes ao músico Hank Williams Sênior, uma lenda local. Hoje, essas roupas e o Cadillac azul-bebê de 1952 de Williams são as principais atrações no superpopular **Hank Williams Museum** (tel.: 334-262-3600; www.thehankwilliamsmuseum.com; diariamente), na Commerce Street. Os fãs de literatura vão querer visitar o maravilhoso **F. Scott and Zelda Fitzgerald Museum** (tel.: 334-264-4222; www.fitzgeraldmuseum.net; 4ª-dom.), onde o autor de *O grande Gatsby* e sua esposa viveram depois de se conhecerem em Montgomery, durante a Primeira Guerra Mundial.

Locais históricos dos direitos civis

Apenas 100 metros adiante do capitólio fica a **Dexter Avenue King Memorial Baptist Church**, cujo pastor de 26 anos, o reverendo Martin Luther King Jr., foi colocado sob os refletores, um pouco a contragosto, em dezembro de 1955: ele recebeu um convite para encabeçar a campanha pelos direitos civis conhecida como Boicote aos Ônibus de Montgomery, depois que Rosa Parks, uma moradora da cidade, recusou-se a ceder seu lugar a um homem branco. Um mural no interior da igreja, "De Montgomery a Memphis, 1955-1968", celebra a longa luta por dignidade e igualdade. Do lado de fora do Southern Poverty Law Center, nas proximidades, o impactante **Civil Rights Memorial** (tel.: 334-956-8200; www.splcenter.org/civil-rights-memorial; 2ª-sáb.), projetado por Maya Lin (também responsável pelo famoso memorial aos veteranos do Vietnã, em Washington, D.C.), homenageia King e outros quarenta mártires do movimento; um centro de informações aos visitantes, pequeno mas bem pensado, oferece uma apresentação audiovisual comovente e uma livraria interessante.

Estradas secundárias do Alabama

A I-85 para Montgomery junta-se com a I-65 e continua para o sul, entrando nos caminhos rurais do sudoeste do Alabama. Ao longo do trajeto, as estações de rádio têm um pouco de tudo: música negra contemporânea, *pop*, *country*, gospel, sermões e *jazz*. O solo avermelha-se novamente, substituindo o terreno arenoso e cinzento do Cinturão Negro no meio do estado.

Recomendamos muito que você explore o Alabama rural, e a US 31 é um bom lugar para começar. Saindo da interestadual perto da bonita cidadezinha de **Evergreen**, a US 31 faz um arco através dos condados de Escambia e Baldwin, roçando o extremo noroeste da Flórida, perto de Atmore e Perdido. As terras que cercam as cidades, como Castleberry ("terra do morango do Alabama"), são pontilhadas de pequenos lagos verdes e cobertas de pinheirais e bosques de carvalho. O gado pasta no solo lamacento e as casas de fazenda formam imagens rurais tranquilas.

Antes de chegar a **Atmore**, você vai passar por **Canoe** ❻, onde é provável que veja uma charrete puxada por cavalo num lado da estrada, enquanto um trem de carga de cem vagões apita do outro. Atmore tem uma paisagem cheia de palmeiras, campos abertos e estradas de ferro, com placas na rodovia que indicam igrejas em todas as direções. Uns 13 km (8 milhas) ao norte de Atmore, você vai encontrar a **Poarch Creek Indian Reservation**, com 2.340 nativos, a única reserva do Alabama e a única cujos membros nunca foram retirados à força de sua terra natal. Pode-se aprender mais sobre a história e a cultura de Poarch Creek em seu grande e vistoso **Wind Creek Casino** (tel.: 866-WIND-360; www.windcreekcasino.com), perto da interestadual, que tem cassino, quatro restaurantes e hotel.

Vinho do Alabama

Permaneça na I-65, no trecho de 21 km antes da saída seguinte (Saída 45) para **Perdido** ❼. Ao sul da rodovia, os frutos da iniciativa e perseverança de Jim e Marianne Eddins continuam prosperando: **Perdido Vineyards** (tel.: 251-937-9463; www.perdidovineyards.net; 2ª-sáb.). A produção de vinho no Alabama, antigamente forte, foi aniquilada pela Lei Seca. Mesmo depois, os líderes batistas afirmavam que ingerir – e principalmente produzir – bebida alcoólica era quase um pecado. A família Eddins ousou opor-se e iniciou sua produção de uvas muscadíneas em 1971, que era vendida para um produtor de vinhos da Flórida. Quando esse arranjo fracassou, em 1979, a Perdido Vineyards começou a produzir seu próprio vinho.

As variedades muscadíneas produzidas em Perdido – *scuppernongs*, *higgins*, *nobles* e *magnolias* – provêm de uma videira robusta, nativa do sudeste dos Estados Unidos. Os vinhos de mesa de Perdido, que podem ser degustados na vinícola, são principalmente doces, com poucas variedades mais secas, que incluem um branco bem seco que lembra alguns vinhos da Califórnia. A aventura de Perdido foi inicialmente recebida com hostilidade no local, mas seu sucesso e a posterior atenção que atraiu para o condado de Baldwin contribuíram para melhorar muito a acolhida.

O condado de Baldwin está sujeito a um clima que se assemelha a uma panela de pressão: quente e com tendência a extremos de umidade. Há séculos, a natureza impõe dificuldades aos agricultores norte-americanos, mas o lugar pareceu muito atraente para colonos gregos que vieram para a baía

Litoral imaculado do Alabama no Golfo.

> **DICA**
>
> O centro histórico de Mobile, Alabama, tem muitos tesouros arquitetônicos, projetados por Rudolph Benz no início do século XX. Uma caminhada pela área em torno de Dauphin Street inclui várias dessas construções, muitas delas com trabalho de ferro filigranado semelhante ao que se encontra no bairro francês de New Orleans.

Dauphin Street, no centro de Mobile.

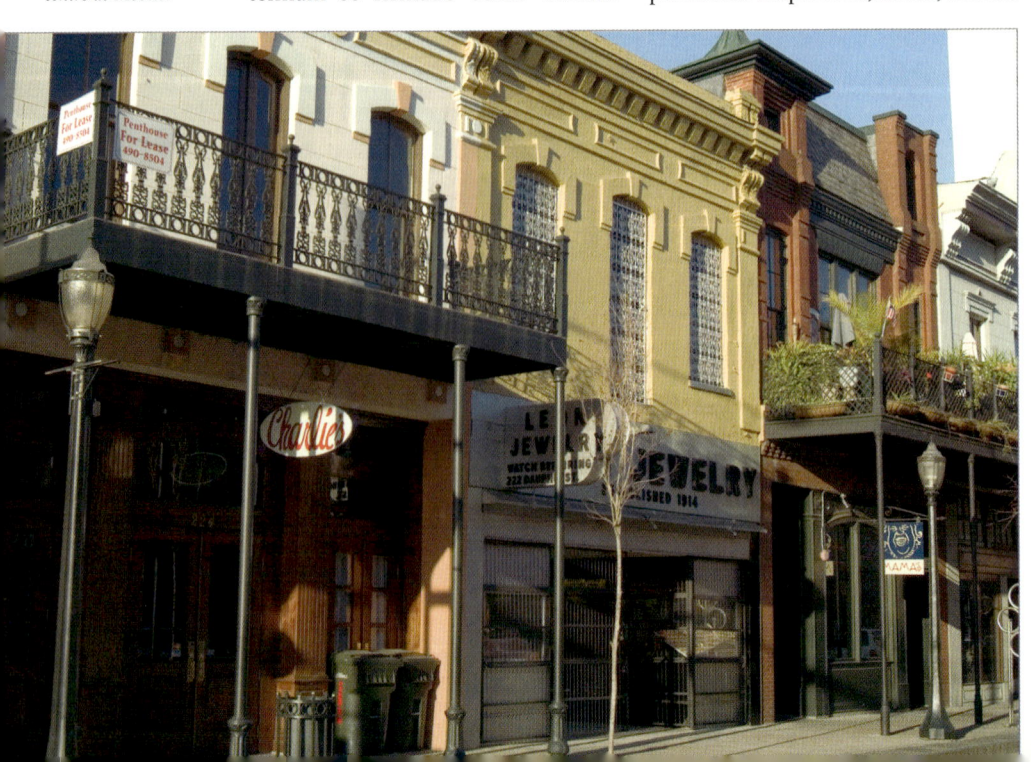

de Mobile antes da Segunda Guerra Mundial. Sob a liderança de um sacerdote ortodoxo grego chamado Malbis, a comunidade criou a plantação mais exuberante do país. Quando Malbis morreu nas mãos dos nazistas, depois de voltar para a Grécia, a comunidade continuou seu plano de construir uma igreja ortodoxa no lugar onde hoje fica a cidade de **Malbis**, entre a US 31 e a I-10, 6 km (4 milhas) a leste da baía de Mobile. A igreja foi construída com material importado da Grécia e tem cerâmicas e vitrais deslumbrantes.

DE MOBILE A NEW ORLEANS

O litoral do Golfo do México, que forma um arco do noroeste da Flórida até o sudeste do Texas, pode muito bem reivindicar o título de "riviera norte-americana" – embora com menos reverência também seja conhecido como "riviera caipira". Mais uma *Côte de Blanc* do que uma *Côte d'Azur*, o Golfo do México estende suas areias brancas ao lado das águas mornas cheias de ótimos camarões, ostras e outras iguarias. Embora nunca tenham se firmado como destino internacional, as praias soberbas do litoral de Alabama, Mississippi e Texas no Golfo atraem veranistas do sul e do meio-oeste desde meados do século XIX. Turismo, jogo e pesca são os pilares da economia da região, que tem sido afetada por furacões e pelo crescimento da indústria petrolífera, com perfurações e explorações frequentes ao alcance da vista dos banhistas. Quaisquer que sejam os efeitos ecológicos da prospecção de petróleo, a indústria petroquímica tem sido crucial para a sobrevivência de cidades como Mobile, no Alabama.

Antiga capital francesa

As interestaduais 10 e 65 e a US 90 (que sai da US 31) cruzam a foz do rio Mobile, pois seguem para oeste do condado de Baldwin até o porto de **Mobile** ❽. A localização de Mobile na margem do rio e do golfo fez dela a área mais contestada em todas as intricadas disputas pelo poder no Alabama – até hoje ela parece bem atípica nesse estado, que os forasteiros consideram o mais isolado do sul. A sensação de rica diversidade cosmopolita não surpreende; afinal, Mobile começou em 1703 como capital da colônia francesa da Louisiana, que abrangia uma área bem maior – apesar de não definida com precisão – do que o atual estado de Louisiana.

Embora a agulha iluminada de um ou outro arranha-céu forme uma silhueta característica na cidade, o passado colonial de Mobile continua evidente em todos os lugares. Os paralelos com a Louisiana em geral e com New Orleans em particular vão das intricadas grades de ferro que enfeitam os balcões da cidade às ostras e ao *gumbo* vendidos nos restaurantes. O mais surpreendente de tudo é a Mardi Gras de Mobile, mais antiga do que a de New Orleans. Se você chegar na semana antes da Quaresma, vai ficar fascinado com os desfiles e as fantasias, mas o ano todo os colares de contas coloridas, símbolos da Terça-feira Gorda, continuam a enfeitar os carvalhos e os fios telefônicos do centro da cidade.

Um passeio a pé pelas ruas do centro, na parte baixa de **Government**, **Church** e **Dauphin**, é certamente o melhor modo de apreciar Mobile. Pegue um folheto de orientação para uma caminhada histórica no centro de informações turísticas, na extremidade sul da Royal Street, que fica numa réplica parcial do **Fort Condé** (tel.: 251-208-7569; diariamente), de 1724, cujos canhões hoje apontam tristemente para uma passagem de concreto em frente. Do outro lado da rua, o **Mobile Museum of History** (tel.: 251-208-7569; www.museumofmobile.com; diariamente) fica num edifício de estilo italiano e abriga boas exposições sobre a história local. De lá, uma caminhada curta conduz por imponentes locais históricos floridos, com magnólias, azaleias e carvalhos que crescem bem viçosos no clima subtropical. Em um padrão familiar, o comércio importante migrou para os *shoppings* da periferia da cidade, provocando o fechamento das antigas lojas de departamentos. No entanto, o centro tem uma grande quantidade de cafés, clubes e restaurantes da moda, além de um de seus grandes hotéis restaurado, o **Battle House** *(ver p. 417)*, de 1852, em estilo *beaux arts*, construído no lugar onde ficava o quartel-general de Andrew Jackson durante a guerra de 1812.

Emblema da comissão de desenvolvimento histórico de Mobile, Alabama.

Lago Overlook, em Bellingrath Gardens.

> **DICA**
>
> A popular festa da bênção da frota camaroneira acontece no início de maio em Bayou La Batre, cidade pesqueira perto de Mobile, Alabama.

Floresta subtropical

A Government Street transforma-se na US 90 ao se afastar da baía de Mobile e alargar-se na costumeira expansão urbana formada por *shoppings*, motéis e lanchonetes. Ao chegar à cidade de **Theodore**, você vai ver um *outdoor* enorme, que o conduzirá para o sul, pela State 59, até **Bellingrath Gardens and Home** ❾ (tel.: 251-973-2217; www.bellingrath.org; diariamente), um "jardim para todas as ocasiões". Todos os exageros – "incomparável", "um dos mais bonitos jardins perenes do mundo" – são verdadeiros. Originalmente uma floresta subtropical que servia como pesqueiro ao longo do rio Fowl, a propriedade foi comprada por Walter Bellingrath, que fez fortuna como o primeiro engarrafador de Coca-Cola do Alabama. O casal Bellingrath foi responsável pelo paisagismo de 26 dos 367 hectares do terreno, criando uma obra de arte viva, em evolução, para cercar a magnífica residência à beira do rio. Azaleias, rosas, hibiscos, acalifas, crisântemos, bicos-de-papagaio, lírios, violetas e cornisos fazem parte dessa "beleza floral de extasiar". O jardim oriental-americano, os gansos grasnando, os flamingos e o fértil *bayou* encantam; já a loja de presentes e o restaurante deprimem; alugar o equipamento de visita guiada para o passeio é uma distração desnecessária. Essa atração fica fora de mão. Reserve meio dia para uma visita.

Vida silvestre do Golfo e a arte em Ocean Springs

A US 90 é a "velha rodovia" na Costa do Golfo, da Flórida à Louisiana. Você vai ter de decidir se os trechos esburacados, os frequentes sinais de trânsito, os lúgubres estacionamentos de *trailers* e os portos pesqueiros arenosos, como Grand Bay e Bayou La Batre, perto de Mobile, compensam uma viagem lenta durante todo o percurso ou se você vai querer dirigir na via expressa, mais eficiente e agradavelmente gramada durante parte do trajeto, entrando apenas nas comunidades da US 90 que lhe interessarem.

Se você for pegar a I-10, **Pascagoula** é a melhor opção de saída para a US 90, pois ela segue para oeste, passando por Biloxi e Gulfport. Pouco antes de chegar a Biloxi, você atravessa a deliciosa cidade praiana de **Ocean Springs**, uma meca cultural com a atmosfera acolhedora de Carmel, na Califórnia, e que parece ligeiramente fora de lugar no meio das cidades

Siri grande das águas mornas do Golfo.

operárias do Golfo. O centro bonito e compacto – refúgio de artistas – tem uma variedade de butiques, restaurantes, cafés e galerias de arte inconfundíveis e é um lugar relaxante para almoçar ou tomar um café.

Se você visitar apenas um museu de arte provinciano em toda a Rota Sul, que seja o super **Walter Anderson Museum of Art** (tel.: 228-872-3164; www.walterandersonmuseum.org; diariamente), em Ocean Springs. Anderson (1903-65), nascido na cidade, o artista de formação clássica, que desenvolveu problemas mentais, registrava com paixão os tesouros naturais ao longo do litoral do Golfo. Sua arte comovente combina uma perturbação interior que lembra Van Gogh com formas naturais de cor sutil, mas cheias de detalhes, que remetem à obra de Georgia O'Keeffe, tudo isso expresso em milhares de aquarelas preciosas que retratam a costa do Golfo no Mississippi, que Anderson tanto amava. Um enorme mural no centro comunitário vizinho, com várias referências espirituais e motivos naturais, foi declarado tesouro nacional em 2005. Entre os 900 trabalhos do acervo há cerâmicas dos irmãos de Walter Anderson, Peter, fundador da Shearwater Pottery, e James, pintor e ceramista célebre.

A leste de Ocean Springs, você vai encontrar a filial de **Gulf Islands National Seashore** (tel.: 228-875-9057; www.nps.gov/guis; diariamente) no Mississippi – a outra fica na Flórida. O agradável calçadão de madeira proporciona vistas do Golfo e dos *bayous* que tanto encantavam Anderson. O centro de informações turísticas oferece exposições e orientações. É um bom lugar para amantes da natureza que esperam ver águias-pescadoras e outras aves, além de relaxar num cenário intocado.

Biloxi

Do outro lado da ponte de Ocean Springs fica **Biloxi** ❿, segunda base de operações francês do território da Louisiana, quando mudou-se de Mobile. Fundada em 1699, do outro lado da baía de Biloxi, em frente à localização atual, a cidade fica numa península cercada por duas baías e pelo Golfo do México, que formou uma praia muito frequentada. No século XIX, Biloxi tinha a reputação de um elegante balneário de inverno,

Caixa de correio com bandeirinha confederada no sudeste.

Os cassinos Hard Rock e Beau Rivage, em Biloxi.

> **DICA**
>
> O Gulf Islands National Seashore proporciona uma rara visão da história natural do Golfo na charmosa Ocean Springs, cidade das artes perto de Biloxi, Mississippi. As águias-pescadoras fazem ninho perto do centro de informações turísticas e da passarela de madeira que atravessa os *bayous* e o litoral do Golfo.

mas as mansões que ficavam de frente para o *bayou* praticamente desapareceram, principalmente devido a uma sucessão de tempestades fortes que atingiram diretamente Biloxi. O furacão Camille causou muitos estragos em 1969; em 1998, o furacão Georges provocou destruição generalizada e, em agosto de 2005, o furacão Katrina devastou a cidade, matando pessoas e arrancando do chão casas e estabelecimentos comerciais.

Em abril de 2010, os moradores do Golfo foram atingidos por mais uma catástrofe quando a plataforma de petróleo Deepwater Horizon explodiu, matando trabalhadores e causando derramamento de petróleo. O acidente com a plataforma operada pela British Petroleum poluiu as praias da região, matou aves e outros animais, prejudicou o turismo e arruinou com a subsistência dos numerosos moradores do Golfo. Uma grande operação de limpeza e uma forte campanha publicitária promovendo a limpeza das praias do Golfo (inclusive com a visita do presidente Obama) tiveram, de certa forma, o objetivo de acalmar os ânimos do turismo, mas peixarias e pequenos estabelecimentos do Golfo ainda estão contabilizando os prejuízos.

Grandes *resorts* de jogo sobreviveram a isso tudo, dando mostra dos poderosos investimentos empresariais que estão em jogo aqui, bem como da feroz política do norte contra o sul, que viu governadores republicanos como Haley Barbour, do Mississippi, e Bobby Jindahl, da Louisiana, enfatizarem a recuperação por meio da iniciativa privada, e não das verbas do governo, que chegam com muito atraso.

Hoje, Biloxi está voltando à vida. Além dos *resorts* de jogo principais como o Hard Rock *(ver p. 418)* e o Beau Rivagem, um Jimmy Buffet Margaritaville Resort foi inaugurado em maio de 2012, com muita ostentação. Em novembro de 2011 inaugurou-se o **Ohr-O'Keefe Museum** (tel.: 228-374-5547; www.georgeohr.org; 3ª-sáb.), de 38 milhões de dólares, um museu e centro cultural projetado pelo famoso arquiteto e artista Frank Gehry e dedicado a George Ohr, o "ceramista maluco" de Biloxi.

As leis estaduais só permitem o jogo em barcos, não em terra firme;

Mansão Beauvoir, em Biloxi.

DE ATLANTA A NEW ORLEANS **261**

por isso, as grandes estruturas que se veem da estrada são, na verdade, apenas a parte de hotel e restaurante da operação, pois o jogo em si acontece nas "barcaças" situadas atrás deles. No entanto, uma vez lá dentro, não é possível dizer onde termina o edifício e onde começa a barcaça.

Gulfport e Long Beach

Felizmente, Biloxi ainda tem uma atração histórica genuína – embora também tenha ficado bastante destruída depois do furacão Katrina e só tenha sido reaberta em 2008. A mansão **Beauvoir** (tel.: 228-388-4400; diariamente), de colunas brancas, construída em 1852 de frente para o mar, última residência do presidente confederado Jefferson Davis, é uma vitrine da riqueza dele e também um museu confederado bem diversificado. Dos sete edifícios da propriedade de 20 hectares, cinco foram destruídos pelo Katrina, e o lento processo de restauração continua. Mas a influência duradoura de Davis sobre os sulistas tradicionais é demonstrada diariamente pela enorme ajuda recebida para a restauração da casa e a reconstrução da **Jefferson Davis Presidential Library** no local da antiga. Aqui os guias são testemunhas oculares da destruição do Katrina e falam sem rodeios sobre seus sentimentos a respeito do orgulho sulista e da importância histórica de Beauvoir. A visita é realmente educativa para quem vem de fora.

Se é diversão na praia que você procura, continue ao longo do litoral pela US 90, onde as faixas de areia dourada em **Gulfport** e **Long Beach** ⓫ são margeadas por quiosques que alugam *jet skis*, tratores de praia com rodas infláveis ou simplesmente guarda-sóis coloridos. Uma última comunidade, **Pass Christian**, lembra dias melhores no Mississippi, com o Golfo de um lado da US 90 e uma avenida de carvalhos da Virgínia, cujos galhos se juntavam acima da rodovia, criando um túnel verde e fresco. Ela era uma popular comunidade de aposentados até que o Katrina destruiu mais de 2 mil casas, alterando permanentemente

a cidade. A recuperação aqui ainda está em andamento e, como em Gulfport e Long Beach, se você estiver procurando um hotel ou restaurante que não seja de rede, não terá muita sorte.

A US 90, então, faz uma curva acentuada para longe do litoral e cruza a baía de St Louis, onde uma ponte termina na linda **Bay St Louis**, "porta de entrada para a Costa do Golfo". Com pouca sinalização, a estrada se bifurca: a State 609 segue para noroeste na direção da I-10 e de uma área de testes da Nasa; a US 90 desliza para sudoeste. Ambas levam rapidamente à Louisiana. A I-10 é formada por 13 km de pontes de costa a costa – da "paróquia" (como são chamados os condados na Louisiana) de St Tamany até a "paróquia" de Orleans. Quando o carro cruza a **Lake Pontchartrain Causeway**, você se sente como se estivesse mergulhando e atravessando a própria água. De repente, a melancólica **New Orleans** ⓬ *(ver p. 262)* surge na margem oposta do **lago Pontchartrain** ⓭, uma meia-lua de arranha-céus no meio de um lago verde de carvalhos.

FATO

Pass Christian tem o nome de um desfiladeiro de águas profundas que fica nas proximidades, em homenagem a Nicholas Christian L'Anier, que viveu na vizinha Cat Island em 1746.

Ponte levadiça no Lake Pontchartrain Causeway, entrada para New Orleans.

New Orleans: a cidade fácil

Âncora da Costa do Golfo, berço do jazz, lugar de comida exótica – esta é, sem dúvida, a cidade mais fascinante do sul.

Enrodilhada numa curva imensa do Mississippi, New Orleans é conhecida como Crescent City – berço do *jazz*, do *blues* e da complexa culinária *creole*, que mescla influências francesas, latinas e caribenhas. Desde 1857, é também sinônimo de Mardi Gras (Terça-feira Gorda), com bailes particulares, desfiles de carros alegóricos vistosos, máscaras e bijuterias reluzentes, que captam o impressionante espírito gótico dessa singular cidade norte-americana.

Nem mesmo o devastador furacão Katrina, de categoria 5, que por pouco não atingiu New Orleans em agosto de 2005, impediu o carnaval no ano seguinte – mas chegou perto: as barragens que protegem New Orleans das águas que a cercam foram destruídas em mais de 50 pontos durante a elevação das águas do mar que se seguiu ao furacão, inundando 80% da cidade por semanas. Surpreendentemente, foram poupados o Vieux Carré, ou **French Quarter**, e outras áreas históricas ao longo do rio, que ficam no terreno elevado onde o governo francês sabiamente construiu a cidade murada original, no século XVIII.

Vários passeios pelas áreas destruídas pelo Katrina, guiados por moradores que testemunharam a tempestade, levam os turistas para ver os estragos nas barragens ao longo dos canais e os lentos esforços de reconstrução em bairros que um morador da beira do lago descreve como "Beirute". Muitas das 1.836 mortes aconteceram em Ninth Ward, a parte mais pobre da cidade, cujos residentes não tiveram condições de se mudar. Milhares de pessoas desalojadas continuam a morar em *trailers* da FEMA, a agência norte-americana de gestão de emergências; muitas outras foram embora para sempre, reduzindo drasticamente a população. Se você tiver interesse em fazer trabalho voluntário aqui, acesse www.volunteerlouisiana.gov.

No French Quarter, entre Canal Street e Esplanade, no entanto, tudo continua como sempre – num contraste marcante com os bairros periféricos. O centro do French Quarter é a **Jackson Square**, com a **St Louis Cathedral** (1794). As calçadas daqui são domínio de músicos, retratistas e adivinhos – para não falar dos vendedores de cachorro-quente Lucky Dog, com carrinhos com o formato de berrantes e gigantescas salsichas, imortalizados na obra-prima de John Kennedy Toole, a comédia *A Confederacy of Dunces* [*Uma confraria de tolos*]. De ambos os lados estão os **Pontalba Buildings** (1849), de tijolos vermelhos, os mais antigos prédios de apartamentos dos Estados Unidos. O **Cabildo** e o **Presbytere** (tel.: 504-568-6968; diariamente), dois excelentes museus estaduais, ladeiam a catedral, abrigados em estruturas coloniais com cúpulas. Entre seus tesouros estão a máscara mortuária de Napoleão e a sala onde foi assinada a compra da Louisiana em 1803.

A rua principal é a Bourbon Street, um calçadão circense a qualquer hora. Em contraste com a Bourbon, uma quadra na direção do rio, a paralela Royal Street tem uma série de galerias de classe e antiquários, além de restaurantes formais, como o **Brennan's** – de cafés da manhã lendários – e o **Court of Two Sisters**, cujo pátio sombreado é o local perfeito para um *brunch* com *jazz* (ver ambos os restaurantes na p. 444).

Ao longo da **Decatur Street**, que margeia o rio, os dólares são tirados dos turistas com entusiasmo em lojas de suvenir e restaurantes, no **French Market**, transformado em *shopping*, e na **Jackson Brewery**. Tudo acompanhado pelo som ensurdecedor das músicas tocadas no apito do **barco a vapor** Natchez, que faz cruzeiros turísticos diários pelo Mississippi. Num trecho charmoso de mais ou menos 1,5 km, o rio – adequadamente apelidado

Catedral de St Louis.

de *Big Muddy* – é margeado primeiro por uma passarela de madeira conhecida como Moonwalk e, depois, por parques gramados, um dos quais abriga o bem abastecido Aquarium of the Americas (tel.: 800-774-7394; 3ª-dom.). Uma balsa pequena e gratuita cruza o rio, ida e volta, até a ilha de **Algiers**, que tem uma vista interessante da cidade.

O **Lafitte's Blacksmith Shop**, no n. 941 da Bourbon Street, uma forja em ruínas construída de tijolos, onde o pirata Lafitte tramou muitas aventuras em alto-mar, é um sombrio bar nostálgico mas quase impenetrável que pode ser um bom lugar para começar caminhadas noturnas pela "New Orleans mal-assombrada"; já o imponente Napoleon House, no n. 500 da Chartres Street, supostamente o foco de uma trama para resgatar o imperador exilado de Santa Helena e trazê-lo para os Estados Unidos, é outro bar encantador e sombrio, com seu próprio café no pátio.

Em toda a extensão da Bourbon Street, bandas locais talentosas animam os frequentadores nos cafés e restaurantes. O melhor lugar para o *jazz* tradicional é o Preservation Hall (tel.: 504-522-2841; www.preservationhall.com), uma sala minúscula e dilapidada na St Peter Street, cuja aparência não faz jus aos músicos famosos que tocam aqui todas as noites. Em clubes lendários, como o Tipitina's (tel.: 504-566-7095), que aparece no filme *Daunbailó*, de Jim Jarmush, você vai ver bandas locais, como a Radiators, incendiando a pista de dança.

O melhor para acompanhar os apimentados *gumbo*, *jambalaya* e *étouffée* de caranguejo é uma cerveja Abita bem gelada, fabricada na Louisiana. Os melhores drinques locais de bebida destilada são: Sazerac e Ramos Gin Fizz; Hurricane, de rum, no Pat O'Brien's; ou a refrescante Pimm's Cup, no Napoleon House. New Orleans é famosa pelo café de chicória. A tradição é tomar café cremoso com leite acompanhado de *beignets* (rosquinhas polvilhadas com açúcar refinado) no **Café du Monde**, aberto 24 horas na calçada do French Market, ótimo lugar para ver gente.

A oeste do Vieux Carré, o **Warehouse District** é o bairro das artes promissoras de New Orleans. Entre os hotéis-butique e os restaurantes contemporâneos, como o **Cochon** (ver p. 444), cujos pratos à moda *cajun* do sul celebram tudo do porco, menos o guincho, você vai encontrar galerias de arte, o **Louisiana Children's Museum** (tel.: 504-523-1357; www.lcm.org; maio-set., diariamente; out.-abr., 3ª-dom.) e o **National World War II Museum** (tel.: 504-527-6012; www.ddaymuseum.org; diariamente). Depois do bairro comercial central, local do **Louisiana Superdome** – um bom passeio para se fazer de bonde –, fica o exuberante e rico **Garden District**, onde há casas de antes da Guerra Civil em meio a azaleias e cornisos, e carvalhos barrocos que sombreiam estruturas maravilhosas, construídas nos estilos neogrego, renascentista e vitoriano.

Bourbon Street, no centro do French Quarter.

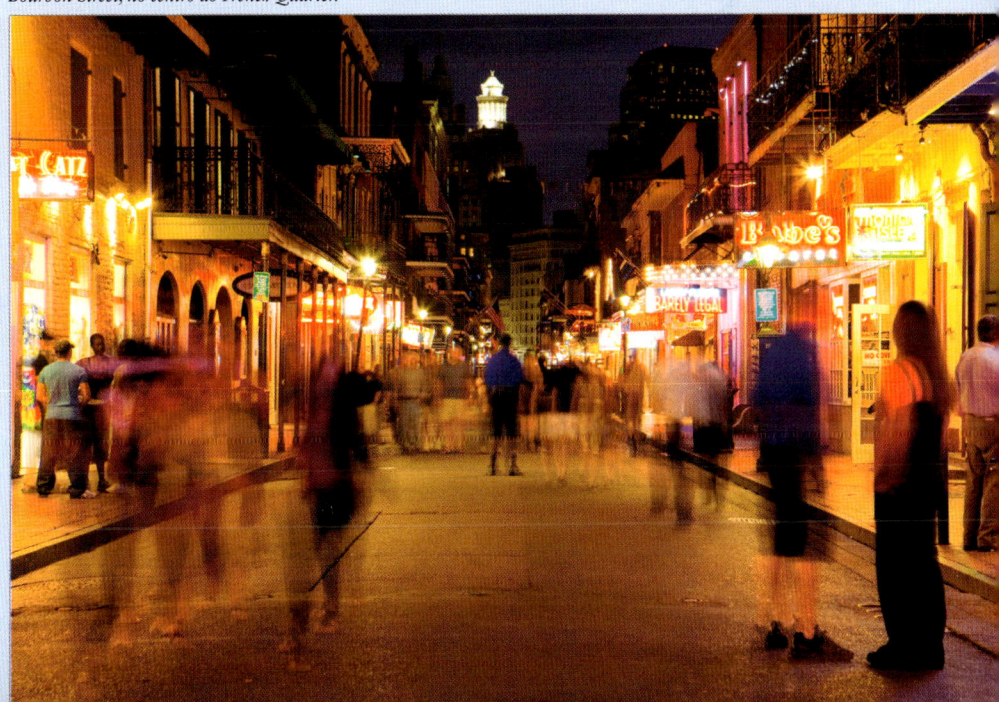

Músico cajun.

LUGARES · 265

DE NEW ORLEANS A SAN ANTONIO

A travessia daquela que dizem ser a "ponte mais comprida do mundo" conduz a uma viagem realçada pelos jacarés no território *cajun* e termina na terra dos caubóis.

Esta rota de New Orleans até a divisa do Texas inclui, primeiro, o território *cajun* e, depois, a capital do estado. Saindo da cidade e indo para o norte, chega-se ao lago Pontchartrain, que é atravessado pela **Lake Pontchartrain Causeway**, a "ponte mais comprida do mundo". A estrada sobre as águas é uma rodovia de duas faixas com 39 km de extensão. Por quilômetros, não se vê nada no horizonte, e o mergulho em arco no vazio é parecido com a travessia das planícies desertas e sutis do Texas.

Na viagem para o norte sobre a ponte até **Mandeville**, a terra inicialmente aparece como uma fina fatia azul no horizonte, uma etérea faixa cinza-azulada em que se mesclam as águas escuras e o céu. Gradativamente, a terra fica mais nítida, mais ampla e adquire uma cor mais profunda até que se transforma na interface de dois grandes corpos azuis: mar e céu. Se você decidir cruzar a Lake Pontchartrain Causeway, talvez seja melhor fazer isso quando estiver deixando a cidade.

A viagem de ida e volta através do lago pode ser um pouco cansativa, e a concentração pode falhar no segundo trecho. Quando a ponte atinge a terra em Mandeville, passa a se chamar US 190, que, 6 km ao norte da margem do lago, cruza a I-12, que segue 98 km para oeste até a capital da Louisiana, Baton Rouge.

Congestionamento em Lake Pontchartrain Causeway.

Bayous acadianos

A alternativa é seguir a eficiente mas arenosa I-10 para sair de New Orleans e atravessar o território irregular e pantanoso do *bayou*, na margem sudoeste do lago Pontchartrain, nas paróquias de St Charles e St John. A rodovia é suspensa por estacas acima da água parada, coberta de vegetação, e os troncos finos desaparecem no lamaçal, assim como os postes sombrios que sustentam os cabos de energia elétrica paralelos à estrada.

Os *bayous* – arroios lentos e estreitos cercados de pântanos – formam uma rede em todo o sul de Louisiana,

Principais atrações
Lake Pontchartrain Causeway
New Louisiana State Capitol
Atchafalaya Swamp
Breaux Bridge
Jean Lafitte Scenic Byway
St Martinville
Port Bolivar Ferry
Bishop's Palace
Texas State Capitol
Lyndon B. Johnson State Park
Luckenbach

> **FATO**
>
> *Creole*, na Louisiana, refere-se a pessoas de várias origens raciais, descendentes de colonos franceses e espanhóis, de afro-americanos e nativos americanos anteriores à compra da Louisiana, em 1803.

também conhecida como Acadiana. Essa região extensa recebeu o nome dos acadianos, refugiados franceses católicos expulsos da Nova Escócia pelos britânicos na metade do século XVIII. Quando os acadianos se estabeleceram nas planícies da Louisiana, domínio majoritariamente espanhol, a eles se juntaram os franceses fugidos da revolução, e foi criada uma cultura conhecida como *cajun* (corruptela de *acadian*).

A Acadiana, que se estende pela Costa do Golfo até o Texas e a oeste do rio Mississippi até a paróquia de Avoyelles, foi descrita como "o sul do sul", embora, de muitas maneiras, seja visivelmente mais aparentada com as sociedades francesa e antilhana espanhola do que com o sul norte-americano tradicional.

Baton Rouge

A I-10 encontra o rio Mississippi na cidade de **Baton Rouge** ⑭, capital da Louisiana e principal porto do estado. Do francês, esse nome significa "pau vermelho", referência à árvore vermelha tanto em razão do sangue dos animais nela pendurados pelos indígenas quanto pela remoção de sua casca. Neste caso, talvez a árvore tenha sido usada para marcar o limite entre as terras das tribos indígenas *houma* e *bayou goula*. Embora Baton Rouge esteja em contato com Acadiana, tem pouco a ver com ela, exceto pelo fato de que a governa e faz o transporte de seu petróleo. O ambiente é, sem dúvida, "sulista", e você vai notar que, em comparação com New Orleans, o sotaque fica mais forte, assim como o provincianismo. O ritmo bastante tranquilo e descontraído das ruas esconde a atividade e a politicagem intensas no centro da cidade.

As principais atrações de Baton Rouge são adornos governamentais antigos e novos. O **Old State Capitol** (tel.: 225-342-0500; www.louisianaoldstatecapitol.org; visitas gratuitas diariamente), uma extravagância gótica construída ao lado do Mississippi em 1849, era alvo de zombaria de todos, inclusive do escritor Mark Twain. De outro lado, o **New Capitol** (tel.: 225-342-7317; www.brgov.com; visitas gratuitas diariamente), marco histórico nacional em estilo *art déco*, com 34 andares, domina a extremidade norte da cidade. Parecido com um Empire State, só que menor, o arranha-céu foi construído em 1932 pelo infame governador da Louisiana, Huey Long – conhecido como Kingfish –, que

Old State Capitol, em Baton Rouge.

comandou soberano durante toda a Grande Depressão. Segundo a opinião corrente, um homem repugnante e corrupto, Long foi, todavia, um déspota esclarecido, que não tolerava oposição à sua lei semissocialista para o "homem comum". Rodovias, escolas e hospitais foram construídos; os desempregados foram empregados; os privilegiados foram taxados com rigor. Long foi assassinado no capitólio, em 1935 – uma placa no lugar exato reconhece que talvez ele tenha sido morto pelos próprios seguranças, que entraram em pânico diante de um suposto assassino que nunca disparou um tiro – e está enterrado no jardim ao lado, junto de uma estátua enorme.

As duas bases da riqueza da cidade aparecem quando se sai dela. Da imensa **Baton Rouge Bridge**, sobre a qual a I-10 cruza o rio, podem ser vistas as refinarias de petróleo expelindo fumaça a distância. Abaixo, fica o porto de Baton Rouge, o quarto mais ativo do país, graças ao fato de ser o mais interior dos portos de águas profundas que operam no Golfo do México. Essa condição não foi alcançada por acaso – uma das estratégias mais brilhantes de Long para fomentar o desenvolvimento de seu estado foi construir essa ponte o mais baixa possível, para que as embarcações oceânicas não pudessem prosseguir rio acima.

A oeste do Mississippi, você vai entrar novamente em Acadiana, na paróquia de West Baton Rouge, e logo passar para a paróquia de Iberville. Pela primeira vez nessa viagem – mas não pela última, pois a rota segue para os espaços abertos do oeste –, você vai ser brindado com uma paisagem espetacular sem sair da interestadual. Aqui, ela se torna a **Atchafalaya Swamp Freeway**, que atravessa o maior pântano dos Estados Unidos, dividindo-se em duas rodovias independentes, apoiadas em precários pilares de concreto e separadas por uma extensão de águas abertas e densas com ilhotas em forma de losango.

Florestas alagadas nos *Bayous*

De ambos os lados, a paisagem é uma mistura mágica de água e floresta alagada, pontilhada de amontoados de árvores, postes de telégrafo e "joelhos" de ciprestes (partes das raízes dos ciprestes que emergem do pântano) com formas estranhas. Os moradores pescam serenamente ou navegam em lanchas, bem debaixo da rodovia,

Jacaré numa parte do pântano sem vegetação, Atchafalaya.

> **DICA**
>
> A língua *cajun* tem muitas palavras do francês: *cher,* "querido"; *boudin,* "salsicha"; *lagniappe,* brinde oferecido no comércio; *beignet,* bolinho quadrado encontrado em New Orleans; *gris-gris,* amuleto de boa sorte; *laissez les bon temps rouler!,* "Deixe os bons tempos rolarem!".

Acordeão acadiano feito à mão em Eunice.

e qualquer pedaço não identificado de destroços flutuantes pode ser um jacaré. Do outro lado do pântano de 32 km de largura, você estará de volta à segurança da terra firme. Os nascidos na Louisiana fazem distinção entre os *cajuns* das planícies, que cultivam o solo do centro-sul do estado, e os *cajuns* dos *bayous*, ribeirinhos "meio homens, meio jacarés", pescadores de camarão das terras pantanosas próximas ao Golfo. Segundo a ideia que o resto do mundo faz da cultura *cajun* – música com base de sanfona e rabeca e comida apimentada –, os dois não são muito diferentes um do outro.

Lafayette ⓯, 80 km (50 milhas) a oeste de Baton Rouge, é a maior cidade de Acadiana; como fica perto da linha imaginária que divide as planícies dos *bayous*, é um ponto ideal para explorar a região. É uma cidade ampla e, além de vários excelentes restaurantes com clubes de música, como o **Prejean's** e o **Randol's**, também tem uns dois "museus vivos" divertidos e informativos. O melhor deles, Vermilionville (tel.: 337-233-4077; www.bayouvermiliondistrict.org; 3ª-dom.), é composto de uma aldeia idealizada de dezesseis construções do século XIX restauradas e trazidas para cá, onde especialistas fazem demonstrações de artesanatos *cajuns* tradicionais.

A terra dos *cajuns*

A divisa do Texas fica apenas 160 km (100 milhas) a oeste de Lafayette, mas a tentação de explorar o território *cajun* provavelmente vai ser irresistível, já que essa é uma das áreas mais fascinantes e culturalmente ricas de toda a rota. Uma curta excursão para o norte, por exemplo, leva à acolhedora **Eunice**, genuína cidade de planície, e a **Opelousas**, lar do *zydeco*, versão mais negra e mais melancólica da música *cajun*.

Se é o sabor perfeito de Acadiana que você procura, siga em frente e pegue a Saída 109 na I-10, antes de chegar a Lafayette, para visitar a deliciosa cidade de **Breaux Bridge**, que se denomina "capital mundial do caranguejo" e tem um ar quase inglês, com uma ponte minúscula, cafés na rua principal e antiquários. Se estiver aqui num sábado de manhã, não perca o *brunch cajun* no famoso restaurante e galeria **Café des Amis** (tel.: 337-332-5273; www.cafedesamis.com; diariamente), com animada música *zydeco*. Virando a esquina, no café **Coffee**

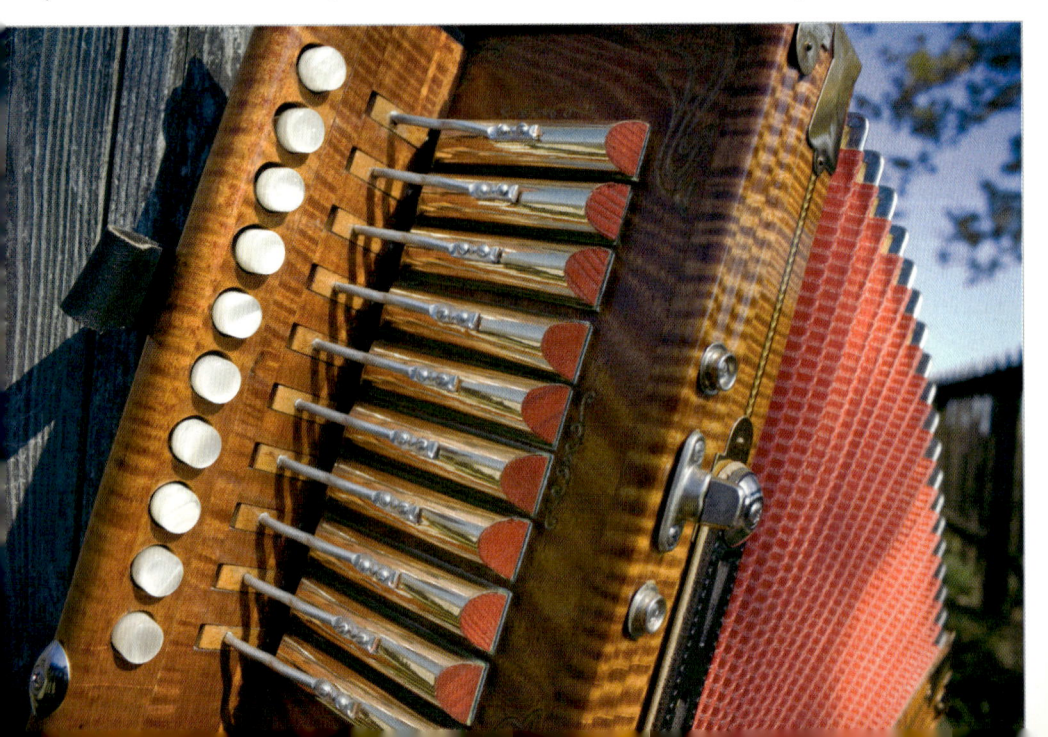

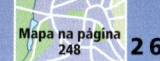

Break (tel.: 337-442-6607; diariamente), na Main Street (State 31), há apresentações espontâneas e improvisadas que atraem músicos jovens e velhos, um ótimo lugar para passar o tempo enquanto se toma café para enfrentar a viagem.

A pitoresca estrada secundária Jean Lafitte

Viajantes mais arrojados podem continuar por um longo desvio para o sul, a fim de pegar a State 82, para acompanhar o litoral mais interessante ao longo da **Jean Lafitte Scenic Byway**. De Breaux Bridge, a State 31 segue o Bayou Teche por mais 18 km em direção ao sul até **St Martinville** ⓰, uma das cidades mais conservadas que você vai encontrar em viagens pelos Estados Unidos. Antiga plantação de índigo e possessão espanhola, ela foi povoada por acadianos e franceses no fim do século XVIII e no século XIX – uma época em que sua cultura era tão rica que os habitantes a apelidaram de "Petit Paris". Depois da transformação em porto de menor importância no *bayou*, St Martinville consolidou-se na forma atual de pequeno centro agrícola, com visíveis raízes *cajun* e francesa.

Os moradores ficam felizes em contar histórias meio lembradas, meio inventadas nos pequenos cafés, que também servem Coca-Cola e *étouffée* de bagre. A cidade é inspirada na lenda de Evangeline (tema de um famoso poema de Henry Wadsworth Longfellow), que supostamente andou da Nova Escócia até St Martinville em busca do amado.

O venerável **carvalho Evangeline**, próximo da igreja de **St Martin de Tours** (1765), aonde ela chegou só para receber a notícia de que o amado infiel havia se casado com outra, é hoje um local pitoresco à beira do rio, onde casais *cajuns* realizam suas cerimônias de casamento; a **Longfellow-Evangeline State Commemorative Area** preserva a história acadiana no interessante Acadian House Museum.

Ao sul de St Martinville, a State 675 e depois a State 14 conduzem para o oeste e entram na paróquia de Vermilion e em sua charmosa sede, **Abbeville** ⓱. Local da Giant Omelette Celebration (www.giantomelette.org) em novembro, Abbeville tem três praças bem monótonas interligadas e alguns restaurantes de ostras.

FATO

O Bayou Teche tem 200 km de extensão e já foi o principal afluente do rio Mississippi. *Teche* é uma palavra indígena que significa "cobra".

Igreja católica de St Martin de Tours.

O musgo barba-de-velho é encontrado pendurado em carvalhos da Virgínia. Na verdade, não é um musgo, mas uma planta aérea da família do abacaxi.

Travessia de um bayou num barco de madeira tradicional da Louisiana.

Gado pastando é sinal de terra firme, mas o campo seguinte pode ser um arrozal alagado onde *grous* e garças de longas pernas escolhem cuidadosamente onde pisar. Os moradores pescam nos canais paralelos à rodovia ou caminham na água com redes de pescar camarão.

Quanto mais longe se vai, menos sinais de vida humana se veem ao longo dessa estrada inóspita e açoitada pelo vento, mas as aves são uma fonte constante de alegria. As árvores curvam-se em ângulos sempre mais agudos, conforme o Golfo se aproxima; em alguns lugares, a impressão é de que é preciso forçar a passagem pelos emaranhados densos de musgo barba-de-velho pendurados nas árvores. Esse manto ralo, cinzento e romântico não é uma parasita, mas uma epífita, uma planta aérea que não tira seu sustento da árvore hospedeira e, portanto, também fica perfeitamente à vontade pendurada em fios telefônicos. Ligue o rádio para lhe fazer companhia; você vai encontrar estações em francês e inglês na mesma medida, além de comentários de beisebol em espanhol, transmitidos de Houston, conforme se aproximar dessa cidade.

Trilha pantanosa

A 116 km (72 milhas) de Abbeville, as placas da rodovia avisam que você está chegando a **Grand Chenier**, mas, fora alguns estacionamentos de *trailer* e uma igreja católica cercada de estátuas em posição de oração, não surge nada que se pareça com uma cidade. Mais 48 km (30 milhas) e, depois de um trecho de motéis deteriorados e restaurantes toscos, que servem os trabalhadores das refinarias de petróleo que se veem aqui e ali, a rodovia é interrompida por uma balsa de plataforma que funciona a pedido, levando e trazendo uma dúzia de veículos de cada vez através do escoadouro do **lago Calcasieu**. Do outro lado, o mar aberto fica apenas 46 metros a sua direita, e potentes equipamentos de perfuração de petróleo são vistos em alto-mar. Dizem que os primeiros exploradores espanhóis atracavam suas naus aqui para calafetar os cascos com a misteriosa substância preta que vertia nas praias – talvez uma dádiva para a Louisiana, mas não um chamariz para um mergulho rápido em **Holly Beach**, especialmente depois do vazamento de petróleo em 2012. De qualquer modo, é hora de voltar para o interior. A estrada costeira à frente foi fechada depois de mais uma tempestade no Golfo e, para chegar ao Texas, você vai ter de seguir

56 km (35 milhas) para o norte, a fim de pegar novamente a interestadual.

Porém, ainda resta um destaque final, o **Sabine Natural Wildlife Refuge** ⓲ (tel.: 337-762-3816; www.fws.gov/refuges; diariamente), 15 km (9 milhas) adiante na State 27. As exposições no centro de informações turísticas e ao longo da Wetland Walkway são a principal atração. A trilha começa ao lado do **Intracoastal Waterway** – um canal alucinante que atravessa quase todo o estado. As melhores épocas do ano para ver jacarés tomando sol ao longo da Wetland Walkway são a primavera e o outono.

DO LESTE DO TEXAS A SAN ANTONIO

Todo mundo tem na cabeça pelo menos uma imagem do Texas. Barrilhas e cactos, campos petrolíferos, caubóis milionários, cidades de fronteira movimentadas, fazendas de gado – a cultura popular disseminou uma visão rude e romântica do maior dos 48 estados contíguos do país. Essas imagens culturais familiares, porém, superestimam e ao mesmo tempo subestimam a ampla diversidade e vitalidade do Texas. É *aqui* que começa o oeste, mas um oeste sem definição coerente. Correndo o risco de simplificar demais, pense na travessia do Texas como o microcosmo de uma travessia do leste para o oeste, com o ponto de transição em San Antonio, a mais ocidental das principais cidades do estado.

Dentro do compacto triângulo urbano formado por Houston, Dallas-Fort Worth e San Antonio, concentram-se a grande riqueza e o poder do Texas. De Galveston, passando por Houston, até Austin, a viagem pelo sul faz um arco que atravessa o coração do leste do estado – seu balneário, seu porto e a capital. Em qualquer lugar aonde você for, observe a mudança nas placas amarelas triangulares que, em outros locais do sul, dão ao motorista o conselho "Drive safely" ["Dirija com cuidado"]. Aqui, elas dizem "Drive friendly" ["Dirija amistosamente"]. Afinal, *texas* é derivado de *tejas*, que significa "amigos, aliados" – palavra indígena com a qual os espanhóis batizaram os nativos que encontraram.

A balsa de Port Bolivar

A partir do momento em que se entra no Texas pela I-10, vindo da Louisiana, as placas da rodovia começam a contagem regressiva para o Novo México. Logo depois da divisa do estado, a Saída 877 é uma ramificação até a

---

FATO

O furacão Ike, em 2008, foi a 3ª tempestade mais cara da história dos Estados Unidos, depois do Andrew e do Katrina, causando prejuízos de 28,26 bilhões de dólares.

As "florestas alagadas" dos bayous da Louisiana.

DICA

A península Bolivar e a ilha de Galveston foram duramente atingidas pela inundação causada pelo furacão Ike, que matou pessoas, destruiu prédios, deixou para trás montanhas de escombros e fechou lojas e atrações. A Crystal Beach, perto da balsa de Bolivar, está sendo reconstruída e atraindo veranistas novamente; muitas das atrações na ilha de Galveston estão sendo reinauguradas. Para obter mais informações e para verificar a situação da balsa, visite o *site* da Crystal Beach (www.crystalbeach.com) e do Galveston Convention and Visitors Bureau (www.galveston.com).

Bando de pelicanos voando sobre casas de madeira na praia, em Galveston.

cidade de Orange, e a primeira placa que se vê para El Paso indica que ela está a inconcebíveis 1.379 km (857 milhas) de distância. Você estará pronto para sair desse desinteressante trecho de estrada bem antes da primeira cidade, Houston, a 177 km (110 milhas) – e você está alertado para voltar à Costa do Golfo o mais rápido possível e rumar para o histórico balneário de **Galveston** ⓳.

De longe, a maneira mais agradável de chegar a Galveston é com a balsa gratuita Port Bolivar, que cruza a baía de Galveston em 20 minutos. Conforme você se aproxima da Saída 829, procure pelo *outdoor* que informa aos motoristas se ela está funcionando. Supondo que esteja, pegue essa rota pitoresca em vez da I-45, que vai direto para o sul a partir de Houston, e siga pela State Route 124 South em direção ao oceano, em Winnie.

No caminho, quando cruzar primeiro o Spindletop Bayou e depois o Elm Bayou, você vai notar que pouco nessa paisagem pantanosa sugere que você saiu da Louisiana. Há arrozais e até criações de caranguejo de ambos os lados da rodovia, ao mesmo tempo que pequenas e incansáveis bombas de petróleo trabalham diligentemente,

flutuando sobre a vegetação rasteira do Golfo. Mais ou menos 32 km (20 milhas) ao sul, uma ponte arqueada cruza o Intracoastal Waterway em **High Island**. A singular geografia de domos salinos de High Island permite que as árvores cresçam e sirvam de escala para milhares de aves migratórias neotropicais durante a primavera. Esse lugarejo é um local importante para a observação de aves, com nada menos do que quatro santuários administrados pela entidade de conservação Audubon, do Texas.

A State 87 cobre a extensão de 43 km da península Bolivar até o fim, no terminal da balsa para Galveston. Antigamente, era uma barreira insular agreste, uma dádiva para quem gostasse da natureza em estado bruto. Escassamente povoada na parte leste e transformando-se rapidamente numa comunidade de veraneio sofisticada na parte oeste, a península Bolivar tinha uma população permanente de 3.800 habitantes e atraía milhares de veranistas da região.

Tudo isso terminou de repente em setembro de 2008, quando o furacão Ike, tempestade de categoria 2, com ventos de até 178 km/h, chocou-se frontalmente com East Galveston, criando uma gigantesca onda que inundou a península. A destruição foi quase total, derrubou casas e lojas e espalhou destroços na baía de Galveston. O histórico farol de Bolivar, que sobrevivera à grande tempestade de 1900, foi destruído. A península ainda tem uma paisagem como a de Hiroshima, perturbadora, silenciosa, coberta de escombros. A limpeza continua, e os moradores de Crystal Beach – muitos dos quais sobreviventes da tempestade – estão reconstruindo o local e determinados a ficar, contrariando a orientação das autoridades. Aproximadamente um terço das 3 mil casas destruídas na península foi ou está sendo reconstruído, e o mercado de aluguel de casas de veraneio está crescendo novamente.

Pirata e praias de Galveston

No início do século XIX, Galveston ganhou importância como porto marítimo e quartel-general do pirata Jean Lafitte, famoso em New Orleans.

No repentino desenvolvimento econômico local após a Guerra Civil, transformou-se numa cidade madura e no principal centro manufatureiro do Texas; em 1899, tornou-se o maior porto de algodão do mundo. Galveston teve o primeiro sistema telefônico do estado, o primeiro jornal, as primeiras luzes elétricas, o primeiro campo de golfe, a primeira cervejaria e a primeira concessionária Ford, e sua Strand (mesmo nome da rua londrina), graças à profusão de grandes casas comerciais, foi renomeada "Wall Street do Sudoeste".

O porto de Houston ofuscou totalmente o da ilha, mas Galveston continua sendo um ativo centro de transporte marítimo, estando intensamente envolvida na indústria do turismo. Dos 51 km de praia, o trecho mais popular fica no lado da ilha voltado para o Golfo, ao longo do Seawall Boulevard. No interior dessa via larga espalham-se vários motéis e lanchonetes; já a praia é interrompida por uma sucessão de cais particulares que se projetam no oceano.

Há muita diversão para famílias em Galveston. No centro, você vai encontrar o **Texas Seaport Museum** (tel.: 409-763-1877; www.tsm-elissa.org; diariamente), com o **veleiro** Elissa. O **Ocean Star Offshore Drilling Rig and Museum** (tel.: 409-766-7827; www.oceanstaroec.com; diariamente) abriga uma réplica rara de uma torre de petróleo de alto-mar. O **Galveston Railroad Museum** (tel.: 409-765-5700; diariamente), na extremidade da Strand, está situado num arranha-céu do início do século XX, antiga sede da American National Insurance Company, fundada pelo rico William Moody Jr., natural de Galveston.

O nome de Moody está associado a vários locais da ilha. Na Broadway, a **Moody Mansion** (tel.: 409-762-7668; www.moodymansion.org; diariamente), de 1895, construída em estilo românico, foi residência da família durante 50 anos. No lado noroeste da ilha, mais tranquilo, uma doação da família criou os **Moody Gardens** (tel.: 800-582-4673; www.moodygardens.com; diariamente), complexo educacional de 98 hectares muito utilizado pelas escolas texanas. Lá existem três pirâmides de vidro temáticas com floresta tropical,

O veleiro Elissa, *construído em 1877 por Alexander Hall & Co, em Aberdeen, Escócia, hoje é parte do Texas Seaport Museum, em Galveston.*

Estátua de golfinhos numa praia de Galveston.

Houston: a cidade da era espacial

Antiga cidade do petróleo, hoje Houston abriga uma variada gama de indústrias de alta tecnologia com a típica autoconfiança texana.

Houston, a quarta maior cidade do país, orgulha-se do fato de a primeira palavra pronunciada pelo primeiro homem na Lua ter sido – adivinhe! – "Houston". O Mission Control Center é a principal atração turística da cidade. O Space Center Houston (tel.: 281-244-2100; www.spacecenter.org; diariamente), centro turístico oficial do **Johnson Space Center**, fica na Nasa Road 1, perto da I-45, aproximadamente 40 km (25 milhas) ao sul de Houston. Uma visita guiada de bonde conduz os turistas por um campo de estruturas que contêm rochas lunares e astronautas; vai até o Mission Control Center e as réplicas, em tamanho natural, do ônibus espacial usado para treinamento. O Tranquility Park, que recebeu o nome do Mar da Tranquilidade – local do pouso lunar da **Apolo** em 1969 –, fica no centro de Houston, nas ruas Bagby e Walker, e foi projetado para se parecer com a base do Mar da Tranquilidade, com crateras e montes, fontes, espelhos d'água e tubos de cobre que representam foguetes sendo lançados.

Johnson Space Center, na Nasa Parkway.

Vista do horizonte de Houston em uma trilha de um parque municipal.

Mais merecedor do nome "tranquilidade" é o silencioso templo da arte **Rothko Chapel** (tel.: 713-524-9839; www.rothkochapel.org; diariamente), localizado na Sul Ross, no Museum District. O expressionista abstrato norte-americano Mark Rothko foi contratado pelos colecionadores Dominique e John de Menil para criar quatorze de suas características aguadas gigantescas para essa capela de culto ecumênico e meditação. Mais do extenso acervo de arte do casal Menil pode ser visto na bela **Menil Collection** (tel.: 713-525-9400; www.menil.org; 4ª-dom.), que abriga arte e artefatos humanos dos primeiros tempos até os dias de hoje.

As galerias de Houston mostram como o "ouro negro" enriqueceu o estado do Texas com a compra de obras de arte. Os bronzes de Matisse que dão as costas para você no **Museum of Fine Arts Houston** (tel.: 713-639-7300; www.mfah.org; 3ª-dom.), na Main Street com Bissonet Street, exemplificam a posição de Houston em relação à norma. A coleção do MFAH é especialmente forte em pinturas norte-americanas. Do outro lado da rua fica o **Contemporary Arts Museum Houston** (tel.: 713-284-8250; www.camh.org; 3ª-dom.), dedicado a obras contemporâneas. No Hermann Park está o **Museum of Natural Science** (tel.: 713-639-4629; www.hmns.org; diariamente), com uma estufa agitada por borboletas, onde se pode entrar, um teatro com uma tela gigante e um planetário. O George Observatory, uma instalação do Museum of Natural Science, fica em Brazos Bend State Park, aproximadamente uma hora de carro ao sul do centro.

Uma amostra do apreço de Houston pelos tamanhos é o inacreditável **Astrodomain**, formado pelo estádio Astrodome (uma das várias estruturas rotuladas como "a 8ª maravilha do mundo"), pelo Astroworld (parque de diversões com 100 brinquedos) e pelo Astrohall (o maior centro de convenções de um único andar no mundo). O talão CityPass inclui ingressos com desconto para cinco atrações importantes de Houston. Para obter mais informações, acesse www.visithoustontexas.com.

aquário e museu/cinema IMAX; jardins bem cuidados na orla e um grande hotel/centro de convenções.

A arquitetura de East End e a culinária

A histórica Strand passou pela famigerada reforma para transformar-se em atração turística e, sem dúvida, perdeu sua essência nesse processo. Contudo, o bairro histórico de East End, mais ou menos limitado pela Broadway e pelas ruas Mechanic, 19th e 11th, continua intocado. Aqui, há casas vitorianas misturadas com construções que revelam influências neoclássicas, renascentistas e italianas. Bangalôs descansam na sombra de espirradeiras, carvalhos, bordos e palmeiras ligeiramente elevados do solo, em respeito ao Golfo. As ruas do correio e da igreja são especialmente bonitas. Vários dos melhores restaurantes contemporâneos da cidade ficam na 14th Street. Na esquina de Broadway com 14th fica o **Bishop's Palace** (tel.: 409-762-2475; www.galvestonhistory.org/1892_Bishops_Palace.asp; diariamente), uma fantasia gótica com torrinhas, classificada pelo American Institute of Architects como um dos edifícios históricos mais importantes dos Estados Unidos. O palácio foi construído em 1886 para a rica família Gresham pelo famoso arquiteto Nicholas Clayton, de Galveston.

Galveston fica 80 km (50 milhas) ao sul de Houston, mas os limites da megalópole começam assim que o motorista chega à terra firme, saindo da I-45 Causeway, e se depara com fileiras maciças de refinarias de petróleo vomitando fumaça.

Desse ponto em diante, centros comerciais e *outdoors* chamativos ladeiam a interestadual por bons 43 km (27 milhas) até Sam Houston Tollway, que circunda a cidade inteira a uma distância de aproximadamente 32 km (20 milhas). Conforme se passa sob suas autoestradas empilhadas em espiral e pelos anéis de conexão feitos de concreto, a silhueta futurista do centro de **Houston** [20] *(ver p. 274)* finalmente surge no horizonte, ao norte.

A bem escondida Austin

Se você considerar o Texas um microcosmo do país inteiro, é no momento em que segue para o oeste de Houston que deixa para trás o sul e entra nas Grandes Planícies. A capital do estado, **Austin** [21], fica cerca de 240 km (150 milhas) a oeste, mas como a I-10 vai

Barcos de pesca de camarão na doca de Galveston.

ONDE COMER

A melhor churrascaria de Austin é Salt Lick (tel.: 512-858-4959; www.saltlickbbq.com; diariamente), de administração familiar, famosa pelas costeletas de porco defumadas, pela linguiça e pelo peito bovino, tudo preparado de acordo com receitas de família.

Bank of America Plaza e Renaissance Tower, Dallas.

direto para San Antonio, ao longo de uma rota um pouco mais ao sul, chegar a Austin exige pelo menos 64 km (40 milhas) de viagem fora da interestadual. Qualquer que seja a rota de sua escolha, o resultado é praticamente o mesmo: uma viagem relaxante através das planícies exuberantes e colinas suavemente onduladas do "território da pecuária", de influência alemã e tcheca, que fica dentro do triângulo formado por Houston, Dallas e San Antonio. Talvez a opção mais bucólica seja pegar a Saída 696 da I-20, perto da pequena Columbus, e entrar na State 71, que vai e volta, atravessando o também sinuoso rio Colorado (não é o mesmo que cavou o Grand Canyon) até Austin.

Austin propriamente dita fica aninhada num bosque verdejante no meio de um paraíso agrícola singular entre os muitos climas e solos texanos. Abrigado das ondas de calor úmido que varrem Houston, essa localização é ideal para a pecuária e a recreação. Ao contrário de Houston, e apesar de haver passado por um crescimento fenomenal semelhante, Austin é razoavelmente tranquila. Saia da I-35 entre o Martin Luther King Jr. Boulevard e a 83rd Street, e você estará no meio do centro da cidade, onde se pode fazer tudo a pé. Para a maioria dos turistas, a experiência na cidade fica restrita à área que vai da 1st Street e do rio Colorado até a 24th Street e o centro da **University of Texas** (UT) em Austin, ao longo da Guadalupe Avenue.

A alta tecnologia e os fora da lei

Austin administra a difícil tarefa de ser não apenas a capital política do Texas, mas também sua verdadeira capital cultural. Alcançou essa distinção durante os anos 1960, quando era meca *hippie*, e prosseguiu como ponta de lança do movimento "país fora da lei" nos anos 1970, quando cantores de *country* como Willie Nelson, Waylon Jennings e Jerry Jeff Walker apareceram. Sua reputação de centro de arte e espetáculos musicais ao vivo sem dúvida contribuiu para o crescimento do Vale do Silício do Texas nos anos 1980, quando mais e mais empresas financeiras e de alta tecnologia mudaram-se para cá. Esse processo, obviamente, trouxe consigo jovens profissionais urbanos, e não é preciso procurar muito além da **6th Street** para ver o impacto do consumismo agressivo sobre a cultura.

DESVIO PARA DALLAS

Uma viagem de 314 km (195 milhas) pela I-35, saindo de Austin, leva a Dallas. Com 1,2 milhão de habitantes, Dallas atrai turistas com sua arquitetura de arranha-céus, seus acervos de arte de qualidade e seus *shoppings* sofisticados. A cidade cresceu em volta de uma cabana construída pelo caçador John Neely Bryan à margem do rio Trinity, que Bryan acreditava ser comercialmente navegável em toda a sua extensão até o Golfo do México – não é, mas a Houston and Texas Railroad logo trouxe pessoas e negócios. A era dos pioneiros é revivida na Dallas Heritage Village (tel.: 214-421-5141; www.dallasheritagevillage.org; 3ª-dom.), que conserva 38 estruturas históricas num museu de história viva. A extravagância domina na principal loja de departamentos Neiman Marcus, cujo catálogo de Natal antigamente tinha uma página intitulada "Como gastar 1 milhão de dólares". Mas essa extravagância também levou a maravilhosas coleções de arte, como as do Meadows Museum, no campus da Universidade Metodista do Sul (tel.: 214-768-2516; www.smu.edu/meadowsmuseum; diariamente) que tem o maior acervo de arte espanhola fora da Espanha. Uma história mais sinistra assombra Dallas: o local mais visitado da cidade é o antigo Texas School Book Depository, de onde Lee Harvey Oswald atirou no presidente John F. Kennedy, em 1963. O Sixth Floor Museum tem vista para a Dealey Plaza, onde o presidente foi assassinado. Dallas Convention and Visitors Bureau (tel.: 214-571-1000; www.visitdallas.com).

Passando pela mesma sofisticação por que passou a Haight Street, em San Francisco, a 6th Street, antes dominada pelos *gays*, ainda é um bom lugar para fazer a ronda dos bares, mas já não é a comunidade que costumava ser. A construção, além disso, tornou-se uma constante no centro – tanto que os moradores brincam que a ave símbolo de Austin é o *grou* (*crane*, em inglês, que também significa "guindaste").

Apesar da face mutante, Austin conserva muito de seu espírito descontraído e tolerante. Na Universidade do Texas – o maior *campus* do estado, com mais de 50 mil estudantes –, o elemento da contracultura sempre terá seu lugar. No fundo, ela ainda usa barba e cabelo comprido, apesar de também poder ter um Mercedes, uma bicicleta sofisticada e um filho. Portanto, não é surpresa que Austin seja a base da empresa **Whole Foods Market**, o gigante dos alimentos naturais, cuja sede luxuosa no centro tornou-se ponto turístico.

Austin é a capital da música ao vivo nos Estados Unidos. Cerca de 200 casas de espetáculo apresentam de tudo, de *country*, *new music*, *ska*, clássico e *blues* mais tradicionais até *rhythm and blues* e *jazz*, e no centro da cidade acontece, todos os anos no mês de março, o famoso South-by-Southwest (SXSW) Music Fest. Os eventos teatrais e literários são muitos, e boas livrarias, lojas de música, cafés e restaurantes com decoração em vidro iridescente misturam-se com lugares menos sofisticados e mais excêntricos. Acima de tudo, as lendas locais sobreviveram, apesar das mudanças – um exemplo é o **Scholz Garten** (tel.: 512-474-1958; www.scholzgarten.net; diariamente), fundado em 1866, 16 anos antes da construção do edifício do capitólio. Aqui se encontra boa comida com charme despretensioso e música apaixonada.

O capitólio da Estrela Solitária

O Scholz Garten fica a poucas quadras do **State Capitol** (tel.: 512-463-0063; www.tspb.state.tx.us; visitas diárias) e das partes mais baixas da UT, duas importantes fontes de negócios. O capitólio é inconfundível, uma versão local de granito rosa do capitólio nacional em Washington, D.C. O foco do interior branco e clássico é a grande cúpula, que homenageia os

Banda acústica tocando no Continental Club, em Austin.

Visão noturna de Austin.

seis poderes que governaram soberanamente sobre o Texas (Espanha, França, México, Estados Confederados, Estados Unidos e, com o maior orgulho, a República do Texas). No alto da cúpula fica a estrela solitária que simboliza o estado: independência, autodeterminação e singularidade.

Informações sobre visitas ao complexo do capitólio estão disponíveis no **Capitol Visitor Center** (tel.: 512-305-8400; diariamente), localizado no característico prédio em forma de castelo a sudoeste do capitólio, que abrigou o General Land Office em meados do século XIX. O divertido **Bob Bullock Texas State History Museum** (tel.: 512-936-8746; www.thestoryoftexas.com; diariamente), atrás do capitólio, fica em um edifício moderno e charmoso construído com o mesmo granito rosa do capitólio. O átrio elevado tem três andares de exposições audiovisuais bem apresentadas, que cobrem a história texana nativa, espanhola e norte-americana, além de um cinema IMAX.

Território de colinas

Pela I-35, a histórica San Antonio fica apenas 1 hora de viagem a sudoeste de Austin, mas, se você rumar para oeste, percorrendo a distância entre uma cidade e outra pela **Texas Hill Country Trail**, há um divertido passeio turístico de meio dia a ser feito. No começo, ao sair de Austin, a "trilha" – na verdade, a US 290 – cruza uma paisagem meio monótona, de prado ralo. Depois de **Dripping Springs**, a estrada começa a subir por um rico e ondulado terreno de campos abertos pontilhados de uma profusão maravilhosa de flores silvestres, e então começa a subir e a descer através de **Johnson City** ㉒, 80 km a oeste de Austin, em uma paisagem bucólica.

Johnson City ganhou esse nome muito antes de o garoto Lyndon Baines Johnson, nascido na cidade, tornar-se o 36º presidente dos Estados Unidos, depois do assassinato de John F. Kennedy em 1963. Ainda assim, LBJ (que compartilhava essas iniciais com a esposa Lady Bird Johnson) é o destaque aqui. O local onde ele nasceu, no centro, e o LBJ Ranch, na vizinha Stonewall, onde o casal se refugiou depois que a guerra do Vietnã pôs fim à carreira política de Johnson, fazem parte do **Lyndon B. Johnson State Park and Historic Site** (tel.: 830-644-2252; www.tpwd.state.tx.us/state-parks/lyndon-b-johnson; visitas diárias,

Edifício do capitólio do Texas, vigiado pela estátua de um soldado texano.

de ônibus, ao rancho e à casa). O glorioso **Lady Bird Johnson Wildflower Center** (tel.: 512-232-0100; www.wildflower.org; 3ª-dom.), em Austin, exibe a paixão da primeira-dama pelas espetaculares flores silvestres do Texas, fácil de entender se você visitar o território das colinas na primavera.

Em todos os lugares há evidências dos colonos alemães, que foram atraídos para essa região no século XIX. A rua principal da cidade turística de **Fredericksburg**, 51 km (32 milhas) a oeste, por exemplo, autodenominada *Hauptstrasse*, está cheia de cervejarias ao ar livre e padarias pseudoteutônicas; além disso, ao longo da rodovia, várias fazendas com nomes alemães, como Der Peach Garten, vendem vinhos e licores de estilo alemão.

De Luckenbach a San Antonio

Para aproveitar o verdadeiro território das colinas até San Antonio, saia da US 290, 6 km (4 milhas) a oeste de Fredericksburg, e pegue a State 1376 em direção ao sul. A estrada passa a poucos metros do minúsculo povoado de **Luckenbach** ❷❸ (tel.: 830-997-3224; www.luckenbachtexas.com; diariamente), outros 6 km adiante. Porém, a menos que você saiba para onde olhar, vai deixar passar – a saída sem sinalização fica pouco antes do riacho South Grape. Cidade-fantasma muito apreciada – na verdade, mais uma cidade de mentirinha –, Luckenbach foi comprada pelo humorista Hondo Crouch em 1970 e ficou famosa depois de um sucesso da música *country*, gravado em 1976 por Willie Nelson e Waylon Jennings, cujo refrão diz *"Let's go to Luckenbach Texas"* ["Vamos para Luckenbach, Texas"].

Hoje, centenas de fãs da música *country* fazem apenas isso: ir a Luckenbach e passar a tarde no bar que fica dentro do minúsculo correio, enquanto o carteiro conta velhas piadas e entoa canções – talvez comprem um suvenir como um tatu tomando uma garrafa da cerveja de Luckenbach. Todos os anos, em 4 de julho, Willie Nelson organiza um piquenique aqui, e na maioria dos fins de semana do verão há algum tipo de concerto grande no salão de dança. De Luckenbach, a State 1376 continua para o sul, rumo a San Antonio, passando por lindas colinas, onde é provável que você assuste os cervos silvestres que pastam ao lado da rodovia. Em Boerne, 16 km (10 milhas) a nordeste dos limites da cidade, a estrada encontra a I-10/US 87.

A princípio, **San Antonio** ❷❹ engana e parece bucólica; perto da interestadual, luxuosas residências em estilo italiano penduram-se em protubrâncias rochosas parecidas com as cidades montanhosas da Toscana. Porém, você logo será obrigado a passar pelo corredor polonês de autoestradas frenéticas que antecede todas as grandes cidades norte-americanas. Pouco antes de você ser finalmente cuspido no centro da cidade, a interestadual, sem razão aparente e de uma forma inquietante, divide-se em duas rodovias independentes, uma em cima da outra.

Mercado, correio e bar de 1849, em Luckenbach, Texas.

Jam session no bar de um mercado em Luckenbach.

O rio Grande corre pelo Big Bend National Park, no Texas.

LUGARES

DE SAN ANTONIO AO SUL DO NOVO MÉXICO

Davy Crockett e Billy the Kid são apenas duas das pessoas que deixaram sua marca nas terras que fazem fronteira com o México e o rio Grande.

Principais atrações

The Alamo
Big Bend National Park
Chinati Foundation
Museum of the Big Bend
Chamizal National Memorial
White Sands National Monument
Cloudcroft
Mescalero Apache Indian Reservation
La Mesilla Plaza
Gila Cliff Dwellings National Monument

De todas as cidades mais importantes do Texas, El Paso e San Antonio são as mais antigas. El Paso começou como a primeira missão espanhola do futuro estado norte-americano, enquanto o Texas nasceu em San Antonio e quase foi perdido para o México no Álamo. Estendido entre essas duas cidades fica o vasto **Trans-Pecos Texas**, um deserto montanhoso em grande parte inóspito, mas de beleza sutil. A paisagem tem um quê atemporal que contrasta com o espetáculo do desenvolvimento no leste metropolitano.

Nas cidades-polo, a cultura hispânica se revitaliza constantemente e com muito mais eficiência do que em Galveston, Houston ou Austin. El Paso e a vizinha Ciudad Juárez estão ligadas numa metrópole mexicano-americana que é a porta de entrada popular para o sudoeste norte-americano.

Berço da liberdade texana

San Antonio ㉔, "berço da liberdade texana", foi a capital espanhola do Texas antes que o México ficasse independente da Espanha, em 1821. O México foi basicamente um proprietário ausente. Começou abrindo o território de Nova Espanha, para que fosse colonizado por qualquer um que cultivasse a terra, incluindo imigrantes provenientes dos recém-criados Estados Unidos. O norte-americano Stephen F. Austin, cujo pai, Moses, recebera da Espanha um pedaço de terra em 1820, herdou-a e, em 1822, liderou um grupo chamado *The Old Three Hundred* ["Os Antigos Trezentos"] na colonização do rio Los Brazos. Antes da peregrinação a Austin, havia 3.500 descendentes de europeus em San Antonio e em La Bahia. Em 1836, 30 mil britânicos, 5 mil escravos negros e 4 mil mexicanos povoavam o Texas.

No fim da década de 1860, quando os espanhóis chegaram ao vale do rio San Antonio, que abriga a moderna San Antonio, encontraram a região ocupada pelo povo *payaya*, caçadores

Cerimônia tribal, em Gallup.

que complementavam a caça com os frutos das nogueiras-pecã, das algarobeiras e dos cactos figueira-da-índia. Os *payayas* prontamente cooperaram com os europeus, mas os *apaches*, que controlavam as planícies do norte, exigiram mais persuasão e os nômades *comanches* sempre foram uma ameaça.

Dispostos a assegurar a posse da terra e a domar as pessoas que consideravam gentios pagãos, os espanhóis fundaram um quartel militar, ou *presidio*, e uma missão na margem oeste do rio San Antonio, em 1718. Em 1793, a missão de San Antonio de Valero foi transferida para a margem leste e secularizada, e as tropas mexicanas foram transferidas para lá, a fim de proteger o *pueblo* que havia crescido às margens do rio. Rebatizada de *El Alamo*, ela se tornou uma fortificação fundamental.

Lembre-se do Álamo

A má fama da missão surgiu muito mais tarde, no início do período de expansão das fronteiras norte-americanas, e envolveu um confronto mal concebido com as forças do então presidente mexicano – o general Antonio Lopez de Santa Anna, que se denominava "Napoleão do Oeste" –, em 6 de março de 1836. As 5 mil tropas mexicanas foram confrontadas por 187 (ou 186, dependendo da pessoa a quem você perguntar) futuros mártires "texanos". Nas palavras do memorialista Frank J. Davis, "todos mortos em cerca de 1 hora; ainda assim, os heróis do Álamo são imortais".

"*Remember the Alamo!*" foi adotado como grito de guerra texano, e a vingança foi rápida. Sete semanas depois, Santa Anna foi derrotado em meros dezoito minutos na batalha de San Jacinto, e a revolução texana culminou com a declaração da recém-independente República do Texas.

Davy Crockett

Crivado de tantas contradições quanto de buracos de balas, o Álamo (tel.: 210-225-1391; www.thealamo.org; diariamente) é, todavia, um destino fundamental. Seus defensores durante a batalha acabaram sendo os recém-chegados de países estrangeiros, como Inglaterra, Irlanda, Escócia e até Dinamarca – bem como dos Estados Unidos –, embora o comandante William B. Travis, de 26 anos, natural da Carolina do Sul, tenha escrito três dias antes de morrer: "Os cidadãos dessa municipalidade são todos nossos inimigos".

Entre seus companheiros estavam oportunistas como Jim Bowie, lembrado pela faca de mato que tem seu nome (embora o museu local só tenha conseguido improvisar uma de suas colheres menos célebres), e o lendário Davy Crockett, congressista de três mandatos, natural do Kentucky, que foi para o oeste em busca de fortuna depois que suas ambições à presidência evaporaram. O Texas independente pelo qual eles lutaram e morreram sobreviveu por apenas 9 anos antes de ser anexado pelos Estados Unidos.

Na porta da frente da **Alamo Shrine**, originalmente capela da missão, uma placa com inscrições gravadas pede: "Silêncio, amigo! Aqui heróis morreram para abrir caminho para outros homens". A maioria dos turistas concentra-se em tirar fotos do famoso exterior da capela e repara primeiro no lindo jardim, sombreado por todo tipo de planta, de murta a feijão-vermelho, e depois na importantíssima loja de presentes, onde são vendidas lembranças respeitosas, como canecas, cintos, emblemas, baralhos, lápis, borrachas, placas, cartões-postais, louças, molduras para placa de carro, broches, descansos para copos, bonés e sacolas.

Nota: há cinco missões em San Antonio. A de Álamo é administrada pela associação Daughters of the American Revolution; as demais, que também vale a pena visitar, são mantidas no **San Antonio Missions National Historical Park** (tel.: 210-534-8833-1001; www.nps.gov/saan; diariamente) e administradas pelo sistema nacional de parques.

A River Walk

Embora San Antonio seja uma enorme cidade desértica, você nunca vai desconfiar disso se ficar perambulando ao longo do animado calçadão **Paseo del Rio**, ou River Walk, uma atração turística inspirada que fez maravilhas pelo pouco sofisticado centro da cidade. Um conceito simples, original e elegante, a River Walk foi incentivada

O Álamo, símbolo da República do Texas.

A balsa Los Ebanos, de operação manual, é a última desse tipo no rio Grande.

Beira do rio em San Antonio.

em 1939, como parte do *New Deal* de Franklin Roosevelt. O plano era confinar o rio San Antonio num canal apertado e bem estreito que fizesse a volta no centro da cidade, pavimentando e ajardinando ambas as margens e povoando-as com muitos restaurantes, cafés ao ar livre, lojas e jardins.

A River Walk fica aproximadamente 3 metros abaixo do nível das ruas do centro. Barcos de fundo chato cruzam lentamente o rio e, especialmente à noite, quando tudo está iluminado, o efeito é mágico. Há até um teatro ao ar livre, o engenhoso **Arneson River Theatre**, onde o palco fica em uma das margens do rio – o público assiste aos espetáculos num anfiteatro de estuque, em estilo espanhol, acomodado em bancos na margem oposta.

O centro de San Antonio tem várias outras atrações que valem a pena. O lindamente restaurado **Spanish Governor's Palace** (tel.: 210-224-0601; www.spanishgovernorspalace.org; 3ª-dom.), uma joia tranquila, fica perto do lugar original do Presidio de Bexar (1722) da Espanha, a **Plaza de Armas**; uma placa registra que, na era republicana (1836-45), o espaço já se tornara um mercado movimentado, cheio de "ruidosos vendedores de verduras, ovos frescos, pimenta e frangos vivos".

O **UTSA Institute of Texan Cultures** (tel.: 210-458-2300; www.texancultures.com; 3ª-dom.), no Hemisfair Park, lança um olhar interessante sobre os muitos povos diferentes, de *comanches* a tchecos, que contribuíram para a mistura cosmopolita do Texas moderno. Há também uma evocação gloriosa do passado do caubói – é citada a frase atribuída a um antigo vaqueiro afro-americano: "Nós gostamos tanto de trabalhar com o gado que ficamos por aí, torcendo para o dia clarear".

Milhas, mesas e montanhas

A viagem de 800 km (500 milhas) entre San Antonio e El Paso é longa e exaustiva; não se recomenda que seja feita de uma vez só. É mais rápido ficar na I-10, mas para experimentar a fronteira desolada você precisará pegar a US 90 na saída de San Antonio e rumar para o sul, na direção de Del Rio, onde o lendário rio Grande separa os Estados Unidos do México.

Planeje dois ou três dias para explorar as empoeiradas áreas remotas, inclusive as cidades artísticas no quadrilátero formado por Alpine, Marathon, Marfa e Fort Davis, e o vizinho Big Bend National Park, um dos parques nacionais mais remotos do país, mas mesmo assim deslumbrante.

Conforme se sai de San Antonio, a relva ressequida da beira da estrada é um presságio da secura que vem pela frente. No entanto, primeiro, a agricultura continua firme. A histórica **Castroville** ㉕, 24 km (15 milhas) à frente pela US 90, diz ser a "Pequena Alsácia do Texas" e tem vários restaurantes alsacianos. **Hondo** tem a paisagem das Grandes Planícies, com vastos campos de milho e trigo, e **Knippa** – *"Go Ahead and Blink, Knippa is Bigger than You Think"* ["Siga em frente e pisque, Knippa é maior do que você pensa"] – dedica-se à extração de pedras.

A Grande Depressão atingiu duramente o sudoeste do Texas, mas, para a sorte de Uvalde, John Garner, o vice do então presidente Franklin Roosevelt, era natural da cidade. Entre os projetos locais de Garner estavam o **Garner State Park**, um parque ribeirinho criado em 1941 pelo Civilian Conservation Corps, e o **Aviation Museum at Garner Field**, base de treinamento na Segunda Guerra Mundial, com exposição de antigos bombardeiros e outras aeronaves. O **Briscoe-Garner Museum** (tel.: 830-278-5018; www.cah.utexas.edu/museums/garner.php), localizado na antiga casa de Garner, é agora administrado pela Universidade do Texas, e o novo nome homenageia Garner e o ex-governador Dolph Biscoe, ambos naturais de Uvalde.

O rio Grande

A US Border Patrol é uma presença sempre vigilante na fronteira. Na maior parte do Texas, o deserto é uma barreira bem mais eficaz contra imigrantes ilegais provenientes do México do que o rio Grande. Então, em vez de monitorar cada centímetro do rio, a polícia de fronteira simplesmente ergue bloqueios de estrada nas poucas rodovias que conduzem para longe da divisa – por isso, fique com seus documentos pessoais à mão o tempo todo.

Depois de Uvalde, a US 90 reduz-se a uma pista. **Del Rio** ㉖ é a sede da base da Laughlin Air Force e de *shoppings* que atendem aos turistas de um dia que vêm da cidade mexicana vizinha de **Ciudad Acuña**, mas, fora uns poucos edifícios do século XIX, não há muito mais para divertir os visitantes.

Mais 19 km (12 milhas) para noroeste, a **Amistad National Recreation Area** (tel.: 830-775-7491; www.nps.gov/amis; diariamente), que tem o "terceiro maior lago feito pelo homem no mundo", foi criada depois da conclusão da barragem de Amistad, uma gigantesca parede curva de concreto, inaugurada conjuntamente pelos presidentes dos Estados Unidos e do México em 1969. Acima desse ponto, o rio Grande é oficialmente um "rio turbulento e pitoresco", mas você não vai ver a "turbulência" antes de chegar a Langtry e Big Bend, mais adiante.

A noroeste, 48 km (30 milhas) à frente, a ponte rodoviária mais elevada do Texas cruza a profunda garganta do rio Peco, pouco antes da confluência com o rio Grande. Vale a pena parar

DICA

Barreiras e postos de controle da US Border Patrol são comuns ao longo da fronteira do país com o México, portanto, os turistas estrangeiros devem sempre ter os documentos à mão. Passaporte, identidade com foto ou *greencard* serão exigidos se você for para qualquer cidade mexicana da fronteira.

Manhã no grande rio de fronteira – no México, o rio Grande é conhecido como rio Bravo.

A atriz britânica Lily Langtry, que, segundo dizem, inspirou o excêntrico juiz Roy Bean ao dar nome à minúscula cidade texana de Langtry.

Ursos-negros vagueiam pelo território do Big Bend National Park.

para admirar o primeiro de muitos desfiladeiros do oeste que estão por vir e invejar as águias e os falcões que planam sobre ele com tanta majestade.

Depois de Pecos, você chegou ao verdadeiro deserto, e a confirmação de que está no Velho Oeste vem logo na chegada à histórica **Langtry** ㉗. Essa cidade "quase fantasma" foi o lar de Roy Bean, comerciante nomeado juiz de paz em 1882. Conhecido como a "lei a oeste do Pecos", o juiz Bean exigia justiça rápida na fronteira, apesar de ignorar toda a matéria legal. Hoje, seu *saloon*-tribunal, a pouco menos de 100 metros do desfiladeiro seco do **rio Grande**, é um minúsculo museu e centro de informações turísticas administrado pelo estado. Uma loja poeirenta serve café morno e lanches. Aproveite, pois é a única comida disponível nos 193 km entre Langtry e Marathon.

Até **Marathon** ㉘, você aumenta o tempo, mas não a quilometragem da viagem se pegar a US 90 em vez da I-10. É aqui que você vai ter de decidir se entra no desvio para Big Bend – decisão que é melhor tomar depois de uma noite no luxuoso e restaurado **Gage Hotel** *(ver p. 420)*, a primeira hospedagem realmente charmosa desde San Antonio.

Big Bend National Park

O espetacular **Big Bend National Park** ㉙ (tel.: 432-477-2370; www.nps.gov/bibe; diariamente) é tão fora do caminho que, se você realmente estiver nos arredores, deve visitá-lo. É melhor fazer a viagem de 64 km (40 milhas) para o sul até a entrada do parque, pela US 385, ao entardecer ou no início da manhã, quando as longas sombras brincam numa paisagem tão encantadora quanto a de Shangri-la. Você segue direto para um paredão de montanhas nebulosas, só para contorná-las no último minuto e confrontar-se com outra cordilheira igualmente bela no horizonte.

Após entrar no parque, preste atenção aos graciosos mas irritados porcos-do-mato do deserto, conhecidos como *javelinas*, que cruzam a estrada – eles enxergam muito mal. Mais 48 km (30 milhas) e você chega ao principal centro turístico, uma parada fundamental para obter informações, e um dos únicos dois lugares desse parque imenso onde é possível abastecer o carro durante o horário comercial. O principal destino, a **Chisos Basin**, circundada por montanhas, fica 19 km (12 milhas) adiante. Uma estrada pitoresca – estreita demais para *vans* grandes – sobe íngreme até o grupo central de montanhas por um labirinto de rochas altas guardado por altos pés de iúca, ladeados por encostas cheias de fragmentos soltos de rocha e pontilhadas por cactos de flores cor-de-rosa deslumbrantes e outras plantas suculentas do deserto. Uma sucessão de íngremes curvas fechadas desce até a bacia coberta de grama que abriga o alojamento do parque, um *camping* e um armazém. Fique atento: Big Bend é o território do urso e do puma, e você deve obter informações sobre o que fazer caso encontre essas criaturas tímidas, porém muito selvagens. Também fique atento às cascavéis, que com frequência ficam enroladas na soleira da porta dos quartos de motel. Como ponto mais elevado do parque, Chisos Basin é a principal área de caminhada. Do *camping* sai uma trilha soberba, numa caminhada circular de 7 km (4,4 milhas) até **Window**,

DE SAN ANTONIO AO SUL DO NOVO MÉXICO

desfiladeiro nas montanhas com vista para uma paisagem desértica sinistra de montes isolados e pequenos platôs.

Rafting no rio

A State 170, a oeste do parque, chama-se **River Road**, uma das rodovias mais bonitas do Texas – rara oportunidade de dirigir paralelamente ao rio Grande em todo o seu esplendor. Ela alcança o rio 27 km (17 milhas) ao sul da saída do Terlingua/Study Butte, no pequeno *resort* de **Lajitas** ㉚, especializado em excursões de *rafting* pelo rio no desfiladeiro de Santa Elena, que tem paredões bem altos e segue parque adentro. Por 80 km (50 milhas), desde Lajitas, a River Road fica perto do rio, às vezes escalando afloramentos altos de arenito, outras serpenteando por campos bem irrigados. É comum ver o gado pastando em Chihuahua, no México, e em vários lugares o rio é raso o bastante para que os animais o atravessem andando. Há outra oportunidade de entrar no México em **Presidio**, onde **Ojinaga**, do outro lado, tem alguns restaurantes de frutos do mar, além de óticas e farmácias com preços baixos.

A região do Big Bend

Saindo de Presidio, uma viagem de 98 km para o norte, pela US 67, leva de volta à US 90, em **Marfa** ㉛. Essa cidade de pecuária ficou famosa como o cenário do filme *Assim caminha a humanidade*, de 1956 – James Dean, Elizabeth Taylor e outras estrelas fizeram do charmoso hotel **El Paisano**, no centro, seu quartel-general. Nos anos 1970, Marfa ficou famosa por outro motivo: o falecido artista Donald Judd, nascido em Nova York, começou a instalar enormes projetos de arte em edifícios históricos da cidade. O legado de Judd hoje é protegido pela **Chinati Foundation** (tel.: 432-729-4362; www.chinati.org), que oferece visitas guiadas e agendadas às instalações de quarta a domingo, de manhã e à tarde. A cidade tornou-se o refúgio de artistas urbanos da Costa Leste, muitos dos quais restauraram prédios históricos com sensibilidade, a fim de instalar neles galerias, restaurantes, livrarias e até uma estação de rádio pública local. O apito das locomotivas que passam pela cidade com frequência é o único som nessa área remota e tranquila do oeste do Texas.

Há mais arte, restaurantes e hospedagens na pequena cidade universitária

> **DICA**
>
> Marfa, no Texas, é conhecida pelas misteriosas luzes coloridas que aparecem toda noite a oeste da cidade, movendo-se, dividindo-se e piscando. Os moradores acham que são óvnis, mas os cientistas desconfiam que são um fenômeno semelhante a uma miragem, causado pela interação de ar quente e frio, que faz a luz se curvar. Observe as luzes de um mirante charmoso na beira da estrada, 14 km (9 milhas) a leste de Marfa.

Mochileiros numa trilha do Big Bend.

288 ◆ LUGARES

BEBIDA
Uma lenda urbana do México recomenda um gole de tequila a cada refeição, para matar as impurezas. Ao visitar esse país, beba apenas água mineral engarrafada e evite salada, sorvete e cubos de gelo.

de **Alpine**, 42 km (25 milhas) a leste de Marfa. O excelente **Museum of the Big Bend** (tel.: 432-837-8143; www.sulross.edu/museum; 3ª-dom.), no *campus* da Universidade Estadual Sul Ross, tem exposições sobre a história natural e cultural da área de Big Bend.

A State 17 segue para o norte até **Fort Davis** ❸②, nas montanhas Davis. O **Fort Davis National Historic Site** (tel.: 432-426-3224, ramal 220; www.nps.gov/foda; diariamente) é o forte do século XIX mais bem conservado do oeste e está ligado ao **Davis Mountains State Park**, um belo vale com lindos *campings* sombreados por carvalhos. Desse ponto, é bonita a viagem pela State 118 através das montanhas até retornar à I-10, em Kent. No caminho, você vai passar bem na entrada do **McDonald Observatory** (tel.: 432-426-3640; www.mcdonaldobservatory.org; centro turístico: diariamente), um dos maiores observatórios astronômicos do mundo.

El Paso

Assim que estiver na I-10, são aproximadamente duas horas e meia até El Paso; ganha-se uma hora quando se entra no fuso horário da montanha. No caminho, você vai passar por **Van Horn**, encruzilhada histórica da Bankhead Highway e da antiga trilha espanhola. **El Paso** ❸❸, uma valente cidade operária com 665.568 habitantes que se espalha em torno da base das montanhas Franklin, fica na mais antiga região de colonização europeia do Texas. No século XVI, os primeiros espanhóis a cruzar o rio Grande para explorar seus territórios no Novo México seguiram El Paso del Norte – o Desfiladeiro do Norte –, que conduz o rio através de uma brecha na cordilheira. Logo o conquistador Juan de Oñate estendeu a rota comercial El Camino Real do sul de Chihuahua City, no México, até o que é hoje Santa Fe, no Novo México.

Quando os colonos espanhóis foram expulsos do Novo México pela revolta indígena dos *pueblos*, em 1680, uma coluna de refugiados desalentados reagrupou-se aqui, em torno de uma missão franciscana de adobe que eles chamaram de Ysleta del Sur; seu fundador, o frei Garcia, é homenageado na Pioneer Plaza, no centro da cidade, com uma estátua de quatro metros de altura, de autoria do escultor de renome internacional David Houser.

Foram necessários 12 anos para que os espanhóis reconquistassem o Novo México com De Vargas, tempo durante o qual as cidades de Ysleta e

Missão de Nossa Senhora de Guadalupe, em Ciudad Juárez, no México.

DESVIO PARA O MÉXICO

Ciudad Juárez, do outro lado da ponte de El Paso, Texas, é provavelmente a mais interessante cidade da fronteira mexicana – fora Tijuana, ao sul de San Diego. Porém, se San Diego é elegante e eficiente, testemunho do domínio que os Estados Unidos têm do mundo moderno, a diferença entre El Paso e Ciudad Juárez certamente pesa a favor do México. El Paso é uma cidade bastante desolada e deprimente; já Juárez, a maior cidade do estado de Chihuahua, é vibrante e colorida. As touradas e os suvenires brilhantes causam forte impressão logo de cara, assim como o exuberante parque Chamizal, a contrapartida do memorial de El Paso. O Juárez Museum of History, que ocupa um edifício histórico deslumbrante, reconstituiu o desenvolvimento da área, com atenção especial à Revolução Mexicana e ao herói mexicano Pancho Villa. A missão de Nossa Senhora de Guadalupe explora a rica tapeçaria religiosa do país. A culinária de Juárez é maravilhosa e apimentada, mas não beba de sua água, não tome sorvete nem use cubos de gelo. Ela certamente vale um dia de viagem para experimentar outro país, mas verifique se todos os seus documentos são válidos: passaporte ou comprovante de cidadania com foto e *greencard* para entrar novamente nos Estados Unidos, se necessário. Se ficar no México mais de 72 horas ou viajar além da zona de fronteira, você vai precisar de um cartão de turismo, disponível na fronteira.

El Paso desenvolveram-se em volta da missão. El Paso gradativamente absorveu Ysleta, mas dividiu-se em duas após a designação do rio Grande como fronteira entre os Estados Unidos e o México. A cidade norte-americana continuou a se chamar El Paso, e a cidade mexicana foi chamada de Ciudad Juárez. A localização estratégica de El Paso faz dela parada de viajantes há séculos. Em 1849, os garimpeiros da corrida do ouro passaram por aqui a caminho da fortuna na Califórnia. Refugiados, bandoleiros e turistas encontraram-se aqui. Hoje, ela é mais conhecida como importante porta de entrada para o México.

Grande parte da história de El Paso envolve duelos a bala. Os notórios xerife Dallas Stoudenmire e John Wesley Hardin estiveram envolvidos em muitos deles, do lado vencedor, antes de finalmente cair de cara na poeira (John Wesley Hardin está enterrado no cemitério de Concórdia) – e aqui há muita poeira. O clima de El Paso é particularmente seco, embora chova. A cidade é uniformemente bege na aparência e na atmosfera. As cabanas penduradas nas encostas áridas têm mais em comum com o vizinho México do que com os Estados Unidos.

El Paso é uma cidade barata, mas há pouco aqui que a justifique como destino turístico. O turismo é canalizado principalmente para as redondezas e para o **Ranger Peak**, nas montanhas Franklin. A **Tigua Indian Reservation**, um *pueblo* vivo da tribo nativa mais antiga identificada no Texas, fica no limite leste da cidade; já **Ysleta Mission**, uma das três missões espanholas em El Paso, restaurada e administrada pela El Paso Mission Trail Foundation (tel.: 915-851-9997; www.visitelpasomissiontrail.com; visitas diárias), fica no bairro de Ysleta, no oeste de El Paso. A **Fort Bliss Military Reservation**, no nordeste, é o local da maior escola de defesa aérea do "mundo livre".

Relações interculturais

Em El Paso, o rio Grande é mais um fosso fortificado do que um rio, mas seu papel político como limite natural entre México e Estados Unidos é importante. Essa história interessante é bem contada no **Chamizal National Memorial** (tel.: 915-532-7273; www.nps.gov/cham; diariamente), unidade pouco conhecida do sistema nacional de parques, com vista para o rio.

O memorial foi criado para celebrar a Convenção de Chamizal de 1963, um marco nas relações diplomáticas entre o México e os Estados Unidos, que resultou na solução pacífica de uma centenária disputa de fronteiras. Ele homenageia o México, sem reservas, com exposições artísticas e museológicas, *performances* culturais regulares, como dança folclórica e música *mariachi*, e palestras sérias feitas pelos guarda-parques. Para os turistas que ficarem na cidade por poucas horas, é uma maneira segura de experimentar um pouco do contagioso *Viva La Vida* mexicano, principalmente para quem não tem tempo nem disposição de cruzar a fronteira e ver o México propriamente dito.

El Paso – notória como um dos elos mais fracos da "Cortina de Tortilha", que se ergue entre os Estados Unidos e o México – tem uma relação, sem dúvida, desconfortável e esquizofrênica com a cidade-irmã do outro lado do rio. Esse atrito foi exacerbado pela violência e pelo crime em Ciudad

DICA

A melhor opção para os turistas de um dia em Ciudad Juárez é cruzar uma das três pontes de pedestres para o México. Atravessar a fronteira de carro exige a compra de um seguro mexicano adicional.

Café de esquina numa cidade mexicana de fronteira.

> **DICA**
>
> Os parques nacionais vizinhos de Carlsbad Caverns e Guadalupe Mountains ficam 244 km (152 milhas) ao norte de El Paso, seguindo pela US 62/180. As montanhas mais altas do Texas e as cavernas decoradas mais espetaculares do Novo México compensam o desvio de um dia.

O New Mexico Museum of Space History conta a história da corrida espacial internacional.

Juárez, principalmente entre Sinaloa e Juarez, grupos rivais de traficantes de drogas, levando o consulado norte-americano no México a emitir um alerta de viagem para os turistas. Dezenas de milhares de pessoas morreram em decorrência de crimes relacionados às drogas, por isso seja prudente e muito cuidadoso se cruzar a fronteira.

Compare os riscos com os inúmeros prazeres de uma visita rápida: a imensa maioria dos cidadãos mexicanos é trabalhadora, respeitadora da lei e hospitaleira; também é aterrorizada pela violência, e o sustento que essa população tira do turismo de fronteira está seriamente ameaçado por uma minoria muito pequena. Espere presença militar maciça em Juárez: milhares de tropas foram enviadas pelo governo mexicano para uma grande repressão.

Um símbolo importante da tensão entre Estados Unidos e México é a construção de uma cerca com 1.078 km de extensão ao longo da fronteira entre os dois países – uma monstruosidade de 2,6 bilhões de dólares, feita de aço e redes, com 5 metros de altura; a cerca corta bairros de El Paso, bloqueando a vista do México e evocando o Muro de Berlim. A cerca tem sido uma barreira eficaz contra a imigração ilegal. Antigamente, 2 mil estrangeiros ilegais eram pegos e repatriados por dia, mas atualmente esse número caiu para quase zero.

NOVO MÉXICO

Ao sair de El Paso para leste, a US 54 margeia a encosta oriental das montanhas Franklin. O Novo México aproxima-se, com o mínimo de cerimônia, a 16 km (10 milhas) de El Paso, ponto no qual a US 54 junta-se com uma rodovia de duas pistas, sem divisão e praticamente sem serviços em todo o trecho de 134 km (83 milhas) até Alamogordo e o vale do Tularosa.

O Novo México está entre os estados mais jovens do país (foi o 47º a ser admitido na União), mas tem uma das histórias mais longas. Na extremidade leste, perto de Clovis, os arqueólogos escavaram pontas de flecha lindamente esculpidas que datam de 12 mil anos atrás. Quando os primeiros conquistadores espanhóis chegaram ao vale do rio Grande, em 1540, ele tinha cerca de 150 povoados independentes, ou *pueblos*, cada qual habitado por um clã distinto e especializado em determinados artesanatos e objetos de troca. Os espanhóis chamaram a nova colônia de Novo México, na esperança pouco apropriada de que ela produzisse tesouros semelhantes aos do império asteca.

No fim do século XVI, El Camino Real (hoje US 85) estendia-se paralelamente ao rio Grande, do México a Santa Fe, local da sede de governo mais antiga da América do Norte e capital mais antiga dos Estados Unidos. Porém, embora o Novo México cobrisse uma área bem maior do que a do atual estado – abrangia todo o moderno Arizona e grande parte de Nevada, Califórnia e Utah até que os ianques chegassem ali em 1846 –, continuou sendo uma província remota e empobrecida, cujos fazendeiros tinham de lutar contra o ambiente desértico implacável e também contra os ataques de navajos, apaches e comanches.

DE SAN ANTONIO AO SUL DO NOVO MÉXICO

Sob o governo norte-americano, o Novo México tem seguido seu lema um tanto trivial: *Crescit Eundo* ["Cresce conforme avança"]. As estradas de ferro, a pecuária e a mineração prosperaram na superfície rochosa, nos vales quentes e nas águas subterrâneas do estado. Uma política norte-americana deliberada durante a Segunda Guerra Mundial, de colocar instalações de defesa em locais remotos e confinados, também trouxe dividendos inesperados. Foi no Novo México que os cientistas desenvolveram e testaram as primeiras bombas atômicas. As instalações militares continuam a desempenhar importante papel na economia estadual. O Novo México é escassamente povoado por pouco mais de 2 milhões de habitantes, a maioria deles aglomerada nas cidades maiores de Albuquerque, Santa Fe e Las Cruces. Entre seus residentes notáveis estiveram os inimigos jurados Pat Garrett e Billy the Kid, o "rei dos estalajadeiros" Conrad Hilton, o romancista D. H. Lawrence, a artista Georgia O'Keeffe e a mascote do Serviço Florestal, o urso Smokey.

A comovente beleza natural e a fascinante paisagem do Novo México cativaram a todos, de nativos pré-históricos e contemporâneos, passando por gerações de exploradores hispânicos e britânicos, comerciantes, fazendeiros, artistas, até os turistas modernos da *new age*, que são atraídos para cidades como Santa Fe, Albuquerque e Taos. Até mesmo homenzinhos verdes do espaço parecem amar esse lugar, se você acreditar nas "evidências" expostas em Roswell.

Alamogordo

Ao dirigir no desfiladeiro que fica entre as Organ Mountains, a oeste, e as Hueco Mountains, a leste, você vai passar pela extremidade da **White Sands Missile Range**. Placas na estrada advertem sobre a munição não detonada espalhada pelo deserto e aconselham a não sair da rodovia. Logo ao sul de Alamogordo, na base da montanha Sacramento, fica o **Oliver M. Lee Memorial State Park**, que tem o nome de um legislador estadual de vida agitada. O *camping* impecável de cinquenta lugares é uma boa base para explorar o pitoresco Dog Canyon e a fazenda de Lee, antigamente a maior do Novo México.

Depois de todo esse vazio, **Alamogordo** ㉞ tem uma atmosfera positivamente urbana. Na verdade, é uma pequena cidade do deserto, com uma população de 31.327 habitantes, mas, como cientistas espaciais internacionais, astrônomos e altas patentes militares fazem parte de sua população, o lugar tem uma sofisticação toda própria. Alamogordo está construída no topo de um *pueblo* do século XI que foi abandonado no século XIV, quando uma longa seca e uma invasão apache tornaram a vida muito difícil. Antes, o ramo *jornada* da cultura *mogollon* havia deixado para trás aproximadamente 21 mil extraordinários petróglifos, arte gravada na pedra, nos pedregulhos basálticos de **Three Rivers Petroglyph Site**, ao norte de Alamogordo, muitos dos quais, infelizmente, estão hoje desfigurados. Os *mogollon* foram os primeiros a aprender com o México a cultivar, fazer cerâmica e construir com alvenaria.

Dançarino apache (ou espírito da montanha) em uma cerimônia que marca a passagem para a puberdade de uma menina apache.

Oliver Lee Memorial State Park.

Quem tem pretensão a vaqueiro deve visitar o Hubbard Museum of the American West, em Ruidoso.

A estação Ski Apache, no Novo México, fica na reserva indígena dos apaches mescaleros.

Eles foram incorporados pela cultura comercial mais poderosa de um *pueblo* ancestral do norte (*anasazi*), por volta do ano 1000 d.C.

Os espanhóis passaram pela região, dando ao vale o nome dos grandes ("gordos") álamos locais. Eles se estabeleceram nas margens do rio Tularosa e fundaram um *presidio* e uma missão em **La Luz**, em 1719, mas um ataque apache logo os forçou a se mudar. A chegada do exército norte-americano a **Fort Stanton**, em 1855, foi o começo do fim dos guerreiros apaches. Na década de 1880, eles foram forçados a fazer as pazes e a mudar-se para uma reserva em Ruidoso, nas proximidades, permitindo o povoamento britânico na bacia do Tularosa.

Em 1898, C. B. Eddy e John A. Eddy fundaram Alamogordo como estação de sua ferrovia. Seduzidos pelo vale arborizado e por seu potencial no comércio de madeira, os irmãos Eddy venderam a ferrovia e se estabeleceram em Alamogordo para fazer fortuna com os recursos da região. A cidade cresceu como centro de comércio, mas o desenvolvimento do campo de provas de White Sands e da base da força aérea em Holloman, nas proximidades, remodelou drasticamente seu contorno. Nas palavras de um historiador local, "ela já não era a terra letárgica e tranquila do amanhã, mas uma cidade movimentada, que crescia depressa".

Hoje, Alamogordo é dominada pela indústria de armamento de alta tecnologia. Também tem um tributo aos usos pacíficos da tecnologia na exploração do espaço, na forma do **New Mexico Museum of Space History** (tel.: 575-437-2840; www.nmspacemuseum.org; diariamente), que se destaca no sopé da montanha, na extremidade do vale. Esse museu bem concebido conta a história da corrida internacional no espaço, com um panteão dos pioneiros da exploração do espaço, dos primeiros sonhadores até os astronautas das missões *Apollo* da Nasa, que caminharam na Lua. Depois de admirar os modelos de ônibus espaciais, uma câmera de TV lunar e amostras da comida de bordo nas missões *Apollo* e *Skylab* (inclusive o sorvete de baunilha enlatado e a ambrosia de pêssego desidratada), você pode assistir a uma apresentação em vídeo dos pontos altos das alunissagens das *Apollos 11, 12* e *14*, ou simular a aterrisagem de um ônibus espacial.

De Cloudcroft a Mescalero

No verão, as montanhas Sacramento (3.657 metros de altura), a leste de Alamogordo, proporcionam um alívio bem-vindo no calor de 37,7ºC do tórrido deserto Chihuahua, atraindo visitantes do sudeste do Novo México e do oeste do Texas. A pitoresca US 82 sobe abruptamente de 1.325 metros, em Alamogordo, até quase 2.740 metros, para chegar a **Cloudcroft**, na Lincoln National Forest, apenas 32 km adiante. Caminhadas, esqui de fundo e acampamentos são populares nessa fresca floresta nacional de pinheiros.

O pitoresco povoado alpino de Cloudcroft é conhecido pelas cabanas para alugar e pelas trilhas de caminhada. O histórico **Cloudcroft Lodge**, construído em 1899, em estilo bávaro, é imperdível: tem até fantasma residente. Mais ou menos 26 km (16 milhas) ao sul de Cloudcroft, na minúscula Sunspot, fica o **National Solar Observatory and Apache Point Observatory** (tel.:

DE SAN ANTONIO AO SUL DO NOVO MÉXICO

575-434-7000; www.nso.edu; maio-out., diariamente). Visite num sábado para descobrir como os astrônomos observam o sol com segurança usando telescópios como o Dunn Solar Telescope, um instrumento rotativo de cem metros de altura que sai de uma câmara subterrânea.

Ao norte de Cloudcroft fica a **Mescalero Apache Indian Reservation**. Uma viagem de 45 km (28 milhas) através da reserva, pela State 244, passa por uma paisagem bucólica, com pequenos lagos reluzentes, prados cheios de flores e vaqueiros apaches tocando o gado. Qualquer ideia que você possa ter de reservas como lugares desolados ou deprimentes vai desvanecer. Veja se consegue pegar um rodeio em julho.

Os *mescaleros* são empreendedores prósperos – embora algumas partes da reserva sejam fechadas aos forasteiros, a tribo administra empresas comerciais bem-sucedidas nas terras vizinhas, que incluem o grande *resort* da região, o **Inn of the Mountain Gods**, que compartilha a localização linda na margem do lago com o vistoso **Casino Apache**. A luxuosa estação de esportes de inverno da tribo, **Ski Apache**, fica acima da pequena e movimentada **Ruidoso**, sede da pista de corridas Ruidoso Downs e do **Hubbard Museum of the American West** (tel.: 575-378-4142; www.hubbardmuseum.org; diariamente), afiliado à Smithsonian. De Ruidoso, a US 70 desce para o vale do Tularosa até a sede tribal em **Mescalero**, mais conhecida pela restaurada **St Joseph Apache Mission**, de 1939. Desse ponto até Alamogordo são 74 km (46 milhas).

White Sands National Monument

Pegando o desvio opcional descrito anteriormente, você vai apreciar, do alto da montanha, vistas da atração mais espetacular da região: o **White Sands National Monument** ❸❺ (tel.: 575-479-6124; www.nps.gov/whsa; diariamente). Localizado 24 km (15 milhas) a sudoeste de Alamogordo, essa deslumbrante área de 58.505 hectares é formada por pó de gipsita (gesso) soprado entre as serras de San Andreas e Sacramento e depositado na forma de dunas móveis nesse canto de White Sands Missile Range, que é área proibida em outros locais. A única estrada de acesso, a US 70-82, fica constantemente fechada por períodos de uma a duas horas, de cada vez, para que os militares possam passar em paz com suas cargas secretas; pergunte no centro de informações turísticas antes de partir ou, melhor ainda, verifique se há alertas no *site* do parque. À medida que se aproxima de White Sands, é provável que você veja jatos sinistros, furtivos, velozes e silenciosos voando em "V" pelo esplêndido céu azul, conforme as dunas reluzentes se erguem da base das montanhas de San Andreas.

O centro de informações turísticas é histórico e tem uma maravilhosa arquitetura no estilo dos *pueblos*, além de ser um bom lugar para se informar antes de partir para a viagem panorâmica de 26 km (16 milhas) por uma estrada pavimentada que circunda as dunas. Quanto mais ela entra nas White Sands, mais a superfície fica obscurecida por montes de pó de gipsita. O efeito é desorientador e extraordinário. O gesso é um dos compostos mais comuns encontrados na Terra, mas raramente é visto na superfície, porque

Monumento nacional de White Sands.

Sierra Blanca é o pico mais alto do sul do Novo México, com 3.659 metros.

Marco nacional histórico em Trinity Site.

se dissolve rapidamente na água. Em outros lugares, a areia de superfície é quase sempre composta de quartzo.

Ao meio-dia, as areias são de um branco ofuscante, com reflexos tão fortes que machucam os olhos. Ao subir as dunas, que às vezes têm marcas de deslizamento ou de pegadas de animais noturnos, tire os óculos de sol de vez em quando para apreciar essa alucinante região por inteiro. Ao cair da tarde, as areias refratam a luz, decompondo-a em arco-íris. O parque fica aberto até as 22h, um bom momento para acomodar-se em silêncio e esperar para ver algumas das quinhentas espécies diferentes que habitam as dunas, de coiotes e papa-léguas a corujas e gambás. Há também pequenos grupos dispersos de plantas bonitas, incluindo o cacto-ouriço com flores de tom vermelho vivo.

Escondida no meio de um deserto sem estradas da cordilheira White Sands Missile, o **Trinity Site National Historic Landmark** (www.wsmr.army.mil/PAO/Trinity/Pages/default.aspx) preserva a área onde, em julho de 1945, cientistas do projeto Manhattan, em Los Alamos, detonaram a primeira bomba atômica norte-americana. Se estiver interessado em visitar o marco zero, um local que dá o que pensar, você pode ir nos primeiros sábados de abril e outubro, quando os visitantes, partindo de um portão discreto ao norte de Alamogordo, são acompanhados por comboios de veículos do exército até o local da detonação.

O Velho Oeste

A US 70 a sudoeste sai do vale do Tularosa, subindo lenta e continuamente até Las Cruces. Por quase 48 km (30 milhas), conforme segue-se direto para o paredão escarpado da serra de San Andreas, a rota que atravessa esses picos manchados parece quase impossível. Por fim, a rodovia dá uma guinada para a direita e sobe até o cume, no **San Augustine Pass**, a 1.740 metros de altitude, com vista para o vale que abriga Las Cruces. Do alto do desfiladeiro, a estrada dá um mergulho revigorante de 5 km pela encosta até se ver de volta à parte baixa do vale do rio Grande, onde verdes e marrons desdobram-se em sombras e mesclas sob os nacarados picos azuis a distância.

A rota passa rapidamente por **Las Cruces**, antes de se conectar com a I-10 até Deming. Las Cruces ["as cruzes"] ganhou esse nome em 1830, depois que uma caravana de viajantes proveniente de Taos foi emboscada e teve seus componentes assassinados; para marcar as sepulturas, foram erguidas cruzes brancas. A periferia de Las Cruces é um pouco rústica, mas o centro revitalizado, o *campus* da Universidade Estadual do Novo México e o ambiente de negócios em desenvolvimento têm feito dela a cidade de crescimento mais rápido do Novo México.

As opções culturais incluem dois bons museus de arte no centro, ambos gratuitos: o **Branigan Cultural Center** (tel.: 575-541-2154; www.las-cruces.org/museums; 3ª-sáb.) e o **Las Cruces Museum of Fine Arts** (tel.: 575-541-2155; www.las-cruces.org/museums; 3ª-dom.). O **New Mexico Farm & Ranch Museum** (tel.: 575-522-4100; www.nmfarmandranchmuseum.org; diariamente), na periferia da cidade, destaca os 3 mil anos de agricultura e pecuária na região, e é excelente para as crianças. São criados ovinos da raça *churra*, burros, gado de chifres longos e outros animais tradicionais. Demonstrações de tecelagem, fabricação de velas e outras habilidades dos pioneiros são apresentadas regularmente.

La Mesilla

A linda cidade de **La Mesilla** ㊱, que fica a um pulinho do centro de Las Cruces, pelas estradas State 28 e State 292 (Motel Boulevard), é a principal atração da área para os turistas. A histórica **Plaza**, restaurada e dominada por um antigo coreto, evoca as cores e os sons do Velho México. Aqui foi selada a Compra de Gadsden (Tratado de La Mesilla), em 1854, que estabeleceu as fronteiras atuais entre México e Estados Unidos. A loja de presentes numa das esquinas era originalmente o tribunal onde o célebre bandido Billy the Kid foi julgado e condenado à forca por assassinato, em 1881. Ele conseguiu fugir antes do enforcamento, mas depois encontrou a morte nas mãos de Pat Garrett, perto de Fort Sumner; Garrett também foi assassinado perto de Las Cruces, em 1908. Os comerciantes criaram um ambiente de mercado mexicano e ficam felizes em vender tapetes, cerâmica, bijuteria nativa e outros suvenires para os turistas. Um dos mais importantes eventos anuais de Mesilla é o **Border Book Festival**, em abril. Criado pela famosa escritora hispânica Denise Chavez, ele destaca a rica literatura das terras de fronteira e acontece na livraria do **Cultural Center of Mesilla** (tel.: 575-523-3988; www.oldmesilla.org/html/books.html; 6ª-dom.), antigo posto militar mexicano da década de 1840. Procure pelo **Double Eagle Restaurant** (*ver p. 446*), localizado numa construção histórica cadastrada, cheia de antiguidades, e tome um drinque em seu elegante Imperial Bar.

Do outro lado da Divisória Continental

A pouca distância de Las Cruces, na I-10 oeste, uma fileira dupla de pomares ajardinados acompanha o estreito rio Grande, que chega até aqui, vindo da nascente no Colorado, passando por Taos e Albuquerque. Depois do sulco arenoso e raso do lado oposto, a rodovia nivela-se para cruzar o chaparral do condado de Luna, onde mais e mais espécies de uma planta nativa parecida com um avestruz – a iúca – observam os turistas que rumam para oeste. Daqui até a divisa do Arizona, as saídas da autoestrada em geral são margeadas por lojas de fronteira, que supostamente vendem mercadorias típicas. Atrás das

A praça da cidade, em La Mesilla.

> **DICA**
>
> Passe a noite na remota Silver City, Novo México, no histórico Bear Mountain Lodge, uma graciosa pousada numa antiga fazenda administrada pela Nature Conservancy. Migrantes tropicais, como os beija-flores, retornam toda primavera e podem ser vistos na propriedade. A Blue Dome Gallery tem exposições de artistas locais. No local, há um restaurante onde são servidas todas as refeições. Para fazer reservas, ligue para 575-538-2538 ou acesse www.bearmountainlodge.com.

fachadas falsas surge um ponto de comércio, uma cidade do Velho Oeste ou uma tenda indígena onde são vendidos para os turistas mocassins, geleia de cacto e balas de plantas.

A 90 km (56 milhas) de Las Cruces, no canto sudoeste do Novo México, fica a cidade de **Deming** ㊲, parada de caminhoneiros, cercada por quatro serras baixas. Deming teve grande importância estratégica para o magnata da estrada de ferro Charles Crocker, que uniu sua linha Southern Pacific com a Santa Fe Railroad. Os primeiros habitantes eram soldados, profissionais liberais, comerciantes e uma grande população de pistoleiros, a qual dominou a atividade local até que a cidade foi "limpa", em 1883. No pouco interessante centro da cidade, sediado no prédio de um arsenal histórico de 1917, o **Deming Luna Mimbres Museum** (tel.: 575-546-2382; diariamente) expõe a história local, inclusive artefatos da cultura pré-histórica *mogollon*, cujo ramo *mimbres* fez cerâmicas espetaculares em preto sobre branco para o comércio.

Uma exposição recria a vida na fronteira, que, nas palavras do guia, "como você pode ver, apenas olhando em volta, não foi nada fácil; este não era um lugar de luxo". Hoje, Deming é uma acolhedora cidade do deserto com pouco menos de 15 mil habitantes, onde os aposentados andam e dirigem devagar, as árvores dão sombra e protegem do sol inclemente, e o sedutor aroma da pimenta verde assando na fábrica da Hatch, o líder no cultivo de pimenta no país, perfuma o ar em agosto.

Relíquias dos *mimbres*

Em vez de dirigir 97 km (60 milhas) para oeste na monótona I-10 até chegar a Lordsburg, faz sentido virar para o norte na US 180, na direção das montanhas de Gila. Entre os séculos X e XII, essa região foi a morada do ramo *mimbres* da cultura *mogollon*, o povo da montanha que tirou a cerâmica de seu estágio inicial no sudoeste e a transformou numa forma de arte primorosa e hoje cobiçada por colecionadores – um objeto precioso de troca em toda a América Central e a América do Norte. O arqueólogo especialista nos *mogollon*, Jesse W. Fewkes, afirmou que "nenhuma cerâmica do sudoeste, antiga ou moderna, supera a dos *mimbres*; e suas figuras naturalistas não são ultrapassadas por nenhuma cerâmica da América pré-histórica".

Os *mimbres* tiraram esse nome do rio Mimbres, que, nas regiões mais baixas, é um arroio arenoso e seco na maior parte do ano. A US 180 passa por ele várias vezes, a caminho de Silver City, 85 km (53 milhas) ao norte de Deming. Hoje uma das mais populares cidades artísticas históricas, **Silver City** foi sucessivamente a base dos nativos norte-americanos mineradores de turquesa, dos espanhóis mineradores de prata, dos modernos conglomerados do cobre e de artistas e amantes da natureza. Billy the Kid morou aqui quando criança, mas a maior parte da cidade que ele conheceu foi varrida por uma inundação devastadora em 1895.

O **Western New Mexico University Museum** (tel.: 575-538-6386; www.wnmumuseum.org; diariamente), na 12th Street com Alabama Street, abriga o melhor acervo do mundo de cerâmica *mimbres*, decorada em preto sobre branco, com cobras, papagaios

As habitações do penhasco de Gila.

DE SAN ANTONIO AO SUL DO NOVO MÉXICO

e outros desenhos de animais, além de motivos abstratos. Acredita-se que cada vasilha tenha pertencido a um indivíduo e tenha sido enterrada com o dono, mas antes perfurada na base com o "buraco da morte".

Habitações do penhasco de Gila

Reserve um dia inteiro para fazer o passeio longo e sinuoso de 142 km (88 milhas) em volta das montanhas de Gila pela State 15, a fim de visitar o **Gila Cliff Dwellings National Monument** ❸ (tel.: 575-536-9461; www.nps.gov/gicl; diariamente), onde habitações no penhasco, construídas pelo povo *mogollon* de uma fase tardia no século XIV, aglomeram-se em cavernas acima do rio Gila. Uma trilha moderada de 1,7 km leva até as moradias, onde guarda-parques guiam visitas constantes. Não se esqueça de trazer água e comida: não há nada nesse lugar remoto.

A State 90 segue 71 km (44 milhas) para sudoeste, saindo de Silver City, para juntar-se à I-10 em **Lordsburg**. Ao longo do caminho, ela cruza a Divisória Continental e, depois, desce lenta e esplêndida até o vasto deserto de sal, ou *sebkha*, sobre o qual Lordsburg parece flutuar sozinha.

Lordsburg é o maior povoado do condado de Hidalgo e espalha-se languidamente na margem da interestadual e dos trilhos da ferrovia Southern Pacific, na extremidade norte das montanhas Pyramid. Os próprios trilhos da ferrovia contam a história da moderna Lordsburg, que eclipsou a vizinha **Shakespeare**. Shakespeare tinha sido estação da grande linha de diligências Butterfield, administrada pelo serviço de correio, de St Louis, Missouri, a San Francisco, Califórnia, no tempo em que Charles Crocker construiu a estrada de ferro.

Hoje, Shakespeare é uma cidade-fantasma, preservada no estado atual de decadência, depois de ter sido abandonada em favor de pastos mais lucrativos. Um pouco ao sul da Main Street de Lordsburg, Shakespeare é genuína, embora seja *habitada* pelos moradores sobreviventes e proprietários, Janaloo e Manny Hough, que abrem a cidade em dois fins de semana por mês e conduzem passeios simples com uma hora de duração, às 10h e às 14h (tel.: 575-542-9034; www.shakespeareghosttown.com). Sabe-se que vários personagens famosos já honraram a sala de refeições do **Stratford Hotel**, incluindo um fugitivo da cadeia de Silver City: Billy the Kid.

FATO

Perto da cidade de Shakespeare, Novo México, há um cemitério que reivindica ser o mais antigo do tipo no sudoeste. De acordo com uma placa pintada à mão, um de seus "moradores" é o fora da lei Sandy King, condenado por ser "um aborrecimento danado" e enforcado por um comitê.

Carros e bomba de combustível abandonados em Mogollon, cidade-fantasma perto de Silver City.

Estrada Vulture Mine no deserto de Sonora.

LUGARES

DO SUL DE ARIZONA A SAN DIEGO

Famosa por suas florestas de pinheiro ponderosa, pelos *canyons* do rio Colorado e pelas ruínas dos nativos ao norte e no deserto de Sonora, e, ao sul, por Tucson e Phoenix, esta região do sudoeste é fascinante.

Principais atrações
Chiricahua Nat'l Monument
Tombstone
Amerind Foundation
Saguaro National Park
Arizona-Sonora Desert Museum
Mission San Xavier del Bac
Titan Missile Museum
Biosphere 2
Heard Museum, Phoenix
Yuma Territorial Prison State Historic Park

A água é preciosa no Arizona, mas seu nome não tem nada a ver com aridez. Ele deriva, provavelmente, da palavra indígena *pima* para "pequena fonte". Havia, de fato, muitas "pequenas fontes" ocultas entre os *canyons* do deserto e as montanhas do Arizona, assim como quase todas as variantes climáticas, topográficas e ecológicas conhecidas nos Estados Unidos.

Por milênios, as tribos nativas do Arizona agrupavam-se ao redor de preciosas fontes de água. Ao norte, entre as montanhas e *canyons* do planalto do Colorado, o dominante *pueblo* ancestral fazia uso do rio Colorado e seus afluentes, enquanto ao sul, no deserto de Sonora, o antigo povo *hohokam* desenvolveu uma complexa civilização agrícola bascada em canais sofisticados de irrigação onde hoje é Phoenix.

O calor, a falta de água e as incursões de nativos impediram o assentamento de espanhóis, mexicanos e britânicos. Foi só com o desenvolvimento de um sofisticado sistema de irrigação para a agricultura e, mais tarde, durante a Segunda Guerra Mundial, para o condicionamento de ar, que o Arizona deu início ao seu espetacular crescimento. Grande parte do deserto continua sem desenvolvimento. Apesar de bonitos, os desertos de Sonora e Mojave são perigosamente quentes no verão. A alta temporada é no inverno, quando as temperaturas são amenas no sul do Arizona, por isso o turista deve estar preparado para pagar preços elevados se quiser aproveitar os famosos *spas*, ranchos e hotéis históricos da região.

Sky islands e Fort Bowie

Depois de sair de Lordsburg, no Novo México, pela I-10, a divisa do Arizona fica a apenas 32 km (20 milhas) de distância. Você está perto da fronteira com o México, cruzando a típica topografia do Arizona, caracterizada por montanhas, chamadas de "sky island" ["ilha celeste"], intercaladas com o terreno baixo do deserto, que acaba por "isolá-las" [daí a referência à ilha]. Ao norte estão as montanhas Peloncillo, e a sudoeste as montanhas Chiricahua marcham em fileiras para o México e Sierra Madre.

Até o final do século XIX, essas cadeias serviam como proteção para os apaches *chiricahua* contra os

Heard Museum, em Phoenix.

Estrada vazia serpenteando pelo Saguaro National Park. O cacto saguaro, alto e fino, floresce na primavera, mas as flores só se abrem no ar fresco da noite do deserto.

As vítimas reais do tiroteio de OK Corral estão enterradas no Boothill Graveyard, em Tombstone.

colonizadores brancos. Esses nativos, ao lado de outros grupos apaches, separaram-se cultural e geograficamente dos seus parentes navajos séculos antes, depois de terem chegado do noroeste do Canadá, e fizeram das montanhas do sul do Arizona e Novo México sua terra natal.

O trágico confronto entre os apaches e o exército norte-americano durante as guerras indígenas é lembrado no Fort Bowie e nos monumentos nacionais Chiricahua, nos arredores. Chega-se a ambos pegando a Saída 366 da I-10 em Bowie e, depois, seguindo para o sul na Apache Pass Road. Um pequeno estacionamento no monumento marca o início da trilha de caminhada até o **Fort Bowie** (tel.: 520-847-2500; www.nps.gov/fobo; diariamente). Construído em 1886, pelos próximos 25 anos o forte foi quartel-general de uma campanha que terminou por expulsar totalmente os apaches dessa região. Na caminhada de 5 km (3 milhas) até as nostálgicas paredes de adobe em ruínas, a princípio tem-se a impressão de estar numa depressão seca, em forma de tigela e inteiramente cercada de montanhas. Porém, chega-se à tranquila e arborizada Apache Spring, repleta da vida silvestre que tornou esse lugar tão especial para os apaches, e depois para o forte, com vistas maravilhosas de todo o vale.

Chiricahua National Monument

Mais 13 km (8 milhas) de direção fácil na estrada sem pavimentação levam à State 186. Vá para oeste, daqui até a I-10, se estiver com pressa de chegar a Tombstone, passando por Willcox e Benson, mas o espetacular **Chiricahua National Monument** ❸❾ (tel.: 520-824-3560; www.nps.gov/chir; diariamente) fica a menos 23 km (14 milhas) para leste e, apesar de estar um pouco fora do trajeto, é o lugar mais magnífico nessa parte da rota para caminhar, acampar e fazer passeios panorâmicos de carro.

A paisagem singular de Chiricahua foi formada durante milênios, conforme os depósitos endurecidos de cinzas de erupções vulcânicas na Turkey Caldera, há 25 milhões de anos, foram sendo erodidos pela água, pelo vento e pelo gelo, e transformados nas chamadas chaminés de fadas ou pirâmides de terra. Para vê-las, siga pelos 10 km (6 milhas) da **Bonita Canyon Drive**, que sobe a partir do centro de informações turísticas pelo exuberante **Bonita Canyon** até **Massai Point**, o começo de uma pequena trilha natural entre as rochas. Em toda a subida, pilhas de pedras precariamente equilibradas surgem acima da estrada, e o ponto de observação no topo abarca um panorama de torres e colunas de pedra de formatos bizarros.

Com o dobro da quantidade de chuva que cai no deserto de Chihuahua, essas *"sky islands"* atraem várias espécies de plantas e animais. A vida silvestre das montanhas Rochosas e da Sierra Madre, de ambos os lados da fronteira, utiliza um corredor natural que segue pelas montanhas até o México, e as espécies mexicanas, como o raro esquilo raposa e os típicos pinheiros dessa região, vivem lado a lado com espécies mais comumente encontradas ao norte da fronteira. Dignas de nota são as aves que passam

DO SUL DE ARIZONA A SAN DIEGO

o verão em Cave Creek, no lado leste das montanhas Chiricahuahua, perto de Portal. O *top* de toda lista de aves é o surucuá, uma ave nativa do México, que tem cauda longa e acobreada e penas brilhantes. Ele retorna de Sierra Madre todos os anos no mês de maio para reproduzir em Cave Creek. Há ainda bem-te-vis-de-barriga-sulfúrea, sanhaços, chapins e uma variedade de espécies de beija-flor.

Seguindo em direção ao oeste na State 181, você vai passar pelas adoráveis **montanhas Dragoon**, um ótimo lugar para fazer caminhadas, acampar e visitar a **fortaleza de Cochise**, um esconderijo usado pelo líder apache Cochise. Continuando até Tombstone, você vai dirigir ao sul de Willcox Playa, que inunda no inverno para formar um pântano que atrai mais de 10 mil aves aquáticas migratórias, entre elas os grous-canadenses, os gansos-do-canadá e os gansos-da-neve.

Mais à frente estão as poeirentas cidades-fantasmas de mineração **Gleeson**, **Courtland** e **Pearce**. Pearce é agora a única com ruínas consideráveis (uma loja, um correio e uma prisão). Seu estado decrépito desmente a corrida do ouro de 1894 que teria ocorrido aqui e é indicativo dos altos e baixos da mineração no rico solo do Arizona. Atualmente, uma cidade mineradora está extraindo – dos turistas – um tipo diferente de ouro, e é conhecida como a "cidade durona demais para morrer": **Tombstone** ㊵.

OK Corral de Tombstone

A infame Tombstone ["Lápide"] recebeu esse nome de seu fundador, Edward Schieffelin, como resposta àqueles que disseram que a sua busca desenfreada por prata terminaria em seu próprio túmulo. Mas Tombstone fica no meio de terras ricas em prata, e as descobertas aqui trouxeram um crescimento vertiginoso, riqueza e alguns encrenqueiros famosos. Ela entrou em um repentino declínio em 1886, quando sua principal mina de prata inundou. Hoje, ela é uma simpática armadilha para turistas, feliz em proporcionar aos visitantes uma amostra asséptica e glamorizada dos dias sem lei do Velho Oeste.

Como Pearce, Tombstone provavelmente estaria esquecida se não fosse pelo vil tiroteio que aconteceu em **OK Corral** (tel.: 520-457-3456; www.ok-corral.com; diariamente), que colocou frente a frente Wyatt Earp, seus irmãos e Doc Holliday, o dentista tuberculoso,

Atores de Tombstone, prontos para a hora da verdade.

A história de Tombstone é relembrada num bar local, o Big Nose Kate's Saloon.

DICA
Se você planeja passar algum tempo no sul do Arizona, talvez valha a pena comprar o Tucson Attractions Passport, por 18 dólares, no centro de informações turísticas de Tucson (www.visittucson.org). Ele tem ofertas de dois pelo preço de um, além de descontos em vários teatros, museus, parques estaduais e jardins, muitos deles mencionados neste guia.

Os cauboís mandam em Tombstone.

contra os irmãos Clanton e McLaury. Estes lideravam uma gangue de cauboís que supostamente executou uma série de roubos a diligências, ao passo que os Earp – que não eram anjos – representavam o sistema em Tombstone. Os enfrentamentos políticos e pessoais culminaram no lendário e sangrento "tiroteio de OK Corral", em 26 de outubro de 1881, que deixou três homens mortos.

Arte, minas e cavernas subterrâneas

O OK Corral ainda está de pé na Allen Street, exatamente como era no dia fatídico. Manequins dos vários participantes posam no pátio, de revólveres na mão. Ainda assim, tiroteios encenados acontecem aqui todas as tardes, com atores recriando o momento decisivo e mantendo viva a lenda. Diligências movem-se com estardalhaço, passando por marcos do passado, como o **Bird Cage Theatre**, onde prostitutas exerciam seu comércio em quatorze "gaiolas" ou "berços" suspensos do teto, e o **Tombstone Courthouse State Historic Park** (tel.: 520-457-3311; http://azstateparks.com/parks/TOCO/index.html; diariamente), na East Toughnut Street, que tem um excelente diorama do tiroteio. As vítimas do enfrentamento descansam (ou pelo menos tentam) no cafona **Boothill Cemetery**, no limite da cidade, numa colina poeirenta, onde seu sono eterno é perturbado por alto-falantes que ficam escondidos no meio dos pedregulhos e tocam canções *country* tristes.

A 39 km (24 milhas) ao sul de Tombstone, as coisas são mais autênticas na antiga cidade mineira de **Bisbee**, um atraente refúgio de artistas que se esparrama por 5 km íngremes através de Mule Pass Gulch e Tombstone Canyon, nas **Mule Mountains**, de 1.500 metros de altitude. No centro da cidade, suas mansões vitorianas restauradas e prédios abrigam hotéis históricos, pousadas confortáveis, restaurantes e um intrigante conjunto de excelentes butiques, galerias de arte e lojas de antiguidade. A **Queen Mine Tour** (tel.: 1-866-432-2071; www.queenminetour.com; diariamente) leva os turistas até partes bem fundas do subsolo para ver uma das minas de cobre mais produtivas do século XX.

A partir de Bisbee, pegue a State 90 (que inicialmente vai para oeste e, depois, vira para o norte, em Sierra Vista), a fim de encontrar a I-10 em **Benson**. Não perca o **Kartchner Caverns State Park** (tel.: 520-586-4100; http://azstateparks.com/parks/kaca/index.html; diariamente), apenas 14 km (9 milhas) ao sul da I-10, perto da State 90. Aclamado por muitos como o melhor dos parques estaduais do Arizona, a atração principal são as raras cavernas calcárias "vivas" recém-descobertas (1974), esculpidas e decoradas pela erosão nas montanhas Whetstone. Há visitas diárias, mas o número de pessoas é limitado para proteger o ambiente da caverna; portanto, é necessário reservar com antecedência (tel.: 520-586-2283). Além da caverna, há um centro de descobertas de primeira categoria, 8 km de trilhas para caminhar, área de piquenique, *camping* e um jardim de beija-flores.

Outro destino primordial do sudoeste, que fica em uma zona rural poucos quilômetros a leste de Benson, é o **Amerind Foundation Museum** (tel.: 520-586-3666; www.amerind. org; 3ª-dom.), que ocupa um adorável rancho em estilo de *hacienda*, construído pelo arqueólogo amador William Fulton em 1937. Um importante centro de pesquisas, seu museu expõe uma coleção extraordinária de arte norte-americana nativa e artefatos arqueológicos, além de obras de artistas do oeste, entre eles Frederic Remington e William Leigh.

Tucson

Saindo de Benson, uma viagem rápida por 69 km (43 milhas) pela I-10 leva até **Tucson** ㊶, uma moderna cidade de deserto em expansão, com um centro hispânico do século XVIII bem preservado, uma excelente universidade e um cenário deslumbrante de montanhas e deserto. Fundada em 1776 como um povoamento espanhol no território de Pima, Tucson tem a mesma idade que os Estados Unidos, embora só tenha passado para as mãos dos norte-americanos com a compra de Gadsden (Tratado de La Mesilla), em 1854.

O centro de Tucson – ou Old Pueblo, como é conhecida localmente – ainda fica na área que, originalmente, era cercada pelas muralhas de adobe do *presidio* espanhol. Hoje, esse espaço maravilhoso está pontilhado de ateliês de artesãos, cafés e várias árvores que oferecem boas sombras; além disso, tem uma arquitetura extremamente interessante, ancorada pela **St Augustine Cathedral**, construída em 1897, e pelo **Pima County Courthouse**, com cúpula de mosaico de cerâmica. Há cinco residências históricas no terreno do **Tucson Museum of Art and Historic Block** (tel.: 520-624-2333; www.tucsonmuseumofart.org; 3ª-dom.), cujo acervo tem arte pré-colombiana, hispânica, ocidental e moderna.

A vida silvestre e as missões do deserto de Sonora

Para muitos turistas, a maior atração de Tucson é a fantástica paisagem que cerca a cidade. O **Saguaro National Park** (tel.: 520-733-5153; www.nps.gov/sagu; diariamente) ocupa duas extensões de terra, uma de cada lado da cidade propriamente dita. Ele foi criado para proteger grandes quantidades de cacto saguaro, que tem muitos braços. Embora seja considerado um símbolo do Velho Oeste, o saguaro – que pode viver até 200 anos e chega a 15 metros de altura – é nativo do deserto de Sonora, que tem apenas

FATO

A singular celebração da Páscoa *yaqui* em Tucson mistura uma comemoração de Quaresma que dura a noite toda com um dançarino *yaqui* que se apresenta como cervo, além das cerimônias da Semana Santa, que incluem dançarinos *matachine* e um mastro enfeitado.

Cavalgada no rancho White Stallion, Tucson.

O espinhoso cacto figueira-da-índia é nativo do deserto de Sonora.

Lake Pleasant Regional Park, perto de Phoenix.

uma pequena porção no Arizona. O segmento oeste do parque, o **Tucson Mountain District** (tel.: 520-733-5158), tem uma "floresta" extraordinária de enormes saguaros, que adquirem um esplendor sobrenatural ao entardecer.

Perto dali, o extenso **Arizona-Sonora Desert Museum** (tel.: 520-883-2702; www.desertmuseum.org; diariamente) é o melhor lugar para entender a flora e a fauna do deserto de Sonora. Caminhe por jardins de cactos e plantas do deserto para ver mamíferos desse bioma, de cães-de-pradaria a pumas, em recintos naturalistas. Um dos pontos centrais são os aviários onde se pode entrar, animados por rápidos beija-flores iridescentes e pelas demonstrações de voo de aves de rapina, que acontecem duas vezes por dia, do fim de outubro a meados de abril.

A fronteira mexicana em Nogales fica 105 km (65 milhas) ao sul de Tucson pela I-19, um bom lugar para fazer compras, experimentar a comida em estilo *ranchero* de Sonora e ouvir a animada música *norteña*. Mesmo que você não visite o México, vale a pena passar pelo encantador vale do rio Santa Cruz, de Tucson a Nogales, conhecido como **Mission Trail**, pela faixa de missões preservadas dos dois lados da fronteira, fundadas pelo missionário jesuíta italiano padre Eusébio Kino, no século XVII.

A apenas 14 km (9 milhas) do centro fica a famosa **Mission San Xavier del Bac** (tel.: 520-294-2624; diariamente). A ornamentada igreja caiada da missão data aproximadamente de 1783 e ainda está em uso. A restauração devolveu a antiga grandeza tanto à fachada resplandecente quanto ao interior de pintura intricada. A "Pomba Branca do Deserto", como é conhecida, foi fundada pelos espanhóis em 1700 para atender ao povo *pima*, descendentes da tribo *hohokam*. Os *pima* agora são conhecidos pelo nome que dão a si mesmos, *tohono o'odham*. Sua reserva de 1,1 milhão de hectares estende-se do oeste de Tucson até a fronteira mexicana e liga-se ao **Organ Pipe Cactus National Monument** (tel.: 520-387-6849; www.nps.gov/orpi; diariamente), um ótimo lugar para apreciar o sertão deserto.

Missões e mísseis

O **Tumacácori National Historical Park** (tel.: 520-398-2341; www.nps.gov/tuma; diariamente), 64 km (40 milhas) ao sul pela I-19, preserva os vestígios de três igrejas de missão construídas entre 1691 e o início do século XIX. Seu pequeno museu descreve a vida na missão no tempo dos padres espanhóis.

DO SUL DE ARIZONA A SAN DIEGO | 305

Próxima dali fica a encantadora colônia de artistas **Tubac**, uma antiga cidade mineradora com uma rica história, que recebe em fevereiro um Festival das Artes muito conhecido. **Tubac Presidio State Historic Park** (tel.: 520-398-2252; http://azstateparks.com/parks/TUPR/index.html; diariamente) preserva parte do presídio construído pelos espanhóis em 1752.

O **Titan Missile Museum** (tel.: 520-625-7736; www.titanmissilemuseum.org; diariamente; visitas ao subsolo), perto de Green Valley, 26 km (16 milhas) ao sul de San Xavier, é uma experiência completamente diferente. Ele preserva a única das 27 bases de mísseis norte-americanos Titan II que não foi desativada com o fim da Guerra Fria. Operando de julho de 1963 até novembro de 1982, ela guardou dois mísseis, que podiam ser lançados a mais de 8 mil km de distância em menos de vinte minutos.

Biosphere 2

A moderna tecnologia também criou outra curiosidade na região de Tucson: **Biosphere 2** (tel.: 520-838-6200; www.b2science.org; diariamente), perto de **Oracle**, 51 km (32 milhas) ao norte da cidade na State 77. Concluída em 1991, a Biosphere 2 foi um experimento humano privado que não deu certo. Ela foi projetada para ser uma réplica hermeticamente fechada de 1 hectare da Biosphere 1 – o planeta Terra –, embora seja habilmente disfarçada como um gigantesco terrário, e seu objetivo principal era abrir caminho para a colonização de Marte. Para esse fim, um grupo de oito ex-atores e cientistas – quatro homens e quatro mulheres – ficou trancado nela durante dois anos inteiros, a fim de verificar se conseguiria sobreviver num ambiente fechado e autossuficiente. Hoje operada como departamento da Faculdade de Ciências da Universidade do Arizona, as visitas são menos emocionantes, pois não há "biosferianos" para olhar. Porém, agora é possível entrar na imensa estrutura de beleza estranha, até mesmo nos luxuosos aposentos dos moradores, e explorar os múltiplos ambientes.

A trilha apache

Entre Tucson e Phoenix, o caminho mais rápido para o norte é pela I-10, na qual a viagem longa e plana de 160 km (100 milhas) leva menos de duas horas. Cerca de 48 km (30 milhas) ao norte de Tucson, a interestadual passa pelo histórico **Picacho Peak**, um promontório vulcânico em forma de dente canino, em torno do qual ocorreu, no dia 15 de abril de 1862, a Batalha de

FATO

O garimpeiro holandês Jacob Walz supostamente encontrou um veio de ouro nas montanhas Superstition do Arizona, mas nenhum membro de sua expedição foi visto novamente; a mina perdida do holandês continua perdida até hoje.

Parque histórico nacional de Tumacácori.

FATO

Dateland, Arizona, foi ocupada por dois campos de treinamento do general Patton nos anos 1940 – Camp Horn e Camp Hyder. Três pistas de pouso, construídas para treinar bombardeiros B25, ainda estão lá.

O ambiente hermeticamente fechado da Biosphere 2.

Picacho Peak, o confronto da Guerra Civil mais a oeste do país. Na primavera é um ótimo lugar para parar e fotografar os enormes campos alaranjados cobertos de papoulas-da-califórnia e de outras flores do deserto.

Como alternativa, a State 79 segue para o norte saindo da Biosphere 2 em um trajeto paralelo até Phoenix, a leste da interestadual. Conhecida como **Pinal Pioneer Parkway**, é uma estrada exuberante, com vegetação nativa de cactos saguaro e figueira-da-índia a unha-de-gato e algarobeira, cujo percurso vale a pena. Ela leva até a **Apache Junction**, a leste de Phoenix, o começo da **Apache Trail**. Essa estrada moderna foi construída em 1905 para abrir o acesso à **Theodore Roosevelt Dam** ⓱, a primeira das grandes barragens do oeste, erguida para saciar a sede crescente da vizinha Phoenix. Chamada de Apache Trail na esperança de estimular o turismo, ela foi aclamada pelo presidente Teddy Roosevelt, que inaugurou a barragem em 1911, como uma combinação da "grandeza dos Alpes, da glória das Rochosas e da magnificência do Grand Canyon". Tirando o exagero, a viagem é realmente encantadora.

Logo depois de sair da Apache Junction, a Apache Trail passa pelas ruínas turísticas da **Goldfield Ghost Town**, onde você pode passear a cavalo ou de jipe no meio do maquinário abandonado da mina e das lojas de fachada falsa, ou simplesmente comprar um lanche na padaria. Depois disso, vem a primeira visão clara das **Superstition Mountains**. Os espanhóis chamavam esses picos de "montanhas de espuma", em razão das extrusões vulcânicas, mas eles são mais conhecidos pelas lendas que cercam o garimpeiro holandês Jacob Walz. Parece que ele encontrou um imenso veio de ouro nas Superstitions, no fim do século XIX, mas nenhuma das pessoas que o seguiram nessa expedição foi vista novamente, e a "mina perdida do holandês" continua perdida até hoje. As montanhas Superstitions mataram muitos caçadores de fortuna que eram curiosos demais.

A Apache Trail entra na **Tonto National Forest**, onde mirantes e trilhas de caminhada margeiam a rodovia. A diversão de verdade começa quando ela sobe as montanhas, sinuosa e estreita. Motorista, cuidado: você tem de manter os olhos na estrada, e não na subida alpina, nas vistas magníficas ou nos desfiladeiros exuberantes. Saguaros e algarobeiras, leitos de rio secos e serra após serra seguem-se à vista panorâmica do **rio Canyon**. Ao chegar ao vale, pare e tire a roupa, porque as águas azuis são irresistíveis.

A trilha é bem pavimentada nos 29 km (18 milhas) até **Tortilla Flat**, parada obrigatória para quem gosta dos costumes do deserto e da personalidade espirituosa do oeste. A essência de Tortilla Flat é vendida de duas formas: um cartão-postal, que diz "Tortilla Flat/ População 6/A 30 milhas da água/A 2 pés do inferno", e latas do açucarado Jack Rabbit Milk, "uma dieta equilibrada para pessoas desequilibradas".

Ruínas indígenas, um templo e um enclave universitário

Um hotel, uma agência de correio, café/restaurante, loja de presentes, cocheira de cavalos, loja de curiosidades, uma lenda e uma vista maravilhosa – Tortilla Flat é um ótimo lugar para fazer uma pausa e experimentar "o melhor molho de pimenta do oeste" e ouvir um *howdy* ["olá"] na "cidade mais simpática dos Estados Unidos". Antes de voltar para o deserto banhado de sol, veja as centenas de notas de dólar pregadas debaixo de cartões de visita no teto e nas paredes do café. A barragem Roosevelt fica 48 km (30 milhas) à frente, subindo a estrada de terra íngreme mas transitável depois de Tortilla Flat. Acima e atrás da barragem espalha-se o **lago Roosevelt**, o reservatório que ela criou. Os melhores lugares para admirá-lo ficam na inclinada trilha de caminhada do **Tonto National Monument** (tel.: 928-467-2241; www.nps.gov/tont; diariamente), a oeste da represa, na State 88.

Essa caminhada curta mas extenuante culmina numa "habitação de penhasco", antigamente ocupada pela cultura *salado*, que desapareceu dessa região antes da chegada dos apaches. Pegue a State 88 de volta para o vale. Você vai atravessar dois bairros únicos, conforme a State 88 transforma-se na Main Street de Mesa e, em seguida, no Apache Boulevard, em Tempe. **Mesa** tem a maior comunidade dos Santos dos Últimos Dias (mórmons) do Arizona, e você vai passar pelo bonito **Latter Day Saints Temple (LDS Temple)**. É fechado para os que não são mórmons, mas o seu centro de informações turísticas (tel.: 480-964-7164; http://www.lds.org/church/places-to-visit/mesa-arizona-temple-visitors-center) fica aberto diariamente.

Tempe é a sede da Universidade Estadual do Arizona, que ancora o lado sul de Phoenix com sua adorável Mill Avenue e os prédios pós-modernos ao longo do rio. Vale a pena parar para visitar o belo **Tempe Center for the Arts** (tel.: 480-350-2822; www.tempe.gov; 3ª-sáb.). O centro comunitário abriga dois teatros, uma galeria de arte, um restaurante com vista para o lago Tempe Town, um lago artificial represado a partir do rio Salt, ao lado de um calçadão às margens do rio, e um jardim de esculturas. Virando à esquerda na universidade, você chega à I-10, que rapidamente leva até o centro de **Phoenix** ㊸ (ver p. 314).

Ingrediente básico nessa região, geralmente a pimenta fica pendurada em feixes para secar no sol.

Petróglifos em rochas na área de piquenique de Signal Hill, Saguaro National Park.

DE PHOENIX A SAN DIEGO

Os 240 km (150 milhas) entre Phoenix e o rio Colorado, que marca a divisa do Arizona com a Califórnia, são interessantes pelo modo como o deserto de Sonora, que é relativamente verdejante, começa a ceder espaço para o monocromático deserto de Mojave, que será sua companhia por todo o caminho até San Diego. Você pode ficar na I-10 até Quartzsite e, então, mudar para a US 95 rumo ao sul, ou virar para o sul bem antes, para entrar na I-8 em Gila Bend. Em ambas, seu destino no Arizona é Yuma, onde a expressão "calor de lascar" deve ter sido criada.

Só vale a pena visitar **Quartzsite** se você estiver passando por aqui em janeiro ou em fevereiro, quando mais de um milhão de "migrantes", fugindo do norte em busca de sol (aposentados em clássicos *trailers* Airstream), invadem a cidade para o **Quartzsite Powwow Rock and Mineral Show** (tel.: 928-927-6325), uma enorme feira ao ar livre para compradores e vendedores de pedras e gemas de vários formatos e tamanhos – preciosas, semipreciosas e nem ligeiramente preciosas.

Do contrário, é melhor você sair da I-10 40 km (25 milhas) a oeste de Phoenix e pegar a State 85 até **Gila Bend**, uma parada de caminhoneiros na I-8. (Na verdade, se você estiver com pressa de chegar à praia, vindo de Tucson, a I-8 é uma alternativa para evitar Phoenix.) Gila Bend, que tem esse nome em razão de sua localização numa grande curva do rio Gila, tem aquela série previsível de lanchonetes e motéis, com uma exceção notável: o **Best Western Space Age Lodge** (ver p. 422), que é um capricho arquitetônico no estilo da década de 1950, equipado com letreiros *kitsch* de neon em forma de *sputnik*. O restaurante do hotel, **Outer Limits Restaurant**, que tem um deslumbrante mural sobre a exploração da Lua, merece uma visita para uma refeição. O centro de informações turísticas nas proximidades, que também funciona como museu da história local, vai confirmar suas suspeitas de que não acontece muita coisa em Gila Bend. (Na verdade, o que houve de mais interessante na região foi a realização da última etapa de treinamento para piloto do príncipe Harry, no final de 2011.)

As placas na interestadual, perto de Gila Bend, avisam que a área está sujeita a tempestades de areia, e as

Os caubóis do espaço devem fazer uma pausa na viagem no Outer Limits Restaurant, parte do Best Western Space Age Lodge, em Gila Bend.

Pátio de El Charro, o restaurante mexicano mais antigo do Arizona, em Tucson.

DO SUL DE ARIZONA A SAN DIEGO

pontes atravessam repetidas vezes "rios", que são pouco mais do que riachos secos. Porém, de algum modo, **Dateland** ㊹, 80 km (50 milhas) a oeste de Gila Bend, consegue produzir uma grande safra anual de tâmaras. Se estiver desesperado para fazer uma pausa, tome um *milk-shake* de tâmara ou coma qualquer outra coisa feita com essa fruta que desperte seu apetite na única lanchonete de Dateland.

A estrada do diabo para Yuma

Você logo vai perceber que está se aproximando de **Yuma** ㊺. As avenidas da cidade são numeradas de milha em milha, portanto, se você trafega numa avenida 51E, está 50 milhas cheias (80 km) a leste do centro de Yuma. Yuma é grande, mas não *tão* grande (91 mil habitantes). A estrada sobe as montanhas de Gila e desce para o vale do rio Colorado, antes que surja qualquer outro sinal de vida, além dos jatos que voam baixo e zunindo. O sudoeste do Arizona é um campo de provas para os militares norte-americanos. Os últimos modelos de aviões de guerra ultrassecretos estão constantemente em teste acima do deserto árido que fica entre a I-8 e a fronteira mexicana.

Em 1699, o padre Eusebio Kino – o mais incansável de todos os missionários do sudoeste norte-americano – abriu uma trilha de Sonoita, no México, até o que hoje é Yuma, chamando-a de El Camino del Diablo. Aparentemente, ela conduzia direto ao inferno. A cidade, consequentemente, adquiriu a fama duradoura de um dos piores lugares do Velho Oeste. Yuma ainda arde, mas está sendo domada pelo ar-condicionado e transformando-se numa cidade adequada para seres humanos. Com mais ou menos 339 dias de sol e menos de 100 mm de chuva por ano, entrou para o livro dos recordes como o lugar mais ensolarado da Terra. Todo esse calor fez de Yuma uma meca para quem viaja em busca de sol. No inverno, a gigantesca área de estacionamento para *trailers* próxima da cidade vai fazer você concordar com a descrição de Kino.

Um vau histórico no rio Colorado

Localizada logo abaixo da confluência dos rios Gila e Colorado, Yuma é conhecida há séculos como lugar do único vau natural da trilha sul até o Pacífico, por isso era uma passagem fundamental no trajeto até a Califórnia, muito antes da corrida do

Vários filmes de Hollywood e programas de televisão foram rodados nos Old Tucson Studios.

ouro, em 1849. No início, os *quechan* tinham o monopólio da lucrativa travessia do rio, mas, com o aumento da quantidade de garimpeiros sonhadores que queriam atravessá-lo para entrar no território do ouro, o controle foi arrancado dos nativos depois de alguns conflitos incrivelmente sangrentos.

O **Fort Yuma Quechan Museum** (tel.: 760-572-0661; www.cba.nau.edu/caied/tribepages/Quechan.asp; diariamente), na margem da Califórnia, preserva o forte de 1859 construído para proteger os viajantes, antes de a área ficar sob o controle dos Estados Unidos com a Compra Gadsden de 1854. Ironicamente, ele agora é administrado pela tribo *quechan*, que usa o museu para explicar sua cultura.

Quando descobriu-se ouro também a *leste* de Yuma, em 1858, a cidade floresceu na forma de porto; de lá o minério era transportado em barcos a vapor pelo rio Colorado abaixo, até o golfo da Califórnia. Depois que as minas se esgotaram e o rio foi represado, Yuma transformou-se em centro agrícola com a ajuda da tecnologia da irrigação. Mas ela ainda é uma encruzilhada, onde a I-8, vindo de San Diego, encontra a US 95. A ponte ferroviária cinza que cruza o Colorado perto da prisão foi concluída em 1915 e é chamada de "ponte de oceano a oceano", pois finalmente poupava os viajantes da travessia do rio numa balsa. Porém, ela foi construída para Fords modelo T, e não para veículos com tração nas quatro rodas; por isso, o tráfego na ponte estreita segue num sentido de cada vez.

Prisão territorial e refúgio pantanoso

Graças ao menor fluxo de água, o Gila e o Colorado hoje encontram-se 8 km rio acima, contando a partir do centro de Yuma. A ribanceira que antigamente tinha vista para a confluência dos rios continua ocupada pelo incrivelmente interessante **Yuma Territorial Prison State Historic Park** (tel.: 928-783-4771; http://azstateparks.com/parks/yute/index.html; diariamente), que conserva as estruturas que restaram da mais infame prisão do território do Arizona, entre elas a casa da guarda, os pátios, o bloco de celas e a notória "cela escura", para isolamento. Ela encerrou um total de 3.069 condenados e foi fechada em 1909, três anos antes de o Arizona virar estado.

Caubói no Rancho de los Caballeros.

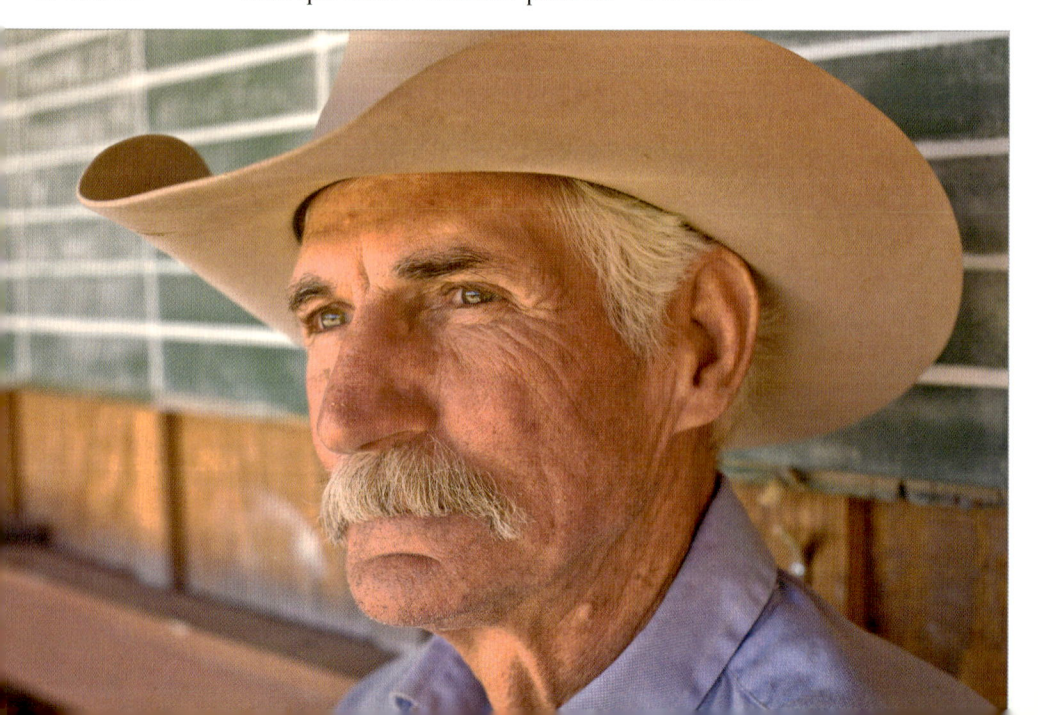

No interior do prédio central, há uma galeria de fotos dos antigos internos, incluindo Pearl Hart, a única mulher da prisão, condenada a cinco anos por roubo, mas solta dois anos antes, quando se descobriu que ela estava grávida, presumivelmente de um de seus guardas. A prisão era tão temida (e quente), que pelo menos alguns bandidos devem ter pensado duas vezes antes de puxar o gatilho.

O **Yuma Crossing Heritage Area** (www.yumaheritage.com) é um ambicioso projeto de tratamento de zonas úmidas que está gradualmente recuperando 560 hectares de terreno às margens do rio. Com isso, aves e outros animais silvestres estão retornando, além de plantas e árvores nativas. É possível caminhar pela trilha Yuma East Wetlands, de 4,8 km, a partir da entrada do parque. Voluntários oferecem visitas guiadas nos sábados de manhã.

O ponto de onde antigamente partiam as balsas, rio abaixo, nos limites do centro da cidade, está agora ocupado pelo **Yuma Quartermaster Depot State Historic Park** (tel.: 928-329-0471; http://azstateparks.com/parks/YUQU/index.html; 3ª-dom.; fechado jun.--ago.), antigamente o Yuma Crossing State Historic Park, que conserva o vau do rio original e o depósito de intendência do exército. Professores dão palestras sobre a história viva, recordando o tempo em que barcos a vapor com rodas de pás navegavam pelo Colorado. Há exposições ao ar livre na Pivot Point Interpretive Plaza (diariamente), na restaurada área histórica às margens do rio, no local onde a primeira ferrovia adentrou o Arizona em 1877. As trilhas têm muitos usos, como agradáveis passeios a pé ou de bicicleta ao longo da margem do rio, ligando o pântano a oeste com o pântano a leste e outros pontos interessantes.

Bem no centro de Yuma, **Old Yuma** é composta por algumas quadras sossegadas de construções nostálgicas da era vitoriana, como a Sanguinetti House. O Lutes Casino, na South Main Street, parece um celeiro sem graça do lado de fora, mas seu interior está repleto de objetos interessantes e curiosidades.

Fazenda de dromedários

Fora da cidade fica uma parte surpreendente da história de Yuma: os dromedários. Esses animais são um destaque na paisagem do oeste desde o fim da década de 1850, quando o exército norte-americano importou um lote deles a fim de testar se,

Portão da prisão no Yuma Prison Historic Park.

Rio Colorado em Yuma, na divisa do Arizona com a Califórnia.

> **CITAÇÃO**
>
> "Um jardim grandioso, cujo modelo incomparável não se assemelha, acredito, a nenhum outro no mundo"
> (Frank Lloyd Wright, sobre o deserto).

porventura, eram mais aptos do que os cavalos e as mulas a enfrentar o terreno difícil do Arizona. Embora os dromedários tenham se saído muito bem nos "testes de resistência", costumavam debandar e tinham um cheiro horrível. Depois que a Guerra Civil deixou-os desempregados, eles foram libertados e tornaram-se um transtorno até que a caça ao dromedário tornou-se uma moda passageira, porém eficaz. Hoje, **The Camel Farm** (tel.: 928-627-7511; 3ª-dom., apenas de manhã) cria uma cáfila de dromedários babões junto com outros animais exóticos.

CALIFÓRNIA

Do outro lado do rio Colorado, a desgastada **Winterhaven** é uma entrada decepcionante na Califórnia, o terceiro maior e mais populoso estado do país. A noroeste, o **Imperial Valley** – graças a muitas obras de barragem e irrigação – é uma das regiões de maior produção agrícola do planeta. Porém, seguindo a I-8 para o litoral, aos poucos o mito da Califórnia começa a se concretizar. Primeiro, é preciso enfrentar o deserto.

O extenso Mojave tem espaço até para a maior das visões. A Saída 164 leva até o **Center of the World** (tel.: 760-572-0100; www.felicityusa.com), um lugar singular construído pelo escritor francês Jacques-Andre Instel, autor do livro infantil *Coe: The Good Dragon at the Center of the World* [Coe: o bom dragão no centro do mundo]. O "centro do mundo" está marcado em uma placa, no interior de uma pirâmide, na cidade de Felicity, fundada por Istel. O escritor batizou-a inspirando-se no nome de sua esposa [Felicia]. Além da pirâmide, há um gigantesco relógio de sol, cujo gnômon é uma réplica do braço de Deus, do famoso afresco de Michelangelo pintado na capela Sistina, a escadaria original da torre Eiffel de Paris e o incrível **Museum of History in Granite** (tel.: 760-572-0100; www.historyingranite.org; ligue para confirmar os horários de funcionamento), um projeto em desenvolvimento que captura a história da humanidade em imensos painéis de granito gravado.

Dunas Algodones e um oásis no deserto

Para os primeiros viajantes, as **dunas Algodones**, logo a oeste do rio Colorado, eram um obstáculo tão grande quanto o próprio rio. Essa faixa de areias profundas e móveis estende-se por 64 km na direção norte-sul. Ela tem aproximadamente 10 km de largura, mas, para os primeiros motoristas que tentaram cruzá-la, talvez tenha sido como o deserto do Saara. Em 1915, foi criado um "**caminho de tábuas**", feito com dormentes da ferrovia para possibilitar que os automóveis passassem. Em 1925, quando mais ou menos trinta carros utilizavam a estrada por dia, a deterioração do caminho era alarmante. Uma rodovia pavimentada de duas pistas, a State 80, finalmente foi inaugurada em agosto de 1926; esta, por sua vez, foi desbancada pela I-8 há muito tempo.

Um pequeno segmento do caminho de tábuas original ainda pode ser visto saindo da interestadual, 32 km (20 milhas) a oeste de Yuma, na Grays Well Road, e entrando na **Imperial Sand Dunes Recreation Area** ㊻ (tel.: 760-337-4400), imediatamente ao sul. Cerca de 6 km (4 milhas) à frente,

Trabalhador migrante colhendo alface perto de Yuma.

DO SUL DE ARIZONA A SAN DIEGO

paralelos à interestadual e também ao longuíssimo **All American Canal**, os velhos dormentes ressecados descem uma curta inclinação. Essas dunas áridas são hoje um *playground* barulhento para os jovens californianos que correm aqui com seus *buggies* e outros veículos fora da estrada sobre as inclinações acentuadas, enquanto turistas mais velhos do norte bronzeiam-se preguiçosamente ao lado de seus *trailers*.

Ilhas de áreas verdes irrigadas e pontilhadas de palmeiras parecem "oásis" no fim do tombo de 93 km (58 milhas) de Yuma a **El Centro**. Supostamente, a maior cidade abaixo do nível do mar do hemisfério ocidental e local de nascimento da artista Cher, El Centro prospera em silêncio como centro de abastecimento do Imperial Valley.

Além do alcance dos canais, a vegetação quase desaparece, e entra-se no desnudo **Yuma Desert**. Com apenas um ou outro cacto *ocotillo*, de flor laranja e quatro metros de altura, o chão do deserto parece ter passado por um transplante capilar malsucedido. A cidade chamada **Ocotillo**, 45 km (28 milhas) a oeste de El Centro, não passa de um pequeno povoado cheio de moscas.

A princípio, as cadeias de montanhas que descem do noroeste e passam por Ocotillo ficam escondidas pela poeira, mas logo você vai subir suas encostas íngremes e rochosas. As faixas leste e oeste da interestadual dividem-se nesse ponto, e cada uma delas traça seu próprio caminho através de um território formado por nada além de pilhas de pedregulhos cor de ferrugem. A poucas centenas de metros um do outro, há, na beira da estrada, barris de "água para radiador", pois o risco de superaquecimento é muito alto. No alto de um morro menor, a uma altitude de 914 metros, 8 km (5 milhas) fora de Ocotillo, a **Desert View Tower** tem uma vista esplêndida do Imperial Valley. Construída em 1922 com blocos talhados no granito, ela abriga uma mistura divertida de exposições sobre a história local. Ao entrar no condado de San Diego em Mountain Spring, a I-8 vira para o sul, para margear a fronteira mexicana; uma saída secundária leva à cidade fronteiriça de **Jacumba**.

San Diego revelada

Perto de **Live Oak Springs**, 43 km (27 milhas) a oeste de Ocotillo, os ventos se acalmam e as elevações se nivelam. A Interstate 8 logo desce até os vales verdes e até **Cleveland National Forest**, serpenteando através de Pine Valley e Alpine. Ao descer na direção de Alpine, você deve vislumbrar pela primeira vez o oceano Pacífico, cintilando no horizonte. **El Cajon** ❹, 69 km (43 milhas) depois de Live Oak Springs, é uma cidade com um belo paisagismo que marca o primeiro posto avançado importante da área metropolitana de San Diego. Em seguida, vem **La Mesa**, numa localização pitoresca, entre as colinas que se elevam na periferia oeste de El Cajon.

Depois de La Mesa, o tráfego na I-8 fica cada vez mais congestionado: o viaduto da I-15 é a entrada para San Diego. Conforme a interestadual prossegue para as praias do Pacífico, os acostamentos abrem-se em *shoppings* e vários hotéis localizados em arranha-céus. Um pouco mais ao sul, construções arqueadas pelas árvores reluzem nas encostas. Atrás delas fica **San Diego** ❹, a ensolarada cidade de fronteira *(ver p. 322)*.

Apresentação numa festa de Cinco de Mayo.

Phoenix: o vale do sol

Os negócios estão progredindo rapidamente em Phoenix, com muita indústria, turismo e campos de golfe. Mas venha no inverno.

Talvez Phoenix não tenha propriamente renascido das cinzas, mas seus fundadores se inspiraram na informação de que o calor inclemente do vale do rio Salt já tinha sido superado antes. Entre 1100 e 1450, aproximadamente, o povo *hohokam* irrigou com êxito essa região, utilizando uma rede com mais de 480 km de canais – em 1867, Jack Swilling fundou a Phoenix moderna simplesmente reescavando os cursos d'água.

Na Segunda Guerra Mundial, os militares usavam o deserto para treinamento de aviação e revolucionaram Phoenix trazendo o ar-condicionado. De repente, a vida no tórrido deserto de Sonora tornou-se possível o ano todo, e uma grande migração se iniciou. Hoje, Phoenix, com uma população de 4,2 milhões de pessoas na região metropolitana, está em franco desenvolvimento.

O cenário da cidade é impressionante. A leste, elevam-se os maciços Four Peaks e as montanhas Superstition, e, no horizonte sudeste, a Sierra Estrella, reservada às comunidades indígenas maricopa e gila. Cercando o norte e o sul da cidade, há cadeias montanhosas mais baixas, que emolduram a montanha Camelback. Caminhadas diurnas oferecem ao turista a oportunidade de testemunhar a beleza (e o silêncio) do deserto de Sonora, mas atenção: em Phoenix, a temperatura média de junho a agosto é de 39°C. A alta temporada do turismo é o inverno, quando as máximas diárias ficam em torno dos 21°C, e os *resorts* do vale e os 200 campos de golfe se enchem de turistas.

Outrora sem personalidade, o centro de Phoenix transformou-se, nos últimos anos, em um local sedutor. A maioria das atrações culturais e restaurantes fica na Central Avenue ou perto dela, que hoje tem o aspecto de um *boulevard* europeu, ancorado pela nova rede de VLT [veículo leve sobre trilhos] de 92 km, que liga o centro às comunidades mais afastadas.

A Heritage Square, uma quadra a leste da Civic Plaza, conserva construções vitorianas no **Phoenix Heritage and Science Park** (tel.: 602-262-5029; 3ª-dom.). A Rosson House (602-262-5029; 4ª-sáb., fechada: meados de ago.-primeira 2ª de set.), residência vitoriana de um vermelho chamativo, construída em 1895, destaca-se entre os onze edifícios da praça, enquanto dois restaurantes premiados fazem da praça um destino para os apreciadores da boa comida. Perto dali fica o **Arizona Science Center** (tel.: 602-716-2000; www.azscience.org; diariamente), um centro de ciências prático e divertido, que ocupa um prédio de 50 milhões de dólares, projetado pelo famoso arquiteto Antoine Predock. Distribuído em quatro andares, o centro tem trezentas exposições em cinco galerias temáticas e um planetário.

Se você planeja visitar apenas um museu, vá ao espetacular **Heard Museum** (tel.: 602-252-8848; www.heard.org; diariamente), em North Central Avenue n. 2.301. Fundado em 1929 para abrigar a coleção de artes e artefatos dos nativos norte-americanos pertencente à família Heard, o museu tem doze galerias que focam a interpretação das artes e dos artesanatos nativos, antigos e modernos. A principal exposição é "Home: Native People in the Southwest", que conta a história das tribos nativas do Arizona, de antes e de hoje, usando recursos multimídia. Ela inclui 250 históricas bonecas *kachina* dos *hopi*, coletadas pelo falecido senador republicano Barry Goldwater e doadas ao Heard. O elegante **Phoenix Art Museum** (tel.: 602--257-1880; www.phxart.org; 4ª-dom.), próximo ao Heard, também foi aumentado recentemente. Galerias expõem cerca de 17 mil trabalhos de artistas norte-americanos, mexicanos e asiáticos,

Bairro central de negócios.

DO SUL DE ARIZONA A SAN DIEGO

O resort Arizona Biltmore.

pintores do sudoeste, assim como a arte do Oeste de Moran e Remington.

A influência do famoso arquiteto Frank Lloyd Wright ecoa pelo **Arizona Biltmore Resort** (tel.: 602-955-6600), na 24th Street com Missouri, 8 km (5 milhas) a nordeste do Heritage Park, na elegante **Scottsdale**. Albert Chase McArthur, ex-aluno de Wright, foi o responsável pelo projeto original em 1929, mas viu-se em apuros e pediu a ajuda do mestre. Wright provavelmente ajudou mais do que lhe foi pedido, pois o hotel é uma maravilhosa obra-prima do período médio desse arquiteto. Wright ficou em Phoenix para fundar sua residência e escola de arquitetura, **Taliesin West** (tel.: 480-860-2700; www.franklloydwright.org; excursões diariamente), nos contrafortes de Scottsdale. Taliesin ainda causa alvoroço entre os estudantes de arquitetura e *design*, e oferece aos visitantes não apenas uma visão fascinante da arquitetura orgânica de Wright, mas vislumbres de como seu legado se mantém vivo nos dias de hoje.

Luxuosos *resorts* agrupam-se ao redor da base da montanha Camelback, um distinto promontório em Scottsdale. *Shoppings* elegantes, como o **Fashion Square**, são um destino conhecido de compras, ao lado da **Old Town**, com várias galerias que vendem arte do oeste (caubói e nativa). Não perca o pequeno **Scottsdale Museum of Contemporary Art** (tel.: 480-874-4766; www.smoca.org; 4ª-6ª), que apresenta uma instalação do famoso artista da *light art* James Turrell.

O enorme e novo **Musical Instruments Museum** (tel.: 480-478-6000; www.themim.org; diariamente) fica no norte de Scottsdale. Fruto da visão de um diretor executivo aposentado, é uma obra em construção, cujo objetivo é contar a história da música pelo mundo por meio de exposições de última geração. A entrada para o **Desert Botanical Garden** (tel.: 480-941-1225; www.dbg.org; diariamente) fica em **Papago Park**, no sul de Scottsdale. Expõe 139 espécies de plantas, entre raras, ameaçadas e em extinção, de todo o mundo, assim como do deserto de Sonora, a maior coleção do mundo de plantas de deserto cultivadas em ambiente natural.

Ao sul do jardim está o rio Salt, onde fica o **Pueblo Grande Museum Archeological Park** (tel.: 602-495-0901; http://phoenix.gov/recreation/arts/museums/pueblo/index.html; out.-abr., 2ª-sáb.), que preserva uma rara ruína de uma aldeia *hohokam* de 1.500 anos, construída em uma colina, próxima ao aeroporto. É uma justaposição intrigante, comum em todo o Vale do Sol.

Savana africana recriada no zoológico de Phoenix.

A ponte Golden Gate de San Francisco envolvida pela neblina.

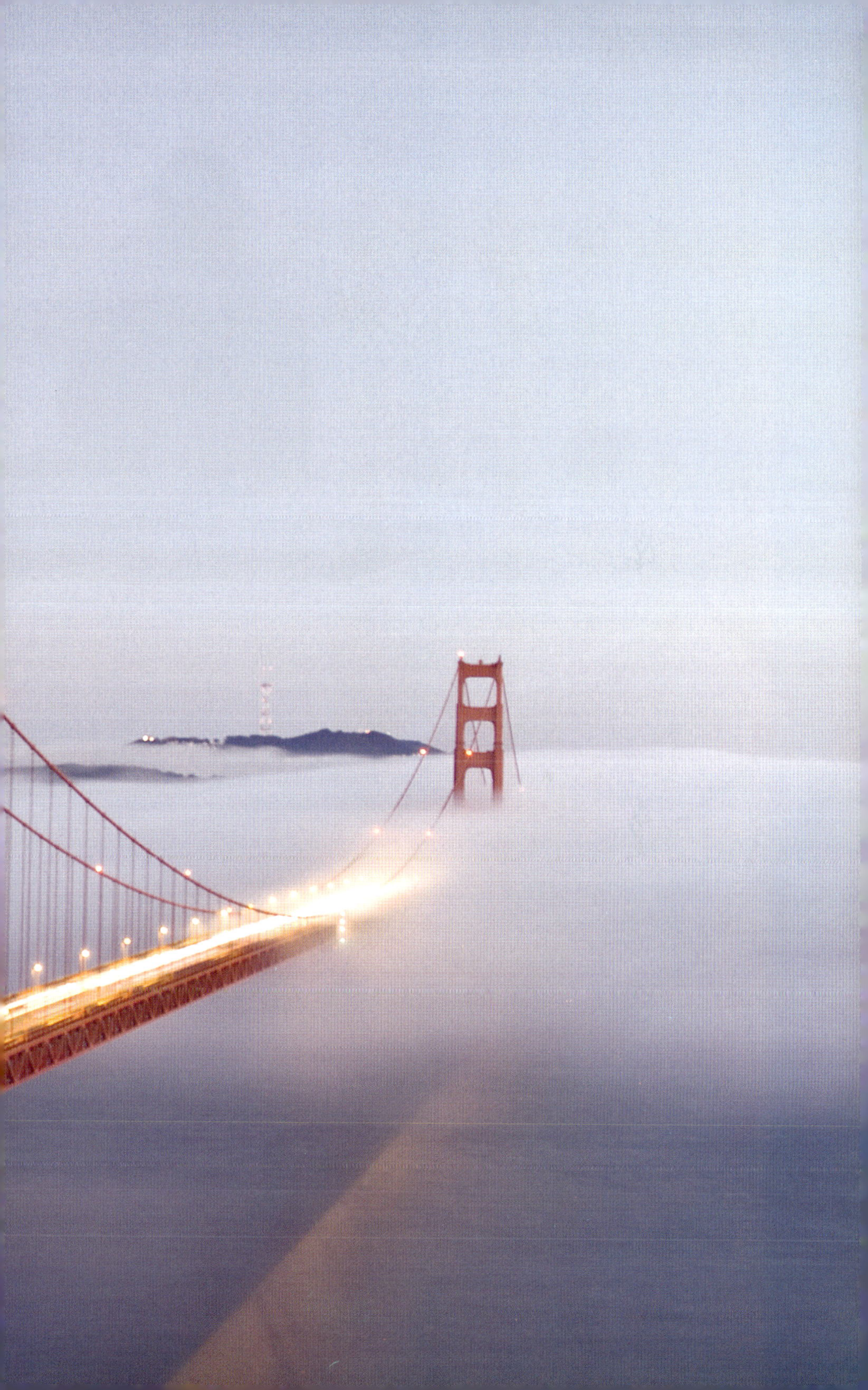

Porsche às margens do Pacífico.

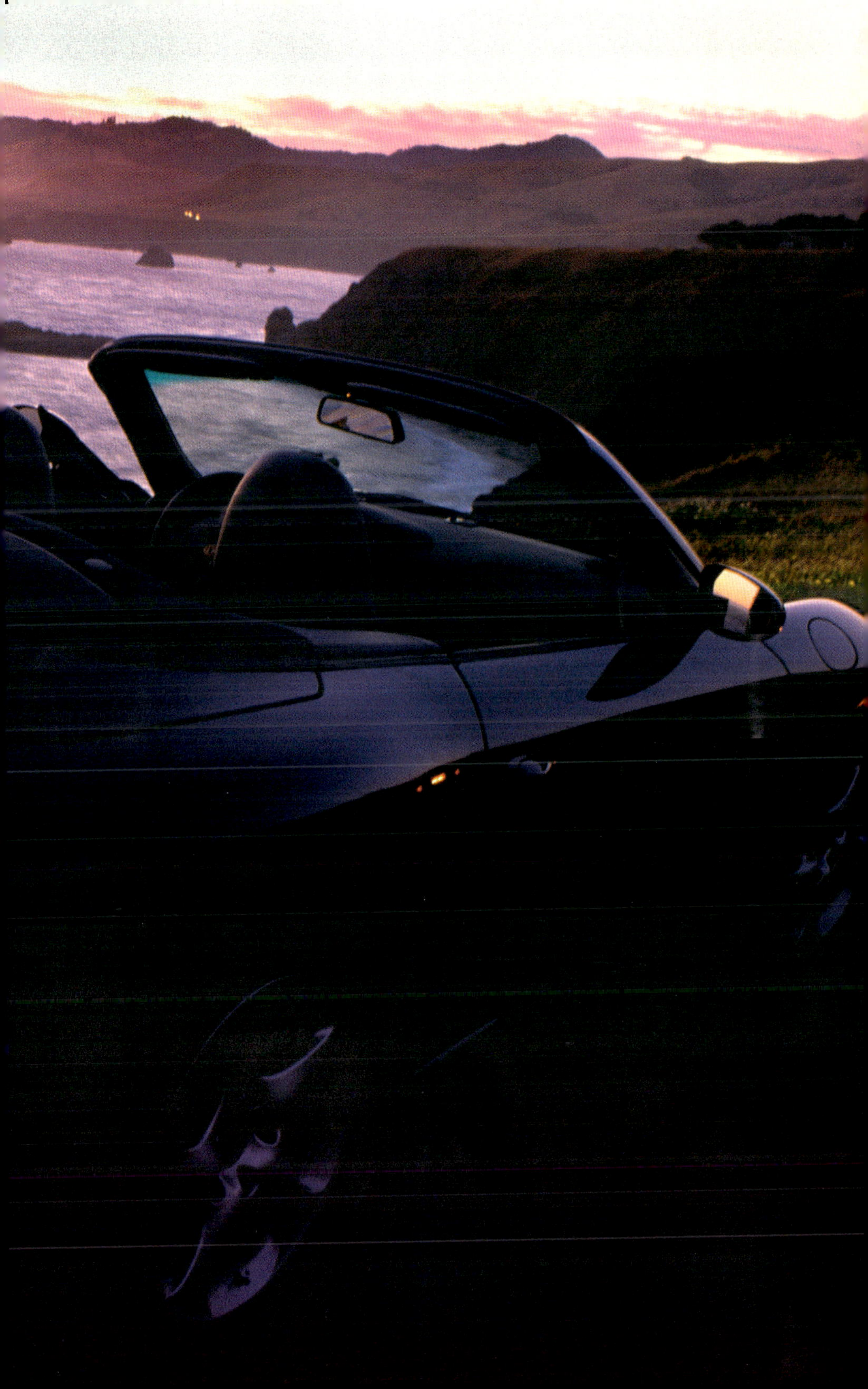

Highway 1 na costa Big Sur.

ROTA DO PACÍFICO

Um guia para o litoral do Pacífico, com as principais atrações indicadas por número nos mapas.

Nas estradas da Califórnia.

A histórica US 101 – que se estendia de San Diego, subindo pela costa, através de Oregon e Washington, até a fronteira canadense e que acabou por se tornar, em parte, a atual California Highway 1 – tem uma vida comparável à de sua companheira mais famosa, a Rota 66. Até 1909, era uma trilha estreita, acidentada e poeirenta, na qual disputavam espaço carroções puxados por cavalos e carros rudimentares. Em seguida, uma estrada de concreto e macadame começou a estender-se para o norte, partindo das cidades de San Diego e Oceanside.

A estrada nova e vistosa estimulou o surgimento de um fenômeno conhecido como "cultura do automóvel", sintetizado na ensolarada Califórnia; ele deu origem a todas as empresas que, mais tarde, passaram a ser associadas com viagens rodoviárias, como postos de combustível, concessionárias de automóveis, motéis, lanchonetes e lava-rápidos.

A rodovia levou turistas de todas as partes da Costa Oeste até o Balboa Park, em San Diego, para a exposição Panamá-Califórnia entre 1915 e 1916, atraiu estrelas de Hollywood e outras pessoas para suas praias limpas, e seduziu quem estava em busca de diversão durante a Lei Seca a ir até Tijuana, no México.

Em 1925, a estrada tornou-se oficialmente a US 101. No entanto, o tráfego maior significou sua ruína e, no fim da guerra, uma nova rodovia de quatro pistas – que se tornaria a Interstate 5 – substituiu a antiga estrada. Hoje, a Pacific Coast Highway, geralmente abreviada como PCH e também conhecida como El Cabrillo Trail, é uma mistura – às vezes desconexa e sempre com cheiro de mar – da velha US 101, da California Highway e da ruidosa Interstate 5. Aqui, nós a seguimos com a maior fidelidade possível, parando em locais impressionantes, como o Big Sur da Califórnia e o Hearst Castle e, às vezes, desviando para o interior e para longe de seus encantos, a fim de visitar cidades vibrantes como Portland e Seattle. Ao longo do caminho, há pitorescas cidades da era vitoriana, vinícolas, sequoias gigantescas, praias românticas açoitadas pelo vento, sítios históricos, como a missão de San Juan Capistrano, e inúmeras oportunidades para ver uma quantidade fascinante de vida silvestre.

Surfando em Zuma Beach, Malibu.

Os povoados e cidades da Pacific Coast Highway – bem como grande parte de sua estrutura – ainda estão aqui, e, para quem tiver tempo e o desejo romântico de recuperar uma América de outras eras, seguir a Highway 1 e a histórica 101 até Seattle pode levar a prazeres inimagináveis.

BREVE ESTADIA EM SAN DIEGO

San Diego é uma cidade portuária movimentada e elegante, com uma história incomparável na Califórnia. Segue abaixo uma lista das atrações imperdíveis.

A **Missão de San Diego** (1769) é um santuário tranquilo com jardins perfumados. Um museu e um passeio a pé contam a história da "mãe das missões".

O **Old Town State Historic Park** preserva o local do povoado original, onde soldados espanhóis e suas famílias viveram até o começo do século XIX. Suas construções históricas de adobe hoje abrigam museus pequenos e interessantes, além de lojas, proporcionando um vislumbre do que foi a Califórnia no período espanhol, mexicano e no início do período norte-americano.

Baleia à vista! Embarque num **iate da Hornblower**, no **píer da Broadway**, para fazer um passeio profissionalmente guiado de observação de baleias, com duração de três horas e meia, no qual você pode ver leões-marinhos, focas e golfinhos e, entre dezembro e abril, baleias-cinzentas durante a temporada de migrações entre o Alasca e o México. É possível desfrutar de cruzeiros pitorescos pelo porto, com direito a jantar, o ano todo.

De *jazz Dixieland* a alta gastronomia, o antigo e restaurado **Gaslap Quarter** oferece um pouco do melhor que a cidade tem em termos de diversão e vida noturna. Os compradores compulsivos devem ir direto para o vizinho **Horton Plaza**, que tem cerca de 150 lojas sofisticadas.

No centro, com 490 hectares, o **Balboa Park** é o principal destino cultural de San Diego, com 17 museus, teatros, belos jardins, galerias de arte e muito mais. Um passe, disponível no centro de informações turísticas do parque, dá acesso à maioria dos museus, muitos dos quais ficam em ornamentados edifícios antigos. Almoce no jardim das rosas, visite o **centro de artes da vila espanhola** e, depois, mergulhe num pouco de cultura no **Starlight Bowl** ou no **teatro The Old Globe**.

Alugue um conversível e cruze a **59-Mile Scenic Drive**, estrada que atravessa o **centro da cidade**, o **parque Balboa**, as praias, **La Jolla** e vai até o **Cabrillo National Monument** em **Point Loma**, que tem vistas fabulosas da cidade e do oceano.

Embarcações de todos os tamanhos alinham-se no porto natural da baía de San Diego, de iates até o USS Midway, um porta-aviões da Marinha que hoje funciona como museu.

O Cabrillo National Monument. A estátua em Point Loma homenageia o primeiro desembarque europeu na Costa Oeste.

Hotel del Coronado. Onze presidentes norte-americanos já visitaram esse resort vitoriano cheio de personalidade.

Natação, surfe e banho de sol nas praias de areia de San Diego.

O BERÇO DA CALIFÓRNIA

Apesar de ter sido o espanhol Juan Cabrillo o primeiro europeu a fazer valer os direitos sobre a Califórnia em 1542, foi só depois de 16 de julho de 1769 que isso tornou-se realidade, quando o padre Junípero Serra celebrou uma missa dedicada à recém-criada Missão de San Diego de Alcalá, no presídio Hill (a missão foi transferida para o lugar atual, no Mission Valley, 5 anos mais tarde). História e luxo podem ser encontrados em muitas partes dessa cidade portuária, que tem muitas lojas sofisticadas e 90 campos de golfe. Embora a zona portuária de San Diego, o Embarcadero, seja turística demais, conta com sítios históricos, atrações culturais, restaurantes finos, caminhadas pela sombra, cruzeiros pelo porto e praias de areia à vontade para agradar aos turistas mais exigentes.

O histórico Gastamp Quarter de San Diego, o lugar ideal para se divertir, fazer compras e curtir a vida noturna e os restaurantes.

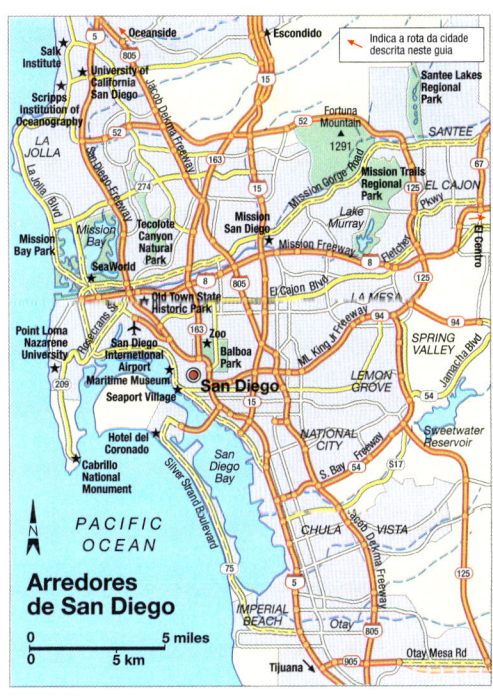

INFORMAÇÕES IMPORTANTES

População: 1,3 milhão de habitantes
Códigos de área: 619, 858
Site: www.sandiego.org
Informações turísticas: San Diego International Visitor Information Center, 1140 North Harbor Drive, San Diego, CA 92101; tel: 619-236-1212

Arredores de San Diego

O clássico veículo dos surfistas.

LUGARES Mapa na página 326 **325**

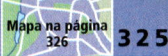

DE SAN DIEGO A LOS ANGELES

Este curto trecho de litoral tem uma série de cidades e instalações praianas, além de praias propriamente ditas – mais de 20. Não admira que o biquíni tenha começado a ficar famoso aqui.

A viagem da litorânea **San Diego** ❶ *(ver p. 322)* até a resplandecente Los Angeles tem apenas cerca de 200 km (125 milhas), mas seguir o litoral recortado pode levar muito mais tempo do que essa distância curta sugere – e também é muito mais proveitoso, pois o trajeto litorâneo serpenteia pelas melhores praias do sul da Califórnia, pelas cidades mais bonitas e pelas áreas residenciais mais exclusivas. No que diz respeito às estradas, as placas de sinalização pelo caminho têm vários nomes – Highway 1, US 101, I-5 –, mas, para a maioria dos californianos, essa mistura de estradas paralelas ao oceano é conhecida simplesmente como Pacific Coast Highway (PCH).

DE LA JOLLA A OCEANSIDE

A primeira parada fora de San Diego é **La Jolla** ❷, comunidade litorânea que antigamente orgulhava-se de ser "o endereço mais rico da América". Chega-se a essa comunidade universitária e sofisticada em poucos minutos, seguindo para o norte pela I-5, porém mais pitoresco é começar a viagem para Los Angeles da maneira como se planeja prosseguir: usando a água como referência. De SeaWorld, pegue a estrada chamada SeaWorld Drive até West Mission Bay Drive, rotas que contornam a parte sul da **Mission Bay**. A estrada vira para o norte (mudando de nome para Mission Boulevard) e fica paralela à Mission Beach e, depois, à mais animada Pacific Beach, antes de seguir para La Jolla. La Jolla tem lindas residências e uma área central – que se denomina The Village –, cheia de lojas caras, bem como uma filial do **Museum of Contemporary Art** (tel.: 858-454-3541; www.mcasd.org; 5ª-3ª) de San Diego. Descrita pelo escritor Raymond Chandler como "um ótimo lugar para gente velha e seus pais", La Jolla aparece num romance sobre surfistas dos anos 1960, de autoria de Tom Wolfe, *The Pump House Gang* [O bando da casa da bomba]. No *campus* da Universidade da Califórnia fica o teatro La Jolla Playhouse, cujo antecessor foi fundado pelo falecido ator Gregory Peck. As cavernas escavadas nos

Principais atrações
San Diego
La Jolla
Birch Aquarium
Oceanside
Mission San Juan Capistrano
Laguna Beach
Newport Beach
Huntington Beach
Long Beach
Venice Beach
Santa Monica

Pôr do sol na costa de San Diego.

De San Diego a San Francisco

San Diego ❶
La Jolla ❷
Torrey Pines State Beach & Reserve
Del Mar
Legoland California ★
Solana Beach
Carlsbad ❸
Oceanside ❹
Mission San Antonio de Pala (76)
(5)
San Clemente ❺
Dana Point
❻ Mission San Juan Capistrano (5)
(1)
Laguna Beach ❼
Newport Beach
Huntington Beach ❽
Bolsa Chica Ecological Reserve
Sunset Beach
Seal Beach
Long Beach ❾
Los Angeles ❿
Redondo Beach
Manhattan Beach
(1)
Venice ⓫
Santa Monica ⓬
Palisades Park
Malibu ⓭
Getty Villa
Leo Carrillo State Park
(101)
Channel Islands National Park Headquaters
Ventura ⓮
(101)
Ojai (33)
Mission San Buenaventura
Santa Barbara ⓯
★ Mission Santa Barbara
(101) El Presidio de Santa Barbara State Historic Park
Gaviota State Park
(1)
Lompoc
★ Mission La Purísima Concepcion
(1)
Guadalupe
(1)
★ Pismo State Beach
(101)
San Luis Obispo ⓰
Morro Bay State Park
Paso Robles — Morro Bay ★ Museum of Natural History
Cayucos
⓱ Hearst Castle (46)
San Simeon
State Historical Monument
Cambria
San Simeon
★ Piedras Blancas Beach
★ Big Sur ⓲
(1) Los Padres National Forest
Henry Miller Memorial Library ★ Big Sur Village ⓳
Bixby Bridge — Point Lobos State Reserve
Carmel ⓴
Salinas — Monterey ㉑
National Steinbeck Center (68) Monterey Bay Aquarium
(1) Castroville
(1)
Capitola
Santa Cruz ㉒
Davenport
(1)
Pigeon Point Light Station State Historic Park ㉓
Half Moon Bay ㉔
(1)
San Francisco ㉕ California

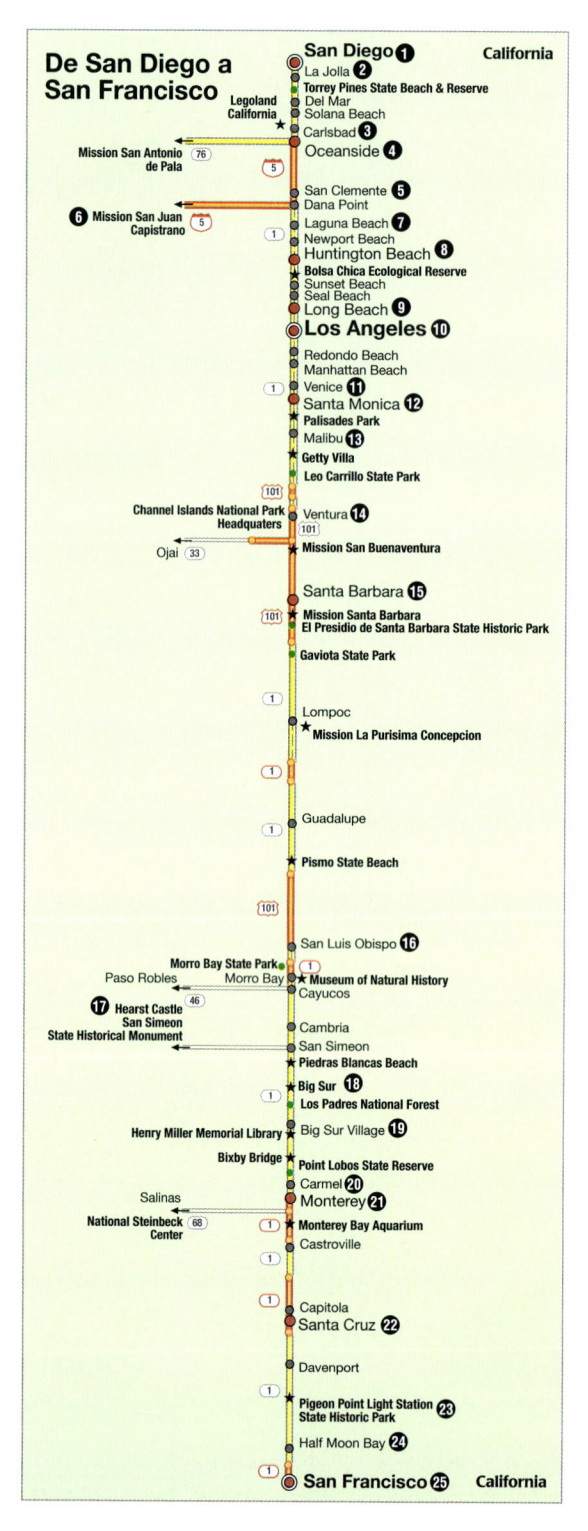

penhascos costeiros há muito tempo são um paraíso para mergulhadores de mar profundo e de penhasco, e a vizinha **Black's Beach** já foi uma praia de nudismo legalizada – hoje é ilegal.

Na extremidade norte da cidade, acima de Point La Jolla, fica a renomada **Scripps Institution of Oceanography**, cujo bem abastecido **Birch Aquarium** (tel.: 858-534-3474; www.aquarium.ucsd.edu; diariamente) organiza cruzeiros para observação de baleias na temporada. Entre os mais de sessenta diferentes *habitats* exibindo a vida marinha há um tanque de água do mar em dois níveis que imita um leito de algas com todas as criaturas conhecidas e desconhecidas que o habitam. Mais ao norte, também na costa, fica o **Salk Institute**, projetado pelo falecido Louis I. Kahn, talvez um dos mais admirados arquitetos norte-americanos contemporâneos. O instituto tem o nome de um famoso cientista residente na área, Jonas Salk, que idealizou a vacina contra a poliomielite.

Torrey Pines Scenic Drive

A La Jolla Shores Drive é paralela à Torrey Pines Road, que segue uma estrada sinuosa que sai de La Jolla e atravessa o rico subúrbio Torrey Pines – ambos foram batizados com o nome da árvore ambientalmente protegida. A estrada dá acesso à **Torrey Pines Scenic Drive**. Procure pela encosta açoitada pelo vento, que vem sendo usada desde os anos 1930 pelos entusiastas do voo livre para saltar e planar sobre o oceano. O **Torrey Pines Gliderport** (tel.: 858-452-9858; http://sandiegofreeflight.com/jm170/; diariamente) oferece aulas introdutórias de parapente – os espectadores são bem-vindos. Há também um restaurante e uma loja de artigos esportivos para voo no local. A **Torrey Pines State Reserve** (tel.: 858-755-2063; www.torreypine.org; diariamente) e a **Torrey Pines State Beach** são dois lugares perfeitos para um piquenique.

Del Mar e Solana Beach

Uma série de estradinhas costeiras que, juntas, formam a US 101 corre paralela à I-5 até a cidade de Oceanside,

DE SAN DIEGO A LOS ANGELES

onde a poderosa interestadual assume o comando até chegar a Dana Point. Daí em diante, a PCH vira Highway 1 e continua mais ou menos assim até San Francisco.

Tanto a estrada costeira quanto a interestadual levam até a comunidade de **Del Mar**, que tem uma estação da Amtrak. Sua famosa pista de corrida (tel.: 858-755-1141) atrai multidões desde os anos 1930. Ela foi resgatada da ruína pelo ator Pat O'Brien e pelo cantor Bing Crosby, que transformaram a pista num dos circuitos de corrida mais populares do país. A temporada começa em julho, uma semana depois que a grande feira de Del Mar termina, e estende-se até meados de setembro.

O principal edifício cor de areia da pista, num estilo que é uma mistura de californiano com mediterrâneo, pode ser avistado da interestadual, mas a maior parte da cidade fica mais abaixo, ao lado da estrada litorânea. Rume para Camino del Mar, com suas galerias de arte, butiques e restaurantes ao ar livre com vista para o oceano.

A estrada passa pela **Solana Beach** – que tem uma estação ferroviária de aparência futurista – e pelas comunidades ao norte de San Diego que reúnem as Encinitas – Old Encinitas, New Encinitas, Leucadia, Cardiff-by-the-Sea e Olivenhain –, que se misturam uma à outra ao longo desse trecho de litoral. Uma profusão de placas "Pare" e sinais vermelhos pode reduzir o ritmo da viagem. Fora isso, é um trecho agradável para dirigir, com muitas árvores à beira da estrada, a praia e a linha do trem ao lado, e aqui e acolá uma placa com a inscrição "Historic US 101". O perfumado **San Diego Botanic Garden** (tel.: 760-436-3036; www.sdbgarden.org; diariamente), em **Encinitas** (**anteriormente Quail Botanical Gardens**), talvez mereça uma parada para admirar a cachoeira e a imensa coleção de plantas exóticas. O **San Dieguito Heritage Museum** (tel.: 760-632-9711; www.sdheritage.org; 4ª-6ª e último sáb. do mês) é especializado na história local – desde as tribos *diegueñas* de 10 mil anos atrás até o presente – e inclui um fino acervo de mais de 8 mil fotografias. A praia fica a poucas quadras de distância; a estrada de ferro é paralela à rodovia, a leste. Na extremidade norte da comunidade ficam as cúpulas douradas do templo da Self-Realization Fellowship [Associação de Autorrealização].

> **DICA**
>
> O Birch Aquarium, na Scripps Institution of Oceanography de San Diego, organiza cruzeiros para a observação de baleias, de dezembro a abril, por intermédio de seu renomado aquário. Para obter mais informações, ligue 858-534-3474.

Essas águas são parte da rota migratória das baleias.

> **DICA**
>
> Ingressos para um dia ou dois garantem acesso à Legolândia e ao Sea Life Aquarium, em Carlsbad, Califórnia. A compra *on-line* (www.legoland.com) elimina a necessidade de enfrentar fila na bilheteria.

Carlsbad

Em **Carlsbad** ❸, a estrada acompanha a praia e atravessa o bonito centro da cidade, com suas lojas de antiguidades e o histórico **Carlsbad Mineral Water Spa** (tel.: 760-434-1887; www.carlsbadmineralspa.com), que reflete a tradição da estação de águas de mesmo nome na República Checa. A região é conhecida pelas flores, cujos bulbos são vendidos em todo o país. Quase 20 hectares das encostas resplandecem com a colorida *Tecolote ranunculus* gigante em **The Flower Fields**, em **Carlsbad Ranch** (tel.: 760-431-0352; www.theflowerfields.com; mar.--maio), que foram uma grande pintura todas as primaveras. O **Museum of Making Music** (tel.: 760-438-5996; www.museumofmakingmusic.org; 3ª-dom.) abrange um século de composição musical no país. As exposições incluem instrumentos antigos, amostras de músicas de cada época, fotografias e pinturas.

A **Legoland California** (tel.: 760--918-5346; http://california.legoland.com/; jun.-ago., diariamente; set.--maio, 5ª-2ª), em Carlsbad, com 52 hectares, foi o primeiro desses parques temáticos nos Estados Unidos. Foram utilizados 120 milhões de pecinhas plásticas da marca para construir maquetes de marcos como as cidades de Nova York e Washington, D.C. – além do Morro do Castelo, com um "caminho encantado", onde as crianças podem procurar tesouros escondidos. No mesmo lugar fica um parque aquático e o Sea Life Aquarium.

História do surfe em Oceanside

Com quase 6 km de praias de areias brancas e "surfe de primeira classe", **Oceanside** ❹ é um lugar apropriado para o **California Surf Museum** (tel.: 760-721-6876; www.surfmuseum.org; diariamente), que expõe a evolução das pranchas – desde as longas, com quase 5 metros de comprimento e 90 kg de peso, até as criações de fibra de vidro, bem finas.

Existe um mercado enorme para os objetos de coleção relacionados ao esporte; por isso, grande parte do acervo do museu não tem preço. Surfistas veteranos, como Duke Kahanamoka, são homenageados aqui.

Veleiros no porto de Avalon, Santa Catalina Island.

Outros museus interessantes são o **Oceanside Historical Society** (tel.: 760-722-4786; www.oceansidehistoricalsociety.org; 5ª-6ª; sáb. só com hora marcada), o **Oceanside Museum of Art** (tel.: 760-435-3720; www.oma-online.org; 3ª-dom.) e o **Buena Vista Audubon Nature Center** (tel.: 760-439-2473; www.bvaudubon.org; 3ª-dom.), ao lado de uma laguna na rodovia, ao sul da cidade. No interior, a 6 km (4 milhas) da praia, fica a linda **Mission San Luis Rey de Francia** (tel.: 760-757-3651; www.sanluisrey.org; diariamente), de 1795, a maior das 21 missões da Califórnia. Nas proximidades está o **Heritage Park Village and Museum** (tel.: 760-801-0645; parque, diariamente; edifícios, dom.), cujos edifícios antigos incluem um chalé que já funcionou como agência de correio de Oceanside.

Quando estiver dirigindo por Oceanside, preste atenção no **101 Café** (tel.: 760-722-5220; www.101cafe.net; diariamente). Embora o mural colorido da parede externa seja um tributo contemporâneo à Highway 101, a cafeteria é autêntica. Construída em 1928, é o restaurante mais antigo da cidade e está repleto de suvenires. Oceanside tem mais cafés e lojas, localizados num agradável porto construído pelo homem, com farol, que serve de marina para várias centenas de barcos no lado norte. Daqui, os barcos atravessam até **Santa Catalina Island** (para informações, contate o Catalina Island Chamber of Commerce and Visitors Bureau, tel.: 310-510-1520; www.catalinachamber.com). O píer de Oceanside, ao norte da Mission Avenue, é o mais longo píer recreativo de madeira da Costa Oeste. Centenas de ruas do centro são marcadas com o misterioso O.U. MIRACLE, que é o nome do empreiteiro Orville Ullman Miracle, cuja empresa de construção venceu a concorrência nos anos 1920 para melhorar as ruas da comunidade.

DE OCEANSIDE A LOS ANGELES

Um desvio interessante, saindo de Oceanside, é seguir para o interior pela State Route 76, dirigindo alguns quilômetros até **Mission San Antonio de Pala** (tel.: 760-742-3317; www.missionsanantonio.org; diariamente), na reserva indígena *pala*. Essa é a única missão californiana que ainda atende tribos norte-americanas. Desde 1816, no primeiro domingo de junho, San Antonio celebra o festival de Corpus Christi, com missa ao ar livre, danças e jogos.

O Corpo de Fuzileiros Navais dos Estados Unidos ocupa a área costeira ao norte de Oceanside, onde a estrada litorânea é incorporada à I-5 e o mar fica a quase 1 km de distância. Logo ao norte da controversa usina nuclear de San Onofre está **San Clemente** ❺, onde o ex-presidente norte-americano Richard Nixon, nascido no condado de Orange, criou uma Casa Branca em sua propriedade de dez hectares. Essa cidade charmosa, com telhados em estilo colonial espanhol e paredes brancas de estuque, inspirou o *Los Angeles Times* a escrever, em 1927: "Se os encantos desse lugar pudessem ser mostrados aos coitados lá do Leste, isolados pela neve e açoitados pelo vento, haveria um êxodo tão grande que cobriria rapidamente as colinas acima de San Clemente".

Carros de golfe são usados para circular pela Santa Catalina Island.

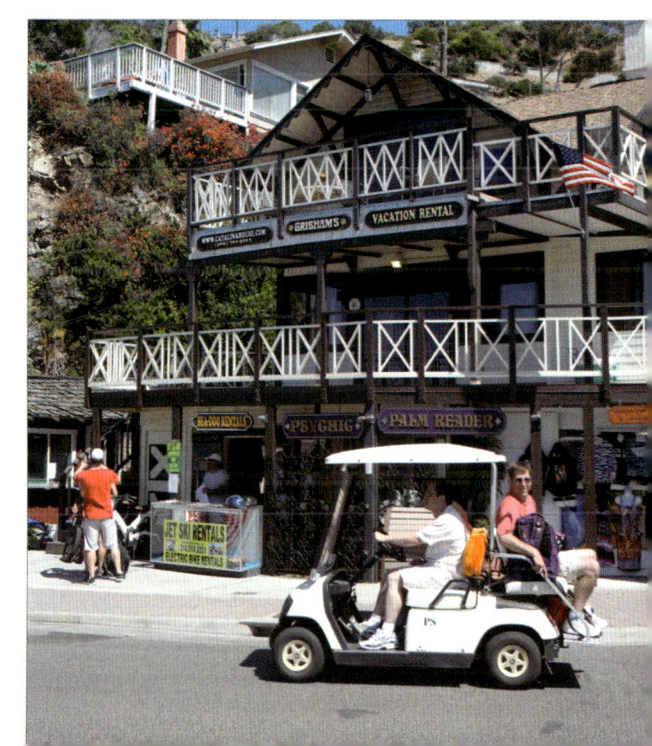

A encantadora Mission San Juan Capistrano.

Laguna Beach.

Em 1925, Ole Hanson, fundador da cidade e ex-prefeito de Seattle, comprou o espaço – então vazio – e projetou a comunidade. Ele é homenageado na **Casa Romantica Cultural Center and Gardens** (tel.: 949-498-2139; www.casaromantica.org; 3ª-dom.), sua antiga residência perto do Parque del Mar, bem como no Ole Hanson Beach Club e na Ole's Tavern.

Escrevendo no *San Clemente Journal*, Ann Batty afirmou que os estilistas de San Clemente foram os primeiros a popularizar o biquíni nas praias locais, que são muitas. As praias de San Clemente e Doheny permitem o *camping* em troca de uma pequena taxa. As praias de Doheny, Dana Point, Laguna Niguel, Irvine Coast e Newport Beach têm reservas de vida marinha (patrulhadas por funcionários estaduais encarregados da pesca e da caça) abertas ao público.

Dana Point e Catalina Island

Capistrano Beach e Doheny State Beach abarcam o riacho San Juan, pouco antes de **Dana Point**, onde a maioria dos prédios do complexo portuário é bem mais nova do que parece – embora, no todo, o efeito seja bastante charmoso. Há dezenas de lugares para fazer compras e comer, e as excursões para observar baleias partem daqui na temporada (dez.-mar.). O festival de baleias de Dana Point é um evento anual divertido, com criativas fantasias de baleia, desfile de palhaços, malabaristas, carros antigos e uma animada feira livre.

O **Ocean Institute** (tel.: 949-496-2274; www.ocean-institute.org; sáb.-dom.), no limite norte da enseada, homenageia Richard Henry Dana, cujas proezas marítimas iniciadas aqui resultaram no romance *Two Years Before the Mast* [Dois anos ao pé do mastro], que virou filme em 1946, estrelado por Alan Ladd. **Catalina Island**, a 35 km (22 milhas) da costa, também pode ser alcançada daqui e proporciona um passeio de um dia fabuloso. O barco Catalina Express, com duração de uma hora, tem trinta partidas por dia (tel.: 800-481-3470; www.gotocatalina.com) para as cidades de Avalon e de Two Harbors.

San Juan Capistrano

A Interstate 5 agora afasta-se do litoral e segue para o interior, até a cidade de San Juan Capistrano. Sua continuação na cidade, a Del Obispo Street, leva até o Camino Capistrano, onde fica a famosa **Mission San Juan Capistrano** ❻ (tel.: 949-234-1330; www.missionsjc.com; diariamente), a sétima das missões da Califórnia fundadas por franciscanos no fim do século XVIII. Há uma estátua do padre Junípero Serra, hoje beatificado, que fundou esta e outras oito missões no estado. A capela de Serra, atrás da igreja, é a construção mais antiga ainda em uso na Califórnia. Pegue um mapa grátis, que identifica e data os tesouros da capela, incluindo os sinos à esquerda.

San Juan Capistrano é mais famosa por suas andorinhas, cujo retorno marca o começo da primavera. Elas chegam aqui no dia de São José (19 de março) e partem para o clima mais quente da Argentina em 23 de outubro. Por alguma alquimia misteriosa, as andorinhas são quase sempre pontuais; sua chegada à cidade é marcada por um festival que dura uma semana, com bandas de *mariachis* conduzindo o desfile. Porém, às vezes, os turistas chegam e ficam desapontados, pois só encontram pombos.

Highway 1
De volta ao litoral, a PCH torna-se oficialmente Highway 1. Já faz algum tempo que o desaparecido serpentário de **Laguna Beach** ❼ anunciava que o cardápio do zoológico de répteis tinha *cascavel à moda de Maryland*. Hoje, essa sofisticada comunidade praiana está cheia de galerias de arte e lojas chiques. Laguna sempre foi o lugar favorito da colônia cinematográfica de Hollywood. Mary Pickford, Bette Davis, Judy Garland e Rudolph Valentino eram apenas algumas das estrelas de cinema que tinham casa aqui.

O balneário ganhou reputação mundial com o **Pageant of the Masters**, concurso de quadros vivos, realizado todo verão, em que voluntários bem ensaiados assumem seus papéis em reproduções vivas de pinturas famosas.

O popular **Laguna Art Museum** (tel.: 949-494-8971; www.lagunaartmuseum.org; diariamente) é um ótimo lugar para ver arte. A cidade e as galerias locais organizam uma **First Thursdays Art Walk** (www.firstthursdaysartwalk.com), quando quarenta galerias ficam abertas das 18h às 21h e oferecem música, comidas, bebidas e diversão; há um bonde gratuito disponível ou você pode ir caminhando. O centro de informações turísticas, na Broadway n. 252 (tel.: 949-497-9229; www.lagunabeachinfo.com; 2ª-6ª), oferece orientação sobre muitos outros "passeios tradicionais", como o **Murphy-Smith Historical Bungalow** (tel.: 949-497-6834; 6ª-dom.), uma das poucas residências dos anos 1920 que restaram no centro de Laguna Beach.

Aqui são muito populares as viagens de observação das migrações da baleia-cinzenta, mas há muitas outras atividades para os amantes da vida ao ar livre. Calce suas botas de caminhada e dê uma olhada no **Laguna Coast Wilderness Park** (tel.: 949-923-2235; www.ocparks.com/lagunacoast), um refúgio de plantas e animais nativos na Laguna Canyon Road; no interessante **Pacific Marine Mammal Center** (tel.: 949-494-3050; www.pacificmmc.org; diariamente), que cuida de focas doentes e machucadas; no **Laguna Outdoors** (tel.: 949-874-6620), que oferece caminhadas guiadas em trilhas e *mountain biking* ao longo da costa; e na **Glenn E. Vedder Ecological Reserve** (tel.: 949-497-6571; www.lagunabeachinfo.com), um parque subaquático no limite norte da praia principal, onde mergulhadores podem explorar a vida marinha.

Península Balboa
A sofisticada **península Balboa**, com seus 10 km de litoral arenoso, engloba uma enseada cheia de iates e um enorme barco a vapor com rodas de pás ancorado ao lado da ponte da rodovia. Na Main Street, é difícil não ver o **Balboa Pavilion**, construído em 1905 para servir de terminal ferroviário, com um campanário característico, mas totalmente desnecessário. Atrás dele, se chegar bem cedo, você vai encontrar barcos descarregando a

> **FATO**
> A vizinhança sofisticada de Newport Beach, no condado de Orange, na Califórnia, foi cenário de uma popular série de televisão sobre adolescentes, *The O.C.*, que foi ao ar entre 2003 e 2007 e colocou Mischa Barton sob os holofotes. Entretanto, na verdade, a maior parte da série foi filmada em Redondo Beach e Hermosa Beach.

Balboa Pavilion, Newport Beach.

FATO

Duke Kahanamoku, do Havaí, ex-nadador olímpico que se tornou surfista, foi a razão da popularização do surfe no mundo nos anos 1920.

International Surfing Museum em Huntington Beach.

pescaria do dia. Quase tão antiga é a balsa que faz a travessia de três minutos do fim da Palm Street até **Balboa Island**, com suas casas de milhões de dólares, lojas e cafés elegantes. A caminhada de uma hora de duração em volta da ilha, pela calçada que roça a linha d'água, é agradável, especialmente pouco antes do entardecer.

No caminho de volta pelo canal estreito, alguém com certeza vai apontar, nas ilhas próximas, as antigas residências de John Wayne e Roy Rogers, o caubói herói. Do **píer de Balboa** é possível admirar as pessoas soltando pipa, jogando *frisbee* e surfando. Dê uma passada no restaurante no final do píer antes de terminar na Balboa Fun Zone, com brinquedos e video games.

As ondas quebram uma atrás da outra na bela **Newport Beach**. Não é uma praia boa para nadar – apenas os praticantes de *bodyboarding* experientes conseguem se sair bem na água. As crianças vão curtir a experiência no **Newport Harbor Nautical Museum** (tel.: 949-675-8915; www.explorocean.org; 4ª-dom.). O **Orange County Museum of Art** (tel.: 949-759-1122; www.ocma.net; 4ª-dom.) é o principal centro de artes visuais em Orange County, e você terá bastante sorte ao visitá-lo quando alguma exposição de sucesso estiver em cartaz, como o aclamado pela crítica *Picasso to Pollock: Modern Masterpieces from the Wadsworth Atheneum Museum of Art*. Você também consegue chegar a Catalina Island saindo de Newport Beach no *Catalina Flyer*; verifique no centro de informações turísticas (tel.: 800-942-6278). Em **Corona del Mar**, logo ao sul, os jardins da **Sherman Library** e dos **Roger's Gardens** são lugares agradáveis para uma pausa.

Huntington Beach

Muitas comunidades nos arredores "acotovelam-se" pelo título de "cidade do surfe", e **Huntington Beach** ❽ tem um forte apelo. Em 1994, ela inaugurou uma **calçada da fama para surfistas**, na presença da congressista Dana Rohrabacher, fanática por surfe, além de ter o **International Surfing Museum** (tel.: 714-960-3483; www.surfingmuseum.org; 4ª-dom).

DE SAN DIEGO A LOS ANGELES

A rodovia segue pelo litoral e passa pela Huntington State Beach e pelo mais longo píer municipal da Califórnia, reconstruído em concreto depois que o original foi destruído por uma forte tempestade. Três quadras acima, na Main Street, bem em frente ao píer, fica a **Plaza Almeria**, com uma charmosa série de lojas, restaurantes e residências. Subindo mais, outro centro de compras antigo, o **Huntington Beach Center**, é um complexo de diversão e de lojas.

O magnata da estrada de ferro Henry Huntington foi o primeiro a trazer o trem para cá no fim do século XIX, e o subsequente e repentino desenvolvimento do petróleo trouxe prosperidade para uma cidade que, ironicamente, hoje é mais conhecida pela consciência ambiental. O **Central Park**, com 140 hectares, 50% dos quais dedicados à vida silvestre e às estufas de plantas, é uma pequena amostra da ampla **Bolsa Chica Ecological Reserve** (tel.: 714-846-3460), um vasto mangue de água salobra que serve de parada para as aves que migram da América do Norte para o sul.

O melhor lugar para os observadores de aves é o interior da rodovia, entre Golden West Street e Warner Avenue, em frente à entrada da praia pública. Há trilhas de caminhada e muito espaço para estacionar. O **Bolsa Chica Interpretive Center** (tel.: 714-846-1114; diariamente), que tem listas das aves migratórias, fica na Warner Avenue. Não muito distante, entre as avenidas Warner e Heil, fica o **Monarch Butterfly Habitat**, onde borboletas migratórias raras reúnem-se em pés de eucalipto entre novembro e março. Ao atravessar a pequena comunidade litorânea de **Sunset Beach**, você não pode deixar de notar, ao lado da rodovia, uma imensa torre de água, feita de madeira. Ela virou residência privada há alguns anos, mas é um importante ponto de referência local.

O píer de Seal Beach e as gôndolas de Naples

No limite do condado de Los Angeles, **Seal Beach**, um enclave intocado com uma pousada de 80 anos e um longo píer sem o amontoado de diversões modernas, é o último lugar da rodovia de onde se pode ver o oceano nos muitos quilômetros que se seguirão. À direita da rodovia, em **Belmont Shore**, você pode fazer um desvio seguindo a Second Street, que margeia a praia da baía de Alamitos. A **Gondola Getaway** (tel.: 562-433-9595; www.gondolagetawayinc.com; diariamente) opera passeios de uma hora em gôndolas de verdade pelos canais que passam por casas elegantes da vizinha **Naples**.

Daqui, a Highway 1 segue para o interior, contornando Long Beach, San Pedro e a península de Palos Verdes para voltar ao litoral bem ao sul de Redondo Beach.

O *Queen Mary* em Long Beach

Embora a PCH contorne **Long Beach** ❾, vale a pena entrar na cidade para ver algumas das atrações, que incluem o maior mural do mundo – um panorama da vida marinha que cobre toda a superfície do centro de convenções Long Beach Arena, no Ocean Boulevard. Outras atrações são

O famoso transatlântico art déco Queen Mary é hotel, restaurante e bar em Long Beach.

Passeio de gôndola em Naples.

Montanha-russa no parque de diversões Knott's Berry Farm, Anaheim.

Canal Venice.

o magnífico **Aquarium of the Pacific** (tel.: 562-590-3100; www.aquariumofpacific.org; diariamente) e o venerável transatlântico Queen Mary (tel.: 800-437-2934 ou 562-435-3511; www.queenmary.com; diariamente), que atravessou o oceano mil vezes e foi herói da Segunda Guerra Mundial, antes de terminar aqui – ancorado no porto. A história do navio é estrelada, pois ele foi o transporte escolhido por celebridades e pela realeza; os turistas podem fingir que são famosos hospedando-se numa cabine ou jantando no restaurante *art déco* de Sir Winston, reformado com elegância.

Long Beach posicionou-se como cidade elegante e moderna nos últimos anos, e certamente tem várias estruturas novas e chiques, mas também está ansiosa para divulgar as construções históricas do início do século XX no centro. Um mapa para um passeio turístico a pé, incluindo mais de quarenta desses marcos históricos, está disponível no centro de informações turísticas (tel.: 800-452-7829; www.visitlongbeach.com). Se estiver viajando com crianças, note que a State 22, a leste de Long Beach, liga-se com a I-5 e vai até Anaheim, onde as atrações incluem a **Disneylândia**, Knotts Berry Farm, Adventure City e Medieval Times.

Passeios pelo porto

Sede da frota pesqueira do sul da Califórnia, antigamente **San Pedro** tinha a honra de ser um legítimo porto de pesca. A cidade velha já desapareceu, sendo substituída por uma imitação de construção do século XIX, de desenho criativo, chamada Ports O'Call Village. As várias quadras de lojas com arquitetura em estilo saltbox, de aparência desgastada, e muitos restaurantes são um local agradável para andar. Os passeios pelo porto e as excursões de pesca partem daqui (assim como o *Catalina Express* e um veleiro bonito e clássico), e há muito espaço para estacionar. Bondinhos percorrem a orla marítima, parando no World Cruise Center, no museu marítimo, em Ports O'Call Village e no **Cabrillo Marine Aquarium** (tel.: 310-548-7562; www.cabrillomarineaquarium.org; 3ª-dom.), projetado por Frank Gehry.

A **Cabrillo Beach**, em San Pedro, ganhou a fama de um dos melhores lugares da região para o windsurfe – principalmente os iniciantes beneficiam-se das águas abrigadas pelo quebra-mar do porto. Entre março e setembro – duas vezes por mês, pontualmente –, a maré traz milhares de peixes-rei prateados para desovar na areia.

Na península de **Palos Verdes**, há vilas em estilo italiano de muitos milhões de dólares e castelos franceses de frente para o mar. Abalone Cove, a praia a oeste de Narcissa Drive, é uma reserva ecológica no fim de uma trilha íngreme; o lugar é perfeito para mergulhadores e observadores de poças de maré. Logo depois do *shopping* Golden Shores, há um farol ao lado do qual, no **Point Vicente Interpretive Center** (tel.: 310-377-5370; www.sanpedro.com/sp_point/ptvicic.htm; diariamente), ficam telescópios de longo alcance para ver as baleias que passam (dez.-abr.) e uma exposição em que o visitante pode colocar fones de ouvido para escutar as vozes lamuriosas desses mamíferos encantadores.

Cerca de 1,5 km adiante fica a **Wayfarers Chapel** (diariamente), feita de madeira e de vidro. Foi projetada pelo filho de Frank Lloyd Wright, cuja inspiração parece ter sido as majestosas sequoias do norte da Califórnia. A capela foi construída em 1951, como memorial para Emmanuel Swedenborg, teólogo sueco do século XVIII. Andar pelos jardins sossegados, ao som das aves, da fonte e do riacho gorgolejante, é uma experiência muito tranquilizadora. Há serviço na capela todo domingo, às 11h.

Cidades de praia

Neste ponto, estamos realmente em **Los Angeles** ❿ *(ver p. 236)*, embora a maioria das atrações turísticas da cidade fique no interior, bem ao norte. As praias do sul de Los Angeles são variadas e ligadas pela combinação da Highway 1 e das estradas menores. Depois que suas chances de se transformar num porto importante naufragaram, em razão da vulnerabilidade a tempestades fortes, **Redondo Beach** voltou sua atenção para o turismo. O proprietário da Pacific Electric Railway contratou um adolescente havaiano chamado George Freeth para fazer demonstrações de surfe, e logo os turistas estavam chegando para ver "o homem que andava sobre a água".

Na década de 1930, multidões ainda maiores eram atraídas pelos navios de jogo ancorados ao largo – o mais famoso era o *Rex* – e capazes de acomodar as 1.500 pessoas que pagavam 25 centavos para ir do píer até o barco. Em 1946, o jogo em alto-mar foi declarado ilegal pelo Congresso, mas ainda resta um píer no centro do colorido calçadão de madeira da cidade. O píer atual foi construído em forma de ferradura, depois que vários antes dele foram destruídos por tempestades. A praia de Redondo propriamente dita é uma grande atração para fisiculturistas.

Saindo do píer de Redondo e seguindo a Catalina Avenue, chega-se a **Hermosa Beach**, onde uma estrada interior passa pela Kings Harbor Marina, em frente à qual há um enorme mural do oceano pintado na parede da usina elétrica. A Hermosa Avenue prossegue por certa distância, a uma quadra da praia, que se estende em 13 km de areia entre Kings Harbor e **Marina Del Rey**, o mais longo trecho contínuo no condado de Los Angeles. Em todas as quadras há calçadões que levam da Hermosa

FATO

A praia de Manhattan da Califórnia recebeu esse nome de um nova-iorquino saudoso, em 1902. A praia de Hermosa estende-se por 13 km entre Kings Harbor e Marina Del Rey, o que faz dela a mais comprida do condado de Los Angeles.

PETERSEN AUTOMOTIVE MUSEUM DE LOS ANGELES

Quem gosta de carros e de viagens vai querer fazer um desvio em Los Angeles para visitar o **Petersen Automotive Museum**, um dos maiores museus do mundo exclusivamente dedicados à história e ao impacto cultural do carro – quando se trata de veículos, nenhuma cidade os conhece tão bem quanto Los Angeles, e ninguém consegue conhecer Los Angeles sem carro.

Como poucas, essa cidade foi projetada para os carros; os intermináveis quilômetros de suas vias expressas a mantêm unida da mesma maneira que os rios unem Londres ou Paris. Com um conselho consultivo que conta com a participação de entusiastas de fama, como o ás do volante Parnelli Jones, os quatro andares desse museu de 40 milhões de dólares detalham tudo o que você sempre quis saber sobre as quatro rodas e sobre a cultura que as acompanha. O segundo andar exibe carros clássicos e de corrida, modelos esportivos, carros de estrelas de cinema e motos antigas.

Mas o Petersen não é um museu só sobre transporte; é também sobre estilo. Embora ainda nos deva uma exposição sobre o motivo que leva velhos carecas a comprar berrantes carros esportivos vermelhos, ele realmente abriga exposições culturais rotativas que cobrem novidades como carros rebaixados e a história deste símbolo norte-americano: a caminhonete. O museu fica em Wilshire Boulevard n. 6.060, tel.: 323-930-2277; www.petersen.org; 3ª-dom.

DICA
Se estiver passando por Los Angeles em setembro, visite o festival grego para ver a celebração de tudo o que é helênico, de *ouzo* e *baklava* a danças gregas e rifas. Tel.: 323-737-2424; www.lagreekfest.com.

Avenue à praia. Na 22nd Street, um bom lugar para sentar-se ao ar livre e observar os moradores enquanto se toma um café é o **Martha's 22nd Street Grill** (ver p. 447).

Hermosa é conhecida pelos clubes noturnos, e Marina Del Rey, pelas praias boas para crianças. Entre as duas fica **Manhattan Beach**, nomeada por um nova-iorquino saudoso de casa que morou aqui em 1902, quando o lugar era uma comunidade formada por apenas uma dúzia de famílias. A população cresceu muito durante a Segunda Guerra Mundial, quando as fábricas de aviões espalharam-se pelo Avalon Boulevard. Nos últimos anos, a Disney construiu uma dúzia de estúdios de som nesse lugar, que ainda é, em grande parte, uma cidade-dormitório de Los Angeles.

Nos últimos anos, essa parte do condado de Orange só perde para Hollywood como cenário para os cineastas, que procuram bastante os píeres da costa para filmar principalmente comerciais de televisão. A paisagem perto da água se parece com um antigo episódio de *SOS Malibu*, com muitos corredores, patinadores e jogadores de vôlei bonitos e bronzeados.

Venice e seus canais

Logo ao norte de Marina Del Rey, a longa via para pedestres e bicicletas que liga **Venice** ⓫ (e **Venice Beach**) a Santa Monica é um núcleo bem agitado, principalmente em Venice, onde há patinadores de ambos os sexos, *punks* com cabelos da cor do arco-íris, mágicos, adivinhos, músicos itinerantes e fisiculturistas bombados exercitando os bíceps na **Muscle Beach**. Você pode alugar patins na Windward Avenue e bicicletas na Washington Street (em frente ao píer abandonado) ou simplesmente sentar-se em um dos cafés de calçada e admirar o desfile de gente. Em Venice, o lugar mais interessante para fazer um lanche é, provavelmente, o **Rose Café** (ver p. 449), na Rose Avenue, cheio de arte e artistas. Se estiver a fim de se afastar do barulho e das atividades ininterruptas de culto ao corpo, esse também é um bom lugar para iniciar a exploração de Venice propriamente dita – o local é surpreendentemente diferente da imagem que em geral se faz dele.

A cidade de Venice, embora menos visitada, é muito mais charmosa do que a praia. Faça um passeio pela área residencial, em volta dos canais interiores, onde uma profusão de flores coloridas cai sobre cercas vergadas e os patos aninham-se debaixo de barcos virados em cais minúsculos. Os turistas podem caminhar ao longo de trilhas bem batidas, sobre pontes levemente arqueadas e diante de jardins cuidados com carinho, admirando a arquitetura variada, as aves numerosas e os arranjos de flores.

Mais de 70 anos após a morte de Abbott Kinney, que comprou e recuperou a área – então, um pântano sem valor – com a intenção de criar uma "Itália na Califórnia", um pouco de sua visão de futuro ainda permanece viva no que é provavelmente a mais agradável caminhada urbana de Los Angeles.

O sistema de circulação original dos canais, que previa que a água do mar entrasse por canos de 76 cm a cada nova maré, mostrou-se impraticável – os canais ficaram entupidos de areia e estagnados. Em 1993, uma reforma geral

DE SAN DIEGO A LOS ANGELES

de 6 milhões de dólares dragou e reabasteceu os canais, consertou as trilhas adjacentes e reconstruiu algumas das pontes.

O píer de Santa Monica e os filmes

Santa Monica ⓬ é o centro turístico costeiro onde o West Side de Los Angeles encontra o mar. Nas ruas atrás dela e nos desfiladeiros acima estão as atrações mais famosas de Los Angeles: Hollywood, Beverly Hills, Rodeo Drive. Mas lá perto do mar, a "Bay City" dos romances de Raymond Chandler é um lugar agradável para ficar. Os bulevares e as ruas laterais são locais charmosos para passear e fazer compras. O **Third Street**, calçadão da moda ladeado por restaurantes, lojas, bares e cinemas, geralmente fica cheio de artistas de rua durante o dia e de caçadores de vida noturna depois que escurece.

O ponto de referência da cidade é o centenário **píer de Santa Monica**, que tem uma grande variedade de casas de jogos eletrônicos, brinquedos de parque de diversões, bancas de suvenir, lanchonetes e pescadores sedentários na comprida passarela de madeira. Há também um carrossel maravilhoso, com 44 cavalos esculpidos à mão, que apareceu no filme *Golpe de mestre*, de 1973. De ambos os lados está a larga praia de areia, limitada por uma movimentada ciclovia.

No alto do morro, o **Palisades Park**, espaço gramado orlado de eucaliptos na Ocean Avenue, fica de frente para o mar e tem vista para os barcos e o pôr do sol. O parque é popular entre os sem-teto, mas a presença dessas pessoas não é impedimento para uma visita. De um lado, há uma cabana de informações com folhetos e dicas úteis sobre os ônibus locais. A Main Street, com seus murais, lojas e vários restaurantes excelentes, também merece ser explorada. Na esquina com a Rose Avenue, ergue-se a gigantesca escultura *Ballerina Clown*, de Jonathan Borofsky.

A maioria das mansões ao longo da costa, na extremidade norte de Santa Monica, foi construída pela antiga elite da indústria cinematográfica. A mais grandiosa delas, em Pacific Coast Highway n. 415, era um complexo de 118 cômodos projetado para William Randolph Hearst e sua amante, Marion Davies. A casa foi vendida para o proprietário do Hotel Bel Air, que a transformou em hotel e clube de praia.

Alugue uma bicicleta e pedale pela ciclovia de Venice Beach.

Entardecer no píer de Santa Monica.

Vista de San Francisco a partir dos Twin Peaks.

DE LOS ANGELES A SAN FRANCISCO

Este lendário trecho da Highway 1 passa pelas mais famosas atrações do litoral da Califórnia: o extravagante Hearst Castle e o enevoado Big Sur.

A distância de Los Angeles a San Francisco é de 611 km (380 milhas). Seguir a I-5 até lá significa fazer uma viagem de cidade em cidade, que pode ser completada em cerca de seis horas – mas isso seria uma pena. A Highway 1 abraça a costa praticamente o caminho todo, com curvas de tirar o fôlego, paisagens deslumbrantes, belas pousadas, lugares pitorescos e duas das melhores atrações da Califórnia: o Hearst Castle e o Big Sur. Com tudo isso para saborear, dois dias em vez de seis horas fazem muito mais sentido.

DE LOS ANGELES A SANTA BARBARA

A Pacific Coast Highway, saindo de Los Angeles, passa por **Malibu** ⑬. Apesar da fama de lugar de hedonismo, essa área é, em sua maioria, uma comunidade residencial – a maior parte da praia foi cercada com cordas, formando a exclusiva Malibu Colony. Não perca a **Getty Villa** (tel.: 310-440-7300; www.getty.edu/visit; 5ª-2ª). A sede original do Getty Museum foi inspirada numa vila romana antiga e hoje abriga o acervo soberbo do Getty Center, com antiguidades gregas, romanas e etruscas.

Ao norte de Malibu, há uma série de praias acessíveis – **Point Dume**, **Zuma** e **Leo Carrillo** – até que a rodovia vire para o interior, na direção de Ventura. Aqui, a Highway 1 mescla-se com a US 101, e você tem de sair dela para visitar **Ventura** ⑭, que tem uma cidade velha bastante restaurada. A **San Buenaventura Mission** (tel.: 805-643-4318; diariamente), de 1782, é bonita e vale a pena ser visitada. A área portuária de Ventura tem muitos restaurantes de frutos do mar. A maioria dos lugares da cidade é ligada por bonde.

Channel Islands National Park

Ventura é a sede do **Channel Islands National Park** (tel.: 805-658-5730; www.nps.gov/chis; diariamente), que

Getty Villa, Malibu.

> **Principais atrações**
> Malibu
> Channel Islands
> Santa Barbara
> Pismo State Beach
> San Luis Obispo
> Morro Bay
> Cambria
> Paso Robles wine region
> Hearst Castle
> Piedras Blancas beach
> Big Sur
> Carmel
> Monterey

> **FATO**
> A Los Padres National Forest ajuda a reintroduzir os condores da Califórnia na natureza, administra o Black Mountain Wild Horse Territory, tem alguns dos melhores pictogramas criados pelos nativos *chumash* em aflormanetos rochosos e muitas trilhas para caminhada e veículos fora da estrada.

Zuma Beach, Malibu.

protege cinco ilhas – Santa Barbara, Anacapa, Santa Cruz, Santa Rosa e San Miguel. O transporte a partir do litoral é feito por barcos comerciais ou voos fretados até Santa Rosa. Você pode fazer caminhadas e acampar em todas as ilhas. Uma das mais divertidas é **San Miguel**, o principal lugar para ver seis espécies de focas e leões-marinhos. O serviço nacional de parques opera o centro de informações turísticas em Ventura e na **East Santa Cruz Island**, no **Scorpion Ranch Visitor Center**, em um rancho de 1866.

No interior, ao longo da State 150, na extremidade da Los Padres National Forest, fica **Ojai**, uma sonolenta colônia de artistas e escritores perto da qual foi filmado *Horizonte perdido*, em 1937. A cidade fica em torno de uma rua principal, onde uma torre graciosa compensa uma fileira de lojas despretensiosas construídas debaixo de uma varanda coberta. Os artefatos do Ojai Historical Society Museum incluem alguns objetos pré-históricos dos *chumash*, passam pelo período da pecuária e chegam aos dias em que o campeão peso-pesado de boxe Jack Dempsey carregava pedras no lugar que se tornou o rancho de treinamento de "Pop" Soper.

Santa Barbara

Depois da destruição causada por um terremoto em 1925, a política de reconstrução de **Santa Barbara** ⓯ – que optou pelo estilo espanhol colonial: adobe caiado, telhas de cerâmica e gradis de ferro – deu origem a uma das cidades mais bonitas da costa californiana. Conhecida como "Santa Teresa" nas histórias do personagem investigador Kinsey Mulhone, de Sue Grafton, é possível reconhecer Santa Barbara imediatamente. Isso se deve, em grande parte, à sua geografia única, que mistura as exorbitantes montanhas Santa Ynez, as praias ricas em vida silvestre aos pés de íngremes penhascos, as águas brilhantes do canal de Santa Barbara e um opulento e tranquilo estilo de vida.

A **Mission Santa Barbara** (tel.: 805-682-4713; www.santabarbaramission.org; diariamente), de 1782, deve ter um dos melhores cenários entre as missões da Califórnia: fica no começo de um caminho em um magnífico contraforte, conhecido como Riviera. Nos arredores fica o minúsculo **Santa Barbara Museum of Natural History** (tel.: 805-682-4711; www.sbnature.org; diariamente), que tem uma coleção excelente de artefatos da tribo *chumash* e um enorme esqueleto

DE LOS ANGELES A SAN FRANCISCO **341**

de baleia-azul do lado de fora. O **Ty Warner Sea Center** é um aquário próximo ao histórico píer **Stearns Wharf**, no fim da State Street.

Perto dali, o **Santa Barbara Harbor** é um ótimo lugar para saborear frutos do mar fresquíssimos. Entre o Natal e o final de março, há excursões diárias de observação de baleias. Durante o ano todo, há viagens para Santa Barbara Island, *habitat* de elefantes-marinhos no inverno e de leões-marinhos-da-califórnia na primavera, além de ser um bom lugar para observação de aves.

Caminhada turística Red Tile

Conheça o centro de Santa Barbara guiando-se pelo folheto da caminhada turística Red Tile, disponível no centro de informações turísticas, no Cabrillo Boulevard (tel.: 805-965-3021; diariamente), o calçadão à beira-mar ladeado por palmeiras. Dois destaques são a elegante **Santa Barbara County Courthouse** (tel.: 805-962-6464; www.santabarbaracourthouse.org; diariamente), de 1929, na East Anapamu, que tem um saguão ladeado por mosaicos e murais, áreas arborizadas para piquenique e uma das melhores vistas a partir de sua cumeeira, e, a uma quadra de distância, o **Santa Barbara Museum of Art** (tel.: 805-963-4364; www.sbmuseart.org; 3ª-dom.), um presente para os amantes de arte. Entre sua extensa coleção de arte estão muitos quadros impressionistas franceses, contando com mais obras de Monet do que qualquer outro museu da costa oeste, assim como com uma coleção de antiguidades que rivaliza com a do Getty.

El Presidio de Santa Barbara State Historic Park (tel.: 805-965-0093; diariamente), na Canon Perdido Street, abrigava os soldados espanhóis que protegiam a Mission Santa Barbara. Passeie pela capela de adobe restaurada e por outras construções, depois almoce na charmosa galeria de compras **El Paseo**, da década de 1920, cujo teatro certa vez apresentou uma dançarina de nome Rita Cansino, mais conhecida como Rita Hayworth.

DE SANTA BARBARA AO BIG SUR

Depois de perambular pelo **Gaviota State Park** (tel.: 805-968-1033; diariamente), a Highway 1 e a 101 vão para o interior e separam-se. Continue pela Highway 1 em direção à sonolenta **Lompoc**, onde fica a **Mission La Purísima Concepción** (tel.: 805-733-3713; diariamente), a 11ª missão da Califórnia. Ao norte da cidade, a

> **DICA**
> Para os interessados em arquitetura, a Architectural Foundation of Santa Barbara (tel.: 805-965-6307; www.afsb.org) conduz caminhadas turísticas sem pressa, que duram de uma hora a uma hora e meia. Os passeios de sábado, às 10h (quando o tempo está bom), revelam pátios escondidos e a arquitetura posterior ao terremoto de 1925. Doações de 10 dólares são bem-vindas.

Missão de Santa Barbara.

FATO

O escritor Ross MacDonald foi o primeiro a usar o nome ficcional de Santa Teresa para referir-se a Santa Barbara em seu romance de mistério *The Moving Target* [*O alvo móvel*] (1949). A escritora Sue Grafton decidiu usar o nome em suas histórias misteriosas sobre Santa Teresa, apresentando o personagem P.I. Kinsey Mulhone como homenagem a MacDonald.

Buggy *nas dunas de Pismo Beach.*

paisagem é dominada pelo agronegócio, com campos irrigados de brócolis, couve-flor e morango, e grandes extensões de flores, que oferecem uma explosão extraordinária de magentas, rosas, dourados e roxos na florada.

Os campos continuam e passam por **Guadalupe**, cidade calma e antiquada, com estação da Amtrak e construções térreas da virada do século XX. Uns 29 km (18 milhas) ao norte, a **Pismo State Beach**, antigamente famosa pelos mariscos enormes (ainda celebrados no festival do marisco, em outubro), tem um litoral de areia fabuloso; ele contorna a baía e leva direto a San Luis Obispo, que fica mais ou menos a meio caminho entre Los Angeles e San Francisco. Pismo é uma das poucas praias onde é permitido dirigir; por isso, fique atento aos *buggies* nas dunas. Pouco antes de San Luis Obispo, preste atenção no extraordinário hotel **Madonna Inn** (tel.: 805-543-3000; *ver p. 425*), com 109 quartos decorados individualmente num estilo *kitsch* memorável.

A charmosa e discreta cidade universitária de **San Luis Obispo** ❻ (SLO) também tem uma missão do século XVIII (tel.: 805-781-8220; diariamente), com uma comunidade central em torno da praça. Há o **Art Center** (tel.: 805-543-8562; 4ª-2ª) e, em frente à missão, o **County Historical Museum** (4ª-dom.; diariamente no verão).

Morro Bay

Morro Bay é dominada por um rochedo vulcânico de 176 metros de altura, local onde se aninham os falcões-peregrinos, que mergulham à velocidade surpreendente de 282 km/h para pegar suas presas. Você deve vislumbrar a tarambola nevosa do litoral, ave ameaçada, ao caminhar e acampar no popular **Montana de Oro State Park** (tel.: 805-772-7434; www.slostateparks.com; reservas no *camping*: maio-set.), a sudoeste da cidade. Em Morro Bay há uma bela e vasta praia de areia e uma enseada margeada por restaurantes. Importante: a rua do porto é sem saída nos dois sentidos e pode ser difícil estacionar. Siga até a extremidade que fica na base do Morro Rock, onde você pode ver leões-marinhos e lontras-do-mar brincalhonas enrolando-se nas algas.

DE LOS ANGELES A SAN FRANCISCO

O **Museum of Natural History** (tel.: 805-772-2694; www.slostateparks.com/natural_history_museum; diariamente), no **Morro Bay State Park**, tem exposições sobre a vida silvestre da costa central e sobre as borboletas-monarcas migratórias. Essa beleza efêmera, de asas pretas e cor de âmbar, pode ser vista perto de Pacific Grove, durante o inverno.

Depois da bonita cidade de **Cayucos**, 21 km (13 milhas) ao norte, fica a pastoril **Cambria**, na base das colinas, com a linda Moonstone Beach. Entre as duas cidades, a State 46 serpenteia para leste, através das colinas ermas mas bonitas da cadeia montanhosa de Santa Lucia, ligando-se à US 101 e a **Paso Robles**. Essa é uma pequena e charmosa região produtora de vinho, onde a maioria das vinícolas oferece degustações diárias gratuitas. Um mapa dos produtores locais está disponível no centro de informações turísticas (tel.: 805-238-0506) em Paso Robles, não muito distante do **Paso Robles Pioneer Museum** (tel.: 805-239-4556; www.pasoroblespioneermuseum.org; 5ª-dom. à tarde).

O castelo de Hearst

De volta ao litoral, o povoado de **San Simeon** fica abaixo da propriedade de 101.171 hectares do falecido magnata da imprensa e do cinema William Randolph Hearst, mais conhecido por sua encantadora residência, o **Hearst Castle** ⓱ (tel.: 800-444-4445; www.hearstcastle.org; diariamente). Pendurado sobre o que Hearst chamava de "A Colina Encantada", tão alto que a casa geralmente fica no meio da neblina, esse castelo já foi a maior residência particular dos Estados Unidos; hoje, compete com a Disneylândia como atração mais popular do estado.

Projetada pela arquiteta Julia Morgan, a mansão começou a ser construída em 1919. Os artesãos trabalharam durante 28 anos para criar a residência de duas torres, que depois Hearst encheu de esculturas, móveis e obras de arte provenientes de catedrais e castelos europeus. (Em vida, Hearst acumulou uma das maiores coleções particulares de arte do mundo, com um valor calculado em centenas de

A arquitetura em estilo colonial espanhol da Santa Barbara County Courthouse.

As colinas do centro da Califórnia ficam verdejantes depois das chuvas na primavera.

> **DICA**
>
> O melhor caminho panorâmico na região de Santa Barbara conduz por San Marcos Pass (State 154) até Los Olivos, passando por vistas maravilhosas sobre o canal de Santa Barbara e sobre o vale Santa Ynez, região produtora de vinho que aparece no filme *Sideways – Entre umas e outras*. Continue para oeste na State 246 pela cidade dinamarquesa de Solvang até Buellton para voltar à US 101. Volte ao longo da costa para Santa Barbara ou continue em direção ao norte pela 101.

Hearst Castle.

milhões de dólares.) Todos os materiais tiveram de ser trazidos litoral acima em barcos a vapor e depois içados até aquele morro difícil. A propriedade em San Simeon era cheia de animais de todas as partes do mundo, e Jean Harlow, Clark Gable e outras realezas de Hollywood eram convidadas a visitar e passear pelos belos jardins ou a curtir as magníficas piscinas cobertas e ao ar livre.

Recomenda-se fortemente fazer reservas para garantir lugar em um dos cinco passeios diários, alguns dos quais incluem os filmes caseiros de Hearst, cujo estilo de vida solitário e faustoso foi tema do mais celebrado filme de Orson Welles, *Cidadão Kane*. O Passeio 1 é o melhor para quem vem pela primeira vez, pois dá a melhor visão geral do castelo e de seus principais cômodos. Embora o castelo de Hearst seja extremamente movimentado, principalmente no verão, a propriedade é administrada com eficiência, e a visita com hora marcada significa que você pode sair e fazer um piquenique na praia lá embaixo, se a espera for longa. Imperdível.

Cerca de 6 km (4 milhas) ao norte, Piedras Blancas é o local de nascimento de milhares de elefantes-marinhos em janeiro. No meio da primavera, você pode observar, da passarela que fica de frente para a praia, os filhotes aprendendo a nadar. A simples quantidade dessas criaturas de nariz comprido é impressionante, e em nenhum outro lugar da costa é possível avistá-las tão de perto.

Big Sur

O trecho de 151 km (94 milhas) de litoral entre San Simeon e a península de Monterey é conhecido como **Big Sur** ⑱, uma célebre área de retiros de cura holística e propriedades habitadas pela terceira geração dos pioneiros. A área mal era acessível ao tráfego até 1937, e ainda hoje os penhascos escarpados das montanhas de Santa Lucia, abraçados pela rodovia, de vez em quando deslizam para o mar, deixando os moradores totalmente isolados até que a estrada seja reconstruída. Não há estradas interiores entre Cambria e Monterey, por isso verifique as condições da estrada antes de prosseguir. Além disso, é bom encher o tanque, de preferência em Morro Bay, pois os preços dão um salto em Cambria e, ao longo desse trecho, os postos de combustível são poucos e caros.

As montanhas escuras e cheias de mato elevam-se, íngremes, à direita; o mar espumoso à esquerda muda constantemente de forma e de cor. Só as duas pistas da estrada separam os dois, ou seja, a rota sinuosa tem seu próprio microclima – leia-se "névoa". Embora o sol possa estar brilhando do outro lado da montanha e, geralmente, possamos ver seus raios atravessando as árvores, a Highway 1 pode estar fria; a névoa chega rápido, apagando o mundo de repente. Raras grades de proteção, que parecem extremamente frágeis, oferecem pouco consolo diante das rochas ameaçadoras lá embaixo.

Dirigir aqui não é para medrosos, mas para quem tem espírito de aventura e o tempo a seu lado; esse trecho do litoral californiano é uma das rotas mais estimulantes do país. Viajando sem parar, com tempo bom, você consegue chegar a Carmel em cerca de três horas, mas a melhor viagem é feita parando, pelo menos para almoçar ou jantar. Isso é importante principalmente para quem está ao volante, pois a vista é fabulosa, mas a estrada, perigosa, e a viagem pode ser frustrante (além de vertiginosa) se você não parar com frequência. Felizmente, há muitos mirantes.

Saindo de San Simeon, os morros começam bem suaves e a estrada é bem fácil de trafegar. A primeira atração, à direita, é **Los Padres National Forest**, a extremidade sul do cinturão costeiro das sequoias, que tem vários parques estaduais, de beleza quase sobrenatural. O **Julia Pfeiffer Burns State Park** e o **Pfeiffer Big Sur State Park** têm trilhas maravilhosas que sobem, adentrando as montanhas, ou descem, rumando para o mar; o Julia Pfeiffer Burns tem uma cachoeira perto de McWay Cove, acessível a partir de uma caminhada fácil.

O litoral do Big Sur e o Esalen Institute

Big Sur Village ⓳ é apenas uma parada na estrada, com poucas lojas, uma agência de correio e um punhado de pousadas e lugares para comer. Se estiver planejando pernoitar durante o verão ou em um fim de semana, faça

DICA

Toda quinta-feira à noite, parte da Higuera Street, em San Luis Obispo, fica fechada para o tráfego e transforma-se numa feira com bandas e diversões.

A deslumbrante região costeira rochosa do Big Sur.

> **CITAÇÃO**
>
> "Ela era ótima, e eu gostava dela. Ela não tinha muito a dizer... Todos os homens costumavam reunir-se em volta dela. Ela ficava muito bonita em vestidos de noite, porque nunca usava nada por baixo."
>
> Marion Davies sobre Jean Harlow

Restaurante Nepenthe, com vista para o Big Sur.

reserva com antecedência. As acomodações variam de *campings* a *resorts* luxuosos e hospedagens históricas, como a Deetjen's Big Sur Inn, uma rústica e charmosa pousada familiar, construída nos anos 1930, um bom lugar para fazer uma refeição e misturar-se aos locais.

Até 1945, o Big Sur era habitado principalmente por vaqueiros, lenhadores e garimpeiros, mas logo depois começou a atrair escritores. A **Henry Miller Memorial Library** (tel.: 831-667-2574; www.henrymiller.org; 4ª-2ª), perto do espetacular **restaurante Nepenthe**, aonde todo mundo vai para tomar uma bebida ao pôr do sol, preserva obras escritas por esse autor mundialmente famoso e também livros sobre ele. Miller chamava a região de "a face da Terra exatamente como o Criador queria".

Em 1962, Michael Murphy e Richard Price mudaram-se para o rancho de Murphy às margens de um penhasco, no Big Sur, acompanhados de outras pessoas, todos atraídos pelo Movimento do Potencial Humano. A ideia era criar um centro e retiro residencial de educação humanística alternativa, explorando e integrando ideias orientais e ocidentais, a fim de ajudar a construir um mundo melhor. Chamado de **Esalen Institute** (www.esalen.org) devido à tribo *esselen* que outrora usava as famosas fontes termais da propriedade, o cenário deslumbrante e o ambiente intelectualmente desafiador rapidamente atraíram pioneiros especialistas em espiritualidade, em exercícios físicos, em psicologia e no pensamento New Age, de Fritz Perls, Ida Rolf e Milton Trager até Allan Watts e Buckminster Fuller. Hoje, o instituto sem fins lucrativos oferece quinhentas oficinas residenciais por ano, que duram de um final de semana a uma semana inteira, incluindo todas as refeições preparadas com produtos da horta, acesso às fontes termais (com uso opcional de vestuário) e a chance de receber uma das melhores massagens do mundo. A propriedade está fora dos limites para os não participantes das oficinas, mas, ocasionalmente, durante a baixa temporada, seus rústicos alojamentos ficam disponíveis para pernoites. Verifique com o instituto.

Ao norte do Big Sur fica a realização humana mais importante da área, a **Bixby Bridge**. Unindo os paredões escarpados do Bixby Canyon e frequentemente escondida pela névoa, essa ponte foi chamada de "maravilha da engenharia" na época de sua construção, em 1932.

DO BIG SUR A SAN FRANCISCO

Deixar as terras exuberantes do Big Sur e seguir para as cidades da península de Monterey pode ser um choque. Um modo de atenuar essa transição desconfortável é visitar a última maravilha da natureza no caminho: a modesta mas ainda bela **Point Lobos State Natural Reserve** (tel.: 831-624-4909; www.parks.ca.gov/?page_id=571; diariamente). Nos quilômetros de trilhas avistam-se cervos, coelhos, lontras e leões-marinhos. Dizem que Robert Louis Stevenson inspirou-se em Point Lobos para escrever *Treasure Island* [*A ilha do tesouro*]. Vários caminhos curtos atravessam o cabo coberto de rochas, no qual fica um dos dois bosques remanescentes do fantasmagórico cipreste de Monterey.

Carmel e Monterey

Carmel ❷⓿, a "porta de entrada da península de Monterey", outrora atraiu artistas e escritores famosos, como o poeta Robert Jeffers e o fotógrafo Edward Weston. Agora, o alto custo de vida aqui faz de Carmel mais um lugar para vender obras criativas do que para produzi-las. É uma cidadezinha de beleza clássica que baniu arranha-céus, letreiros de neon, sinais de trânsito, parquímetros – qualquer coisa que possuísse a mancha desagradável da vida urbana, incluindo as plantas artificiais. Entre seus moradores estão os atores Clint Eastwood, que cumpriu muito bem um mandato de prefeito da cidade, e Doris Day. O centro da cidade é ladeado por lojas e galerias sofisticadas. A **Mission San Carlos Borroméo del Río Carmelo**, conhecida como **Carmel Mission** (tel.: 831-624-1271; www.carmelmission.org; diariamente), e a **Carmel Beach** são muito bonitas, e logo ao norte está **Pebble Beach**, onde fica o difícil campo de golfe de mesmo nome.

Não é proibido andar de moto na **17-Mile Drive** da península, que cobra um ingresso caro para quem quiser dirigir por ela e admirar as luxuosas residências particulares – na verdade, elas se parecem com todas as outras de bairros norte-americanos ricos e, dada a proximidade do magnífico litoral do Big Sur, esse não é, provavelmente, um trecho imperdível.

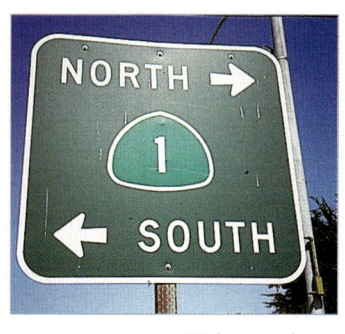

A Highway 1 cobre quase toda a extensão da Califórnia. O trecho do Big Sur não é para medrosos.

Parapentista no litoral da península Monterey.

Interior da Carmel Mission.

Brechó, Santa Cruz.

Cannery Row, em **Monterey** ㉑, na extremidade norte da península, desfruta a fama do brilhante romance de John Steinbeck, de mesmo nome [em português, *A rua das ilusões perdidas*]. O mundo de Steinbeck apagou-se com o misterioso desaparecimento das sardinhas, em meados dos anos 1940; hoje o seu legado é homenageado na vizinha **Salinas**, no **National Steinbeck Center** (tel.: 831-775-4721; www.steinbeck.org; diariamente).

Cannery Row tornou-se um pouco uma armadilha para turistas. No entanto, a visita pode ser salva por algumas horas passadas no excelente **Monterey Bay Aquarium** (tel.: 831-648-4800; www.montereybay aquarium; diariamente) – um dos melhores do mundo –, que oferece exposições inovadoras e explicações sobre a vida marinha de uma fossa oceânica do tamanho do Grand Canyon que fica perto da costa. Tanques do comprimento das paredes abrigam tubarões, salmões-reais e cardumes de peixes minúsculos no meio de leitos de algas que se contorcem com as marés simuladas. Os destaques são a exposição de cavalos-marinhos e de águas-vivas. Tente planejar sua visita de modo que coincida com a hora da refeição, quando os tratadores, usando roupa de mergulho, entram nos tanques de vidro e conversam com os espectadores por meio de microfones submarinos. As lontras são especialmente divertidas.

O Fisherman's Wharf é um píer muito agradável, cheio de lojas turísticas, restaurantes e bancas que vendem sopa cremosa de mariscos dentro do pão. Na enseada cheia de barcos, você vai ver – e ouvir – as focas que moram ali. No interior, o **Monterey State Historic Park** tem dezessete museus e prédios interessantes dos tempos em que a cidade esteve sob o domínio espanhol, mexicano e dos primeiros norte-americanos. Às vezes, o tráfego no trecho norte da costa, na direção de San Francisco, fica horrível. Nesse caso, talvez você prefira desviar pela State Highway 183 até **Castroville**, a "capital mundial da alcachofra", onde o restaurante Giant Artichoke serve deliciosas folhas fritas de alcachofra.

Santa Cruz e Half Moon Bay

As comunidades nessa área predominantemente agrícola da Califórnia têm um forte sabor mexicano, e por

DE LOS ANGELES A SAN FRANCISCO

toda a Highway 1 você estará cercado por campos agrícolas planos, que produzem as melhores alcachofras, cerejas e morangos da Califórnia (vendidos frescos em barracas na beira da estrada). A bonitinha e colorida cidade praiana de **Capitola** é um lugar agradável para um passeio a pé. O muro da praia é decorado com azulejos coloridos. A cidade universitária de **Santa Cruz** ㉒ é famosa pela centenária passarela de madeira da orla, que tem um parque de diversões popular, uma montanha-russa emocionante e lojas de jogos eletrônicos ao longo da praia. Na temporada, saboreie os gostosos caranguejos sapateira-do-pacífico em um dos restaurantes do píer e, depois, dirija pela West Cliff Drive, ladeada por belas casas, para ver os surfistas nas ondas lá embaixo, perto do Santa Cruz Surfing Museum.

Subindo mais um pouco o litoral fica a bonita e larga praia de **Scott Creek**, ao norte de **Davenport**. Vacas marrons, pretas e brancas pastam nos campos altos dos penhascos, antes que a Highway 1 mergulhe para **Waddell Creek** e para as praias cheias de madeira trazida pelas ondas (como Bean Hollow State Beach e Pescadero State Beach), que se alinham por todo o caminho até o limite do condado de Santa Cruz. Às vezes, uma névoa fina obscurece a vista, mas, quando ela se dissipa (o que acontece em poucos minutos), os motoristas são recompensados com relances do **Pigeon Point Lighthouse** ㉓. Com 35 metros de altura, ele é um dos faróis mais altos do país e está em funcionamento desde 1872.

Na direção de San Francisco, há campos planos e largos entre a rodovia e o litoral. A **Half Moon Bay** ㉔ fica a apenas uma hora de viagem da cidade e é famosa não só pelas abóboras e viveiros de plantas, mas também pelas ondas enormes que quebram em suas praias. Surfistas do mundo todo reúnem-se aqui para enfrentar as ondas grandes – com até doze metros de altura –, e a conversa nos bares é só sobre *mavericks* e tubos. A hora do almoço de domingo em Half Moon geralmente tem concertos de *jazz* ou de *rock*.

Com os subúrbios da cidade no horizonte, o litoral fica rochoso e novamente sem estradas. **Gray Whale Cove State Beach** ou **Big Basin Park** são lugares tranquilos para uma última caminhada ou piquenique antes de chegar ao apojeu – **San Francisco** (*ver p. 350*).

> **DICA**
>
> Da passarela de madeira atrás da construção sinalizadora de névoa do farol Pigeon Point, ao sul de San Francisco, fique de olho nas baleias--cinzentas que migram por essa rota anualmente, voltando para o Alasca a partir do México, entre janeiro e abril. O terreno do farol é aberto ao público.

Bixby Bridge.

San Francisco: cidade ao lado da baía

San Francisco, Fisherman's Wharf, Chinatown e Golden Gate Bridge – esta cidade conquista corações sem demora nem esforço.

Cada turista leva uma lembrança diferente de San Francisco: a ladeira íngreme que despenca rumo à baía, a névoa que passa pela ponte Golden Gate, a comida divina ou a simples diversão que é andar de bonde admirando casas vitorianas pelo caminho.

Comece na **Union Square**, onde uma estátua alada celebra a vitória naval do almirante George Dewey sobre os espanhóis em 1898. O **Chinatown Gate** aparece a nordeste. Embora não seja segredo para os turistas, as multidões de chineses que competem por espaço nas calçadas mostram que o bairro ainda atende aos moradores. Minúsculas lojas de ervas em vielas misteriosas prometem de tudo, desde alívio para o reumatismo até restauração da potência sexual.

Chinatown termina onde **North Beach** começa. Embora alguns poucos clubes ainda ofereçam danças eróticas, restaurantes extremamente bem recomendados e casas noturnas chiques atraem um público totalmente diferente. Porém, esse tradicional bairro italiano ainda chama a atenção de escritores e artistas, principalmente a livraria **City Lights**, que já foi ponto de encontro de poetas da geração *beat* como Jack Kerouac e Lawrence Ferlinghetti.

A leste, o **Telegraph Hill** eleva-se acima de North Beach, com vistas espetaculares para a baía de San Francisco. A **Coit Tower** (tel.: 415-362-0808; diariamente), com vistas e afrescos memoráveis, coroa o morro. É possível subir no alto da torre. Siga a Columbus Avenue até o **Fisherman's Wharf**. Os barcos de pesca partem antes do amanhecer; o resultado da pescaria vai determinar o "prato especial do dia" nos restaurantes aglomerados em torno do píer. Essa é a parada mais "imperdível" de todas.

Do lado oposto do Embarcadero fica outro marco de San Francisco. Construído em 1903, o **Ferry Building** sobreviveu ao grande incêndio e, em seus dias de glória, era um terminal de transporte marítimo entre as comunidades da baía. Ele foi reformado para abrigar o Ferry Building Marketplace, um paraíso para os *gourmets*, com uma feira fantástica e bancas que vendem produtos gastronômicos. Aqui, você pode pegar os tradicionais bondes elétricos da linha F para o Fisherman's Wharf ou, na Market Street, para o distrito de Castro.

A 1,5 km da costa de San Francisco fica a ilha de **Alcatraz** (ingressos para a travessia de barco, tel.: 415-981-7625; www.nps.gov/alca/; diariamente), parte da Golden Gate National Recreation Area. Já viveram aqui criminosos contumazes, como Al

Um bonde percorre a Hyde Street.

Transamerica Pyramid, ponto de referência na cidade.

Capone e o notório Machine Gun Kelley, mas as autoridades fecharam a prisão em 1963, quando os custos de manutenção ficaram muito altos. Um passeio pela prisão é surpreendentemente recompensador, tanto pela vida silvestre e pelas construções históricas, quanto por seu passado humano. Traga um suéter para usar na ventosa travessia de barco.

Um passeio no **bonde Powell-Hyde** começa a duas quadras do Hyde Street Pier e inclui uma volta pelos arranha-céus e pelas mansões de Russian Hill. O bonde passa perto do trecho em curvas da Lombard Street, vista com frequência nos filmes, e continua até **Nob Hill**, que Robert Louis Stevenson chamava de "colina dos palácios".

Na esquina das ruas Washington e Mason, o **San Francisco Cable Car Museum** (tel.: 415-474-1887; www.cablecarmuseum.org; diariamente) expõe a história do transporte na cidade, junto com o maquinário de operação que movimenta os bondes por San Francisco.

O distrito financeiro tem três marcos: o **Embarcadero Center**, o edifício do **Bank of America** – tão alto que seu telhado, às vezes, desaparece na névoa – e a distinta **Transamerica Pyramid**, com 48 andares, o prédio mais alto de San Francisco.

South of Market, ou **SoMa**, é o centro das galerias de arte, dos cafés, das casas noturnas e dos teatros locais. O **San Francisco Museum of Modern Art** (tel.: 415-357-4000; www.sfmoma.org; 5ª 3ª) lidera as atrações, que também incluem os Yerba Buena Gardens, o Center for the Arts, o Cartoon Art Museum, o Museum of the California Historical Society e a livraria Foto-Grafix, que vende livros e reproduções de Ansel Adams. O **Asian Art Museum** (tel.: 415-581-3500; www.asianart.org; 3ª-dom.) fica no bairro Civic Center e abriga 10 mil artefatos que datam de 3.500 anos atrás.

A Mission Street segue para o sul e entra no coração do bairro de Mission, o cadinho de culturas latino-americanas de San Francisco. As grossas paredes de adobe da Mission Dolores, construída em 1776, ainda compõem a construção mais antiga de San Francisco, que pode ser visitada.

A oeste fica a famosa comunidade gay de **Castro**. Casais homossexuais e bandeiras com as cores do arco-íris enchem as ruas ladeadas por bares onde os clientes circulam de mesa em mesa. É uma área animada e divertida, independentemente da orientação sexual do turista.

Mais a oeste fica o bairro de **Haight-Ashbury**. A Haight Street, antigamente, era tão vistosa e bizarra que excursões de ônibus cheias de turistas de olhos arregalados passavam para cima e para baixo. Como a maioria das novidades assim tão radicais, o experimento *hippie* foi vítima do tempo e da moda.

O bairro conserva suas raízes contestadoras, mas hoje lojas de *piercing* e estúdios de tatuagem substituem o *flower power*; porém, ainda é um lugar popular, com ótimas compras e uma grande variedade de restaurantes e cafés de preços baixos.

O **Golden Gate Park** (tel.: 415-831-2700; www.golden-gate-park.com), com 5 km de comprimento e quase 1 km de largura, tem bosques com lagos, prados, moinhos de vento e vales. Apesar dos milhares de visitantes, é fácil encontrar tranquilidade aqui. Além da paz, a Conservatory of Flowers oferece aromas suaves e beleza botânica, e o Music Concourse tem concertos aos domingos.

A **California Academy of Sciences** (tel.: 415-379-8000; www.calacademy.org; diariamente) inclui dioramas de animais, 16 mil espécies de vida marinha no Steinhart Aquarium e um *show* de raios *laser* no Morrison Planetarium. O Japanese Tea Garden reivindica o título de berço do biscoito da sorte.

A bonita e neoclássica **Legion of Honor** (tel.: 415-750-3600; http://legionofhonor.famsf.org/; 3ª-dom.) é imperdível. Na entrada fica uma das cinco cópias do *Pensador* de Rodin.

A **ponte Golden Gate** estende-se para além da Golden Gate National Recreation Area. Um calçadão atravessa o Crissy Field, uma área de piquenique que pertence aos 600 hectares de **Presidio**. Nele fica o Plaster Palace, a cúpula rococó do Palace of Fine Arts, que abriga as exposições interativas do **Exploratorium** (tel.: 415-528-4444; www.exploratorium.edu; 3ª-dom.).

Rua no distrito de Castro.

Túnel em uma sequoia, em Klamath.

LUGARES Mapa na página 354 **353**

DE SAN FRANCISCO A OREGON

A Pacific Coast Highway, também conhecida como Highway 1, abre caminho por entre praias douradas, refúgios com hidromassagem, vinícolas famosas e as mais altas criaturas vivas da face da Terra.

São 584 km (363 milhas) de San Francisco até Crescent City, que fica a cerca de meia hora de carro da divisa da Califórnia com Oregon. Praias, vinícolas e florestas de sequoia são as atrações deste bonito roteiro, com árvores tão grandes que algumas podem ser atravessadas de carro.

A Pacific Coast Highway passa por **San Francisco** ㉕ *(ver p. 350)*, atravessa o Golden Gate Park e a ponte Golden Gate, as duas unidades de 30.651 hectares da **Golden Gate National Recreation Area** (tel.: 415-561-4900; www.nps.gov/goga), o maior parque urbano do mundo, que preserva importantes pontos naturais e culturais (inclusive a ilha de Alcatraz) em um cenário inigualável.

A pequena e bonita enseada de **Sausalito** ㉖ fica bem ao lado da Highway 1/101, depois da ponte Golden Gate e de Marin Headlands. Com uma agitada marina, lojas caras na orla e mansões nas encostas, é um belo cartão-postal para passear e saborear frutos do mar. Ao norte, a Highway 1 (Shoreline Highway) segue para oeste, dando voltas até a costa.

Ao sul da estrada fica o **Green Gulch Farm Zen Center** (tel.: 415- -383-3134; www.sfzc.org), um conhecido retiro que oferece oficinas, palestras, programas públicos de meditação e acomodações em uma maravilhosa fazenda. Nos arredores ficam o **Mount Tamalpais State Park** (tel.: 415-388-2070; diariamente) e o **Muir Woods National Monument** (tel.: 415-388-2595; www.nps.gov/muwo; diariamente), uma área de 120 hectares ocupada por sequoias gigantes – ambos oferecem caminhadas incríveis, vistas amplas e história local.

Na escarpada **Stinson Beach**, um destino popular entre os moradores de San Francisco, a lenta estrada costeira segue para o norte e passa por **Bolinas Lagoon**, um rico pântano protegido pela ONG Audubon, e pelo espetacular **Point Reyes National Seashore** (tel.: 415-464-5100; www.nps.gov/pore; diariamente), o destaque do

Principais atrações
Point Reyes National Seashore
Sonoma Valley
Napa Valley
Bodega Bay
Mendocino
Avenue of the Giants
Ferndale
Eureka
Redwood National Park

Degustação de vinho no vale do Napa.

De San Francisco a Seattle

California

- San Francisco **25**
- Sausalito **26**
- Point Reyes National Seashore
- Petaluma (116)
- Napa (12, 121)
- Sonoma (12, 116)
- Santa Rosa (29)
- Inverness
- Bodega
- Bodega Bay **27**
- Jenner
- ★ Fort Ross State Historic Park
- Salt Point State Park
- Stewarts Point
- Gualala
- ★ Point Arena Lighthouse **28**
- Elk
- Albion
- Van Damme State Park
- Mendocino **29**
- Fort Bragg **30**
- Westport
- Leggett
- Lost Coast
- Garberville
- **31** Avenue of the Giants – Humboldt Redwoods S.P.
- Phillipsville
- Scotia
- Cape Mendocino Lighthouse
- Ferndale **32**
- Humboldt Bay National Wildlife Refuge
- Fortuna
- Eureka **33**
- Arcata
- McKinleyville
- Trinidad **34**
- Patrick's Point State Park
- Orick
- Redwood N.P.
- Thomas H. Kuchel Visitor Center
- Klamath **35**
- Trees of Mystery
- Jedediah Smith Redwoods State Park
- Gasquet (199)
- Crescent City **36**

California / Oregon

- Brookings-Harbor **37**
- Harris Beach State Park
- Samuel H. Boardman State Scenic Corridor
- Gold Beach
- Humbug Mountain State Park
- Cape Blanco
- Port Orford **38**
- Langlois
- Bandon Marsh National Wildlife Refuge
- Bandon **39**
- Coos Bay
- Charleston
- North Bend
- Shore Acres State Park
- Oregon Dunes National Recreation Area **40**
- Umpqua Lighthouse
- Reedsport
- Gardiner
- Florence
- Sea Lion Caves
- Cape Perpetua
- Yachats **41**
- Waldport **42**
- **44** Yaquina Head Lighthouse
- Newport **43**
- ★ Depoe Bay
- Devil's Punchbowl
- Lincoln City **45**
- Devil's Lake State Recreation Area
- Siuslaw National Forest
- Cloverdale
- Cape Meares Lighthouse
- Tillamook **46**
- Portland **47**
- Garibaldi
- Rockaway Beach
- Oswald West State Park
- Manzanita
- Cannon Beach **48**
- Seaside **49**
- Lewis and Clark National Historical Park
- Warrenton
- Astoria **50**

Oregon / Washington

- Columbia
- Ilwaco
- Lewis and Clark National Wildlife Refuge
- Willapa Bay
- **103** Long Beach
- Oysterville
- Cape Disappointment State Park & Lighthouse
- South Bend **51**
- Raymond
- Grayland (105)
- (12)
- **53** Seattle
- Aberdeen **52**
- Olympic Peninsula

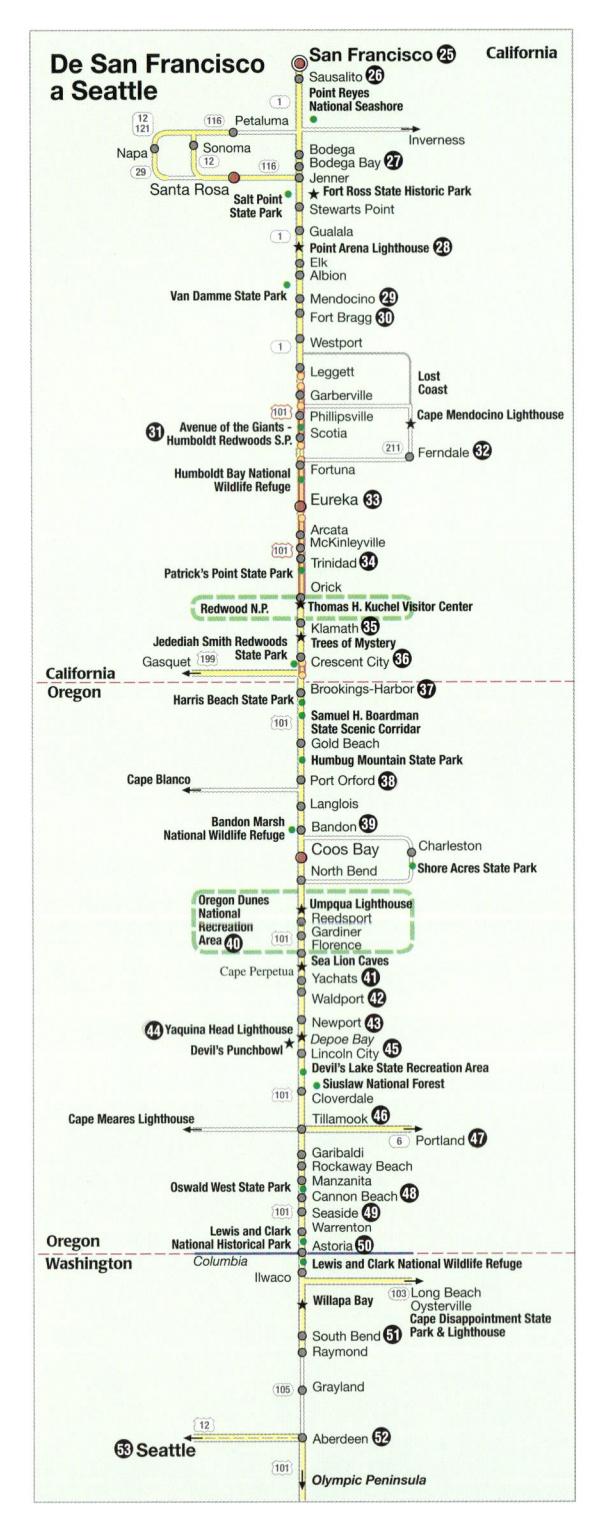

passeio panorâmico, com um litoral amplo, vida marinha, vacas pastando em pastos exuberantes e o histórico **Point Reyes Lighthouse** (tel.: 415-669-1534; centro de informações turísticas e escadaria do farol: 5ª-2ª). Planeje parar para fazer uma refeição ou passe a noite na charmosa **Inverness**, que tem várias pousadas e uma boa delicatéssen e padaria.

O delicioso leite daquelas vacas é o segredo dos espetaculares queijos artesanais que agora são feitos em Marin. Alguns dos melhores vêm da **Cowgirl Creamery** (tel.: 415-663-9335; www.cowgirlcreamery.com; diariamente), com fábricas de laticínios em Petaluma e Point Reyes Station, onde você pode assistir à fabricação de seus premiados queijos. O príncipe Charles e sua esposa Camilla visitaram-na em 2005, atraídos principalmente pela excelente comida dessa região.

Região dos vinhos

Você pode pegar a estrada a leste de Point Reyes Station (ou a Highway 101 para o norte, de Sausalito até Novato) a **Pentaluma**, virando para leste na Highway 116. Depois dos condomínios sofisticados que se aglomeram em torno da baía, a maravilhosa região aberta de colinas arredondadas e fazendas do condado de Marin oferecem uma viagem muito agradável até a histórica **Sonoma**, centro da região vinícola do vale de Sonoma.

Com várias vinícolas distintas e salas de degustação espalhadas pelo vale, Sonoma parece menos frenética do que Napa, sua vizinha famosa. As atrações incluem as Gloria Ferrer Champagne Caves, o Château St Jean e a Buena Vista Winery – a vinícola mais antiga da Califórnia, de 1857. Um guia para degustação de vinho em todo o vale está disponível no centro de informações turísticas do vale do Sonoma, na First Street (tel.: 866-996-1090; www.sonomavalley.com; diariamente).

No lado leste das montanhas, a Highway 29 atravessa a mais renomada região produtora de vinhos dos Estados Unidos, o **vale do Napa**. Ocupam a bonita paisagem ondulada cerca de trezentas vinícolas, uma ao

DE SAN FRANCISCO A OREGON

lado da outra, variando de produtores artesanais a empresas enormes. Para quem visita pela primeira vez, talvez seja um pouco exagerado; por isso, pare no centro de informações turísticas do vale (tel.: 707-226-7459; www.napavalley.com; diariamente), no centro de **Napa**, a fim de pegar um guia para degustações e passeios.

Há salas de degustação na própria cidade, um lugar charmoso na beira do rio, com bons restaurantes, lojas de artigos gastronômicos e galerias. A bonita **St Helena**, com suas lindas casas antigas e lojas sofisticadas, é uma das bases preferidas. Na extremidade norte do vale, **Calistoga** é a mais charmosa de todas, com banhos minerais, rua principal em estilo vitoriano em arcos e atmosfera descontraída.

Bodega Bay, aves e praias

De volta ao litoral, a Highway 1 serpenteia ao longo da bela baía de Tomales, passando por fazendas de ostras e povoados rústicos, como Olema e o histórico Tomales, com suas construções de madeira da década de 1850.

Não é coincidência que Alfred Hitchcock tenha filmado *Os pássaros*, em 1963, nos arredores de **Bodega Bay** ㉗, onde são encontradas centenas de espécies de aves. Os pelicanos-marrons são especialmente abundantes. Logo ao sul e ligeiramente para o interior, na cidadezinha independente de **Bodega**, você pode ver a escola e a igreja de Santa Teresa, que apareceram no filme.

Depois de **Sonoma Coast State Beach**, começa outra porção realmente espetacular do litoral californiano, onde está Rivers End, de frente para a foz do rio Russian, em **Jenner**. Por quilômetros, a Highway 1 serpenteia em volta do desfiladeiro, sempre subindo. O topo do desfiladeiro seguinte foi coberto com pedras, formando uma ponte sobre a qual passa a estrada.

Ela passa pela paliçada de madeira do **Fort Ross State Historic Park** (tel.: 707-847-3437; www.fortross.org; diariamente). Para quem gosta de história, vale a pena explorar o forte cheio de canhões, com igreja e casamatas – pelo menos para refletir sobre como os caçadores russos de lontras do século XIX (em busca de peles) suportavam os rigorosos invernos numa das partes do litoral em que mais venta. Eles tinham uma fortificação tão boa que os vizinhos nativos e espanhóis os deixaram em paz. Em 1842, após 30 anos de caçada incessante de lontras, os russos

Balões sobre o vale do Napa.

Os vales do Napa e de Sonoma são grandes atrações em estradas panorâmicas.

> **FATO**
>
> O clássico *Os pássaros*, de Hitchcock, foi filmado em parte em Bodega e em Bodega Bay, na Califórnia; já Mendocino apareceu em *Juventude transviada* e *Vidas amargas*, ambos estrelados por James Dean.

Farol de Point Arena.

venderam o lugar para o fazendeiro John Sutter e foram embora.

Em **Salt Point State Park**, as árvores descem até a beira d'água nesse bonito trecho com aroma de pinho. Perto da rodovia, há muitas outras praias – Stump Beach e Fisk Mill Cove, por exemplo. Na maior parte do tempo, você estará sozinho, pois é perigoso nadar em razão das correntezas de retorno e das ondas que os guardas-costeiros chamam de "pega-dorminhoco". O **Stewarts Point** já foi uma "casinha de cachorro" para escunas – assim chamada porque os ancoradouros eram tão pequenos que "só um cachorro caberia neles". Depois de Pebble Beach, Stengel Beach e mais 13 km (8 milhas) de uma estrada sinuosa de duas pistas, uma ponte sobre o rio Gualala marca o fim do condado de Sonoma.

Mendonoma

Mendonoma, nome derivado dos condados vizinhos de Sonoma e Mendocino, identifica a região costeira entre o rio Russian, em Jenner, e o rio Navarro, ao norte de Point Arena. Uma mistura de russos, alemães e espanhóis povoou **Gualala** no século XIX. Em meados do século XX, havia ali quatro serrarias e quatro bares. A Wells Fargo e a Western Union tinham escritório no Gualala Hotel, construído pelo fundador da cidade em 1903, quando um quarto com banheiro e vista para o mar custava 5 dólares. O escritor Jack London hospedou-se aqui há um século, e parece que as coisas não mudaram muito desde então. Desde que a última serraria fechou, o turismo ocupou o lugar.

O nome da cidade é uma palavra nativa que significa "onde a água escoa"; você pode sair do estuário de canoa ou de caiaque e remar rio Gualala acima, procurando as águias-pescadoras, as garças, os martins-pescadores e as lontras de rio que habitam o lugar. Muitos artistas da região moram no entorno ou na própria cidade, que tem várias galerias, lojas e um programa completo de concertos e apresentações teatrais no **Gualala Arts Center** (tel.: 707-884-1138; www.gualalaarts.org). A arte e a natureza juntam-se no festival Art in the Redwoods, em agosto, e no Redwood Coast Whale and Jazz Festival, em abril.

Uma estrutura de madeira no estilo do Velho Oeste marca um armazém geral em **Anchor Bay**. Depois, a estrada que abraça o litoral, às vezes vazia, parece quase deserta. Os 24 km (15 milhas) da sinuosa rodovia de duas faixas proporcionam tempo suficiente para refletir sobre aquela lei estadual que determina que um veículo lento deve sair da pista quando cinco ou mais veículos se enfileirarem atrás dele.

Depois da graciosa cidade de Point Arena, uma das experiências verdadeiramente grandes no litoral é o **Point Arena Lighthouse** ❷❽ (tel.: 707-882-2809; www.pointarenalighthouse.com; diariamente), cuja ponta pode ser avistada no início do desvio de 3 km. Uma torre branca de beleza clássica, com 34 metros de altura e 145 degraus, substituiu o antigo farol destruído pelo terremoto de 1906, em San Francisco. Nos anos 1970, a lente francesa Fresnel de 2 toneladas (que flutuava num tubo de mercúrio) foi substituída por um farol do tipo usado em balizamento aéreo. Ele é conservado por um grupo sem fins lucrativos formado por moradores da cidade, e você pode passar a noite em alguma casa alugada para temporada perto dali.

Quilômetros de pastagem aberta pontilhada de celeiros caindo aos pedaços e vacas pastando seguem-se a Point Arena. Então, a estrada mergulha, vira, sobe e mergulha novamente, serpenteando através das minúsculas **Elk** e **Albion**, lindas comunidades de beira de estrada nos dois lados do rio Navarro, com trilhas íngremes que descem até a praia. Quando a estrada cruzar a ponte do rio Albion, olhe para baixo, a fim de apreciar a linda vista do rio correndo para encontrar o mar, com grandes afloramentos de rocha emoldurando a foz perto do litoral. Há outra bela travessia em Little River, conforme a estrada se retorce em volta de altos penhascos antes de descer para um trecho frondoso nos limites do **Van Damme State Park** (que tem uma floresta anã de pinheiros e ciprestes), com vislumbres ocasionais do mar.

Mendocino

A linda e antiga cidade de **Mendocino** ㉙ foi fundada por pescadores de baleia da Nova Inglaterra e é um dos lugares mais admirados da costa. Ela é um grande sucesso entre os viajantes de passagem, mas, se você decidir ficar mais e pernoitar, será recompensado com ótimos restaurantes (alguns com cardápios saudáveis), várias pousadas, além de galerias de arte, joalherias, lojas de presentes e cafés pitorescos. Toda a cidade é tombada pelo patrimônio histórico. Entre várias residências vitorianas que expõem obras de época estão o **Ford House Museum and Visitor Center** (tel.: 707-937-5397; www.mendoparks.org; 6ª-2ª), de 1854, e a **Kelley House** (tel.: 707-937-5791; kelleyhousemuseum.org; jun.-set., diariamente; out.-maio, 6ª-2ª), de 1861. O **Mendocino Art Center** (tel.: 707-937-5818; www.mendocinoartcenter.org; 4ª-dom.), fundado por Bill e Jennie Zaca em 1959, expõe a obra de artistas locais e nacionais. As trilhas percorrem os penhascos que ficam de frente para a baía de Mendocino, com belas vistas. Nota: estacionar em Mendocino é difícil.

Ao norte de Caspar, os encantadores **Mendocino Coast Botanical Gardens** (tel.: 707-964-4352; www.gardenbythesea.org; diariamente) valem uma parada, nem que seja só para caminhar pela perfumada floresta de pinheiros até o mar, apreciando o jogo de luz e sombra. É um bom lugar para avistar baleias na temporada; aqui

Estátua em Mendocino.

A caminho de Mendocino.

> **DICA**
>
> Se não estiver com vontade de se cansar na viagem de ida e volta, que dura de quatro a cinco horas, para ver as atrações escondidas da Lost Coast, você pode contratar um guia em Ferndale; peça informações detalhadas no local.

Caminhando entre as flores silvestres ao longo de uma trilha na Lost Coast.

também é possível comprar plantas. Nas proximidades fica **Noyo Harbor**, que já foi o maior porto madeireiro entre Eureka e San Francisco; hoje ele é uma marina de barcos de pesca esportiva, junto com uma "vila de pescadores" e muitos restaurantes.

Fort Bragg

Um naufrágio de 1820 levou à fundação de **Fort Bragg** ㉚, quando caçadores de tesouro chegaram para saquear os destroços e descobriram as sequoias. Foi construído um forte, e o Bureau of Indian Affairs criou uma reserva para os índios *pomo*. As madeireiras brotaram de repente, junto com a ferrovia para transportar seu produto. Quando o terremoto de 1906 devastou grande parte de San Francisco, foram as madeireiras de Fort Bragg que forneceram material para a reconstrução. O famoso e antigo **Skunk Train** ["Trem do Gambá"] (tel.: 707-964-6371; www.skunktrain.com), que costumava carregar madeira pelas montanhas até a serraria de Willis, é atração turística há anos e ainda segue o mesmo trajeto pitoresco ao longo do rio Noyo, através dos bosques de sequoia.

O que resta do forte original, junto com as construções vitorianas que sobreviveram, pode ser visto uma quadra a leste da Main Street (Highway 1), perto da estação do Trem do Gambá, na Laurel com Franklin. Tanto o **Guest House Museum** (tel.: 707-964-4251; www.fortbragghistory.org; maio-out., diariamente; nov.-abr., 5ª-dom.), com exposições sobre a história local, quanto a premiada **North Coast Brewing Company** (tel.: 707-964-2739; www.northcoastbrewing.com), pioneira no movimento de microcervejarias fundado em 1988, datam de 1892 e ficam na Main Street. Fort Bragg é uma cidade operária despretensiosa que também tem muitos viveiros de plantas, um dos quais abriga milhões de árvores para projetos de reflorestamento.

A costa perdida

Belos povoados, vistas maravilhosas das ondas que quebram com estrondo e da arrebentação marcam a estrada costeira sinuosa depois de Fort Bragg. Ao norte de **Westport**, após 35 km (22 milhas) de um litoral pitoresco e espetacular, a Highway 1 olha pela última vez para o mar antes de entrar 40 km (25 milhas) para o interior. Aqui, ela se funde com a US 101 em Leggett, e exceto por um breve trecho perto de Eureka, desaparece para sempre.

A estrada costeira relativamente inacessível (e geralmente sem pavimentação) segue pelo primitivo **Sinkyone Wilderness State Park** (instalações limitadas), na famosa **Lost Coast**, uma área de "praias de areia preta e florestas antigas num paredão de picos açoitados pelo vento", como observou um escritor. Além do parque estadual, na **King Range National Conservation Area** (www.blm.gov/ca/st/en/fo/arcata/kingrange/index.html), os 56 km (35 milhas) de trilhas costeiras e os seis *campings* são gerenciados pelo departamento de administração de terras do governo federal.

Esse litoral, projetado para um prolongamento da Highway 1, pode ser visitado por uma estrada circular que se pega em Weott, ao norte de Leggett. A estreita estrada vicinal cruza o rio Mattole em Honeydew, atravessa Petrolia, local da primeira greve de petroleiros do estado – que não deu em nada – e prossegue para a costa, ao norte de Ferndale, onde novamente dá uma guinada para o interior, a fim de se reunir outra vez com a US 101.

Avenida dos gigantes

Novamente para o sul, a Highway 1 sobe e atravessa uma floresta litorânea de sequoias e junta-se à US 101 em **Leggett**, onde você vai encontrar figuras em sequoia entalhadas com motosserras (a do Pé-Grande é uma das favoritas) e o **Confusion Hill** (tel.: 707-925-6456; www.confusionhill.com; diariamente). Este último é uma clássica atração de beira de estrada da década de 1940 que as crianças e os adultos vão adorar. Nele há um passeio de funicular pela montanha, o totem entalhado mais alto do mundo, uma casa feita a partir de um tronco de sequoia e uma casa da gravidade, onde a água corre para cima, uma bola de golfe sobe uma rampa e uma cadeira impede que você se levante sem usar os braços. Alguns dos efeitos são ilusões de óptica óbvias, mas o proprietário diz que são coisas que ele ainda não consegue explicar.

Com vários restaurantes e motéis, **Garberville** é um lugarzinho agradável para fazer uma pausa na viagem, antes de entrar na região das sequoias propriamente dita. Mais ao norte, em **Phillipsville**, a **Avenue of the Giants** ㉛, com 50 km (31 milhas) de extensão, é uma alternativa irresistível à paralela US 101, e em alguns lugares é possível sair dela e voltar. Aqui, há árvores com mais de 90 metros de altura e até 6 metros de diâmetro. "Delas vem o silêncio", escreveu John Steinbeck.

Um punhado de construções é tudo o que resta de duas cidades pequenas que ocupavam as duas margens da rota, até que foram levadas pela inundação em 1964. Fora isso, a rota por essa estupenda floresta de sequoias de 20.250 hectares não mostra sinais de habitação humana. Uma série de pequenos bosques é dedicada a vários grupos e indivíduos que lutaram para preservar esse enclave magnífico. São lugares de contemplação. "Não vemos a natureza com nossos olhos", escreveu William Hazlitt, "mas com nossa compreensão e nosso coração." Muitas das árvores do lado leste foram plantadas nos anos 1980, em projetos de reflorestamento.

Túnel na árvore Chandelier, em Leggett.

Avenida dos Gigantes.

> **CITAÇÃO**
>
> Nunca vi uma árvore descontente. Elas agarram o chão como se gostassem dele e, embora bem enraizadas, viajam tão longe quanto nós.
>
> John Muir

Caminhada pelos bosques majestosos do Humboldt Redwoods State Park.

Perto da cidade de **Myers Flat** fica a **Drive-Thru Tree**, uma das preferidas das crianças e dos turistas. Antes de Weott, o **Humboldt Redwoods State Park Visitor Center** (tel.: 707-946-2263; diariamente) oferece exposições explicativas sobre as sequoias (*Sequoia sempervirens*), que atraem fãs de árvores de todo o mundo.

Sequoias

A sequoia há muito é aclamada por sua densidade e cor profunda, e, apesar do declínio da indústria da construção e da competição com árvores mais comuns, como o cedro, ela continua em demanda. A indústria madeireira, que cresceu com a corrida do ouro, teve pouco impacto no cinturão das sequoias até o advento da motosserra na década de 1940, que abriu caminho para que grandes extensões dessas árvores fossem desmatadas num único dia. São necessários 40 anos para cultivar um talhão de sequoias para o uso, entre outros, como material para fabricar papelão, e 500 anos para desenvolver o grão fino e a tonalidade vermelha sanguínea que a tornaram tão popular. Os conservacionistas calculam que as árvores são derrubadas 2,5 vezes mais rápido que o ritmo da regeneração.

As sequoias inspiram não só os turistas que passam, mas também constituem toda a sobrevivência da comunidade de Humboldt. Os escultores dão à madeira a forma de ursos-pardos em tamanho natural, para vender na beira da estrada. Outros, por um ingresso de valor alto, mostram os troncos sólidos que crescem em seus quintais. Caminhões enormes carregam pela rodovia tanto troncos quanto tábuas prontas e são um lembrete constante de que as árvores da área são uma necessidade econômica, além de maravilhas da natureza.

O **Fortuna Depot Museum** (tel.: 707-725-7645; www.sunnyfortuna.com; jun.-ago., diariamente; set.-maio, 5ª-dom.) expõe a história local do corte da madeira e do transporte ferroviário. Localizada numa estrada vicinal entre Fortuna e Eureka fica a minúscula **Loleta**, famosa pela produção de queijo e de sorvete. Sua fábrica, que apareceu no filme *Halloween III: a noite das bruxas*, de 1982, produz sorvete em massa de muitos sabores para várias empresas.

História vitoriana de Ferndale

Ferndale ㉜, na margem do rio Eel, a oeste da US 101 (aonde se chega saindo da rodovia para oeste, logo ao norte de Fortuna), tem tantas lojas e casas de estilo vitoriano vivamente pintadas – muitas das quais transformadas em encantadoras pousadas –, que a cidade inteira tem sido designada patrimônio histórico estadual. A **Gingerbread Mansion Inn**, na Berding Street, com torres e cumeeiras elaboradas, é extraordinária; a construção mais antiga da cidade, a **Shaw House Inn** *(ver p. 423)*, com dezoito cômodos, foi inspirada em *House of the Seven Gables* [*A casa das sete torres*], de Nathaniel Hawthorne. O clima ameno o ano todo estimula a jardinagem entusiasta – não fique surpreso se você vir ciprestes com formato de balas de goma gigantescas; a cidade é assim.

No início da Main Street fica o **Victorian Inn** *(ver p. 423)*, com 110 anos de idade; igualmente notável é o **Ferndale Emporium**, descendo a rua, que serve chás da tarde requintados de 5ª a sábado. Você pode aprender mais sobre a história da cidade no **Ferndale Museum** (tel.: 707-786-4466; www.ferndale-museum.org; jun.-set., 3ª-sáb.; out.-maio, 4ª-sáb.).

Um motorista de cartola oferece passeios pela cidade numa carruagem puxada por cavalo, e há uma "*soda fountain*" na Main Street. É compreensível que Ferndale atraia diretores de cinema, que usam esse cenário para filmes de cinema e de televisão. A cidade é também o berço da divertida Kinetic Sculpture Race, que consiste em esculturas movidas por seres humanos que competem numa corrida anual de três dias que parte de Arcata.

Farol do cabo Mendocino e Eureka

A viagem para o sul pela Lost Coast, saindo de Ferndale, segue a antiga rota das diligências – conhecida localmente como Wildcat Road – e sobe bem alto nas montanhas. Após 48 km (30 milhas) de curvas, desce para cruzar o rio Bear e chega à extinta comunidade de Capetown. Perto da praia deserta de areia preta fica a imensa Sugarloaf Rock, e nas proximidades está a Steamboat Rock, que se parece com um grande petroleiro encalhado no mar.

O cabo Mendocino é o ponto mais ocidental da Califórnia. O **Cape Mendocino Lighthouse** foi concluído em 1868, depois de 2 anos de luta para trazer material por mar e transportá-lo para o alto do penhasco. Embora o farol alertasse um sem-número de embarcações sobre as águas perigosas, em seus 83 anos de história pelo menos nove navios naufragaram perto desse litoral acidentado. Desativado em 1951, o vento e o mar teriam levado o farol também, mas ele foi resgatado e restaurado em 1999, e agora fica num parque na extremidade de Point Delgado (última 2ª de maio-primeira 2ª de setembro, quando há guias disponíveis).

De volta à rota principal, a Highway 101 retorna à costa na baía de Humboldt, onde passa por muitas das dez unidades do **Humboldt Bay National Wildlife Refuge** (www.fws.gov/humboldtbay; diariamente). Parada importante na rota migratória de aves no Pacífico, esse refúgio oferece um *habitat* de pântano protegido para dezenas de milhares de aves

Arquitetura vitoriana em Ferndale.

A Gingerbread Mansion Inn, em Ferndale, tem esse nome em razão do estilo generosamente ornamentado da arquitetura vitoriana.

A extremamente ornamentada Carson Mansion, em Eureka, foi projetada pelos arquitetos de San Francisco, Samuel e Joseph Newsome.

Eureka é conhecida pelo número considerável de construções vitorianas.

aquáticas, incluindo os gansos canadenses e as aves limícolas.

A maior cidade costeira da Califórnia ao norte de San Francisco, **Eureka** ❸ (27 mil habitantes) e sua **cidade velha** na orla com frequência representa a Fog City [apelido de San Francisco] nos filmes. Entre os primeiros hóspedes da mansão neotudor **Eureka Inn**, um ponto de referência construído em 1922, estavam Laurel e Hardy, Shirley Temple, John Barrymore e o britânico Winston Churchill, que parou em Eureka para visitar um velho amigo, editor do jornal local. Depois de ter ficado fechado por 6 anos para reformas, foi reinaugurado em 2010 sob nova direção. A distinta **Carson Mansion** – construída em 1886 por um barão da madeira com queda por cumeeiras, torres e torrinhas – é geralmente considerada a mais bela residência vitoriana do estado, se não de todo o oeste; hoje é um clube particular.

Na **Blue Ox Millworks** (tel.: 707-444-3437; www.blueoxmill.com; 2ª-sáb.), serraria vitoriana em funcionamento, os turistas podem observar os artesãos trabalhando e apreciar quanto da ornamentação vistosa típica das casas vitorianas era feito à mão. A antiga Carnegie Library, na F. Street, com seus maravilhosos balcões e pilares de sequoia, foi transformada no agradável Morris Graves Museum of Art (tel.: 707-442-0278; www.humboldtarts.org; 4ª-dom.). Recebeu o nome do pintor Morris Graves, fundador da Northwest School of Art, no noroeste do Pacífico, que faleceu em 2001. Graves doou parte substancial de sua coleção particular de arte, inclusive algumas de suas obras, e o uso de seu nome para ajudar na criação do museu. Outras atrações são o **Clarke Historical Museum** (tel.: 707-443-1947; www.clarkemuseum.org; 4ª-sáb.), com um acervo de armas, artesanato nativo americano e objetos vitorianos, e, do outro lado da baía, em uma península, o **Humboldt Bay Maritime Museum** (tel.: 707-444-9440; www.humboldtbaymaritimemuseum.com; 3ª-4ª, 6ª-sáb.), com seus objetos de farol.

Ao lado do Humboldt Bay Maritime Museum fica a famosa **Samoa Cookhouse** *(ver p. 447)*, última remanescente das cozinhas de campanha das madeireiras da década de 1890, cujas regras incluem comer o quanto aguentar por um preço fixo e servir-se de tudo o que conseguir alcançar, desde que um dos pés permaneça no chão. Hoje, refeições enormes são servidas no estilo familiar, em longas mesas, e as mesmas regras se aplicam.

DE EUREKA A OREGON

Arcata, bem ao norte de Eureka, tem sido chamada de "Galápagos da América do Norte" porque o número de espécies de aves encontrado aqui é muito maior do que em qualquer outro lugar do estado. O centro de toda essa atividade é o **Arcata Marsh and Wildlife Sanctuary** (tel.: 707-822-8184; diariamente), um pântano de 124 hectares que foi criado pelo inovador tratamento de esgoto da cidade em Arcata Bay (que processa mais da metade da produção de ostras da Califórnia).

Entre os pássaros que se desenvolvem no santuário, localizado na rota migratória de aves no Pacífico, estão os gansos canadenses, espécie ameaçada que já chegou a menos de mil, mas que está sendo recuperada sob proteção federal. Outras aves notáveis encontradas aqui são os maçaricos-marmóreos, os gaviões-peneiras e as marrecas-carijós. Todos os anos em abril, observadores de aves de todo o país convergem para a cidade, para os Godwit Days, quando são oferecidas viagens de campo e oficinas. Empresas como Rookery Books [em português, "bando de gralhas"] e um produtor de café que anuncia *Our coffee is for the birds* ["Nosso café não vale nada"] indicam o grau de interesse pelos amigos de penas. A Câmara de Comércio, na G. Street, duas quadras ao norte da praça, publica uma lista gratuita de aves. Também na G. Street, o **Natural History Museum** (tel.: 707-826-4479; www.humboldt.edu/natmus; 3ª sáb.), da Universidade Estadual de Humboldt, tem exposições sobre tudo, de borboletas a caudas de dinossauro.

Arcata foi fundada em 1849 por um grupo de garimpeiros da região do rio Trinity e cresceu em volta do **Jacoby Building**, que fica na praça. Em uma época em que predominavam as construções de madeira, o prédio foi construído de alvenaria por um comerciante que abastecia as minas de ouro rio acima. Restaurado e reequipado com elegância, hoje ele abriga lojas estilosas, um museu ferroviário e dois dos melhores restaurantes da cidade. Um folheto para o passeio a pé pelas antigas casas vitorianas está disponível na câmara.

McKinleyville, a cidade de crescimento mais acelerado do condado de Humboldt, é também a mais próxima do aeroporto, que tem o equivocado nome de Eureka-Arcata. A cidade afirma ter o mais alto totem feito de um tronco só (no *shopping center*). A **Azalea State Natural Reserve** (tel.: 707-488-2041; diariamente), de 12 hectares, que floresce na primavera, pode ser alcançada por uma trilha próxima a North Bank Road (pegue a saída da US 101 para a Central Avenue).

A praia do luar e a pedra do casamento

Depois dos últimos 161 km (100 milhas) juntas, a Highway 1 separa-se da US 101 em **Moonshine Beach**, logo ao norte do aeroporto. Por encantadores 32 km (20 milhas) ou mais, ela corre paralela à costa e atravessa o lindo povoado de **Trinidad** ❸❹ (367 habitantes), nos campos de cima do penhasco, batizado por um explorador espanhol em 1775 e local que abriga um pequeno museu. Abasteça seu veículo aqui, pois esse é o último posto de combustível desse trecho panorâmico.

Mais ao norte fica o **Patrick's Point State Park** (tel.: 707-677-3570; diariamente), onde é possível admirar as focas tomando banho de sol nas rochas perto de Rocky Point e explorar as poças na maré baixa. O parque tem o nome de um índio patrulheiro que se fixou aqui em 1851. **Wedding Rock** é um local muito procurado para cerimônias de casamento, conduzidas ao som das ondas que quebram abaixo. A rocha ganhou esse nome do primeiro zelador do parque, Vieggo Andersen, cujo casamento com a governanta, em 1933, deu início a um costume popular. Cenas de *Jurassic Park: o mundo perdido*, de Steven Spielberg, foram filmadas no parque. Mais perto da rodovia fica o sítio da antiga vila *yurok*, onde você verá uma canoa antiga feita a partir de um tronco de árvore que foi escavado pelo fogo, perto de um jardim de

> **DICA**
>
> Se você fizer uma parada no Patrick's Point State Park, ande pela Rim Trail, uma caminhada circular de 6,5 km que segue um antigo caminho indígena sobre os penhascos do parque. Ramais mais íngremes da trilha saem da rota principal para pontos que se projetam no oceano, proporcionando vistas deslumbrantes.

Café em Arcata Plaza, Arcata.

> **DICA**
>
> Contate a tradicional Tributary Whitewater Tours (tel.: 800-672-3846) para experimentar o *rafting* de corredeira no rio Smith, no norte da Califórnia, que só pode ser praticado entre março e maio. Os graus de dificuldade variam de III (moderado) a V (extremamente difícil).

plantas nativas. É permitido acampar e, para aqueles que gostam do luxo dos "*glampings*" (acampamentos de luxo), é possível alugar uma *yurt* (tendas abobadadas com apoios estruturais, piso de madeira, portas com chave, camas confortáveis, eletricidade e aquecimento).

Uns 22 km (14 milhas) ao norte de Patrick's Point, na rodovia, antes de Orick, pare no **Thomas H. Kuchel Visitor Center** (tel.: 707-465-7765; diariamente) para obter informações sobre trilhas e *camping* no **Redwood National Park** (tel.: 707-465-7335; www.nps.gov/redw; diariamente). Três parques estaduais – Prairie Creek Redwoods, Del Norte Coast Redwoods e Jedediah Smith Redwoods – protegem 53.418 hectares de bosques de sequoias daqui até Crescent City.

As sequoias podem ultrapassar os 110 metros de altura e são as criaturas mais altas da Terra. Registros fósseis indicam que, milhões de anos atrás, quando o clima era mais quente e mais úmido, elas eram encontradas por todo o hemisfério norte. Hoje, apenas fragmentos isolados de bosques de sequoias sobreviveram, principalmente na Califórnia e na China.

Perto de **Orick**, antigo e importante centro madeireiro, saia na sinalização para Newton B. Drury Scenic Parkway, que atravessa o **Prairie Creek Redwoods State Park** (tel.: 707-464-6101), uma longa avenida de árvores incrivelmente altas. Se estiver interessado em fazer caminhadas, pare para obter informações no **Prairie Creek Visitor Center** e pegue uma das muitas trilhas que partem dali. Se continuar dirigindo, você provavelmente vai ver o grupo de alces de Roosevelt que habita a área e costuma pastar ao lado da rodovia. Esses animais devem ser tratados com respeito, pois são imprevisíveis. Um desvio que vale a pena fazer é descer de carro pela estreita e esburacada trilha costeira, ao longo da **Golden Bluffs Beach** (um bom lugar para fazer piquenique, explorar as poças de maré e observar pássaros e baleias). A trilha segue através de um bosque denso até **Fern Canyon**, uma mágica ravina margeada, em ambos os lados, por penhascos escarpados cobertos de samambaias.

Esculturas feitas com motosserra

Pouco antes de **Klamath** ㉟, a US 101 corre paralela ao largo **rio Klamath**, antigamente usado pelos índios *yurok* e agora um paraíso para os pescadores de salmão e de truta-arco-íris. Para ter uma vista esplêndida do local onde o rio encontra o mar, entre na Requa Road à esquerda e vá até um mirante que fica 183 metros acima do nível do mar. (Essa estrada vicinal é sem saída e termina depois de alguns quilômetros.) As minas de ouro bem acima, no rio Klamath, antigamente eram servidas por barcos a vapor, que traziam suprimentos pela costa desde San Francisco e passavam pela cidade. Hoje, o rio é muito procurado para passeios de *jetboat*, que partem de Klamath para ver animais silvestres, como alces e ursos. Enormes imagens do lendário lenhador Paul Bunyan e de seu boi azul, Babe, e as árvores esculpidas com motosserra anunciam a famosa atração turística **Trees of Mystery** (tel.: 800-638-3389; www.treesofmystery.net; diariamente).

Uma trilha passa por alguns agrupamentos incomuns: nove árvores que crescem a partir de uma raiz e formam a conhecida **Cathedral Tree**; uma dúzia de outras que crescem de um único tronco de abeto *sitka*. É cobrado ingresso em cada trilha, mas

Alce de Roosevelt na praia de Gold Bluffs.

DE SAN FRANCISCO A OREGON

o interessante museu, que abriga um grande acervo de trajes e artesanatos *yurok*, é gratuito. Nos arredores, a **Sky Trail** é uma subida de 480 metros que oferece vistas dos bosques a partir da copa de uma árvore.

A US 101 continua pelo **Del Norte Coast Redwoods State Park**, o menor dos parques estaduais. A estrada abraça a costa e contorna muitas baías bonitas antes de começar uma longa subida, onde o tráfego pela estrada estreita é controlado por sinais alimentados por energia solar. Árvores altas flanqueiam a maior parte dos 16 km (10 milhas) finais até Crescent City, até que o mar apareça mais uma vez, pouco antes da cidade.

Preservação das sequoias e caçadores de pele

Crescent City ㊱, que tem esse nome em razão do formato da baía onde fica a cidade, espalha-se, um pouco sem graça, atrás de uma enseada interessante; o local é repleto de restaurantes, com um mercado de frutos do mar e o **Northcoast Marine Mammal Center** (tel.: 707-465-6265; www.northcoastmmc.org), onde focas e leões-marinhos machucados passam por reabilitação. A oeste da enseada, o **Battery Point Lighthouse** (tel.: 707-464-3089; diariamente no verão; out.-abr., sáb.-dom.) pode ser visitado com a maré baixa e abriga um museu com fotografias de alguns dos naufrágios ocorridos perto dessa costa traiçoeira.

Quando o ambientalista John Muir visitou Crescent City em 1896, embarcou num trem madeireiro para ver "a obra da ruína em ação". Algumas das sequoias, segundo ele, tinham até 61 metros de altura e 6 metros de diâmetro – ainda assim, dois homens conseguiam derrubá-las em um único dia. Essas experiências levaram Muir a lutar pela preservação das sequoias.

O **Jedediah Smith Redwoods State Park** (tel.: 707-458-3018), o parque estadual de 4 mil hectares a leste, tem o nome de Jedediah Smith, o primeiro caçador de peles a explorar a região, na década de 1820. É um ótimo lugar para fazer caminhadas e piqueniques, acampar, pescar, nadar e praticar *rafting* de corredeira no espetacular e turbulento rio Smith, o único sistema fluvial não represado da Califórnia. Em Hiouchi, pare no **Jedediah Smith Visitor Center** (maio-set.) para obter informações sobre visitas ao parque estadual. Em **Gasquet**, uma agência de serviço florestal (tel.: 707-457-3131) fornece mapas e informações sobre Six Rivers National Forest e reserva um pernoite numa remota cabana de observação de incêndios no topo do Bear Basin Butte. Saindo de Crescent City ou Gasquet para o norte, são menos de 40 km (25 milhas) até **Oregon**.

FATO

As terras num raio de 1,5 km do rio Klamath abarcam a reserva indígena *yurok*. Perto de Wedding Rock fica o sítio de uma antiga aldeia *yurok*, preservado, com sauna sagrada, fosso de danças cerimoniais e casas de tábuas simples com entradas circulares, através das quais as mulheres eram obrigadas a passar de costas.

No litoral, em Crescent City.

Pescaria na foz do rio Columbia, perto de Astoria, Oregon.

LUGARES Mapa na página 354 **367**

DE OREGON A WASHINGTON

O litoral acidentado de Oregon, com 644 km de extensão, é famoso por suas falésias basálticas e por seus faróis históricos, além da possibilidade de avistar as baleias-cinzentas migratórias ao longo de toda a sua costa até Washington.

A leal US 101 cobre todo o litoral de Oregon e entra no estado de Washington, permitindo o acesso a algumas das melhores paisagens costeiras dos Estados Unidos. Rural e mais acidentado do que a Califórnia, esse trecho da 101, que está sinalizado como "Pacific Coast Scenic Highway", leva o turista para muito perto de falésias, praias, vida silvestre e excelentes parques estaduais.

DE BROOKINGS-HARBOR A WALDPORT

A parte sul do litoral de Oregon a **Siskiyou Coast** – começa bastante tranquila, com uma viagem por áreas cultivadas. Navios estão encalhados em terra firme; primeiro, um enorme, ao lado do Ship Ashore Motel; depois, um antigo rebocador transformado em loja de suvenir, logo ao sul de **Brookings-Harbor** ㊲. Localizada na foz do rio Chetco, Brookings é a maior de duas comunidades. A frota de pesca esportiva fica ancorada aqui, e há também um centro de informações turísticas (tel.: 800-535-9469; www.brookingsharborchamber.com).

Brookings é um local muito procurado por aposentados, em virtude do clima ameno no inverno, com temperaturas que chegam aos 18ºC. A explicação científica para esse microclima é que a posição geográfica sudeste-nordeste que a cidade ocupa combina-se com as constantes zonas termais de baixa pressão, que fazem baixar o ar extremamente comprimido que se segue às tempestades. Uma das consequências disso é que a região é famosa pelas florescências da primavera e é a maior produtora dos lírios do país. O **Azalea Park** (tel.: 541-469-1100), com 13 hectares, atrai turistas na primavera, especialmente no fim de semana do Memorial Day, quando é realizado o Azalea Festival.

Algumas das paisagens costeiras mais espetaculares de Oregon estão protegidas no **Samuel H. Boardman State Scenic Corridor** (tel.: 800--551-6949), logo ao norte da cidade. O parque estadual estende-se por mais ou menos 19 km (12 milhas) de

Principais atrações
Boardman State Park
Coquille River Lighthouse
Coos Bay
Oregon Dunes
Sea Lion Caves
Yachats
Newport
Depoe Bay
Portland
Cannon Beach
Astoria

Reunindo os cavalos em Oregon

> **DICA**
>
> Locais em terras públicas ao longo da costa do Pacífico de Oregon exigem um passe. O **Oregon Pacific Coast Passport** (www.fs.usda.gov) está disponível para um dia, cinco dias ou para um ano, e cobre entrada, estacionamento e taxas diárias em todo o estado e em locais onde há taxa federal. O **Discover Pass** (http://www.discoverpass.wa.gov) do estado de Washington permite acesso ilimitado às terras do estado. Se você planeja visitar várias das terras administradas federalmente em suas viagens, invista em um **Interagency Pass** (80 dólares) anual.

Vista do litoral em Brookings-Harbor.

penhascos acidentados, enseadas reluzentes e formações rochosas no mar, como a rocha em arco e as pontes naturais. Março traz os narcisos; maio, as azaleias silvestres; e julho, os lírios-amarelos – todos os meses do ano atraem fotógrafos ávidos.

Locais de observação de baleias

Ao norte de Brookings-Harbor, perto do **Harris Beach State Park** (tel.: 541-469-2021), fica um dos 28 locais da costa de Oregon designados para a observação de baleias. A estação de observação de baleias é mantida por alguns dos 450 voluntários treinados que fazem parte do programa Whale Watching Spoken Here de Oregon no inverno, sediado no excelente Whale Watching Center de Depoe Bay, no quebra-mar.

As baleias-cinzentas deixam o mar de Bering em direção ao sul, até seus locais de reprodução nas lagunas protegidas de Baja California, de meados de dezembro até janeiro. Em março, elas começam a viagem de volta para o Alasca, assim que os recém-nascidos estão crescidos o suficiente para sobreviver à perigosa jornada. É uma extenuante viagem de ida e volta de 16 mil km, a uma velocidade de cerca de 8 km/h. Geralmente, as baleias ficam a 8 km da costa e, durante o pico da migração, passam em média trinta baleias por hora. Se você planejar sua viagem no tempo certo, você terá a oportunidade de avistar essa imagem emocionante.

A pedra do beijo

A US 101 logo cruza a **Thomas Creek Bridge**, a mais alta do estado, com 105 metros; em seguida, começa uma série de praias com dunas atrás, pouco antes do rio Pistol. As melhores ficam em volta da vistosa **Kissing Rock**, muito procurada por windsurfistas, entre Meyers Creek e Gold Beach. Esta última tem esse nome desde a década de 1850, quando garimpeiros descobriram que as areias da foz do rio Rogue estavam cheias de ouro em pó.

Hoje, várias empresas oferecem excursões em possantes *jetboats* para subir esse rio selvagem e bonito, que atravessa uma paisagem bela e intocada, repleta de vida silvestre; a parte alta do rio tem desfiladeiros espetaculares e bastante profundos. É possível praticar pesca esportiva de salmão e truta arco-íris, e também pesca oceânica. Há cavalos para alugar e cavalgar pela praia. Em **Gold Beach**, cidade descontraída – grande o suficiente para abrigar alguns bons restaurantes –, reserve tempo para visitar o **Curry Historical Society Museum** (tel.: 541-247-9396; www.curryhistory.com; fev.-dez., 3ª-sáb.). Em seguida, a Highway 101 cruza a graciosa Patterson Memorial Bridge, que fica sobre o rio Rogue, e continua subindo o litoral.

Em **Nesika Beach**, 11 km (7 milhas) ao norte, a rodovia fica paralela ao litoral. Morros baixos e cobertos de árvores flanqueiam a margem direita, e há um charco entre a estrada e o oceano. Rochas enormes, cobertas de musgo e líquen, projetam-se fora da água; em torno da **Humbug Mountain**, a paisagem é particularmente deslumbrante. Montanhas altas descem até a estrada, que contorna uma série de baías animadas pela espuma branca da arrebentação.

A cidade mais ocidental dos Estados Unidos

Preste atenção à direita, para ver a placa com um dinossauro pintado do lado de fora dos **Prehistoric Gardens**, que ficam na floresta. Pendurada num penhasco panorâmico, **Port Orford** ㊳ é a cidade mais ocidental dos estados contíguos dos Estados Unidos e foi porto madeireiro importante mais de um século atrás. Ao largo, depois do maltratado Shack Art Studio, há uma ilha arborizada chamada **Battle Rock**. Em 1851, o grupo original de colonizadores da ilha foi sitiado por nativos da região, ofendidos com a ocupação da terra. Um mês depois, um grupo maior de homens brancos chegou e tomou posse do local.

Da ilha, tem-se uma bela vista da costa até a montanha Humbug. Aprecie bem a linda baía de Port Orford, porque essa será a última visão sem obstáculos do oceano por quase 161 km (100 milhas), embora na estrada apareçam muitas placas de "COASTAL ACCESS" ["Acesso ao litoral"]. A nordeste da cidade, na Elk River Road, fica a **Elk River Fish Hatchery**, uma criação de peixes da espécie eperlano.

Faróis e região rural sossegada

Daqui, você pode fazer um desvio de 10 km (6 milhas) para **Cape Blanco State Park** e visitar seus históricos

FATO

A Gold Beach de Oregon tem esse nome desde 1850, quando os garimpeiros descobriram que as areias que cercavam a rocha estavam salpicadas de ouro em pó.

Exposição de estegossauro nos Prehistoric Gardens.

DICA

Pare no pequeno estacionamento da margem oeste da Riverside Drive, no Bandon Marsh National Wildlife Refuge (tel.: 541-347-1470), para encontrar a plataforma de observação. Esse refúgio é um dos melhores lugares para avistar aves limícolas raras, como o borrelho-mongol, e também um oásis para águias-calvas e pelicanos-marrons da Califórnia.

Coquille River Lighthouse.

Hughes House e **Lighthouse** (tel.: 541-756-0100; 3ª-dom.; excursões apenas da última 2ª de maio-primeira 2ª de set.). O farol fica no penhasco, a 75 metros acima do mar, e foi o primeiro no estado a ser equipado com as lentes Fresnel em 1870. Ele é gerido pelo departamento de administração de terras do governo federal. Em seguida, vem **Langlois**, situada numa região rural tranquila, cheia de vacas e ovelhas. Nos morros que cercam a cidade, há muitas fazendas isoladas de ovelhas, e tecelões vão encontrar uma fábrica de lã, com vendas de ponta de estoque, entre outras pequenas lojas de Langlois.

Quilômetros de tojo amarelo brilhante margeiam a chegada a **Bandon** ㊴, destruída duas vezes por incêndios no último século; uma chaminé de tijolos no local da antiga padaria permanece como memorial, bem ao lado da rodovia. Casas e ateliês de artistas e lojas de artesanato cercam a **cidade velha** de Bandon. O **Bandon Historical Society Museum** (tel.: 541-347-2164; www.bandonhistoricalmuseum.org; 2ª-sáb.) abriga uma exposição sobre o cultivo de mirtilo, que há mais de um século é feito nos pântanos vizinhos, desde que os primeiros colonizadores aprenderam a técnica com os nativos. Todo outono, a cidade celebra o cultivo no Cranberry Festival, e as plantações podem ser visitadas com hora marcada. Perto de Bandon fica o charmoso **Coquille River Lighthouse** (tel.: 541-347-3501; maio-out., diariamente), aonde se chega atravessando o **Bullards Beach State Park** (tel.: 541-347-2209), um grande parque estadual voltado para famílias.

Coos Bay é um porto importante no transporte de madeira, com armazéns e lenha empilhada à margem da estrada. Até o Mill Casino, administrado pela tribo *coquille*, fica numa serraria reformada. Em 1850, o capitão Asa Simpson fundou aqui uma serraria e um estaleiro, que construíram cerca de cinquenta embarcações antes do fim do século. Você também pode visitar a fábrica **Oregon Connection** (tel.: 541-267-7804; www.oregonconnection.com), de escala menor, uma das mais antigas fábricas de toras de loureiro da costa de Oregon, onde você pode ver troncos transformados em gamelas, cálices e outros produtos.

Um percurso de 39 km (24 milhas) a leste leva ao **Golden and Silver Falls State Natural Area** (tel.: 800-551-6949), uma joia escondida nas florestas costeiras, com cachoeiras de 30 metros de altura. Na costa, a vila de pescadores de **Charleston** é um bom lugar para provar caranguejo e frutos do mar frescos no Fisherman's Wharf. Continue para o sul, na bonita estrada **Cape Arago Beach Loop**, a fim de ter vistas deslumbrantes do oceano e observar focas, leões-marinhos e baleias dos mirantes. O cabo Arago é o lar do elefante-marinho, conhecido por suas habilidades de mergulho – atinge 1.200 metros de profundidade. O giro abarca três parques estaduais, incluindo o **Shore Acres State Park** (tel.: 541-888-4902), antigo jardim da espaçosa residência do barão da madeira, Louis J. Simpson, filho de Asa.

Dunas de Oregon

Do outro lado da magnífica **ponte McCullough**, que atravessa a enseada de Hayes, fica a vizinha da baía de

Coos, **North Bend**. Pare em **North Bend Welcome Center** (tel.: 541-756-4613; http://visittheoregoncoast.com/cities/north-bend/) para informações turísticas e descubra mais sobre o **Coos Historical and Maritime Museum** (tel.: 541-756-6320; www.cooshistory.org), que está construindo um novo e charmoso centro cultural para explicar a história local.

A **Oregon Dunes National Recreation Area** ㊵ começa em North Bend e protege uma vasta área de dunas de areia que chegam a 152 metros de altura e bloqueiam o acesso fácil à costa por 64 km. Há onze lugares diferentes com acesso à praia; pelo menos um deles, **Spinreel** (fique atento à sinalização na rodovia), tem *buggies* de aluguel (tel.: 541-759-3313; www.ridetheoregondunes.com) para brincar nas dunas desertas. As dunas são constantemente moldadas em diferentes formatos pelo vento e pela água, e são um refúgio para uma rica variedade de animais e vegetais, incluindo a framboesa vermelha e amarela, os morangos silvestres e, no outono, os mirtilos. Em **Umpqua Dunes Trailhead** (fique atento à sinalização na rodovia), você pode estacionar o carro e subir nas dunas.

Os fãs do "*glamping*" ficarão contentes ao saber que as instalações para acampar têm espaçosas *yurts*. Elas são projetadas para suportar ventos fortes e conservar o calor no inverno. Você vai vê-las em todo o sistema de parques do estado de Oregon, das rústicas às luxuosas (tel.: 800-551-6949, para obter informações e reservas). No verão, você pode fazer um desvio de 8 km (5 milhas) para visitar o **Umpqua Lighthouse State Park** (tel.: 541-271-4118). O farol de 1894 tem 19 metros de altura e sua lente tem um distinto brilho vermelho e branco. Ele substituiu o farol de 1857.

Dizem que a parte baixa da **baía de Umpqua** é o lugar mais fértil para os grandes moluscos de casca mole, alguns deles pesando cerca de 220 g. O delicioso caranguejo sapateira-do-pacífico é encontrado na baía de Winchester, onde o rio Umpqua encontra o mar. As lojas vendem equipamento e iscas para pescar caranguejos.

Passeio de buggy *pelas dunas do litoral sul de Oregon.*

Oregon Dunes National Recreation Area.

De Salmon Harbor a Gardiner

Pouco antes de **Salmon Harbor** (como era de esperar, o maior porto de pesca de salmão da costa de Oregon), fique atento à Rusty Frog Gallery, à direita; em seguida, cruze a ponte e entre em **Reedsport**, que fica no centro da Oregon Dunes National Recreation Area (NRA).

Aqui você vai encontrar o **Umpqua Discovery Center** (tel.: 541-271-4816; www.umpquadiscoverycenter.com; diariamente), um atraente centro educacional interativo que tem explicações sobre as dunas e muito mais. Também em Reedsport fica o **Oregon Dunes NRA Visitor Center** (tel.: 541-271-6000; 4ª-6ª), na US 101, administrado pelo serviço florestal norte-americano, que divulga o trabalho de preservação, publica listas de aves (só de gaivotas são cinco espécies diferentes) e pode ajudar a fazer reservas em campings (tel.: 541-271-3611). Uns 2 ou 3 km (1-2 milhas) a leste, na State 38, os turistas podem admirar rebanhos de alces de Roosevelt na agradável **Dean Creek Elk Viewing Area**, que também é um paraíso de águias-calvas, águias-pescadoras e garças-azuis.

Continuando para o norte, a Highway 101 atravessa **Gardiner**, com um bairro histórico de construções pitorescas, além de um cemitério de pioneiros. Ocupando o prédio da antiga Gardiner General Store, a **Tsunami Art Gallery** (tel.: 541-271-1597; 3ª-dom.), que contém o ateliê de esculturas de bronze de Mack Holman e que exibe esculturas, pastéis, porcelanas, bronze e pinturas a óleo, tem um nome apropriado, dada a quantidade de placas de "Área sujeita a *tsunamis*" ao longo da costa. Felizmente, a costa noroeste do Pacífico não foi prejudicada pelo *tsunami* que atingiu o Japão em 2011, mas os escombros continuam a chegar ao litoral; ao longo da costa há pontos de coleção de entulhos. Vislumbres de lagos e montanhas surgem através dos pinheiros ao longo da bonita estrada ladeada por floresta. Há muitos *campings*, e as dunas continuam por todo o caminho até Florence.

Florence e Sea Lion Caves

Florence tem uma enseada pitoresca, com alguns edifícios antigos ao fundo; ela fica particularmente bonita quando os rododendros exibem suas vistosas flores cor-de-rosa no fim da primavera. Na cidade velha, o **Siuslaw Pioneer Museum** (tel.: 541-997-7884; www.siuslawpioneermuseum.com; maio-primeira 2ª de set., diariamente; fev.-abr., out.-dez., 3ª-dom.) expõe fotos e objetos domésticos antigos. Quando os deslizamentos de terra bloqueiam a US 101 ao norte (como aconteceu durante meses, em 2000), essa é a última chance de seguir para o interior antes de Waldport. Se as condições de tráfego estiverem ruins, consulte a secretaria de transportes de Oregon (tel.: 888-275-6368; www.oregon.gov/odot), pois, mesmo quando a estrada está "fechada", ela fica aberta uma ou duas horas por dia, geralmente no início da manhã e no início da noite.

O farol **Heceta Head Lighthouse** (tel.: 866-547-3696; fim de semana da última 2ª de maio-fim de semana da primeira 2ª de setembro, 5ª-2ª), de 1894, fica no Heceta Head State Park, 18 km (11 milhas) ao norte de Florence. Pouco antes do farol, na base das falésias, ficam as **Sea Lion Caves** (tel.: 541-547-3111; www.sealioncaves.com;

Porto de Florence.

diariamente), a maior caverna marítima do mundo, com acesso por elevador. Só uma cerca de arame separa os visitantes das centenas de leões-marinhos de Steller, e é o mais perto que você vai chegar da toca subterrânea deles. As focas de pelagem malhada e os elefantes-marinhos são os pinípedes mais comuns nesse litoral; nenhum dos dois tem orelhas externas – ao contrário dos leões-marinhos. Outra diferença é que estes últimos conseguem girar as barbatanas traseiras e andar em terra.

O **Cabo Perpetua** é o ponto mais alto (245 metros acima do nível do mar) do litoral de Oregon. O **Cape Perpetua Visitor Center** (tel.: 541-547-3289), administrado pelo serviço florestal, é um excelente lugar para fazer uma pausa, aproveitar um programa guiado por um guarda-florestal e pegar mapas e sugestões para caminhadas na Siuslaw National Forest. Seu mirante tem uma vista incrível – a rodovia parece uma estreita fita prateada estendida ao longo da costa. Nota: você vai precisar comprar um National Forest Day Pass (custa cinco dólares e está disponível nos centros de informação turística do serviço florestal e em quiosques) para aproveitar as atrações das florestas nacionais do noroeste.

O Cape Perpetua Visitor Center fica 3 km (2 milhas) ao sul de **Yachats** ❹, cidade de nome curioso. Yachats é um balneário charmoso e descontraído, aninhado entre as montanhas e o mar, com trilhas na praia, poças de maré ricamente povoadas e boa pescaria. Antigamente famosa pela quantidade de eperlanos (peixe prateado parecido com a sardinha) que desovavam aqui, hoje a comunidade, com o declínio no número de peixes nos últimos anos, tem de importar eperlanos da Califórnia para a festa anual em julho, chamada de Smelt Fry.

Waldport ❷ fica na foz do rio Alsea, que chega ao mar vindo da Siuslaw National Forest. A US 101 entra na cidade pela enorme ponte da baía. Waldport é conhecida principalmente pelos peixes, caranguejos e mariscos. É também uma boa base para caminhadas.

DE WALDPORT A SEASIDE
Olhe para a direita quando estiver cruzando a baía de Yaquina e entrando em **Newport** ❸. O setor abaixo da ponte é a **Historic Bayfront** de Newport, cujas atrações incluem antigas tabernas, lojas de presentes, um porto cheio de barcos de pesca e um trio de atrações comerciais, que incluem os **Undersea Gardens** (tel.: 541-265-2206; www.marinersquare.com; diariamente), um aquário onde mergulhadores brincam atrás do vidro. Do outro lado da baía, **South Beach** tem o **Oregon Coast Aquarium** (tel.: 541-867-3474; www.aquarium.org; diariamente), que é maior e mais conhecido, e teve uma moradora famosa, a orca Keiko, que estrelou o filme *Free Willy*.

Para chegar à orla da baía, saia da rua principal no semáforo (em frente ao restaurante mexicano Mazatlan, que fica num edifício cinza feito de madeira) e desça a Hurburt Street. Mais adiante, atravessando a cidade, várias ruas conduzem para oeste até o porto marítimo, com calçadão e murais históricos. Uma quadra à frente, a Third Street leva até **Nye Beach**, antigamente a principal

A ponte coberta de Yachats cruza a bifurcação norte do rio Yachats, no condado de Lincoln, Oregon.

Heceta Head Lighthouse.

atração da costa de Oregon e ainda um destino que vale a pena para visitar o **Newport Visual Arts Center** (tel.: 541-265-6540; www.coastarts.org; 3ª-dom.), com excelentes exposições de arte, como a chamada "Washed Ashore", de 2012, que expôs obras feitas a partir dos escombros que chegam ao litoral, um tema importante depois do *tsunami* no Japão em 2011. O centro também tem um memorial ao famoso compositor Ernest Bloch, que passou as últimas décadas de sua vida em sua casa na vizinha Agate Beach.

Na US 101, em frente ao centro de informações turísticas (tel.: 541-574-2679), a ornamentada **Burrows House**, uma pensão dos anos 1890, é parte do **Oregon Coast History Center**, administrado pela Lincoln County Historical Society, que explica a história costeira de Oregon central. Nos arredores da cidade fica o muito fotografado **Yaquina Head Lighthouse** ㊹, construído em 1873 e parte da **Yaquina Head Outstanding Natural Area** (tel.: 541-574-3100; área e centro explicativo: diariamente; excursões pelo farol: 5ª-3ª).

Cerca de 8 km (5 milhas) ao norte de Newport, preste atenção nas placas para a **Devil's Punchbowl**, lugar onde um enorme buraco na pedra se enche de modo espetacular – e ruidoso – quando a maré sobe. As ondas são mais altas no Pacífico do que no Atlântico, porque o vento sopra continuamente sobre uma distância maior. É compreensível que o estudo das ondas – cuja altura equivale à distância entre o ponto mais alto (crista) e o ponto mais baixo (cavado) – seja de grande interesse para as comunidades litorâneas.

A capital da observação de baleias de Oregon

O **cabo Foulweather** [*foulweather* significa "mau tempo"] foi batizado em 1778 pelo capitão James Cook, navegador britânico. Foi a primeira coisa que ele avistou no continente norte-americano depois de ter "descoberto" o Havaí. Aqui, 152 metros acima do nível do mar, os ventos podem atingir 161 km/h. A pequena loja de presentes vende os cobiçados flutuadores de vidro verde usados nas redes de pesca, que vêm dar aqui depois de percorrer toda a distância do Japão até Oregon. Todos os anos, Lincoln City lança seus próprios flutuadores no Festival of Glass.

As falésias e os promontórios impressionantes são de basalto, formados pela lava derretida que atingiu o mar eras atrás e endureceu instantaneamente. Em alguns locais, o resfriamento instantâneo criou estruturas rochosas de

Caminhada em Cascade Head.

formatos estranhos, conhecidas como lavas almofadadas; elas podem ser vistas ao largo, perto do cabo Foulweather e em **Depoe Bay**, um bonito balneário que reivindica o título de menor enseada navegável do mundo. Depoe Bay é a capital da observação de baleias do Oregon, e, no quebra-mar, o **Whale Watching Center** (tel.: 541-765-3304; diariamente), administrado pelo estado, é um lugar espetacular para aprender tudo sobre baleias. Um grupo residente de baleias-cinzentas passa o verão alimentando-se nos leitos de algas perto de Depoe Bay. No porto, barcos oferecem excursões de observação de baleias e pescaria; essa é a sua melhor opção para escapar da água na costa de Oregon.

Na maré alta, a água do mar espirra na direção do céu através de duas formações rochosas, conhecidas localmente como **Spouting Horns**. Para ver bem de perto a ação das ondas, basta o turista caminhar ao longo do quebra-mar que acompanha todo o comprimento da cidade. Quando uma tempestade se aproxima, todos vão para um restaurante de Depoe Bay para ter uma visão frontal, completa, com efeitos sonoros.

Lincoln City

Passar arrastão para recolher flutuadores de vidro, colecionar madeira flutuante e estudar as poças de maré são passatempos populares nesse discreto trecho de litoral. As poças de maré podem ser consideradas *mini-habitats* oceânicos onde algumas criaturas esperam ansiosas que as ondas lhes tragam comida. Estrelas-do-mar nas cores rosa e laranja, anêmonas e ouriços geralmente são vistos entre peixinhos que nadam rápido na água rasa, enquanto se amontoam nas rochas mexilhões de conchas longas e cônicas e cracas brancas.

Lincoln City ⓥ tem 11 km de praia, incluindo uma faixa de 800 metros de largura quando a maré está baixa na baía de Siletz. É o lar de um aglomerado de lojas de antiguidades e sebos de livros; para as atividades noturnas, há o Chinook Winds Casino e, durante o dia, um centro de compras de ponta de estoque. O minúsculo rio D liga o vizinho **Devil's Lake** ao oceano, com água doce e diversão à beira-mar. Ao norte da cidade, **Cascade Head** é um bom lugar para ver falcões, gaviões, águias-calvas e outras aves de rapina, que utilizam visão e audição aguçadas, além de velocidades incríveis para caçar e matar suas presas, e depois comê-las usando suas enormes garras e bicos curvos.

Os quartos no Cannery Pier Hotel, em Astoria, têm fabulosas vistas do rio Columbia.

Portland: a cidade das rosas

Sistema de transporte gratuito, paisagem deslumbrante e microcervejarias em todos os lugares – não é de admirar que Portland seja um sucesso.

Metrô ligeiro de superfície no Centro.

Portland é uma cidade digna de se viver. Ela sempre se orgulhou dessa amabilidade com os pedestres e ciclistas e da imagem de cidade de árvores e parques. A cidade se gaba de seus 247 parques e locais de recreação, sendo 196 parques; o maior deles é o **Forest Park**, com 2.438 hectares, o quinto maior parque municipal do país.

O **Portland Regional Arts and Culture Council** (tel.: 503-823-5111; www.racc.org; 2ª-6ª) promove as artes na cidade através da educação, esculturas públicas e doações, e é um ótimo lugar para obter informações sobre museus e galerias de arte. Um conhecido espaço de artes é o **Pioneer Courthouse Square**, no centro da cidade, que recebe mais de trezentos eventos por ano. Sua "Máquina do clima" – esfera no formato da Terra, de autoria do artista local Terence O'Donnell, no alto de uma coluna de 8 metros – ganha vida todos os dias, ao meio-dia, ao som de uma fanfarra.

Os melhores lugares para ver arte são o **Portland Art Museum** (tel.: 503-226-2811; www.pam.org;

Vista de Portland e do Mount Hood.

3ª-dom.) e o **Museum of Contemporary Craft** (tel.: 503-223-2654; www.museumofcontemporarycraft.org; 3ª-dom.). A atração mais peculiar de Portland é a **Church of Elvis** (24 horas), um templo no qual se colocam moedas para ouvir conselhos matrimoniais e de outros tipos. Para os interessados em história, a **Portland Development Commission** (tel.: 503-823-3200; www.pdc.us; 2ª-6ª) tem um mapa de locais históricos e arquitetônicos interessantes, e também organiza visitas guiadas a pé.

O núcleo do eficiente sistema de transporte da cidade abrange uma "área não tarifada" de 300 quadras no centro, onde os passageiros andam de graça em ônibus e trens leves. A linha de metrô Washington Park passa perto de muitas das principais atrações, entre elas o **zoológico**, o **World Forestry Center**, o **Hoyt Arboretum** e o **Children's Museum**. Um sistema de bondes liga o centro ao Pearl District (área colonizada por artistas locais) e ao bairro de **Nob Hill**, com lindas mansões vitorianas e georgianas. No histórico **Skidmore District**, há uma grande feira de fim de semana ao ar livre, com diversão ao vivo. Portland também tem mais microcervejarias e bares que produzem a própria cerveja do que qualquer outra cidade no país.

A história do estado ganha vida no **Oregon History Museum** (tel.: 503-222-1741; www.ohs.org; 3ª-dom.) e na **Pittock Mansion** (tel.: 503-823-3623; fev.-dez., diariamente), construída em 1914, residência do fundador do diário *The Oregonian*, o jornal mais apreciado de Portland. Atividades literárias são populares na chuvosa Portland, e nenhuma visita aqui é completa sem um passeio à famosa **Powell's Books**, uma livraria independente no centro da cidade.

No **Oregon Museum of Science and Industry** (tel.: 503-797-4000; www.omsi.edu; 3ª-dom. e 2ª durante as férias escolares), você pode experimentar um terremoto simulado. A leste de Portland fica o basáltico Columbia Plateau, formado por lava endurecida da erupção de vulcões de Cascade, como o Mount Hood e, depois, esculpida por inundações na era glacial e pelo agora represado rio Columbia, formando uma garganta espetacular. As deslumbrantes falésias, as cachoeiras, a vida silvestre e os locais históricos preservados na **Columbia Gorge National Recreation Area** oferecem um passeio perfeito.

DE OREGON A WASHINGTON

Fazendas de gado leiteiro

A rodovia passa pela maravilhosa **Siuslaw National Forest**, de aroma fresco, cujo pico mais alto, o Mount Hebo, chega a 914 metros. A estrada contorna a residencial **Neskowin** e depois segue para o interior, passando por prados onde pastam vacas (que, nesse condado bucólico, superam as pessoas em número) que pertencem a 180 fazendas ativas e que produzem leite para o delicioso queijo *tillamook*. Depois de **Cloverdale**, com edifícios rústicos e coloridos, chamam a atenção os resistentes celeiros de madeira e os narcisos na primavera, antes que surjam as cidades de Hebo e Beaver.

O **Tillamook Air Museum** (tel.: 503-842-1130; www.tillamookair.com; diariamente), poucos quilômetros ao sul da cidade, fica num imenso hangar com aviões antigos, da Segunda Guerra Mundial, e um café acolhedor no estilo dos anos 1940. **Tillamook** ㊻ é famosa, com razão, pela enorme e limpíssima **Tillamook Cheese Factory** (tel.: 503-815-1300; www.tillamookcheese.com; diariamente), que oferece visitas gratuitas às instalações da fábrica. Você pode admirar uma vaca de gesso pintado, em tamanho natural, enfeitada com um *chip* de computador no lugar do sino tradicional. Um gráfico de parede registra fatos simplesmente incríveis: 1.200 litros de sangue passam pelo úbere para produzir meio litro de leite, e uma vaca produz 37 mil litros de leite em toda a vida. Experimente as provas gratuitas de queijo, pois é quase certo que você queira comprar um pouco na tentadora caverna de Aladim que se denomina loja de presentes. Para não ficar para trás, a **Blue Heron French Cheese Company** (tel.: 503-842-8281; www.blueheronoregon.com; diariamente) oferece vinho junto com a degustação de queijo. É desnecessário dizer que a Dairy Parade é um evento importante em junho.

A oeste de Tillamook, um desvio de 32 km (20 milhas) pela **Three Capes Scenic Drive** leva à "árvore-polvo" – um abeto *sitka* de tronco múltiplo – e ao **Cape Meares Lighthouse**, construído em 1890, que tem lente importada de Paris. Um antigo faroleiro escreveu sobre a horrível viagem de carroça puxada por cavalo para ir ao médico em Tillamook – uma travessia que antigamente durava a noite toda e hoje dura cerca de dezesseis minutos.

A 3 km (2 milhas) na direção do mar fica o **Tillamook Lighthouse**, situado num rochedo isolado no meio das ondas. Em 1934, elas formaram um turbilhão, subindo mais de 30 metros e engolindo o edifício inteiro. "Terrible

FATO

Portland é a cidade natal de Matt Groening, criador da duradoura série de TV *Os Simpsons*. Vários dos personagens do desenho animado têm nome de locais e ruas da cidade.

Barco de pesca esportiva no ancoradouro de Garibaldi.

> **FATO**
>
> A sensibilidade original *hippie-grunge* de Portland e a famosa correção política são capturadas com perfeição em *Portlandia*, uma famosa série de TV escrita por ex-integrantes do *Saturday Night Live*. Hoje é um fenômeno cultural que já deu origem a uma apresentação itinerante ao vivo, *memorabilia* e a pelo menos uma frase de efeito: "Put a bird on it!" ["Coloque um pássaro nisso!", referência a um episódio que satiriza o artesanato].

Cannon Beach.

Tilly" era o apelido que os faroleiros usavam para descrever o farol. A vida no rochedo era difícil demais para que as famílias acompanhassem os funcionários, que trabalhavam em turnos de três semanas e tiravam 96 dias de férias por ano para se recuperar. O farol foi desativado em 1980.

Para experimentar a vida de cidade grande, faça um desvio de Tillamook, pela State Route 6, a leste, até **Portland** ❼ *(ver p. 376)*, também conhecida como "cidade das rosas". Depois de Tillamook, a rodovia contorna os 34 km² da baía rasa, que raramente ultrapassa os 2 metros de profundidade. Estuários como esse, onde a água doce mistura-se com a do mar, são especialmente propícios à vida de plantas e animais marinhos. A fita-do-mar oferece abrigo e alimento para caranguejos, salmões jovens e outros peixes pequenos; os alagadiços guardam iguarias para a imponente garça azul, que é vista com frequência procurando alimento nesses locais.

Fantasmas de Garibaldi e Cannon Beach

Garibaldi foi batizada em homenagem ao libertador italiano do século XIX. Estão entre suas atrações a maltratada Ghost Hole Tavern, o Lumberman's Memorial Park, o **Garibaldi Museum** (tel.: 503-322-8411; www.garibaldi-museum.com; maio-out., 5ª-2ª) e as corridas anuais de caranguejo – supostamente para os lados.

No bonito e antigo balneário de **Rockaway Beach**, um vagão de trem vermelho ao lado da rodovia é o centro de informações turísticas (tel.: 503-355-8108; 2ª-6ª, ainda que esporadicamente). Trens de carga cheios de madeira às vezes são vistos nos trilhos paralelos à rodovia, que segue o curso do rio Nehalem. A minúscula **Wheeler** tem lojas de antiguidades e uma área para observação de animais silvestres ao longo da baía, no centro da cidade.

Depois da longa subida de **Manzanita**, há vistas espetaculares do oceano no mirante, onde começa o **Oswald West State Park**. Lá embaixo, na ponte de cavaletes que atravessa o desfiladeiro, o condado de Tillamook (a "terra do queijo, das árvores e da brisa suave") chega ao fim, pouco antes do túnel.

O marco mais famoso de Oregon fica em **Cannon Beach** ❽, onde a **Haystack Rock**, com 72 metros de altura, abriga ninhos de papagaios-do-mar-de-topete na primavera e no verão. Cannon Beach, que tem esse nome porque um canhão foi trazido ao local pelo mar depois de um naufrágio de 1846, é um charmoso refúgio de artistas, com mais de uma dúzia de ateliês de artes visuais e galerias. A visão das pipas coloridas fazendo acrobacias no céu só é equiparada pelo cenário tranquilo de famílias e amigos reunidos em volta de fogueiras na praia, com a silhueta do rochedo desaparecendo gradualmente ao pôr do sol.

Cannon Beach patrocina o Sandcastle Day anualmente, em junho, e uma exposição de cães na praia, em outubro, com concursos de melhor latido, melhor captura de *frisbee* e maior semelhança entre dono e animal. Há também o Stormy Weather Arts Festival (coberto) em novembro. O centro de informações turísticas (tel.: 503-436-2623; www.cannonbeach.org) pode sugerir

DE OREGON A WASHINGTON

muitas atividades, mas a grande atração é passear pela praia examinando as poças de maré desse magnífico trecho do litoral de Oregon.

A histórica beira-mar

No lado norte da cidade, o Ecola State Park tem belas vistas da costa e do rochedo Haystack. Uns 13 km (8 milhas) ao norte de Cannon Beach, a US 101 desce até **Seaside** ❹❾ (cerca de 6 mil habitantes), o maior balneário do litoral de Oregon. Ela é dividida em duas pelo rio Necanicum, com a área central histórica no lado oeste da Broadway. Uma larga praia de areia é margeada por um calçadão, onde fica o **Aquarium** (tel.: 503-738-6211; diariamente). Três quadras mais ao norte fica o **Seaside Historical Society Museum** (tel.: 503-738-7065; www.seasidemuseum.org; 2ª-6ª).

Foi em Seaside que os membros da expedição exploratória de Lewis e Clark acamparam para produzir sal pela fervura da água do mar. Depois que essa épica jornada para o oeste os trouxe para a desembocadura do rio Columbia com o Pacífico em 1805, a expedição preparou-se para o inverno frio e úmido construindo o **Fort Clatsop**, uma paliçada de 5 m², com uma praça de armas e duas fileiras de pequenas cabines, a sudeste do que é hoje Warrenton; deram ao forte o nome de um grupo nativo local que trouxe carne de baleia para troca (Clark cozinhou e comeu um pouco, e descreveu-a como "muito palatável e macia").

Uma réplica do forte em **Lewis and Clark National Historical Park** (tel.: 503-861-2471; www.nps.gov/lewi; diariamente), que protege os sítios de Lewis e Clark dos dois lados do rio, o lado de Oregon e o de Washington, ajuda os turistas a imaginar as condições desafiadoras. Seu programa de verão de história viva apresenta guarda-parques em uniformes de camurça demonstrando como era o dia a dia naquele período. Outro forte, o vizinho **Fort Stevens State Park**, foi construído para defender a foz do rio Columbia durante a Guerra Civil.

DE ASTORIA A ABERDEEN

Astoria ❺⓿ – 35 km (22 milhas) ao norte de Seaside – já foi conhecida como "capital mundial do salmão enlatado". Num livro de 1872, Frances Fuller Victor escreveu: "É maravilhosa a enorme quantidade de todos os tipos

Haystack Rock, em Cannon Beach.

Canto tranquilo do belo jardim japonês de Portland.

> **DICA**
>
> A praia de Waikiki é onde o cais norte encontra o cabo no Cape Disappointment State Park. É o lugar ideal para observar tempestades, pois as ondas quebram nas falésias, com o farol do cabo Disappointment ao fundo. Fica a poucos quilômetros de Ilwaco e é ótimo para fotos.

de salmão que sobem o Columbia todos os anos. Eles parecem estar em busca de lugares tranquilos e seguros para desovar, e milhares deles só param quando conseguem atingir as grandes quedas do rio Snake, a mais de 900 km do mar". Ainda em 1915, os pescadores tiravam do rio 21 mil toneladas de salmão. Então, chegaram as grandes barragens. O protesto da tribo *cayuse*, de que isso anularia direitos deles e levaria à eliminação da maioria dos salmões, infelizmente era verdade. Algumas corridas de salmões declinaram 85% em relação ao que eram, apesar da produção de 170 milhões de peixes em criadouros artificiais todos os anos. Só nesse lugar, na foz do rio Columbia, é possível conhecer o rio intocado.

O poderoso Columbia

Em seu trecho mais poderoso, o Columbia empurra até o oceano 682 bilhões de litros de água por dia sobre os bancos de areia, uma torrente que já virou, no mínimo, 2 mil barcos nos dois séculos que se passaram desde que a Pacific Fur Company de John Jacob Astor criou o primeiro assentamento no litoral. Nos últimos anos, o governo federal dragou o canal de 12 metros e colocou longos cais de cada lado, a fim de estreitá-lo; contudo, apesar da dragagem constante e de outras tentativas de domar o rio na foz, ele continua sendo um dos mais perigosos bancos de areia do mundo. O clima provoca tempestades no mar com tanta constância que a guarda costeira estabeleceu sua National Motor Lifeboat School na ponta do cabo Disappointment, onde às vezes as ondas atingem 9 metros de altura. Mesmo assim, esse é um lugar espetacular, e barcos de cruzeiro aportam regularmente em Astoria, desembarcando centenas de passageiros na doca da 17th Street, usada com regularidade pelos barcos de patrulha da guarda costeira.

O **Columbia River Maritime Museum** (tel.: 503-325-2323; diariamente) é todo sobre naufrágios, faróis, pesca, navegação e história naval. Grande parte da história de Astoria está refletida em suas belas casas vitorianas, que se enquadram em estilos específicos: italiano, cujos beirais pendentes têm suportes decorativos, janelas e portas altas ou em pares, e rainha Ana, com linhas de telhado múltiplas,

Empurrão para um passeio de caiaque em Long Island Slough, no Willapa National Wildlife Refuge.

DE OREGON A WASHINGTON

torres, torrinhas, portas com almofadas e vitrais. Um exemplo interessante deste último estilo é a **Captain George Flavel House**, dos anos 1880, na Eighth Street (tel.: 503-325-2203; diariamente).

O caminho é íngreme e sinuoso, passa por antigas residências históricas e sobe o morro até a **Astoria Column**, com 164 degraus em espiral, cada um doado por um patrocinador diferente. A Great Northern Railroad e Vincent Astor, bisneto de Jacob Astor, foram os responsáveis pela instalação da torre de 38 metros de altura em 1926. As vistas são estupendas, mas, ao voltar para o chão, você vai ficar feliz em se esquentar um pouco na cabana, enquanto compra um cartão-postal.

LITORAL DA DESCOBERTA NO ESTADO DE WASHINGTON

A expedição exploratória de Lewis e Clark levou três semanas para conseguir cruzar a larga foz do rio Columbia e montar outro acampamento perto da atual **Chinook**, na costa do estado de Washington (a "Discovery Coast"). A ponte de 6 km (4 milhas) que liga Oregon a Washington é uma das grandes emoções de dirigir por essa rota do litoral do Pacífico, mesmo (ou, talvez, especialmente) quando há névoa. Ela se eleva, íngreme, acima da água, com gaivotas de gritos agudos mergulhando do alto e um vento que é quase um vendaval.

A US 101 prossegue, passando por um refúgio de vida silvestre cheio de aves e chegando à charmosa e conservada cidade de **Ilwaco**, com seus murais e o **Columbia Pacific Heritage Museum** (tel.: 360-642-3446; www.columbiapacificheritagemuseum.org; 3ª-dom.). A expedição ficou nessa região isolada durante três solitários meses.

Ilwaco está localizada na base da península de Long Beach – 45 km (28 milhas) de praia de areia –, que fica ainda mais bonita à medida que se vai para o norte. No canto sudoeste, em **Cape Disappointment State Park** (tel.: 360-642-3078), o **Fort Canby** protegeu a foz do Columbia durante quase um século, antes de se tornar parte do parque estadual em 1957. Construído em 1856, o **Cape Disappointment Lighthouse** é o

> **FATO**
>
> John Jacob Astor foi um imigrante alemão que se tornou o primeiro multimilionário dos Estados Unidos. Ele fez fortuna com imóveis, ópio e comércio de peles, para o qual criou a Pacific Fur Company.

Crown Point diante da garganta do rio Columbia.

farol operacional mais antigo da costa oeste. O cabo Disappointment era tão traiçoeiro, que outro farol teve de ser construído em 1898, na vizinha **North Head** (tel.: 360-902-8844, para saber os horários das excursões de maio-set.). Há o interessantíssimo **Lewis and Clark Interpretive Center** (diariamente), onde você pode estudar as biografias dos membros da expedição original e os registros nos diários que eles escreveram. Esse excelente parque fica de frente para 45 km de praia de areia, que foi eleita uma das melhores praias de Washington.

A vizinha **Long Beach** é um balneário continuamente popular entre os moradores de Seattle e Portland, que passam os finais de semana aqui. Ela é especializada em bons programas de entretenimento e jogos à moda antiga, sem afetação. As praias da península são muito procuradas para catar mariscos. **Nahcotta** e **Oysterville**, na extremidade norte, prosperaram com a coleta de ostras antes da pesca excessiva, e algumas belas residências vitorianas daquele tempo sobreviveram. O **Willapa Bay Interpretive Center** (última 2ª de maio-primeira 2ª de setembro, 6ª-dom.), em Nahcotta, explica a história toda. O **Leadbetter Point State Park**, na baía Willapa, separando a península de Leadbetter do Pacífico, também é um refúgio de vida silvestre, onde as aves aquáticas param a caminho do sul.

South Bend e Raymond

De volta ao "continente", a US 101 cruza o rio Naselle e várias enseadas, antes de chegar a **South Bend** ❺❶, que fica numa baía na foz do Willapa. As placas anunciando a venda de ostras, num lugar que se denomina "capital mundial da ostra", são um lembrete de que, há um século, toneladas desses suculentos moluscos eram colhidas pelos nativos norte-americanos. Hoje, as ostras encontram mercado nos restaurantes *gourmets* de Seattle, Portland e San Francisco. O ostraceiro-preto, ave cujo longo bico vermelho a ajuda a abrir as conchas que encontra, também está em busca de ostras.

Dois armazéns de madeira antigos têm uma carpintaria naval e uma metalúrgica em South Bend, que realiza um festival anual de ostras em maio. Uma vizinha próxima de South Bend é **Raymond**, lugar preservado, com uma biblioteca construída no estilo de um chalé inglês, com vigas de madeira – as vidraças artísticas representam personagens de contos de fadas.

Pântanos de mirtilo e cidades madeireiras

Arquitetonicamente, a menina dos olhos de Raymond é o antigo tribunal, com escadaria em espiral e cúpula de vitrais. "Um palácio dourado de extravagância desvairada" foi como o jornal da cidade descreveu o edifício durante sua construção, em 1910. As silhuetas metálicas de animais e figuras históricas esculpidas em tamanho natural formam o **Wildlife Heritage Sculpture Corridor**, que atravessa a cidade, paralelo à Highway 101. Cerca de 6 km (4 milhas) a leste de Raymond, na State 6, fica o túmulo (sinalizado) de Willie Kiel, o rapaz de 19 anos que morreu de malária pouco antes de a caravana da família deixar o Missouri em 1855. Conservado em uísque num barril de chumbo pelo

Mergulhador com uma estrela-do-mar girassol.

pai, que era médico, o corpo fez a viagem e foi enterrado no topo de um monte gramado, que hoje é coroado por cedros altos.

O acesso às praias aqui é feito pela State 105, que passa pela reserva indígena de Shoalwater e pelos pântanos de mirtilo entre North Cove e Grayland. O mirtilo floresce no fim de junho, e **Grayland** realiza um festival anual da fruta em outubro, depois da colheita.

Entre Raymond e a cidade madeireira de Aberdeen, a US 105 se contorce através de uma floresta de pinheiros envoltos pela névoa. Grandes pedaços de mata foram devastados pelas madeireiras e outros estão cobertos por novas monoculturas, que dão à floresta um aspecto monótono. A estrada emerge ao sul da cidade, ao lado da centenária serraria Weyerhaeuser, fechada recentemente como resultado da recessão econômica. Quando a ponte sobre o largo rio Chehalis é erguida, os veículos precisam esperar para continuar a viagem.

Como sua xará escocesa, **Aberdeen** ❷ está situada na confluência de dois rios. Ela é famosa pelo **Grays Harbor**, o porto de mar que cresceu depois que Robert Gray aportou aqui em 1788, a bordo do *Lady Washington*, para ajudar a organizar o comércio de peles entre o Noroeste Pacífico e a China. Uma réplica desse navio de 170 toneladas é usada para viagens educativas, mas, geralmente, fica exposta no porto. Mais detalhes sobre os primeiros tempos da cidade podem ser vistos no **Aberdeen Museum of History** (tel.: 360-533-1976; www.aberdeen-museum.org; 3ª-dom.). Quando a primeira serraria foi construída, em 1852, o governo estava fazendo acordos com as tribos da região, e Aberdeen transformou-se numa cidade portuária tumultuada e vulgar.

Chegando a Seattle

A US 101 chega ao fim da viagem, que começou lá no sul, na ensolarada San Diego, com uma volta exuberante em torno da magnífica península Olympic *(ver p. 168)*, terminando não muito longe de Seattle. Esse é o verdadeiro auge da viagem, portanto, tente não perdê-lo. Se optar por seguir direto de Aberdeen para **Seattle** ❸ *(ver p. 172)*, você pode pegar a US 12 para **Olympia** e, depois, entrar na I-5N.

Os peixes e caranguejos do oceano Pacífico encontram mercado certo em Seattle e Portland.

Figuras de metal no Wildlife-Heritage Sculpture Corridor, em Raymond.

A General's Highway, no Sequoia National Park, California.

INSIGHT GUIDES DICAS DE VIAGEM
EUA
COM OS PÉS NA ESTRADA

Transporte

Chegada **386**
   Atlanta **386**
   Boston **386**
   Los Angeles **386**
   Miami **386**
   Nova York **386**
   San Diego **387**
   Seattle **387**
   Washington, D.C. **387**
Deslocamento **387**
   Pelo ar **387**
   Segurança nos
     aeroportos **387**
   De trem **387**
   De ônibus **388**
   De carro **388**
   De moto **389**
   De bicicleta **389**
   Cidades-polo **389**

Hospedagem

Escolha de hospedagem **394**
Rota do Atlântico **396**
Rota Norte **401**
Rota Central **411**
Rota Sul **416**
Rota do Pacífico **423**

Onde comer

O que e onde comer **427**
   Culinária tipicamente
     norte-americana **427**
   Churrasco **427**
   Culinária do litoral **427**
   A culinária do sul **427**
   Culinária mexicana e
     do sudoeste **427**
A comida de estrada **427**
Rota do Atlântico **428**

Rota Norte **432**
Rota Central **439**
Rota Sul **443**
Rota do Pacífico **447**

Atividades

Festivais **450**
   Janeiro **450**
   Fevereiro **450**
   Março **450**
   Abril **450**
   Maio **450**
   Junho **451**
   Julho **451**
   Agosto **451**
   Setembro **451**
   Outubro **451**
   Novembro **451**
   Dezembro **452**
Atividades ao ar livre **452**
   Água e vento **452**
   Caminhada **452**
   Cidades do deserto **452**
   Montanhas e
     "ilhas celestes" **452**
   Os estados do oeste **452**
   Sistema nacional
     de parques **453**
Compras **454**
   Rota do Atlântico **455**
   Rota Norte **456**
   Rota Central **457**
   Rota Sul **458**
   Rota do Pacífico **460**

A – Z

Agências e operadoras
   de turismo **461**
Alfândega **461**
Banheiros públicos **461**
Carona **461**

Clima **461**
Correio **462**
Crianças **462**
Crime e segurança **462**
Deficientes **462**
Dinheiro **463**
Eletricidade **463**
Embaixadas e consulados **463**
Estudantes **463**
Etiqueta **463**
Fotografia **464**
Fumantes **464**
Gays e lésbicas **464**
Guarda-volumes **464**
Horários de funcionamento ... **464**
Impostos **465**
Informações turísticas **465**
Internet e *sites* **466**
Mapas **466**
Mídia **466**
Mulheres em viagem **467**
Objetos perdidos **467**
Orçamento de viagem **467**
Pesos e medidas **467**
Preço de ingresso **467**
Religião **467**
Restrições de idade **468**
Saúde e atendimento
   médico **468**
Telefones **468**
Vistos e entrada no país **468**

Leitura complementar

Geral **469**
Ficção **469**
Na estrada **469**

TRANSPORTE

CHEGADA E DESLOCAMENTO

CHEGADA

A maioria dos turistas chega aos Estados Unidos pelo ar. As rotas deste guia começam e terminam em cidades norte-americanas importantes, com aeroportos internacionais: de Nova York a Miami (Rota do Atlântico); de Boston a Seattle (Rota Norte); de Washington, D.C. a Los Angeles (Rota Central); de Atlanta a San Diego (Rota Sul); e de Los Angeles a San Diego (Rota do Pacífico). Desses pontos, há voos de conexão para cidades menores. Também pode-se chegar de navio.

Observação importante: Os não residentes nos Estados Unidos, provenientes de países dispensados de visto, como o Reino Unido, têm de apresentar informações pessoais ao departamento de segurança interna, *on-line*, para serem pré-aprovadas antes da viagem ao país, com pelo menos três dias de antecedência (ver p. 468).

Atlanta

Hartsfield-Jackson Atlanta International Airport (tel.: 404-530-6600; www.atlanta-airport.com), localizado a 16 km (10 milhas) de Atlanta, é o mais movimentado do mundo. O terminal tem 6 saguões com 151 portões domésticos e 28 internacionais; os passageiros internacionais desembarcam no Concourse E. Há mais de 200 lojas de alimentação, simples e sofisticadas, e planejam-se mais futuramente.

Boston

Logan International Airport, com mais de 1.100 voos diários e mais de 30 companhias em operação. É o terminal norte do mercado de companhias aéreas mais movimentado do mundo: Boston-Nova York-Washington, D.C. A Delta Airlines, a US Airways e a JetBlue operam voos de ligação entre esses aeroportos. O Logan tem 4 terminais (A, B, C e E; por algum motivo não há o D). Observe que voos domésticos e internacionais de uma mesma companhia não necessariamente usam o mesmo terminal. Há serviço de ônibus gratuito entre os terminais.

Los Angeles

Los Angeles International Airport (LAX), o principal da cidade. É o sexto aeroporto mais movimentado do mundo e serve a maioria das principais companhias aéreas mundiais. O LAX fica a 27 km (17 milhas) do centro da cidade, a pouca distância de Santa Monica e outras localidades ao longo da costa. Ônibus gratuitos conectam os nove terminais. No setor de embarque do Tom Bradley International Terminal, há um balcão de informações que oferece um canal de tradução para quem não fala inglês. Outros aeroportos práticos na região metropolitana, com voos domésticos, incluem **Bob Hope Airport** (BUR), que atende o vale de San Fernando; **John Wayne (Orange County) Airport** (SNA), 56 km (35 milhas) ao sul de Los Angeles, em Santa Ana, bom para ir à Disneylândia; e **Long Beach Municipal Airport** (LGB).

Miami

Miami International Airport, principal aeroporto da cidade. Também chamado de Wilcox Field. Um dos aeroportos importantes do sul dos Estados Unidos e também de outros destinos na América do Sul e na América Central. De carro, fica a 30 minutos do centro da cidade, embora os engarrafamentos em horário de pico possam aumentar consideravelmente esse tempo. Hoje, há oito saguões, que servem quase todas as principais companhias aéreas domésticas e internacionais. Os balcões de informação têm mapas e dados sobre ônibus, além de transporte de ida e volta para o aeroporto por trem. Como alternativa, há o aeroporto de Fort Lauderdale (FLL), em Broward County, apenas 30 minutos ao norte de Miami. Os outros aeroportos são muito distantes, o que faz de Miami International e Fort Lauderdale as melhores opções para os turistas.

Nova York

Os dois principais aeroportos de Nova York, **John F. Kennedy International** (JFK) e **LaGuardia**, ficam no Queens, a leste de Manhattan, em Long Island, a 24 km (15 milhas) e 13 km (8 milhas) de Midtown, respectivamente. São 90 minutos de carro até o Kennedy, mas o tráfego pesado frequentemente dobra esse tempo; portanto, vá com tempo quando for pegar um voo. LaGuardia só é usado para voos domésticos mais curtos e para algumas rotas canadenses; não tem nenhum voo intercontinental.

Companhias aéreas

Air Canada: tel.: 888-247-2262; www.aircanada.com
AirTran Airways: tel.: 800-247-8726; www.airtran.com
American: tel.: 800-433-7300; www.aa.com
British Airways: tel.: 800-247-9297; www.british-airways.com
Delta: tel.: 800-221-1212; www.delta-air.com
Frontier Airlines: tel.: 800-432-1359; www.flyfrontier.com
KLM: tel.: 800-618-0104; www.klm.com
Lufthansa: tel.: 800-645-3880; www.lufthansa.com
Southwest Airlines: tel.: 800-435-9792; www.southwest.com
Spirit Airlines: tel.: 800-772-7117; www.spirit.com
United Airlines: tel.: 800-864-8331; www.ual.com
US Airways: tel.: 800-428-4322; www.usairways.com
Virgin Atlantic: tel.: 800-862-8621; www.virginatlantic.com

San Diego

San Diego International Airport (tel.: 619-400-2404; www.san.org), também chamado de Lindbergh Field, fica 5 km (3 milhas) a noroeste do centro de San Diego, cerca de 5 minutos de carro. É servido por todas as companhias aéreas domésticas mais importantes e por muitas companhias internacionais. O transporte gratuito entre os três terminais do aeroporto é oferecido pelo sistema Airport Loop Shuttle Bus; há ônibus também entre as áreas de estacionamento e os terminais do aeroporto. Os Embaixadores Voluntários do Aeroporto, com uniforme de camisas polo verdes, oferecem assistência aos passageiros em torno do aeroporto e nos balcões de informação da área das esteiras de bagagem do Terminal 1 (tel.: 619-231-7361) e do Terminal 2 (tel.: 619-231-5230), 6h-23h, diariamente.

Seattle

Seattle-Tacoma International Airport (SEA), conhecido localmente como Sea-Tac, é servido por companhias aéreas domésticas e várias internacionais importantes. Fica 22 km (14 milhas) ao sul do centro de Seattle – uma viagem de cerca de 25 minutos, dependendo do tráfego. O aeroporto tem um terminal central e dois terminais-satélite para os voos internacionais, conectados por um sistema ferroviário. Há um balcão de informações na área de retirada de bagagem, em frente à esteira 12, aberto diariamente das 6h da manhã às 2h da manhã.

Washington, D.C.

A cidade é servida por três aeroportos regionais. O **Ronald Reagan Washington National Airport** (ou simplesmente National, como ainda é frequentemente chamado) é o mais próximo da cidade, a apenas 6,4 km (4 milhas), do outro lado do rio Potomac, na Virgínia. O **Dulles Airport** também fica na Virgínia, a 42 km (26 milhas) de Washington. O **Baltimore-Washington International Airport** (ou BWI) fica 64 km (40 milhas) ao norte, na cidade de Baltimore, Maryland, a cerca de uma hora de carro. O **Reagan National** oferece principalmente voos domésticos, e também voos de ida e volta para o Canadá. O Dulles e o BWI são ambos internacionais. Voos domésticos pelo BWI geralmente são bem mais baratos do que pelo Reagan National.

DESLOCAMENTO

Os Estados Unidos são um país tão grande que, para a maioria das pessoas, a única maneira lógica de se deslocar é de avião. Muitos voos conectam cidades-polo, servidas pelas principais companhias aéreas. Várias companhias regionais voam para cidades menores. A extensa malha rodoviária oferece muitas opções: rápidas rodovias **interestaduais** e **nacionais**, **estradas panorâmicas** e **vicinais lentas** nos **condados**, **florestas** e estradas secundárias por **reservas de nativos**.

As rodovias federais e estaduais são pavimentadas e, no inverno, são mantidas livres de neve pelo serviço de limpeza. As estradas vicinais rurais, que são mantidas pelas cidades, podem ser pavimentadas ou de cascalho, e a neve também é retirada delas, com exceção de algumas estradas remotas que são fechadas no inverno. Depois de fortes chuvas, mesmo as estradas de cascalho abertas o ano todo podem tornar-se intransitáveis por causa da lama, o que faz dos veículos de tração nas quatro rodas uma sábia opção. Outras opções de transporte são os **trens**, operados nacionalmente pela Amtrak, e os trens leves dentro das cidades e entre as localidades próximas. Os ônibus operados pela Greyhound cruzam o país em todas as direções e, em geral, partem de uma garagem facilmente acessível no centro da cidade, que tem ligação com o transporte local.

Pelo ar

Se for muito difícil dirigir até os destinos listados aqui, em virtude das longas distâncias, uma alternativa fácil é ir de avião. Entre as companhias aéreas que servem os aeroportos nas principais cidades-polo estão a American, Delta, Southwest, United e US Airways.

Também é possível voar para cidades que ficam ao longo das rotas, como Charleston, Savannah e Tampa; Mobile, New Orleans, Houston e Phoenix; San Francisco e Portland; Buffalo, Chicago, Minneapolis/St Paul, Sioux Falls e Spokane. Cidades menores são geralmente servidas por companhias aéreas regionais.

Segurança nos aeroportos

Desde 11 de setembro de 2001, a viagem aérea nos Estados Unidos mudou radicalmente. Espere atrasos nas partidas de aeroportos norte-americanos, em razão das regras antiterrorismo da segurança interna. Elas costumam mudar; por isso, verifique antes de viajar. Deixe os presentes desembrulhados e tire o *laptop* da bolsa para ser inspecionado pelos funcionários da Transportation Security Administration (TSA). Prefira calçados sem cadarço, pois eles terão de ser retirados e escaneados pelas máquinas de raios X.

Os passageiros podem portar uma embalagem plástica transparente reutilizável de 1 litro, com líquidos, géis ou aerossóis em recipientes de 88 ml ou 85 g (3 oz) ou menos. O conteúdo da embalagem plástica deve ser selado e está sujeito a inspeção por raios X separadamente da bagagem de mão.

Vá para o aeroporto com tempo suficiente para passar pela segurança. Chegue com pelo menos uma hora de antecedência para voos domésticos e duas horas para os internacionais. Prepare-se para inspeções e perguntas. Não tente passar com objetos pontiagudos na bagagem de mão, incluindo tesouras, cortadores de unha, canivetes e outros objetos aparentemente inofensivos.

De trem

Embora os serviços de passageiros tenham sido bastante reduzidos no final do século XX, ainda é possível viajar de trem por todo o continente. A Amtrak é a principal empresa ferroviária de passageiros no país. Sua malha liga muitas cidades, mas, infelizmente, contorna várias outras. No entanto, ainda há algumas rotas costeiras e transcontinentais

Aterrissando no Aeroporto Internacional Logan, Boston.

excelentes, que deslizam por paisagens belas e geralmente têm diversão a bordo, como contadores de histórias nativas e historiadores locais. Também é possível encontrar trens da Amtrak que transportam carros, como o Auto Train entre Lorton, Virgínia, perto de Washington, D.C., e Sanford, ao norte de Orlando. Também existe um número cada vez maior de opções de VLT (veículos leves) nas cidades mais importantes.

Passes de trem

Passes para viagens ilimitadas na Amtrak durante determinado período só podem ser comprados de agentes de viagem fora dos Estados Unidos. O turista precisa comprovar que não mora no país. Para informações sobre os serviços da Amtrak, ligue para 800-872-7245 ou acesse www.amtrak.com.

De ônibus

A Greyhound, empresa de ônibus nacional, assim como várias empresas de frete menores, tem uma impressionante rede de viagem por terra em todo o país, com serviços diários para cidades grandes e pequenas. Os itinerários e horários estão sujeitos a mudanças; é uma boa ideia verificar todos os detalhes, com antecedência, nas estações locais.

A maioria das cidades também tem serviços municipais de ônibus. Tanto a Greyhound quanto as estações municipais geralmente situam-se em áreas um pouco deterioradas; procure ficar alerta e não se afastar muito, principalmente se estiver escuro. Planeje sua viagem para chegar ao destino durante o dia, se for possível. Em geral, os ônibus são seguros e razoavelmente confortáveis; escolher um assento perto do motorista ajuda a desencorajar a aproximação de estranhos.

Para reservas e detalhes sobre as estações de ônibus locais, ligue para 800-229-9424 ou visite www.greyhound.com.

Passes de ônibus

O Greyhound Discovery Pass dá direito a viagens ilimitadas para 2.600 destinos. Veja os detalhes em www.discoverypass.com.

De carro

A paixão dos norte-americanos por carros reflete-se na excelente malha rodoviária que se desenvolveu desde a Segunda Guerra Mundial, dando acesso às áreas mais remotas do país. Se estiver com pressa, a melhor opção são as interestaduais – elas são maiores, rápidas e diretas, com serviços 24 horas e manutenção o ano todo. Porém, você vai ver mais da verdadeira América e de seu povo se viajar, pelo menos parte do tempo, pelas simples "estradas azuis" (nos mapas, elas aparecem nessa cor). As rotas deste guia oferecem uma combinação de ambas as experiências.

Há **locadoras de carros** em todos os aeroportos, nas cidades grandes e médias; em áreas mais remotas do oeste, é mais difícil encontrá-las. Na maior parte dos lugares, para alugar um carro, é preciso ter no mínimo 21 anos de idade (em algumas localidades, 25), habilitação válida e cartão de crédito das empresas mais conhecidas. Atualmente, mais locadoras estão aceitando cartões de débito, mas costumam debitar US$ 500 da conta para cobrir o aluguel. Pergunte na hora da reserva, a fim de evitar surpresas desagradáveis.

Não deixe de verificar as cláusulas do seguro antes de assinar qualquer coisa. A cobertura, geralmente, é de US$ 15 a US$ 25 por dia. Pode ser que você já tenha cobertura de seu próprio seguro de veículo ou da empresa de cartão de crédito; portanto, verifique antes. É essencial ter **seguro contra perdas e danos** [Loss Damage Waiver – LDW] ou **seguro contra colisão** [Collision Damage Waiver – CDW]. Sem isso, você é responsável por qualquer dano sofrido pelo veículo, independentemente de culpa. É aconselhável pagar um seguro adicional contra responsabilidades, além do seguro padrão contra terceiros. Tenha o cuidado de olhar cuidadosamente o carro de aluguel, verificar se há danos e conferir as anotações do agente sobre todos os amassados e batidas antes de sair do pátio.

Os preços de aluguel de carro nos Estados Unidos são excelentes (em média, US$ 35/dia por um carro pequeno), quando o veículo é devolvido no local onde foi alugado. Os aluguéis *one-way* são muito mais caros: US$ 100/dia, em média. Boas ofertas podem ser encontradas *on-line*, pesquisando na internet e reservando no *site* da empresa ou da agência de viagens.

Distâncias e tempos de viagem

As rotas deste guia não foram planejadas para serem feitas do começo ao fim de uma vez só; por isso, o tempo que o turista vai demorar-se nelas só depende dele: quanto mais devagar, melhor. Se você decidir fazer uma rota de uma vez só, reserve 2 semanas para as rotas costeiras e 1 mês para as que cruzam o país, a fim de passar 2 ou 3 noites nos destinos maiores e 1 noite nas outras localidades. Onde possível, as

Locadoras de carros

Os detalhes de contato das maiores locadoras de veículos do país estão listados abaixo. Consulte a lista completa nas Páginas Amarelas.
Alamo: tel.: 800-222-9075; www.goalamo.com
Avis: tel.: 800-831-2847; www.avis.com
Budget: tel.: 800-527-0700; www.budget.com
Dollar: tel.: 800-800-4000; www.dollar.com
Enterprise: tel.: 800-261-7331; www.enterprise.com
Hertz: tel.: 800-654-3131; www.hertz.com
National: tel.: 800-227-7368; www.nationalcar.com
Thrifty: tel.: 800-367-2277; www.thrifty.com

viagens deste guia foram planejadas com distâncias razoáveis entre as cidades grandes e as pequenas. Dirigir até 320 km (200 milhas) por dia, ou durante 4 h, permite que você viaje pela manhã e aproveite a tarde para conhecer as atrações.

Nas rotas transnacionais no oeste, são inevitáveis alguns dias com trechos de 800 km (500 milhas) pela rodovia vazia até chegar ao destino seguinte. Prepare-se e tente encontrar um jeito de fracionar a viagem, para evitar ficar exausto e começar a confundir as cidades.

Sem contar as paradas, as visitas às atrações, os desvios, os engarrafamentos e as estradas lentas, as rotas deste guia teoricamente podem ser completadas no estilo de Jack Kerouac – sem parar –, nos seguintes tempos:
Rota do Atlântico: Nova York a Key West (2.836 km [1.761 milhas], um mínimo de 32 h).
Rota Norte: Boston a Cape Flattery (6.590 km [4.095 milhas], um mínimo de 55 h).
Rota Central: Washington, D.C. a Los Angeles (4.702 km [2.922 milhas], um mínimo de 42 h).
Rota Sul: Atlanta a San Diego (4.139 km [2.572 milhas], um mínimo de 40 h).
Rota do Pacífico: San Diego a Seattle (2.251 km [1.399 milhas], um mínimo de 30 h).

Para informações sobre as distâncias entre as cidades mais importantes ao longo das rotas, ver os quadros no final deste guia.

Aluguel de trailers

Não é necessária habilitação especial para dirigir *trailers* (*motor home* ou *recreational vehicle* – RV), mas eles não são baratos. A soma dos custos

TRANSPORTE ◆ 389

de aluguel, seguro, combustível e local para parar e pernoitar pode revelar que alugar um carro e pernoitar em motéis ou *campings* fica mais em conta. Também não esqueça que os *trailers* são grandes, lentos e podem ser difíceis de dirigir em estradas montanhosas estreitas. Em estacionamentos apertados, o *trailer* é muito desvantajoso. O acesso a algumas estradas pode ficar limitado. Para mais informações sobre o aluguel de *trailers*, ligue para a **Recreational Vehicle Rental Association**, tel.: 703-591-7130, www.rvra.org

Técnicas de sobrevivência na estrada

É essencial informar-se corretamente sobre a área em que se vai viajar – incluindo o clima e a condição das estradas – e estar preparado para mudar de plano ao primeiro sinal de perigo, como nevasca, temporal ou tornado.

Passeios a pé por áreas remotas não são recomendados para mulheres sozinhas, mas, se você decidir encarar, deixe um bilhete dentro do carro, informando a hora em que pretende voltar; não caminhe fora das trilhas nem se meta em situações que possam resultar em problema. Se estiver sozinha, é útil conhecer algumas técnicas de sobrevivência na área, incluindo primeiros socorros, principalmente nos desertos e montanhas do oeste.

Nem é preciso dizer que você deve dirigir um veículo confiável e ter suprimentos de sobra, incluindo remédios, *kit* de primeiros socorros, pneu sobressalente e combustível de reserva, 1 galão de água por dia, comida nutritiva, luzes de emergência, roupas quentes e um celular.

Viagem pelo deserto: a precaução mais importante que você deve tomar é avisar alguém sobre seu destino, sua rota e a hora de sua chegada. Verifique os pneus com cuidado antes de dirigir por trechos longos no deserto. O calor aumenta a pressão; por isso, mantenha os pneus com pressão um pouco abaixo do normal. No clima árido do deserto, é fundamental carregar bastante água – tanto para os passageiros como para o veículo. Leve pelo menos 1 galão por pessoa por dia. Vigie o marcador de combustível. É uma boa ideia encher o tanque sempre que tiver oportunidade e ter mais do que você calculou precisar. Se você se perder ou tiver problemas com o carro, lembre-se de não sair andando. Do ar, e mesmo na estrada, um carro é mais fácil de ver do que uma pessoa; além disso, ele oferece abrigo. Espere ser encontrado. Quem dirige nas montanhas também deve ficar atento. Às vezes, tempestades de inverno na Sierra Nevada, na Califórnia, e nas Cascades, em Washington, fecham as estradas maiores; podem ser necessárias correntes para os pneus. Com frequência, as condições do tempo mudam rapidamente; portanto, verifique a previsão regularmente e, antes de partir, telefone para saber das condições da estrada.

Sócio da AAA

Qualquer pessoa que vá passar um tempo razoável dirigindo nas estradas dos Estados Unidos é veementemente aconselhada a se associar à American Automobile Association (AAA ou Triple A). Os benefícios incluem serviço de reparo de emergência, excelentes mapas rodoviários, literatura de viagem e planejamento de viagem personalizado. A categoria superior oferece reboque até 320 km (200 milhas) do local onde o carro quebrou – o que é importante, se você estiver no meio do nada –, além de serviço de chaveiro, bateria e reabastecimento. A associação também tem seguro, que inclui um acordo mútuo com algumas associações semelhantes em outros países; ligue para 800-874-7532 ou acesse www.aaa.com.

De moto

Para quem sonha com o filme *Sem destino*, fazer turismo de moto pode ser uma opção inspiradora. A Harley-Davidson e outras grandes fabricantes de motos também têm serviço de aluguel em alguns lugares dos Estados Unidos. Se você decidir viajar de moto em qualquer uma das rotas deste guia, seja prudente: não é possível cobrir as mesmas distâncias que um carro cobre por dia (provavelmente, não mais de 320 a 480 km [250-300 milhas]), a fim de ter tempo para as atrações turísticas. Inevitavelmente, você vai viajar por estradas panorâmicas e secundárias, fora das interestaduais; não deixe de levar isso em conta. O vestuário básico inclui capacete, botas resistentes e, no frio, perneiras de couro para reduzir as escoriações na estrada, se você cair. Existem muitos grupos de fãs de determinadas marcas de moto, de Harley-Davidson a BMW. Vários *sites* norte-americanos oferecem ideias para viagens de moto pelos Estados Unidos.

De bicicleta

O turismo de bicicleta está ganhando popularidade nos Estados Unidos. É, sem dúvida, uma opção lenta para conhecer o país, mas isso não é ruim nesses tempos de tráfego rápido. A maioria dos ciclistas faz, em média, pouco mais de 16 a 24 km (10-15 milhas) por hora; assim, a melhor opção é cobrir um segmento curto e bonito de qualquer uma das rotas deste guia e ficar nas regiões mais cheias de atrações turísticas, paisagens e serviços de hospedagem e alimentação.

Cidades-polo

Atlanta

Transporte público
Do aeroporto: o aeroporto internacional de Atlanta, Hartsfield--Jackson, fica a 16 km (10 milhas) do centro da cidade – um pouco mais até Midtown e Buckhead, ao norte. Muitos hotéis oferecem ônibus de cortesia, que partem do aeroporto. Lotações circulares oferecem serviço para a cidade: The Atlanta Airport Shuttlle (tel.: 404-941-3440; www.taass.net) atende o centro de Atlanta, a US$ 16,50 só a ida. O táxi geralmente fica em US$ 30 mais gorjeta. O transporte público do aeroporto para a cidade e dentro da região metropolitana é muito mais

Motociclistas no Valley of Fire State Park, Nevada.

barato e extremamente seguro, limpo e confiável.

Transporte rápido/ônibus: o sistema Metropolitan Rapid Transit Authority (MARTA) é um sistema de ônibus local e trem leve com linhas norte--sul e leste-oeste, com intersecção na estação Five Points, no centro de Atlanta. As estações de trem são denominadas N, S, E, W, conforme o ponto cardeal, e P (P representa a única estação exclusiva da linha Proctor Creek). A estação do aeroporto internacional Hartsfield chama-se Airport S7 e é a última da linha sul. A viagem até o centro de Atlanta leva apenas 17 minutos. Os trens operam diariamente de 4h45 da manhã até 1h da manhã. Uma passagem só de ida custa US$ 2,50. Você também pode comprar o cartão Breeze e carregá-lo com crédito para os dias que passará em Atlanta. Para mais informações, acesse www.itsmarta.com.
Ônibus nacionais: os ônibus da Greyhound saem da garagem em International Boulevard NW n. 81, tel.: 800-231-2222.
Trens nacionais: os trens da Amtrak partem da estação Peachtree, Peachtree Street NW n. 1.688, tel.: 404-881-3060.

Transporte particular
Atlanta – cidade espalhada, cheia de subúrbios e sujeita a temperaturas extremas – não é o lugar ideal para longos passeios a pé.
Aluguel de carro: há locadoras no aeroporto e no centro da cidade.
Táxi: as empresas de táxi são muitas. Os hotéis são sempre bons lugares para achar táxis. As tarifas únicas para circular no centro, em Midtown ou em Buckhead custam US$ 8, mais US$ 2 por passageiro extra. Fora da área comercial, aplicam-se as seguintes tarifas: primeiro oitavo de milha, US$ 2,50; cada oitavo de milha adicional, US$ 0,25; espera, US$ 21 por hora. A tarifa única do aeroporto para o centro custa US$ 30; para Buckhead, US$ 40. Os preços estão sujeitos a imposto de venda de 4% na Geórgia. Tel.: 404-351-1111 para mais informações.

Boston

Transporte público
Do aeroporto: a apenas 5 km do centro de Boston, o Aeroporto Internacional Logan é, dentre todos os aeroportos importantes do país, o mais próximo da área urbana – isso em relação à distância, não ao tempo de deslocamento. O tráfego costuma congestionar nos túneis sob o porto, que ligam o aeroporto à cidade. A linha azul da Massachusetts Bay Transportation Authority (MBTA), que parte da estação Airport, é o caminho mais rápido até o centro

(cerca de 10 minutos) e para muitos outros lugares. Os ônibus da linha Silver também atendem o centro da cidade. Ônibus gratuitos de ida e volta trafegam entre todos os terminais do aeroporto e a estação de metrô. Do lado de fora de cada terminal, há táxis. As tarifas até o centro ficam, em média, em US$ 20, incluindo gorjeta, desde que não haja engarrafamentos. Ônibus da Airways Transportation saem de todos os terminais a cada meia hora para o centro e os hotéis de Back Bay. Muitas empresas grandes de ônibus, incluindo Bonanza, Concord Trailways, Peter Pan e Vermont Transit, servem vários subúrbios e destinos distantes.
Transporte rápido: o sistema de metrô de Boston (o "T") é econômico. Um bilhete de 7 dias, bom para viagens ilimitadas em metrôs, ônibus locais, trens suburbanos de curta distância e balsas em portos menores, custa US$ 15; informações em www.mbta.com.
Ônibus urbanos: a maioria dos mais de 160 itinerários de ônibus da MBTA opera serviços de conexão com estações de metrô para bairros não atendidos diretamente pelo sistema de transporte rápido. Alguns itinerários que atravessam a cidade ligam estações de diferentes linhas do metrô sem passar pelo centro. Apenas alguns ônibus da MTBA entram realmente no centro de Boston; a maioria é expressa, proveniente de áreas afastadas. A tarifa básica nos ônibus da MTBA fica abaixo de US$ 1,50.
Ônibus intermunicipais: várias empresas de ônibus intermunicipais servem Boston. As duas maiores, Greyhound (800-229-9424) e Peter Pan (800-237-8747), têm serviços diários frequentes, saindo da cidade de Nova York e de Albany, NY, bem como serviços que partem de cidades do interior da Nova Inglaterra.
Trens suburbanos: a rede de trens suburbanos da MTBA estende-se do centro da cidade de Boston até cerca de 100 km de distância e atende destinos turísticos como Concord, Lowell, Salem, Ipswich, Gloucester e Rockport. Os trens para o norte e o noroeste de Boston partem da estação North; trens para destinos ao sul e a oeste da cidade partem da estação South. Todos os trens suburbanos do lado sul, exceto a linha Fairmount, também param na estação de Back Bay.
Para informações sobre os trens de qualquer uma dessas estações, ligue para 617-222-3200.
Trens nacionais: os trens de passageiros da Amtrak chegam à estação South (Atlantic Avenue com Summer Street, 800-872-7245; para surdos, 800-523-6590), provenientes

de Nova York, Washington, D.C. e Filadélfia, com conexões vindas de todos os pontos do sistema nacional da Amtrak. Eles também param na estação de Back Bay (Dartmouth Street n. 145).

Transporte particular
Com justiça, Boston é conhecida como uma cidade para pedestres – uma coisa boa, pois ela certamente não é para motoristas. Os primeiros planejadores da cidade projetaram ruas ao longo dos caminhos do gado, das trilhas dos nativos e das estradas dos carroções coloniais, conectando-as por vielas sinuosas. No entanto, em meados do século XIX, foram introduzidos sistemas quadriculados impecáveis em Back Bay, South End e, em menor grau, no sul de Boston. Se você for tentar dirigir, esteja ciente de que o normal é ficar preso no trânsito, perdido e sem lugar para estacionar. Há estacionamentos públicos em Government Center, Post Office Square, Public Garden, Prudential Center, Clarendon Street, perto da John Hancock Tower etc. Há alguns estacionamentos particulares dispersos aqui e ali.
Aluguel de carro: a maioria das locadoras fica no aeroporto e no centro da cidade.
Táxi: os pontos de táxi são comuns em locais turísticos muito frequentados. As empresas incluem: Checker Taxi, tel.: 617-536-7500; Red Cab, tel.: 617-734-5000; Town Taxi, tel.: 617-536-5000.

Los Angeles

Transporte público
Do aeroporto: há transporte público no nível inferior do LAX, que é onde os passageiros que estão desembarcando recolhem sua bagagem. Nesse nível, há pontos de táxi, ônibus de ida e volta do aeroporto, ônibus, bondes de cortesia e *vans* na frente de cada um dos terminais. Há quadros informativos sobre transporte terrestre nas áreas de retirada de bagagem, e eles são muito fáceis de entender. Os ônibus de ida e volta do aeroporto têm preço razoável; a tarifa varia de acordo com o destino. Entre as empresas que operam 24 h por dia estão FlyAway Bus Service, tel.: 866-435-9529; Prime Time Shuttle, tel.: 310-550--7922, e The SuperShuttle, tel.: 877--770-4826. Deve-se evitar a todo custo entrar num táxi no aeroporto de Los Angeles. Eles são muito caros – mais do que na maioria das cidades norte-americanas – e quase nunca são vistos andando na rua em busca de passageiros. Hoje existe um serviço gratuito de ida e volta até a estação

TRANSPORTE ♦ 391

Aviation, na linha verde do metrô. O embarque é feito no nível inferior – o das chegadas –, debaixo da placa de serviço de ônibus do LAX. Para verificar os itinerários e horários do Metro Bus e do Metro Rail, ligue para 323-466-3876 ou acesse www.metro.net.

Metro: a Los Angeles County Metropolitan Transportation Authority, conhecida como **Metro**, atende uma área de 3.711 km^2, com cerca de 2.200 ônibus e 4 linhas de trem. Atualmente, a Metro Rail opera mais de 117 km de metrô e linhas de trens leves, com quase 100 estações, que se estendem de North Hollywood para o sul, até Long Beach, e do litoral para leste, até Pasadena, atendendo a muitos destinos turísticos importantes. A linha vermelha do metrô atende Hollywood, Universal Studios e vários locais no centro. A linha azul vai do centro até Long Beach. A linha dourada conecta-se com a linha vermelha e segue para Pasadena. A linha verde serve ao aeroporto de Los Angeles. A linha laranja atende o vale de San Fernando com ônibus de conexão. A linha roxa vai da estação Union (centro) até Koreatown, ao longo do Wilshire Boulevard. A linha Expo leva até Culver City.

Para informações sobre **Metro Rail** e **Metro Bus**, ligue para 323-466-3876 ou use a ferramenta de planejamento de viagem em www.metro.net. A tarifa básica é de US$ 1,50, mais US$ 0,35 para baldeação. Os motoristas de ônibus não têm troco; você tem de pagar com o valor exato ou com uma ficha. O **Metro Day Pass**, que dá direito a viagens ilimitadas de ônibus e trem, custa US$ 5 e é econômico. Pode ser comprado no ônibus ou em máquinas nas estações de trem. As linhas de ônibus e trem funcionam das 4h até depois da meia-noite, mas os serviços noturnos são menos frequentes.

O **sistema circular DASH** (tel.: 213-808-2273; www.ladottransit.com) opera no centro durante o dia, conectando pontos comerciais importantes, assim como os centros cívico e de entretenimento. Custa US$ 0,50 por viagem, e as baldeações são gratuitas. Sistemas DASH individuais operam em torno de Hollywood e em outras partes da cidade; o Runabout é um sistema semelhante que opera em Long Beach.

Transporte particular
A maneira mais eficiente de deslocar-se em Los Angeles é de carro. As locadoras estão no aeroporto, nos hotéis e em vários pontos da cidade. Em geral, o carro pode ser levado até você. Todas as locadoras cobram mais ou menos o mesmo preço.

Táxi: os táxis são bastante caros e raramente são encontrados circulando pelas ruas, mas podem ser chamados ou encontrados nos aeroportos, nas estações de trem, nos terminais de ônibus e nos principais hotéis.

Experimente: Yellow Cab Co, tel.: 310-817-6823 ou Independent Taxi, tel.: 213-483-7660. A LA Checker Cab Co, tel.: 213-482-3456, também oferece *vans* com elevadores para cadeiras de rodas. A tarifa média do Aeroporto de Los Angeles para o centro da cidade é de, pelo menos, US$ 46 mais gorjeta.

Miami

Transporte público
Do aeroporto: o Aeroporto Internacional de Miami fica a 12 km do centro. O SuperShuttle (tel.: 305-871-2000) opera entre o aeroporto e os principais hotéis. A linha laranja do metrô liga a nova estação Aeroporto ao centro de Miami e a alguns pontos no sul, e conecta-se à linha verde em direção ao norte. Muitas rotas do Metrobus também servem a estação Aeroporto. A taxa do trem é de US$ 2. Uma corrida de táxi até o centro custa cerca de US$ 22; para Miami Beach, US$ 32, mais gorjeta. **Transporte rápido**: o Metrorail é um sistema de transporte rápido elevado que conecta o centro a Dadeland e Hialeah. O sistema de monotrilho Metromover circunda a região do centro. A Metro-Dade Transit administra ambos os sistemas (tel.: 305-770-3131). Tarifas simples: US$ 2.
Ônibus urbanos: a Metro-Dade Transit também opera a frota Metrobus, em pontos sinalizados por características placas azuis e verdes. Tarifas simples abaixo de US$ 2.
Ônibus intermunicipais: o principal terminal da Greyhound fica na estação Bayside, NW 27th Street n. 4.111 (tel.: 305-871-1810).
Trem suburbano: o serviço Tri-Rail (tel.: 800-874-7245) liga Miami-Dade a Palm Beach, a Broward e ao aeroporto.
Trens: os trens da Amtrak saem do Miami Terminal (tel.: 305-835-1223).

Transporte particular
Miami não é uma cidade difícil para circular de carro, mas tente evitar os engarrafamentos dos horários de pico nos dias de semana. O estacionamento na região de Miami Beach é escasso, e as restrições são rigorosamente cumpridas por uma frota de reboques supereficiente. Felizmente, Miami Beach é um lugar delicioso para explorar a pé. A maioria das locadoras de automóveis tem loja no Aeroporto Internacional de Miami ou no centro da cidade. Procure a lista completa de empresas nas *Páginas Amarelas*.

Portos: a Flórida tem vários portos importantes para navios de cruzeiro, liderados por Miami e Port Everglades, os mais movimentados. Os outros são Port Canaveral, Palm Beach, St Petersburg, Tampa, Port Manatee (em Tampa Bay), Madeira Beach e Treasure Island (ao norte de St Pete Beach). O porto de Miami é o maior porto de cruzeiro do mundo. Sete linhas trazem para cá mais de 1,5 milhão de passageiros por ano, o que representa mais de dois terços de todos os passageiros de cruzeiro do mundo. O porto fica a apenas 5 minutos de carro do centro e de Miami Beach. Tel.: 305-371-7678.
Táxi: há relativamente muitos táxis em South Beach, com tarifas abaixo de US$ 5 por milha (1,6 km). Eles também são encontrados nos aeroportos, nas estações de trem, nos terminais de ônibus e nos principais hotéis, ou podem ser chamados por telefone. Ligue para Yellow Cab Co (tel.: 305-444-4444), Metro Cab (tel.: 305-888-8888) ou Flamingo Taxi (tel.: 305-759-8100).

Nova York

Transporte público
Do aeroporto: o AirTrain é um sistema de trem de aeroporto que liga JFK e Newark às linhas de metrô e trem, nos metrôs Howard Beach (trem A) e Sutphin Boulevard (trens E, J e Z) e na estação ferroviária de Jamaica Long Island para o JFK, e na estação especial do trem de aeroporto em Newark. Em cada aeroporto, o AirTrain passa com intervalo de poucos minutos e leva cerca de 10 minutos até cada terminal. A viagem entre o JFK e Midtown Manhattan pelo AirTrain e pelo metrô leva cerca de 1 h. De Newark (AirTrain e, em seguida, Amtrak ou NJ Transit até Penn Station) pode levar apenas de 30 a 45 minutos. Para informações sobre o AirTrain, contate JFK, tel.: 973-961-6000, www.airtrainjfk.com; Newark, tel.: 888-397-4636; informações, tel.: 888-397-4030, http://www.panynj.gov/airports/ewr-airtrain.html.

Os ônibus do **New York Airport Service** (tel.: 212-875-8200; www.nyairportservice.com) circulam entre os aeroportos de JFK e LaGuardia e Manhattan. Os pontos de embarque e desembarque incluem Port Authority Bus Terminal, Penn Station e Grand Central Terminal, com serviço de transporte de ida e volta para os hotéis de Midtown. Os ônibus do JFK circulam entre 6h15 e 23h10.

De LaGuardia, o ônibus M60 para as estações do norte de Manhattan funciona entre 5h e 1h; já o ônibus Q-33 da **Triboro Coach** vai para o metrô da 74th Street, em Jackson

Heights, Queens, de onde vários trens seguem para Manhattan.

O **Newark Liberty Airport Express** (tel.: 877-8NEWARK; www.coachusa.com) opera ônibus expressos diariamente entre o aeroporto de Newark e Manhattan, parando em Port Authority Bus Terminal, Grand Central e Fifth Avenue, na 42nd Street. Esses ônibus circulam entre 4h e 1h.

Há vários serviços de micro-ônibus saindo dos três aeroportos para Manhattan. Uma grande vantagem é que eles transportam o passageiro de porta a porta, direto para hotéis ou endereços particulares, mas podem ser lentos, com muitas paradas. O SuperShuttle (tel.: 212-258-3826; 800-258-3826; www.supershuttle.com) oferece serviço frequente, que pode ser reservado *on-line*, nos centros de transporte terrestre dos aeroportos ou pelos telefones de cortesia nos aeroportos.

Transporte rápido e ônibus: metrô e ônibus funcionam 24 horas por dia, com menos frequência depois da meia-noite. A tarifa é paga com bilhete ou (só nos ônibus) com a quantia exata em dinheiro, e também com o passe MetroCard (vendido nas bilheterias do metrô), que permite baldeações gratuitas num período de duas horas. Os passes para viagens ilimitadas valem por uma semana. Também há passes de trinta dias e um passe de um dia, vendido em bancas de jornal, hotéis e nos quiosques eletrônicos de algumas estações de metrô. Para informações gerais sobre ônibus e metrô e mais detalhes sobre o passe MetroCard, ligue para 718-330-1234 ou acesse http://www.mta.info/metrocard/mcgtreng.htm. Os ônibus Greyhound saem do terminal de ônibus de Port Authority, da 41st Street e da Eighth Avenue (tel.: 800-229-9424).

Trens: os trens nacionais têm embarque e desembarque em dois terminais ferroviários de Manhattan: Grand Central Terminal e Pennsylvania Station. Os ônibus urbanos param do lado de fora desses terminais, que ficam sobre estações de metrô. Para informações sobre a Amtrak, ligue para 800-872-7245.

Transporte particular
Aluguel de carro: dirigir em Manhattan não é muito divertido, mas, se for necessário, há uma grande variedade de locadoras de automóveis nos aeroportos.
Táxi: todos têm taxímetro, andam aleatoriamente pelas ruas e, para chamá-lo, deve-se dar sinal para eles; contudo, há pontos de táxi regularizados em lugares como o Grand Central Terminal. Chame táxis amarelos regularizados, e não carros sem licença. A tarifa cobre todos os passageiros até o máximo de 4 pessoas (5 em alguns dos táxis maiores). Após as 20h, há uma sobretaxa de US$ 0,50 em todas as corridas. Ligue para 212-302-8294 para falar de objetos deixados nos carros ou fazer reclamações.

San Diego
Transporte público
Do aeroporto: vários serviços de transporte circular operam entre o aeroporto internacional de San Diego e o centro da cidade, a preços razoáveis. As empresas desse tipo de serviço são a Advanced Shuttle (tel.: 800-719-3499) e SeaBreeze Shuttle (tel.: 619-297-7463). A linha de ônibus 992 do Metropolitan Transit System vai do aeroporto para o centro.
Ônibus e trólebus urbanos: os ônibus urbanos e o trólebus de San Diego são administrados pelo San Diego Metropolitan Transit System (tel.: 619-685-4900; www.transit.511sd.com). As tarifas começam em US$ 2,25 para o ônibus e US$ 2,50 para o trólebus; é necessário ter a quantia exata. Passes de um dia custam US$ 5 e incluem viagens em ônibus e trólebus. O **San Diego Trolley System** tem três linhas: a linha azul vai do centro para a fronteira mexicana em San Ysidro; a laranja, de Gillespie até o centro, e a verde, de Santee até Old Town. O trólebus funciona diariamente, das 5h até meia-noite. Alguns serviços de ônibus rodam até mais tarde, mas os itinerários variam.
Trens: os trens da Amtrak (tel.: 800-872-7245; www.amtrak.com) partem de Santa Fe Depot, em Kettner Boulevard n. 10.850, para Los Angeles, com estações ao longo da costa. O **Coaster** (tel.: 800-262-7837; www.transit.511sd.com) é um serviço ferroviário suburbano expresso que circula entre o centro de San Diego e Oceanside.

Transporte particular
Ao contrário de Los Angeles, San Diego é uma cidade relativamente fácil de explorar, com ou sem carro. No entanto, como na maioria das cidades grandes, é melhor planejar os passeios fora dos horários de pico no começo da manhã e no fim da tarde. Geralmente, é fácil achar estacionamento e, quase sempre, a preços moderados. A maioria das locadoras de carros tem loja no aeroporto e no centro da cidade.
Táxi: experimente uma das empresas a seguir ou consulte a lista completa nas *Páginas Amarelas* – Orange Cab, tel.: 619-291-3333; San Diego Cab, tel.: 619-226-8294; Airport Yellow Cab de San Diego, tel.: 619-234-6161.

Viagem para Tijuana/ Baja California, México
Cerca de 300 mil pessoas visitam Tijuana, do outro lado da fronteira, todos os anos. No passado, os cidadãos norte-americanos não precisavam de passaporte para viagens de um dia a Tijuana, mas as novas normas de segurança de fronteira agora exigem que os cidadãos norte-americanos, assim como os não cidadãos, estejam com o passaporte válido (são permitidas carteiras de motoristas com um *microchip* embutido, emitidas por alguns estados) e, se for o caso, um *greencard* para voltar ao país. Certifique-se de ter tudo isso em mãos antes de viajar para evitar dores de cabeça.

O seguro automotivo norte-americano não é válido no México, por isso, se você tem planos de dirigir por lá, é essencial que o turista adquira um seguro temporário em um dos muitos escritórios de vendas ao norte da fronteira. Atravessar a fronteira mexicana é fácil – há policiais da imigração em ambos os lados, que, em geral, só fazem sinal para o turista seguir em frente.

Para quem não conhece a cidade (nem a língua espanhola), não é simples dirigir em Tijuana. Por isso, muitos motoristas estacionam em San Ysidro e atravessam para Tijuana pela passarela elevada de pedestres. Evite deixar o carro em estacionamento de lojas, a menos que queira ser rebocado pela polícia. Existe um estacionamento seguro, para o dia todo, perto da rampa da "última saída dos Estados Unidos" – vire à direita no sinal de parada para o lado de Tijuana. Há táxis e ônibus baratos.
A volta: a volta para os Estados Unidos costuma ser mais tensa do que a entrada no México, pois a polícia de fronteira norte-americana esquadrinha todos que entram no país. Vá esperando longas filas, principalmente nos movimentados períodos de férias.
Por fim, fique esperto durante sua estadia no México para evitar confusão e áreas de alta taxa de criminalidade. O melhor é ficar nos locais mais movimentados e evitar dirigir à noite.

Seattle
Transporte público
Do aeroporto: Os ônibus são o meio de transporte mais barato entre o aeroporto Seattle-Tacoma (Sea-Tac) e o centro, e são uma boa alternativa para lidar com o pesado tráfego na I-5. A 194 é a linha mais direta, levando os passageiros até o centro em cerca de 30 minutos. A 174 faz paradas locais no caminho para o centro. O trem leve é a opção mais rápida entre Sea-Tac e

o centro (Central Link Light Rail: www.soundtransit.org; tel.: 888-889-6368). Empresas de ônibus e vans que ligam o aeroporto à região metropolitana de Seattle ou Bellevue incluem:
The Gray Line Downtown Airporter (tel.: 206-426-7532)
Shuttle Express (tel.: 425-981-7000)
Capital Aeroporter (tel.: 206-244-0011)
Quick Shuttle (tel.: 800-665-2122)
Yellow Cab (tel.: 206-622-6500), que oferece serviço de táxi de ida e volta para o aeroporto. Do aeroporto para o centro (ou vice-versa), o custo é de mais ou menos US$ 32 mais gorjeta.
Ônibus nacionais: o terminal da Greyhound fica em Stewart Street n. 811 (tel.: 800-231-2222).
Trens nacionais: a estação da Amtrak fica na Third Avenue com S. Jackson Street (tel.: 800-872-7245).
Transporte público: a Metro Transit (tel.: 206-553-3000; http://metro.kingcounty.gov/) opera trens suburbanos, ônibus e táxi aquático.
Monotrilho: o Monorail (tel.: 206-905-2620; www.seattlemonorail.com), construído para a feira mundial de 1962, tem serviço a intervalos de 15 minutos entre Seattle Center, Fourth Street e Pine Street até Westlake Center. O trajeto tem pouco menos de 2 km e leva apenas 90 segundos. É limpo e espaçoso, com grandes janelas.
Balsa: o sistema Washington State Ferry (tel.: 800-843-3779; www.wsdot.wa.gov/ferries), o maior do país, cobre a área do estreito de Puget, ligando Seattle (Pier 52) à península Olympic, via Bremerton e Bainbridge Island. As balsas públicas também partem de West Seattle para Vashon Island e Southworth, e de Edmonds, 11 km ao norte de Seattle, para Kingston, na península de Kitsap. As balsas saem também de Anacortes, 145 km a noroeste de Seattle, passando pelas ilhas San Juan, até Victoria, na ilha de Vancouver, no Canadá. Os passageiros que vão para o Canadá precisam de passaporte. O Black Ball Ferry (tel.: 360-457-4491) parte de Port Angeles, na península Olympic, para Victoria, BC, 4 vezes por dia no verão e 2 vezes no resto do ano. As balsas transportam carros.

Transporte particular
Quando o tempo está bom, Seattle é uma cidade muito agradável para andar – tem ladeiras, mas muitas das atrações podem ser visitadas confortavelmente a pé. O trânsito pesado e congestionado e o estacionamento caro e escasso tornam o passeio de carro pelo centro a opção menos atraente. Muitas das principais locadoras de carros têm loja no aeroporto Seattle-Tacoma ou no centro da cidade. Consulte a lista completa das locadoras nas *Páginas Amarelas*.

Washington, D.C.
Transporte público
Do National Airport: aqui há uma estação de metrô, facilmente acessível do terminal do aeroporto, com serviço rápido para D.C. (cerca de US$ 6). Também pode-se pegar um táxi, disponível na calçada perto da área de retirada de bagagem, com tarifas que variam de US$ 10 a US$ 30.
Do Dulles Airport: pegue um Washington Flyer Taxi direto para a cidade, que vai custar cerca de US$ 50. O serviço de ônibus tem intervalos de cerca de 30 minutos e custa US$ 8. Compre a passagem de ônibus no quiosque da área de desembarque no aeroporto. O Washington Flyer Motor Coach parte a cada 30 minutos da área de desembarque, portão 4, e faz conexão com o metrô por US$ 9.
Do BWI: um táxi nesse aeroporto, para o qual você pode fazer sinal na calçada próxima à área de retirada de bagagem, custa cerca de US$ 60 até D.C. Também pode-se pegar o ônibus circular gratuito até a estação ferroviária da Amtrak nas redondezas (800-872-7245 ou visite www.amtrak.com) e o trem para a Union Station em D.C., por cerca de US$ 30, mas pode ser que haja espera, dependendo do horário dos trens.
SuperShuttle: você pode pegar uma dessas confiáveis *minivans* azuis em qualquer um dos aeroportos e compartilhar uma viagem até a cidade. O custo de Dulles e BWI até D.C. é de cerca de US$ 25; do National, mais ou menos US$ 20. Quando estiver pronto para voltar para casa, marque uma hora para levarem você ao aeroporto, ligando para 800-258-3826 (Blue Van).
International Limousine: um dos serviços de limusine mais antigos da cidade, disponível 24 horas. Ligue para 202-388-6800 ou visite www.internationallimo.com.
Metrô: o passe de um dia do Metrorail custa US$ 7,80 e proporciona viagens de metrô o dia todo, depois das 9h30.

Metrô de Washington, D.C.

Ônibus urbanos: a Metrobus (tel.: 202-637-7000) opera uma rede ampla mas confusa de itinerários que cobrem a cidade e as redondezas. É preciso ter a quantia exata para embarcar. O serviço expresso entre Dulles e o centro custa US$ 3 e sai a cada 30 minutos.
Ônibus nacionais: os ônibus da Greyhound partem de um terminal na First Street NE n. 1.005 (800-231-2222).
Trens nacionais: a Amtrak parte da Union Station, Massachusetts Avenue NE n. 60 (800-872-7245).

Transporte particular
Washington, D.C. é compacta o suficiente para tornar-se uma das melhores cidades do país a ser explorada a pé.
Aluguel de carro: outra boa maneira de deslocar-se – principalmente se você estiver interessado em algumas das viagens de um dia que valem a pena na região – é alugar um carro. Isso pode ser feito no aeroporto, no hotel ou em qualquer locadora de automóveis.
Estacionamento: muitos poucos hotéis na cidade oferecem estacionamento gratuito, mas a maioria cobra uma taxa diária, que gira em torno de US$ 50. Muitos hotéis nos subúrbios também cobram essa taxa, mas geralmente ela é de cerca de US$ 20. Estacionar em D.C. é difícil na rua e caro nos estacionamentos.
Táxi: as tarifas de longa distância são altas; no distrito, elas são de US$ 2,16 por milha, com uma "taxa de espera" de US$ 25/hora, que inicia quando o táxi se desloca a menos de 16 km/h. Há também uma sobretaxa de combustível de US$ 1. Para corridas programadas, reserve um táxi com pelo menos uma hora de antecedência. Duas das maiores empresas de táxi são Diamond Cab, tel.: 202-387-6200, e Yellow Cab, tel.: 202-544-1212.

HOSPEDAGEM

HOTÉIS, MOTÉIS, POUSADAS E PARQUES NACIONAIS

Escolha de hospedagem

Hotéis e motéis

As redes de hotéis e motéis são confiáveis, práticas e geralmente têm preço razoável, mas costumam não ter personalidade. Em geral, os preços variam de US$ 50 a US$ 150, dependendo da localização, da estação e das comodidades extras. Os *resorts* e os hotéis grandes, em geral, ficam em propriedades espaçosas fora do centro das cidades e atendem aos hóspedes que querem ter tudo no mesmo lugar, de piscinas, *spas*, tratamentos de beleza e instalações esportivas a restaurantes e lanchonetes, lojas sofisticadas, caixas automáticos de bancos, centros de negócios e reuniões e comodidades nos quartos, como geladeiras, fornos de micro-ondas e cafeteiras. O anonimato simpático, com tudo incluído, talvez seja exatamente aquilo de que você precisa quando seu sistema nervoso necessita descansar do excesso – às vezes insuportável – de informações sensoriais recebidas durante uma longa viagem pela estrada.

Pousadas-butique e pequenos hotéis históricos, por sua vez, geralmente ficam em edifícios históricos reformados no centro das cidades. Têm o charme das pousadas com café da manhã, aliado à sofisticação de um grande hotel e a um número surpreendente de comodidades, como *spa*, refeições sofisticadas e extras no quarto, como banheiras de hidromassagem e roupões. Pela localização central, podem ser um pouco mais barulhentos do que os hotéis mais afastados e geralmente são mais caros. Porém, se couberem no seu orçamento, certamente valem a pena, pois esse tipo de hospedagem exclusiva costuma ser inesquecível

e é um meio rápido de saber mais sobre a história e o ambiente de uma cidade – uma vantagem, se você for apenas pernoitar na área.

Preste atenção nas taxas embutidas nas redes hoteleiras de luxo. A maior parte das acomodações – até mesmo as pequenas – oferece internet sem fio nos quartos, mas tome cuidado com o preço alto cobrado pelo acesso (até US$ 12,95/dia) nos hotéis maiores. Tarifas de conexão telefônica, em geral, também são cobradas. Comumente, é possível acessar a internet sem fio gratuitamente no saguão e usar um telefone pago no mesmo local, se não tiver celular. Também é comum nos grandes *resorts* o acréscimo de uma taxa diária para cobrir o uso de comodidades como piscina, *spa* e serviços de transporte. Não se esqueça de perguntar quando fizer a reserva. Nas cidades maiores, muitos hotéis também vão cobrar uma taxa de estacionamento noturno, que pode rapidamente encarecer a conta. As reservas feitas pela internet costumam ser o melhor negócio, mas você também pode ligar e pedir informação específica sobre um fim de semana especial ou tarifas para empresas e ofertas em pacotes. Motéis como Best Western oferecem desconto para sócios da AAA e AARP. Reserve o quarto com cartão de crédito e garanta seu lugar, caso haja algum atraso nos seus planos de viagem. No quadro, há uma lista com números de telefone para reservas nas maiores redes dos Estados Unidos.

Pousadas com café da manhã

As pousadas com café da manhã costumam ser menos impessoais do que os hotéis. Em alguns casos, você será hóspede numa residência particular, com acomodações bastante simples e muita interação com a família e os outros hóspedes;

Redes de hotéis e motéis

Best Western, tel.: 800-780-7234; www.bestwestern.com
Budget Host Inns, tel.: 800-283-4678; www.budgethost.com
Choice Hotels, tel.: 800-424-6423; www.choicehotels.com
Days Inns of America, tel.: 800-329-7466; www.daysinn.com
Hampton Inns, tel.: 800-426-7866; www.hamptoninn3.com
Hilton, tel.: 800-445-8667; www.hilton.com
Holiday Inn, tel.: 800-465-4329; www.holidayinn.com
Hyatt, tel.: 800-633-7313; www.hyatt.com
La Quinta, tel.: 800-753-3757; www.lq.com
Marriott, tel.: 888-236-2427; www.marriott.com
Motel 6, tel.: 800-466-8356; www.motel6.com
Radisson, tel.: 800-333-3333; www.radissonblu.com
Ramada, tel.: 800-272-6232; www.ramada.com
Red Roof Inns, tel.: 800-733-7663; ww.redroof.com
Starwood, tel.: 888-625-5144; www.starwoodhotels.com

em outros, os quartos ficam em (grandes) casas ou hospedarias históricas separadas, decoradas com antiguidades, edredons feitos à mão, arte e mobília de época. Antes de fazer a reserva, pergunte também se o quarto tem banheiro privativo, telefone, televisão e acesso à internet sem fio. Além disso, pergunte sobre o café da manhã. A refeição matinal está incluída no preço, mas pode variar de dois bolinhos a um banquete de muitos pratos. Para mais informações, contate:
Bed-and-Breakfast Inns ONLINE
909 N. Sepulveda Boulevard, 11th floor, El Segundo, CA 90245. Tel.:

800-215-7365 ou 310-280-4363, www.bbonline.com

Hospedagem econômica
Hostelling International – Federação Brasileira de Albergues da Juventude
Rua Siqueira Campos, 121 – sala 203, Copacabana, Rio de Janeiro, RJ, CEP 22031-071. Tel.: 21-2531-1085, www.hostel.org.br

Hostelling International – American Youth Hostels
8.401 Colesville Road, Suite 600, Silver Spring, MD 20910. Tel.: 301-495-1240, www.hihostels.com

YMCA
YMC of the USA Association Advancement, 101 N. Wacker Drive, Chicago, IL 60606. Tel.: 800-872-9622, www.ymca.net

YWCA
1.015 18th Street NW, Suite 1100, Washington, D.C. 20036. Tel.: 202-467-0801, www.ywca.org

Parques nacionais
As acomodações em parques muito visitados, como Grand Canyon, Yosemite e Yellowstone, esgotam-se com um ano de antecedência, por isso é essencial reservar o quanto antes. As reservas são administradas por intermédio da concessionária do parque, uma empresa que tem licença do serviço nacional de parques para operar hospedagem e alimentação, lojas de presentes, passeios e outros serviços. As informações estão disponíveis no site do parque ou por telefone. Para informações gerais sobre os parques, contate:

National Park Service
Department of the Interior 1.849 C Street NW, Washington, D.C. 20240 Tel.: 202-208-6843 www.nps.gov

Campings
A maioria dos parques nacionais e estaduais, das áreas do serviço florestal dos Estados Unidos e algumas terras do departamento de administração fundiária criaram *campings*. Os *campings* do serviço nacional de parques costumam oferecer áreas bem cuidadas para barracas e *trailers*, com água, pontos de conexão de energia elétrica, grelha de churrasco, mesa de piquenique e banheiros com vasos sanitários com descarga; os parques estaduais também costumam oferecer chuveiros, pontos de energia elétrica, loja e outras comodidades.

O preço médio é de US$ 14 por lugar. Você vai encontrar, com frequência, *campings* "primitivos" em áreas remotas dos parques e florestas nacionais, onde podem existir locais demarcados para acampar, mas apenas banheiro com fossa e, geralmente, sem água ou outras instalações. Na maioria das vezes, esses lugares são mais baratos (US$ 5 a 10).

As florestas nacionais também permitem o "acampamento disperso" gratuito, longe das trilhas e dos destinos. Nos *campings* primitivos, não espere encontrar comodidades; leve tudo aquilo de que vai precisar, incluindo um galão de água por pessoa por dia, comida nutritiva e os meios para acampar sem deixar rastros.

Se você planeja pernoitar numa área remota de parque nacional ou num lugar desabitado, vai precisar se registrar pessoalmente no escritório de áreas remotas do parque, a fim de obter uma autorização e a localização da área para acampar. Esse procedimento pode ser gratuito (mas não necessariamente): os guarda-parques usam esse expediente para restringir o número de pessoas nas áreas remotas, protegendo os recursos naturais e a experiência de solidão dos visitantes. A maioria dos *campings* fica cheia de meados de junho a setembro (inverno na Flórida). Faça reserva antecipada nos *campings* de parques estaduais costeiros muito procurados, principalmente na Califórnia, na Flórida e no noroeste. As reservas para os *campings* de parques estaduais e dos parques sob a administração do serviço nacional de parques e do serviço florestal dos Estados Unidos podem ser feitas em www.reserveamerica.com ou www.recreation.gov; tel.: 877-444-6777; internacional: 518-885-3639. As reservas podem ser feitas com até 6 meses de antecedência. Atenção: a maioria dos *campings* do serviço nacional de parques ainda funciona na base do "acampa primeiro quem chega primeiro"; por isso, chegue bem cedo para pegar lugar.

Campings particulares para *trailers* são geralmente bem equipados e mais caros, e também oferecem comodidades extras, como máquina de lavar roupa operada por moedas, piscina, parquinho e restaurante. Uma rede nacional extensa desse tipo de lugar é administrada por **Kampgrounds of America (KOA)**, tel.: 406-248-7444, www.koa.com. Outra boa fonte é *Go Camping America* (www.gocampingamerica.com).

Praia de Golden Bluffs, Redwood National Park, Califórnia.

ROTA DO ATLÂNTICO

Nova York

Cidade de Nova York

The Carlyle
35 E. 76th Street, NY 10021
Tel.: 212-744-1600
www.thecarlyle.com
Luxuoso, reservado e sereno na elegância, o Carlyle continua a ser um dos hotéis de luxo mais aclamados da cidade. Local do Café Carlyle e do Bemelmans Bar, duas das casas noturnas mais sofisticadas e antigas da cidade. O Carlyle é o predileto dos visitantes da realeza. $$$

Hotel Pennsylvania
401 Seventh Avenue (com 33rd Street), NY 10001
Tel.: 212-736-5000
www.hotelpenn.com
Hotel enorme, com 1.700 quartos, em frente ao Madison Square Garden e à Penn Station; em 1940, emprestou seu número de telefone ao título do sucesso de Glenn Miller e sua orquestra, "Pennsylvania Six-Five Thousand". Tem pacotes a bons preços, com alguns extras. $$$

Comfort Inn Mahhattan
42 W. 35th Avenue, NY 10001
Tel.: 212-947-0200
www.comfortinnmanhattan.com
O grupo Choice Hotels tem cerca de seis propriedades sob as marcas Comfort, Clarion e Ascend. Comfort e Clarion são avaliados como mais básicos, mas a localização é excelente, e as taxas estão entre as mais "acessíveis" para Manhattan. Os da marca Ascend são definitivamente mais luxuosos, com preços mais elevados. $$$

Pod Hotels
145 E. 39th Street, NY 10016
Tel.: 212-865-5700
230 E. 51st Street, NY 10022
Tel.: 212-355-0300
www.thepodhotel.com
Se tudo o que você deseja é um lugar para dormir e tomar banho, vale conferir esses hotéis. Os quartos são pequenos, com 4,6 m², mas são iluminados, elegantemente mobiliados e com várias comodidades eletrônicas modernas. Alguns têm banheiros coletivos. As áreas comuns são pontos de encontro dos hóspedes. $$

Murray Hill East Suites
149 E. 39th Street, NY 10016
Tel.: 212-661-2100
murray-hill-east.hotel-rv.com
Bom preço para estadias mais longas. Cada suíte tem uma cozinha, que pode ser abastecida a preços baixos nas lojas da área. $$

New York International Youth Hostel
891 Amsterdam Avenue com W. 103rd Street, NY 10025
Tel.: 212-932-2300
http://hinewyork.org
Hospedagem em dormitórios, com preços a partir de US$ 29 por pessoa por noite; US$ 3 mais barato para alberguistas do IYH. $

Washington Square Hotel
103 Waverly Place, NY 10011
Tel.: 212-777-9515
www.wshotel.com
Hotel quase centenário de localização perfeita no Village. Os quartos são pequenos, mas lindamente mobiliados. Em outra encarnação, foi o sórdido Hotel Earle, onde Papa John escreveu o clássico do rock dos anos 1960, "California Dreaming". $$

New Jersey

Basking Ridge
Olde Mill Inn
225 Route 202, NJ 07920
Tel.: 908-221-1100
www.oldemillinn.com
Localizado 13 km (8 milhas) a sudoeste de Morristown, só o fato de dirigir na área dessa tradicional pousada norte-americana já acalma o nervoso causado pelo tráfego e a agitação de New Jersey. É mais um retiro familiar de interior do que um hotel. Muitos quartos têm sacadas com vista para o jardim do pátio. Há quartos antialérgicos, livraria, restaurante e bar. Nos quartos, em vez de simples máquinas de café, há cafeteiras gourmet da marca Keurig. $$-$$$

North Bergen
Days Inn
2.750 Tonnelle Avenue, NJ 07047
Tel.: 201-348-3600
Estacionamento gratuito, opções de van para o centro de Manhattan (US$ 12 o bilhete de ida e volta); próximo da balsa, de pontos de ônibus e de trens suburbanos. Os quartos são limpos e confortáveis, há serviço completo de restaurante, e os funcionários são bem informados sobre como deslocar-se por New Jersey. $$

Lambertville
Chimney Hill Farm Estate
207 Goat Hill Road, NJ 08530
Tel.: 609-397-1516
www.chimneyhillinn.com
Impressionante casa de pedra com telhado inclinado, em área montanhosa a 8 km (5 milhas) de Lambertville. Café da manhã rural à luz de velas e muitos outros toques simpáticos. $$-$$$

The Inn at Lambertville Station
11 Bridge Street, NJ 08530
Tel.: 609-397-4400
www.lambertvillestation.com
O único hotel às margens do rio em Lambertville, cada quarto desse hotel-butique tem vista para o amplo e plácido rio. As suítes têm lareiras a gás. Os pacotes de uma noite têm um preço bom, que inclui a diária, um vale de desconto para restaurantes luxuosos cobertos ou para os mais casuais às margens do rio, e café da manhã colonial no quarto. $$-$$$

Morristown
The Madison Hotel
1 Convent Road, NJ 07960
Tel.: 973-285-1800
www.themadisonhotel.com
No centro de Morristown, este hotel é particularmente interessante para viagens de negócios. Roupa de cama fina, serviço de concierge, academia completa, piscina coberta, centro de negócios complementar, estacionamento e serviço de van para as áreas próximas. $$-$$$

Princetown
Nassau Inn
10 Palmer Square, NJ 08542
Tel.: 609-921-7500
www.nassauinn.com
Localizado no centro de Princeton – Palmer Square –, o Nassau Inn tem recebido celebridades desde 1756. O grande (200 quartos) e completo hotel ainda tenta manter um ambiente de pousada, tentativa em geral bem-sucedida. Os pacotes da pousada são um bom negócio. Aceita animais de estimação. $$

Pensilvânia

Filadélfia
Alexander Inn
12th Street com Spruce Street, PA 19107
Tel.: 215-923-3535
www.alexanderinn.com
Hotel-butique muito procurado no centro, com 48 quartos de grife, feitos no estilo art déco dos grandes navios de cruzeiro. Há obras de arte em todos os lugares e vitrais com molduras de madeira no lobby. As tarifas não variam com a temporada ou procura. $$

The Rittenhouse Hotel
210 W. Rittenhouse Square, PA 19103
Tel.: 215-546-9000/800-635-1042
Este hotel 5 estrelas tem quartos elegantemente confortáveis, um spa, um terraço com vistas da cidade, banheiros em mármore e funcionários atentos e acolhedores. Fica em frente à Rittenhouse Square, o coração da Filadélfia. Os quartos são enormes

HOSPEDAGEM ◆ 397

(a partir de 40 m²). Longe de ser pretensioso, o hotel tem pacotes para famílias. **$$-$$$**
Thomas Bond House
129 S. Second Street, PA 19106
Tel.: 215-923-8523
www.thomasbondhousebandb.com
Única hospedagem no Independence National Historic Park, os 12 quartos nesse prédio de 1769 são mobiliados em um estilo que seria apreciado por Benjamin Franklin e seus amigos. Têm ainda comodidades modernas e objetos decorativos de época. Reserve com antecedência, pois enche rapidamente, principalmente no verão. **$$**

Maryland

Annapolis
Historic Inns of Annapolis
58 State Circle, MD 21401
Tel.: 410-263-2641
www.historicinnsofannapolis.com
São três pousadas que ocupam prédios da época colonial, localizadas no bairro histórico, de frente para a State House, a Church Circle, a Main Street e a doca da cidade. As reservas para a Maryland Inn, a Governor Calvert House e a Robert Johnson House são feitas por um serviço central, mas você pode escolher a propriedade que preferir. Cada uma delas captura o charme e a história da Annapolis colonial, mas com todos os toques modernos e comodidades. **$$**

Baltimore
Admiral Fell Inn
888 S. Broadway, MD 21231
Tel.: 410-539-2000
www.admiralfell.com
As proporções agradáveis e o mobiliário feito sob medida, em estilo federalista, caracterizam esta pousada bem conservada em Fell's Point. O Admiral Fell consagrou-se pela cozinha norte-americana contemporânea e pela adega premiada. Os hóspedes têm estacionamento gratuito e transporte para as atrações locais. **$$$**

Celie's Waterfront Inn
1.714 Thames Street, MD 21231
Tel.: 410-522-2323
www.celiesinn.com
Localizada na rua de tijolos em frente à orla de Fells Point, é uma fusão perfeita da atmosfera colonial com as comodidades modernas. A maioria dos quartos tem frente para um pátio privado, mas o terraço comum tem vista para a margem. Fica no centro da animação de Fells Point. **$$-$$$**

Mount Vernon Hotel
24 W. Franklin Street, MD 21201
Tel.: 410-727-2000
www.mountvernonbaltimore.com

Hotel bem mobiliado, tranquilo e sofisticado, localizado em Mount Vernon, perto da Walters Art Gallery, do Peabody Conservatory e de lojas de antiguidades. **$$$**

Virgínia

Charlottesville
Cavalier Inn
105 N. Emmett Street, VA 22905
Tel.: 434-296-8111/888-882-2129
www.cavalierinn.com
No centro do bairro universitário. Quartos limpos, iluminados e espaçosos, nas cores e nos temas da Universidade da Virgínia, claro. Café da manhã completo. A piscina externa sazonal é especialmente bem-vinda no verão úmido da Virgínia. A disponibilidade reflete o calendário escolar. **$**

Silver Thatch Inn
3.001 Hollymead Drive, VA 22911
Tel.: 434-978-4686/800-261-0720
www.silverthatch.com
Esta deliciosa casa revestida de madeira é uma das construções mais antigas da Virgínia central (c. 1780). Tem 7 quartos, todos com banheiro privativo e vários com cama com dossel e lareira. Os quartos, excepcionalmente bem mobiliados, têm os nomes de ex-presidentes nascidos na Virgínia. Três salões de refeição e um bar. **$$**

Fredericksburg
Richard Johnston Inn B&B
711 Caroline Street, VA 22401
Tel.: 540-899-7606/877-557-0770
Localizada na rua principal do bairro histórico de Fredericksburg, essa casa foi testemunha da Guerra de Independência e da Guerra Civil, e mantém a atmosfera serena do passado. Há 7 quartos e 2 suítes na Johnston Inn. Uma propriedade reformada, a Caroline House (528 Caroline Street), tem 3 quartos românticos com banheiras. **$$-$$$**

Richmond
The Grace Manor Inn
1.853 W. Grace Street, VA 23220
Tel.: 804-353-4334
www.thegracemanorinn.com
Uma grande mansão sulista, localizada a uma quadra da Monument Avenue, no Fan District. Quatro suítes grandes de dois quartos, perto de muitos museus e restaurantes. Café da manhã com três pratos e piscina externa de água salgada. **$$**

Carolina do Norte

Chapel Hill
Carolina Inn
211 Pittsboro Street, NC 27516
Tel.: 919-933-2001
Pousada histórica, mobiliada com elegância, autodenominada "A sala

de estar da universidade", pois fica no *campus*. É uma boa base para explorar o centro de Chapel Hill e as lojas e restaurantes da Franklin Street. Mobílias, comodidades e funcionamento muito ecológicos. **$$-$$$**

Durham
King's Daughters Inn
204 N. Buchanan Boulevard, NC 27701
Tel.: 919-354-7000/877-534-8534
www.thekingsdaughtersinn.com
Conservação histórica e técnicas de construção verde foram igualmente importantes quando esse prédio histórico de 1920 – antes um dormitório para mulheres solteiras idosas – foi transformado em uma pousada-butique de 17 quartos. Cada quarto é projetado e mobiliado individualmente. Em frente à Universidade Duke e no Trinity Park (um dos bairros mais antigos de Durham), é um retiro urbano muito agradável. **$$**

Fayetteville
Holiday Inn – Fayetteville/Bordeaux
1.707 Owen Drive, NC 28304
Tel.: 910-323-0111
www.ichotels.com
Propriedade antiga e espaçosa, com quartos muito limpos e confortáveis, boa localização, um bom restaurante local e piscina externa. O hotel é perto da estrada, conveniente para pontos turísticos e popular entre grupos. **$-$$**

Greensboro
Studio Six
2.000 Veasley Street, I-40E, Saída 217, NC 27407
Tel.: 336-294-8600
www.staystudio6.com
Hotel de estadia estendida, por um ótimo preço. Todos os quartos são pequenas suítes com cozinhas completas. Há uma máquina de lavar que funciona com moedas, piscina externa e área para churrasco. Wi-fi disponível por uma pequena taxa. Aceita animais de estimação. **$**

Manteo
Tranquil House Inn
405 Queen Elizabeth Street, NC 27954
Tel.: 252-473-1587
www.1587.com
Construída no estilo das grandes pousadas do século XIX, com ciprestes trabalhados, vitrais chanfrados e camas com dossel. Fica na orla, com vista para os veleiros na baía Shallowbag, em Outer Banks. **$$**

FAIXAS DE PREÇO
Preços médios de diária em quarto duplo:
**$** = abaixo de US$ 110
**$$** = US$ 110-250
**$$$** = acima de US$ 250

Nags Head
First Colony Inn
6.715 South Croatan Highway, NC 27959
Tel.: 252-441-2343/800-368-9390
www.firstcolonyinn.com
Perfeito retiro litorâneo de Outer Banks. Pousada clássica de três andares e em estilo *shingle*, construída nos anos 1930, charmosa e com instalações modernas. Uma varanda ampla de dois andares circunda o jardim. **$-$$**

Wilmington
Front Street Inn
215 S. Front Street 28401
Tel.: 910-762-6442/800-336-8184
www.frontstreetinn.com
Doze suítes com 4 metros de pé-direito, janelas em arco e pisos de madeira de bordo. As suítes do segundo andar têm vista para o rio Cape Fear. Cada quarto reflete a personalidade de quem ele recebeu o nome: Hemingway, Jacques Cousteau, Molly Brown, entre outros. **$$**

The Wilmingtonian
101 S. Second Street, NC 28401
Tel.: 910-343-1800/800-525-0909
www.thewilmingtonian.com
Neste hotel, todos os quartos são suítes. No centro do bairro histórico, ele compreende três prédios restaurados (inclusive uma mansão de 1841) e um hotel construído em 1994 especialmente para a indústria cinematográfica. As sacadas em todos os andares ficam de frente para um pátio ajardinado com um viveiro de peixes. Alguns quartos refletem o ambiente rústico do sul; outros são náuticos. O tema da "Cinema" House são filmes clássicos e estrelas. **$-$$**

Winston-Salem
Augustus Zevely Inn
803 S. Main Street, NC 27101
Tel.: 336-748-2999/800-928-9299
www.winston-salem-inn.com
Única hospedagem em Old Salem. Sua aparência de meados do século XIX foi restaurada; possui antiguidades e reproduções acuradas de mobília morávia. Aceita animais de estimação. **$$**

Brookstown Inn
200 Brookstown Avenue, NC 27101
Tel.: 336-725-1120
www.brookstowninn.com
As paredes de tijolo à vista e as vigas de madeira revelam as origens desta pousada como um moinho têxtil de 1837. A recepção com queijo e vinho – e biscoitos e leite antes de dormir – todas as noites é um charme extra. Dá para ir a pé até a aldeia morávia restaurada na velha Salem (ingressos são vendidos na pousada). **$-$$**

Carolina do Sul

Beaufort
Rhett House
1.009 Craven Street, SC 29902
Tel.: 843-524-9030/800-480-9530
www.rhetthouse.com
Casa de fazenda nos limites do canal costeiro. Construída em 1820 e restaurada depois da Guerra Civil, esta pousada tem colunas brancas imponentes, varandas amplas, cadeiras de balanço e decoração de época. Muitos quartos têm lareira, balcões privativos e hidromassagem. Oferecem chá da tarde. **$$**

Charleston
Francis Marion Hotel
387 King Street, SC 29403
Tel.: 877-756-2121
www.francismarionhotel.com
Construído em 1924 para ser o maior e melhor hotel das Carolinas, ele ainda é um dos mais elegantes e com as melhores instalações da cidade; há também serviço de *valet*, *day spa*, academia e piano-bar. Peça um quarto com vista para o porto. Muitos pacotes. **$$**

Governor's House Inn
117 Broad Street, SC 29401
Tel.: 843-720-2070/800-720-2070
www.governorshouse.com
Atenção ao detalhe, decoração elegante e serviço excepcional são as marcas desta pousada histórica. Originalmente a residência do governador Edward Rutledge, o signatário mais jovem da Declaração de Independência, esta casa ainda conserva um ar de tradição com sua ampla varanda, seus candelabros, inúmeras lareiras e quartos espaçosos. No centro do bairro histórico e perto de muitos pontos de referência e restaurantes. **$$$**

Shem Creek Inn
1.401 Shirmpboat Lane,
Mt Pleasant, SC 29464
Tel.: 843-881-1000/800-523-4951
www.shemcreekinn.com
Esta pousada fica em um cenário sereno, do outro lado da ponte Cooper River, a partir do centro de Charleston. Todos os quartos (cuja mobília parece mais de um hotel urbano luxuoso do que os de uma pousada à beira-mar) têm sacadas privadas, com vistas para o lago e para o porto de Charleston. **$$**

Georgetown
Harbor House Bed and Breakfast
15 Cannon Street, SC 29440
Tel.: 843-546-6532
www.harborhousebb.com
A única pousada à beira-mar da cidade. Construída em 1740 em uma costa íngreme de frente para o rio Sampit, a Harbor House tem os pisos originais de madeira de pinheiro e oito lareiras. É cercada por carvalhos que eram apenas mudas quando a casa foi construída. Marinheiros dizem que o telhado vermelho característico pode ser visto do mar, a 4 milhas de distância. Pratos de Lowcountry, como camarão e grãos, panquecas de batata-doce e petiscos de caranguejo, são servidos à tarde. Os quartos ficam nos andares superiores, e não há elevador. **$$**

Myrtle Beach
Caravelle Resort
6.900 N. Ocean Boulevard, SC 29577
Tel.: 800-507-9145
www.thecaravelle.com
Resort grande, ideal para famílias e de propriedade familiar, existe desde o início do desenvolvimento de Myrtle Beach. Nove prédios incluem estúdios, apartamentos e suítes com cozinha e vistas para o mar. Muitos têm sacada particular de frente para a praia. **$$**

Coral Beach Resort
1.105 S. Ocean Boulevard, SC 29577
Tel.: 843-448-8412
www.coral-beach.com
Resort completo à beira-mar, com quartos e áreas comuns lindamente mobiliados. Tem piscinas cobertas e descobertas, saunas, hidromassagem, restaurante e *lounge*. Acesso para deficientes. **$$$**

A pousada East Bay Inn, em Savannah, Geórgia.

Geórgia

Brunswick
Hostel in the Forest
PO Box 1496, GA 31521
Tel.: 912-264-9738
www.foresthostel.com
Desde 1975, este albergue oferece camas em três casas ou em cúpulas geodésicas. Tem tranquilidade e beleza natural. **$**

St Simons Island
The Lodge on Little St Simons Island
PO Box 21078, GA 31522
Tel.: 912-638-7472
www.littlestsimonsisland.com
Esta hospedagem singular, numa barreira intocada, recebe apenas 30 hóspedes para pernoite. A única maneira de chegar lá é de barco. O preço inclui três refeições sulistas e atividades na ilha. Paradisíaca. **$$$**

Savannah
East Bay Inn
225 E. Bay Street, GA 31401
Tel.: 912-238-1225
www.eastbayinn.com
Pousada histórica com café da manhã. Armazém de 1853, restaurado, com quartos grandes, em estilo georgiano, teto alto, paredes internas de tijolo e mobília clássica. **$-$$**

The Gastonian
220 E. Gaston Street, GA 31401
Tel.: 912-232-2869
www.gastonian.com
Selecionada como uma das melhores pousadas do mundo por várias associações de turismo e pesquisas, a Gastonian tem 17 quartos em duas casas interligadas, construídas em 1868. Todos têm lareiras funcionando e alguns têm hidromassagem. **$$**

Inn at Ellis Square
201 W. Bay Street, GA 31401
Tel.: 912-236-4440/877-542-7666
www.innatellissquare.com
Chamada de "A grande senhora da Bay Street", esta pousada de 1851 tem o charme da época, mas também tem piscina, academia, lounge e estacionamento – uma comodidade que a maioria dos hotéis não oferece na cidade, onde estacionamentos são escassos. Agradavelmente situado no bairro Riverfront. **$-$$**

Flórida

Big Pine Key
Bahia Honda State Recreation Area
36.850 Overseas Highway, FL 33043
Tel.: 305-872-2353
www.floridastateparks.org/bahiahonda
São três cabanas duplex sobre pilares, de frente para a baía. Há instalações para cozinhar e banheiros privativos, abrigando confortavelmente de 4 a 6 pessoas. **$$**

Big Pine Key Fishing Lodge
33.000 Overseas Highway
Big Pine Key, FL 33043
Tel.: 305-872-2351
Cadeia de 16 alojamentos diferentes, que inclui *trailers*, quartos no *lodge*, *lofts* de dois andares e seis quitinetes na margem do canal. **$**

Deer Run Bed and Breakfast
Long Beach Road, FL 33043
Tel.: 305-872-2015
www.deerrunfloridabb.com
Quartos espaçosos, com vista do mar, em duas casas perto da baía. Os cervos andam pela área arborizada da vizinhança (também um bom lugar para observar aves). Tem café da manhã vegetariano completo, hidromassagem na praia, pórticos e balcões privativos. **$$$**

Bradenton
Silver Surf Gulf Beach Resort
1.301 Gulf Drive N., FL 34217
Tel.: 941-778-6626
www.silverresorts.com
Hotel antigo mas bem conservado. Saindo da praia, fica do outro lado da estrada. São 50 quartos básicos e limpos. Alguns dos principais andares têm terraços. Entre as comodidades estão uma praia de areia particular, piscina aquecida e cadeiras de praia e guarda-sol. Aluguel de patinete, bicicleta, *jet ski* e barcos. **$$**

Clearwater Beach
Amber Tides Motel
420 Hamden Drive, FL 33767
Tel.: 727-445-1145
www.ambertides-motel.com
Motel pequeno, com quartos limpos e aconchegantes, quitinetes e apartamentos de um quarto. Há uma linda piscina e um pátio. Também tem aluguel de bicicleta e pescarias. Atenção: pode ser exigida estadia mínima de duas a três noites. **$**

East Shore Resort Apartment Motel
473 East Shore Drive, FL 33767
Tel.: 727-442-3636
www.eastshoreresort.com
Resort à beira-mar, tem suítes de 1 e de 2 quartos, elegantemente mobiliadas e espaçosas, todas com salas de estar e de jantar, cozinha completa e duas TVs. As unidades térreas têm varandas privativas, com vistas do mar. Os hóspedes podem usar as churrasqueiras e o píer de pescaria do *resort*, de 18 metros. As unidades são alugadas por semana ou mês, mas diárias são permitidas quando há quartos disponíveis. **$**

Fort Myers
Matanzas Inn
414 Crescent Street, FL 33931
Tel.: 239-463-9258
www.matanzasinn.com
Situado à beira-mar, no centro da cidade, oferece acomodações que variam de pequenos motéis a casarões com 3 quartos, sacadas e vistas para o canal. Há um restaurante no local, assim como uma marina, *spa* com piscina e bar no terraço. **$-$$**

Homestead
The Hotel Redland
5 S. Flagler Avenue, FL 33030
Tel.: 305-246-1904
www.hotelredland.com
Novos proprietários estão dando um toque de modernidade a este hotel histórico, que fica no centro da cidade e que foi construído em 1904 para acomodar passageiros que viajavam pela ferrovia Flagler. Dos 13 quartos, 11 ficam no segundo andar, e todos têm banheiro privativo, TV e internet. Há um restaurante e um bar no local. **$**

Key Largo
Jule's Undersea Lodge
51 Shoreland Drive, em MM 103.2, FL 33037
Tel.: 305-451-2353
www.jul.com
Hospedagem ímpar, com 2 quartos a 6,4 metros debaixo do mar. Originalmente construído como um laboratório subaquático móvel, as acomodações são muito pequenas, mas surpreendentemente confortáveis. Cada quarto tem uma janela redonda, com 107 cm de diâmetro, por onde se pode ver o oceano. Chuveiro quente e frio, TV e vídeo. Só se chega lá mergulhando com garrafa. O preço inclui todo o equipamento e mergulhos ilimitados. Reserve com muita antecedência. **$$$**

Kona Kai Resort, Gallery and Botanic Gardens
97.802 Overseas Highway, em MM 97,8, FL 33037
Tel.: 305-852-7200
www.konakairesort.com
Cada um dos 13 quartos elegantemente mobiliados e as suítes de 1 e 2 quartos deste *resort* à beira-mar tem uma entrada própria no térreo, além de vistas para jardins tropicais ou para a Florida Bay. **$$-$$$**

Islamorada
Lime Tree Bay Resort Motel
PO Box 839, em MM 68,5, Long Key, FL 33001
Tel.: 305-664-4740
www.limetreebayresort.com
Chalés e apartamentos deliciosos, quartos de motel decorados com bom gosto no Golfo do México, a 27 km

---

FAIXAS DE PREÇO

Preços médios de diária em quarto duplo:
**$** = abaixo de US$ 110
**$$** = US$ 110-250
**$$$** = acima de US$ 250

(17 milhas) depois de Key Largo, a caminho de Key West. Tem faixa de areia privativa, com cadeiras de praia, piscina, piscina aquecida, pequena concessionária para aluguel de equipamentos aquáticos e mergulho com *snorkel*. Um pequeno restaurante italiano no local. **$-$$**

Key West
Hostelling International – Key West
718 S. Street, FL 33040
Tel.: 305-296-5719
www.keywesthostel.com
A duas quadras da praia, e parte do motel Seashell, os dormitórios mistos são básicos, mas são os mais acessíveis em Key West. Pátio externo, churrasqueira, mesa de bilhar, aluguel de bicicleta e lavanderia. **$**

The Marquesa Hotel
600 Fleming Street, FL 33040
Tel.: 305-292-1919
www.marquesa.com
Marco histórico do fim do século XIX, restaurado com o maior cuidado para recuperar o antigo esplendor. No meio do bairro histórico de Key West, quatro belas construções circundam duas piscinas e jardins tropicais exuberantes. Banheiras de mármore e cozinha sofisticada no vizinho Café Marquesa. **$$$**

Southernmost Hotel Collection
1.319 Duval Street, FL 33040
Tel.: 305-296-6577
www.southernmostresorts.com
As propriedades desta rede em Key West incluem uma pousada pitoresca à beira-mar em Old Town, o *resort* mais meridional da praia e o hotel mais meridional do país. **$$**

Kissimmee
Sevilla Inn
4.640 W. Irlo Bronson Highway, FL 34746
Tel.: 407-396-4135
www.sevillainn.net
Todas as 51 unidades deste motel bem conservado de dois andares, que fica perto da Walt Disney World, têm micro-ondas e geladeiras. Piscina aquecida e lavanderia. **$**

Loews Don CeSar Hotel, na Saint Petersburg Beach, Flórida.

Miami
Hotel Beaux Arts Miami
255 Biscayne Boulevard Way, FL 33131
Tel.: 305-421-8700
www.marriott.com
O saguão deste pequeno hotel--butique, no J.W. Marriott Marquis, fica no 39º andar. A partir desse andar, o hotel oferece quartos ultramodernos, com vistas espetaculares e última tecnologia (inclusive iPads e cortinas automáticas). Inclui café da manhã, mas o estacionamento é pago (US$ 35/noite). **$$$**

Miami Beach
Astor
956 Washington Avenue, FL 33139
Tel.: 305-531-8081
www.hotelastor.com
O estilo suave é a marca deste hotel *art déco* da moda. Os quartos – na maioria suítes – e os banheiros inteiramente de mármore são decorados em tons suaves de creme e bege. A piscina é surpreendente, e o restaurante Casa Fiorentina serve culinária toscana de primeira. **$$**

Cardozo
1.300 Ocean Drive, FL 33139
Tel.: 305-535-6500
www.cardozohotel.com
Os proprietários deste hotel são a cantora Gloria Estefan e seu marido, Emelio. Obra-prima da *art déco* moderna, de linhas sóbrias, banhado por neon roxo à noite. Bar animado, terraço sedutor para as refeições e 43 quartos que chamam a atenção, com piso de madeira maciça, camas de ferro e mobília com estofamento imitando zebra. **$$**

Clay Hotel Hostelling International – Miami Beach
1.438 Washington Avenue, FL 33139
Tel.: 305-534-2988
www.clayhotel.com
Hospedagens confortáveis e acessíveis no centro do antigo bairro *art déco* de Miami Beach e a apenas duas quadras da praia. Cozinha, lavanderia, armário com chave/local para deixar bagagem, restaurante.

Os quartos semiprivativos são uma verdadeira pechincha. **$**

The Marlin Hotel
1.200 Collins Avenue, FL 33139
Tel.: 305-695-3000
Construído em 1939, este espetacular e moderno hotel em *art déco* tem quartos de tamanhos variados, de 18 m² a 129 m². A tecnologia sofisticada permite que os hóspedes controlem tudo, da iluminação aos filmes na tela plana de 1,5 metro. O hotel também abriga os South Beach Studios, onde muitos artistas famosos já gravaram. **$$**

The Tides
1.220 Ocean Drive, FL 33139
Tel.: 305-604-5070
www.tidessouthbeach.com
Esta quadra branca e elegante em frente ao mar tem um pequeno hotel de luxo de gosto irrepreensível. Os quartos gigantescos e minimalistas têm cartões-postais maliciosos com a mensagem "Vamos fazer amor no The Tides". Todos os quartos têm vista para a praia e o mar, com telescópios para observar aves... ou banhistas. Também tem uma piscina de bom tamanho. **$$$**

Orlando
Embassy Suites – Lake Buena Vista
8.100 Lake Avenue, FL 32836
Tel.: 407-239-1144
www.embassy-suites.com
Suítes espaçosas com filmes no quarto, academia, hidromassagem, sauna e centro de diversões para famílias. Café da manhã e transporte para Walt Disney World incluídos. **$$**

Floridays Resort Orlando
12.562 International Drive, FL 32821
Tel.: 407-238-7700
www.floridaysresortorlando.com
As 432 espaçosas – em estilo de condomínio – suítes de 2 e 3 quartos do Floridays têm cozinhas equipadas, dois banheiros (um com hidromassagem) e sacadas individuais. Uma das duas piscinas, em uma área ajardinada de 8 hectares, é para as crianças; a outra é para aqueles que querem um pouco de sossego. Um ônibus de ida e volta até a Disney World e Orlando está incluído na taxa diária de US$ 12,25 do *resort*. **$$**

Walt Disney World All-Star Resorts
Os quartos mais baratos de Walt Disney World.
www.disneyworld.disney.go.com
All Star Movies Resort
Tel.: 407-939-7000 **$**
All Star Music Resort
Tel.: 407-939-6000 **$**
All Star Sports Resort
Tel.: 407-939-5000 **$**

HOSPEDAGEM ♦ 401

Art of Animation Resort
Tel.: 407-938-7000 $
Pop Century Resort
Tel.: 407-938-4000 $

St Augustine
Kenwood Inn
38 Marine Street, FL 32084
Tel.: 904-824-2116
www.thekenwoodinn.com
Esta consagrada pousada de três andares, em estilo vitoriano rainha Ana, construída entre 1865 e 1886, tem 13 quartos confortáveis e fica perto do mar e de outras atrações, com excelente café da manhã, ótima piscina e pátio. $$

St Petersburg
The Pier Hotel
253 Second Avenue N., FL 33701
Tel.: 727-822-7500
www.thepierhotel.com
O hotel mais antigo da cidade, no centro do bairro litorâneo, foi inaugurado em 1921 e completamente reformado em 2001. Muitos dos 33 quartos têm micro-ondas, geladeiras e bar; alguns têm banheiras antigas originais. Café da manhã continental e, à noite, duas horas de festa com cerveja e vinho de graça. Estacionamento pago ($6 por noite). $$

Saint Petersburg Beach
Loews Don CeSar Hotel
3.400 Gulf Boulevard, FL 33706
Tel.: 727-360-1881
www.loewshotels.com/Don-CeSar-Hotel
Esplendidamente situado de frente para o Golfo do México, este hotel tem 277 quartos e suítes, muitos com sacada individual e vistas espetaculares. Há duas piscinas, um *spa* completo, restaurante, bar e muitas lojas no térreo. $$$

Sanibel Island
Blue Dolphin Cottages
4.227 West Gulf Drive, FL 33957
Tel.: 239-472-1600
www.bluedolphincottages.com
De propriedade familiar, *mini-resort* de frente para o golfo, em uma parte tranquila da ilha. Há quartos de motel, quitinetes e chalés de 1 quarto, em um luxuoso cenário tropical. Alguns ficam na própria praia. Os hóspedes podem usar as bicicletas, as cadeiras e churrasqueiras. $$

South Seas Island Resort
5.400 South Seas Plantation Road, Captiva, FL 33924
Tel.: 239-472-5111
www.southseas.com
Situado na Captiva Island, "ilha-irmã" de Sanibel Island, esse *resort* amplo é parte da reserva natural de 121 hectares no Golfo do México. As acomodações variam de casarões a condomínios, chalés e casas privativas. As instalações para famílias incluem um parque aquático e um espaço para esportes aquáticos, vários restaurantes e quadra de tênis; a praia é perfeita para catar conchas. $$

Tampa
Holiday Inn Express Hotel Suites – Tampa USF-Busch Gardens
2.807 E. Busch Boulevard, FL 33612
Tel.: 813-936-8200
www.ichotelsgroup.com
Quartos limpos e modernos, boa piscina, próximo das atrações turísticas e restaurantes. $$
Sailport Waterfront Suites
2.506 N. Rocky Point Drive, FL 33607
Tel.: 813-281-9599
www.sailport.com
Hotel apenas de suítes, em uma pequena ilha de frente para a baía de Tampa. As suítes para famílias têm beliches para as crianças. Há também áreas de trabalho para os que viajam a negócios e churrasqueiras. $$
Wyndham Tampa Westshore
700 N. Westshore Boulevard, FL 33609
Tel.: 813-289-8200
www.wyndhamhoteltampa.com
Localização prática, com bom restaurante e quartos espaçosos. Próximo do aeroporto, de lojas e restaurantes. $$

Tarpon Springs
Tarpon Shores Inn
40.346 US Highway 19N, FL 34689
Tel.: 727-938-2483
www.tarponshoresinn.com
Quartos a bom preço, com TVs de LCD e ar-condicionado; alguns com micro-ondas e geladeira. Piscina, hidromassagem e lavanderia. $

ROTA NORTE

Massachusetts

Boston
Boston Harbor Hotel
70 Rowes Wharf, MA 02110
Tel.: 617-439-7000
www.bhh.com
Chegando ao aeroporto de Logan, embarque no transporte aquático e, sete minutos depois, desembarque no principal hotel de luxo à beira-mar da cidade. Todos os quartos têm vista para o porto ou para a cidade. Dezoito quartos são especialmente adaptados para hóspedes com deficiências. Uma coleção de arte digna de museu decora as áreas comuns. $$$
Lenox Hotel
61 Exeter Street em Boylston, MA 02116
Tel.: 617-536-5300
www.lenoxhotel.com
Hotel tradicional, de administração familiar, modesto e de preço módico, construído em 1900. Os quartos – alguns deles com lareiras que funcionam – foram redecorados em estilo provençal francês, oriental ou colonial. Pertinho do Prudential Center, a apenas uma quadra do metrô. Há dois restaurantes e um famoso e muito chique City Bar, que fica aberto à noite, até as 2h. $$
The Liberty Hotel
215 Charles Street, MA 02114
Tel.: 617-224-4000
www.libertyhotel.com
Muito da prisão original de 1851 da Charles Street foi incorporado por arquitetos ao desenharem o hotel mais particular da cidade, que foi inaugurado em 2007. Mas não há nada de austero na escolha, que é uma combinação vibrante de brandura e elegância. A maioria dos quartos bem mobiliados e inteiramente modernos é contígua a uma torre de 16 andares. $$$
Omni Parker House
60 School Street, MA 02018
Tel.: 617-227-8600
www.omnihotels.com
Dizem que é o mais antigo hotel em funcionamento contínuo no país (desde 1855). Fica bem no centro, na Freedom Trail. Os 551 quartos reformados variam dos mais simples até luxuosas suítes. $$-$$$

Cambridge
The Charles Hotel
1 Bennett Street, MA 02138
Tel.: 617-864-1200
www.charleshotel.com
Moderno hotel da Harvard Square, com 294 quartos arejados de estilo neotradicional, alguns com vista para o rio. Local do muito frequentado clube de *jazz* Regattabar, que atrai artistas de renome no país. $$$
Harvard Square Hotel
110 Mount Auburn Street, MA 02138
Tel.: 617-864-5200
http://harvardsquarehotelboston.com/
Motel de três andares no centro de Harvard Square. Todos os quartos têm janelões. Estacionamento no local,

---

FAIXAS DE PREÇO

Preços médios de diária em quarto duplo:
$ = abaixo de US$ 110
$$ = US$ 110-250
$$$ = acima de US$ 250

pago. A pousada em Harvard, na área da universidade, é uma propriedade parceira do hotel. **$$**

Mary Prentiss Inn
6 Prentiss Street, MA 02140
Tel.: 617-661-2929
www.maryprentissinn.com
Pousada neogrega com café da manhã, mobiliada com bom gosto. Alguns dos 20 quartos têm armários antigos e camas com dossel. Cafés da manhã preparados a pedido, servidos no terraço no verão. Situado numa rua residencial entre as praças Harvard e Porter. Internet sem fio e estacionamento grátis. **$$-$$$**

Concord
Colonial Inn
48 Monument Square, MA 01742
Tel.: 978-369-9200
www.concordcolonialinn.com
A pousada histórica principal e sua ala mais nova, uma pensão, um chalé e duas outras casas oferecem 56 quartos. Os três últimos são mais adequados para estadias mais longas. A pousada principal, de 1716, nas terras comunais de Concord, tem 15 quartos e inclui o *lounge* Village Forge, com diversão ao vivo nas noites de 4ª a domingo. **$$**

Longfellow's Wayside Inn
72 Wayside Inn Road, Sudbury, MA 01776
Tel.: 978-443-1776
www.wayside.org
Perto do Concord, a pousada mais antiga do país funciona desde 1716. Cada um dos quartos tradicionalmente mobiliados tem banheiro e telefone. Os quartos de número 9 e 10 têm clássicos tetos baixos e piso de madeira. O *brunch* de domingo é servido de setembro até junho; café da manhã, almoço e jantar, diariamente. Se o tempo estiver bom, opte pelo terraço. **$$**

Gloucester
Bass Rocks Ocean Inn
107 Atlantic Road, MA 01930
Tel.: 978-283-7600
www.bassrocksoceaninn.com
Hospede-se num dos 51 quartos das casas Oceanfront, Seaside ou Stacy, todos de frente para a mar. Oceanfront e Seaside têm balcões ou pátios. Bicicletas de uso gratuito, piscina aquecida e café da manhã incluído. **$$-$$$**

Harborview Inn
Stacey Boulevard
71 Western Avenue, MA 01930
Tel.: 978-283-2277
www.harborviewinn.com
Casa confortável transformada em pousada com café da manhã, perto da estátua do Fisherman Memorial. Três quartos e três suítes, todos com banheiro e alguns com vista do mar. Café da manhã continental incluído. **$-$$**

New Hampshire

Claremont
Claremont Motor Lodge
16 Beauregard Street, NH 03743
Tel.: 603-542-2540
www.claremontmotel.com
Este clássico motel, a cerca de 3 km do centro da cidade, tem quartos com TV a cabo e acesso à internet; alguns também têm cozinha. Café da manhã continental incluído. **$**

Portsmouth
Inn at Strawbery Banke
314 Court Street, NH 03801
Tel.: 603-436-7242
www.innatstrawberybanke.com
Elegante casa antiga, com 7 quartos de bom tamanho, distribuídos em dois andares, ambos com sala de estar. **$-$$**

Residence Inn Portsmouth/ Downtown/Waterfront
100 Deer Street, NH 03801
Tel.: 603-422-9200
www.marriott.com
O mais novo hotel da cidade, perto do porto, tem 128 suítes com cozinha completa, distribuídas em cinco andares, e uma piscina coberta. **$$-$$$**

Wolfeboro
Wolfeboro Inn
90 N. Main Street, NH 03894
Tel.: 603-569-3016
www.wolfeboroinn.com
Inteiramente modernizada, esta pousada do século XIX à beira-mar é pitoresca e tem uma taberna convidativa. Se quiser varanda de frente para a baía de Wolfeboro, no lago Winnipesaukee, hospede-se na parte moderna, e não na histórica. No verão, os hóspedes podem fazer as refeições no pátio. **$$**

Maine

Cape Elizabeth
Inn by the Sea
40 Bowery Beach Road, ME 04107
Tel.: 207-799-3134
www.innbythesea.com
Resort costeiro grande, cheio de recantos, sem poluição, com 57 quartos luxuosos, suítes e chalés, todos com varanda ou deque com vista para o mar. Os quartos têm TV de tela plana. *Spa*, academia, piscina, bar e restaurante que serve produtos locais frescos. Situado em 2 hectares de terras certificadas como santuário ecológico, é famoso entre os que viajam com seus cães. **$$$+**

Cornish
Cornish Inn
2 High Road, PO Box 266, MA 04020
Tel.: 207-625-8501
www.cornishinn.com
Linda casa colonial do início do século XIX, na base das montanhas White. Café da manhã leve incluído. O restaurante e o bar funcionam de 4ª a domingo. **$-$$**

Kennebunkport
1802 House B&B
15 Locke Street, ME 04046
Tel.: 207-967-5632
www.1802inn.com
Refúgio isolado a alguns minutos da central Dock Square e próximo ao campo de golfe Cape Arundel, esta pousada tem 6 quartos aconchegantes e íntimos, com lareira a lenha, antiguidades e obras de arte originais. Os banheiros privativos azulejados têm hidromassagem. Serve café da manhã de três pratos. **$$-$$$**

Ogunquit Beach
The Beachmere Inn
62 Beachmere Place, ME 03907
Tel.: 207-646-2021
www.beachmereinn.com
Pousada vitoriana ecológica, estilosa e intimista, com maravilhosas vistas do litoral e uma pequena praia particular, fica 10 minutos ao sul de Wells. Muitos quartos têm balcão ou deque privativo, e quatro deles têm lareira a lenha. **$-$$**

The Dunes on the Waterfront
PO Box 917, 518 Main Street, ME 03907
Tel.: 207-646-2612
www.dunesonthewaterfront.com
Fundado em 1936, o Dunes tem 17 quartos bem conservados e 19 chalés tradicionais da Nova Inglaterra, situados num campo aberto bem cuidado, com vista para o rio. Localizado ao sul de Wells. Piscina descoberta aquecida. Funcionamento sazonal. **$$**

Portland
Inn at St. John
939 Congress Street, ME 04102
Tel.: 207-773-6481
www.innatstjohn.com
Apesar de ficar na extremidade oeste do centro e a cerca de 2,7 km de Old Port, esta pousada em estilo vitoriano de 1897 vale a pena para os econômicos. Os 39 quartos são espaçosos e confortáveis, e variam dos mais em conta (com banheiro coletivo) aos luxuosos (banheiro privativo com hidromassagem). Café da manhã continental incluído. Perto de muitos restaurantes. **$**

HOSPEDAGEM ♦ 403

Dockside Guest Quarters em York, Maine.

Inn on Carleton
46 Carleton Street, ME 04102
Tel.: 207-775-1910
www.inncarleton.com
Casa vitoriana lindamente restaurada no centro do bairro histórico de Portland. Esta pousada com café da manhã tem 6 quartos, 4 com banheiro e chuveiro privativo, 2 com chuveiro apenas. **$-$$**

Pomegranate Inn
49 Neal Street, ME 04102
Tel.: 207-772-1006
www.pomegranateinn.com
Refúgio tranquilo no bairro histórico de Western Promenade. Dos 8 quartos, 5 têm lareira que funciona, e todos têm banheiro privativo. O quarto do 1º andar tem acesso a um jardim privativo. **$$-$$$**

York
Dockside Guest Quarters
22 Harris Island Road, ME 03909
Tel.: 207-363-2868
www.docksidegq.com
Situado numa península particular, cercado de vistas amplas. Os quartos e suítes ficam em prédios diferentes, espalhados em 2 hectares de terreno; a Maine House tem balcões grandes. Há um restaurante, e o bufê de café da manhã está incluído. **$$**

Vermont

Arlington
Arlington Inn
Route 7A, VT 05250
Tel.: 802-375-6532
www.arlingtoninn.com
Elegante pousada com café da manhã, em mansão neogrega, com mobília confortável em estilo vitoriano nos 5 quartos. Mais quartos na antiga cocheira, alguns com hidromassagem, e na antiga casa paroquial, outros com varanda privativa. Restaurante e jardins. Localizada entre Bennington e Manchester. **$$-$$$**

West Mountain Inn
River Road (perto da Route 313), VT 05250
Tel.: 802-375-6516
www.westmountaininn.com
Esta pousada, que tem 150 anos e ocupa 60 hectares com vistas para o Battenkill Valley, vem adquirindo uma merecida fama por sua calorosa hospitalidade. Os quartos repletos de antiguidades são espaçosos e elegantemente mobiliados, com acomodações tradicionais no prédio principal e apartamentos de 2 quartos no moinho histórico. O café da manhã é excelente, e o jantar é servido todas as noites. Trilhas para caminhar ou fazer esqui de fundo, sala de jogos, pescaria. A criação de lhamas diverte todas as idades. **$$-$$$**

Bridgewater Corners
October Country Inn B&B
362 Upper Road, PO Box 66, VT 05035
Tel.: 802-672-3412
www.octobercountryinn.com
Todos os 10 quartos desta fazenda aconchegante têm banheiros privativos e ar-condicionado. A pousada fica numa estrada secundária a cerca de 8 km da área de esqui de Killington. Piscina descoberta. Serve jantar. **$-$$**

Dorset
Barrows House
Route 30, VT 05251
Tel.: 802-867-4455
www.barrowshouse.com
Pousada do século XVIII em estilo federalista (inclui outras oito construções), com toques caseiros nos 28 quartos e restaurante bem conceituado. Piscina descoberta, quadras de tênis, aluguel de bicicleta e equipamento para esqui de fundo. Fica 10 km ao norte de Manchester. **$$**

Dorset Inn
8 Church Street (Route 30), VT 05251
Tel.: 802-867-5500
www.dorsetinn.com
Uma das pousadas mais antigas do estado – e agradável, pode confiar –, inaugurada em 1796. São 25 quartos graciosamente mobiliados, um spa e um restaurante premiado. Café da manhã incluído. **$$-$$$**

Fairlee
Silver Maple Lodge and Cottages
520 US Route 5 S., VT 05045
Tel.: 802-333-4326
www.silvermaplelodge.com
Bonita fazenda antiga, com 8 quartos confortáveis na casa original e mais 7 em chalés rústicos de pinho bem equipados (alguns com lareira). Banheiro privativo em 13 quartos. **$-$$**

Killington
Inn of the Six Mountains
2.617 Killington Road, VT 05751
Tel.: 802-422-4302
www.sixmountains.com
Resort moderno, com 103 quartos, em atmosfera de montanha; tudo é imensamente grande, até a lareira central de pedra. Perto de trilhas para esquiar e caminhar. Duas piscinas, hidromassagem e spa. **$-$$**

Mountain Meadows Lodge
285 Thundering Brook Road, VT 05751
Tel.: 802-775-1010
www.mountainmeadowslodge.com
Uma fazenda grande e ecológica do século XIX na beira do lago e uma hospedaria adjacente de três andares oferecem 17 quartos com banheiros privativos; alguns têm balcões com vista para o lago. Longas trilhas de caminhada (a trilha dos Apalaches cruza a propriedade). Animais de fazenda andam pelos campos, e há barcos a remo, canoas e caiaques para alugar. Hospedagem gratuita para crianças menores de 12 anos. **$$**

Manchester Village
1811 House (propriedade do Equinox Resort)
3.567 Main Street, Route 7A, VT 05254
Tel.: 877-854-7625
www.equinoxresort.com/accomodations
Presbitério em estilo federalista, antiga residência da neta de Abraham Lincoln. Tem 13 quartos espaçosos, cheios de antiguidades, alguns com camas com dossel, lareiras e varanda privativa, todos com TV de tela plana. Os 3 quartos de chalé têm lareiras a lenha. Fica na extremidade norte de Manchester Village. Acesso ao spa e à piscina do resort Equinox. **$$-$$$**

Reluctant Panther Inn
West Road, VT 05254
Tel.: 802-362-2568
www.reluctantpanther.com
Acomodações espaçosas e luxuosas – incluindo suítes com duas lareiras e entradas privativas – fazem deste complexo de vários prédios nos arredores do vilarejo uma escolha de primeira. O restaurante à luz de velas e o bar adjacente servem culinária regional sofisticada. **$$$**

FAIXAS DE PREÇO

Preços médios de diária em quarto duplo:
**$** = abaixo de US$ 110
**$$** = US$ 110-250
**$$$** = acima de US$ 250

The Equinox
3.567 Main Street, Route 7A, VT 05254
www.equinoxresort.com
Grande hotel antigo, com 195 quartos reformados e mobiliados com estilo. Três restaurantes, bar e taberna. Oferece várias atividades esportivas: aulas de direção fora da estrada, pesca com mosca, golfe, falcoaria, arco e flecha e tiro ao prato. $$$

Middlebury
Middlebury Inn
14 Court Square, VT 05753
Tel.: 802-388-4961
www.middleburyinn.com
No centro da cidade, esta bela pousada de tijolos com restaurante funciona desde 1827. Aqueles que procuram por uma experiência hospitaleira tradicional vão optar por um quarto no prédio principal ou na mansão Porter House, de 1825, em vez do moderno anexo. $$

Swift House Inn
25 Stewart Lane, VT 05753
Tel.: 802-388-9925
www.swifthouseinn.com
Casa em estilo federalista, de 1814, cheia de detalhes elegantes, com 20 quartos luxuosos. A antiga cocheira tem quartos espaçosos e banheiras com hidromassagem; a antiga casa da portaria tem varanda em toda a volta. Restaurante, sauna seca e a vapor. Café da manhã incluído; o jantar é servido de 4ª a domingo, na temporada (nov.-maio, 5ª-dom.) $$

Quechee
Quechee Inn at Marshland Farm
Quechee Main Street, VT 05059
Tel.: 802-295-3133
www.quecheeinn.com
Com trilhas na natureza, esqui de fundo, ciclismo e canoagem, esta pousada de 1793, meticulosamente reformada e completamente modernizada, tem muito a oferecer a quem busca férias ativas. Café da manhã incluído. Recomenda-se fazer reserva para o jantar. $$-$$$

Ripton
The Chipman Inn
Route 125, VT 05766
Tel.: 802-388-2390
www.chipmaninn.com
Pequena, charmosa e histórica pousada com café da manhã. Tem 8 quartos bonitos, um ambiente tranquilo e um simpático gato como morador. A sala de estar principal tem bar. Crianças de 12 anos ou mais são bem-vindas. $-$$

Weston
The Inn at Weston
Route 100, VT 05161
Tel.: 802-864-6789
www.innweston.com

Localizada a 32 km de Manchester em um famoso vilarejo de Vermont – onde ficam duas famosas lojas do país, a Vermont Country Store e a Weston Playhouse –, a pousada é um romântico refúgio com mobília antiga e camas com dossel. Duas suítes têm balcão e lareira. A sala de jantar oferece culinária contemporânea criativa e uma impressionante carta de vinhos. Peça para ver a espetacular coleção de orquídeas. $$$

Windsor
Juniper Hill Inn
153 Pembroke Road, VT 05089
Tel.: 802-674-5273
www.juniperhillinn.com
Constando no Registro Nacional de Lugares Históricos, esta pousada de 1902, em uma mansão de estilo neogrego, fica num gramado amplo. Tem 16 quartos elegantemente mobiliados com peças eduardianas e em estilo Queen Anne. Experimente as especialidades regionais no mesmo restaurante em que Teddy Roosevelt jantou. Cenário serrano, próximo da montanha de Ascutney, piscina descoberta. Café da manhã completo incluído; jantar de 5ª a 2ª. Aceita crianças de 12 anos ou mais. $$-$$$

Woodstock
Kedron Valley Inn
4.778 South Road, South Woodstock, VT 05071
Tel.: 802-457-1473
www.kedronvalleyinn.com
Os 25 quartos desta pousada, em funcionamento desde 1828, ficam espalhados pela casa principal, pelo edifício da taberna e numa cabana de madeira; muitos deles têm lareira e hidromassagem ou deques privativos. O restaurante é excepcional – reserve com antecedência, se quiser jantar (5ª-2ª no verão e 5ª-dom. no inverno). A construção em estilo alojamento de esqui, atrás da casa principal, atrai famílias, que também curtem o lago de 8 mil m², onde se pode nadar. $$

Woodstock Inn and Resort
14 The Green (Route 4), VT 05091
Tel.: 802-457-1100
www.woodstockinn.com
A homenagem dos Rockefeller ao passado das pousadas rurais tem 142 quartos, biblioteca e três restaurantes. A decoração é empresarial/campestre, com móveis modernos. As comodidades incluem piscinas coberta e descoberta, quadras de tênis, golfe, academia, quadras de raquetebol e *squash*, e área para esqui de montanha. $$$

Nova York

Buffalo
Lenox Hotel and Suites
140 N. Street, NY 14201
Tel.: 716-884-1700
www.lenoxhotelandsuites.com
Hotel histórico com quartos e suítes luxuosas. Os quartos são equipados com geladeira e micro-ondas; algumas suítes têm cozinha. $$

Lord Amherst Hotel
5.000 Main Street, NY 14226
Tel.: 716-839-2200
www.lordamherst.com
Motel bem cuidado, próximo a *shoppings*. Sala de ginástica, piscina descoberta aquecida, restaurante e internet sem fio grátis. $

Canandaigua
Morgan Samuels Inn
2.920 Smith Road, NY 14424
Tel.: 585-394-9232
www.morgansamuelsinn.com
Esta mansão imponente, de estilo inglês, com entrada margeada por árvores, convida a desestressar com conforto refinado. Fica num amplo terreno arborizado e é decorada com pinturas a óleo e antiguidades. $$

Cooperstown
The Inn at Cooperstown
16 Chestnut Street, NY 13326
Tel.: 607-547-5756
www.innatcooperstown.com
Pousada em característico estilo segundo império, de localização central, projetada por Henry J. Hardenbergh, famoso por seus projetos na cidade de Nova York – o edifício Dakota e o hotel Plaza. Construída em 1874 como anexo ao luxuoso hotel Fenimore, tem 18 quartos e suítes modernos e impecáveis. $-$$ (bufê de café da manhã incluído)

Fredonia
The White Inn
52 E. Main Street, NY 14063
Tel.: 716-672-2103
www.whiteinn.com
Pousada antiga e majestosa, com antiguidades e reproduções. O restaurante serve excelente culinária americana, com ingredientes frescos de alta qualidade. $-$$

Geneva
Belhurst Castle
4.069 Route 14 S, NY 14456
Tel.: 315-781-0201
www.belhurst.com
Tem 14 quartos para escolher, alguns com hidromassagem, num castelo do século XIX de frente para o lago Seneca. A propriedade tem dois restaurantes e vinícola própria. $-$$

HOSPEDAGEM ◆ 405

Niagara Falls
Sheraton At The Falls
300 Third Street, NY 14303
Tel.: 716-285-3361
www.starwoodhotels.com/sheraton
Requintado e central, este hotel enorme tem quase 400 quartos, café da manhã na churrascaria e bar de esportes que serve almoço e jantar. Pequena academia, piscina coberta e cassino. $$
Hostelling International – Niagara Falls
1.101 Ferry Avenue, NY 14301
Tel.: 716-282-3700
www.hihostels.com
O albergue ocupa uma casa histórica de estilo georgiano bem perto das cataratas. As comodidades incluem cozinha, acesso à internet, estacionamento no local, lavanderia e local para guardar bagagens e bicicletas. $

Rome
Quality Inn Rome
200 S. James Street com Erie Boulevard, NY 13440
Tel.: 315-336-4300
Boa localização. Quartos com micro-ondas e geladeira. Lavanderia, piscina descoberta, sala de ginástica, restaurante e acesso gratuito à internet. Quartos com acesso para deficientes. $

Saratoga Springs
Batcheller Mansion Inn
20 Circular Street, NY 12866
Tel.: 518-584-7012
www.batchellermansioninn.com
Esta maravilhosa pousada em estilo vitoriano gótico, preservado com esmero, tem 8 quartos mobiliados com elegância e uma suíte, sala de estar com um grande piano, janelas francesas e varandas sombreadas. O preço inclui café da manhã com pratos quentes, mas preste atenção, pois os valores são mais altos nos fins de semana da temporada de corridas (jul.-set.). Não aceita hóspedes com menos de 16 anos. $$
Caffe Lena
47 Phila Street, NY 12866
Tel.: 518-583-0022
www.caffelena.org
Fundado em 1960 e amplamente considerado o café em contínuo funcionamento mais antigo do país, o Caffe Lena hospedou alguns dos mais queridos músicos dos Estados Unidos, como Bob Dylan e Arlo Guthrie. Hoje uma ONG, o café ainda é um palco para música ao vivo, recepcionando calorosamente todos que passam por ali. $-$$

Syracuse
Hostelling International – Syracuse
535 Oak Street, NY 13203
Tel.: 315-472-5788
www.hihostels.com
Albergue charmoso. Ocupa uma enorme casa antiga no centro de Syracuse. As comodidades incluem cozinha para os hóspedes, lavanderia e local para guardar bagagem. $
Park View Hotel
713 E. Genesee Street, NY 13210
Tel.: 315-701-2600
www.theparkviewhotel.com
Localização central, em frente ao Foreman Park, com quartos espaçosos, academia, café e bar de vinho, e o fino restaurante 1060. $$

Utica
Red Roof Inn
20 Weaver Street, NY 13502
Tel.: 315-724-7128
www.redroof.com
Quartos bem equipados e impecáveis. Serviço simpático. Restaurantes e *shopping* nas proximidades. Hóspedes de 17 anos ou menos não pagam, desde que dividam o quarto com um membro adulto da família. $

Pensilvânia

Erie
Downtown Erie Hotel
18 W. 18th Street, PA 16501
Tel.: 814-456-2961
www.downtownerichotel.com
Localização central, com TV a cabo nos quartos, acesso à internet no saguão e no *lounge*. Piscina descoberta e café da manhã continental incluído. $

Ohio

Cleveland
Glidden House Hotel
1.901 Ford Drive, OH 44106
Tel.: 216-231-8900
www.gliddenhouse.com
Charmoso hotel histórico no *campus* da Universidade Case Western Reserve, próximo dos museus da cidade. Quartos estilosos com TV de plasma. Aprecie a culinária mediterrânea no restaurante Carriage House, frequentemente com música ao vivo. Quartos com acesso para cadeiras de rodas. $$
Wyndham Cleveland Hotel at Playhouse Square
1.260 Euclid Avenue, OH 44115
Tel.: 216-615-7500
www.wyndham.com/hotels
Localização prática e próxima à região dos teatros. Quartos bem decorados, restaurante, *lounge*, piscina coberta e academia. Quartos com acesso para cadeiras de rodas. Serviço de ônibus gratuito até as atrações locais. $$

Sandusky
Baraboo, Wisconsin and Sandusky Kalahari Waterpark Resort
1.305 Kalahari Drive, WI 53913
OR
7000 Kalahari Drive, OH 44870
Tel.: 877-525-2427
www.kalahariresorts.com
Com cerca de 50 mil m², o *resort* Kalahari de Ohio é o maior do país. Oferece parque aquático coberto com piscinas, banheiras de água quente, tobogãs e *body boarding*. Os *resorts* foram projetados para se parecerem com o deserto do Kalahari, na África do Sul, com fontes artificiais, árvores e animais. Cafona para alguns, mas parece agradar as crianças. $$
Hampton Inn Sandusky-Central
6.100 Milan Road, OH 44870
Tel.: 419-609-9000
www.hamptoninn3.hilton.com
Tem 50 quartos confortáveis, com acesso gratuito à internet e as comodidades costumeiras. Próximo do parque de diversões Cedar Point, do parque de safári e de parques aquáticos cobertos e ao ar livre. Café da manhã com pratos quentes incluído, academia, piscina coberta e hidromassagem. $$

Toledo
Mansion View Inn
2.035 Collingwood Boulevard, OH 43620
Tel.: 419-244-5676
www.mansionviewtoledo.com
Situada no antigo bairro histórico do lado oeste, esta deslumbrante mansão de 1887 tem 4 quartos com café da manhã, decorados em estilo vitoriano. A sala de estar tem DVD, vídeos, TV e livros. $$

Indiana

Nappanee
Inn at Amish Acres
1.600 W. Market Street, IN 46550
Tel.: 574-773-4188
www.amishacres.com
Oportunidade de apreciar alguns prazeres tranquilos da vida: balanço na varanda, tabuleiro de xadrez e guirlandas de flores. Todos os quartos têm TV a cabo e colchas de estampas *amish*; 16 têm hidromassagem. Quartos com acesso para deficientes. Piscina descoberta, acesso gratuito à internet e café da manhã continental. $-$$

FAIXAS DE PREÇO

Preços médios de diária em quarto duplo:
$ = abaixo de US$ 110
$$ = US$ 110-250
$$$ = acima de US$ 250

South Bend
The Oliver Inn
630 W. Washington Street, IN 46601
Tel.: 574-232-4545
www.oliverinn.com
Pousada com café da manhã numa casa do início do século XX muito bonita, com varanda nos cantos, janelas salientes e jardins bem cuidados. A lareira a lenha e a música de piano ao vivo aumentam o charme das áreas comuns. **$-$$**

Valparaiso
The Inn at Aberdeen
3.158 S. State Route 2, IN 46385
Tel.: 219-465-3753
www.innataberdeen.com
Quartos confortáveis com hidromassagem e balcão. Café da manhã *gourmet* completo, sobremesa à noite, bebidas liberadas e lanches. O jardim tem gazebo. **$$**

Michigan

Dearborn
Victory Inn
23.730 Michigan Avenue, MI 48124
Tel.: 313-565-7250
www.avictoryhotels.com/dearborn
Todos os quartos desta pousada no centro da cidade têm TV a cabo, acesso gratuito à internet, geladeira e micro-ondas. Piscina descoberta. Café da manhã continental incluído. **$**

Illinois

Chicago
Hotel Cass
640 N. Wabash Avenue, IL 60611
Tel.: 312-787-4030
www.casshotel.com
Hotel central de ótima localização na Magnificent Mile, a uma curta distância do Nacy Pier, do John Hancock Center e do Millennium Park. Quartos com acesso gratuito à internet, TV de tela plana de alta definição e café da manhã incluído. **$$**

The Drake Hotel
140 E. Walton Place, IL 60611
Tel.: 312-787-2200
www.thedrakehotel.com
Este monumento elegante e moderno já hospedou a rainha da Inglaterra, imperadores japoneses, chefes de Estado e o papa João Paulo II. Quartos luxuosos, com banheiros de mármore italiano, dois salões de baile, academia e um *shopping* cujos destaques são a butique Chanel e a joalheria Georg Jensen. Quatro restaurantes, incluindo o Cape Cod Room, de tema náutico e especializado em frutos do mar, favorito das celebridades, em cujo bar Marilyn Monroe gravou suas iniciais; recomenda-se fazer reserva. **$$$**

Park Hyatt Chicago
800 North Michigan Avenue, IL 60611
Tel.: 312-335-1234
Com 67 andares na Michigan Avenue, o Park Hyatt Chicago é um destaque no centro da cidade. Fica a apenas cinco minutos de caminhada de atrações como o John Hancock Center e o Museu de Arte Contemporânea. Há um frescor contemporâneo em abundância neste hotel reformado: um saguão enorme com colunas pretas exorbitantes, reprodução da mobília do casal Eames nos quartos e gigantescas banheiras. Por fim, um *spa* luxuoso e o *lounge* NoMi no terraço, sempre movimentado. Peça um quarto de frente para o lago Michigan para receber um tratamento real! **$$$**

The Whitehall Hotel
105 E. Delaware Place, IL 60611
Tel.: 312-944-6300
Localização perfeita. Hotel de estilo europeu, restaurado no belo estilo original dos anos 1920. Os quartos têm mobília de mogno e lençóis de algodão egípcio de 300 fios. Restaurante italiano, bar de pizza e *lounge*, onde os Beatles beberam certa vez. **$$$**

Wisconsin

Dodgeville
Best Western Quiet House & Suites
1.130 N. Johns Street, WI 53533
Tel.: 608-935-7739
www.bestwestern.com
A apenas 5 km de um parque estadual. Quartos com TV a cabo, acesso à internet, micro-ondas e geladeira. Café da manhã continental incluído. Piscinas coberta e descoberta. **$-$$**

Don Q Inn
3.658 State Route 23 N., WI 53533
Tel.: 608-935-2321
www.donqinn.net
Tem 21 quartos temáticos (**$-$$**), de gueixa a safári, de cafonas a confusos, mais 35 quartos comuns (**$**). Piscina e café da manhã continental incluído. **$-$$**

House on the Rock Inn
3.591 Highway 23, WI 53533
Tel.: 608-935-3711
www.thehouseontherock.com
Pousada moderna, situada 11 km ao sul da singular House on the Rock, imitando algumas de suas características. O charmoso *lounge* abre-se para um deque em frente à piscina descoberta. A piscina coberta tem área de recreação para crianças. Café da manhã continental incluído. **$-$$**

Madison
Hotel Red
1.501 Monroe Street, WI 53711
Tel.: 608-819-8228
www.hotelred.com
Único hotel-butique de Madison, o Red tem 48 suítes modernas com hidromassagem, cozinhas adaptadas e terraços. A estrutura de ferro e vidro inspirada na escola Bauhaus foi projetada por um arquiteto local; artesãos de Wisconsin decoraram grande parte do interior do hotel. Relaxe tomando uma taça de vinho no terraço do The Wise, o novo restaurante em estilo norte-americano do hotel, e observando os ciclistas e corredores que passam tranquilamente. **$$**

Mansion Hill Inn
424 N. Pinckney Street, WI 53703
Tel.: 608-255-0172
www.mansionhillinn.com
Mansão de meados do século XIX, em estilo neorromânico, situada no bairro histórico. Mobiliada com bom gosto, com antiguidades finas. Acolhida calorosa e serviço atencioso. Não aceita hóspedes com menos de 13 anos. **$$$**

Richland Center
Park View Motel
511 W. Sixth Street, WI 53581
Tel.: 608-647-6354
Tem 15 unidades básicas, mas bem cuidadas, com geladeira, micro-ondas, TV e internet sem fio. Em frente a um parque público, com piscina. **$**

Spring Green
The Usonian Inn
E5116 Hwy 14, WI 53588
Tel.: 608-588-2323/877-876-6426
www.usonianinn.com
Inspirado na residência Taliesin de Frank Lloyd Wright, este hotel, que ocupa uma área de 1 hectare, aparece no Registro Histórico Nacional. Os quartos têm geladeira, cafeteira e internet sem fio gratuita. Há uma loja de vinhos e cervejas no saguão. O hotel tenta aderir às práticas sustentáveis. **$$**

Drake Hotel, marco de Chicago.

HOSPEDAGEM ◆ 407

Bloomington
Cerca de 20 minutos ao sul de Minneapolis, na 35 W.
Hotel Sofitel
5.601 W. 78 Street, MN 55439
Tel.: 952-835-1900
Hospedagem luxuosa, em estilo contemporâneo, perto do Mall of America, com um incrível restaurante francês, bar e academia. $$

Le Sueur
Cosgrove House
228 S. Second Street, MN 56058
Tel.: 507-665-2500
Quatro quartos com banheiros privativos. Ar-condicionado e lavanderia. Café da manhã completo. $-$$

Minneapolis
W Minneapolis – The Foshay
821 Marquette Avenue, MN 55402
Tel.: 612-215-3700
www.starwoodhotels.com
Elevando-se a 136 metros sobre a cidade, o W Minneapolis – The Foshay mistura arquitetura *art déco* com um estilo elegante. Localizado a apenas alguns passos do Walker Art Center e do Guthrie Theatre, o hotel de 229 quartos tem um Prohibition Skybar no 27º andar e um deque de observação no último andar. $$-$$$

The Depot Renaissance
225 S. Third Avenue, MN 55401
Tel.: 612-375-1700
www.marriott.com
Quartos confortáveis e bem cuidados, perto do centro da cidade. Fica num antigo armazém ferroviário restaurado, perto do metrô de superfície, com restaurante, bar, academia, parque aquático coberto e rinque de patinação coberto sazonal. Aceita animais de estimação (pagando uma taxa). $$

Evelo's B&B
2.301 Bryant Ave S., MN 55405
Tel.: 612-374-9656
Pousada agradável em casa vitoriana bem conservada. Os 4 quartos, todos com ar-condicionado e TV, compartilham dois banheiros. Não aceita crianças. $

Graves 601 Hotel
601 First Avenue N., MN 55403
Tel.: 612-677-1100
www.graves601hotel.com
Hotel-butique requintado no bairro dos armazéns, o Graves 601 tem 255 quartos e 6 suítes com internet sem fio gratuita, restaurante premiado, *cocktail lounge* e academia. $$-$$$

Nicollet Island Inn
95 Merriam Street, MN 55401
Tel.: 612-331-1800
www.nicolletislandinn.com
Localização soberba na beira do rio, com 24 quartos decorados individualmente e um restaurante de primeira, com destaque para a culinária local. O pão e as sobremesas são preparados diariamente no hotel. $$

Pipestone
Historic Calumet Inn
104 W. Main Street, MN 56164
Tel.: 507-825-5871
www.calumetinn.com
O Calumet Inn fica na Main Street, no centro de Pipestone. Os quartos são charmosos, o serviço é excelente e tem um restaurante simples, porém confiável, que serve café da manhã, almoço e jantar. Perto do Pipestone National Monument. $$

St Paul
The St Paul Hotel
350 Market Street, MN 55102
Tel.: 651-292-9292
www.saintpaulhotel.com
Monumento histórico no centro da cidade, de frente para o Rice Park. Quartos luxuosos, restaurante, café e bar no saguão, academia no terraço e transporte local como cortesia. $$$

Dakota do Sul

Badlands National Park
Cedar Pass Lodge
20.681 SD Highway 240, SD 57750
Tel.: 877-386-4383
www.cedarpasslodge.com
Fuja do ritmo acelerado da vida e hospede-se numa cabana com ar-condicionado e banheiro, sem telefone ou TV para distrair (as cabanas construídas para a temporada de 2012 têm TVs de tela plana e são um pouco mais caras). *Tacos* de carne de bisão são servidos no restaurante. Fica logo depois do centro de informações turísticas do parque Ben Reifel. Aberto de meados de abril a meados de outubro. $

Deadwood
Bullock Hotel
633 Main Street, SD 57732
Tel.: 800-336-1876
www.historicbullock.com
Hotel vitoriano bem restaurado numa cidade histórica, com jogo 24 h por dia. Tem 28 quartos e serve café da manhã e *brunch*. Dizem que é assombrado por Seth Bullock, o primeiro xerife de Deadwood. $$

Historic Franklin Hotel
700 Main Street, SD 57732
Tel.: 605-578-3670
www.silveradofranklin.com
Localizado na histórica rua principal de Deadwood, este lindo hotel antigo foi construído em 1903 e está totalmente restaurado. Comodidades: ar-condicionado, TV, estacionamento, restaurante, bares e cassino. $

Penny Motel
818 Upper Main Street, SD 57732
Tel.: 605-578-1842
www.pennymotel.com
A alguns minutos do centro histórico da cidade. Tem internet, lavanderia, estacionamento e pátios com churrasqueiras a gás. Cassino e restaurante ao lado. Serve café da manhã continental. $

Interior
Cerca de 48 km ao sul de Wall, Dakota do Sul, na 90 e depois na 240.
Circle View Guest Ranch B&B
20.055 E. Highway 44, SD 57780
Tel.: 605-433-5582
www.circleviewranch.com
Hospede-se nesta fazenda de gado em funcionamento, com 1.214 hectares, administrada pela 3ª geração da mesma família. No topo de uma colina, com vistas incríveis da paisagem deslumbrante, tem oito quartos com banheiros privativos. Tranquilo e adorável. Cozinha para os hóspedes e sala de jogos. Café da manhã com pratos quentes. $

Mitchell
Kelly Inn and Suites
1.010 Cabela Drive, SD 57301
Tel.: 605-995-0500
www.kellyinnmitchell.com
Bom preço. Todos os quartos têm geladeira, micro-ondas e acesso à internet. Alguns quartos para famílias e com acesso para cadeiras de rodas. Sala de ginástica e piscina coberta. $

Pierre
River Lodge
713 W. Sioux Avenue, SD 57501
Tel.: 605-224-4140
www.riverlodgesd.com
Prático, de administração familiar, situado a apenas uma quadra do rio Missouri. Café da manhã continental incluído. Espaço no *freezer* para os peixes dos hóspedes pescadores. Biscoitos oferecidos na chegada. Aceita animais de estimação. $

Rapid City
Best Western Ramkota Hotel
2.111 N. LaCrosse Street, SD 57701
Tel.: 605-343-8550
www.bestwestern.com
Quartos espaçosos e suítes de 2 quartos para famílias. Acesso à internet e estacionamento gratuitos. Piscina coberta, sala de ginástica, restaurante, bar e parque aquático coberto. $$

FAIXAS DE PREÇO
Preços médios de diária em quarto duplo:
$ = abaixo de US$ 110
$$ = US$ 110-250
$$$ = acima de US$ 250

Hotel Alex Johnson
523 Sixth Street, SD 57701
Tel.: 888-729-0708
www.alexjohnson.com
Obra encomendada pelo magnata das estradas de ferro, Alex Johnson, que dizem ter sido um grande admirador da cultura indígena. Uma intrigante mistura de influências germânicas e das tribos das planícies. Não deixe de ver o candelabro feito de lanças de guerra. Restaurante aberto no verão. **$$**

Sioux Falls
Brimark Inn
3.200 W. Russell Street, SD 57107
Tel.: 605-332-2000
www.brimarkinn.com
A poucos quilômetros do centro da cidade de Sioux Falls, este hotel de estrada oferece piscina descoberta sazonal e lavanderia. O café da manhã continental – com cereal, suco e café – é servido diariamente. Internet sem fio gratuita disponível em toda a propriedade. Perto do campo de golfe de Elmwood. **$**

Spearfish
Spearfish Canyon Lodge
10.619 Roughlock Falls Road, Lead, SD 57754
Tel.: 877-975-6343
www.spfcanyon.com
São 54 quartos num alojamento de pedra e madeira, no velho estilo do oeste, na base do penhasco. Hidromassagem na varanda, *lounge*, bar e restaurante. Ideal para quem gosta de vida ao ar livre, com pesca, motoneve, observação de aves e caminhadas bem na porta. **$$**

Wall
America's Best Value Inn
201 S. Boulevard, SD 57790
Tel.: 605-279-2127
www.abvi-wall.com
Economize nesta pousada de quartos confortáveis e limpos, com TV a cabo e internet sem fio. Café da manhã continental e piscina descoberta aquecida. **$**

Wyoming

Big Horn
Spahn's Big Horn Mountain Bed and Breakfast
50 Upper Hideaway Lane, SD 82833
Tel.: 307-674-8150
www.bighorn-wyoming.com
Tradicional alojamento em local tranquilo ao lado da montanha, com vistas deslumbrantes da serra de Big Horn em volta. Os quartos da casa principal são decorados com colchas artesanais e mobília de carvalho. Tem cabanas aconchegantes com varanda na frente. **$$**

Cody
Irma Hotel
1.192 Sheridan Avenue, WY 82414
Tel.: 307-587-4221
www.irmahotel.com
Buffalo Bill Cody construiu este lugar em 1902, para a filha Irma. O hotel ainda conserva o clima de Velho Oeste. Tem ar-condicionado, TV, restaurante e loja de presentes. **$-$$**

Gillette
White House Inn B&B
2.708 Ridgecrest Drive, WY 82718
Tel.: 307-687-1240
E-mail: whitehouseinn@vcn.com
Pousada charmosa, reformada, com varanda frontal de colunas. Antiga pousada Jost House, a White House oferece uma atmosfera tradicional, com instalações modernas e camas confortáveis. Todas as suítes têm banheiro privativo. **$-$$**

Grand Teton National Park
Jackson Lake Lodge
Grand Teton Lodge
Highway 89, 8 km ao norte de Moran, WY 83013
Tel.: 307-543-2811
www.gtlc.com
Hospedagem ecológica de luxo, com vistas deslumbrantes do lago e da cordilheira Teton através das janelas enormes do saguão. *Resort* grande, com 385 quartos na construção principal e nos chalés vizinhos. Tem piscina, *playground*, arte do oeste e outras atrações. **$$-$$$**

Signal Mountain Lodge
Inner Teton Park Road, Moran, WY 83013
Tel.: 307-543-2831
www.signalmountainlodge.com
No único resort às margens do lago Jackson no Grand Teton National Park, hospedagem em quartos de estilo campestre no alojamento principal, em bangalôs modernos e em cabanas rústicas de madeira com móveis de pinho, com 1 ou 2 quartos. Também tem unidades de luxo de frente para o lago. **$$-$$$**

Greybull
Yellowstone Motel
247 Greybull Avenue, WY 82426
Tel.: 307-765-4456
www.yellowstonemotel.net
Quartos e suítes aconchegantes e confortáveis na base das montanhas Big Horn, 160 km a oeste do Parque Nacional de Yellowstone. Tem minigolfe, piscina aquecida e restaurante ao lado. **$-$$**

Jackson
Buckrail Lodge
110 E. Karns Avenue, WY 83001
Tel.: 307-733-2079
www.buckraillodge.com
Quartos grandes e confortáveis, em madeira de cedro, com pé-direito alto e decoração rústica. Terreno espaçoso em área residencial tranquila com boas vistas. Hidromassagem e TV a cabo. **$-$$**

Rustic Inn at Jackson Hole
435 N. Cache Street, WY 83001
Tel.: 307-733-2357
www.rusticinnatjh.com
Cabanas luxuosas de madeira em bonita paisagem de parque, perto de um tranquilo refúgio de alces, mas práticas para ir à cidade. Tem restaurante e bar de vinho, piscina descoberta aquecida, hidromassagem, *spa*, academia e acesso gratuito à internet sem fio. **$$$**

Lovell
TX Ranch
20 Crooked Creek Road, WY 82431
Tel.: 406-484-6415
www.txranch.com
Os hóspedes ajudam nas tarefas desta ativa fazenda de gado na base das montanhas Pryor. Fornece barracas, cavalos, equipamento e comida. **$$**

Sheridan
Apple Tree Inn Motel
1.552 Coffeen Avenue, WY 82801
Tel.: 307-672-2428
Motel com preço acessível e administrado por uma família, aos pés das montanhas Big Horn. Internet sem fio gratuita, geladeira, micro-ondas, TV a cabo, área de jogos sombreada e churrasqueira. Há também quartos que aceitam animais de estimação. **$**

Trail's End Motel
2.125 N. Main Street, WY 82801
Tel.: 307-672-2477
www.trailsendmotelwy.com
A poucas quadras do centro da cidade, o Trail's End é uma excelente escolha

Longas horas na estrada merecem uma parada de luxo.

de hospedagem. Os quartos espaçosos espalham-se em diversos edifícios; o café da manhã está incluído e é melhor do que o que se toma em hotéis bem mais caros. Também tem bar animado (proibido fumar) e restaurante, ambos muito frequentados pelos habitantes do local. **$**

Montana

Bozeman
Mountain Sky Guest Ranch
Box 1219, Emigrant, MT 59027
Tel.: 406-333-4911
www.mtnsky.com
Essa fazenda isolada tem vista para o lindo Paradise Valley, a cerca de 48 km do Yellowstone National Park, no sudoeste de Montana. São 30 cabanas de 1 a 3 quartos, que remontam ao ano de 1929; muitas têm lareiras e grandes janelas ou varandas. Cavalgada e aulas de equitação, programas para crianças, pesca, tênis, piscina e hidromassagem. **$$$**

Columbia Falls
Meadow Lake Resort
100 St Andrews Drive, MT 59912
Tel.: 406-892-8700/800-689-5579
www.meadowlake.com
Resort de luxo, com casas de férias, apartamentos e quartos de pousada. Tem campo de golfe, tênis e academia, programas para crianças, piscinas coberta e descoberta, *spa*, restaurante e *lounge*. **$$-$$$**

Coram
Glacier General Store and Cabins
10.630 Highway 2 E., MT 59912
Tel.: 406-871-3746
www.glaciercabins.net
Perto da estrada e entre as montanhas que cercam o Glacier National Park, as quatro espaçosas e bem mobiliadas cabanas têm cozinha adaptada e grandes varandas. Chuck, o proprietário, conhece bem a área e adora dar dicas aos hóspedes. **$**

Holona
Sanders-Helena's Bed and Breakfast
328 N. Ewing, MT 59601
Tel.: 406-442-3309
www.sandersbb.com
Uma das pousadas mais respeitadas da região, tem 7 quartos espaçosos com banheiro privativo, camas de metal e grandes janelas com vistas para Helena e para as montanhas além da cidade. Um café da manhã completo é servido na elegante sala de jantar de lambri. **$$**

Elkhorn Mountain Inn
1 Jackson Creek Road, Montana City, MT 59634
Tel.: 406-442-6155
www.elkhorninn.com

Galhadas de alce enfeitam o saguão desta pousada rústica nos arredores de Helena, na base das montanhas Elkhorn. Os quartos e as 3 suítes são bem mobiliados e de preço acessível. Tem área de recreação, com trilhas, atrás da propriedade. **$-$$**

Kalispell
Kalispell Grand Hotel
100 Main Street, MT 59901
Tel.: 406-755-8100
www.kalispellgrand.com
Neste lindo hotel histórico antigo no centro, os hóspedes podem tanto usar uma grande escadaria de carvalho quanto um elevador para chegar aos quartos modernos e mobiliados com conforto que ficam no segundo e no terceiro andar. Todos os quartos têm banheiro privativo e há quartos maiores para famílias e algumas suítes com hidromassagem. **$-$$**

Livingston
63 Ranch
PO Box 979, MT 59047
Tel.: 406-222-0570
www.63ranch.com
Inaugurada em 1863, em 1982 esta fazenda tornou-se o primeiro rancho turístico do estado a ser declarado um lugar histórico nacional. Ocupa 810 hectares na montanha Absaroka, perto da Gallatin National Forest e cerca de 80 km ao norte do Yellowstone National Park. Tem cavalgada e aulas de equitação, pesca e passeios noturnos. A taxa semanal inclui o uso de um cavalo selado por 6 dias, entretenimento, refeições e hospedagem. **$$$**

Missoula
Goldsmith's Bed and Breakfast Inn
809 E. Front, MT 59802
Tel.: 406-728-1585
www.goldsmithsinn.com
Tranquila pousada vitoriana com 7 quartos e às margens do rio, perto da Universidade de Montana e do centro histórico. Os quartos têm comodidades privativas como lareira, hidromassagem ou deque. **$$**

America's Best Value Inn
420 W. Broadway, MT 59802
Tel.: 406-728-4500
www.moutainvalleyinnmissoula.com
Motel barato, agradável e simples no centro de Missoula, a apenas algumas quadras das principais lojas, restaurantes e bares da cidade. Estacionamento coberto, café o dia todo, biscoitos à tarde, internet sem fio e uma pequena sala de ginástica. **$**

Polson
Best Western KwaTaqNuk Resort
49.708 Highway 93, MT 59860
Tel.: 406-883-3636
www.kwataqnuk.com

Resort com 112 quartos à beira do lago Flathead, com muitas atrações de primeira: cassino com mais de 250 máquinas caça-níqueis, duas piscinas, hidromassagem, restaurante fino e loja de presentes. A marina tem cruzeiros pelo lago. **$$$**

St Ignatius
Sunset Motel
32.670 Highway 93, MT 59865
Tel.: 406-745-3900
www.stignatiussunsetmotel.com
Bem localizado no bonito Mission Valley, este hotel tem 8 quartos espaçosos e "rústicos"; todos têm uma pequena geladeira, micro-ondas e uma janela grande de frente para o vale. **$**

Whitefish
Duck Inn Lodge
1.305 Columbia Avenue, MT 59937
Tel.: 406-862-3825
www.duckinn.com
Esta bela hospedagem de 15 quartos na beira do rio fica a uma caminhada fácil até o centro da cidade. Os quartos são decorados individualmente; muitos deles têm lareira, pátio, hidromassagem e banheiras. Ligações para qualquer lugar dos Estados Unidos e Canadá são gratuitas. Café da manhã incluído. **$-$$**

Idaho

Bonners Ferry
Best Western Kootenai River Inn and Cassino
7.169 Plaza Street, ID 83805
Tel.: 208-267-8511
www.kootenairiverinn.com
De propriedade e administração da Kootenai Tribe of Idaho, o complexo abriga um cassino, um *spa* luxuoso, um restaurante e uma pousada; os quartos espaçosos têm balcão privativo e vistas arrebatadoras. Piscina coberta, sala de ginástica, lavanderia, fliperama e terraço. **$$**

Coeur d'Alene
The Coeur d'Alene
115 S. Second Street, ID 83814
Tel.: 208-765-4000
www.cdaresort.com
Resort de luxo no belo lago Coeur d'Alene. As muitas comodidades de primeira classe incluem o único campo de golfe flutuante do mundo. Perto de atrações como pesca, esqui, entre outras. **$$-$$$**

FAIXAS DE PREÇO

Preços médios de diária em quarto duplo:
**$** = abaixo de US$ 110
**$$** = US$ 110-250
**$$$** = acima de US$ 250

Sandpoint
The Lodge at Sandpoint
41 Lakeshore Drive, Sagle, ID 83860
Tel.: 208-263-2211
www.lodgeatsandpoint.com
Às margens do lago Pend d'Oreille, a hospedagem com 29 quartos, construída em 2007, combina a aparência rústica e antiga da madeira com todos os confortos modernos, como hidromassagem, internet, videoteca, um bar incrível e sala de café da manhã. O salão tem lareira acesa e vistas magníficas. Há também duas cabanas rústicas e uma pequena casa para alugar. **$-$$$**

Washington

Ellensburg
Cedars Inn and Suites
1.390 N. Dollarway Road, WA 98926
Tel.: 509-925-9844
www.cedarsinnellensburg.com
Localizada perto da saída 106 da I-90 e a apenas 5 minutos de carro do centro da cidade, esta hospedagem remodelada é o tipo de motel que se sonha encontrar – confortável, claro, muito limpo e com serviço simpático, quartos de tamanho bom e baratos. **$**

Forks
Kalaloch Lodge
157.151 Highway 101, WA 98331
Tel.: 866-525-2562
www.olympicnationalpark.com/accommodations
O Kalaloch Lodge do Olympic National Park, que fica sobre uma costa íngreme de frente para o oceano Pacífico, 56 km ao sul de Forks, oferece acomodações simples mas charmosas; há suítes no edifício principal, cabanas rústicas – muitas com vistas fabulosas, lareiras e cozinha – e o isolado prédio Seacrest, com terraços/balcões privativos. Tem restaurante com serviço completo e uma pequena loja, mas não tem internet e sinal muito fraco para telefone celular. Local para quem quer realmente desligar-se de tudo. **$-$$$**

La Push
Quileute Oceanside Resort
PO Box 67, WA 98350
Tel.: 360-374-5267
www.quileuteoceanside.com
No terreno da reserva indígena *quileute*, este *resort*, magnificamente situado no litoral, engloba 33 cabanas de luxo, de frente para o mar, 2 motéis com 14 unidades, um acampamento e um estacionamento com serviço completo para *trailers*. Sem TV ou recepção para telefone celular. **$$**

Leavenworth
Alpenrose Inn
500 Alpine Place, WA 98826
Tel.: 509-548-3000
www.alpenroseinn.com
Pousada intimista de estilo bávaro, com café da manhã, num bonito cenário alpino. **$$**
Haus Rohrbach Pension
12.882 Ranger Road, WA 98826
Tel.: 509-548-7024
www.hausrohrbach.com
Pensão de estilo europeu aconchegante e simpática, com 10 quartos e suítes no alto de um morro, com vistas para o vale. Piscina descoberta, *spa* em funcionamento o ano todo e café da manhã completo. **$-$$**

Port Angeles
Red Lion Hotel
221 N. Lincoln Street, WA 98362
Tel.: 360-452-9215
http://redlion.rdln.com
Às margens da Hollywood Beach e de frente para o estreito de Juan de Fuca, o hotel tem 186 acomodações, entre quartos e suítes, muitas delas com balcões com vistas para o porto. Todas têm micro-ondas, geladeira, cafeteira e internet sem fio gratuita. Piscina descoberta, hidromassagem e sala de ginástica. Café da manhã e bufê incluídos; restaurante. **$$**

Port Townsend
Palace Hotel
1.004 Water Street, WA 98368
Tel.: 360-385-0773/800-962-0741
www.palacehotelpt.com
Edifício histórico no centro da cidade, lindamente restaurado, construído em 1889 por um capitão de navio aposentado. Foi decorado no estilo vitoriano original. Internet sem fio gratuita, geladeira, micro-ondas e estacionamento privativo. **$-$$**
The Tides Inn
1.807 Water Street, WA 98368
Tel.: 360-385-0595
www.tides-inn.com
Hotel charmoso à beira-mar, de frente para a praia e a baía, com vista da cordilheira das Cascades e das montanhas Olympic. Vários quartos têm hidromassagem no deque. **$-$$$**

Quinault
Lake Quinault Lodge
345 S. Shore Road, WA 98575
Tel.: 360-288-2900
www.visitlakequinault.com
Bem às margens do lago Quinault, cercado pelas florestas magníficas do Olympic National Park, este hotel de 1926 oferece uma série de acomodações simples mas confortáveis para quem vem caminhar nas trilhas e apreciar a paisagem e a vida silvestre. O elegante restaurante Roosevelt tem o nome do presidente, que se hospedou aqui em 1937, quando a ideia de criar o parque nacional foi sugerida num almoço. **$$-$$$**

Seattle
Chelsea Station Inn
4.915 Linden Avenue N., WA 98103
Tel.: 206-547-6077
www.chelseastationinn.com
Perto do Woodland Park Zoo e do Green Lake Park, esta pousada tem 4 suítes elegantes, todas com sala de estar, sala de jantar, cozinha adaptada e carregada com produtos locais e banheiros luxuosos. O café da manhã é entregue no quarto todas as manhãs. **$$**
The Edgewater Hotel
Pier 67, 2411 Alaskan Way, WA 98121
Tel.: 206-728-7000
www.edgewaterhotel.com
Único hotel de luxo à beira-mar no centro da cidade, com átrio, lareiras de pedra e decoração de alojamento de montanha. O altamente recomendado restaurante Six Seven serve culinária do noroeste e tem um adorável deque de frente para o mar. As tarifas variam, dependendo da vista que se tem do quarto, para a cidade ou para o mar (mais tranquila). **$$-$$$**
Inn At The Market
Pike Place Market, 86 Pine Street, WA 98101
Tel.: 206-443-3600
www.innatthemarket.com
No Pike Place Market, com vistas esplêndidas da baía de Elliott, hotel cercado de lojas da moda, *spa* e restaurante. As 70 acomodações, entre quartos e suítes, têm janelas de sacada (do chão até o teto) com vidraça dupla, banheiros espaçosos e internet sem fio grátis. **$$-$$$**
Shafer-Baillie Mansion
907 14th Avenue E., WA 98112
Tel.: 206-322-4654/800-985-4654
www.sbmansion.com
Pousada com café da manhã, decorada com antiguidades, numa mansão estilo Tudor, situada em propriedade espaçosa na Millionaire's Row, no Capitol Hill de Seattle. Os 8 quartos do 2º e 3º andares e as suítes têm fina carpintaria de carvalho e mogno, mobília antiga e réplicas, tapetes orientais. Café da manhã *gourmet* incluído. **$$**

ROTA CENTRAL

Washington, D.C.

The Channel Inn
650 Water Street SW, D.C. 20024
Tel.: 202-554-2400
www.channelinn.com
Único hotel de Washington na orla, perto dos restaurantes da marina, com quartos grandes, simples e confortáveis. Bom restaurante de frutos do mar, cafeteria e piscina descoberta; nas proximidades, o teatro Arena Stage, campo de golfe, quadras de tênis cobertas e descobertas. $$

Liaison Capitol Hill
415 New Jersey Avenue NW, D.C. 20001
Tel.: 202-638-1616
www.affinia.com
Ótimo achado. Hotel-butique sofisticado, com mobília moderna e elegante, perto do Capitol Hill. Apesar de grande (345 quartos), tem funcionários muito atenciosos; serviço de valet na garagem ao lado por cerca de US$ 50 a noite. Entre as comodidades estão os "kits experiência" – para caminhadas, yoga e um guia. Aceita animais, inclusive tem um menu de serviço de quarto para eles. $$

Phoenix Park Hotel
520 N. Capitol Street NW, D.C. 20001
Tel.: 202-638-6900/800-824-5419
www.phoenixparkhotel.com
Entrar nesse edifício de tijolos vermelhos é como entrar em uma propriedade irlandesa do século XIX. Os quartos são pequenos, mas têm edredons, roupa de cama irlandesa e serviço de quarto. Pelo saguão chega-se ao famoso Dubliner Pub. $$

Virginia

Floyd
Hotel Floyd
120 Wilson Drive, WA 24091
Tel.: 540-745-6080
www.hotelfloyd.com
Hotel confortável na cidade que ecoa *bluegrass*, próxima à *Blue Ridge Highway*. Funciona com energia solar e geotermal. Todos os quartos são repletos de móveis e obras de arte locais. Aceita animais. $-$$

Lexington
Historic Country Inns
11 N. Main Street, WA 24450
Tel.: 877-283-9680
www.lexingtonhistoricinns.com
Esta empresa administra três pousadas na área: duas no bairro histórico de Lexington – Alexsander Withrow House e McCampbell Inn – e o Maple Hall, numa propriedade de 22 hectares, 9 km ao norte. Todas têm lareiras, cozinha sofisticada, trilhas e piscina. $$

Luray
Mayneview B&B and Greentree Inn
439 Mechanic Street, VA 22835
Tel.: 540-743-7921
www.mayneview.com
Antigo alojamento de caça construído por um dos descobridores das cavernas de Luray e usado como ponto de parada na rede de fuga *Underground Railroad*, no fim da Guerra Civil. Vistas para a montanha Savor a partir da hidromassagem no deque. Três dos cinco quartos têm lareira. Situado numa propriedade de 1,2 hectare com belas vistas para a montanha. O Greentree Inn é mais privativo, com três quartos com lareira e mais vistas da montanha. $-$$

New Market
Blue Ridge Inn
2.251 Old Valley Pike, VA 22844
Tel.: 540-740-4136
www.blueridgeinn.com
Agradável, com TV a cabo e geladeira. Situado em propriedade de 1,6 hectare, com área para piquenique, churrasco e jogos. $

Roanoke
Hotel Roanoke and Conference Center
110 Shenandoah Avenue, VA 24016
Tel.: 540-985-5900
www.hotelroanoke.com
Construído em 1882, este prédio em estilo Tudor completamente reformado fica de frente para o animado centro de Roanoke. Todos os quartos têm roupa de cama de algodão e produtos da marca Crabtree & Evelyn. Há quartos antialérgicos. Muito popular para reuniões e convenções. $$

Days Inn Civic Center
601 Orange Avenue, DC 24016
Tel.: 540-342-4551
www.daysinn.com/roanoke
Quartos *standard* limpos e grandes. Acesso ao centro cívico e perto do centro da cidade. Piscina grande e limpa. Tarifas excelentes. $ As tarifas no Days Inn Airport/I-8 são cerca de US$ 40 mais altas. $$

Skyline Drive
Skyland Resort; Big Meadow Lodge
Tel.: 866-875-8456
www.nationalparkreservations.com
Dois alojamentos rústicos com várias cabanas no interior do parque. Nos quartos há TV e balcão com vista para a floresta, mas não há telefones ou internet (disponível nos saguões). $-$$

Staunton
Stonewall Jackson Hotel
24 S. Market Street, VA 24401
Tel.: 540-885-4848
www.stonewalljacksonhotel.com
Construído em 1924, o hotel é membro do Historic Hotels of America, lindamente restaurado e de localização perfeita. Perto da Blackfriars Playhouse e de outras atrações da cidade. $$

Carolina do Norte

Asheville
Asheville
Grove Park Inn Resort
Grove Park Inn
290 Macon Avenue, NC 28804
Tel.: 800-438-5800
www.groveparkinn.com
Construído em 1913, este clássico Grand Hotel exala o charme do sul em um cenário de montanha incrivelmente bonito, de frente para Asheville. É enorme, com 512 quartos, entre eles mais de uma dúzia de suítes temáticas. Estão disponíveis todas as atividades comuns a um *resort*, do golfe o tênis a um *spa* completo e excelente restaurante. $$$

Cherokee
Comfort Suites
1.223 Tsagli Boulevard, NC 28719
Tel.: 828-497-3500
www.comfortsuites.com/hotel-cherokee
Quartos básicos, proximidade do rio, café da manhã com pratos quentes grátis (inclusive café da manhã continental para viagem), micro-ondas e geladeira em todos os quartos, a 1,6 km da entrada do parque e da Blue Ridge Parkway. Piscina descoberta. Lavanderia. $

Harrah's
777 Casino Drive, NC 28719
Tel.: 828-497-7777
www.harrahscherokee.com
Hotel luxuoso com mais de mil quartos espaçosos e muito confortáveis, recebe mais jogadores de cassino do que visitantes interessados em fazer caminhadas nas montanhas ou em conhecer a cultura *cherokee*. $$-$$$

FAIXAS DE PREÇO

Preços médios de diária em quarto duplo:
$ = abaixo de US$ 110
$$ = US$ 110-250
$$$ = acima de US$ 250

Tennessee

Dandridge
Mountain Harbor Inn
1.199 Highway 139, TN 37725
Tel.: 865-397-1313/877-379-1313
www.mountainharborinn.com
Doze suítes romanticamente tematizadas e uma cabana, todas com vista para o incrivelmente bonito Lake Douglas. A diária inclui bufê de café da manhã, sobremesa à luz de velas e cruzeiro ao entardecer. Aluguel de barco e jet ski. **$$-$$$**

Knoxville
Holiday Inn Downtown World's Fair Park
525 Henley Street, TN 37902
Tel.: 865-522-2800
www.holidayinn.com
Hotel bem mobiliado e localizado, com estacionamento subterrâneo seguro e gratuito, piscina coberta, hidromassagem, sala de ginástica bem equipada e lavanderia. Em frente ao World's Fair Park, local de festivais e shows ao ar livre. Perto de museus e da Market Square. **$$**

Hotel St Oliver
407 Union Avenue, TN 37902
Tel.: 865-521-0050
www.theoliverhotel.com
Localizado na Market Square, no centro da cidade, este hotel tem mobília de época e antiguidades. Construído em 1876 para funcionar como padaria, foi renovado e agora funciona como um exclusivo hotel-butique. Os 28 quartos foram redecorados no estilo chique e confortável do sul, com mobília artesanal e arte original. Sua livraria é o ponto de encontro de jovens profissionais de Knoxville. **$$**

Memphis
Heartbreak Hotel
3.677 Elvis Presley Boulevard, TN 38116
Tel.: 901-332-1000
www.elvis.com/ephhearbreakhotel
Para os aficionados por Elvis, o hotel fica perto de Graceland. Cada quarto tem mobília inspirada nos anos 1950, com fotos de Elvis e outros toques que lembram o "rei". Depois de conhecer a mansão e todas as exposições do complexo, relaxe no Jungle Room Lounge. **$$**

The Peabody
149 Union Avenue, TN 38103
Tel.: 901-529-4000
www.peabodymemphis.com
Charmoso, elegante e lendário, os quartos retratam o histórico ambiente opulento do Sul. Avaliado como de alto nível. **$$$**

River Inn at Harbor Town
50 Harbor Town Square, TN 38103
Tel.: 901-260-3333
www.riverinnmemphis.com
Esta convidativa pousada-butique de frente para trilhas ao longo do cinturão verde Mud Island do Mississippi parece estar a quilômetros do centro agitado de Memphis. As janelas dos 28 quartos e suítes emolduram deslumbrantes fins de tarde sobre o Mississippi. Guarda-roupas de nogueira, camas leves com dossel, escrivaninhas e internet sem fio. Os hóspedes são paparicados com champanhe na chegada, trufas caseiras, vinho do porto antes de dormir e bebidas quentes nas áreas de estar da biblioteca. Refeições *gourmets* e cafés da manhã em serviço de prata estão incluídos na tarifa do quarto. **$$$**

Sleep Inn em Court Square
40 North Front Street, TN 38103
Tel.: 901-522-9705
www.sleepinn.com
Com mobiliário acima da média e comodidades úteis para uma rede hoteleira econômica, situado em uma área onde a maioria das hospedagens é luxuosa e cara. Perto da I-40 e da I-55, todos os quartos têm geladeira e micro-ondas, e há lavanderia para os hóspedes. O bonde que circula pelas áreas turísticas para em frente. Peça um quarto com vista para o rio. **$**

Nashville
Best Western Convention Center
711 Union Street, TN 37219
Tel.: 615-242-4311/800-657-6910
www.bestwestern.com
O melhor preço na região turística mais popular. Fica a 10 minutos de caminhada do Country Music Hall of Fame, do Ryman Auditorium e do Frist Center for the Arts. Quartos limpos com detalhes legais. Café da manhã, lavanderia para hóspedes limpa, sala de ginástica e delicatéssen em estilo nova-iorquino. **$-$$**

Daisy Hill Bed and Breakfast
2.816 Blair Boulevard, TN 37212
Tel.: 615-297-9795/800-239-1135
www.daisyhillbedandbreakfast.com
Casa em estilo Tudor com 3 quartos de hóspedes com banheiro. Linda decoração, sala de estar comum, sala de jantar, biblioteca, solário, varanda e jardim. Serve café da manhã completo. Não aceita crianças menores de 12 anos. **$-$$**

The Hermitage Hotel
231 Sixth Avenue N, TN 37219
Tel.: 615-244-3121/888-888-9414
www.thehermitagehotel.com
Elegância 5 estrelas neste hotel de 100 anos, com toda a glória da arquitetura da época. Os quartos são maiores do que a maioria dos apartamentos, com banheiros em mármore, edredons de penas e serviço de quarto. **$$$**

Millenium Maxwell House Hotel
2.025 Rose Parks Boulevard, TN 37228
Tel.: 615-259-4343
www.milleniumhotels.com
A propriedade de 3 estrelas é o único hotel com tema musical de Nashville: o saguão e os corredores são cobertos com pôsteres emoldurados e fotos de estrelas, e na TV do quarto está sintonizado o canal Country Music Television. Fica fora do centro, com vista panorâmica da cidade. Estacionamento e ônibus gratuitos de ida e volta até a cidade. **$-$$**

Arkansas

Fort Smith
Holiday Inn City Center
700 Rogers Avenue, TN 72901
Tel.: 479-783-1000
www.holidayinn.com
Uma queda d'água de cinco andares e um átrio são as atrações deste hotel bem localizado, próximo do centro cívico e a poucos passos do National Historic Site e do Museum of History. Quartos espaçosos e excelente academia com piscina aquecida coberta, sauna e equipamentos. **$-$$**

Hot Springs
The Arlington Resort Hotel and Spa
239 Central Avenue, AR 71901
Tel.: 501-623-7771
www.arlingtonhotel.com
Resort completo que mima seus hóspedes – entre eles Al Capone – desde 1875. As comodidades incluem casa de banhos com águas termais e massagens (reserve com muita antecedência), três restaurantes e salão de beleza. **$-$$**

Wildwood 1884 B&B Inn
808 Park Avenue, AR 71901
Tel.: 501-624-4267
www.wildwood1884.com
Mansão de 1884, estilo Queen Anne, cuidadosamente restaurada, com madeira original, antiguidades e vitrais. Alguns dos 5 quartos têm varanda. Ideal para casais, pelo romantismo. **$$**

Little Rock
Capital Hotel
Louisiana Street com Markham Street, AR 72201
Tel.: 501-374-7474
www.capitalhotel.com
Bonito hotel vitoriano, com clarabóia de vitrais e uma escadaria magnífica no saguão. Quartos luxuosos e confortáveis, com mobília majestosa. Funcionários atenciosos. **$$$**

The Empress of Little Rock
2.120 S. Louisiana Street, AR 72206
Tel.: 501-374-7966
www.theempress.com
Projetada com um clima romântico e relaxante, as suítes têm

HOSPEDAGEM ◆ 413

hidromassagem e aromaterapia. O café da manhã é servido em elegantes aparelhos de prata na ensolarada sala de refeições. **$$-$$$**
Rosemont B&B
515 W. 15th Street, AR 72202
Tel.: 501-374-7456
www.rosemontoflittlerock.com
Quartos vitorianos com banheiro, confortáveis e despretensiosos, a maioria deles com lareira e hidromassagem, em uma fazenda do século XIX no bairro histórico. Balanço e cadeiras na varanda, jardim, biblioteca. Prepara café da manhã especial para hóspedes vegetarianos, diabéticos e intolerantes à lactose. **$-$$**
Mount Magazine State Park Lodge
Route 309, Paris, AR 72865
Tel.: 479-963-8502
Apenas 61 metros abaixo do topo do pico mais alto do Arkansas, todos os 60 quartos têm balcão com vistas magníficas do vale do rio Petit Jean e do lago Blue Mountain. Há também 13 cabanas espalhadas pelo bosque. A piscina descoberta e o restaurante têm vistas para o vale. Há vários pátios com cadeiras, inclusive de balanço, e trilhas naturais. **$$**

Oklahoma

Chandler
Lincoln Motel
740 E. First Street, OK 74834
Tel.: 405-258-0200
Você não pode perder este motel antigo, com seu belo terreno ajardinado, letreiro de neon e uma fileira de prédios ao longo da extensa entrada. Os quartos pequenos são dois por prédio e são um pouco surrados, mas, sob a supervisão dos simpáticos novos proprietários, estão aos poucos sendo ajustados. Todos os quartos têm geladeira, TV e ar-condicionado. **$**

Miami
Buffalo Run Hotel
1.366 US 69, OK 74834
Tel.: 918-542-2900
www.buffalorunhotel.com
Com seu piso de madeira e elegante lareira de pedras no saguão, este charmoso hotel-cassino, de propriedade da Peoria Tribe of Oklahoma, uma confederação das tribos kaskaskia, peoria, piankesaw e wea, é muito conveniente. Os 100 quartos têm decoração limpa e despretensiosa, com TV de tela plana, escrivaninha, geladeira, micro-ondas e internet sem fio grátis. Café da manhã continental estendido, piscina, um café e uma churrascaria. Shows e jogos ficam no cassino ao lado. **$**

Oklahoma City
Colcord Hotel
15 N. Robinson Avenue, OK 73102
Tel.: 405-601-4300
www.colcordhotel.com
Este hotel-butique ocupa um arranha-céu *art déco* de 1910 restaurado, antigo prédio de escritórios vizinho do bairro da moda, Bricktown. Os quartos e suítes cheios de janelas – estilosos e silenciosos – são grandes, têm sofá, banheiro de mármore, banheira, TV de LCD de 32 polegadas e internet sem fio. Academia e centro de negócios. No térreo, o restaurante Flint oferece deliciosas refeições, inclusive o café da manhã, em um ambiente cheio de estilo. **$$**
Grandison Inn at Maney Park
1.200 N. Sharlet, OK 73103
Tel.: 405-232-8778
www.grandisoninn.com
Pousada vitoriana de três andares, bem conservada, com café da manhã. Oito quartos, cada um com seu banheiro, TV a cabo e DVD. Sirva-se de bebidas e sobremesas na despensa. **$$**
Skirvin Hilton
1 Park Avenue, OK 73102
Tel.: 405-272-3040
www.skirvinhilton.com
Este hotel de 1911 paira sobre o centro de Oklahoma City em grande esplendor. Seus 225 quartos elegantes e suítes em rotundas atraem viajantes de negócios com suas escrivaninhas de carvalho, grandes telas planas, internet sem fio grátis, camas enormes e macias, banheiros de mármore e cafeteiras. O saguão tem fotos históricas nas paredes e estilosas cortinas drapeadas. O Park Avenue Grill oferece boa comida do sudoeste e um piano bar. **$$-$$$**

Stroud
Skyliner Motel
717 W. Main Street, OK 74078
Tel.: 918-968-9556
Este motel de 1950 vai agradar aos ávidos pela Route 66, com seu ambiente *vintage*, letreiro de neon e toques pessoais. Um bônus: fica perto do famoso Rock Café. **$**

Tulsa
Campbell Hotel
2.636 E. 11th Street, OK 74104
Tel.: 918-744-5500
www.thecampbellhotel.com
Este hotel-butique da Route 66 combina o cenário de uma pensão extravagantemente reformada, em frente à famosa fábrica Bama Pie, perto da Universidade de Tulsa, com 24 quartos únicos, projetados por artistas (o quarto Route 66 é, claro, a primeira opção). Das malas nas paredes do saguão e *roadsters* no *showroom* (possível local de um futuro restaurante) ao *spa* e ao sofisticado *lounge*, o Campbell exala *glamour*, mas na escala humana da Estrada Mãe. **$$**
Hotel Ambassador
1.324 S. Main Street, OK 74119
Tel.: 918-587-8200
www.ambassadorhotelcollection.com/tulsa/
Erguido para hospedar os barões do petróleo que aguardavam suas mansões serem construídas, este ornamentado e confortável hotel, na luxuosa área da Utica Square, oferece quartos espaçosos com banheiros de mármore italiano. Restaurante, biblioteca e grande variedade de comodidades. **$$**
Hotel Mayo
115 West Fifth Street, OK 74103
Tel.: 918-582-6296
www.themayohotel.com
Esta joia de 1925 espera recapturar seus dias de glória com uma reforma ambiciosa que reinaugurou o hotel há muito tempo fechado. Os quartos são um tanto pequenos e melancólicos, e ouve-se o barulho da rua, mas são luxuosamente equipados com enormes TVs de tela plana e atributos "verdes", como os lençóis sedosos da Tencel [marca que usa tecidos especiais e ecológicos] nas camas macias. O saguão em *art déco*, o bar no terraço e o Café Topeca servem crepes, tortas e seu delicioso café, que por si só já merece uma visita. **$**

Vinita
Park Hills Motel and RV Park
Highway 60/66, 2 milhas a oeste de Vinita, OK 74301
Tel.: 918-256-5511
http://myweb.cableone.net/parkhills/
Este modesto mas charmoso motel na Estrada Mãe tem 21 quartos básicos e limpos, com ar-condicionado, geladeira, micro-ondas e TV a cabo. Grande pesqueiro. **$**

Weatherford
Best Western Plus Mark Motor Hotel
525 E. Main Street, OK 73096
Tel.: 580-772-3325
www.bestwestern.com
Este Best Western na Route 66 é realmente um "*plus*", uma parada bem-vinda para os viajantes cansados que procuram por um tratamento eficiente e simpático. Os quartos são muito limpos e têm TV a cabo, internet sem fio, geladeira, micro-ondas, cafeteira, instalações de qualidade no banheiro e poltronas confortáveis. Café da manhã no café adjacente incluído. Piscina descoberta. **$**

FAIXAS DE PREÇO

Preços médios de diária em quarto duplo:
**$** = abaixo de US$ 110
**$$** = US$ 110-250
**$$$** = acima de US$ 250

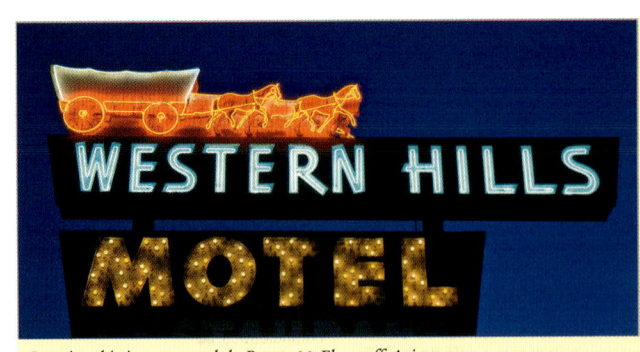

Letreiro clássico em motel da Route 66, Flagstaff, Arizona.

Texas

Amarillo
Ashmore Inn and Suites
2.301 I-40 E., saída 72, TX 79104
Tel.: 806-374-0033
www.ashmoresuites-amarillo.com
Ao norte da interestadual, este hotel acima da média oferece todas as comodidades habituais, além de lavanderia, piscina coberta, academia; bufê da tarde e café da manhã com pratos quentes de graça. Tudo a um preço razoável. **$**

Big Texan Motel
7.701 I-40E, TX 79118
Tel.: 806-372-5000
www.bigtexan.com/motel
Este motel cafona, com tema de faroeste, perto da I-40 (traga protetor de ouvido) e da famosa atração de beira de estrada da Route 66, o Steak Ranch, tem também uma falsa fachada de Velho Oeste, mas os quartos com venezianas têm um clima texano surpreendentemente sedutor, com boas instalações, como geladeira, micro-ondas e cafeteira, e uma entrada para o banheiro pelas portas do café. Piscina descoberta no formato do mapa do Texas. **$**

Canyon
Buffalo Inn
300 23rd Street, TX 79015
Tel.: 806-655-2124
Esta pousada econômica tem quartos comuns, com ar-condicionado e internet sem fio. Perto do museu histórico de Panhandle-Plains. Restaurante nas proximidades. **$**

Shamrock
Shamrock North Holiday Inn Express
101 East 13th Street, TX 79079
Tel.: 877-865-6578
www.hiexpress.com
As 65 acomodações, entre quartos e suítes, neste Holiday Inn Express são bem mobiliadas e oferecem um pernoite confortável para explorar a exótica Shamrock. Nos quartos há geladeira, micro-ondas, cafeteira, TV a cabo e internet sem fio gratuita. **$**

Novo México

Albuquerque
Hi Way House
3.200 Central SE, NM 87106
Tel.: 505-268-3971
www.hiwayhousemotel.com
Um dos últimos da antiga rede Hi Way House fundada em Phoenix em 1956 e vista ao longo da Route 66, este motel fica no popular distrito de Nob Hill, perto da Universidade do Novo México na Central (66), onde há vários restaurantes bons e lojas. **$**

Los Poblanos Historic Inn and Cultural Center
4.803 Rio Grande Boulevard NW, NM 87107
Tel.: 505-344-9297
www.lospoblanos.com
Esta propriedade deslumbrante de 10,5 hectares foi projetada pelo arquiteto de Santa Fe John Gaw Meem para a deputada Ruth Hanna McCormick em 1934. A casa é cheia de santos e tem 6 quartos de hóspedes com artigos de toalete feitos de lavanda, que cresce na plantação orgânica do local. O centro cultural integra a arte de Peter Hurd e Gustave Baumann, e pavões passeiam pelo gramado aveludado. **$$$**

Algodones
Hacienda Vargas Bed and Breakfast
1.431 Highway 313 (El Camino Real), Algodones, NM 87001
Tel.: 505-867-9115
www.haciendavargas.com
Escolha um dos 7 quartos em estilo "southwestern", cheios de antiguidades, neste prédio histórico de adobe no trecho da Route 66 pré--1937. Os quartos têm lareira, entradas privativas e hidromassagem. A Peña Suite, cujo nome vem de Amado Pena, artista favorito do primeiro proprietário da pousada, exibe a parede original de 150 anos através de um vidro chamado "truth window". Belamente ajardinado. Café da manhã *gourmet*. **$$**

Gallup
El Rancho Hotel and Motel
1.000 E. Highway 66, NM 87301
Tel.: 505-863-9311
www.elranchohotel.com
Você vai se sentir como um astro de Hollywood nos quartos confortáveis deste hotel histórico. Vários quartos e suítes, alguns com balcão ou cozinha, todos decorados com obras de arte originais do sudoeste. As comodidades incluem academia, piscina e centro de negócios. Há um café antigo e uma loja de presentes que vende artes e artesanatos dos nativos. **$-$$**

Las Vegas
Plaza Hotel
230 Old Town Plaza, NM 87701
Tel.: 505-425-3591
www.plazahotel-nm.com
Este gracioso hotel vitoriano de tijolos fica de frente para a Old Town Plaza e é um destino popular. Tem um restaurante atraente que serve um *brunch* de domingo ao som de um violão clássico ao vivo, assim como um excelente jantar. O salão é um bom lugar para encontrar locais. **$-$$**

Santa Fe
El Rey Inn
1.862 Cerrillos Road, NM 87505
Tel.: 505-982-1931
www.elreyinnsantafe.com
Situado em belos jardins, este motel dos anos 1930, na antiga Route 66, oferece quartos tradicionais e de luxo, além de suítes no estilo do sudoeste, com lareira e cozinha. Piscina, hidromassagem, sauna e café da manhã continental incluído. **$-$$**

Hotel Santa Fe
1.501 Paseo de Peralta, NM 87501
Tel.: 505-982-1200
www.hotelsantafe.com
O Hotel Santa Fe é o único da cidade que é de propriedade de nativos norte-americanos (*picuris pueblo*) e fica no centro do popular bairro de Railyard. Obras de arte deslumbrantes do famoso escultor apache Allan Houser e de outros artesãos decoram os quartos e corredores. No saguão, ouvem-se palestras sobre a arqueologia do sudoeste e música de flauta nativa. O restaurante Amaya é especializado em culinária nativa contemporânea; seu cardápio com preços fixos é excepcional. **$$-$$$**

La Fonda Santa Fe
100 E. San Francisco Street, NM 87501
Tel.: 505-982-5511
www.lafondasantafe.com
A "Pousada no Fim da Trilha" do século XVIII foi reconstruída em 1919, no estilo *pueblo* que define Santa Fe. Os quartos têm mobília pintada à mão e arte do Novo México. Alguns têm lareira e balcão. As comodidades incluem bares e restaurantes, *spa*, academia, hidromassagem ao ar livre, piscina aquecida e acesso gratuito à internet sem fio. **$$-$$$**

Hotel St Francis
210 Don Gaspar Avenue, NM 87501
Tel.: 505-983-5700
www.hotelstfrancis.com
Este atraente hotel-butique no centro, num monumento dos anos 1920, em frente ao Café Pasqual's, foi inteiramente restaurado. Agora ele exala uma calma monástica condizente com seu nome, mas ainda oferece um rico banquete de comida, bebida e elegância. **$$-$$$**

Tucumcari
Blue Swallow Motel
815 E. Route 66 Boulevard, NM 88401
Tel.: 575-461-9849
www.blueswallowmotel.com
Este antigo motel e seu letreiro de neon com a marca registrada da andorinha-azul é um ponto de referência ainda muito procurado na antiga Route 66. As garagens do motel estão intactas, mas os pequenos quartos agora estão bastante surrados. Aos poucos, os novos proprietários, altamente motivados, estão renovando os quartos, com camas macias e roupas de cama felpudas, antiguidades e outras melhorias. **$**

Motel Safari
722 E. Route 66 Boulevard, NM 88401
Tel.: 575-461-1048
Motel de referência, administrado com carinho na Route 66, em frente ao Blue Swallow (ver acima). Quartos limpos e confortáveis, com abajures e mobília de época misturados com comodidades modernas. **$**

Arizona

Flagstaff
Hotel Monte Vista
100 N. San Francisco, AZ 86001
Tel.: 928-779-6971
www.hotelmontevista.com

Wigwam Motel na Route 66, em Holbrook, Arizona.

Este hotel de 1926, de preço razoável mas um pouco surrado, tem 50 quartos e suítes, que ocupam quatro andares, com lindas vistas de Flagstaff. Os quartos são atraentemente decorados com antiguidades, e alguns têm nomes de famosos que já se hospedaram aqui. No térreo, há um excelente restaurante tailandês no antigo café e um bar fantástico. **$-$$**

The Weatherford Hotel
23 N. Leroux Street, AZ 86001
Tel.: 928-779-1919
www.weatherfordhotel.com
Este hotel de 1899, construído com o arenito do local por John Weatherford, reflete as origens pioneiras de Flagstaff. O escritor Zane Grey escreveu romances no quarto do torreão em 1908 (o reinaugurado salão de bailes agora leva o seu nome). Os quartos têm bonita decoração em estilo de época, e o Charly's Pub é sempre o favorito. **$-$$**

Holbrook
Wigwam Motel
811 W. Hopi Drive, AZ 86025
Tel.: 928-524-3048
Planeje sua viagem para pernoitar em Holbrook e vá para o Wigwam Motel. Uma noite numa tenda de concreto dos anos 1950 é uma experiência típica da Route 66. **$**

Jerome
Mile High Inn
309 N. Main Street, AZ 86331
Tel.: 928-634-5094
www.jeromemilehighinn.com
Pousada pequena e simpática no Clinksdale Building, de 1899, no estilo da fronteira. Quartos compactos, decorados com bonita mobília de época. Refeições em ambiente descontraído no Mile High Grill, no piso inferior. **$-$$**

Peach Springs
Hualapai Lodge
900 Route 66, AZ 86434
Tel.: 928-769-2230
www.grandcanyonwest.com/lodge.php
Esta hospedagem atraente é a única acomodação na reserva Hualapai, ao norte de Kingman, e o principal ponto de partida para excursões pela reserva, passeios pelo rio e para a famosa passarela (Skywalk) do Grand Canyon West. Tem um saguão charmoso e arejado, com uma lareira de pedras, um restaurante de comida nativa e 60 agradáveis quartos. Piscina de água salgada. Internet sem fio. **$**

Sedona
Adobe Village Graham Inn
150 Canyon Circle Drive, AZ 86351
Tel.: 928-284-1425
www.adobevillagegrahaminn.com
Pousada mobiliada com estilo e vista panorâmica espetacular das pedras vermelhas. Além dos 6 quartos de luxo, há 4 casitas românticas, com chuveiro cascata, lareira no banheiro e máquina de fazer pão. Inclui cafezinho bem cedo, café da manhã completo, comes e bebes à tarde, e lanches à noite. **$$-$$$**

Williams
Grand Canyon Railway Hotel
233 N. Grand Canyon Boulevard, AZ 86046
Tel.: 928-773-1976
www.thetrain.com/grand-canyon-railway-hotel-williams-az-5686.html
Projetado para se parecer com o histórico Fray Marcos Hotel, no antigo armazém ferroviário, este elegante hotel tem quartos clássicos e confortáveis, além de suítes com toques do sudoeste. **$$**

Winslow
The La Posada Hotel
303 E. Second Street, AZ 86047
Tel.: 928-289-4366
www.laposada.org
Este hotel de 1929 foi o último projetado pela famosa arquiteta Mary Colter, de Grand Canyon, e construído pela companhia Fred Harvey para a Santa Fe Railway. Os quartos têm nomes de hóspedes famosos na época áurea e são lindamente mobiliados no estilo do sudoeste (mas evite o lado da ferrovia, pois pode ser um pouco barulhento). O Turquoise Room serve um renomado jantar com alimentos da região. **$-$$**

FAIXAS DE PREÇO

Preços médios de diária em quarto duplo:
**$** = abaixo de US$ 110
**$$** = US$ 110-250
**$$$** = acima de US$ 250

Califórnia

Los Angeles
Bayside Hotel
2.001 Ocean Avenue, Santa Monica, CA 90405
Tel.: 310-396-6000
www.baysidehotel.com
De frente para a praia e perto do píer, com camas macias, TV de tela plana e opções de quartos com vista para o mar, com pátio ou quartos econômicos. Estacionamento pago e por ordem de chegada. $$-$$$
Hotel Oceana
849 Ocean Avenue, Santa Monica, CA 90403
Tel.: 310-393-0486
www.hoteloceana.com
Hotel-butique de frente para o mar, com 63 acomodações chiques, entre quartos e suítes, elegantemente mobiliadas. As refeições são servidas no solário ou no pátio, ao lado da piscina. $$$
Los Angeles Marriott Downtown
333 S. Figueroa Street, CA 90071
Tel.: 213-617-1133
www.marriott.com
Este hotel tem 400 quartos e 69 suítes com janelas enormes que oferecem vistas panorâmicas da cidade. Andar executivo, academia, centro de negócios, serviço de ônibus para o aeroporto, restaurantes, piscina, café de cortesia, babá, câmbio de moeda estrangeira. Paga-se uma taxa para o estacionamento e para a internet no quarto. $$$
O Hotel
819 S. Flower Street, CA 90017
Tel.: 213-623-9904
www.ohotelgroup.com
Num edifício histórico dos anos 1920, é o primeiro hotel-butique urbano da área financeira do centro de Los Angeles. Os 67 quartos são bem decorados em estilo contemporâneo, com internet gratuita, TV de plasma e cadeiras ergonômicas. Uma taxa diária de US$ 12 inclui um luxuoso café da manhã continental, a inscrição na Gold's Gym e outras comodidades. $$
Residence Inn Santa Clarita
25.320 The Old Road, CA 91381
Tel.: 661-290-2800
www.residenceinn.com
Tem 90 suítes, perto da Six Flags Magic Mountain, a 33 km do centro de LA. Café da manhã incluído, serviço de quarto, piscina, sala de ginástica, cozinha completa e algumas lareiras. $$
Sunset Tower Hotel
8.358 Sunset Boulevard, West Hollywood, CA 90069
Tel.: 323-654-7100
www.sunsettowerhotel.com
Monumento art déco e antigo lar de estrelas como Harlow, Gable, Monroe e Flynn. Quartos luxuosos com características de época, saguão, bar e restaurante estilosos, mas é a piscina deslumbrante no terraço que vai deixá-lo sem fôlego. $$$
Venice Beach House
15 30th Avenue, Venice, CA 90291
Tel.: 310-823-1966
www.venicebeachhouse.com
Bonita pousada de 1911, coberta de hera, no centro da cidade e perto da praia. A pousada tem 9 quartos com internet sem fio e oferece café da manhã continental; alguns compartilham os banheiros. $$-$$$

Needles
Best Western Colorado River Inn
2.371 W. Broadway, CA 92363
Tel.: 760-326-4552
www.bestwestern.com
Quartos espaçosos e minissuítes com TV de tela grande, micro-ondas e geladeira. Piscina descoberta, área de sauna e hidromassagem. Café da manhã completo no restaurante ao lado. $

San Bernardino
Hilton San Bernardino
285 E. Hospitality Lane, CA 92408
Tel.: 909-889-0133
www.hilton.com
Quartos espaçosos e confortáveis, com acesso a internet banda larga e escrivaninhas. Centro de negócios, piscina descoberta aquecida com hidromassagem e academia 24 horas. Restaurante/churrascaria/bar no local. $-$$$
Wigwam Motel
2.728 W. Foothill Boulevard, CA 92410
Tel.: 909-875-3005
www.wigwammotel.com
O sétimo e último da rede de motéis Wigwam. Estas tendas, que são pontos de referência na Route 66, têm cabeceiras de cama feitas com roda de carroça e colchas quadriculadas, mas foram modernizadas com internet gratuita, geladeira e TV. Piscina e churrasqueira no local. $

ROTA SUL

Geórgia

Atlanta
Atlanta Marriott Marquis
265 Peachtree Center Avenue, GA 30303
Tel.: 888-855-5701
www.marriott.com
Este monumento contemporâneo no centro da cidade, projetado pelo arquiteto John Portman, é uma beleza: o átrio do saguão, com a "vela" furta-cor de 15 metros do emblemático bar Pulse, tem 269.010 m³ de volume – os visitantes sentem-se como se estivessem dentro do tórax de um animal mítico. Todos os quartos e suítes modernizados têm vistas espetaculares para a cidade. As comodidades de luxo incluem espaços de trabalho amplos nos quartos e bancadas de granito nos banheiros. $$$
Beverly Hills Inn
65 Sheridan Drive NE, GA 30305
Tel.: 404-233-8520
www.beverlyhillsinn.com
Esta pousada com café da manhã – a primeira de Atlanta – fica numa construção de 1929, no elegante bairro de Buckhead. A propriedade é britânica e cheia de antiguidades. Alguns dos espaçosos 18 quartos têm cama com dossel. Todos têm cozinha, o que faz do lugar uma boa escolha para estadias mais longas. O café da manhã, servido no lindo jardim de inverno, é continental reforçado. Aceita animais mediante depósito. $$
Glenn Hotel
110 Marietta Street NW, GA 30303
Tel.: 404-521-2250
www.glennhotel.com
Instalado num edifício de 1923 reformado, perto do CNN Center, o Glenn foi o primeiro hotel-butique do centro de Atlanta. Com bar e restaurante no saguão para ver e ser visto, e um Sky Lounge no terraço, ambiente escurinho na casa noturna, funcionários jovens e informais, é direcionado para hóspedes urbanos e modernos. O elevador antigo leva a corredores pouco iluminados que se parecem mais com instalações de arte do que com vias de passagem. Os quartos são pequenos, mas bem planejados, têm janelas grandes, armários embutidos, escrivaninhas e iluminação; os banheiros têm ducha. O estacionamento no local é uma grande vantagem. $$
Westin Peachtree Plaza
210 Peachtree Street, GA 30303
Tel.: 404-659-1400
www.starwoodhotels.com/westin
Com 1.068 quartos em forma de fatias de torta, este arranha-céu circular de 73 andares é um marco de Atlanta e o hotel mais alto do país até hoje. Projetada pelo famoso arquiteto John Portman, a estrutura é uma atração que deve ser vista pelo uso generoso do vidro nos quartos e na piscina coberta. Aceita animais pequenos. $$$

HOSPEDAGEM ◆ 417

Juliette
Jarrell 1920 House
Jarrell Plantation State Historic Site
715 Jarrell Plantation Road, GA 31046
Tel.: 478-966-3972
www.jarrellhouse.com
Experiência rural única na Geórgia, esta pousada nostálgica com café da manhã fica numa construção tombada feita de madeira do cerne do pinheiro, trabalhada na serraria da propriedade da família Jarrell. Dois quartos têm banheiro ao lado, TV e ventilador de teto; um quarto tem cama antiga *queen size* e o outro, duas camas de casal antigas. Bufê de café da manhã. **$$**

Macon
1842 Inn
353 College Street, GA 31201
Tel.: 912-741-1842
www.1842inn.com
Esta pousada europeia com café da manhã, um deslumbre mesmo no meio das muitas mansões históricas de antes da Guerra Civil em Macon, celebra as coisas boas da vida. Divididos entre a casa principal e uma construção vitoriana de 1900, os 21 quartos conservam os elementos históricos, mas têm internet sem fio, lareiras a gás acesas por botão e hidromassagem. A calorosa acolhida dos funcionários, que trabalham lá há bastante tempo, inclui chá da tarde autêntico, mesa farta de *happy hour* com aperitivos, incluindo julepo de menta, além de elegantes cafés da manhã *gourmets*. Dá para ir a pé até a Hay House. **$$$**

Best Western-Riverside
2.400 Riverside Drive, GA 31204
Tel.: 912-743-6111
www.bestwestern.com
Este motel com 120 quartos é uma boa escolha em Macon. Tem fachada de estilo anterior à Guerra Civil, quartos razoavelmente confortáveis, com geladeira e outras comodidades, como internet sem fio, piscina e restaurante. **$**

Palmetto
The Inn at Serenbe
10.950 Hutcheson Ferry Road, GA 30268
Tel.: 770-463-2610
www.serenbe.com
Pode esperar a hospitalidade gentil do sul, do chá da tarde aos doces na hora de dormir e ao café da manhã *gourmet*, num refúgio rural romântico em propriedade de 115 hectares, 51 km a sudoeste de Atlanta. Quartos mobiliados com elegância nessa casa de fazenda de 1905 e 4 chalés com piso de madeira maciça, assento na janela e cama com dossel. Dá para ir a pé até Serenbe Village, com 265 hectares de trilhas, fazenda e lago. **$$**

Warm Springs
Callaway Gardens
17.800 US Highway 27, Pine Mountain, GA 31822
Tel.: 706-663-2281
www.callawaygardens.com
Este enorme *resort* serrano tem a atmosfera de um parque nacional, com trilhas, bicicletas, pesca, jardins botânicos, lojas, restaurantes, a pousada Mountain Creek Inn, cercada de árvores, e o elegante Lodge and Spa. A pousada tem preços razoáveis e lota com meses de antecedência; geralmente, há quartos vagos no Lodge, bem mais caro. **$$$**

Mountain Top Inn and Resort
177 Royal Lodge Road, GA 31822
Tel.: 706-663-4719
www.mountaintopinnga.com
Neste refúgio rústico em Pine Mountain, perto de Warm Springs, você pode alugar uma cabana de madeira ou ficar num alojamento cercado pelo Parque Estadual Roosevelt. Muito procurada para festas de casamento, esta pousada florestal tem piscina e restaurante. Cabanas com TV, mas sem telefone. **$$**

Alabama

Atmore
Royal Oaks Bed and Breakfast
5.415 Highway 21, AL 36502
Tel.: 251-368-8722
www.royaloaksbandb.com
Pousada rural de estilo francês com apartamentos para duas pessoas, com banheiro privativo, cercada de jardins. A tranquilidade do cenário bonito é, às vezes, perturbada pelo som característico dos pavões que desfilam perto da piscina. Ovos frescos da granja no café da manhã. **$$**

Wind Creek Casino and Hotel
303 Poarch Road, AL 36502
Tel.: 866-WIND360
www.windcreekcasino.com
Este cassino/hotel de 17 andares, perto da I-65, na reserva indígena Poarch Creek, é "o" novo lugar de luxo para se hospedar na área. Seus quartos e suítes espaçosos têm roupa de cama macia, produtos de erva-doce nativa americana no banheiro, TV de LCD e outros extras. Quatro restaurantes, incluindo um bufê internacional. **$$**

Bayou La Batre
Bayou La Batre Inn and Suites
13.155 N. Wintzell Avenue, AL 30509
Tel.: 251-824-2020
www.bayoulabatreinn.com
Perto da praia, com 40 quartos confortáveis, este motel oferece café da manhã continental, piscina, micro-ondas e geladeira nos quartos. Hidromassagem em alguns deles. Restaurante ao lado. **$**

Mobile
Azalea House
115 Providence Street, AL 36604
Tel.: 251-438-9921
www.theinnkeeper.com/bnb/10808
Casa colonial construída em 1904. Os três quartos têm chuveiro, TV, ventilador de teto e cama *queen size*. Café da manhã completo. Varanda espaçosa de frente para uma bonita área. **$-$$**

Malaga Inn
359 Church Street, AL 36602
Tel.: 251-438-4701
www.malagainn.com
Pousada singular no centro da cidade, com lampiões a gás na entrada, formada por dois sobrados contíguos de 1862, integrados por jardins e pátio. Os 35 quartos e as 3 suítes são bem decorados; muitos deles têm piso de madeira maciça. Café da manhã continental. **$$$**

Battle House Renaissance Mobile
26 N. Royal Street, AL 36602
Tel.: 251-338-2000
www.marriott.com
Três hotéis neste local receberam presidentes e outras figuras históricas importantes desde 1852. O hotel de tijolos aparentes com sete andares, luxuosamente restaurado em 2007, tem um enorme saguão circular com um espetacular teto de vitral. Os hóspedes atuais incluem muitos executivos do petróleo e do comércio marítimo. Os 238 quartos e suítes enormes têm detalhes masculinos, como revestimento de madeira escura e pesadas cortinas de brocado, além de banheiros grandes com banheira e chuveiro. Dois restaurantes no local, bar, *spa* e campo de golfe nas proximidades, onde os hóspedes podem jogar com desconto, no Magnolia Grove Golf Course, que faz parte do circuito Robert Trent Jones Golf Trail. **$$$**

Montgomery
Red Bluff Cottage
551 Clay Street, AL 36104
Tel.: 334-264-0056
www.redbluffcottage.com
Pousada com café da manhã num chalé bem projetado, confortável, no alto de um morro, na extremidade movimentada do centro histórico, perto da I-65, mas incrivelmente tranquila à noite. A grande varanda tem vista para o rio Alabama e o capitólio do estado. Os 5 quartos temáticos celebram a história local; o quarto Great Gatsby, em particular, com lembranças originais que pertenceram a Zelda Fitzgerald,

FAIXAS DE PREÇO

Preços médios de diária em quarto duplo:
**$** = abaixo de US$ 110
**$$** = US$ 110-250
**$$$** = acima de US$ 250

que morou em Montgomery, vai inspirar os escritores. Os proprietários Barry e Bonnie Ponstein são anfitriões ávidos: os hóspedes podem esperar cafés da manhã caseiros, lanches noturnos e animadas conversas sobre a região. Quartos com telefone e internet sem fio, sem TV. **$$$**

Mississippi

Biloxi
Grand Biloxi Hotel
280 Beach Boulevard, MS 39530
Tel.: 800-WIN2WIN
www.grandcasinobiloxi.com
Hotel-cassino da rede Harrah, reconstruído depois do furacão Katrina. Tem quartos a preços razoáveis, com TV de LCD, camas confortáveis e internet banda larga. Spa, piscina e churrascaria no local. **$**
Hard Rock Hotel
777 Beach Boulevard, MS 39530
Tel.: 228-374-ROCK
www.hardrockbiloxi.com
Quartos de luxo para "desmaiar de cansaço" neste hotel, com camas para dormir como pedra, TV de LCD, roupões macios e produtos de toalete Aveda. Aceita animais e tem quartos para fumantes e não fumantes. Shows de grandes nomes do passado no espaço Hard Rock Live, perto do cassino; música country a baixo preço na Roadhouse; e diversão gratuita no Hard Rock Cafe, junto com os hambúrgueres da casa. **$**

Gulfport
Magnolia Bay Hotel and Suites
9.379 Canal Road, MS 39503
Tel.: 228-822-9600
Sob nova direção, este antigo Crystal Inn foi reformado, com quartos bonitos e boas comodidades, incluindo internet sem fio, café da manhã completo de cortesia, piscina e spa. Fica perto das praias do Golfo e dos cassinos. **$**

Long Beach
Red Creek Inn Vineyard and Racing Stable
7.416 Red Creek Road, MS 39560
Tel.: 228-452-3180
www.redcreekinn.com
Os fãs deste lindo chalé francês erguido em 1899, numa propriedade arborizada de 4,5 hectares – a primeira pousada com café da manhã da Costa do Golfo no Mississippi –, vão adorar saber que ele sobreviveu ao furacão Katrina. A pousada de três andares tem 3 quartos principais: 1 suíte para lua de mel e 2 quartos no sótão – as áreas entre os quartos podem ser usadas como espaço barato para dormir por grupos que aluguem os quartos principais. Tem antiguidades, rádios antigos de madeira e balanços em toda a varanda. **$**

Moss Point
Yellow House Bed and Breakfast
4.401 Welch Street, MS 39563
Tel.: 228-474-8927
www.yellowhouseofmosspoint.com
Antigamente Moss Point Oaks Inn, esta pousada de 1870, perto de Ocean Springs, agora está sob nova direção. São 2 quartos numa das construções mais antigas de Moss Point, cercada de jardins exuberantes e *habitat* de animais silvestres (esta é uma área de aves migratórias). Os quartos são arejados e aconchegantes, com antiguidades e camas com dossel. **$$**

Ocean Springs
Gulf Hills Hotel and Conference Center
13.701 Paso Road, MS 39564
Tel.: 866-875-4211
www.gulfhillshotel.com
Refúgio elegante num campo de golfe de 18 buracos. Foi casa de veraneio de Elvis de 1951 a 1957. Tem 52 quartos bonitos e sossegados com muitas comodidades, incluindo micro-ondas, geladeira, cafeteira e internet sem fio. As atividades incluem golfe e tênis. Tem piscina grande, lanchonete, café da manhã continental de luxo. Aceita animais. **$$**

Louisiana

Abbeville
Sunbelt Lodge
1.903 Veterans Memorial Drive, LA 70510
Tel.: 337-898-1453
www.sunbeltlodge.com
Motel econômico com 99 quartos e suítes estilo padrão, com TV a cabo e HBO; quartos com acesso para cadeira de rodas. Café da manhã continental incluído. Próximo de lojas e restaurantes. **$**

Baton Rouge
Hilton Baton Rouge Capitol Center
201 Lafayette Street, LA 70801
Tel.: 225-3-HILTON
www.hiltoncapitolcenter.com
O antigo Heidelberg Hotel – refúgio predileto do governador Huey Long – renasceu como um Hilton suntuoso perto do capitólio estadual. Tem 290 quartos e suítes luxuosos e espaçosos, com muitas comodidades: TV de LCD e áreas de estar. O nostálgico restaurante Kingfish, com paredes de tijolo à vista, serve carne e frutos do mar. **$$**
The Stockade Bed and Breakfast
8.860 Highland Road
Tel.: 225-769-7358
www.thestockade.com
Encantadora pousada com o nome da fortificação da União que ocupou o local durante a Guerra Civil. Fica num *habitat* demarcado de vida silvestre, perto da universidade. O proprietário é artista, e cada um dos 6 quartos confortáveis é decorado com antiguidades e arte da Louisiana, além de ter telefone, geladeira, TV e cafeteira. Cafés da manhã tradicionais do sul com mingau, biscoitos e todos os acompanhamentos ou café continental – a escolha é sua. **$$**

Breaux Bridge
Bayou Boudin and Cracklin
100 W. Mills Avenue, LA 70517
Tel.: 337-332-6158
www.bayoucabins.com
A primeira pousada com café da manhã em Breaux Bridge tem 13 charmosas cabanas *cajun* do século XIX, com varandas de frente para o *bayou* Teche. Delícias *cajun* caseiras, como torresmos, linguiça *boudin*, *hogshead cheese* ["queijo de porco"] e confeitos de noz-pecã aguardam os hóspedes. **$**

Eunice
The Seale Guesthouse
125 Seale Lane, LA 70535
Tel.: 337-457-3753
www.angelfire.com/la2/guesthouse
Esta bonita pensão fica numa propriedade arborizada e tranquila de 24 hectares. Tem uma grande varanda em volta e uma recepção que já foi roubada por Bonnie e Clyde. Na casa principal, os quartos coloridos são decorados com antiguidades de bom gosto. Tem chalés separados, com 2 quartos. Café da manhã continental completo. **$**

Lafayette
Bois des Chênes
338 N. Sterling Drive, LA 70501
Tel.: 337-233-7816
www.boisdechenes.com
Não é uma maravilha viajar pela região rural norte-americana e ouvir tanto o idioma francês? A histórica e premiada pousada Bois des Chênes ["Bosque de Carvalhos"] é uma cocheira de fazenda da época da Guerra Civil, lindamente reformada, perto do centro da cidade. Seus 5 quartos elegantes têm camas com dossel e antiguidades. Café da manhã rural da Louisiana, servido em estilo familiar. Sim, o proprietário fala francês. **$$**
Hilton Lafayette
1.521 Pinhook Road, LA 70503
Tel.: 337-235-6111
www.hilton.com
Este arranha-céu da rede Hilton tem todos os serviços. Fica no centro de Lafayette, às margens do rio Vermilion. Alguns dos 327 quartos e suítes de luxo têm vista para o *bayou*; produtos de toalete da marca Crabtree and Evelyn. Tem piscina, instalações para ginástica, *spa* e o sofisticado restaurante Alexander's. **$$**

New Orleans

Bourbon Orleans
717 Orleans Street, LA 70116
Tel.: 504-523-2222
www.bourbonorleans.com
Este pequeno hotel no French Quarter é uma joia antiga. Os quartos e suítes são decorados como nenhum outro, com mobília tradicional do sul e comodidades como TV por satélite, internet banda larga e cadeiras ergonômicas. Foi construído em volta de um pátio, onde cabanas circundam a piscina. Tem quartos com balcão de frente para a Bourbon Street, portanto, é mais tranquilo no lado do pátio. Restaurante e *lounge*. **$$**

Chateau Hotel
1.001 Chartres Street, LA 70116
Tel.: 504-524-9636
www.chateauhotel.com
Motel de esquina, pequeno e decorado com bom gosto, tem pátio charmoso e 45 quartos em volta de uma piscina. Fica no residencial Lower Quarter – uma boa escolha para turistas com orçamento baixo. Café da manhã continental diariamente. **$-$$**

Lafayette Hotel
600 St Charles Avenue, LA 70130
Tel.: 504-524-4441
www.lafayettehotelneworleans.com
Uma joia de 1916. As 44 acomodações, entre quartos e suítes, bonitas e discretas, bem francesas, têm minibar, otomanas, poltronas e estantes. As suítes têm bar com pia e geladeira; algumas têm cama com dossel e hidromassagem. Algumas unidades de frente para a St Charles Avenue têm balcões de ferro fundido – ótimo durante o Carnaval. Na baixa temporada os preços podem ser muito baixos e, durante o ano todo, são surpreendentemente moderados. O aclamado restaurante Mike's On The Avenue fica no térreo. **$-$$$**

Westin New Orleans Canal Place
100 Rue Iberville, LA 70130
Tel.: 504-566-7006
www.starwoodhotels.com/westin
É difícil superar a vista do alto dos 29 andares do Westin, de frente para o rio Mississippi e o French Quarter. Recepção ligada ao sofisticado Shopping Canal Place, no 11º andar, aonde se chega num elevador envidraçado. Ela se abre num saguão com vista panorâmica. A decoração suave do hotel – e principalmente os quartos enormes – proporciona um bem-vindo descanso para a agitação ininterrupta do Vieux Carré. É também um ótimo lugar para trazer clientes e fechar negócios, enquanto se olha serenamente para o Big Muddy. Piscina no terraço, academia, restaurante. **$$$**

Opelousas

Country Ridge Bed and Breakfast
169 Country Ridge Road, LA 70570
Tel.: 337-942-3544
www.cajunbnb.com
Pousada com café da manhã à moda antiga: os simpáticos proprietários oferecem aos cansados viajantes um ambiente informal e um dos 4 quartos espaçosos e superlimpos da moderna casa. Três deles têm banheiro e hidromassagem; todos têm internet sem fio e TV. A área ajardinada da piscina fica ao lado de uma fazenda de cavalos puro-sangue. **$-$$**

St Martinville

The Old Castillo Hotel
220 Evangeline Boulevard, LA 70582
Tel.: 337-394-4010
www.oldcastillo.com
Bonita pousada de 1827 numa construção tombada de frente para o Bayou Teche, sob os ramos frondosos do famoso carvalho Evangeline. Tem 7 quartos com antiguidades e internet sem fio. Cafés da manhã em estilo rural *cajun*, com ovos, *bacon*, *beignets* e torradas francesas com geleia caseira. **$-$$**

Texas

Alpine

The Maverick Inn
1.200 E. Holland Avenue, TX 79830
Tel.: 432-837-0628
www.themaverickinn.com
Motel histórico, reformado e completo, com letreiro antigo de neon, que se anuncia como "hospedaria para nômades". Os 18 quartos são pequenos, mas têm o vistoso ambiente másculo do oeste do Texas, com mobília mexicana e necessidades pós-modernas numa viagem pelo deserto, como TV de LCD, geladeira, micro-ondas e internet sem fio. A roupa de cama é de alta qualidade e os colchões são bem macios. A linda área da piscina é ótima para passar o tempo. **$-$$**

Austin

Austin Motel
1.220 S. Congress, TX 78704
Tel.: 512-441-1157
www.austinmotel.com
Propriedade familiar desde 1938, este autêntico motel dos anos 1950 é retrô-moderno, ecológico e central, poucas quadras ao sul do lago. Tem pequenos quartos simples e suítes de luxo com 2 cômodos. O restaurante mexicano é muito frequentado pelos moradores da cidade. Tem piscina em forma de grão de feijão, claro. Em sextas e sábados, estadia mínima de dois dias. **$$**

Driskill Hotel
604 Brazos Street, TX 78701
Tel.: 512-474-5911
www.driskillhotel.com
Monumento histórico no centro da cidade, construído em 1886 para o barão do gado Jesse Driskill. Só o enorme saguão com colunas e o teto de vitral já valem uma visita. Os 189 quartos arejados espalham-se em duas alas e têm comodidades de primeira, além de mobília exclusiva, feita à mão. Instalações para ginástica, centro de negócios, bar, restaurante *gourmet* e café. Os extras para as crianças incluem biscoitos e leite, um distintivo de xerife e livro para colorir; os animais pagam taxa e recebem caminha especial. **$$**

Intercontinental Stephen F. Austin Hotel
701 Congress Avenue, TX 78701
Tel.: 512-457-8800
www.austin.intercontinental.com
Os 189 quartos e suítes deste elegante hotel central do início do século XX têm mobília de madeira escura, escrivaninha, sofá e mesa de centro, minibar no móvel da TV, uma cama enorme, macia e confortável, com roupa de cama fofa e muitos travesseiros, além de um espaçoso banheiro de mármore com penteadeira. Internet banda larga nos quartos e internet sem fio gratuita no saguão. No térreo, um farto bufê de café da manhã é servido numa área própria no arejado café, e um bistrô oferece comida do oeste. O bar e restaurante do 2º andar, de frente para a Congress, é um ponto de encontro muito procurado por executivos do centro da cidade. O famoso serviço do Intercontinental não decepciona: os funcionários são bem informados, discretos e simpáticos. **$$**

Castroville

Landmark Inn
402 E. Florence Street, TX 78009
Tel.: 830-931-2133
www.visitlandmarkinn.com
Originalmente um posto do correio na antiga estrada de San Antonio, esta pousada nostálgica dos anos 1850 fica num local histórico do estado, a menos de meia hora de San Antonio. Tem 5 suítes decoradas com romantismo e mobília da década de 1940, a maioria com banheiros compartilhados. Boa área para observar aves e borboletas. **$-$$**

Columbus

Country Hearth Columbus
2.436 Highway 71S, TX 78934
Tel.: 979-732-6293
www.countryhearth.com

FAIXAS DE PREÇO

Preços médios de diária em quarto duplo:
**$** = abaixo de US$ 110
**$$** = US$ 110-250
**$$$** = acima de US$ 250

Esta agradável rede de motéis oferece quartos com camas duplas ou *queen size*, com sofás-camas, escrivaninhas, internet sem fio gratuita e filmes no quarto; alguns quartos têm micro-ondas e geladeira. Há quartos ecológicos, com baixo consumo de energia. Piscina e café da manhã com pratos quentes incluído. Aceita animais. $$

El Paso
Camino Real Hotel
101 S. El Paso Street, TX 79901
Tel.: 915-534-3000
www.caminoreal.com/elpaso
Razão suficiente para fazer uma parada em El Paso, este bonito e sofisticado hotel de fronteira, de propriedade mexicana, tem partes que datam de 1912 – isso inclui um saguão simplesmente surpreendente, com cúpula de vidro criada pela Tiffany, equivalente a qualquer um dos outros imponentes hotéis que você verá na viagem. São 359 quartos e suítes espaçosos, piscina, sauna e um fantástico e imperdível bar--restaurante sob a cúpula. $$

Fredericksburg
Magnolia House
101 E. Hackberry Street, TX 78624
Tel.: 830-997-0306
www.magnolia-house.com
Casa de 1923 muito acolhedora. Tem 5 quartos e suítes, todos com banheiro privativo, belas roupas de cama e de banho, roupões, TV a cabo, internet sem fio. Suítes com entrada independente e lareira. Cafés da manhã com pratos quentes, servidos em louça elegante, incluem a linguiça produzida na região. $$

Galveston
Gaido's Seaside Inn
3.802 Seawall Boulevard, TX 77550
Tel.: 409-762-9625
www.gaidosseaside.com
O Gaido's sobreviveu intacto ao furacão Ike, e todos estão satisfeitos que esta pousada de 1947, de administração familiar, ainda funcione. Muitos dos 104 quartos têm vista para o mar, e o local tem jardim de flores em níveis. O restaurante anexo é um dos prediletos dos habitantes do local, pelo *gumbo* autêntico. $

Moody Gardens Hotel, Spa and Convention Center
7 Hope Boulevard, TX 77554
Tel.: 800-582-4673
www.moodygardens.com
Resort enorme ao lado do popular parque temático, boa opção para famílias. Como fica na parte noroeste, calma e residencial da ilha, sofreu menos impacto do furacão Ike do que o centro da cidade. Quartos espaçosos, adequados para crianças, grande piscina descoberta e "praia", loja de presentes, lanchonete, dois restaurantes, *spa*, sala de ginástica, acesso aos Moody Gardens e parque aquático sazonal. $$

Hondo
Stony Ridge Ranch
326 PR 2323
Tel.: 830-562-3542
www.stonyridgeranch.com
Situada perto do popular Parque Estadual Lost Maples, esta remota e especial pousada oferece refúgio romântico em 4 cabanas de madeira e numa casa de madeira feita sob medida, mas fica com todo o trabalho de preparar para você suntuosos cafés da manhã *gourmet* com pratos quentes. Lareira e vista do Hill Country em todas as unidades. Estadia mínima de duas noites; fecha 2ª-3ª. $$

Houston
St Regis
1.919 Briar Oaks Lane, TX 77027
Tel.: 877-787-3447
www.starwoodhotels.com/stregis
Curta a hospedagem de luxo, com 52 suítes, localizada entre o exclusivo bairro de River Oaks e o Galleria. O andar Astro tem serviço de *maître*, mordomo e intérpretes. $$$

Sara's Inn on the Boulevard
941 Heights Boulevard, TX 77008
Tel.: 713-868-1130
www.saras.com
Linda mansão estilo Queen Anne, no centro da cidade, com 14 quartos e suítes projetados com capricho, que contam com banheiro, TV, telefone, internet sem fio e comodidades de luxo. Café da manhã continental reforçado, com bufê nos fins de semana. $-$$

The Westin Galleria
5.060 W. Alabama, TX 77056
Tel.: 713-960-8100
www.westingalleriahoustonhotel.com
Hotel estiloso no vistoso Shopping Galleria. Instalações soberbas com rinque de patinação, piscina, restaurante e academia. $$

Lajitas
Lajitas Golf Resort and Spa
HC 70, Box 400, Terlingua, TX 79852
Tel.: 432-424-5000
www.lajitasgolfresort.com
O luxuoso e o rural convivem neste *resort* de alta qualidade, em cidade de fronteira reconstruída, a oeste do Parque Nacional Big Bend. Tem 92 quartos e suítes elegantes, de tema *country*, que ocupam um hotel e bar do Velho Oeste e outros prédios ao longo da rua principal. Aluga também uma casa de adobe com 3 quartos. Os hóspedes podem curtir o golfe, a piscina, os churrascos, os passeios de bote no rio Grande e as danças *country*. Tem estacionamento para *trailers*, se você estiver acampando. $-$$$

Marathon
Gage Hotel
101 Highway 90 W, TX 79842
Tel.: 432-386-4205
www.gagehotel.com
Construída em 1927 pelo fazendeiro Alfred Gage para ser um alojamento privativo, esta pousada diurna – um marco histórico do Texas – é cheia de antiguidades do oeste. Uma construção moderna de adobe foi acrescentada no início dos anos 1990. Os 20 quartos construídos de tijolos, com banheiros privativos, circundam um belo pátio com fonte, em estilo de fazenda; metade tem lareira em estilo *kiva*. O hotel histórico de 1927 tem 16 quartos com lavabo e banheiro privativo ou compartilhado, e também 3 *casitas* amplas para alugar na propriedade. Um excelente restaurante no local serve aves de caça e outros pratos do oeste. $$

Marfa
El Paisano Hotel
207 N. Highland, TX 79843
Tel.: 866-729-3669
www.hotelpaisano.com
Em 1955, este hotel-fazenda hospedou estrelas de Hollywood durante a filmagem de *Assim caminha a humanidade*. Há décadas usufrui da reputação do filme e está começando a ficar um pouco desgastado, o que, dependendo do ponto de vista, só aumenta seu charme. Os cinéfilos talvez queiram hospedar-se na suíte Rock Hudson, onde o ator curtia terraço, lareira, cozinha, solário e cama *king size*. Tem uma bonita área de piscina, um café, loja de presentes no saguão e a agradável Greasewood Gallery, onde se pode ver arte do oeste, que agrada mais aos moradores do local do que a arte moderna que se encontra em outros lugares de Marfa. $-$$

New Braunfels
Gruene Mansion Inn
1.275 Gruene Road, TX 78130
Tel.: 830-629-2641
www.gruenemansioninn.com
Antiga fazenda de algodão transformada em pousada de luxo, com 25 quartos cheios de antiguidades, espalhados em celeiros e galpões reformados. Fica de frente para o rio Guadalupe e ao lado do Gruene Hall, o salão de baile mais antigo do Texas. Cafés da manhã fartos. $$$

Presidio
Three Palms Inn
Old Highway 67N, TX 79845
Tel.: 432-229-3211
Motel um pouco desgastado atualmente, mas Presidio é tão pequena que é sorte encontrar um motel aqui. Piscina, TV a cabo e cafeteria ao lado. Não pesa no bolso. $

San Antonio

Drury Plaza Riverwalk Hotel
105 S. St Mary's Street, TX 78205
Tel.: 210-270-7799
https://www.druryhotels.com
A estrela da famosa rede Drury Inn and Suites tem uma localização excelente, no restaurado Alamo National Bank Building, de 1929, na Riverwalk. Os hóspedes recebem gratuitamente drinques à noite e cafés da manhã com pratos quentes, de frente para o saguão *art déco*, com piso de mármore e arte estimulante. Suítes espaçosas com cozinha, sala de estar, TV de LCD, internet gratuita e telefone para chamadas de longa distância. Os quartos do New Terrace, acima do expandido Riverwalk (doado à cidade como parte da restauração), têm vistas, mas ficam perto da agitação e geralmente são mais barulhentos. **$$**

The Historic Menger Hotel
204 Alamo Plaza, TX 78205
Tel.: 210-223-4361
www.mengerhotel.com
Este hotel de 1859 fica ao lado do Alamo. Quartos elegantemente mobiliados com antiguidades, muitos deles com hidromassagem. A pianola e o bar são famosos. Tem também piscina, academia e restaurante *gourmet*. **$$**

La Mansion del Río
112 College Street, TX 78205
Tel.: 210-518-1000
www.omnihotels.com
Os quartos de arquitetura espanhola das missões e balcões de ferro trabalhado, de frente para um trecho sossegado da Riverwalk, fazem deste pequeno e excepcional hotel – uma antiga escola de 1852 – um destino de qualidade superior. **$$**

Terlingua

Big Bend Resort
No cruzamento das Rotas 118 e 170, TX 79852
Tel.: 432-371-2218
www.bigbendresortadventures.com/lodging
A oeste da entrada do Parque Nacional Big Bend, este *resort* administrado por uma concessionária oferece 86 quartos confortáveis de motel e dúplex com cozinha em vários prédios; a Vip House, uma unidade para alugar, com todas as comodidades; e um apartamento. Centro de conferências, piscina, café, estacionamento para *trailers* e camping. **$-$$**

Novo México

Cloudcroft

The Lodge at Cloudcroft
1 Corona Place, NM 88317
Tel.: 575-682-2566
www.thelodgeresort.com
Construído em 1899, durante a expansão da indústria madeireira, este alojamento pitoresco é um refúgio bacana para quem está no deserto. Os 59 quartos lindamente mobiliados em estilo vitoriano têm antiguidades e peças românticas – a Governor's Suite é o local preferido de Rebecca, uma antiga funcionária abandonada pelo amante. Os quartos do Pavilion, porção original do hotel, conservam o ambiente rústico, com mobília de madeira dos Adirondacks, cômodos abertos e café da manhã completo. Piscina, *spa* e restaurante no local. **$$**

Las Cruces

Hotel Encanto de Las Cruces
705 S. Telshor Boulevard, NM 88011
Tel.: 575-522-4300
www.hotelencanto.com
Hotel de luxo próximo de todas as principais atrações de Las Cruces, com 210 quartos e suítes de decoração espanhola colonial, com vistas e todas as comodidades: áreas de trabalho confortáveis, internet sem fio, além de geladeira e micro-ondas, se o hóspede requisitar. Piscina, *spa*, restaurante, bar e salão no local. **$-$$**

Lordsburg

Comfort Inn and Suites
400 Wabash Street, NM 88045
Tel.: 575-542-3355
As redes hoteleiras reinam na área, mas esta é mais nova do que as outras e tem muitos quartos charmosos e suítes espaçosas com área de estar. Piscina coberta, hidromassagem, lareira no saguão, sala de café da manhã continental e acesso gratuito à internet. Reserve com antecedência: muito frequentado pela polícia de fronteira. **$**

Mescalero

Inn of the Mountain Gods and Casino
287 Carrizozo Canyon Road, NM 88340
Tel.: 888-324-0348
www.innofthemountaingods.com
Propriedade da tribo apache *mescalero*, este famoso *resort* foi reconstruído no lugar original: às margens de um lago, em frente ao pico da Sierra Blanca, de 3.660 metros de altitude, sagrado para os apaches. Os espaços coletivos dão destaque para a arte apache. Os 273 quartos e suítes luxuosos, com vista, ocupam uma torre própria. Todos são espaçosos, com áreas de trabalho e decoração suave. O *resort* é especializado em caça guiada por nativos, pesca, cavalgada, navegação, golfe e tênis. Cassino no local, churrascaria *gourmet* e restaurante de frutos do mar. Não aceita animais. **$$**

Old Mesilla

Meson de Mesilla
1.803 Avenida de Mesilla, NM 88046
Tel.: 575-525-9212
www.mesondemesilla.com
Na histórica Mesilla, hospede-se neste lindo hotel-butique, que também tem um dos melhores restaurantes da cidade. Quartos reformados com paredes em tons suaves, mobília de madeira escura e portas que se abrem para a varanda que circunda o hotel. Piscina, quadra de bocha, academia, restaurante e bar no local. Café da manhã incluído. **$$**

Pinos Altos

Bear Creek Motel and Cabins
88 Main Street, NM 88053
Tel.: 888-388-4515
www.bearcreekcabins.com
Ao norte de Silver City, na estrada para as habitações do penhasco de Gila, estas originais cabanas em dois níveis foram construídas em volta de árvores na Floresta Nacional de Gila. Todas têm cozinha ou micro-ondas, geladeira, TV, telefone, lareira ou aquecedor, ar-condicionado e pátio com mobília rústica e churrasqueira. Estadia mínima de duas noites nos fins de semana. **$$**

Ruidoso

Swiss Chalet Inn
1.451 Mechem Drive, NM 88345
Tel.: 505-258-3333
www.sciruidoso.com
Hotel em estilo suíço numa bonita floresta de pinheiros, com 82 quartos com vista panorâmica das montanhas Sacramento. Café da manhã completo, piscina, hidromassagem, churrascaria no local e taberna. **$**

Silver City

Bear Mountain Lodge
2.251 Cottage San Road, NM 88061
Tel.: 575-538-2538
www.bearmountainlodge.com
Famosa fazenda de gado dos anos 1920, totalmente reformada pela organização ambiental Nature Conservancy, cuja reserva Gila fica nas proximidades. É um local fantástico para observar aves. Atualmente sob a direção de proprietários com experiência em artes, acrescentou a conhecida Blue Dome Gallery, que exibe obras de artistas locais. Dez quartos românticos no alojamento principal e no edifício ao lado, além de uma casa de hóspedes, são decorados com a mobília local, sabonetes artesanais e objetos da natureza; vários têm hidromassagem. O Café Oso Azul serve cafés da manhã *gourmet* saudáveis aos hóspedes, *brunch* aos fins de semana, almoço para viagem e jantar mediante reserva. **$$**

FAIXAS DE PREÇO

Preços médios de diária em quarto duplo:
**$** = abaixo de US$ 110
**$$** = US$ 110-250
**$$$** = acima de US$ 250

Arizona

Bisbee

Bisbee Grand Hotel
61 Main Street, AZ 85603
Tel.: 520-432-5900
www.bisbeegrandhotel.com
Hotel vitoriano restaurado com elegância, com decoração de época, numa pequena cidade de mineração no sul do Arizona. As comodidades incluem estacionamento, bar, sala de bilhar com a única mesa de tamanho oficial em Bisbee, e café da manhã gratuito. $-$$

The Shady Dell
1 Douglas Road, AZ 85603
Tel.: 520-432-3567
www.theshadydell.com
Nove *trailers* antigos de alumínio decorados com o perfeito *kitsch* dos anos 1950, num motel *sui generis* na periferia de Bisbee. Rádios antigos tocam músicas das grandes orquestras e os primeiros *rocks*. Os *trailers* têm cozinhas originais em funcionamento logo abaixo das cafeteiras elétricas. $

Gila Bend

Best Western Space Age Lodge
401 E. Pima Street, PO Box C, NM 85337
Tel.: 928-683-2173
www.bestwesternspaceagelodge.com
O Space Age Lodge é diferente de todos os outros Best Western que você já viu. Os quartos têm quadros da Nasa nas paredes e, é claro, iluminação da era espacial. Tem até uma aeronave militar na área coletiva, além de comodidades mais convencionais, como piscina e hidromassagem. $-$$

Phoenix

Arizona Biltmore
2.400 E. Missouri Avenue, AZ 85016
Tel.: 602-955-6600
www.arizonabiltmore.com
Este *resort* incrivelmente elegante foi projetado em 1929 por um estudante de Frank Lloyd Wright e sustenta a marca inconfundível do mestre, cuja escola de arquitetura Taliesin fica na vizinha Scottsdale. O mais novo anexo oferece quartos grandes para viajantes de negócios, mas o hotel histórico é a atração principal. O *resort* fica num terreno belamente ajardinado de 16 hectares, ao lado do elegante *shopping center* Biltmore Fashion Park, e tem campos de golfe, ciclismo, academia, *spa*, piscinas (inclusive uma com ladrilhos históricos e fonte) e restaurantes. A culinária do Novo Oeste no Wright's é uma experiência memorável. $$$

Hermosa Inn
5.532 North Palo Cristi Road, Paradise Valley, AZ 85016
Tel.: 602-955-8614
www.hermosainn.com
Localizada no centro de uma área residencial entre Phoenix e Scottsdale, esta famosa pousada-butique proporciona uma experiência muito prazerosa. Inclui porções restauradas da casa e estúdio originais de adobe dos anos 1930 do artista caubói Lon Megargee, posteriormente convertidos em rancho turístico e pousada. As 34 *casitas* arejadas são um refúgio entre os exuberantes jardins cercados. Piscina pequena, um pequeno mas excelente *spa*, o Last Drop Bar (no antigo estúdio de Megargee) e a culinária artesanal do oeste, com produtos orgânicos da propriedade, servida na sala de jantar Lon's. $$$

Maricopa Manor
15 W. Pasadena Avenue, AZ 85013
Tel.: 602-274-6302
www.maricopamanor.com
Casa em estilo espanhol construída nos anos 1920, mobiliada com antiguidades e arte, com apenas 7 suítes. Piscina com cachoeiras, *spa* e jardins exuberantes, que são muito procurados para casamentos. $$$

Scottsdale

The Phoenician
6.000 E. Camelback Road, AZ 85251
Tel.: 480-941-8200
www.thephoenician.com
O Phoenician é um dos principais *resorts* de Scottsdale, situado numa propriedade de 100 hectares, com nada menos do que 10 restaurantes e *lounges* para escolher, um *spa*, campo de golfe para campeonato e vários pontos a seu favor. $$$

Tombstone

Cochise Stronghold: A Canyon Nature Retreat
PO Box 232, Pearce, AZ
Tel.: 520-826-4141
www.cochisestrongholdbb.com
Em uma área de floresta de 6 hectares, no centro da histórica Cochise Stronghold, esta pousada, construída por John e Nancy Yates, é um lugar perfeito para os amantes da natureza. Reserve a suíte em uma charmosa casa de pedras, a Casita Manzana, ou entregue-se ao "*glamping*", em uma confortável *yurt*, com capacidade para até 10 pessoas. Cafés da manhã *gourmet* no quarto são feitos com ingredientes orgânicos, cultivados no local, mas é preciso trazer comida para as outras refeições a este local remoto ou pedir aos Yates que providenciem. $

Tombstone Motel
502 E. Fremont Street, AZ 85638
Tel.: 520-457-3478
www.tombstonemotel.net
Quartos limpos e bem equipados num prédio histórico da década de 1880. Uma estadia no Tombstone Motel permite que você entre de verdade no espírito de Tombstone. $-$$

Tucson

Arizona Inn
2.200 E. Elm Street, AZ 85719
Tel.: 520-325-1541
www.arizonainn.com
Uma das melhores hospedagens de Tucson, esta elegante pousada histórica do sudoeste fica a apenas 5 minutos da Universidade do Arizona, mas se parece mais com um oásis. Os quartos e as suítes são decorados com antiguidades e ficam principalmente em *casitas*, com pátios e lareiras, no meio de 6 hectares de terrenos e jardins bem cuidados. Piscina descoberta, quadras de tênis, *croquet*, pingue-pongue, massagem, academia, excelente restaurante no pátio e o bar Audubon. Café da manhã e chá da tarde ou sorvete estão incluídos. Reserve com bastante antecedência. $$

Hotel Congress
311 E. Congress, AZ 85701
Tel.: 520-622-8848
www.hotelcongress.com
O Hotel Congress é excêntrico, barato, divertido, moderno e tem tanta história (1919) que o ladrão de bancos John Dillinger e sua gangue já se hospedaram aqui. O excelente Cup Café oferece comida mundialmente inspirada a bons preços e fica aberto até tarde para aqueles que vão aos shows no *music club* do hotel, eleito um dos 10 melhores clubes de *rock* do país. Escolha bem o quarto em que vai se hospedar por causa do barulho tanto do clube quanto da estação de trem próxima, e leve protetores de ouvido. $

Lodge on the Desert
306 N. Alvernon Way, AZ 85711
Tel.: 520-320-2000
www.lodgeonthedesert.com
Este *resort* urbano foi inaugurado pela primeira vez em 1936 e, no verão de 2009, passou por uma grande reforma que garantiu sua permanência como uma das melhores hospedagens da cidade. A maioria dos quartos tem pátio de azulejos vermelhos e lareira. As comodidades incluem *spa*, piscina e hidromassagem ao ar livre. O restaurante de culinária do sudoeste é reconhecido como um dos melhores de Tucson. $$-$$$

Yuma

Best Western Coronado Motor Hotel
233 S. Fourth Avenue, AZ 85364
Tel.: 928-783-4453
http://bwcoronado.com
Um dos melhores hotéis da rede Best Western e o mais antigo em operação, tem quartos confortáveis em torno de um pátio florido. Ainda administrado pela mesma família (todos os Best Westerns são de propriedade individual), tem ambiente e charme próprios, com um museu fascinante na recepção original, que também funcionava como residência

da família. Os quartos de uma ala conservam a mobília no estilo dos anos 1950. Há uma extensão moderna do outro lado da rua. As comodidades incluem piscina, ótimo café da manhã, internet sem fio grátis e uma enorme videoteca gratuita. $-$$

La Fuente Inn and Suites
1.513 E. 16th Street, AZ 85365
Tel.: 928-329-1814
www.lafuenteinn.com
Pousada contemporânea com jardins de belo paisagismo, árvores frutíferas e flores em volta de uma grande piscina. Outras comodidades incluem sala de ginástica, lavanderia, quatro churrasqueiras e serviço de transporte gratuito para o aeroporto. $$-$$$

Yuma Cabana Hotel
2.151 S. Fourth Avenue, AZ 85364
Tel.: 928-783-8311
www.yumacabana.com
Pequeno e bonito oásis, de charme peculiar, em razão da administração independente. Bons preços, descontraído. Os funcionários parecem gostar de trabalhar aqui. $-$$

Califórnia

Calipatria
Calipatria Inn and Suites
700 N. Sorensen Avenue, CA 92233
Tel.: 760-348-7348
www.calipatriainn.com
Este hotel em estilo espanhol fica em uma área charmosa de Calipatria, no coração do Imperial Valley, a 42 km de El Centro. É bem avaliado como uma hospedagem surpreendentemente agradável, especialmente para os observadores de aves, que vão ao Salton Sea todo inverno para ver as aves aquáticas migratórias. Os 41 quartos e suítes têm TV a cabo, geladeira, micro-ondas e internet sem fio; as suítes têm hidromassagem, sofás-camas e cozinha. Piscina, café da manhã continental e churrascaria. $

ROTA DO PACÍFICO

Califórnia

Arcata
Fairwinds Motel
1.674 G Street, CA 95521
Tel.: 707-822-4824
www.fairwindsmotelarcata.com
O motel Fairwinds é básico e limpo, fica bem na estrada e no centro da região das sequoias. As comodidades incluem internet sem fio grátis. Dá para ir a pé até a praça e o *campus* de Arcata. $$

Big Sur
Big Sur Lodge
47.225 Highway 1, CA 93920
Tel.: 831-667-3110
www.bigsurlodge.com
O arquiteto Mickey Muenning, de Big Sur, usou o mar e as montanhas como pano de fundo deste luxuoso *resort*, que fica em meio a sequoias magníficas. Você não vai encontrar comodidades como telefone, TV ou despertador. $$$

Bodega Bay
Bodega Bay Lodge and Spa
103 Coast Highway 1, CA 94923
Tel.: 707-875-3525
www.bodegabaylodge.com
Local idílico – todos os quartos têm balcão voltado para o pântano e para o mar, mais à frente; há aves, sapos e outros animais silvestres em volta. Os quartos são espaçosos e românticos, com lareira. Belos jardins conduzem à academia e à piscina com vista para o oceano. $$-$$$

Cambria
Pelican Cove Inn
6.316 Moonstone Beach Drive, CA 93428
Tel.: 805-927-1500
www.moonstonehotels.com
Às margens da rodovia, em frente à praia, com pedras cheias de focas e trilhas, a poucos minutos do centro da linda cidadezinha de Cambria. Quartos espaçosos e mobiliados com elegância. A maioria tem algum tipo de vista para o mar. Os hóspedes são mimados com um substancioso café da manhã com pratos quentes, chá e vinho à tarde, e sobremesa e café à noite. Piscina e jardins. $$-$$$

Carmel-by-the-Sea
Cypress Inn
Lincoln Street com Seventh Avenue, CA 93921
Tel.: 831-624-3871
www.cypress-inn.com
Famoso por ter como co-proprietária a atriz Doris Day, a lenda de Hollywood, que também é uma grande amante dos animais. O Cypress Inn é um dos hotéis mais receptivos para cães na costa do Pacífico. Lembranças dos filmes de Doris Day ficam nos corredores, com alguns divertidos cartazes de filmes antigos. O hotel consegue ser chique e descontraído, com quartos confortáveis e um bar excelente, muito frequentado tanto pelos hóspedes quanto pelos moradores do local. Dá para ir a pé até os restaurantes do centro da cidade. $$-$$$

Vagabond's House Inn
4th com Dolores Street, CA 93921
Tel.: 831-624-7738
www.vagabondshouseinn.com
Os 13 quartos do Vagabond's Inn são versões luxuosas de cabanas rústicas e ficam agrupados em torno de um pátio exuberante e bonito, onde uma cascata brinca dia e noite – é um som gostoso para adormecer. Os quartos estilosos têm camas *king size* e lareiras aconchegantes. O café da manhã de cortesia é servido no quarto. Fica numa área muito tranquila de Carmel, mas dá para ir a pé até o centro da cidade. $$-$$$

Eureka
Carter House Inn
301 L Street, CA 95501
Tel.: 707-444-8062
www.carterhouse.com
Agrupamento de quatro românticos solares vitorianos na extremidade do bairro histórico de Eureka, a uma quadra do mar. O hotel inclui o aclamado restaurante 301 *(ver p. 447)*, onde os hóspedes também podem saborear os deliciosos cafés da manhã de cortesia. Os quartos são espaçosos e conseguem combinar bem estilo com charme de época, incluindo todos os confortos modernos. O Bell Cottage e o Carter Cottage são refúgios privados decorados com esmero. $$-$$$

Ferndale
Shaw House Inn
703 Main Street
Tel.: 707-786-9958
www.shawhouse.com
Esta charmosíssima pousada ocupa o prédio mais antigo da cidade, uma construção cheia de detalhes, cercada por jardins suntuosos que atraem vida silvestre em abundância. Os 8 quartos são decorados com mobílias antigas, inclusive camas com dossel e banheiras antigas. $$-$$$

Victorian Inn
400 Ocean Avenue, CA 95536
Tel.: 707-786-4949
www.victorianvillageinn.com
Hotel impressionante, construído com sequoias locais em 1890. O estilo vitoriano garante quartos com pé-direito alto e decoração com antiguidades. O Village Inn também tem restaurante e bar. $$

FAIXAS DE PREÇO

Preços médios de diária em quarto duplo:
$ = abaixo de US$ 110
$$ = US$ 110-250
$$$ = acima de US$ 250

Inverness
Ten Inverness Way Bed and Breakfast Inn
10 Inverness Way, CA 94937
Tel.: 415-669-1648
www.teninvernessway.com
Localizada em uma casa de artesãos de 1904 em Inverness, uma hora ao norte de San Francisco, este é um bom e descontraído lugar a partir do qual explorar o Point Reyes National Seashore e as colinas luxuosas de Marin County. Todos os 5 quartos da pousada têm o nome de uma trilha local. *Happy hour* com vinho e queijo e café da manhã completo com pratos quentes estão incluídos na tarifa do quarto; sem essas comodidades, os mesmos quartos estão disponíveis a uma tarifa mais baixa, se preferir; contudo, isso seria um grande pecado, pois você estaria no exato paraíso da comida local. **$$**

La Jolla
The Lodge at Torrey Pines
11.480 N. Torrey Pines Road, CA 92037
Tel.: 858-453-4420
www.lodgetorreypines.com
Refúgio de luxo em frente ao oceano Pacífico, bem ao lado do campo de golfe de competição em Torrey Pines. Também tem *spa*, piscina e restaurante *gourmet*. **$$$**

Laguna Beach
Casa Laguna Inn and Spa
2.510 S. Coast Highway, CA 92651
Tel.: 800-233-0449
www.casalaguna.com
Bem na Pacific Coast Highway, hotel luxuoso no estilo das missões espanholas da Califórnia, com apenas 16 quartos, o que lhe dá um ar intimista e simpático. Algumas das construções já foram ateliês de artistas, e a vegetação abundante esconde uma piscina. No interior, há um pequeno *spa*, centro de negócios, degustação de vinho de cortesia e um delicioso café da manhã *gourmet*. **$$-$$$**

Hotel Laguna
425 S. Coast Highway, CA 92651
Tel.: 800-524-2927
www.hotellaguna.com
Na praia. Muitos dos quartos têm vista para o mar ou para os jardins. Jornal e café da manhã de cortesia e vários restaurantes para escolher. **$$-$$$**

Mendocino
Stanford Inn by the Sea
Coast Highway com Comptche Ukiah Road, CA 95460
Tel.: 707-937-5615
www.stanfordinn.com
Neste refúgio maravilhoso, é possível ser condescendente e ter consciência ecológica ao mesmo tempo. O revestimento de pinho e sequoia e as lareiras a lenha são um pano de fundo rústico para os quartos confortáveis, com balcões privativos que dão para jardins orgânicos na direção da baía de Mendocino. Sala de estar aconchegante e bar, piscina coberta aquecida e convidativa, aulas de ioga e serviço de *spa*. **$$$**

Montecito
Montecito Inn
1.295 Coast Village Road, CA 93108
Tel.: 805-969-7854
www.montecitoinn.com
No milionário bairro de Montecito, ao sul de Santa Barbara e a apenas duas quadras da Butterfly Beach, esta pousada histórica em estilo espanhol foi construída por Charlie Chaplin e por outros atores de Hollywood para servir como um retiro. Tem uma ótima piscina, *spa*, sauna, centro de negócios, serviço de massagem e sala de ginástica. Alguns quartos têm hidromassagem e alguns também têm vista para a montanha. Bons restaurantes e lojas nas proximidades, ao longo da Coast Village Road. **$$$**

San Ysidro Ranch
900 San Ysidro Lane, CA 93108
Tel.: 805-969-5046
www.sanysidroranch.com
Refúgio rural realmente especial, razão pela qual muitas celebridades têm procurado privacidade aqui. Academia, piscina aquecida o ano todo, serviço de massagem no quarto, aulas de ioga e 27 km de trilhas de caminhada nas montanhas de Santa Ynez, começando na porta da frente. **$$$**

Monterey
Hotel Pacific
300 Pacific Street, CA 93940
Tel.: 831-373-5700
www.hotelpacific.com
Hotel-butique luxuoso, bem perto de Cannery Row, Fisherman's Wharf e outras atrações de Monterey. Os 105 quartos são todos classificados como suítes; alguns são chamados de quartos românticos com lareira. **$$-$$$**

Monterey Plaza Hotel and Spa
400 Cannery Row, CA 93940
Tel.: 831-646-1700
http://montereyplazahotel.com
Um dos maiores e melhores hotéis de Monterey, no centro da cidade, na Cannery Row, de frente para a baía. *Spa* próprio; bistrô, churrascaria ou cafeteria para você escolher onde comer. **$$-$$$**

Morro Bay
Embarcadero Inn
456 Embarcadero Street, CA 93442
Tel.: 888-223-5777
www.embarcaderoinn.com
Hotel sossegado, quartos luxuosos com balcão privativo, lareira e serviço atencioso. Boa base para relaxar e visitar as atrações locais. Todos os quartos têm vista da baía; alguns têm hidromassagem. **$$$**

Napa Valley
1801 First
1.801 First Street, Napa, CA 94559
Tel.: 800-518-0146
www.180first.com
Pousada luxuosa na própria cidade de Napa. O interior projetado por arquiteto é fresco e contemporâneo, porém, mesmo assim encaixa-se perfeitamente nos detalhes clássicos desta casa vitoriana, construída em 1903. As suítes têm lareira, dossel e outros toques românticos. Chalés privativos no jardim exuberante. Os confortos modernos são vinho e tira-gostos de cortesia à tarde, e cafés da manhã com três pratos, para deixar você preparado para um árduo dia de degustação de vinhos no vale do Napa. **$$$**

Wine Country Inn
152 Lodi Lane, St Helena, CA 94574
Tel.: 707-963-7077
www.winecountryinn.com
Este lindo hotel simboliza o ambiente chique e descontraído do vale do Napa, com uma simpática degustação de vinhos de cortesia à tarde e vista para os vinhedos vizinhos. Além de quartos luxuosos, vários chalés oferecem o que há de melhor em privacidade e mimos, com hidromassagem debaixo de janelas com vitral, cama *king size*, lareira e pátio. Também tem piscina e hidromassagem externas, e cafés da manhã soberbos, preparados na hora. **$$-$$$**

Novato
Inn Marin
250 Entrada Drive, CA 94949
Tel.: 415-883-5952
www.innmarin.com
Os quartos têm a atmosfera do sudoeste no Inn Marin, decorados com vermelhos e amarelos profundos. As colchas e o piso de fibra de bambu combinam com a decoração do hotel e sua ética ecológica. Os 70 quartos e 4 suítes ficam à beira de lindas áreas espaçosas com magnólias. As comodidades incluem piscina, internet sem fio e café da manhã continental de cortesia. O restaurante Rickey's (ver p. 448) é imperdível, com *jazz* ao vivo nos fins de semana. **$$-$$$**

Pismo Beach
Spyglass Inn
2.705 Spyglass Drive, CA 93449
Tel.: 805-773-4855
www.spyglassinn.com
Reformado com estilo, com vista panorâmica para o mar, sala de refeições e de estar, num local impressionante nas falésias próximas de Pismo Beach. *Spa* e piscina também. **$$$**

HOSPEDAGEM ◆ 425

Redondo Beach
Portofino Hotel and Yacht Club
260 Portofino Way, CA 90277
Tel.: 310-379-8481
www.hotelportofino.com
Numa península particular, perto de Redondo Beach, tem piscina, restaurante, vista da marina e acesso à academia Gold's Gym, nas proximidades. **$$-$$$**

San Diego
Hotel del Coronado
1.500 Orange Avenue, Coronado, CA 92118
Tel.: 619-435-6611
www.hoteldel.com
Marco vitoriano mundialmente famoso. Além de ser uma atração turística, o Coronado é também um hotel excepcional, com quadra de tênis, piscina, spa, chalés e casas à beira da praia, com golfe e navegação nas proximidades. A Coronado Beach foi nomeada a melhor praia do país em 2012. **$$$**

Palomar San Diego
1.047 Fifth Avenue, CA 92101
Tel.: 619-515-3000
www.hotelpalomar-sandiego.com
O hotel mais chique da cidade, o Palomar San Diego (antigamente o Sé San Diego e agora um hotel-butique da Kimpton) transborda estilo e luxo. Os quartos do andar superior têm ampla vista da cidade à noite. Os hóspedes são recebidos mais calorosamente, e um passeio pelo hotel mostra suas comodidades impressionantes, como spa, bar, empréstimo de laptops, o restaurante Saltbox e um bar no terraço. **$$-$$$**

US Grant Hotel
326 Broadway, CA 92101
Tel.: 619-232-3121
www.usgrant.net
Grande e antigo hotel histórico de 1910, restaurado, no centro da cidade, perto dos negócios, das compras e da vida noturna. Para fazer jus ao nome, tem 2 suítes presidenciais e todos os quartos têm banheiro de mármore com pias de pedra. Mesmo que não esteja hospedado aqui, você pode comer no Grant Grill, que também é um marco de San Diego. **$$-$$$**

San Francisco
Hotel Boheme
444 Columbus Avenue, CA 94133
Tel.: 415-433-9111
www.hotelboheme.com
Localizado no lugar de uma pousada do século XIX, o Hotel Boheme tem sido remodelado para imitar o clima de North Beach dos anos 1950. Cheio de charme boêmio e muita história. Maravilhosas fotos em preto e branco no saguão. Internet sem fio gratuita em todos os quartos. **$$**

Hotel Vertigo
940 Sutter Street, CA 94109
Tel.: 415-885-6800
www.hotelvertigosf.com
Cenário do filme *Um corpo que cai*, de Hitchcock, este hotel de cidade pequena é sofisticado e confortável. Também é o local do Plush Room Theater, que já foi bar clandestino na época da Lei Seca e tem hoje um famoso cabaré. Fica no principal ponto de comércio. **$$-$$$**

Red Victorian Bed, Breakfast and Art
1.665 Haight Street, CA 94117
Tel.: 415-864-1978
www.redvic.com
Perfeito para o turista econômico, esta pousada se considera o "Living Peace Museum" de San Francisco. Além da pousada, tem o Peaceful Café, o Peaceful Center e a Peace Arts Gallery. Como é de se esperar, é um simpático ponto de encontro, com quartos de temas diferentes, como o Flower Child. O verão do amor de 1967 não terminou em algumas partes de San Francisco. **$$-$$$**

San Luis Obispo
Madonna Inn
100 Madonna Road, CA 93405
Tel.: 800-543-9666
www.madonnainn.com
Famosos pela excentricidade e pela decoração bizarra, os 110 quartos do Madonna Inn são radicalmente diferentes um do outro, com temas como ocidental, havaiano, austríaco e até safári e sir Walter Raleigh! **$$-$$$**

Santa Barbara
The Cheshire Cat
36 W. Valerio Street, CA 93101
Tel.: 805-569-1610
www.cheshirecat.com
Esta casa vitoriana reformada oferece estadia descontraída e cheia de mimos no centro de Santa Barbara. Quartos com nomes de personagens de *Alice no País das Maravilhas*, incluindo o Chapeleiro Maluco e a Rainha de Copas. Alguns têm pátio e hidromassagem. **$$-$$$**

Franciscan Inn
109 Bath Street, CA 93101
Tel.: 805-963-8845
www.franciscaninn.com
Os telhados vermelhos e as paredes brancas dão uma aparência de missão espanhola a este conjunto de edificações dos anos 1920, situado numa parte tranquila de Santa Barbara, a apenas uma quadra da praia. Quartos confortáveis e espaçosos. Piscina aquecida o ano todo, internet e videoteca grátis, biscoitos fresquinhos e café da manhã preparado na hora - extras bem-vindos por um preço muito razoável. **$$**

Santa Monica
The Embassy
1.001 Third Street, CA 90403
Tel.: 310-394-1279
www.embassyhotelapts.com
O Embassy Hotel Apartments existe desde 1927; os edifícios de bonito estilo mediterrâneo ficam em um jardim exuberante, onde os beija-flores flutuam no ar, dando boas-vindas aos hóspedes. Quartos enormes, com uma espécie de esplendor caseiro, mobília de época e instalações para cozinhar, já que o hotel não serve café da manhã. Muitas opções de restaurante nas proximidades, no calçadão da Third Street. **$$**

Sonoma
The Fairmont Sonoma Mission Inn and Spa
18.140 Sonoma Highway, CA 95476
Tel.: 707-938-9000
www.fairmont.com/sonoma
Este spa de estilo europeu caro, no coração da região vinícola, tem quartos e suítes românticos, com banheiros de mármore e persianas de estilo colonial. Restaurante *gourmet* aclamado e serviço atencioso. **$$$**

Oregon

Astoria
Cannery Pier Hotel
10 Basin Street, OR 97103
Tel.: 503-325-4996
www.cannerypierhotel.com
Um dos melhores hotéis do Oregon, situado na antiga fábrica de conservas Union Fish, cerca de 180 metros na foz do rio Columbia. Tem vistas únicas do rio, da ponte e do Cape Disappointment Lighthouse. As áreas comuns têm um clima de armazém arrojado que reflete a luz cintilante. Os quartos luxuosos, com camas queen e king size, as suítes e a cobertura Pilot House são ricamente decorados com pisos de madeira maciça, lareiras, hidromassagem, balcões e vistas para o rio. Sauna finlandesa, spa o academia. **$$-$$$**

Clementine's Bed and Breakfast
847 Exchange Street, OR 97103
Tel.: 503-325-2005
www.clementines-bb.com
Edifício vitoriano clássico, em estilo italiano, com belos jardins rústicos de estilo inglês e uma pequena biblioteca. A pousada tem 5 quartos com camas queen size e banheiros privativos. Um dos quartos tem lareira a gás. **$-$$**

FAIXAS DE PREÇO

Preços médios de diária em quarto duplo:
**$** = abaixo de US$ 110
**$$** = US$ 110-250
**$$$** = acima de US$ 250

Cannon Beach
Ocean Lodge
2.864 S. Pacific Street, OR 97110
Tel.: 541-347-9441
www.theoceanlodge.com
Hotel romântico, escondido num canto sossegado de Cannon Beach, bem na praia. Do deque privativo, dá para ver a famosa Haystack Rock. A construção é nova, mas inspirada em alojamentos rústicos dos anos 1940, com todos os luxos atuais incluídos em lindos quartos, como grande videoteca gratuita, TV de tela grande, internet grátis, lareira e também hidromassagem em muitos deles. Lugar para se entregar ao prazer, começando pelos biscoitos caseiros no saguão. **$$-$$$**

Depoe Bay
Inn at Arch Rock
70 NW Sunset Avenue, OR 97341
Tel.: 541-765-2560
www.innatarchrock.com
Pitorescamente situada em uma costa íngreme e tendo 12 de seus 13 quartos arejados com vistas incríveis do oceano, esta adorável pousada caiada de branco vale muito a pena. É uma base maravilhosa para explorar a capital de observação de baleias de Oregon ou apenas para relaxar lendo um livro na praia privativa da pousada. Café da manhã *gourmet* e café orgânico. **$$-$$$**

Gold Beach
Tu Tu' Tun Lodge
96.550 N. Bank Rogue River Road, OR 97444
Tel.: 541-247-6664
www.tututun.com
No interior, a alguns quilômetros da praia, às margens do rio Rogue, este hotel tem quartos luxuosos, restaurante aclamado, *spa*, ambiente cordial e oportunidades para caminhar, pescar, andar de caiaque, jogar golfe ou não fazer nada, além de ficar na varanda observando águias-pescadoras e águias-carecas. Todos os quartos têm vistas relaxantes para o rio, e alguns têm lareira e banheira ao ar livre. **$$-$$$**

Newport
Elizabeth Street Inn
232 SW Elizabeth Street, OR 97365
Tel.: 541-265-9400
www.elizabethstreetinn.com
Este moderno hotel no topo de uma costa íngreme tem quartos com vista para o mar, todos com lareira, balcão, geladeira, micro-ondas, cafeteira e roupões. Os quartos ao norte têm vistas para o Yaquina Head Lighthouse; há quartos para famílias também. Piscina, hidromassagem, bufê de café da manhã com pratos quentes. São servidos biscoitos caseiros às 20h e ensopado de salmão às 17h nos meses mais frios. **$$**

North Bend
The Mill Casino Hotel and RV Park
3.201 Tremont Avenue, OR 97459
Tel.: 541-756-8800
www.themillcasino.com
Esta antiga serraria foi maravilhosamente transformada em hotel e cassino pela tribo *coquille*, nativa do local, cuja arte pode ser vista na loja de presentes. Todas as charmosas suítes têm vista panorâmica para a baía de Coos. As suítes de canto, na torre, têm banheiros enormes, com hidromassagem. Sala de ginástica, piscina coberta e dois *spas* ao ar livre, centro de negócios e vários bares e restaurantes no cassino. Como na maioria dos *resorts* de propriedade tribal, é muito bem mobiliado e com preços muito razoáveis. **$-$$**

Portland
The Benson Hotel
309 SW Broadway, OR 97205
Tel.: 503-228-2000
www.bensonhotel.com
Hotel histórico, construído em 1912, no centro da cidade e perto do Pearl District. Tem academia, centro de negócios e restaurante completo na churrascaria Gaucho. **$$$**

Mark Spencer Hotel
409 SW 11th Avenue, OR 97205
Tel.: 503-224-3293
www.markspencer.com
O Mark Spencer é de 1907, data de sua inauguração no bairro dos teatros – ainda atrai muitos atores e artistas. Os hóspedes recebem café da manhã continental de cortesia e uma cópia do *New York Times* para ler durante a refeição. **$-$$**

Yachats
Overleaf Lodge and Spa
280 Overleaf Lodge Lane, OR 97498
Tel.: 541-547-4880
www.overleaflodge.com
Hotel e *spa* relaxante na praia, a poucos minutos do centro desta charmosa cidadezinha, uma das joias escondidas no litoral de Oregon. Estilos variados nos quartos, com lareira, hidromassagem, pátios ou balcões e janelões dando para o mar. Do lado de fora da espaçosa sala de estar do saguão, você pode caminhar pela trilha costeira e apreciar as baías com praia de areia e piscinas naturais. À noite, o som da arrebentação das ondas nina os hóspedes. **$$-$$$**

Washington
Grayland
Walsh Motel
1.593 State Route 105, WA 98595
Tel.: 360-267-2191
www.westport-walshmotel.com
Motelzinho charmoso à beira-mar, com 12 unidades convencionais e mais 12 unidades à beira da praia, algumas com lareira e hidromassagem, outras com cozinha. **$$-$$$**

Long Beach
Adrift Hotel and Spa
409 Sid Snyder Drive, WA 98631
Tel.: 360-642-2311
www.adrifthotel.com
Esta pousada ecológica com 80 quartos fica no centro da península de Long Beach. Tem uma estética moderna, despojada e industrial chique, por isso pode não ser para todos, mas será perfeito para aqueles que amam uma abordagem "menos é mais". Peça um quarto com vista para o mar. Tem um bar e, no 4º andar, um restaurante que serve culinária italiana da costa sul. Aceita animais. **$-$$**

Raymond
Seaview
Enchanted Cottages
Tel.: 360-642-8606
www.enchantedstay.com
Estes três chalés remodelados ficam na pitoresca península de Long Beach, em Seaview, e oferecem a chance de relaxar e fazer suas coisas em um dos refúgios costeiros favoritos de Washington. O Serendipidity tem capacidade para 5 pessoas; o Captain's Cottage, para 2; e o Hollyhock, para 2 pessoas mais uma criança pequena. Podem ser alugados ao mesmo tempo 2 ou 3 chalés para reuniões familiares. **$-$$$**

Tokeland
Tokeland Hotel and Restaurant
100 Hotel Road
Tel.: 360-267-7006
www.tokelandhotel.com
Construído em 1889, o Tokeland é o mais antigo hotel à beira-mar em Washington e está no Registro Nacional de Lugares Históricos. O grande e antiquado prédio fica de frente para a Willapa Bay e tem clima de casa de avó, com uma grande lareira no saguão, quartos aconchegantes e camas com colchas. Os banheiros são separados dos quartos. Não tem internet sem fio. O restaurante serve refeições caseiras. Preço muito bom. **$**

FAIXAS DE PREÇO

Preços médios de diária em quarto duplo:
**$** = abaixo de US$ 110
**$$** = US$ 110-250
**$$$** = acima de US$ 250

ONDE COMER

RESTAURANTES, CAFÉS E BARES RECOMENDADOS

O QUE E ONDE COMER

Culinária tipicamente norte-americana

Os pratos típicos norte-americanos (na verdade, alemães), como cachorro-quente, hambúrguer e *pretzel*, estão associados a estádios de beisebol, quiosques de rua, bares e estabelecimentos de *fast-food* por todo o país. Em Nova York, procure pelas favoritas delicatéssens judaicas, como *corned beef* (carne em conserva), *pastrami* (carne curada e temperada) e picles, e pelas pizzas napolitanas de massa fina. Em Chicago, os favoritos são as salsichas de estilo polonês e a pizza italiana de massa grossa. Na Filadélfia, o recheio dos sanduíches de filé e queijo (*Philly cheese steaks*) é tanto que escapa do pão. Em New Orleans, sanduíches enormes no pão *mufalletta*, cheios de carne italiana fatiada, azeitonas e molho, são uma especialidade do Johnny's, no French Quarter, onde também fica o famoso sanduíche *po'boy* da cidade, com recheios variados, de ostras fritas a linguiça de crocodilo.

Churrasco

No sul e no leste, o churrasco assado lentamente baseia-se principalmente na carne de porco, mas no oeste é invariavelmente de carne bovina. Cada região tem seu próprio estilo e seus adeptos. Você vai encontrar carne maturada com molho de tomate defumado no Texas e com molhos à base de vinagre no sul; Memphis, no Tennessee, famosa pelo churrasco, tem versões de vinagrete com e sem caldo.

Culinária do litoral

O litoral dos Estados Unidos é o paraíso dos frutos do mar frescos – de lagostas e moluscos na Nova Inglaterra, garoupas no Golfo a pargos-vermelhos na Califórnia e caranguejos sapateira-do-pacífico e salmões no Pacífico Noroeste. Os lagos, rios e riachos das montanhas do interior, nas Rochosas, nas Cascatas e no delta do Mississippi, abrigam trutas arco-íris, robalos-muge, bagres e outros numerosos e delicados peixes de água doce.

A imensa população asiática da Costa Oeste criou uma culinária *fusion* mais leve da Califórnia até Washington, combinando carne e peixe tradicionais com sabores japoneses, vietnamitas e tailandeses que ficam na boca.

Culinária do sul

Embora inclua frango frito, presunto cozido, couve, *hush puppies* [bolas de pão de milho], *grits* [mingau de milho], torta de noz-pecã e batata-doce e outros pratos "simples" [*po' folks foods*], a culinária do sul tem uma mistura toda própria. As raízes latinas, afro-caribenhas e francesas são influências importantes. A rica culinária francesa de estilo continental é a principal opção *gourmet*.

O calórico une-se ao picante em New Orleans – nos complexos ensopados *gumbo* e nos pratos *cajuns* cheios de molho, como lagostim estufado – e na Flórida, onde a culinária *floribenha* combina peixe fresco, frutas cítricas locais e outras frutas, com os temperos das Índias Ocidentais.

Culinária mexicana e do sudoeste

A comida mexicana está em toda parte, às vezes autêntica, mas frequentemente contendo grandes quantidades de carne e queijo nas misturas "Tex-Mex", bem dieferentes das simples *tortillas*, *tamales* e *enchiladas*. Na terra dos caubóis, regabofes de carne são acompanhados de guarnições – batatas assadas, milho-verde e salada de repolho.

No oeste, prove a carne deliciosa e magra do bisão alimentado com capim, do cervo, do alce e de outras caças acompanhadas de verduras silvestres, pinhões e frutinhas silvestres, base da culinária indígena, que conquista cada vez mais admiradores.

A comida de estrada

A comida de estrada é um assunto à parte. Nunca deixe passar uma fatia de torta caseira, feita com frutas locais nos estados agrícolas, como Arizona, Geórgia e Washington; os churrascos simples, os tomates verdes fritos e o amendoim cozido no sul; e os pastéis doces recheados, chamados de *kolaches*, na região das colinas no Texas. Por fim, quando se está viajando centenas de quilômetros por dia, a principal refeição é o café da manhã. Até a parada de caminhão ou cafeteria mais humilde consegue alimentar o turista adequadamente, com panquecas, *waffles* e pratos criativos com ovos, por menos de US$ 10, razão suficiente para levantar de manhã. **Importante:** muitos dos restaurantes ficam nas atrações turísticas famosas. Para evitar longas esperas, reserve com antecedência sempre que possível. Um hambúrguer norte-americano deve aparecer em pelo menos uma refeição.

Pizza de massa grossa em Chicago.

ROTA DO ATLÂNTICO

Hambúrguer, batatas fritas e cerveja.

Nova York

Cidade de Nova York

Carnegie Deli
854 Seventh Avenue com 55th Street
Tel.: 212-757-2245
www.carnegiedeli.com
Local de peregrinação no centro de Midtown, esta é uma das delicatéssens judaicas mais famosas de Nova York, onde a estrela é o sanduíche de carne em conserva. Não aceita cartões de crédito. **$$**

Excellent Dumpling House
111 Lafayette Street (logo abaixo do Canal Street)
Tel.: 212-219-0212
www.excellentdumplinghouse.com
Despretensioso, sem enfeites e na periferia de Chinatown propriamente dita; sempre lotado de moradores e visitantes regulares, que adoram a atmosfera séria, os preços razoáveis e os deliciosos pasteizinhos (principalmente de verduras, no vapor ou fritos). Não faz reserva; às vezes, tem fila de espera curta; melhor para almoço no meio da tarde. Não aceita cartão de crédito. **$$**

Il Vagabondo
351 E. 62nd Street, entre as avenidas First e Second
Tel.: 212-832-9220
www.ilvagabondo.com
É como dividir uma refeição em uma cidade italiana – pratos italianos clássicos em um lugar cheio de moradores, a maioria passando o tempo na pista interna de bocha. Veja o cardápio, mas nunca ignore as dicas do garçom. **$$$**

Oyster Bar
Piso inferior, Grand Central Terminal
Tel.: 212-490-6650
Instituição nova-iorquina e lugar obrigatório para quem gosta de frutos do mar – tem as melhores ostras frescas e sopa de mariscos da cidade; você pode se sentar no balcão, na sala de refeições ou no salão. **$$-$$$**

The Little Owl
90 Bedford Street
Tel.: 212-741-4695
www.thelittleowl.com
Este bistrô moderno e alegre numa esquina de Greenwich Village é a essência do bairro agitado de Nova York. O cardápio sazonal é vigoroso sem ser muito chique; frutos do mar frescos aparecem ao lado de pratos mais simples, como lanchinhos de almôndegas ao molho. Apenas cerveja e vinho. **$$$**

Union Square Café
21 E, 16th Street
Tel.: 212-243-4020
www.unionsquare.com
Provavelmente o serviço mais simpático de Nova York e um pouco da melhor culinária contemporânea norte-americana. É difícil fazer reserva, pois o cardápio inovador deste restaurante atrai muitos descolados. Ligue antes. **$$$**

New Jersey

Morristown

The Famished Frog and The Side Bar
18 Washington Street
Tel.: 973-540-9601
www.famishedfrog.com
A fim de ir a um bar de esportes, com dardos ou pebolim? O lugar para isso é o Famished Frog, um bar muito animado. Quer então fazer uma refeição mais leve e experimentar bebidas de uma lista incrivelmente longa de cervejas *ale*, *lager*, *stouts* e *barley wine* (vinho de cevada)? Então The Side Bar, ao lado, está esperando por você. **$$**

Pensilvânia

Chadds Ford

Bistro on the Brandywine and Brandywine Prime
1.623 Baltimore Pike 19317
Tel.: 610-388-8090
www.bistroonthebrandywine.com
Na Route 1, no centro de Brandywine Valley, muito perto do campo de batalha e do Brandywine Museum. O antigo prédio de pedras (no lado da mão direita da estrada) funciona como taberna desde 1736. Depois da Batalha de Brandywine, o prédio foi tão "saqueado" pelos britânicos que seus proprietários foram isentos de pagar os impostos. O bistrô prepara pratos inspirados na culinária francesa, pizza em forno de pedra, sopas e saladas. O Brandywine Prime prepara filés, costeletas e outros pratos substanciosos apenas no jantar. **$-$$$**

Lambertville

Cross Culture
13 Klines Court
Tel.: 609-397-3600
www.crosscultureindiancuisine.net
Comida indiana bem preparada em um ambiente agradavelmente decorado. O cardápio é pequeno e explica cada prato para os pouco familiarizados com a culinária. O almoço especial é particularmente uma boa opção. Traga a própria bebida. **$**

Filadélfia

Cuba Libre
10 S. Second Street
Tel.: 215-627-0666
www.cubalibrerestaurant.com
Construído para se parecer com um café cubano nos anos 1940, o cardápio tem pratos cubanos tradicionais e novos. **$$**

Jim's Steaks
400 S. Street
Tel.: 215-928-1911
Muitos conhecedores do filé com queijo consideram este lugar pequeno e original o mais saboroso da cidade. **$**

Lacroix at Rittenhouse Hotel
1.210 W. Rittenhouse Square
Tel.: 215-546-9000
www.lacroixrestaurant.com
Localizado no hotel, este restaurante premiado usa de maneira criativa ingredientes sazonais frescos para criar um cardápio original. Considerando a degustação e o menu de três pratos, a faixa de preço é acessível. **$$$**

Le Bec Fin
1.523 Walnut Street
Tel.: 215-567-1000
www.lebecfin.com
Considerado um dos restaurantes mais finos do país, este francês caríssimo de grande sucesso, perto da Rittenhouse Square, coleciona opiniões favoráveis de críticos e clientes. Necessário fazer reserva. Serviço *à la carte* no bistrô do piso inferior. **$$$**

Maryland

Annapolis

Carrol's Creek Restaurant
410 Severn Avenue
Tel.: 410-263-8102
Localizado em um "corredor de restaurantes", a leste do porto da cidade. Tratamento sofisticado nos padrões de Chesapeake – caranguejo, vieira, *rockfish*, creme de caranguejo –, com vistas para a baía. Extensa carta de vinhos. **$$$**

Chick and Ruth's Deli
165 Main Street
Tel.: 410-269-6737
www.chickandruths.com
Um clássico, conhecido por seus sanduíches enormes com nomes de políticos e de celebridades locais. Sempre lotado, sempre bom. **$**

Baltimore
Bo Brooks
2.701 Boston Street
Tel.: 410-558-0202
www.bobrooks.com
É o lugar para saborear um banquete de caranguejo. Se você não sabe como abrir e comer caranguejos, os simpáticos funcionários o ensinarão. Se o tempo ajudar, poucas coisas são melhores do que passar uma tarde comendo caranguejos, salada de repolho, milho, e tomando uma Natty Bo (cerveja National Bohemian, uma marca local). **$$-$$$**

Cafe Hon
1.002 W. 36th Street
Tel.: 410-243-1230
Fica em Hampden, onde o diretor de cinema John Waters busca inspiração para sua visão única e excêntrica do mundo. "Hi, Hon" é a saudação comum em Bawlner – nome que a cidade recebe localmente. O Cafe Hon serve torta de caranguejo, bolo de carne, *chili*, torta de frango e batatas fritas caseiras cobertas com condimentos. **$-$$**

Jimmy's
801 S. Broadway
Tel.: 410-327-3273
É onde os moradores de Fell's Point encontram-se de manhãzinha – no caminho para o trabalho ou para casa – e durante o dia todo. Famoso por cafés da manhã pesados, servidos por simpáticas garçonetes, e boa comida no resto do dia. Definitivamente extravagante, definitivamente vale a visita. **$**

Tapas Adela
814 S. Broadway
Tel.: 410-534-6262
www.tapasadala.com
Cardápio longo de pequenos pratos espanhóis para serem divididos (*tapas*). Você pode beliscar as *tapas* e bebericar os vinhos espanhóis e sul-americanos a noite toda. **$$-$$$**

Virgínia

Charlottesville
C&O Restaurant
515 Water Street
Tel.: 434-971-7044
Pratos criativos, com influência francesa, servidos num alojamento de trabalhadores ferroviários reformado com bom gosto. Experimente o bife de fraldinha marinada, selado e fatiado. Ambiente elegante mas descontraído. **$$**

Millers
109 W. Main Street
Tel.: 434-971-8511
Bar de estilo antigo, com ambiente agradavelmente enfumaçado. Antigamente, era uma drogaria especializada no tônico Miller's, do início dos anos 1900. O Millers atual serve ótimos *cheeseburgers* e uma ótima salada de frango grelhado. Sente-se no pátio externo com fonte borbulhante. **$**

Fredericksburg
Sammy T's
801 Caroline Street
Tel.: 540-371-2008
www.sammyts.com
A uma quadra do centro de informações turísticas, serve sanduíches, hambúrgueres e saladas, e mais uma boa seleção vegetariana e vegana. **$**

Lexington
The Red Hen
11 E. Washington Street
Tel.: 540-464-4401
www.redhenlex.com
Um dos primeiros restaurantes com ingredientes vindos direto do produtor, mostra a generosidade do Shenandoah Valley. O cardápio muda quase que diariamente; os vinhos são escolhidos para de fato realçar o sabor dos pratos. **$$-$$$**

Richmond
Millie's Diner
2.603 E. Main Street
Tel.: 804-643-5512
Com apenas 44 lugares neste prédio de tijolos dos anos 1940, é comum ter de esperar, mas é preciso ter paciência. Os sabores e o cuidado com que os *chefs*, na cozinha aberta, preparam os pratos sulistas fazem valer a pena. Outro bônus: a incrível *jukebox*, com milhares de EPs. **$$**

The Tobacco Company
1.201 E. Cary Street
Tel.: 804-782-9555
www.thetobaccocompany.com
Um marco no histórico bairro de Shockoe Slip, este armazém de tabaco reformado de 4 andares serve filés clássicos, costeletas e frutos do mar em duas áreas distintas: um salão formal e elegante ou uma varanda no jardim. **$$-$$$**

Roanoke
Roanoker
2.522 Colonial Avenue
Tel.: 540-344-7746
www.theroanokerrestaurant.com
Local movimentado desde sua inauguração em 1941, este restaurante serve pratos sulistas clássicos em grandes porções e comida caseira feita a partir de receitas de família. **$-$$**

Carolina do Norte

Chapel Hill
Spanky's
101 E. Franklin Street
Tel.: 919-967-2678
Restaurante movimentado no bairro de estudantes, serve sanduíches, frutos do mar e massas. O clube-sanduíche faz muito sucesso entre os moradores e os turistas. **$**

Durham
Bullock's Bar-B-Cue
3.330 Quebec Drive
Tel.: 919-383-3211
www.bullocksbbq.com
Tommy Bullock começou a trabalhar ainda criança no restaurante da família, inaugurado em 1950. Depois de todo esse tempo, ele sabe as receitas de cor. Você pode dar uma olhada no cardápio, mas peça o "estilo família". A comida não para de chegar: cozido Brunswick, churrasco, frango frito, *hushpuppies* (bolinhos de farinha de milho fritos), vagem, hortaliças, pudim de banana e chá. Fechado dom.-2ª. **$**

Fayetteville
Luigi's
528 N. McPherson Church Road
Tel.: 910-864-1810
www.luigisnc.com
Luxuoso, com todos os mais queridos pratos italianos muito bem preparados, costela de cordeiro e filés. Provavelmente a melhor carta de vinhos da cidade. **$$-$$$**

Greensboro
M'Coul's
110 W. McGee Street
Tel.: 336-378-0204
www.mcoulspub.com
Um autêntico *pub* irlandês, em um prédio de 1892. Comida de *pub* e muitas cervejas importadas. Patio ao ar livre e terraço no andar superior. **$**

Mount Airy
Snappy Lunch
125 N. Main Street
Tel.: 336-786-4931
Conhecido pelo farto sanduíche de costeleta de porco – uma cornucópia de carne suculenta, temperos e guarnições. Ambiente ótimo também. **$**

FAIXAS DE PREÇO

Preços médios para jantar com uma taça de vinho, sem gorjeta:
**$** = abaixo de US$ 20
**$$** = US$ 20-40
**$$$** = acima de US$ 40

Wilmington
Elijah's Restaurant
2 Ann Street
Tel.: 910-343-1448
Sopa cremosa de frutos do mar premiada e outros pratos igualmente deliciosos e louváveis. O bar de ostras ao lado, com pátio externo coberto, fica de frente para o Cape Fear. $$

Winston-Salem
The Old Fourth Street Filling Station
871 W. Fourth Street
Tel.: 336-724-7600
www.theoldfourthstreetfillingstation.com
Localizado no que era antes um posto de combustível, combina um clima acolhedor e comida excelente. Cardápio abrangente, de saladas e sanduíches a salmão grelhado, massas e lombo de porco. $$

Carolina do Sul

Charleston
Poogan's Porch
72 Queen Street
Tel.: 843-577-2337
www.pooganstporch.com
Restaurante de culinária sulista Lowcountry. Jante na varanda da antiga casa vitoriana ou na ampla sala de jantar, ambas com toalhas de mesa brancas e prataria, que levam você a uma época mais elegante. A comida é a típica do sul: leite direto do produtor, frango frito, sopa de caranguejo com xerez, biscoitos caseiros, palitos de queijo com pimenta-doce e uma adega com 1.500 garrafas de vinho. $$-$$$

Georgetown
Limpin' Jane's
713 Front Street
Tel.: 843-485-4953
www.limpinjanes.com
Restaurante descontraído, com acesso pela calçada de madeira sobre o rio ou pela rua. Paredes de tijolos à vista e mesas com sofás mantêm o ambiente fresco no verão e aconchegante no inverno. Vários pratos básicos da culinária Lowcountry e bons sanduíches. Ênfase nos frutos do mar, mas boas opções de carnes também. $$

Myrtle Beach
Omega Pancake and Omelet House
2.800 N. Kings Highway
Tel.: 843-626-9949
Local de sucesso para café da manhã entre turistas e moradores. Atendimento animado e café à vontade da cafeteira sobre a mesa. $

Sea Captain's House
3.002 N. Ocean Boulevard
Tel.: 843-488-8082
www.seacaptains.com
Restaurante venerado de frutos do mar, eleito o melhor por quatro anos seguidos. Cardápio longo e tudo fresco. Lugares no deque; todos os lugares do lado de dentro têm vista para o mar. Quando está muito cheio, o serviço pode ser um pouco lento. $$

Geórgia

Brunswick
Right on Q BBQ
2.809 Glynn Avenue
Tel.: 912-264-0047
www.rightonqbbq.com
Costeletas que derretem na boca, batata-doce frita, couves-galegas... Crianças comem de graça de 2ª a 5ª. $

Sonny's BBQ
5.328 New Jessup Highway 31525
Tel.: 912-264-9184
www.sonnysbbq.com
Muito conveniente para quem está na I-95, há costeletas, carne suína e a usual lista dos pratos sulistas tradicionais. $-$$

Midway
Angie's Diner
510 N. Coastal Highway
Tel.: 912-884-3663
Comida caseira, incluindo sanduíche de mortadela frita, pão com molho de linguiça e pilhas enormes de panquecas macias. $

St Simons Island
Palmer's Village Café
223 Mallory Street
Tel.: 912-634-5515
www.palmersvillagecafe.com
Lugar aconchegante e descontraído, onde o cardápio criativo de café da manhã é o destaque. Os especiais incluem ovos verdes e presunto, e rabanadas de pão chalá. $

Gnat's Landing
310 Redfern Village
Tel.: 912-638-7378
www.gnatslanding.com
Restaurante descontraído com clima de cabana de praia, com excelentes frutos do mar frescos servidos no deque, sob um toldo. Cozido de frutos do mar, sanduíches e picles frito. $$

Savannah
The Distillery
416 W. Liberty Street
Tel.: 912-236-1772
www.distillerysavannah.com
Prédio bem localizado, perto do centro de informações turísticas, funcionava como destilaria até a Lei Seca do país. Hoje serve mais de 100 tipos de cerveja, e os hambúrgueres, sanduíches, saladas e refeições são tão importantes quanto as bebidas. A sobremesa frita Moon Pie deveria ser proibida! Frequentado por moradores e turistas. $

Mrs Wilkes' Boarding House
107 W. Jones Street
Tel.: 912-232-5997
Mesas comunitárias de estilo sulista, como nas antigas pensões. Passe os biscoitos e o frango frito, e chegue cedo. Só almoço. $

Wiley's Championship BBQ
4.700 US Highway 80E 31410
Tel.: 912-201-3259
www.wileyschampionshipbbq.com
A essência do churrasco sulista. Em seus quatro anos de funcionamento, Wiley e Janet McCreary pararam de participar das competições de churrasco, porque sempre ganhavam todas. O minúsculo estabelecimento em um pequeno *shopping center* geralmente tem um grupo de pessoas esperando por uma mesa. Costeletas, linguiça, frango e peito defumados, *pulled pork* (carne de porco desfiada e cozida em molho), grãos, macarrão com queijo, couve-galega, caçarola de batata-doce e chá gelado. $

Flórida

Bradenton
Anna Maria Oyster Bar
6.696 Cortez Road W.
Tel.: 941-792-0077
www.oysterbar.net
Ostras cruas, à Rockefeller ou fritas, além de um cardápio enorme de pratos a preços moderados, como camarão, sopas cremosas de mariscos e travessas de peixe fresco frito. *Happy hour* das 11h às 17h e das 20h até fechar. Restaurante adequado para famílias, tem cardápio especial para crianças. $-$$

Fire and Stone Pizza
10.519 Cortez Road W.
Tel.: 941-792-5300
http://fireandstone.com
A atração aqui é o delicioso Artisan Pizza Bar "Infinito", com uma seleção enorme de sabores, 24 opções de salada, sopas caseiras e sorvete com coberturas variadas... e tudo por menos de US$ 10. $

Clearwater Beach
Kaiko Sushi Bar and Japanese Restaurant
2.475 McMullen Booth Road
Tel.: 727-791-6610
www.kaikosushibar.com
Este restaurante premiado, em funcionamento há mais de 15 anos, serve *sashimi*, *sushi* e *teriyaki* de primeira, além de outros pratos japoneses autênticos. Experimente alguns *gyoza* (bolinhos de carne salteados) com um copo de saquê. $$

Fort Myers
The Veranda
2.122 Second Street
Tel.: 239-332-2065
www.verandarestaurant.com
Há mais de 30 anos, este charmoso restaurante que ocupa duas casas históricas no centro vem sendo uma

opção conhecida para saborear a culinária regional do Sul. Com clima bom, opte por uma mesa ao ar livre. **$$$**

Gainesville
Paramount Grill
12 Southwest First Avenue
Tel.: 352-378-3398
www.paramountgrill.com
O proprietário e *chef* deste restaurante chique no centro da cidade prepara cuidadosamente pratos sofisticados, como salmão grelhado temperado com tandoori. **$$$**

Jacksonville
Matthew's
2.107 Hendricks Avenue
Tel.: 904-396-9922
www.matthewsrestaurant.com
A degustação, com cinco pratos, permite aos clientes interagir com os *chefs* enquanto eles estão cozinhando e é uma boa introdução ao cardápio criativo e variado, servido em um ambiente elegante e estiloso. Há também jantar mais cedo e menus com quatro pratos. A adega tem cerca de 2 mil garrafas de vinho. **$$$**

Key Largo
Tasters Grille and Market
Tavernier Towne Center, MM 91, Tavernier
Tel.: 305-853-1177
www.tastersgrille.com
O *chef* combina sabores caribenhos, asiáticos, *lowcountry* e mediterrâneos para preparar um cardápio eclético de surpresas saborosas. **$$-$$$**

Key West
Blue Heaven
729 Thomas Street
Tel.: 305-296-8666
www.blueheavenkw.com
Café descontraído, deteriorado pelo tempo e muito frequentado, com cafés da manhã, almoços e jantares no estilo indígena do oeste, e a autêntica

torta de limão de Key. Jantar ao ar livre aqui é como ser um dos convidados de uma festa no quintal de alguma casa; com frequência tem música ao vivo e galinhas passeando. **$**

Camille's
1.202 Simonton Street
Tel.: 305-296-4811
www.camilleskeywest.com
Com um cardápio que muda todo dia, este restaurante rústico e descontraído é um clássico há mais de 20 anos. As especialidades incluem *waffles* de noz-pecã, croquetes de caranguejo, salada de frango e, é claro, torta de limão de Key. **$-$$**

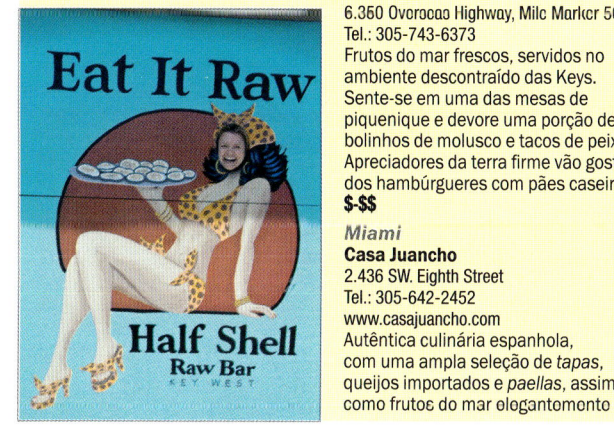

Louie's Backyard
700 Waddell Avenue
Tel.: 305-294-1061
www.louiesbackyard.com
Ótima culinária norte-americana e caribenha num cenário romântico, com a antiga atmosfera de Key West. Comece por uma taça de vinho e mariscos assados no deque superior. **$$$**

Pepe's Cafe
806 Caroline Street
Tel.: 305-294-7192
http://pepescafe.net
Excelentes filés, ostras suculentas e cheirosos pães recém-saídos do forno; mesas internas e externas e um bar muito frequentado no restaurante mais antigo da cidade, que serve até três deliciosas refeições diariamente. **$$**

Marathon
Butterfly Café, no Tranquility Bay Resort
2.600 Overseas Highway, Milha 48.5
Tel.: 305-289-7177
www.tranquilitybay.com
Restaurante elegante e adequado para famílias, e um em cenário tropical, perto do mar. Os frutos do mar frescos reinam supremos aqui, assim como a torta de limão de Key. **$$$**

Herbie's
6.360 Overseas Highway, Mile Marker 50.5
Tel.: 305-743-6373
Frutos do mar frescos, servidos no ambiente descontraído das Keys. Sente-se em uma das mesas de piquenique e devore uma porção de bolinhos de molusco e tacos de peixe. Apreciadores da terra firme vão gostar dos hambúrgueres com pães caseiros. **$-$$**

Miami
Casa Juancho
2.436 SW. Eighth Street
Tel.: 305-642-2452
www.casajuancho.com
Autêntica culinária espanhola, com uma ampla seleção de *tapas*, queijos importados e *paellas*, assim como frutos do mar elegantemente

preparados e excelentes pratos com carne vermelha. Músicos itinerantes garantem a diversão. **$$$**

Joe's Stone Crab Restaurant
11 Washington Avenue
Tel.: 305-673-0365
www.joesstonecrab.com
Este clássico de South Beach, em funcionamento desde 1913, tem o premiado e deliciosamente adocicado caranguejo (*stone crab*). Há também as lagostas do Maine, garoupas e muitas opções sem peixe ou frutos do mar. Não faz reservas. **$$$**

La Rosa
4.041 NW Seventh Street
Tel.: 305-541-1715
www.rosarestaurant.com
Especialidades com influência cubana incluem *arroz con pollo*, batata-doce recheada com carne desfiada e sorvete caseiro. Os simpáticos garçons gostam de dar sugestões, e o ambiente agradável fica ainda mais completo com as músicas ao piano todas as noites. **$$**

News Cafe
800 Ocean Drive, Miami Beach
Tel.: 305-538-6397
www.newscafe.com
Café/restaurante/bar/banca de jornal 24h muito na moda, com pratos do Oriente Médio, *paninis* e bons cafés da manhã com ovos. Escolha uma das mesas externas e curta o desfile dos transeuntes. **$-$$**

Scotty's Landing
33.381 Pan American Drive
Coconut Grove
Tel.: 305-854-2626
www.sailmiami.com/scottys.htm
Barracão de praia descontraído que serve pratos como sopa de caranguejo e bolinho de moluscos, com vistas deslumbrantes de Biscayne Bay. Pode ser difícil de encontrar: peça orientações. **$**

Versailles Restaurant
3.555 SW Eigth Street, Little Havana
Tel.: 305-444-0240
www.versaillesrestaurant.com
Há mais de 30 anos, um lugar para saborear a deliciosa culinária cubana, num ambiente maravilhosamente festivo. Café da manhã, almoço e jantar diariamente. O bufê de café da manhã do domingo (9h 11h45) é imperdível. **$**

FAIXAS DE PREÇO
Preços médios para jantar com uma taça de vinho, sem gorjeta:
**$** = abaixo de US$ 20
**$$** = US$ 20-40
**$$$** = acima de US$ 40

Orlando

Earl of Sandwich
Downtown Disney, 1.750 East
Buena Vista Drive
Tel.: 407-938-0250
www.earlofsandwichusa.com
Esta rede de *fast-food*, familiar e geralmente cheia, é especializada em sanduíches quentes, como o lanche que é sua marca registrada, o Original 1762: carne assada, *cheddar* e molho de raiz-forte; mas há também saladas, *wraps*, sobremesas e sanduíches de café da manhã. $

Fulton's Crab House
Downtown Disney, 1.670 North Buena Vista Drive, Lake Buena Vista
Tel.: 407-939-3463
www.fultonscrabhouse.com
Almoço e jantar servidos a bordo de um autêntico barco fluvial de três conveses que fica ancorado em Downtown Disney. Especialidades do mar, com peixe fresco chegando todo dia. Excelente bar de frutos do mar. $$$

Kres Chop House
17 W Church Street
Tel.: 407-447-7953/7625
www.kresrestaurant.com
Este restaurante muito estiloso no centro da cidade, com um cardápio clássico de churrascaria, serve alguns dos melhores filés da região. Boas sobremesas também (experimente o pudim de pão de chocolate). $$$

Victoria and Albert's
Disney Grand Floridian Resort
4.401 Grand Floridian
Tel.: 407-939-3463
www.victoria-alberts.com
Para um grande jantar fora, este deve ser o melhor lugar da cidade. Os arredores são elegantes (traje a rigor), o serviço é excelente e o cardápio – que muda regularmente – inclui uma opção soberba de seis pratos por um preço fixo com vinho. $$$

St Augustine

O'Steen's Restaurant
205 Anastasia Boulevard
Tel.: 904-829-6974
www.osteensrestaurant.com
O camarão frito, as ostras fritas e a sopa de mariscos fazem este lugar descontraído valer a frequente longa espera. Não aceita cartões de crédito e débito. $

Raintree
102 San Marco Avenue
Tel.: 904-824-7211
www.raintreerestaurant.com
O cardápio diversificado e intercontinental neste restaurante – antes uma casa vitoriana de 1879, meticulosamente restaurada – combina as culinárias mediterrânea, norte-americana e asiática. Há mesas no átrio do jardim interno, no salão de jantar ou no pátio externo. $$

Tampa

Columbia Restaurant
2.117 E. Seventh Avenue
Tel.: 813-248-4961
www.columbiarestaurant.com
A culinária cubana autêntica e a dança flamenca todas as noites, num edifício nostálgico, fazem deste restaurante em Ybor City, inaugurado em 1905, um ponto obrigatório. $$-$$$

Osteria Natalina
3.215 S. Macdill Avenue
Tel.: 813-831-1210
Rede de restaurantes onde os clientes sentem-se como parentes que chegam para fazer uma visita. E o que se faz quando isso acontece? Você os alimenta, é claro, com pratos como lula grelhada, lasanha caseira e massas frescas. E, uma vez que o proprietário e sua família têm raízes na cidade costeira italiana de Rimini, ele sente-se particularmente orgulhoso ao preparar especialidades de frutos do mar incrivelmente saborosas. $$

Venice

K.T. Deli
454 E. Venice Avenue
Tel.: 941-488-9567
Toan Nguyen e sua esposa, Kim, servem uma enorme seleção de sanduíches que variam de *gyro* (carne assada grega) ao *philly cheese steak* (baguete recheada com tiras finas de carne e queijo derretido). Mas os destaques são o sanduíche vietnamita Bánh Mì, recheado com suculenta carne de porco e verduras frescas, e o sublime rolinho primavera. $$

ROTA NORTE

Massachusetts

Boston

Casa Razdora
115 Water Street (Bairro financeiro)
Tel.: 617-338-6700
www.casarazdora.com
Apesar de abrir apenas para almoço e ter lugares limitados, é o lugar para comer um maravilhoso sanduíche ou massa fresca. Perfeito para um piquenique. $

O cachorro-quente completo – ao estilo norte-americano.

Durgin Park
340 Faneuil Hall Marketplace
Tel.: 617-227-2038
www.durgin-park.com
A culinária ianque – especialmente a costeleta e a sopa de mariscos – atrai multidões de turistas para esse lendário e antigo refeitório. Aceita reservas, exceto aos sábados, quando a fila de espera pode ser longa. $$-$$$

Hamersley's Bistro
553 Tremont Street (South End)
Tel.: 617-423-2700
www.hamersleysbistro.com
Um dos primeiros bistrôs de Boston, inaugurado há mais de 20 anos, ainda é um dos mais frequentados. A culinária é a da Nova Inglaterra, com um toque de bistrô francês. O prato que ajudou a construir a reputação do Hamersley – frango assado com alho – ainda está no cardápio. Não aceita reservas às mesas no pátio, o melhor lugar em uma bela noite. $$$

Legal Sea Foods
www.legalseafood.com
26 Park Plaza
Tel.: 617-426-4444
Copley Place, 100 Huntington Avenue
Tel.: 617-266-7775
Long Wharf, 255 State Street
Tel.: 617-742-5300
Prudential Center, 800 Boylston Street
Tel.: 617-266-6800
Aeroporto de Logan: várias unidades
Seaport, 225 Northern Avenue
Tel.: 617-330-7430

O que começou como uma pequena peixaria em Cambridge tornou-se uma rede nacional, com merecida fama por servir uma seleção imensa dos mais frescos peixes disponíveis. **$$-$$$**
Pizzeria Regina
11½ Thacher Street (North End)
Tel.: 617-227-0765
www.reginapizzeria.com
Apesar de ter aberto várias filiais, nenhuma delas supera a original, que serve o que muitos consideram a melhor torta de Boston. **$$**

Cambridge
East Coast Grill and Raw Bar
1.271 Cambridge Street
(Inman Square)
Tel.: 617-491-6568
www.eastcoastgrill.net
Local estiloso e muito popular pelos inventivos frutos do mar grelhados (habitualmente coroados com ervas ou molhos de frutas), pelas saladas criativas, pelo churrasco e pela abrasadora "massa do inferno". As margaritas ajudam a amenizar a costumeira longa espera por uma mesa. **$$**

Rialto Restaurant
Charles Hotel, 1 Bennett Street
Tel.: 617-661-5050
www.rialto-restaurant.com
A chef Jody Adams conquistou prêmios internacionais por sua combinação saborosa de ingredientes da Nova Inglaterra com toques da culinária italiana regional, num restaurante de serena elegância. Segunda-feira é a noite da ostra por US$ 1. **$$$**

Concord
80 Thoreau
80 Thoreau Street
Tel.: 978-318-0008
www.80thoreau.com
Culinária moderna, contemporânea e bem preparada no meio da histórica Concord. Um dos pratos mais pedidos é o pappardelle com ragu de coelho. Apenas para jantar. **$$-$$$**

Gloucester
Dog Bar
65 Main Street
Tel.: 978-281-6565
www.dogbarcapeann.com
Restaurante aconchegante, com um pequeno mas variado cardápio em estilo pub, de frutos do mar a hambúrgueres e pizzas de massa fina, servido num incrível refúgio com paredes de granito. No verão, pode-se comer ao ar livre. Apresentações quase todas as noites: verifique a agenda no site. **$$**

Franklin Cape Ann
118 Main Street
Tel.: 978-283-7888
www.franklincafe.com

Bistrô sofisticado, com bar de vinho muito frequentado, mistura peixe fresco e produtos regionais para preparar criativos pratos norte-americanos modernos, como peixe-gato empanado com fubá. **$$**
The Rudder Restaurant
73 Rocky Neck Avenue
Tel.: 978-283-7967
www.rudderrestaurant.com
Restaurante animado e merecidamente popular na colônia de artistas de Rocky Neck. A especialidade é o peixe fresco direto das docas. A lagosta servida no terraço é imbatível. **$$**

Ipswich
Clam Box
246 High Street
Tel.: 978-356-9707
www.ipswichma.com/clambox
Um dos melhores lugares da região para comer mariscos fritos, colhidos diretamente dos famosos pântanos de Ipswich. É impossível não ver o local – a construção tem a forma de uma caixa de mariscos. Peça dentro e coma fora, em uma das mesas de piquenique. **$**

Lexington
Daikanyama
43 Waltham Street
Tel.: 781-860-9388
www.dkyama.com
Sushi, sashimi e outros pratos japoneses bem preparados, servidos por garçonetes vestidas com quimono, em um local pequeno e simpático. **$$**
La Boniche
143 Merrimack Street, Lowell
Tel.: 978-458-9473
www.laboniche.com
Restaurante íntimo num marco arquitetônico art nouveau, com criativa cozinha francesa. Aberto para almoço e jantar. De terça a quinta, no jantar há um menu de três pratos a um preço fixo que atrai uma clientela fiel. Fecha dom.-2ª. **$-$$**

New Hampshire

Meredith
George's Diner
10 Plymouth Street
Tel.: 603-279-8723
www.georgesdiner.com
Comida da Nova Inglaterra, fresca e sensata, com destaque para pratos básicos como sopa cremosa de milho e croquete de frango; todas as noites, promoções saborosas e com preços atrativos. **$**

Portsmouth
Golden Egg
960 Sagamore Avenue
Tel.: 603-436-0519
www.goldeneggrestaurant.com
Apesar de renomada pelo excelente café da manhã – os eggs Benedict (torradas com presunto ou bacon, ovos e molho holandês) são

sensacionais –, o almoço nesta lanchonete também é incrível; as sobremesas são todas caseiras. Diariamente, das 6h às 14h. **$**
Portsmouth Gas Light Company
64 Market Street
Tel.: 603-430-9122
www.portsmouthgaslight.com
Lugar preferido pela deliciosa pizza feita em forno de barro, comida de bistrô em forno a lenha e ambiente "retrô", ocupa um prédio de 1837, que abrigou a primeira empresa de serviço público da cidade. O restaurante do térreo compartilha o cardápio de almoço e jantar com o café ao ar livre, no nível superior, onde tem música ao vivo na alta temporada. **$** (para a pizzaria do subsolo), **$$** (para o restaurante)

Maine

Kennebunkport
50 Local
50 Main Street, Kennebunk
Tel.: 207-985-0850
www.localkennebunk.com
Tapas por US$ 2 todas as terças, apenas no almoço; fecha 2ª. Um dos restaurantes mais novos e populares da região, confortável e descontraído, oferece pratos franceses com um toque norte-americano, e conta extensivamente com fornecedores locais, da terra e do mar. O cardápio muda com frequência, mas é certo que para o jantar há uma fina seleção de queijos locais, lagosta à carbonara e macarrão com queijo com óleo de trufa assado. **$$**
The Clam Shack
2 Western Avenue (na ponte)
Tel.: 207-967-3321 (informações); 207-967-2560 (pedidos)
www.theclamshack.net
Mariscos fritos excepcionais, sanduíches de lagosta e outros pratos de frutos do mar, servidos em pães saídos do forno, numa cabana simples. Os lugares ficam al fresco (sente-se em bancos de madeira ou em caixotes de lagosta). As filas de espera podem ser longas para o almoço. Aberto de maio ao começo de outubro. **$**

Ogunquit Beach
Bernacle Billy's
Perkins Cove
Tel.: 207-646-5575
www.barnbilly.com
Serve muita lagosta, além de frango e sopa cremosa de marisco. Coma no deque externo, bem às margens de Perkins Cove. O restaurante vizinho,

---

FAIXAS DE PREÇO

Preços médios para jantar com uma taça de vinho, sem gorjeta:
**$** = abaixo de US$ 20
**$$** = US$ 20-40
**$$$** = acima de US$ 40

Barnacle Billy's Etc (tel.: 207-646-4711), é a opção mais cara. **$-$$**

Portland
Back Bay Grill
65 Portland Street
Tel.: 207-772-8833
www.backbaygrill.com
Criativos pratos regionais e da cozinha norte-americana contemporânea, preparados diariamente na cozinha aberta deste charmoso restaurante, que fica em um belo edifício centenário. A carta de vinhos, que inclui uma fina seleção de vinhos do porto na taça, é longa. As sobremesas, como o bolo de polenta de chocolate e *parfait* de nugá, são excelentes. Só jantar. Fechado dom.-2ª. **$$-$$$**

Becky's
Hobson's Wharf, 390 Commercial Street
Tel.: 207-773-7070
www.beckysdiner.com
Cafeteria no centro da cidade, com café da manhã o dia todo e grandes travessas caseiras de frutos do mar fritos, peru, bolo de carne e sanduíches de lagosta. Pequeno, simpático e muito popular. Aberto diariamente. **$**

Wells
The Steakhouse
1.205 Post Road/Route 1
Tel.: 207-646-4200
www.the-steakhouse.com
Eleita uma das melhores churrascarias de toda a Nova Inglaterra, este movimentado restaurante serve carne de qualidade, com cortes feitos manualmente no local, além de uma variedade de pratos de frango e frutos do mar, incluindo a lagosta de Maine, claro. Aberta do fim de março a meados de dezembro. Apenas jantar. Fecha 2ª. **$$**

Vermont

Arlington
Arlington Inn
Route 7A
Tel.: 802-375-6532
www.arlingtoninn.com
Restaurante bem formal, à luz de velas, com pratos continentais e da Nova Inglaterra – torta de lagosta e estrogonofe de carne – preparados com carnes e produtos frescos regionais. A taberna têm preços mais baixos. Fechado 2ª. **$$$**

West Mountain Inn
River Road (perto da Route 313)
Tel.: 802-375-6516
www.westmountaininn.com
Culinária norte-americana contemporânea, com destaque para os produtos orgânicos frescos da região. Sala de refeições revestida de madeira, com vigas, numa pousada romântica, mas também adequada para famílias. Menu de vários pratos por um preço fixo – com numerosas opções no cardápio, como salmão do Atlântico tostado com alho-poró selvagem refogado – é servido todas as noites. Necessário fazer reserva. **$$$**

Dorset
Chantecleer Restaurant
Route 7a, E. Dorset
Tel.: 802-362-1616
www.chantecleerrestaurant.com
O *chef* suíço deste restaurante, que está entre os preferidos na região, prepara pratos provençais franceses e suíços, como o escalope de vitela à moda de Viena, num galpão de ordenha magnificamente reformado. Há um menu especial com três pratos (**$$**). Recomenda-se fazer reserva. Jantar 4ª-dom. **$$$**

Dorset Inn
8 Church Street/Route 30
Tel.: 802-867-5500
www.dorsetinn.com
Restaurante em estilo bistrô, descomplicado mas excelente, numa hospedaria de 1796. Entre os pratos estão os croquetes de peru assado ou *paillard* de vitela. Faz parte da Vermont Fresh Network, que apoia os fazendeiros e serve o melhor da produção local. Refeições no salão de jantar ou na taberna. **$$**

Fairlee
Fairlee Diner
Route 5
Tel.: 802-333-3569
Pequena e linda lanchonete, com cardápio clássico, pratos bem servidos e às vezes longas filas de espera. As omeletes do café da manhã são populares, assim como os hambúrgueres e a torta de morango e ruibarbo. **$**

Killington
Choices Restaurant
2.820 Killington Road
Tel.: 802-422-4030
choices-restaurant.com
O *chef* Claude é especializado em assados, com pratos principais como filé-mignon com queijo azul da marca Saga e costela de cordeiro. Animado ambiente no bar para pessoas na faixa dos 30 anos. O deque é adorável nas noites quentes de verão. **$$**

Manchester
Marsh Tavern
Equinox Resort, 3.567 Main Street
Tel.: 802-362-4700
www.equinoxresort.com
Cozinha da Nova Inglaterra bem preparada, com um hábil toque continental, servida num edifício histórico, que oferece a seus clientes uma sensação de história, além de martinis e costela de primeira. Diversão ao vivo, cardápio mais leve e lugares ao ar livre na sala de estar. **$$-$$$**

Up for Breakfast
4.935 Main Street
Tel.: 802-362-4202
Opção popular para saborear panquecas com xarope de bordo, deliciosas omeletes e rabanadas fabulosas, além de sucos de fruta frescos. Lota nos fins de semana, mas vale a espera. **$**

Middlebury
Fire and Ice Restaurant
26 Seymour Street
Tel.: 802-388-7166/800-367-7166
www.fireandicerestaurant.com
Desde 1974, este restaurante merecidamente popular – com assentos em variados recantos aconchegantes – tem sido o favorito para saborear costelas de primeira, peixe fresco e bufê de saladas – à vontade – com 55 itens. Há uma sala especial com vídeos para manter as crianças entretidas enquanto os pais comem. A Moose Tavern tem um cardápio de *pub*. **$$**

Quechee
Parker House Inn and Bistro
1.792 Main Street
Tel.: 802-295-6077
www.theparkerhouseinn.com
Saborosa comida da Nova Inglaterra, com uma queda pela culinária mediterrânea, em uma mansão vitoriana de tijolos ecleticamente mobiliada. O jantar *al fresco* tem vistas para o rio. **$$**

Simon Pearce Restaurant
The Mill, 1.760 Main Street
Tel.: 802-295-1470
www.simonpearceglass.com
Ótima culinária rural com toques irlandeses num antigo moinho na beira do rio. Faça sua refeição num terraço coberto (envidraçado no inverno) de frente para a cachoeira. Longa carta de vinhos. **$$**

Woodstock
The Prince and the Pauper Restaurant
24 Elm Street
Tel.: 802-457-1818
www.princeandpauper.com
Uma instituição na cidade há mais de 30 anos, serve um cardápio eclético que foca na produção local. Destaque para o salmão defumado e para o pato assado. Há opções de cardápio com preço fixo e bistrô (não disponível no sáb.). **$$-$$$**

Nova York

Buffalo
Anchor Bar
1.047 Main Street
Tel.: 716-883-1134
www.anchorbar.com
Restaurante de gerência familiar, originalmente inaugurado em 1935, famoso por ter inventado as asas de frango apimentadas no começo dos anos 1960 (agora amplamente

conhecidas como "Buffalo wings"). Vale a pena parar nesta lanchonete descontraída, nem que seja apenas para entender o porquê de todo o alvoroço! **$**

Encore
492 Pearl Street
Tel.: 716-931-5001
www.encorebuffalo.com
Espalhado por dois andares, é especializado em filé e *sushi*. Localizado na região dos teatros, perto do Shea's Performing Arts Center, tem paredes de tijolo à vista e atmosfera moderna e descontraída. Fecha dom. **$-$$**

Laughlin's Hearty Bistro
333 Franklin
Tel.: 716-842-6700
www.laughlinsrestaurant.com
No centro de Buffalo, este bistrô escuro e requintado serve várias especialidades locais, como as asas de frango apimentadas com queijo azul e aipo e o venerável Beef on Weck (filé suculento fatiado, servido no pão *kummelweck* salgado e raiz-forte). Delicioso. **$$**

Lockport
Cammarata's
6.336 Robinson Road
Tel.: 716-433-5353
www.cammaratas.com
Este restaurante italiano oferece cardápio variado, que satisfaz a todos, com filé de chuleta, frutos do mar e massas. Peixe frito na 6ª. **$-$$**

Rome
Teddy's Restaurant
851 Black River Boulevard
Tel.: 315-336-7839
www.teddyrestaurantny.com
Jantares descontraídos e atendimento simpático, com pratos norte-americanos e italianos populares, como pizza, massa, *panini* e frutos do mar – não se esqueça de perguntar sobre a sopa do dia. Almoço e jantar, 2ª-sáb. **$-$$**

Saratoga Springs
Wheatfields Bar and Restaurant
440 Broadway
Tel.: 518-587-0534
www.wheatfields.com
Pratos de massa caseira fresca, variando de frango e frutos do mar a opções vegetarianas e sem glúten. Há também pizza e saladas. **$$**

Schenectady
Blue Ribbon Restaurant
1.801 State Street
Tel.: 518-393-2600
www.blueribbonrestaurant.com
Lanchonete local, com atendimento simpático e grandes porções de comida caseira. Administração familiar e muito apreciada pelos sanduíches saborosos e omeletes. A Blue Ribbon é famosa pelo premiado *cheesecake*. **$**

Clinton's Ditch
112 S. College Street
Tel.: 518-346-8376
www.onefortheditch.com
Local descontraído. Serve uma variedade de filés, hambúrgueres, massas, pizzas e frutos do mar, além de pratos mais leves no almoço. **$**

Syracuse
Empire Brewing Company
Armory Square, 120 Walton Street
Tel.: 315-475-2337
www.empirebrew.com
Instalada num antigo armazém de alimentos reformado com elegância, com muita pedra e tijolo à vista, esta popular microcervejaria tem uma longa lista de cervejas e cardápio eclético, concentrado nos ingredientes produzidos na região. **$**

The Mission
304 E. Onondaga Street
Tel.: 315-475-7344
www.themissionrestaurant.com
Mistura de cozinha mexicana e do sul dos Estados Unidos, com tacos, *enchiladas* e *quesadillas*, incluindo opções vegetarianas, carne e frutos do mar. Antigamente uma igreja metodista, o prédio fica num túnel subterrâneo usado como refúgio pelos escravos que fugiam pela *Underground Railroad*. **$-$$**

Pensilvânia

Erie
Colony Pub and Grille
2.670 W. Eighth Street
Tel.: 814-838-2162
www.colonypub.com/
Três salas de jantar, com múltiplas lareiras e *jazz* em algumas noites. Ótimos frutos do mar e filés, além de bar completo. Em funcionamento desde 1955. **$-$$$**

Ohio

Cleveland
Fire Food and Drink
13.220 Shaker Square
Tel.: 216-921-3473
http://firefoodanddrink.com/
Localizado na histórica Shaker Square, este refinado restaurante serve um *brunch* de domingo como nenhum outro. Panquecas de suflê de limão, salada de frutas frescas e um Bloody Mary energético. O cardápio com produtos frescos do Fire tem sido tão popular entre os moradores de Cleveland, que o *chef* Doug Katz inaugurou um segundo restaurante, o Provenance, no mundialmente famoso Museu de Arte de Cleveland, no outono de 2012. **$$-$$$**

Lolita
900 Literary Road
Tel.: 216-771-5652
http://lolitarestaurant.com
Restaurante de estilo mediterrâneo do famoso *chef* Michael Simon. Pratos pequenos, queijos artesanais e uma incrível carta de vinhos. **$$-$$$**

Toledo
Tony Packo's
1.902 Front Street
Tel.: 419-691-6054
www.tonypackos.com
Atendimento simpático e grandes porções de comida caseira. De gerência familiar, é apreciado por seus sanduíches e omeletes saborosos, e conhecido por seu premiado *cheesecake*. **$**

Indiana

South Bend
The Vine
103 W. Colfax
Tel.: 574-234-9463
www.thevinesb.com
Restaurante agradável e bastante sofisticado, com cardápio pensado para satisfazer a todos os paladares, incluindo uma variedade despretensiosa de sanduíches, pizzas, massas, carnes e peixes. Fechado dom. **$**

Valparaiso
Strongbow Inn
2.405 E. US 30
Tel.: 219-462-5121
www.strongbowinn.com
Em funcionamento há mais de meio século. Bons pratos caseiros de filé e frutos do mar. Especializado em peru. Poucas opções vegetarianas. **$$**

Michigan

Dearborn
Ciao Ristorante
1.024 Monroe Street
Tel.: 313-274-2426
www.ciaodearborn.com
Comida italiana tradicional. Enorme variedade de pizzas, massas, carnes e peixes por preços muito razoáveis. **$-$$**

Crave Restaurant and Sushi Bar
22.075 Michigan Avenue
Tel.: 313-277-7283
www.cravelounge.com
Refeições descontraídas no *lounge* ou no pátio. Culinária *fusion* mediterrânea e asiática, servida em ambiente elegante, frequentado por jovens e modernos. A diversão noturna varia de *jazz* ao vivo a DJs para quem quiser dançar. **$$**

FAIXAS DE PREÇO

Preços médios para jantar com uma taça de vinho, sem gorjeta:
**$** = abaixo de US$ 20
**$$** = US$ 20-40
**$$$** = acima de US$ 40

Illinois

Chicago

Alinea
1.723 N. Halsted Street
Tel.: 312-867-0110
www.alinea-restaurant.com
O *chef* Grant Achatz é conhecido por dar um toque inovador e saboroso a variados pratos caseiros. Considerado um dos melhores restaurantes dos Estados Unidos – talvez até do mundo –, o Alinea é imprescindível para os gastrônomos. Ocupando uma antiga casa geminada em Lincoln Park, tem um clima descontraído, mas o cardápio é coisa séria. $$$

Pizzeria Uno
29 E. Ohio Street
Tel.: 312-321-1000
Hoje parte da franquia Uno Chicago Grill, foi aqui que nasceu a pizza de massa grossa de Chicago. $

The Pump Room
1.301 N. State Parkway
Tel.: 312-229-6740
www.pumproom.com
Adjacente ao Ian Schrager's Public Chicago Hotel (antigo Ambassador East), o histórico restaurante The Pump Room, que já atraiu Elizabeth Taylor, Marylyn Monroe e Frank Sinatra, foi modernizado mas ainda é o lugar mais agitado da cidade (a área reservada a Sinatra foi mantida, em nome dos velhos tempos). A cozinha do Pump Room é supervisionada por Jean-Georges Vongerichten, vencedor do prêmio James Beard de 2011, que acrescentou toques orgânicos a comidas caseiras clássicas. À noite, o bar do restaurante transforma-se em um local agitado. $$-$$$

Twin Anchors Restaurant and Tavern
1.655 N. Sedgwick Street
Tel.: 312-266-1616
www.twinanchorsribs.com
Está entre as melhores costeletas de Chicago. Ótimos hambúrgueres também. Agradável bar de bairro na cidade velha. $-$$

Wisconsin

Madison

Dotty Dumpling's Dowry
317 N. Frances Street
Tel.: 608-259-0000
www.dottydumplingsdowry.com
Hambúrgueres excelentes, que podem ser preparados de acordo com o gosto do cliente, e *milk-shakes* saborosos. O Dotty também tem uma longa lista de cervejas, decoração divertida e ambiente alegre. $

Essen Haus
514 E. Wilson Street
Tel.: 608-255-4674
Excelente comida alemã, longa lista de cervejas e funcionários com trajes típicos alemães. Muito divertido. $$

Merchant
121 South Pinckney Street
Tel.: 608-259-9799
www.merchantmadison.com/
Sanduíches, saladas e pequenos pratos em um ambiente contemporâneo. Coquetéis e mais de 40 tipos de *bourbon* no bar. $$

Minnesota

Mankato

Mexican Village Restaurant
1.630 E. Madison Avenue
Tel.: 507-387-4455
www.mexicanvillagemankato.com
Restaurante rústico agradável onde se destacam *fajitas* (frango, carne e camarão), *chimichangas* e *burritos* caseiros, além de opções vegetarianas. $

Minneapolis

Buca di Beppo
1.204 Harmon Place
Tel.: 612-288-0138
Porções generosas de comida italiana com sobremesas difíceis de resistir. Serviço simpático; decoração divertida. $-$$

Kramarczuk's East European Deli
215 E. Hennepin Avenue
Tel.: 612-379-3018
www.kramarczuk.com
Fundada por um casal ucraniano nos anos 1970, esta delicatéssen do leste europeu é especializada em rolinhos de repolho, varêniques e salsichas. Padaria no local. $

Nye's Polonaise Room
112 E. Hennepin Avenue
Tel.: 612-379-2021
Comida polaco-americana substanciosa e um piano-bar caraoquê à moda antiga. O pianista toca a nota e você canta para o público. Além disso, a comida é fantástica. $$

St Paul

Café Latte
850 Grand Avenue
Tel.: 651-224-5687
www.cafelatte.com
Sopas, saladas, sanduíches e cheirosos pães assados na pedra, além de chá da tarde completo e sobremesas premiadas. O bar de vinho anexo serve pizzas. $

Mickey's Dining Car
36 W. Seventh Street
Tel.: 651-222-5633
www.mickeysdiningcar.com
Trailer retrô clássico no centro da cidade, que serve comida norte-americana. Omeletes, sanduíches de bacon, alface e tomate, e muita gordura. $

St Paul Grill
St Paul Hotel, 350 Market Street
Tel.: 651-224-7455
www.stpaulgrill.com
Restaurante sofisticado, com cardápio seleto que inclui principalmente filés, costeletas e peixes. Tem bar que serve uísques e conhaques raros, além de uma carta de vinhos invejável. Linda vista para o Rice Park. $$$

Dakota do Sul

Deadwood

Jakes
677 Main Street
Tel.: 605-578-1555
www.themidnightstar.com
Refeições descontraídas no último andar do cassino de Kevin Costner, o Midnight Star. Cardápio pequeno mas variado, que inclui frutos do mar à moda *cajun* e *ossobuco* de vitela. Carta de vinhos poderosa. $$

Lead

Cheyenne Crossing Cafe
21.415 US Highway 14A
Tel.: 605-584-3510
Lugar bonito para fartar-se com um café da manhã que é servido o dia todo. Também tem mercearia no local. $

Mitchell

Chef Louie's Steak House
601 E. Havens Street
Tel.: 605-996-7565
Olhando de fora, não há muito o que ver, mas não deixe que isso o convença a ir embora. Este restaurante moderno,

Antigo anúncio de refrigerante na Califórnia.

adequado para famílias, tem cardápio variado, principalmente de filés, que são excelentes. **$$**

Pierre
La Minestra
106 E. Dakota Avenue
Tel.: 605-224-8090
www.laminestra.com
Restaurante italiano que serve massa fresca e cortes de carne ao gosto do freguês. Muitas opções de peixe, *calzone* e salada para quem não come carne. **$-$$**

Rapid City
Firehouse Brewing Company
610 Main Street
Tel.: 605-348-1915
www.firehousebrewing.com
Microcervejaria que serve "comida de bar" e uma variedade de cervejas artesanais. Situada no antigo corpo de bombeiros da cidade, espalhada em dois andares. Música ao vivo diariamente, durante todo o verão. **$**

Sioux Falls
K Restaurant
401 E. Eigth Street com Railroad Center
Tel.: 605-336-3315
Culinária contemporânea, com ingredientes sazonais, no bairro de East Bank. Ambiente vibrante, comida sofisticada e muito movimento. **$$**

Minerva's
301 S. Phillips Avenue
Tel.: 605-334-0386
Popular entre os habitantes do local. Serve uma variedade de filés de primeira, frutos do mar e massas. Um dos poucos lugares da cidade a oferecer frutos do mar aceitáveis. **$-$$**

Spearfish
Bay Leaf Café
126 W. Hudson Street
Tel.: 605-642-5462
www.bayleafcafe.net
Café simpático e informal em prédio histórico. Serve uma variedade de pratos bem preparados, que vão de frutos do mar do Alasca, *homus* e *falafel* gregos até filés de bisão que enchem o prato. **$-$$**

Wyoming

Cody
The Noon Break
927 12th Street
Tel.: 307-587-9720
Local animado para café da manhã e almoço. Serve pratos do oeste, mexicanos e *tex-mex* (mistura de cozinha mexicana com produtos norte-americanos). Cuidado com a pimenta. **$**

Gillette
Humphrey's Bar and Grill
408 W. Juniper Lane
Tel.: 307-682-0100/877-360-6751
www.humphard.net
Bar de esportes animado, com

excelente bufê de saladas. Grande variedade de porções, sanduíches, *fajitas* e hambúrgueres. **$**

Jackson
The Blue Lion
160 N. Millward Street
Tel.: 307-733-3912
www.bluelionrestaurant.com
Um clássico local num edifício antigo reformado. Excelentes pratos regionais e menus especiais continentais todas as noites, incluindo costela de cordeiro, alce, frutos do mar e opções vegetarianas. Luxuosas sobremesas caseiras. Mesas internas e externas. **$$$**

Snake River Grill
84 E. Broadway
Tel.: 307-733-0557
Tem opções pouco comuns, como a pizza de bife tártaro, mas as verdadeiras atrações – para os carnívoros – são o bife com osso, as costeletas com molho de gengibre e soja e o corte maciço de alce, além da truta local e do halibute do Alasca. O cardápio varia com a estação do ano. **$$$**

Sundance
ARO Family Restaurant
205 E. Cleveland Street
Tel.: 307-283-2000
Comida bem preparada, como hambúrgueres, filés e pratos mexicanos, servida num ambiente caloroso. Preço excelente. **$**

Montana

Bozeman
Chickpea Café
25 North Wilson
Tel.: 406-551-2007
www.chickpeabozeman.com
Autêntica culinária do Oriente Médio, a apenas uma quadra da Main Street. Entre as especialidades estão *kebabs*, *murget dijaj* (cozido de frango), sanduíches de *shawarma* (semelhante ao churrasco grego) e opções vegetarianas. **$**

Helena
Lucca's
56 N. Last Chance Gulch
Tel.: 406-457-8311
www.luccasitalian.com
Excelente culinária italiana, com pratos como costeletas de cordeiro e lula tostada servidos por funcionários simpáticos em um cenário romântico e aconchegante. **$$$**

Windbag Saloon
19 S. Last Chance Gulch Street
Tel.: 406-443-9669
Experimente a atmosfera alegre e a ampla variedade de cervejas artesanais deste lugar, muito frequentado pelos moradores. Bons hambúrgueres e excelentes sanduíches de costela de primeira. **$-$$**

Kalispell
Moose's Saloon
173 N. Main Street
Tel.: 406-755-2337
www.moosesaloon.com
Saloon genuíno, com mesas e compartimentos rústicos e serragem no chão, várias cervejas diferentes tiradas direto do barril e ambiente adequado para famílias. Pizzas e sanduíches ótimos, e bufê de sopas e saladas na hora do almoço. **$**

Missoula
Food for Thought
540 Daly Avenue
Tel.: 406-721-6033
Em frente à universidade, este local popular serve os maiores cafés da manhã da cidade, além de almoço e saladas preparadas na hora. **$**

The Old Post
103 W. Spruce
Tel.: 406-721-7399
www.oldpostpub.com
"Ei, é mais divertido comer num bar do que beber num restaurante" – este é o lema deste animado *pub*, sem dúvida verdadeiro neste local muito frequentado, o que faz dele o favorito no centro. Grande variedade de cervejas locais tiradas direto dos barris, boa comida, como *tacos* de peixe, feijão-preto com arroz, carne com frutos do mar e *teriyaki* de frango. **$**

Whitefish
The Shak
669 Spokane Avenue
Tel.: 406-730-1070
www.shakbbq.com
Suculento frango frito do sul, costelas que derretem na boca e vários acompanhamentos saborosos. Na opção "Half Feast", você vai experimentar um pouco de quase tudo. **$**

Idaho

Bonners Ferry
Under the Sun
7.178 Main Street
Tel.: 208-267-6467
www.ultimateidaho.com
O almoço é servido diariamente das 11h às 15h neste bistrô orgânico, em um ambiente em estilo europeu. Pães caseiros, bolinhos e *paninis* estão entre as opções. **$**

Coeur d'Alene
Cedars Floating Restaurant
1 Marine Drive
Tel.: 208-664-2922

FAIXAS DE PREÇO

Preços médios para jantar com uma taça de vinho, sem gorjeta:
**$** = abaixo de US$ 20
**$$** = US$ 20-40
**$$$** = acima de US$ 40

www.cedarsfloatingrestaurant.com
Restaurante cordial e acolhedor ancorado no lago Coeur d'Alene, com jantares com vista panorâmica todas as noites. Cardápio extenso, bem equilibrado, com destaque para o peixe muito fresco, preparado com maestria, e uma variedade de filés. A entrada inclui um bufê de saladas. **$$-$$$**

Sandpoint
Forty-One South
41 Lakeshore Drive, Sagle
Tel.: 208-265-2000
www.41southsandpoint.com
De frente para o lago Pend Oreille. A estrutura e o revestimento de madeira compõem um cenário informal e elegante para uma culinária muito fina, com pratos como o salmão com favo de mel e *confit* de pato. Também tem uma série esplêndida de sobremesas. O Shoga Sushi Bar também fica no local. **$$$**

Washington

Ellensburg
The Palace Café
Fouth Avenue com Main Street
Tel.: 509-925-2327
http://thepalacecafe.net
Em funcionamento desde 1892, este lugar tradicional, com atmosfera descontraída e atendimento simpático, serve os clássicos favoritos, como hambúrgueres e halibute com batata frita. O jantar com costelas de primeira embala multidões famintas. **$-$$**

Forks
Sully's Drive-In
220 North Forks Avenue
Tel.: 360-374-5075
Os hambúrgueres são suculentos, os anéis de cebola são crocantes e os *milk-shakes* são cremosos nesta lanchonete *fast-food*. Prove a Bella Burger. **$**

Lake Quinault
Roosevelt Dining Room
Lake Quinault Lodge
345 South Shore Road
Tel.: 360-288-2900
www.quinaultrainforest.com
O salão de refeições formal do Lodge tem o nome do presidente Teddy Roosevelt, que estava comendo aqui quando a ideia de criar o Olympic National Park lhe foi sugerida pela primeira vez. O ambiente ainda é tradicional, com iluminação baixa e romântica. O cardápio concentra-se em frutos do mar: o prato que é a marca registrada é o salmão na tábua de cedro para dois, mas os apreciadores de carne podem saborear filé e costela de primeira. A carta de vinhos e as sobremesas também são excelentes. **$$$**

Leavenworth
Café Christa
801 Front Street
Tel.: 509-548-5074
www.cafechrista.com
Café agradável na praça da cidade, com culinária da Europa central, em ambiente com o charme do Velho Mundo. **$$**

Port Angeles
First Street Haven
107 E. First Street
Tel.: 360-457-0352
Local muito aconchegante e tradicional, tem produtos caseiros assados, panquecas saídas da chapa, quiches deliciosas e uma fina seleção de menus especiais para o almoço. **$**

Port Townsend
The Silverwater Café
237 Taylor Street
Tel.: 360-385-6448
www.silverwatercafe.com
Um favorito há mais de 20 anos, o café é especializado em frutos do mar e produtos agrícolas frescos. O "peixe e fritas" que deu fama ao lugar ainda está no cardápio, além de um *cioppino* (ensopado de peixe) substancioso, massas e pernil de cordeiro refogado. **$$-$$$**

Seattle
Cafe Campagne
1.600 Post Alley, Pike Place Market
Tel.: 206-728-2233
www.cafecampagne.com
Esta clássica *brasserie* parisiense serve culinária regional (e baguetes fresquinhas) em um ambiente que lembra um café francês. Linguiça, salmão defumado e *confit* de pato são apenas algumas das especialidades da casa. O terraço tem uma vista deslumbrante do Pike Place Market. **$$-$$$**

The Pike Brewing Company
1.415 First Avenue, Pike Place Market
Tel.: 206-622-6044
www.pikebrewing.com
Cervejas artesanais e comida tradicional de *pub* em ambiente às vezes agitado. Sempre que possível, os pratos principais são preparados com ingredientes locais frescos, como hambúrgueres feitos com a carne de gado alimentado com capim, *corned beef* e repolho, e o especial da casa: pizza. **$-$$**

Ray's Boathouse
6.049 Seaview Avenue NW
Tel.: 206-789-3770
www.rays.com
Restaurante fino, genuinamente local, da vista maravilhosa para o estreito de Puget à preparação sofisticada de ingredientes regionais. O café proporciona as mesmas vistas, mas com preços mais baixos. **$$$**

Salty's on Alki
1.936 Harbor Avenue SW
Tel.: 206-937-1600
www.saltys.com
A estrela aqui é a enorme seleção de frutos do mar frescos, mas o jantar ao ar livre e a vista da cidade sobre a baía roubam a cena. O *brunch* de sábado e domingo é extraordinário. **$$$**

Salumi
309 Third Avenue S.
Tel.: 206-621-8772
www.salumicuredmeats.com
As carnes defumadas deste minúsculo lugar atraem hordas famintas que alegremente enfrentam filas para saborear especialidades como *guanciale* (bochecha de porco) e sanduíches de *porchetta* (carne de porco condimentada e assada). Os lugares são limitados; outra opção é pedir o "sampler" para viagem e fazer um piquenique. **$**

Thoa's Restaurant and Lounge
96 Union Street
Tel.: 206-344-8088
www.thoaseattle.com
O restaurante fino do *chef* Thoa Nguyen, no centro de Seattle, serve culinária vietnamita contemporânea, combinando ingredientes da região noroeste, à beira do Pacífico, com sabores tradicionais. Fresca, leve e inspiradora. **$$**

Sequim
Three Crabs Restaurant
11 Three Crabs Road
Tel.: 360-683-4264
www.the3crabs.com
Há mais de 50 anos, este restaurante descontraído, que fica bem na praia, oferece uma linda vista do porto e uma excelente e fresca seleção de seus próprios pescados. Ainda assim, o caranguejo sapateira-do-pacífico é o destaque. **$-$$**

Spokane
Ginger Asian Bistro and Sushi Bar
1.228 South Grand Boulevard
Tel.: 509-315-5201
Lugar pequeno e movimentado, com atendimento às vezes desigual, serve uma das comidas japonesas mais saborosas e frescas da cidade. O substancioso bentô de almoço é apreciado por multidões. **$$**

Wild Sage American Bistro
916 W. Second Avenue
Tel.: 509-456-7575
www.wildsagebistro.com
Comida premiada e criativa neste bistrô classicamente decorado no centro da cidade. Entre as especialidades estão a massa com *curry* e coco e o peito de pato tostado. **$$-$$$**

ROTA CENTRAL

Washington, D.C.

Houve uma explosão de *"food trucks"* (comida servida em veículos) que se instalam perto das estações de metrô mais movimentadas na hora do almoço e vendem todo tipo de comida, incrivelmente bem preparada em minúsculas cozinhas móveis. Um fenômeno gastronômico de Washington, D.C. Vá a L'Enfant Plaza, Union Station, Navy Yard e Metro Center. Acesse www.foodtruckfiesta.com para localizar os veículos em tempo real.

Bistro du Coin
1.738 Connecticut Avenue
Tel.: 202-234-6969
www.bistroducoin.com
Autêntica culinária francesa do interior, raramente encontrada em restaurantes, provando que os camponeses podem comer como a realeza. *Cassoulet*, *tartines* (sanduíches abertos) e vários tipos de mexilhão. **$$**

Market Lunch
225 Seventh Street SE
Tel.: 202-547-8444
Não é de admirar que haja disputa para chegar até aqui para tomar café da manhã no sábado. Os croquetes de caranguejo e o pão caseiro são incríveis, e os preços são baixos. A chance de conseguir lugar é maior num almoço em dia da semana. Não aceita cartão de crédito. **$**

Ristorante I Ricchi
1.120 19th Street NW
Tel.: 202-835-0459
www.iricchi.net
Restaurante toscano tradicional, com comida fresca, simples e substanciosa. Pão, carne e peixe preparados e assados no fogão a lenha do salão de refeições. Maravilhoso *tortellini* recheado com ricota e sálvia, molhos saborosos para massas e risotos, frutos do mar excelentes. **$$**

Tunnicliff's Tavern
222 Seventh Avenue SE
Tel.: 202-544-5680
Em frente ao Eastern Market, este é um lugar muito frequentado, que serve bons hambúrgueres e outras comidas de bar. Também abre para café da manhã: experimente os *eggs Benedict*. **$**

Virgínia

Arlington
Ray's Hell-Burger
1.713 Wilson Boulevard, Arlington
Tel.: 703-841-0001
Michael Landrum, o proprietário, não poderia desejar uma propaganda melhor do que a visita do presidente Barack Obama e do vice Joe Biden, que estacionaram sua comitiva nesta hamburgueria bem conceituada e pediram dois hambúrgueres de 300 g com mostarda picante para o almoço. **$**

Front Royal
Soul Mountain
300 E. Main Street
Tel.: 540-636-0070
Variada comida sulista, *cajun* e caribenha, de frango apimentado à moda jamaicana (*jerk chicken*) com arroz de coco até ravióli de lagosta. Comida preparada na hora, portanto, você pode escolher a quantidade de pimenta. Tem cardápio de churrasco à parte. Aberto 4ª-dom. **$**

Linden
The Apple House
4.675 John Marhsall Highway (Route 55)
Tel.: 540-636-6329
www.theapplehouse.net
Cerca de 8 km a leste de Front Royal, loja *country* conhecida pela carne de porco, pelo churrasco e pelas sobremesas de maçã. Há amostras grátis de rosquinhas de maçã e canela. Você pode e deve comprar um saco delas para viagem. **$**

New Market
Southern Kitchen
4.576 S. Congress Avenue (Highway 11)
Tel.: 540-740-3514
Comida do sul da Virgínia: ótimo frango frito, presunto, sopa de amendoim e outros sucessos regionais. **$**

Staunton
Cranberry's Grocery and Eatery
7 South New Street
Tel.: 540-885-4755
Parada muito popular, serve *wraps* saborosos e saudáveis, vitaminas, quiches e saladas para vegetarianos e carnívoros. Não há glúten, gorduras trans ou xarope de milho de alta frutose em qualquer lugar da cozinha ou em qualquer produto servido no lado do supermercado da loja. Muitos sabores tailandeses e mediterrâneos, assim como um excelente sanduíche de bacon, alface e tomate (BLT). Experimente o *wrap* de rabanada recheado com fruta no *brunch* de domingo. **$**

Zynodoa Restaurant
115 E. Beverly Street
Tel.: 540-885-7775
O cardápio muda diariamente neste restaurante requintado, que trabalha quase que exclusivamente com agricultores e produtores locais. Os resultados são criativos e deliciosos: hortaliças com *fettuccine* caseiro, purê de berinjela e creme de erva-doce; ravióli de *confit* de pato com cogumelos Makati e cebolinha, *cheesecake* de noz-pecã e bordo. Funcionários atenciosos e simpáticos compartilham a missão de trazer os alimentos do "campo para a mesa" em nível *gourmet*. **$$**

Carolina do Norte

12 Bones Smokehouse
5 Riverside Drive
Tel.: 828-253-4499
www.12bones.com
Indiscutivelmente uma das melhores churrascarias em um estado onde churrasco é uma religião. No River Arts District. Apenas almoço. **$-$$**

Asheville
City Bakery Cafe
60 Biltmore Avenue
Tel.: 828-252-4426
Versátil e popular. Empresa familiar que serve pão orgânico artesanal, pastelaria e bolos de estilo europeu. **$**

Chai Pani
22 Battery Park Avenue
Tel.: 828-254-4003
www.chaipani.net
Comida indiana de rua e caseira. A mãe do proprietário veio de Mumbai para ensinar ao *chef* seus segredos. Boas opções vegetarianas. **$**

Tennessee

Cherokee
Granny's Kitchen
1.098 Painttown Road (US 19N)
Tel.: 828-497-5010
www.grannyskitchencherokee.com
A família fica na cozinha e saúda os clientes em seu bufê *country*, que é popular entre moradores e turistas. O bufê destaca a comida caseira do sul com contribuições ocasionais da culinária nativa (um dos proprietários é membro da tribo *cherokee*). Há também um enorme bufê de saladas. Fecha 2ª. **$**

Jackson
Old Country Store Buffet
Casey Jones Village
Tel.: 731-668-1223
www.caseyjones.com/oldcountrystore
Dedicado a preparar e a servir todos os pratos tradicionais do sul, as pessoas já ouviram falar, mas nunca o encontraram ou experimentaram. Além do frango frito e da carne de porco desfiada, tem a crocante broa de milho frita, couve--galega, tomates verdes fritos, *gumbo*

FAIXAS DE PREÇO

Preços médios para jantar com uma taça de vinho, sem gorjeta:
**$** = abaixo de US$ 20
**$$** = US$ 20-40
**$$$** = acima de US$ 40

e – é claro – pudim de banana e chá gelado. A decoração é toda sobre a história da música da região. $$

Knoxville
Calhoun's
400 Neyland Drive
Tel.: 865-673-3355
www.calhouns.com
Saboreie as excelentes costelas na brasa (eleitas as melhores do país) e aprecie a linda vista do rio. Deque ao ar livre. $

Memphis
Automatic Slim's
83 S. Second Street
Tel.: 901-525-7948
www.automaticslimsmemphis.com
O cardápio oferece costeletas de cordeiro e porco, pato e massa, tudo com um toque exótico. Longa lista de martínis. $$
Currents River Inn at Harbor Town
50 Harbor Town Square
Tel.: 901-260-3300
www.riverinnmemphis.com
Comida continental saborosa, preparada com talento no estilo de New Orleans, e atenção aos detalhes num encantador restaurante de esquina, de frente para o Mississipi. Os garçons – vários deles vindos da Europa oriental – são discretos e instruídos. O chef visita a feira de produtores na temporada: experimente os tomates locais, as verduras, o queijo azul de cabra e o cheddar do Tennessee. Para começar, prove a bouillabaisse do Golfo, seguida talvez de robalo tostado e vieiras. Deixe lugar para degustar a torta de limão de Key, sorbet e cheesecake. $$$
Johnny G's Creole Kitchen
156 Beale Street
Tel.: 901-528-1055
Excelente culinária cajun/crioula, feita em uma minúscula cozinha pelo chef Antonio (você pode assisti-lo cozinhando). Po'boys (sanduíche de carne ou frutos do mar fritos), pimentas recheadas com carne de caranguejo e jambalaya (espécie de paella). Morangos fritos servidos em uma camada de creme batido com chocolate. $

Nashville
Loveless Cafe
8.400 Highway 100
Tel.: 615-646-9700
www.lovelesscafe.com
Este café serve culinária sulista autêntica, preparada com ingredientes locais. Com uma variedade de ótimas conservas, presunto e molho feito com a gordura do presunto que ficou na assadeira, o café da manhã é um verdadeiro banquete. Porções generosas e ambiente caloroso. Um favorito há mais de 60 anos. $

Pancake Pantry
1.796 21st Avenue S. 37212
Tel.: 615-383-9333
www.thepancakepantry.com
Se não chegar muito cedo, você vai pegar uma fila que chega a dobrar a esquina. São 23 tipos diferentes de panqueca e muitas coberturas, além do bacon do Tennessee, linguiça, presunto, omeletes e bolinhos fritos de batata caseiros. $
Rippy's
429 Broadway
Tel.: 615-244-7477
www.rippysbarandgrill.com
Sente-se no bar, escute a música country ao vivo tocada no minúsculo palco e aprecie as excelentes costelas e outros pratos. No andar superior, há um deque aberto com vista para outros bares. $$
Valentino's Ristorante
1.907 West End Avenue
Tel.: 615-327-0148
www.valentinosnashville.com
Culinária fina do norte da Itália a preços razoáveis. Eleito constantemente um dos melhores restaurantes italianos de Nashville pelo bom serviço e pelo ambiente elegante mas descontraído. $$

Arkansas

Fayetteville
Penguin Ed's Bar-B-Que
230 S. East Avenue
Tel.: 479-521-3663
www.penguineds.com
Os pedidos são feitos por um telefone vermelho sobre cada mesa. Costelas e grandes porções de carne de porco desfiada, frango, sanduíches de mortadela ou jantares com acompanhamentos como feijão cozido e macarrão com queijo. Não perca as tortas fritas. $-$$

Hot Springs
Belle Arti Italian Ristorante
719 Central Avenue
Tel.: 501-624-7474
www.belleartigroup.com
Restaurante italiano requintado no centro do Bathhouse District. Os costumeiros pratos originais, mas também com várias novidades, no cardápio de família do chef. $$
McClard's Bar-B-Q
505 Albert Pike
Tel.: 501-623-9665
www.mcclards.com
Administrado por descendentes dos fundadores, este lugar serve churrasco saboroso e bem temperado desde 1928. Tudo é preparado no local e a receita do molho é segredo guardado a sete chaves. $
Mooyah's
3.954 Central Avenue
Tel.: 501-520-5000
www.mooyah.com
Afirma servir os melhores hambúrgueres, batatas fritas e milk--shakes do mundo. Talvez não seja assim tão bom, mas definitivamente é um forte candidato ao título. Tudo é feito na hora, na cozinha aberta. $
Rolando's
223 Garrison Avenue
Tel.: 479-573-0404
www.rolandosrestaurante.com
Culinária latina contemporânea, com influências caribenhas, cubanas e mexicanas. Só o guacamole já vale a visita. Pratos bem apresentados e porções enormes. $$

Little Rock
Boscos Restaurant and Brewing Company
500 President Clinton Avenue
Tel.: 501-907-1881
www.boscosbeer.com
Perto do River Front Walk, esta cervejaria tranquila e convidativa – que produz as próprias cervejas – tem um cardápio mais extenso do que o comum, com pizzas no forno a lenha, rolinho primavera de carne de pato e salmão na tábua. Há um brunch com jazz no domingo. $$
Doe's Eat Place
1.023 W. Markham Street
Tel.: 501-376-1195
www.doeseatplace.net
O predileto de Bill Clinton, a chef Lucille Robinson compareceu ao primeiro baile de posse. Cortes de carne de primeira. Escolha entre T-bone, bisteca e contrafilé, acompanhados de fritas e torradas texanas. Tamales, camarão e salmão também estão no cardápio de jantar; já os hambúrgueres e os pratos de massa ficam no cardápio de almoço. $$

Oklahoma

Arcadia
Pops Diner
660 W. Highway 66
Tel.: 405-928-7677
www.route66.com
Famoso por uma garrafa de refrigerante de neon de 20 metros de altura, este restaurante em estilo anos 1970 fica em uma loja de conveniência de um posto de combustível, cujas paredes de vidro são cobertas com mais de 700 variedades de refrigerante (todos à venda). Hambúrgueres enormes e milk-shakes pecaminosamente bons atraem todos, de ciclistas a famílias. $

Catoosa
Molly's Landing
3.700 N. Highway 66
Tel.: 918-266-7853
www.mollyslanding.com
Há filés e frutos do mar neste restaurante localmente popular e premiado, numa casa de madeira perto da baleia-azul, que é um ponto de referência, a sudeste de Tulsa. $-$$

Chandler

Steer Inn Family Restaurant
102 N. Oak Street
Tel.: 405-258-3155
www.steerinnrestaurant.com
Esta cadeia de gerência familiar, com filiais em Chandler, Cushing e Mannford, serve hambúrgueres, sanduíches, filés e carne de porco, costeletas e frango na brasa. O bufê de almoço 2ª-6ª e o bufê noturno à vontade 3ª-sáb. acompanham o cardápio normal. **$**

Claremore

Hammett House Restaurant
1.616 W. Will Rogers Boulevard
Tel.: 918-341-7333
www.hammetthouse.com
Desfrute de refeições saborosas e frescas, preparadas com toques de hospitalidade familiar do sul. O extenso cardápio oferece uma variedade de saladas e sopas, tortas caseiras, inclusive uma torta de maçã sem açúcar. **$-$$**

Davenport

Early Bird Café
N. Broadway (Highway 66)
Tel.: 918-377-2209
Localizado no desvio para a histórica Davenport, este cativante lugar, decorado com placas de lugar, tem no cardápio bons pratos mexicanos, como *migas* (ovos mexidos com *tortillas* e salsa) e *pollo con arroz* (frango com arroz), além de comida típica norte-americana. Termine com um bolo caseiro ou com uma torta de fruta. **$**

Depew

Coach's Corner
325 Main Street (Route 66)
Tel.: 918-324-5656
Um bufê à vontade (o dia todo no sábado) e vários pratos principais, sanduíches, *nachos* e pizzas atraem os famintos viajantes da Route 66 a este animado restaurante na semifantasma cidade de Depew, especialmente nos fins de semana. Tortas caseiras. **$**

El Reno

Robert's Grill
300 S. Bickford Avenue
Tel.: 405-262-1262
Local onde foi criado o hambúrguer com cebola frita original, o Robert's funciona desde 1926 em um minúsculo prédio caiado de branco com detalhes em vermelho. Uma joia para os aficionados por comida de estrada, que competem por um dos 14 banquinhos ao longo do balcão. Cocriador do Maior Hambúrguer do Mundo, preparado anualmente no Memorial Day. **$**

Johnnie's Grill
301 South Rock Island Avenue
Tel.: 405-262-4721
Outro restaurante clássico da Route 66 em El Reno, famoso por seus hambúrgueres de cebola frita e a versão local de um cachorro-quente de Coney Island. O café da manhã também é bom e inclui algo chamado sanduíche Arkansas: duas panquecas com ovos mexidos. **$**

Sid's Diner
300 S. Choctaw Avenue
Tel.: 405-262-7757
Famosa pelo hambúrguer com cebola frita, esta lanchonete barata e animada também é conhecida por sua versão do cachorro-quente de Coney Island, com cobertura de *chili* de carne e exclusiva salada de repolho picante e suculenta. **$**

Oklahoma City

Cattlemen's Steakhouse
1.309 S. Agnew Avenue
Tel.: 405-236-0416
www.cattlemensrestaurant.com
Localizada no meio da histórica Stockyards City, esta famosa churrascaria (supostamente oferecida como prêmio numa aposta) é o restaurante mais antigo de Oklahoma City. É a primeira opção, mesmo em uma cidade conhecida pela carne bovina, para devorar um bife do tamanho de um dinossauro que faria até mesmo Fred Flintstone feliz. **$-$$**

Flint
15 North Robinson Avenue (dentro do Hotel Colcord)
Tel.: 405-605-0657
www.flintokc.com
Este restaurante altamente conceituado parece um fugitivo de Scottsdale, Arizona, mas seus pratos contemporâneos bem concebidos e ambiente estiloso têm sido um sucesso instantâneo entre os moradores. Versões saudáveis de ovos no café da manhã e hambúrgueres, peixe e fritas, saladas e sanduíches no almoço se unem a pratos de carne vermelha e peixe mundialmente inspirados no jantar. **$$-$$$**

Stroud

Rock Café
114 W. Main
Tel.: 918-968-3990
www.rockcafe66.com
Esta lanchonete clássica da Route 66 está de volta depois de um incêndio. Ela e seu animado proprietário, Dawn Welch (o modelo para o personagem Sally, na animação *Carros*), estão mais populares do que nunca. O destaque aqui é o hambúrguer saboroso, que é carinhosamente feito na chapa Betsy, de 73 anos de idade e uma sobrevivente do incêndio. **$**

Tulsa

Brookside by Day
3.313 S. Peoria Avenue
Tel.: 918-745-9989
Pergunte a um morador qual é seu lugar favorito para um *brunch* de fim de semana, e a resposta que você vai ouvir repetidas vezes é "o DDD", como é conhecido. É famoso pela atmosfera de cidade natal e pelos generosos *waffles* de frutas frescas, pelos *eggs Benedict* e pelo café da manhã inglês completo e acompanhamentos. Combine tudo isso com uma visita ao igualmente saboroso Philbrook Museum, nos arredores. **$**

Juniper
324 E. Third Street
Tel.: 918-794-1090
www.junipertulsa.com
No bairro Blue Dome, esta lanchonete, que usa produtos vindos direto da fazenda, do proprietário e *chef* Justin Thompson, é fresca e criativa. Experimente o suculento frango caipira frito de Tahlequah com salada de couve-de-bruxelas e purê, a delicada truta com molho de manteiga, as hortaliças de Bixby e os queijos artesanais. O pudim de pão de mirtilo e lima com creme de menta feito na hora é divino! **$$**

Ollie's Station Restaurant
W. 41st com Southwest Boulevard
Tel.: 918-446-0524
www.olliesstation.com
Lugar divertido, no estilo de um café, com boa comida e o som alegre de dez trenzinhos circulando por maquetes de cidades. **$**

Vinita

Clanton's Cafe
319 E. Illinois Street
Tel.: 918-256-9053
www.clantonscafe.com
Clássico na Route 66, famoso pelo filé de frango frito. Também serve um clássico regional: fritura de bezerro (testículos). **$**

Yukon

Braum's
1.304 S. 11th Street
Tel.: 405-354-2619
www.braums.com
Com sedes por toda Oklahoma, este *drive-in* gerenciado por uma família vende saborosos hambúrgueres orgânicos e sorvetes feitos a partir da carne e do leite de seu próprio gado em Tuttle (aberto para visitas). Uma tradição local há décadas, é também um bom lugar para comprar mantimentos (inclusive a carne e o leite do Braum) na loja. **$-$$**

Texas

Adrian

Midpoint Café
305 W. Historic Route 66, Saída 22, I-40
Tel.: 806-538-6379
Localizado na exata metade da Route

FAIXAS DE PREÇO

Preços médios para jantar com uma taça de vinho, sem gorjeta:

**$** = abaixo de US$ 20
**$$** = US$ 20-40
**$$$** = acima de US$ 40

66, este charmoso restaurante é um dos mais antigos da rota. Com novos e animados proprietários, a longa fama de ser hospitaleiro, fazer hambúrgueres enormes e tortas muito boas se mantém. Fica em um lugar remoto, por isso atente para os horários de funcionamento: diariamente, das 8h30 às 16h.
A famosa placa sinalizando a metade da rota fica do outro lado da estrada. **$**

Amarillo
Big Texan Steak Ranch
7.701 I-40 E.
Tel.: 806-372-6000
www.bigtexan.com
Aqui, quem consegue comer um filé de 2 kg mais acompanhamentos em menos de uma hora não paga a conta. Porções menores de carne, inclusive de carne de bisão e de cascavel, são servidas no cavernoso salão de refeições do Oeste. Uma experiência divertida. **$$**
Tyler's Barbeque
2.014 Paramount Boulevard
Tel.: 806-331-2271
www.tylersbarbeque.com
Local imensamente famoso para saborear churrasco, é especializado em peito e costelas defumados sobre madeira de algarobeira do Texas, processo aperfeiçoado pelo proprietário enquanto atravessava o país com seu enorme equipamento portátil de churrasco. **$-$$**

Novo México

Albuquerque
Frontier Restaurant
2.400 Central Avenue SE
Tel.: 505-266-0550
www.frontierrestaurant.com
Localizado em frente à Universidade do Novo México, este restaurante de estudantes famintos é uma lenda de Duke City, como Albuquerque é conhecida (há vários retratos de John Wayne nas paredes). Enormes *burritos* e outros clássicos do Novo México cobertos com *chili* de pimentas verdes e vermelhas saem rápidos e furiosos. E espere até você ver os famosos bolinhos de canela! **$**
Kelly's Brew Pub
3.222 Central Avenue SE, NM 87106
Tel.: 505-262-2739
www.kellysbrewpub.com
Localizado na Route 66, na estação de serviços Jones Company Ford de 1939, este *pub* de Nob Hill é uma das melhores microcervejarias da cidade (a Marble Brewery, no centro, também é elogiada). Sente-se do lado de fora, mate a sede e a fome, e relaxe. **$**

Las Vegas
Charlie's Spic n' Span Bakery and Café
715 Douglas Avenue
Tel.: 505-426-1921
Este clássico da cidade está sempre movimentado e atrai o público com suas enormes porções de *huevos* ferventes com pimentas verdes e vermelhas, *tortillas* caseiras, *sopaipillas* recheadas com *carne adovada*, *tacos* e outras especialidades do Novo México. Experimente uma das famosas sobremesas do Charlie, como a bomba de chocolate, o profiterole e o *donut*, com uma xícara de café para viagem. **$**

Moriarty
El Comedor de Anayas
Route 66
Tel.: 505-832-4442
www.elcomedordeanayas.com
Em funcionamento há 6 décadas, este restaurante de gerência familiar tem a última *rotosphere* (placa rotativa de neon) ativa da Route 66. Serve bate-papo e muita comida mexicana/norte-americana. O ex-governador do Novo México, Bruce King, foi cliente regular do El Comedor até sua morte em 2009. Há fotos do amável governador nas paredes. **$-$$**

Santa Fe
Café Pasqual's
121 Don Gaspar Avenue
Tel.: 505-983-9340
www.pasquals.com
A lanchonete mexicana com inspiração mundial de Katherine Kagel fica em uma antiga farmácia minúscula, onde a decoração e a atmosfera festiva são tão inspiradoras quanto a comida. Qualquer refeição aqui é excelente, mas o café da manhã é fenomenal. Experimente os *huevos rancheros* ou os *huevos motuleños*, o clássico prato de café da manhã *yucatán*. **$-$$$**
Cowgirl BBQ
319 S. Guadalupe Street
Tel.: 505-982-2565
www.cowgirlsantafe.com
O Cowgirl BBQ é um antigo sucesso no bairro de Railyard, servindo comida substanciosa a preços acessíveis, em uma animada atmosfera do Oeste que agrada crianças e adultos. A carne é o destaque: experimente o churrasco, o filé ou o frango com pimenta jamaicana. No verão, música ao vivo do lado de fora no *happy hour*. **$$**
Harry's Roadhouse
96 Old Las Vegas Highway
Tel.: 505-989-4629
www.harrysroadhousesantafe.com
Uma hospedaria artística com um cardápio eclético, o Harry's é um conhecido ponto de encontro. Os ovos do café da manhã são servidos com linguiça de peru e molho, tudo caseiro; no almoço e no jantar, há um cardápio variado, de suculentos hambúrgueres de bisão a cuscuz marroquino e peixe-gato, seguidos por uma fatia das tortas divinas do coproprietário Peyton. Atendimento dinâmico, com funcionários eficientes. **$-$$**
Restaurant Martin
526 Galisteo Street
Tel.: 505-820-0919
www.restaurantmartin.com
O *chef* Martin Rios, estrela de Santa Fe, chama a comida sensorial de seu luminoso restaurante do sul da capital de "Norte-americana progressiva", mas a sensação é a de que a Califórnia e a França casaram-se em Santa Fe e convidaram toda a família para festejar. Técnicas clássicas são avivadas, mas não exagere nos pratos de carne e peixe. As sobremesas são extravagantes. **$$-$$$**
Tune-Up Café
115 Hickox Street
Tel.: 505-983-7060
Minúsculo bar gerenciado por um casal veterano no cenário gastronômico de Santa Fe, o Tune-Up tem seguidores fiéis pela mistura da culinária central do país com pratos do Novo México, com ênfase em ingredientes frescos e orgânicos. Experimente o molho *mole*, o leve *chile relleno* ou talvez a *pupusa*, um pastel frito de El Salvador, que pode ser recheado com carne condimentada ou vegetariano. Sensacional e com preços amigáveis. **$-$$**

Arizona

Flagstaff
Black Bart's Steak House and Musical Revue
2.760 E. Butler Avenue
Tel.: 928-779-3142
www.blackbartssteakhouse.com
Vamos lá, você sabe que quer um filé grande e um pouco de música *country*, além de molho e batatas. Entregue-se! **$$**
Cottage Place Restaurant
126 W. Cottage Avenue
Tel.: 928-774-8431
Situado numa casa em estilo chalé, construída em 1909, este é um dos melhores restaurantes finos de Flagstaff. Saboreie o menu degustação de 6 pratos, com vinhos harmonizados, ou chegue cedo para provar o cardápio mais leve do entardecer. **$$-$$$**

Holbrook
Joe and Aggie's Cafe
120 W. Hopi Drive
Tel.: 928-524-6540
www.joeandaggiescafe.com
Bons pratos mexicanos preparados com molho *chili* caseiro de pimenta verde e pimenta vermelha, antiga receita de família. Os pimentões recheados estão entre os pratos prediletos dos moradores. Até os filés são servidos com arroz, feijão e *chili* por cima. Se não ficar satisfeito, complete com um *burrito* de maçã coberto de sorvete. **$-$$**

Sedona

L'Auberge de Sedona Restaurant
301 L'Auberge Lane
Tel.: 928-282-1661
www.lauberge.com
Tão bom que deu nome à rua (na verdade, uma travessa). A culinária francesa neste restaurante elegante do L'Auberge de Sedona Inn and Spa é de primeira, comparável apenas ao cenário maravilhoso à beira do riacho Oak. $$$

Shugrue's Hillside Grill
671 Highway 179
Tel.: 928-282-5300
www.shugrueshillside.com
Cardápio norte-americano saudável no cenário ideal de Sedona, com vista para as montanhas, o Shugrue é dirigido pelo chef Michael Mullins e sua família. Neste restaurante muito conhecido entre os moradores, os filés e os frutos do mar são uma boa aposta, mas há várias opções vegetarianas e veganas também. $$ $$$

Williams

Rod's Steak House
301 E. Route 66
Tel.: 926-635-2671
www.rods-steakhouse.com
O Rod's é um restaurante muito conhecido e bastante apreciado da Route 66 em Williams. O cardápio é recortado em forma de novilho, um dos muitos suvenires deste restaurante tipicamente norte-americano. $$

Twisters
417 E. Route 66
Tel.: 928-635-0266
www.route66place.com/Twisters_50_s_Soda_Fountain_s/32.htms
Ótimos hambúrgueres e *milk-shakes* neste bar dos anos 1950, na Route 66. A decoração é realmente retrô, completada com um *jukebox*.

Excelente lugar para toda a família. $

Winslow

Falcon Restaurant
1.113 E. Third Street
Tel.: 928-289-2628
Este restaurante de administração familiar da Route 66 serve porções enormes de pratos caseiros de sucesso, como filé de frango frito acompanhado de molho verde caseiro. $

Califórnia

Los Angeles

Chin Chin
8.618 Sunset Boulevard
Tel.: 310-652-1818
www.chinchin.com
Este café chinês na Sunset Plaza, em West Hollywood, é um lugar privilegiado para ver pessoas, com mesas internas e externas. Ótimos pratos de *dim sum* e macarrão. A clássica salada de frango agrada multidões. $-$$

Grand Central Market
317 S. Broadway
Tel.: 213-624-2378
www.grandcentralsquare.com
Consumidores agitados, placas de neon e produtos agrícolas variados – um banquete para os olhos no maior e mais antigo mercado livre da cidade, onde os vendedores oferecem uma enorme variedade de comidas, de *tacos* a *kebabs*. $

JiRaffe
502 Santa Monica Boulevard
Tel.: 310-917-6671
www.jirafferestaurant.com
Culinária californiana inovadora num local da moda em Santa Monica, que é um sucesso há mais de 16 anos. Nas noites de segunda, o bistrô por um preço fixo atrai multidões. $$-$$$

Musso and Frank's
6.667 Hollywood Boulevard
Tel.: 323-467-7788
www.mussoandfrank.com
O restaurante mais antigo de Hollywood, fundado em 1919. A decoração e o cardápio de pratos consagrados, de filés e costeletas a macarrão com queijo, ainda seriam reconhecidos pelos gigantes de Hollywood que comeram aqui ao longo do tempo. $$

Porto's Bakery and Café
315 N. Brand Boulevard, Glendale
Tel.: 818-956-5996
www.portosbakery.com
Desde a inauguração da minúscula padaria em 1960, o Porto's passou de negócio de família a uma amada instituição local. Os sanduíches cubanos, os assados e outros pratos cubanos são lendários. $

Providence
5.955 Melrose Avenue
Tel.: 323-460-4170
www.providencela.com
Os frutos do mar são a estrela neste requintado restaurante. Os garçons são versados e agradáveis, e a atmosfera é formal mas amistosa. Para realmente ter uma ideia do que a cozinha pode fazer, opte pelo menu de degustação do *chef*, acompanhado de vinho. $$$

Rancho Cucamonga

Magic Lamp Inn
8.189 Foothill Boulevard
Tel.: 909-981-8659
www.themagiclampinn.com
A lâmpada mágica de neon que dá nome ao lugar marca outro ponto de referência na Route 66 que vem servindo "jantares e *cocktails* excelentes" desde 1955. O cardápio tradicional destaca filés maturados de primeira e lagostins. $-$$

ROTA SUL

Geórgia

Atlanta

The Dining Room
Ritz-Carlton Hotel
3.434 Peachtree Road
Tel.: 404-237-2700
www.ritzcarlton.com/atlanta/dining
Um dos três únicos restaurantes norte-americanos a receber cinco estrelas no guia de viagens da Forbes (antigo *guia Mobil*), esta casa elegante em Buckhead encabeça a lista dos lugares finos de Atlanta. Escolha *à la carte* ou o menu sazonal de degustação com 6 pratos, acompanhados de vinhos da premiada carta do restaurante. Um prazer raro. $$$

The Varsity
61 N. Avenue
Tel.: 404-881-1706
www.thevarsity.com
Inaugurada em 1928, esta lanchonete de hambúrguer com refrigerante, que serve os clientes nos carros, é um dos restaurantes mais famosos de Atlanta. Os clássicos incluem cachorro-quente com *chili*, anéis de cebola, tortas de frutas fritas e *milk-shakes*. $

Jackson

Buckner's Family Restaurant and Music Hall
I 75/US 36
Tel.: 770-775-6150
www.bucknersfamilyrestaurant.com
Jantares caseiros de frango frito e churrasco são servidos no enorme salão de refeições deste restaurante rural, onde a música *gospel* acompanha a comida tradicional. A sobremesa geralmente é o *cobbler* de pêssego caseiro. $

Macon

Maroo Ricrotante Italiano
4.581 Forsyth Road
Tel.: 478-405-5668
www.marcomacon.com
O proprietário deste restaurante fino trouxe a autêntica culinária italiana para a pequena Macon. Prove *branzino*, robalo italiano, ravióli de vitela com ragu de cogumelos silvestres e termine com uma amostra de sorvetes variados. $$$

FAIXAS DE PREÇO

Preços médios para jantar com uma taça de vinho, sem gorjeta:
$ = abaixo de US$ 20
$$ = US$ 20-40
$$$ = acima de US$ 40

Alabama

Mobile

Cafe 615
615 Dauphin Street
Tel.: 251-432-8434
www.cafe615mobile.com
Muito frequentado pelos moradores do lugar por causa do *brunch* de domingo, com champanhe à vontade. O 615 ocupa um belo espaço contemporâneo na histórica Dauphin Street. Ótimo lugar para provar a nova culinária do sul, com pratos inventivos de sêmola de milho e frutos do mar. O cardápio tem um toque suave – uma vantagem depois de tanta comida frita de estrada. $$

Wintzell's Oyster House
605 Dauphin Street
Tel.: 251-432-4605
www.wintzellsoysterhouse.com
Ostras frescas preparadas de todas as formas já protagonizaram o cardápio deste bar de esquina no centro de Mobile nos últimos 70 anos. Um pouco barulhento, mas as refeições feitas do lado de fora são ótimas para ver gente, principalmente na época da festa carnavalesca Mardi Gras. Oito filiais em Mobile. $

Montgomery

Lek's Railroad Thai
300B Water Street
Tel.: 334-269-0708
www.thaiemeraldlek.com
Vegetarianos, celebrem! Este autêntico restaurante tailandês, na histórica Union Station, tem muitas opções vegetarianas, além de *sushi* e pratos tailandeses tradicionais. $$

Martin's
1.796 Carter Hill Road
Tel.: 334-265-1767
www.martinsrestaurant.org
Sucesso local há 70 anos, o Martin's é famoso pelo frango frito. É o lugar para ir quando se quer comida caseira. Abre para almoço e jantar, mas fecha cedo e não abre aos sábados. $

Mississippi

Biloxi

Hard Rock Cafe
777 Beach Boulevard
Tel.: 228-374-7625
www.hardrockbiloxi.com
Tem sete restaurantes para escolher; portanto, se você estiver com pressa, vai encontrar aqui alguma coisa que agrade ao seu paladar. O informal restaurante 24h oferece cafés da manhã enormes, e o Hard Rock Cafe, obviamente, é famoso pelos hambúrgueres da marca e pelos suvenires do *rock*. $-$$$

Gulfport

Port City Cafe
2.418 14th Street
Tel.: 228-868-0037
Atraente café de rua com comida sulista tradicional. O dono está sempre disposto a parar e bater papo. $

Ocean Springs

The Shed BBQ and Blues Joint
7.501 Highway 57
Tel.: 228-875-9590
www.theshedbbq.com
Churrascaria eclética, conhecida nacionalmente pelas tiras de carne de porco assada, pela linguiça defumada e outros tipos de churrasco. O astral de depósito de ferro-velho dá um charme indefinível ao local. $

Louisiana

Abbeville

Dupuy's Oyster Shop
108 S. Main Street
Tel.: 337-893-2336
www.dupuysoystershop.com
Fundado em 1869, este aclamado restaurante de frutos do mar é a melhor opção para provar comida *cajun* caseira. $-$$

Baton Rouge

Drusilla Seafood Restaurant
3.482 Drusilla Lane
Tel.: 225-923-0896
www.drusillaplace.com
Um sucesso local em frutos do mar, filés e comida *cajun*. Bom lugar para provar remolada de camarão, *gumbo*, caranguejo recheado e o famoso gratinado de berinjela com frutos do mar, no verdadeiro espírito *lagniappe* de Louisiana (um algo a mais). $-$$

Breaux Bridge

Cafe Des Amis
140 E. Bridge Street
Tel.: 337-332-5273
www.cafedesamis.com
Famoso pelo café da manhã *zydeco* aos sábados, com destaque para comida *cajun*, música e dança *zydeco*, o Cafe Des Amis é um ótimo lugar para experimentar o ambiente. A localização num prédio histórico perto da ponte é perfeita. Prove um dos muitos pratos de caranguejo e delícias *cajun* no café da manhã, como *couche couche* (massa de cereal de milho com leite adoçado) e *oreilles de cochon* (rosquinhas de milho com formato de orelha de porco). $-$$

Eunice

Ruby's Cafe
221 W. Walnut Avenue
Tel.: 337-550-7665
Este minúsculo café numa rua lateral é um achado. Serve generosas porções de comida *cajun* bem temperada a preços reduzidos. Experimente uma autêntica *ponce* (linguiça defumada de carne de porco bem temperada) ou camarão frito sobre arroz e café ao estilo da Louisiana. $

Lafayette

Prejeans
3.480 NE Evangeline Tramway (I-49)
Tel.: 337-896-3247
www.prejeans.com
Famoso pela música *cajun* ao vivo e pelos premiados frango com linguiça, pato defumado e *gumbos* de frutos do mar, o Prejeans é turístico, mas compensa enfrentar os ônibus de excursões para provar a comida. $-$$

New Orleans

Antoine's
713 St Louis Street, French Quarter
Tel.: 504-525-8045
www.antoines.com
Restaurante de comida francesa *creole*, administrado pela mesma família desde 1840. Receitas como as ostras Rockefeller foram criadas no Antoine's. Muitos pratos são sensacionais, principalmente o bolo de sorvete flambado. $$$

Brennan's
17 Royal Street
Tel.: 504-525-9711
www.brennansneworleans.com
Desde a década de 1940, o Brennan's tem um cardápio completo com a clássica comida de New Orleans, incluindo *gumbo*, *étoufée* (guisado) e sopa de tartaruga. Os 10 pratos com ovos mais ricos de Crescent City incluem Holland rusks (tipo de torrada) em vez dos *muffins* ingleses (prove o especial da casa, Eggs Hussarde, feitos com ovos *poché*, bacon canadense, molho *marchand du vin*, cobertos com molho holandês). A tradição aqui é tomar vinho no café da manhã. De certo modo, não parece estranho em New Orleans. $-$$

Cochon
930 Tchoupitoulas Street
Tel.: 540-588-2123
www.cochonrestaurant.com
Uma homenagem a tudo o que é feito de porco nos pântanos. O *chef* e proprietário Donald Link tem uma maneira inspirada de lidar com carne de porco. O cardápio é uma vitrine de tradicionais pratos *cajuns* de leitão, mas você também vai encontrar caça e frutos do mar locais. Fica num edifício de esquina bem iluminado no Warehouse District. Inadequado para vegetarianos. $$$

Court of Two Sisters
613 Royal Street
Tel.: 504-522-7261
www.courtoftwosisters.com
Este restaurante no French Quarter é um clássico de New Orleans, famoso por seu adorável pátio histórico e pelo bufê de *brunch* com *jazz*. A música e o ambiente são perfeitos, mas o bufê de *brunch* tende a sofrer com o excesso de ambição e o mau desempenho. Peça os infalíveis pratos com ovos, como *eggs Benedict*, e prove o sorvete caseiro com a sobremesa. Aberto para o café da manhã, almoço e jantar. $-$$

St Martinville

Josephine's Creole Restaurant
830 S. Main Street
Tel.: 337-394-8030

A comida *creole* e *cajun* genuína, preparada de acordo com receitas familiares testadas pelo tempo, é o segredo do sucesso do Josephine's. Os moradores juram que este é o melhor lugar para comer. Prove os ensopados de camarão e frango, as asas de peru recheadas e o pão *creole* recheado. Vá esperando fila, pois é sempre movimentado. **$$**

Texas

Austin
Threadgill's Old No. 1
6.416 N. Lamar Boulevard
Tel.: 512-451-5440
www.threadgills.com
Este famoso café de estrada texano fica no lugar de um posto de combustível de 1933, cujo dono ajudou a criar o cenário de espetáculos musicais ao vivo em Austin. O edifício original foi o lugar onde Janis Joplin treinou suas habilidades vocais. Nos anos 1990, foi inaugurada uma filial, próxima da Armadillo World Headquarters, famosa casa de espetáculos ao vivo dos anos 1970, no sul de Austin. Generosas porções de comida sulista e música ao vivo em ambas as casas. **$**

Wink
1.014 N. Lamar Boulevard
Tel.: 512-482-8868
www.winkrestaurant.com
O Wink fica numa esquina tranquila, mas ainda assim consegue fazer muito barulho entre os *gourmets*. Os proprietários e *chefs* criam pratos inteligentes com caça, peixe e produtos agrícolas locais da estação, usando azeites e emulsões com ervas e purês de legumes, a fim extrair os sabores naturais. Experimente pargo-vermelho salteado com escarola e maionese de azedinha e alho ou antílope negro grelhado. O elegante trio Wink – merengue de limão, *crème brûlée* e bolo de chocolate El Rey – compõem um final adequado. Recomenda-se fazer reserva. **$$$**

El Paso
The Dome Restaurant
101 S. El Paso Street
Tel.: 915-534-3010
Restaurante fino, localizado no elegante Camino Real Hotel, onde as criações inovadoras do *chef* com frutos do mar e caça têm muitos apreciadores. Elas estão à altura da majestosa cúpula de vidro Tiffany que dá nome ao lugar. **$$$**

L&J's Café
3.622 E. Missouri Avenue
Tel.: 915-566-8418
Este bar pitoresco em frente ao cemitério Concordia, onde o fora da lei John Wesley Hardin está enterrado, é uma legítima atração histórica. Vem servindo a melhor comida mexicana de El Paso há um século e tem fregueses fiéis. **$**

Fort Davis
Hotel Limpia Dining Room
100 State Street
Tel.: 432-426-3241
www.hotellimpia.com
Este restaurante tem ambiente *country*, condizente com o cenário histórico do hotel. Serve clássicos texanos, como filés, frutos do mar e tortas caseiras. **$$**

Fredericksburg
Altdorf Restaurant and Beer Garden
301 W. Main Street
Tel.: 830-997-7685
www.altdorfbiergarten-fbg.com
Instalado numa construção histórica de 1847, na Main Street, o Altdorf tem ritmo de sobra para as multidões. Se você está procurando uma cervejaria ao ar livre com música, cerveja alemã e comida internacional, este é o lugar. **$**

Galveston
Mosquito Cafe
628 14th Street
Tel.: 409-763-1010
www.mosquitocafe.com
Este lindo bistrô parece californiano, com vigas de madeira clara e *gourmets* animados. Na verdade, o dono é californiano e demonstrou seu compromisso com a culinária e a comunidade alimentando as equipes de limpeza dos estragos causados pelo furacão Ike, em 2008. O variável cardápio de inspiração global inclui saladas criativas, *tacos* de peixe fresco e salmão grelhado no fogo de lenha de algarobeira, além de sobremesas assinadas. O *brunch* de domingo é um ponto de encontro muito procurado. **$-$$$**

Houston
Dessert Gallery Bakery Café
3.600 Kirby Drive, Suite D
Tel.: 713-522-9999
www.dessertgallery.com
A Dessert Gallery original de Sarah Brook mudou-se para um local novo, rua acima, em 2009, mas ainda faz os bolos, bolinhos e biscoitos mais tentadores da região. Também vende sanduíches, *wraps* e lanches em caixinhas, se você não gostar de doces. Filial em Post Oak. **$**

The Grove Restaurant
1.611 Lamar Boulevard
Tel.: 713-337-7321
www.thegrovehouston.com
Numa localização perfeita, no mais novo parque de Houston (Discovery Green, com 4,5 hectares), o Grove tem um invejável cenário de casa na árvore. A sala de madeira clara é um elegante pano de fundo para pratos inspirados, como bolo de carne de pato, peixe do Golfo preparado em papel pergaminho ou espetinho de camarão e vieiras, mas os hambúrgueres, sopas e sanduíches também são bem-feitos. Fecha 2ª. **$$-$$$**

RDG + Bar Annie
1.728 Post Oak Boulevard
Tel.: 713-840-1111
www.rdgbarannie.com
Seguindo o sucesso do Café Annie, Robert Del Grande ajustou o conceito nesta nova versão, que fica na mesma galeria adorável e continua recebendo elogios pela melhor culinária do sudoeste em Houston. Para começar, experimente as ostras defumadas, o filhote de *squab* (pombo doméstico) grelhado com *foie gras* ou a salada de *avocado* tostado com *queso fresco* e rabanete, seguidos por coelho com *chili* de pimenta vermelha com *enchiladas* ao molho *mole*. **$$$**

Marathon
12 Gage, Gage Hotel
10 Highway 90 W.
Tel.: 432-386-4205
www.gagehotel.com
Casa elegante em hotel histórico, com muitas críticas favoráveis à rústica culinária contemporânea do sudoeste. Pratos simples, baseados em carne de caça, como lombo de bisão e codorna grelhada, e em frutos do mar do Golfo, preparados com autênticas técnicas mexicanas, que criam molhos de tomates e pimentas assados no fogo e temperos de ervas secas para esfregar na carne. O Buffalo Bar, ao lado, é especializado em tequilas. **$$$**

Marfa
Cochineal
107 W. San Antonio Street
Tel.: 432-729-3300
www.cochinealmarfa.com
O melhor dos restaurantes de Marfa tem proprietários experientes, vindos de Nova York. A criatividade e o conhecimento deles aparecem em filés preparados com perfeição, frutos do mar do Golfo de cozimento rápido e outros pratos de inspiração internacional feitos com ingredientes frescos locais. Recomenda-se fazer reserva. Fechado 4ª e 5ª. **$$$**

San Antonio
Casa Rio
430 E. Commerce Street
Tel.: 210-225-6718
www.casa-rio.com
Este restaurante de sucesso duradouro à beira do rio serve grandes porções de saborosa comida mexicana. A sopa de *tortilla* feita com frango é um ótimo prato leve. **$**

FAIXAS DE PREÇO

Preços médios para jantar com uma taça de vinho, sem gorjeta:
$ = abaixo de US$ 20
$$ = US$ 20-40
$$$ = acima de US$ 40

Chart House Tower of the Americas
739 E. Cesar E. Chavez Boulevard
Tel.: 210-223-3101
www.chart-house.com
Saboreie os famosos filés do Chart House, a chuleta e os frutos do mar, enquanto aprecia a vista espetacular da giratória Tower of the Americas, no Hemisfair Park. $$$

Novo México

Cloudcroft
Rebecca's
The Lodge at Cloudcroft
1 Corona Place
Tel.: 575-682-2566
www.thelodgeresort.com
O restaurante tem o nome do fantasma que o habita e apresenta culinária fina, continental e do sudoeste num salão de refeições elegante, com vista para os prados. $$

Mescalero
Wendell's Restaurant
287 Carrizozo Road
Tel.: 888-324-0348
www.innofthemountaingods.com
Localizado no Inn of the Mountain Gods, reconstruído com requinte, o Wendell's celebra a região rural apache com o tipo de carne certificada de gado Angus que você espera. Alce local fresco, frango caipira e opções de frutos do mar, como robalo, também são servidos. Café da manhã e almoço também. $$$

Mesilla
Double Eagle Restaurant
Plaza, Old Mesilla
Tel.: 575-523-6700
www.double-eagle-mesilla.com
Situado num edifício histórico da década de 1840, este nostálgico restaurante é cheio de antiguidades dos tempos do Velho Oeste. O cardápio tem filés da câmara de maturação do restaurante, assim como pratos *gourmets* de aves e frutos do mar com sabores do Novo México. $$$

Meson de Mesilla Restaurant
1.803 Avenida de Mesilla
Tel.: 575-525-9212
www.mesondemesilla.com
Saboreie a culinária espanhola, italiana e francesa aclamada do *chef* Joseph Hilbert neste hotel-butique no estilo *pueblo*. Experimente o *chili* verde com sopa cremosa para começar, seguido de halibute em crosta de pistache ou, talvez, costeleta de alce com *foie gras* tostado. Aberto só para o jantar, 4ª-sáb. $$$

Pinos Altos
Buckhorn Saloon and Opera House
32 Main Street
Tel.: 575-538-991
www.buckhornsaloonandoperahouse.com

Um cenário de faroeste autêntico saúda os clientes neste famoso local histórico a caminho das habitações dos penhascos de Gila. As toalhas brancas e os castiçais na principal sala de refeições realçam pratos como hambúrguer de bisão, contrafilé com *chili* verde e chuleta. Blues e folk ao vivo várias noites por semana no bar escuro, e melodramas na casa de ópera vizinha, 6ª e sáb. $$-$$$

Ruidoso
Cafe Rio Pizza
2.547 Main Street (Suddeth Drive)
Tel.: 575-257-7746
Monte uma pizza de primeira desde o início nesta pequena pizzaria. Mas não pare por aí. O cardápio eclético neste charmoso local inclui sopa de couve-galega, alho assado, *spanokopita* (torta folhada de espinafre e queijo), mariscos assados e *jambalaya*. Não aceita cartões de crédito. $

Silver City
Diane's Restaurant and Bakery
510 N. Bullard Street
Tel.: 575-538-8722
www.dianesrestaurant.com
Cortinas de renda, piso de madeira e toalhas brancas engomadas acrescentam refinamento a este restaurante descontraído, situado na histórica rua principal – um oásis de refeições finas de inspiração internacional no sudoeste do Novo México. No jantar, experimente entrada de *spanokopita*, seguida de *curry* tailandês de frutos do mar. As opções de almoço incluem excelentes *quiches* e massa alfredo com *chili* verde. A padaria do Diane's tem artigos que valem uma ida exclusiva até lá. *Brunch* nos fins de semana. $$

Arizona

Phoenix
Barrio Café
2.814 N. 16th Street
Tel.: 602-636-0240
www.barriocafe.com
Este animado restaurante – nomeado James Beard –, na emergente área *gourmet* de Barrio, a leste do centro, é uma das experiências mais agradáveis da cidade e vale a pena procurá-lo. Os pratos sul-mexicanos incluem o molho *mole* e *cochinita pibil*, o famoso prato *yucatán* de carne de porco desfiada e marinada, cozida em folha de banana-da-terra até ficar suculenta, raramente feita fora da tribo *yucatán*. Ricas sobremesas, como *flan* e churros com chocolate quente. $-$$

Christo's
6.327 N. Seventh Street
Tel.: 602-264-1784
www.christos1.com
Um dos melhores restaurantes de Phoenix, a comida italiana do *chef* e proprietário do Christo's é excelente,

em um lugar onde você pode se sentar e apreciar boa comida ouvindo *jazz*. Experimente o robalo suculento ou a leve e fresca *pasta pomodoro*. $$

Pizzeria Bianco
623 E. Adams Street
Tel.: 602-258-8300
O *chef* e proprietário Chris Bianco ajudou a fundar a organização de edução alimentar Slow Food Phoenix. Sua popular pizzaria fica em um pequeno prédio histórico em Heritage Square, e sempre tem fila para saborear as pizzas com vegetais frescos e cultivados localmente. Há sanduíches em sua padaria Pane Bianco. O homem é um fenômeno. $-$$

Tucson
El Charro
311 N. Court Avenue
Tel.: 520-622-1922
www.elcharrocafe.com
É uma lenda em Tucson e tem várias filiais. O restaurante no histórico bairro central de Presidio é dos anos 1890. Peça a lista de tequilas e experimente a deliciosa carne-seca, eleita uma das 50 melhores do país. Tem também um pátio para refeições ao ar livre. $$

The Grill at Hacienda del Sol
5.601 N. Hacienda del Sol Road
Tel.: 520-529-3500
www.haciendadelsol.com
Muitos moradores de Tucson dizem que este é o melhor restaurante da cidade, que fica nos arredores, no *resort* Hacienda del Sol, histórico e de ambiente intimista. O *brunch* de domingo é certamente um dos melhores entre todos, e as paisagens românticas das montanhas à noite, vistas da Terraza del Sol, combinam com os pratos preparados com maestria, como truta da Tasmânia ou costeleta de cordeiro, e com uma das melhores cartas de vinhos do país. $$$

Yuma
The Garden Cafe
250 Madison Avenue
Tel.: 928-783-1491
www.gardencafeyuma.com
Os jardins exuberantes, com flores perfumadas e canto de pássaros, já foram parte da histórica Sanguinetti House. Hoje compõem um cenário agradável para almoço ou café da manhã ao ar livre. Os pratos vão de *quiche* caseira, sopa e saladas enormes a deliciosos filés de maminha e *burritos*. Sobremesas excelentes. $

Market Wine Bar and Bistro
1.501 S. Redondo Center Drive
Tel.: 928-373-6574
www.marketwinebarbistro.com
Bistrô e bar de vinhos excelente mas informal no novo Radisson Hotel, a curta distância de carro do centro da cidade. O ambiente é divertido e colorido, com vinhos exclusivos e cardápio inspirado na

cozinha mediterrânea, com frutos do mar frescos todos os dias. **$$-$$$**
River City Grill
600 W. Third Street
Tel.: 928-782-7988
www.rivercitygrill.com
Este restaurante inovador oferece culinária saudável de fusão global. O cardápio inclui frutos do mar como *gumbo*, croquete de caranguejo, pargo-vermelho na tequila e sushi, carne de gado alimentado com capim, massas e pratos vegetarianos orgânicos. **$-$$$**

Califórnia

El Centro
Exotic Thai Bistro
1.461 S. Fourth Street
Tel.: 760-353-0008
Localizado num centro comercial, este atraente restaurante tailandês está um nível acima da maioria dos outros restaurantes da pouco promissora El Centro. Experimente o *pad thai*. **$**

La Mesa
Brigantine Seafood Restaurant
9.350 Fuerte Drive
Tel.: 619-465-1935
www.brigantine.com
Curta o *lounge* e bar de ostras, muito frequentado, ou uma refeição de frutos do mar no restaurante de tema náutico ou ao ar livre, no exuberante pátio ajardinado. **$$**
Marieta's Restaurant
8.949 La Mesa Boulevard
Tel.: 619-462-3500
Variedade de autênticos pratos mexicanos em estilo sul-californiano e serviço simpático num restaurante de bairro. Fazem serenata na mesa. **$**

ROTA DO PACÍFICO

Califórnia

Big Sur
Deetjen's Big Sur Inn Restaurant
48.865 Highway 1
Tel.: 831-667-2378
www.deetjens.com
O ambiente de *pub country* no restaurante acolhedor desta histórica pousada não mudou desde que foi criado por uma britânica em 1939. O café da manhã com os famosos *eggs Benedict* perto da lareira nas manhãs frias e cobertas de névoa da costa é uma das melhores experiências do Big Sur. O jantar exibe a produção local e é verdadeiramente especial. **$-$$$**
Nepenthe
48.510 Highway 1
Tel.: 831-667-2345
www.nepenthebigsur.com
Este restaurante é um ponto de referência desde 1949 e ainda administrado pela mesma família. Serve pratos de sucesso, simples mas deliciosos, como o hambúrguer ambrosia e a torta de três frutas, e tem uma adorável loja de presentes. A verdadeira razão para vir até aqui é a fabulosa paisagem do Big Sur. **$$**

Bodega Bay
Lucas Wharf Restaurant
595 Highway 1
Tel.: 707-875-3522
www.lucaswharfrestaurant.com
Frutos do mar frescos são a especialidade deste restaurante, com pratos como pargo-vermelho enegrecido e risoto com camarões gigantes. Às vezes fecha cedo, às 20h. **$$**

Calistoga
All Seasons Bistro
1.400 Lincoln Avenue
Tel.: 707-942-9111
www.allseasonsnapavalley.net
O piso de cerâmica branca e preta e o teto vermelho dão a este restaurante uma aparência retrô, mas a culinária é tudo, menos antiga. O cardápio apresenta pratos criativos, baseados em ingredientes sazonais frescos, fornecidos por produtores locais, cultivados organicamente, harmonizados com vinhos de primeira, para uma refeição memorável. **$$$**

Cambria
Black Cat Bistro
1.602 Main Street, Suite C
Tel.: 805-927-1600
www.blackcatbistro.com
A culinária internacional da *chef* e proprietária Deborah Scarborough enfatiza produtos locais, frescos e orgânicos. Experimente os *cayucos abalone*, a salada de hortaliças locais ou a sopa caseira. Como prato principal, peça o *chipotle wood acres shrimp* e *linguini* ou *flat-iron steak*, e termine com o prato de queijos da Central Coast Creamery ou talvez a torta de caramelo. Bom lugar para vegetarianos. **$-$$$**

Carmel-by-the-Sea
Dametra Café
Na Ocean Avenue, entre as ruas Dolores e Lincoln
Tel.: 831-622-7766
www.dametracafe.com
Os clientes fazem fila todas as noites para curtir o ambiente docontraído, criado pelo cordial dono e pela equipe da cozinha, que prepara versões surpreendentes de autênticos pratos mediterrâneos. O salão de refeições longo e estreito também evoca o Mediterrâneo, com paredes ocre e um movimento alegre nas mesas próximas umas das outras. **$$$**

Eureka
Restaurant 301
Carter House Inn, 301 L Street
Tel.: 707-444-8062
www.carterhouse.com
Considerado um dos melhores restaurantes do norte da Califórnia (um dos que têm as melhores cartas de vinho, de acordo com a revista *Wine Spectator*), este pequeno mas espaçoso restaurante-hotel oferece cardápio variável de culinária sofisticada, com a opção do Discovery Menu, de cinco pratos, cada um dos quais pode incluir vinhos harmonizados. **$$$**
Samoa Cookhouse
Perto da Highway 1, do outro lado da ponte de Samoa
Tel.: 707-442-1659
Coma como um lenhador neste marco do norte da Califórnia, na periferia de Eureka. Cafés da manhã fartos, servidos no estilo caseiro e em longas mesas, nas quais você se serve. Guarde espaço para a torta de maçã quente. **$**

Hermosa Beach
Martha's 22nd Street Grill
25 22nd Street
Tel.: 310-376-7786
Apesar de abrir apenas para o café da manhã e para o almoço, o Martha's é um café premiado e extremamente popular perto da praia que não vai desapontar. Peça qualquer uma das omeletes com *avocado* de café da manhã ou talvez a rabanada recheada. Bolinhos caseiros e café fazem dele o lugar ideal para um lanche. Ótimo lugar para tomar um pouco de sol e observar pessoas. **$**

Laguna Beach
Las Brisas
361 Cliff Drive
Tel.: 949-497-5434
www.lasbrisaslagunabeach.com
Sente-se no pátio ao ar livre ou no salão de refeições deste restaurante que fica em um belo lugar e saboreie a excelente culinária mexicana e pratos de frutos do mar. Vistas deslumbrantes para o oceano. **$$-$$$**

FAIXAS DE PREÇO

Preços médios para jantar com uma taça de vinho, sem gorjeta:
**$** = abaixo de US$ 20
**$$** = US$ 20-40
**$$$** = acima de US$ 40

Mendocino
Ravens Restaurant
Stanford Inn, Coast Highway com
Comptche Ukiah Road
Tel.: 707-937-5615
www.ravensrestaurant.com
O altamente aclamado restaurante vegetariano do Stanford Inn também recebe quem não é hóspede. E, mesmo que você não seja vegetariano, se estiver interessado em comida, deveria experimentar pelo menos uma vez. A decoração rústica é elegante mas descontraída, a carta de vinhos é extensa, e a deliciosa comida – como o prato característico, o *strudel* de alga marinha –, original. **$$$**

Monterey
Abalonetti
57 Fisherman's Wharf
Tel.: 831-373-1851
www.abalonettimonterey.com
Além de ter uma das melhores sopas cremosas de mariscos e lula do Fisherman's Wharf, o Abalonetti destaca-se como um dos poucos que têm terraços realmente bons com vista para a baía, de onde se podem ver as focas e os leões-marinhos nadando e também saboreando seus próprios "pratos" de peixe. **$$**

Morro Bay
Galley Seafood Bar and Grill
899 Embarcadero Morro Bay
Tel.: 805-772-7777
www.thegalleymorrobay.com
Famoso pelos frutos do mar frescos, tem também muitas opções para vegetarianos e amantes da carne. A localização, exatamente na Morro Bay, é perfeita. **$-$$$**

Napa
The Bounty Hunter
975 Fist Street, Napa Town
Tel.: 707-226-3976
www.bountyhunterwinebar.com
O animado Bounty Hunter usa muito os vinhos da loja vizinha, com uma carta que inclui 40 vinhos na taça e mais de 400 que você pode comprar para beber ou levar para casa. A comida também impressiona, principalmente sua marca registrada, a travessa de churrasco fumegante. **$$**

Novato
Rickey's Restaurant and Bar
Inn Marin, 150 Entrada Drive
Tel.: 415-883-5952
www.rickeysrestaurant.com
Faz parte do Inn Marin, porém é mais animado do que qualquer restaurante de hotel que você já viu. Tem *jazz* ao vivo nas noites de 6ª e sábado (recomenda-se fazer reserva), muitas mesas, ambiente divertido e uma comida que não é elaborada, mas cai bem – vieiras tostadas na frigideira ou filé-mignon com purê de batatas e bacon. **$$-$$$**

Oceanside
101 Cafe
631 S. Coast Highway
Tel.: 760-722-5220
www.101cafe.net
O restaurante mais antigo de Oceanside é uma verdadeira lanchonete de estrada, repleta de suvenires dos anos 1950, que serve ótimos hambúrgueres, omeletes e os clássicos jantares de lanchonete das 6h30 até meia-noite, diariamente. Experimente o *milk-shake* de manteiga de amendoim. É o máximo! **$**

Pescadero
Duarte's
202 Stage Road
Tel.: 650-879-0464
www.duartestavern.com
Num bonito cenário histórico, num trecho remoto da costa, esta taberna informal serve de sanduíches para quem vai à praia até jantares de domingo para famílias, com todos os acompanhamentos. Não deixe de provar a sopa cremosa de alcachofra e o creme de *chili* verde – peça um de cada. **$**

San Diego
Rock Bottom Brewery
401 G Street
Tel.: 619-231-7000
www.rockbottom.com
Instalada no antigo *showroom* da Studebaker no Gaslamp Quarter, esta cervejaria serve excelentes cervejas artesanais e ótima comida para acompanhar. Música ao vivo e dança nos fins de semana. **$-$$**

True Food Kitchen
7.007 Friar's Road, Suite 394
Tel.: 619-810-2929
www.truefoodkitchen.com
Localizado no Fashion Valley Mall, este charmoso restaurante é o mais recente de uma cadeia bem conceituada, fundada pelo renomado médico holista Andrew Weil. É especializado em versões leves e saborosas das culinárias mediterrânea e asiática, coloridas e ricas em antioxidantes, com pequenas porções de peixe, carne vermelha e queijo. A salada *tuscan kale* é um grande sucesso. **$-$$**

San Francisco
Greens
Building A, Fort Mason Center
Tel.: 415-771-6222
www.greensrestaurant.com
Produtos orgânicos de Green Gulch Valley Farm, perto de Mount Tam, pratos sazonais especiais e grelhados preparados no fogo com lenha de algaroberia são os pilares deste mundialmente famoso restaurante vegetariano. Além de alguns dos pratos vegetarianos mais inspirados e meticulosamente preparados que você já provou, há vistas espetaculares para a ponte Golden Gate. O pôr do sol é o melhor horário para comer. **$$$**

House of Nanking
919 Kearny Street, Chinatown
Tel.: 415-421-1429
www.houseofnanking.net
O House of Nanking é o restaurante chinês mais conhecido da cidade, uma tradição de Nob Hill onde o pouco espaço para sentar, a atmosfera obscura de *pub* irlandês e o serviço agressivo fazem parte do charme. Pessoas vêm de longe por causa da comida, que é mais bem apreciada em grandes grupos. **$**

Masa's
648 Bush Street, ao norte de Union Square
Tel.: 415-989-7154
www.masarestaurant.com
Talvez o restaurante mais caro e elogiado pela crítica em toda a San Francisco. Vencedor permanente das listas de melhores restaurantes da cidade. Especializado em culinária francesa californiana, e de fato a faz muito bem. **$$$**

Santa Barbara
La Super-Rica Taqueria
622 N. Milpas Street
Tel.: 805-963-4940
Fãs exigentes de *taquerías* encontram um bom competidor neste minúsculo restaurante de *barrio*, que enfatiza misturas de sabores variadas e incomuns, algumas bem intensas (apimentadas), e os *burritos* de aparência sem graça. Experimente os *tacos* macios e coma no pátio coberto, junto com a clientela eclética. Este marco era o restaurante local favorito da autora de livros de culinária Julia Child. **$**

Olio e Limone
11 W. Victoria Suite 17
Tel.: 805-899-2699
www.olioelimone.com
A adega, visível por trás da parede de vidro do salão de refeições, combinada com as paredes brancas e o piso de cerâmica, confere um ar mediterrâneo alegre a este lugar sempre movimentado. A comida italiana maravilhosa, de dar água na boca, é preparada e apresentada com perfeição, com pratos como ravióli de abóbora. Excelente serviço de garçons italianos. **$$$**

Shoreline Beach Café
801 Shoreline Drive
Tel.: 805-568-0064
www.shorelinebeachcafe.com
Neste café confiável e econômico, na adorável Ladbetter Beach, coma um hambúrguer suculento ou tacos de peixe frescos no café ou apenas peça-os para viagem. Há décadas o favorito entre os estudantes

da faculdade vizinha e entre os moradores, é um lugar perfeito para relaxar com os amigos. **$**

Santa Monica
Fig
101 Wilshire Boulevard
Tel.: 310-319-3111
www.figsantamonica.com
Este restaurante íntimo no Fairmont Miramar Hotel tem um toque moderno na comida e na decoração. Os pratos saborosos como *foie gras* ao molho de figo, peixe fresco preparado com maestria, carne servida com miniverduras com sabor de menta e torta de morango com sorvete de morango na sobremesa. **$$$**

Trinidad
Larrupin Cafe
1.658 Patricks Point Drive
Tel.: 707-677-0230
www.larrupin.com
Este restaurante ímpar destaca a culinária francesa da Califórnia, usando carne e produtos agrícolas orgânicos e com muitos pratos vegetarianos. Conforto caseiro num cenário arborizado encantador. O menu de jantar com 3 pratos é uma delícia, das entradas até a sobremesa. Faça reserva com semanas de antecedência, se possível, ou você pode perder a oportunidade. Fechado 5ª. *Jazz* ao vivo 4ª e dom. **$$**

Venice
Rose Café and Market
220 Rose Avenue
Tel.: 310-399-0711
www.rosecafe.com
Lugar perfeito para um *brunch* no fim de semana, este café ao lado da praia é arejado e iluminado, e oferece excelentes receitas com ovos. Experimente *Eggs San Pietro*, ovo *poché* servido em um pão inglês com *prosciutto*, presunto defumado e molho *béarnaise*. O café é quente e forte, e há uma padaria no local que fornece produtos deliciosos. **$**

Oregon

Astoria
Bridgewater Bistro
20 Basin Street, Suite A
Tel.: 503-325-6777
www.bridgewaterbistro.com
Ocupando um grande e reformado depósito abaixo da ponte, este moderno e charmoso bistrô é um renomado restaurante de frutos do mar que leva os pratos sem glúten muito a sério. Quase 80% do menu não contém glúten. **$**

Cannon Beach
The Warren House Pub
3.301 S. Hemlock Street
Tel.: 503-436-1130

Você pode comer no restaurante apropriado para famílias, na frente, onde geralmente há fila, ou no bar, mais simples, no fundo, com mesa de bilhar. Ambos têm boa carta de vinhos e cervejas. O cardápio tem muitos frutos do mar simples mas saborosos, como hambúrgueres de ostra. **$$**

Coos Bay
Benetti's
260 S. Broadway
Tel.: 541-267-6066
www.benettis.com
Restaurante italiano de administração familiar, com ótimo serviço e comida fantástica. Está sempre cheio. Tem sala de refeições para famílias no andar de baixo e um local para adultos na parte de cima, com vista para a baía e a passarela de madeira. **$$**
Fisherman's Wharf
Charleston Boat Basin, Doca D
Tel.: 541-888-8862
Não existe lugar melhor para provar caranguejos frescos e frutos do mar, que você pode comprar dos pescadores ali mesmo, no píer. Eles embalam o caranguejo numa caixa para viagem – perfeito para piqueniques à beira-mar durante um passeio pelo cabo Arago. **$**

Gold Beach
Spinner's
29.430 Ellensburg Avenue
Highway 101
Tel.: 541-247-5160
www.spinnersrestaurant.com
Serviço bom e ambiente movimentado são os pontos altos deste restaurante de frutos do mar e carnes, localizado numa construção de madeira rústica e grande, com janelas com vista para o mar. Ótima comida, de hambúrgueres de bisão à chuleta e salmão silvestre preparado em tábuas de cedro. **$-$$**

Newport
Café Stephanie
411 NW Coast Street
Tel.: 541-265-8082
Local favorito no bairro Nye Beach de Newport, os cafés da manhã são uma grande atração aqui. Experimente o *burrito* ou os pratos com ovos com o *potato tornado*, um monte de batata vermelha assada, pimentão vermelho e cebola grelhada, coberto com queijo derretido. Ambos vêm com uma porção de frutas frescas e bolinho caseiro assado. **$**

Portland
Bread and Ink Café
3.610 SE Hawthorne Boulevard
Tel.: 503-239-4756
www.breadandinkcafe.com
Situado no centro de Hawthorne, bairro histórico de compras e artes de Portland, este lugar, que há muito tempo é um favorito para se tornar

café da manhã, almoçar ou jantar, tem um serviço alegre e pratos carinhosamente preparados com ingredientes frescos, comprados na própria região sempre que possível. A padaria no local oferece deliciosos produtos de confeitaria. **$**
Jake's Famous Crawfish
401 SW 12th
Tel.: 503-226-1419
www.jakesfamouscrawfish.com
Ponto de referência em Portland há 110 anos por causa dos frutos do mar de dar água na boca, o Jake's tem sido eleito um dos 10 melhores restaurantes de frutos do mar do país. Está sempre movimentado, mas vale a pena esperar. **$$**

Yachats
The Drift Inn
124 Highway 101 N
Tel.: 541-547-4477
www.the-drift-inn.com
O histórico Drift Inn é um dos melhores restaurantes da área. Tem bar de um lado, um pequeno palco onde os músicos tocam todas as noites, além de lugares para sentar nos compartimentos de mesas. O halibute com batatas fritas é perfeito, e há pratos incomuns, como enroladinhos de figo e opções vegetarianas, entre especiais de filé e frutos do mar. **$$**

Washington

Long Beach
The Depot
208 38th Place
Tel.: 360-642-7880
www.depotrestaurantdining.com
Localizado na histórica estação ferroviária Clamshell em Seaview, este pequeno restaurante é um sucesso pelo excelente jantar casual e sazonal. Tudo, do salmão-rei de Youngs Bay até a *paella* com mariscos frescos de Willapa e as tortas feitas com pêssegos do leste de Washington, aparece no cardápio – que sempre muda – de inspiração mundial. **$$-$$$**

Olympia
La Petite Maison
101 Division Street
Tel.: 360-754-9623
www.lapetitemaisonrestaurant.com
Um refúgio *gourmet* para saborear frutos do mar frescos e sobremesas irresistíveis, não há como errar neste popular restaurante de Olympia. **$$**

FAIXAS DE PREÇO

Preços médios para jantar com uma taça de vinho, sem gorjeta:
**$** = abaixo de US$ 20
**$$** = US$ 20-40
**$$$** = acima de US$ 40

450 ♦ DICAS DE VIAGEM

ATIVIDADES

FESTIVAIS, ARTES, VIDA NOTURNA, COMPRAS E ESPORTES DE ESPETÁCULO

FESTIVAIS

Janeiro

First Peoples World's Fair and Powwow: Thunder in the Desert (Tucson, Arizona) Tribos de todo o país vão para essa enorme reunião de povos nativos, que inclui desfiles, desfiles de moda e eventos equestres. Tel.: 520-622-4900.
Orange Bowl (Miami, Flórida) Jogo final entre os dois melhores times de futebol americano universitário. Dia de Ano-Novo. Tel.: 305-341-4702.
Westminster Kennel Dog Show (Nova York) Versão norte-americana do britânico Crufts Dog Show. Evento de 2 dias no Madison Square Garden e no Piers 92/94, que atrai a nata dos cães para a Big Apple. www.westminsterkennelclub.org.

Fevereiro

San Antonio Stock Show and Rodeo (San Antonio, Texas) O maior rodeio de juniores e mostra de gado dos Estados Unidos, tem diversão para famílias, competições, apresentações com cavalos e leilão de gado. Tel.: 210-225-5851.
Groundhog Day [Dia da Marmota] (Punxsutawney, Pensilvânia) Mais de 30 mil pessoas vão até Gobblers Knob para ver se a marmota Punxsutawney Phil consegue enxergar a própria sombra, sinal de que o inverno ainda se prolongará por 6 semanas. Passeios de carroça, desfiles, esculturas no gelo ou feitas com motosserra e outras diversões. www.groundhog.org.
Mardi Gras [Terça-feira Gorda] (Mobile, Alabama; New Orleans, Louisiana; Galveston, Texas etc.)
As cidades do Golfo comemoram a Terça-feira Gorda. Mobile tem a comemoração mais antiga (1703), mas a de New Orleans é a mais famosa e de duração mais longa, de 6 de janeiro (Epifania) à véspera da Quarta-feira de Cinzas. Os destaques são os desfiles de carros alegóricos coloridos e exóticos – criados por *krewes* ["clubes"] rivais –, a comida, a bebida, a dança e o caos. Tel.: 251-208-2000 (Mobile) e www.neworleansonline.com (New Orleans).
Madison Winter Festival (Madison, Wisconsin) Os resistentes moradores de Madison vão até a gélida Capitol Square para apreciar esculturas de gelo e neve, escorregar em pistas de neve em cima de grandes boias, assistir a competições de *snowboard* e a corridas de esqui de fundo e raquete de neve de primeira. www.winter-fest.com.

Março

South by Southwest (Austin, Texas) Este festival de música ao vivo, com 10 dias de duração – um dos maiores do país –, recebe mais de 2 mil shows diferentes em mais de 90 palcos em toda Austin. Uma conferência de cinema independente completa as atrações. www.sxsw.com.
Tennessee Williams New Orleans Literary Festival (New Orleans, Louisiana) Cinco dias de leituras, dramatizações, palestras e passeios a pé estrelados por atores renomados celebram o autor de *Gata em telhado de zinco quente*. Tel.: 1-800-990-FEST.
Miami International Film Festival (Miami, Flórida) Festival de cinema internacional com duração de 10 dias, com ênfase no cinema independente e latino-americano. Tel.: 305-237-FILM.
National Festival of the West (Scottsdale, Arizona) Este grande espetáculo homenageia o Velho Oeste. Entre as atividades estão um festival de música do oeste, exposições, um festival de cinema, churrasco e encenação sobre os Buffalo Soldiers, membros negros de um regimento de cavalaria do exército. Tel.: 602-996-4387.

Abril

Boston Marathon (Boston, MA) Atletas de todo o mundo reúnem-se aqui para correr uma das maratonas mais populares do país. Tel.: 617--236-1652.
National Cherry Blossom Festival (Washington, D.C.) Celebração das 3 mil cerejeiras doadas pelo Japão aos Estados Unidos em 1912, este festival assinala o início da primavera na capital do país. Tel.: 877-44BLOOM.
Crossroads Film Festival (Jackson, Mississippi) O cruzamento inspirador de *blues* e cinema independente faz deste festival um dos maiores encontros artísticos do Mississippi. www.crossroadsfilmfestival.com.
San Francisco Women's Film Festival (San Francisco, Califórnia) Festival de 4 dias que celebra documentários, animações, vídeos, filmes experimentais e de outros tipos feitos por mulheres. www.womensfilminstitute.squarespace.com.
Doo Dah Parade (Pasadena, Califórnia) Esta parada cômica tem mais de 1.500 participantes. Alguns dos mais famosos são Briefcase Marching Drill Team, Hibachi Marching Grill Team e Invisible Man Marching Band. Berkeley também tem sua própria Doo Dah Parade. www.pasadenadoodahparade.com.

Maio

Beale Street Blues Festival (Memphis, Tennessee) Três dias de concertos dos melhores artistas de *blues* do país no rio Mississippi. Tel.: 901-525-4611.
Cinco de Mayo (em várias cidades) Festivais com desfiles, comida, música e dança folclórica realizados em comunidades hispânicas de todo o país, para celebrar a libertação

mexicana da ocupação francesa em 1862.
Key West Fishing Tournament (Key West, Flórida) Festival de pesca na velha cidade de Hemingway, realizado de março a novembro. Tel.: 305-296-6601.
Route 66 Fun Run Weekend (de Seligman a Topock) Clássica "corrida" de carros, com um festival em Kingman. Churrasco *hualapai*, barracas, entretenimento, concurso de carros clássicos e um passeio agradável pela Route 66 no domingo de manhã. Tel. 928-753-5001.
Sweet Auburn Springfest (Atlanta, Geórgia) O maior festival afro-americano da região, com mais de 300 artistas no centro de Atlanta. www.sweetauburn.com.

Junho

Corn Dances (Santa Abna, Tesuque e outros *pueblos*, Novo México) Um dos festivais de dança mais importantes do ano pede por chuva, para assegurar boa colheita. Tel.: 505-843-7270.
Mariachi USA (Los Angeles, Califórnia) Realizado no Hollywood Bowl, este festival apresenta um número enorme de bandas *mariachis* mexicanas. www.mariachiusa.com.
Juneteenth (em várias cidades) Esta comemoração começou em Galveston, Texas, em 1865, e é a mais antiga dos Estados Unidos a marcar o fim da escravidão e celebrar a cultura afro-americana. Eventos ocorrem em todo o país. www.juneteenth.com.
Solstice Celebration (Santa Barbara, Califórnia) Este festival extremamente popular foi ideia de artistas locais e tem um espírito livre de Terça-feira Gorda, com belos carros alegóricos, fantasias e máscaras extraordinárias, dança, pintura de rosto e comida de rua. O desfile acontece no segundo dos três dias de evento. Tel.: 805-965-3396.

Julho

Fourth of July (em todo o país) Fogos de artifício, cozinha ao ar livre, paradas e diversão, de concertos a rodeios, marcam as celebrações do Dia da Independência norte-americana.
Folkmoot USA (Carolina do Norte) Mais de 200 grupos de 100 países dão destaque às artes folclóricas internacionais nas montanhas do oeste da Carolina do Norte. Tel.: 877-FOLK-USA.
Taste of Buffalo (Buffalo, Nova York) Um dos maiores festivais de comida do país, atrai mais de 450 mil visitantes ao centro de Buffalo, no norte do estado de Nova York. Tel.: 800-BUFFALO.

Olympic Peninsula Music Festival (Quilcene, Washington) Começando em julho, vários meses de concertos nos fins de semana, num velho celeiro, atraem para a península Olympic os amantes da música clássica. Tel.: 360-732-4800.
Bite of Seattle (Seattle, Washington) Amostras de mais de 100 vendedores locais de alimentos. Acompanhe os pratos com algumas cervejas locais e curta as apresentações que acontecem em 7 palcos, nesta celebração com duração de 3 dias. Tel.: 425-283-5050.

Agosto

Burning Man Festival (Black Rock City, Nevada) Durante uma semana, uma "cidade" temporária de até 45 mil participantes ergue-se no escaldante deserto de Mojave para fazer arte em conjunto e construir uma comunidade, culminando com a queima de uma figura pagã de 15 metros de altura. Tel.: 415-TO-FLAME.
Bumbershoot (Seattle, Washington) O maior da categoria, este festival de artes é o melhor de Seattle e acontece debaixo do Space Needle, em três dias de música soberba em vários palcos, arte e artesanato, barracas de comida e outras atividades durante o fim de semana do Dia do Trabalho (que pode cair no começo de setembro). Tel.: 206-673-5060.
Santa Fe Fiesta (Santa Fe, Novo México) A mais antiga celebração do tipo nos Estados Unidos; festival comemorativo dos pioneiros espanhóis de Santa Fe, que apresenta desfiles de cavaleiros, carros alegóricos, desfile de crianças e animais domésticos e outra *fiesta*, a queima do Old Man Gloom, o Zozobra, durante o fim de semana do Dia do Trabalho (que pode cair no começo de setembro). www.santafefiesta.org.
116th Street Festival Carnival del Barrio (cidade de Nova York) Festival divertido ao ar livre, durante 2 dias, que celebra as artes, as comidas e as culturas hispânica e caribenha. Tel.: 212-243-1177 ou 917-748-2264.
Retro on Roscoe (Chicago, Illinois) Enorme festival de bairro ao ar livre num fim de semana, com 3 palcos de atrações ao vivo, uma feira de carros antigos e uma mostra de artes e artesanatos. Tel.: 773-665-4682.
Indian Market (Santa Fe, Novo México) Por 2 dias, a praça de Santa Fe é transformada na maior feira ao ar livre dos Estados Unidos, quando artistas nativos de mais de 100 tribos competem num concurso com júri; outros montam barracas ao longo das ruas próximas. Reserve hotel com bastante antecedência. Tel.: 505-983-5220.

Setembro

Farm Aid (Chicago, Illinois) Esta bem-sucedida série anual de concertos angaria fundos para as pequenas propriedades agrícolas norte-americanas e apresenta *country rock* de qualidade, com os pioneiros Willie Nelson, John Mellencamp, Neil Young, Dave Matthews e outros. Tel.: 800-FARM-AID.
East LA Mexican Independence Day Parade (Los Angeles, Califórnia) A mais antiga celebração do Dia da Independência mexicana nos Estados Unidos, inclui um desfile colorido. Tel.: 310-914-0015.
Bluegrass FanFest (Nashville, Tennessee) No último fim de semana do mês, mais de 60 músicos sobem ao palco para celebrar o gênero *bluegrass* e escolher o campeão da rabeca. Tel.: 615-256-3222.

Outubro

Albuquerque International Balloon Fiesta (Albuquerque, Novo México) A maior reunião de balões de ar quente do mundo acontece neste festival de 9 dias. Tel.: 888-422-7277 ou 505-821-1000.
Great Grapes! Wine, Food, and Arts Festival (Charlotte, Carolina do Norte) Visitantes reúnem-se no Symphony Park para levantar um brinde aos ótimos vinhos regionais (mais de 200 opções), saborear a culinária *gourmet* e apreciar as apresentações musicais. www.uncorkthefun.com.
Rock Shrimp Festival (Saint Mary's, Geórgia) Este festival de um dia na histórica Saint Mary's presta homenagem aos abundantes camarões-de-pedra do Golfo com corridas de 5 e 10 km, desfiles, diversão, comida, artes e artesanatos e jantares com camarão-de-pedra. Tel.: 800-868-8687.

Novembro

New York Marathon (cidade de Nova York) Assistida por 2 milhões de espectadores, a maior maratona dos Estados Unidos atrai mais de 100 mil participantes, que disputam um prêmio de US$ 600 mil em dinheiro. www.nymarathon.com.
Día de los Muertos (Dia de Finados) (comunidades hispânicas no país) Crânios de açúcar e oferendas de comida adornam altares domésticos e túmulos familiares nas comunidades hispânicas neste dia de homenagear aqueles que já se foram.
Macy's Thanksgiving Day Parade (cidade de Nova York) Mais de 3,5 milhões de fãs saem às ruas para saudar um enorme contingente de mais de 10 mil participantes do desfile, inclusive a melhor banda marcial do país. Tel.: 212-494-5432.

Dezembro

Christmas New Orleans Style (New Orleans, Louisiana) Celebração de Natal que dura um mês, com caminhadas guiadas pelo enfeitado French Quarter e ceias de *réveillon* que lembram as do século XIX. Tel.: 504-522-5730.

Canyon Road Farolito Walk (Santa Fe, Novo México) Os *farolitos* (lanternas de papel pardo com velas) mostram o caminho até a Sagrada Família na véspera de Natal. Atrai milhares de pessoas à histórica Canyon Road, que passeiam, cantam cantigas de Natal, tomam cidra quente e comemoram o feriado. Tel.: 800-777-2489.

Véspera de Ano-Novo na Times Square (cidade de Nova York) Mais de 1 milhão de espectadores lotam uma das maiores atrações turísticas da cidade para assistir à contagem regressiva para o novo ano. www.timessquarenyc.org.

First Night (Boston, Massachusetts) A maior e mais antiga celebração das artes em Nova Inglaterra acontece na véspera do Ano-Novo, quando mais de mil artistas apresentam-se por toda a cidade. A noite termina com fogos de artifício sobre o porto. Celebrações semelhantes acontecem em muitas cidades por todo o país. Tel.: 617-542-1399.

ATIVIDADES AO AR LIVRE

Os Estados Unidos têm um número gigantesco de parques nacionais, estaduais, regionais e municipais, áreas de recreação à beira de lagos e reservas naturais. Há muitos lugares onde andar, nadar, pescar, pedalar, navegar e praticar esportes.

Água e vento

As áreas costeiras e parques em lagos maiores são o melhor lugar para atividades aquáticas. **Embarcações oceânicas fretadas** oferecem pesca de garoupa, agulhão-bandeira e tarpão na Flórida e halibute, atum e salmão na costa do Pacífico Noroeste. O **surfe** predomina ao longo das praias açoitadas pelas ondas no sul da Califórnia; a natação é popular nas costas do Atlântico, do Pacífico e do Golfo. O **parapente** e o **windsurfe** atraem entusiastas onde quer que prevaleçam os ventos fortes. Porém, atualmente, a capital mundial do windsurfe fica no interior, em Hood River, na garganta do rio Columbia, em Oregon. O **mergulho com garrafa ou snorkel** é espetacular nas ilhotas da Flórida, onde frequentemente tem-se a companhia dos golfinhos. Regiões de pedra calcária, como o rio Crystal, no centro da Flórida, proporcionam mergulho em dolinas alimentadas por nascentes de água cristalina, frequentadas por peixes-boi. Santa Rosa, na planície quente e poeirenta do leste do Novo México, é um achado ímpar: seu Blue Hole, alimentado por um manancial, tem 25 metros de profundidade e é muito frequentado por mergulhadores do deserto.

A **navegação** é praticamente uma forma de arte nas regiões costeiras, ao longo da fronteira Estados Unidos-Canadá nos Grandes Lagos, no meio-oeste e nos Finger Lakes, no norte do estado de Nova York. Os barcos são mais do que recreação nos calmos canais costeiros e nas ilhas oceânicas da Costa do Golfo, da Nova Inglaterra e do estado de Washington: com frequência, eles servem de moradia e transporte. Acima das grandes represas, os rios montanhosos do oeste, como o Colorado, que atravessa o Grand Canyon, e o rio Grande, no parque nacional Big Bend, proporcionam rafting **de corredeira** e **canoagem** espetaculares. Abaixo das barragens, os esportes de águas tranquilas são populares na represa do Amistad, no rio Grande, e no lago Powell, no rio Colorado, um bom local para alugar uma casa-barco ou um caiaque.

Em todos os lugares onde há água, as pessoas gostam de pescar. Licenças para não residentes estão disponíveis em escritórios na cidade e em lojas de artigos esportivos. A **pesca** perto de rodovias, ao longo da margem dos canais ou em barcos pequenos é comum no sul, principalmente nos Everglades e nas baías pantanosas do delta do Mississippi, onde a pesca de lagostim tem profundas raízes culturais. Pescar em riachos no alto das montanhas e nos lagos exige um pouco mais de esforço: os praticantes de pesca com mosca geralmente caminham (atualmente, conduzem veículos fora da estrada) para pegar truta arco-íris e salmão. Os *resorts* que oferecem cabanas de madeira perto de lagos e riachos piscosos são muito procurados nas regiões de montanha dos Estados Unidos como locais para passar férias de verão.

Caminhada

A caminhada é popular em todas as regiões. Muitas das trilhas mais conhecidas seguem caminhos históricos dos nativos e trilhas de fronteira através de montanhas, vales e desertos. Os parques nacionais e outras terras administradas pelo Estado geralmente têm a maior diversidade de trilhas para os excursionistas, de curtos caminhos acessíveis e pavimentados, que conduzem a mirantes panorâmicos para os visitantes deficientes, até caminhadas curtas de um dia, para famílias, e travessias mais longas.

Nas cidades, os **caminhantes** e **corredores** vão encontrar uma quantidade cada vez maior de redes de caminhos urbanos específicos, que ligam a cidade e a região rural vizinha, em lugares como Austin, no Texas, e Flagstaff, no Arizona.

As **trilhas de longa distância** são mais difíceis, como a Appalachian Trail, no leste, e a John Muir Trail, no oeste, em Sierra Nevada, Califórnia. A **caminhada em áreas remotas** exige preparo, energia e tempo: muitos excursionistas dividem as trilhas em segmentos, que são completados ao longo de anos. Venha bem preparado e conheça seus limites quando se dispuser a caminhar.

Cidades do deserto

Cidades como Phoenix, Tucson e Albuquerque e lugares da Flórida (Tampa e Fort Myers, por exemplo), com temperaturas amenas no inverno, são destinos importantes nas **atividades ao ar livre fora da alta temporada**, como caminhada, treinamento para maratona, ciclismo, golfe, tênis e jogos amistosos de futebol americano e basquete.

Montanhas e "ilhas celestes"

As Rochosas, a cordilheira das Cascatas, a Sierra Nevada, os Apalaches, as montanhas Smoky e as serras de "ilhas celestes" [*sky islands*] isoladas nos desertos do sul proporcionam um refúgio no verão (com temperaturas de 32 a 38°C) nas áreas mais baixas. Essas mesmas localidades montanhosas ficam ainda mais movimentadas quando cai a neve de inverno, que atrai esquiadores de montanha e de fundo bem como praticantes de *snowboard* até as **estações de esqui**, que são encontradas até bem no sul, como Ski Apache, no sul das montanhas Sacramento, no Novo México. No entanto, a maioria das áreas de esqui fica nas Rochosas, em Sierra Nevada e no norte de Nova Inglaterra. A temperatura constante de 14°C nos **sistemas de cavernas** subterrâneas calcárias, como nas cavernas Carlsbad, no Novo México, proporciona excelentes passeios o ano todo. Carlsbad tem excursões radicais e também passeios mais leves nas cavernas principais.

Os estados do oeste

Os estados do oeste – principalmente Arizona, Colorado, Novo México e Utah, onde o planalto do Colorado, com mais de 1.500 metros de

ATIVIDADES ◆ 453

altitude, foi esculpido pelo rio Colorado e seus afluentes, formando desfiladeiros sinuosos – oferecem a mais encantadora combinação de atividades ao ar livre e turismo do país, na maior superfície administrada pelo governo federal nos 48 estados contíguos. Empresas de turismo profissionais em comunidades próximas aos parques são geralmente a melhor opção para explorar **áreas agrestes remotas**, onde não é permitida a entrada de veículos, principalmente da primeira vez. Elas cuidam do planejamento, das licenças, do transporte e das refeições, e algumas usam cavalos e lhamas para carregar equipamento, liberando o turista para curtir a experiência.

Esportes radicais, como o *canyoning* (exploração da garganta de um rio), no Parque Nacional de Zion, a escalada livre e com corda em penhascos no Parque Nacional de Yosemite e a escalada em montanha no Parque Nacional das Cascatas do Norte, no estado de Washington, também são oferecidos pelas empresas de aventura. Esses esportes são para pessoas experientes, acostumadas com o ambiente local, e nunca devem ser tentados por iniciantes.

Excursões de bicicleta por regiões como as colinas do Texas, a região vinícola da Califórnia e a Nova Inglaterra no outono são culturais e também estimulantes; geralmente, incluem distrações luxuosas, como pousadas, degustação de vinhos, refeições *gourmets* e visitas guiadas com tempo para pedalar. Nas áreas urbanas, geralmente é possível alugar bicicletas (ou patins) para circular. Algumas cidades têm ciclovias que atravessam bairros históricos, como a trilha Pinellas, entre Saint Petersburg e Tarpon Springs, no golfo da Flórida, e a passarela de Venice, no sul da Califórnia – a mais típica experiência na região de Los Angeles.

Sistema nacional de parques

Atualmente, os Estados Unidos têm 390 unidades em seu vasto sistema de parques nacionais. A semente dos parques nacionais foi plantada quando o vale do Yosemite foi transformado, por Abraham Lincoln, numa pequena concessão de terras, em 1864. O primeiro parque nacional administrado pelo governo federal foi Yellowstone, criado em 1872 para proteger a paisagem única; rapidamente, seguiram-se Yosemite, Mount Rainier, Glacier e Mesa Verde. Em 1916, foi fundado o **National Park Service**, com a árdua missão de proteger os parques e torná-los acessíveis ao público.

Os **parques nacionais** são poucos, as "joias" do sistema. Eles protegem ecossistemas grandes e relativamente intactos, além da história cultural associada a eles; muitos também têm trechos intocados administrados como áreas silvestres, onde não é permitido o transporte motorizado. Os **sítios históricos nacionais** e os parques históricos são mais numerosos e encontrados nas cidades e no campo. Seu foco é contar a história única do país por meio de diversas narrativas. As **áreas de recreação** são reservas próximas a represas, administradas pelo Army Corps of Engineers [Corpo de Engenheiros do Exército] e operadas pelo Bureau of Reclamation [Departamento de Recursos Hídricos]. Os **monumentos nacionais** são um caso especial: o presidente dos Estados Unidos pode, à vontade e unilateralmente, designar áreas de interesse científico e arqueológico, importantes para preservação e pesquisa, se elas estiverem correndo risco de desaparecer por destruição ou excesso de desenvolvimento.

As **atividades ao ar livre** variam de parque para parque, mas a maioria oferece excelentes oportunidades para caminhar, pescar, observar a vida silvestre, cavalgar e dirigir por paisagens bonitas. Todos os parques nacionais mencionados neste guia ficam abertos diariamente, o ano todo. Para mais informações sobre todos os parques nacionais listados a seguir ou para reservas nos acampamentos (exceto para aqueles que não aceitam reservas), acesse www.nps.gov ou ligue 877-444-6777 (internacional: 518-885-3639). Para informações gerais, ligue para os números a seguir ou visite os *sites* de cada parque.

Rota do Atlântico

Everglades National Park Tel.: 305--242-7700, www.nps.gov/ever
Autorizações e licenças Exige autorização para acampar em áreas remotas.
Informações gerais Poucos parques reúnem tanto mistério e romance quanto Everglades. Esta enorme extensão de pântano, relva, charco e floresta de ciprestes é a maior área de vida silvestre subtropical dos Estados Unidos. Recentemente, as reservas de Everglades e da vizinha Big Cypress foram pontos para soltura de onças, uma espécie ameaçada que anda na corda bamba da sobrevivência aqui. Os jacarés são numerosos – os motoristas devem tomar cuidado com os répteis, que atravessam a estrada o tempo todo. Importante: De junho a novembro é a "estação das águas", por isso acampar nesse período pode não ser muito confortável.

Rota Norte

Badlands National Park Tel.: 605--433-5361, www.nps.gov/badl

Autorizações e licenças Nenhuma.
Camping Acampa primeiro quem chega primeiro.
Informações gerais Prepare-se para mudanças repentinas no clima, ventos fortes, granizo, chuva e nevasca. Os excursionistas precisam carregar água suficiente – 4 litros por dia por pessoa.
Grand Teton National Park Tel.: 307-739-3300, www.nps.gov/grte
Autorizações e licenças Exige autorização para acampar em áreas remotas.
Camping Acampa primeiro quem chega primeiro.
Informações gerais Os concessionários do parque oferecem cavalgadas em Colter Bay e Jackson Lake Lodge. As montanhas Teton proporcionam muitas aventuras para escaladores e montanhistas. A Jenny Lake Ranger Station é o centro para informações sobre escalada, rotas, condições etc. Contate Grand Teton Lodge Co. (tel.: 307-543-2811) para obter informações sobre cruzeiros pelo lago Jackson, passeios de balsa no rio Snake, aluguel de barcos e cavalgadas.
Yellowstone National Park Tel.: 307-344-7381, www.nps.gov/yell
Autorizações e licenças Exige autorização para acampar em áreas remotas.
Camping Alguns lugares podem ser reservados com antecedência, contatando Yellowstone National Park Lodges, PO Box 165, Yellowstone National Park, WY 82190, tel.: 307--344-7311. Para reservas no mesmo dia, ligue 307-344-7901.
Informações gerais Não tente se aproximar dos animais nem alimentá--los. Os bisões parecem mansos e lentos, mas podem atacar de repente, com rapidez, quando irritados. Nunca fique a menos de 100 metros dos ursos.
Glacier National Park Tel.: 406-888--7800, www.nps.gov/glac
Autorizações e licenças Exige autorização para acampar em áreas remotas.
Camping Os acampamentos de Fish Creek (apenas barracas) e St Mary podem ser reservados com antecedência (tel.: 800-365-CAMP); nos demais, acampa primeiro quem chega primeiro.
Informações gerais Nunca tente alimentar os animais ou aproximar-se deles. A Glacier Park, Inc. (tel. 406--892-2525) oferece uma variedade de excursões guiadas de ônibus. A Glacier Park Boat Co. (tel.: 406--257-2426) oferece cruzeiros nos lagos McDonald, Many Glaciers, Two Medicine e St Mary.
Olympic National Park Tel.: 360--565-3130, www.nps.gov/olym
Autorizações e licenças Exige autorização para acampar em áreas

remotas (paga). No verão, algumas áreas silvestres exigem reserva, tel.: 360-565-3100. Licença de pesca do estado de Washington.
Camping Acampa primeiro quem chega primeiro, exceto em Kalaloch (meados de jun.-começo de set.).
Informações gerais Atravessar campos de neve requer habilidade e equipamento especial. Caminhar em altitude pode ser muito difícil, causar tontura, náuseas e falta de ar. Reserve alguns dias para se aclimatar. Obtenha uma tabela de marés antes de caminhar pela praia; a maré alta pode isolar os excursionistas entre os promontórios. Cuidado também com os troncos flutuantes – uma onda inesperada pode jogá-los com velocidade na direção da praia, esmagando tudo o que estiver no caminho. O oceano é frio e as correntezas são fortes; é melhor nadar nos lagos.

Rota Central
Shenandoah National Park Tel.: 540-999-3500, www.nps.gov/shen
Autorizações e licenças Os visitantes podem obter licença de pesca de 5 dias para não residentes em Big Meadows ou nas lojas de material esportivo. Acampar em áreas remotas requer uma autorização gratuita, disponível on-line, no início das trilhas e nos centros de informações turísticas.
Camping Na maioria dos locais reservados para campistas nos quatro acampamentos do parque, acampa primeiro quem chega primeiro; eles são muito frequentados, portanto, chegue no começo do dia para garantir lugar. Cerca de 20% dos lugares podem ser reservados com até 180 dias de antecedência em www.recreation.gov ou pelo telefone 1-877-444-6777.
Informações gerais Shenandoah é conhecido pela arquitetura histórica e pela beleza da paisagem. Tem 340 estruturas cadastradas no National Register of Historic Places, muitas construídas nos anos 1930 pelo Civilian Conservation Corps (CCC) do tempo de Roosevelt. A Skyline Drive, com 169 km de comprimento, em Shenandoah, liga as áreas de Front Royal e Waynesboro-Charlottesville, e é uma rodovia importante para moradores e turistas. O parque veementemente não recomenda o ciclismo porque a estrada sinuosa não tem acostamento, e motoristas nem sempre avistam os ciclistas a tempo de desviar deles.
Grand Canyon National Park Tel.: 928-638-7888, www.nps.gov/grca
Estações do ano A South Rim [Borda Sul] fica aberta o ano todo. A North Rim [Borda Norte], de meados de maio a meados de out.
Camping Nas bordas norte e sul, os acampamentos podem ser reservados com antecedência no Mather Campground. Em todos os outros acampa primeiro quem chega primeiro, e geralmente já ficam cheios antes do meio-dia. Há locais para trailers na South Rim o ano todo em Grand Canyon Village (sem infraestrutura), tel.: 877-444-6777, e em Trailer Village (infraestrutura completa), tel.: 888-297-2757; para reservas no mesmo dia, ligue 928-638-2631.
Autorizações e licenças Licença de pesca do Arizona. Autorizações baratas para áreas remotas (para caminhadas com pernoite; não são necessárias para caminhadas de um dia) podem ser obtidas por carta no Backcountry Information Center, PO Box 129, Grand Canyon, AZ 86023, fax: 928-638-2125. Reserve com bastante antecedência; as trilhas mais procuradas costumam encher cedo.
Informações gerais A maioria das 5 milhões de pessoas que visitam este parque todos os anos avista o cânion a partir da borda sul, pois o acesso é mais fácil do que pela borda norte. O cânion pode ser visto por excursionistas, pelos que estão cavalgando mulas e pelos praticantes de rafting. Vários ônibus de ida e volta levam ao parque, saindo do centro de informações turísticas, dos hotéis, acampamentos e aeroporto. O cânion central está sujeito a calor extremo no verão. Os excursionistas precisam levar comida e água suficiente, pelo menos 4 litros por pessoa por dia.

Rota Sul
Big Bend National Park Tel.: 432-477-2251, www.nps.gov/bibe
Autorizações e licenças Exige autorização para acampar em áreas remotas (US$10).
Camping Acampa primeiro quem chega primeiro nos 3 acampamentos; locais limitados podem ser reservados nos acampamentos Rio Grande Village e Chisos Basin, de nov. a abr.; tel.: 877-444-6777, www.recreation.gov.
Informações gerais O Big Bend tem mais de 323 mil hectares e é muito acidentado e remoto; são necessários pelo menos dois dias para ver a maior parte do parque nas estradas principais. Os excursionistas e exploradores em veículos com tração nas quatro rodas devem reservar uma semana. O sol é intenso o ano todo: use filtro solar com fator de proteção elevado, óculos de sol e chapéu de aba larga. Leve comida calórica e água no carro e em todas as caminhadas, por menores que sejam, tomando cuidado para ingerir comida e água em quantidades iguais, a fim de evitar desequilíbrio de sódio no organismo. Calcule 4 litros por pessoa por dia. Não faça esforço excessivo: o hospital mais próximo fica a 160 km.

Este é um território silvestre. Tome cuidado com cascavéis, pumas, ursos e porcos-do-mato.

Rota do Pacífico
Redwood National and State Parks Tel.: 707-464-6101, www.nps.gov/redw
Autorizações e licenças Exige licença de pesca da Califórnia e autorização para acampar em áreas remotas.
Camping Quatro acampamentos desenvolvidos e administrados pelo California State Parks requerem uma taxa. Com exceção do Gold Bluffs Beach, para todos os outros acampamentos é possível fazer reservas de maio a agosto (recomendável); nas outras épocas, acampa primeiro quem chegar primeiro. Contate Reserve America (tel.: 800-444-7275, www.reserveamerica.com).
Informações gerais O acesso a Tall Trees Grove é limitado; no verão, um ônibus transporta os visitantes pela estrada acidentada de 7 km até o início da trilha. Senão, um número limitado de autorizações para veículos particulares é distribuído a quem chegar primeiro. Os mochileiros devem obter autorização gratuita em qualquer centro de informações. Vasilhas herméticas para guardar comida, à prova de animais, podem ser emprestadas, sem taxas, do Thomas H. Kuchel Visitor Center. Nadar pode ser extremamente perigoso. A água do oceano é fria, as correntezas são fortes e não há salva-vidas de plantão. A entrada do parque é gratuita; parques estaduais requerem uma taxa pelo dia.

COMPRAS

É muito divertido fazer compras nos Estados Unidos! Para quem gosta de kitsch, a **Flórida** e o **oeste americano** não decepcionam: há cartões-postais retocados, rochas com fósseis, caramelos salgados e geleia de cacto, globos de neve e outros suvenires norte-americanos. **Cidades** como Nova York, Los Angeles, San Francisco e Houston são bons lugares para comprar arte contemporânea. A arte do tempo dos pioneiros e dos caubóis é facilmente encontrada nas cidades próximas às **regiões de fazendas** de Arizona, Novo México, Wyoming e Colorado. O mercado indígena em Santa Fe oferece bijuteria, cerâmica, escultura, pintura feita com areia e outros objetos. As melhores compras de suvenires mexicanos podem ser feitas nas **cidades perto da fronteira do sul**, como Tucson, Phoenix, San Antonio e San Diego. A maioria das cidades americanas tem, na periferia, pelo menos um grande shopping, com lojas de rede, restaurantes, cafés e cinemas.

Um número cada vez maior de cidades está revitalizando seus centros históricos com áreas de

ATIVIDADES ◆ 455

compras exclusivas, com butiques, restaurantes, museus e galerias de arte. As **cidades pequenas** em localidades rurais e as lojas de beira de estrada geralmente são os lugares mais interessantes para encontrar suvenires exclusivos da região, de alimentos em conserva a roupas e artesanatos feitos à mão.

Rota do Atlântico

Cidade de Nova York

Fazer compras é um passatempo importante na cidade de Nova York: não há muita coisa que se encontre em outros lugares que não possa ser encontrada aqui e, geralmente, em maior quantidade. **Arte**, claro, é uma boa escolha; deixando de lado os maiores leiloeiros, **Sotheby's** e **Christies**, há centenas de galerias para apreciar e onde se pode comprar. As **antiguidades** podem ser encontradas em Greenwich Village, ao longo da Bleecker Street e nas ruas laterais próximas à University Place; ao longo da Upper Madison Avenue, na 60th Street, perto da Third Avenue. As famosas **lojas de departamentos** da cidade têm artigos para praticamente todo mundo: as mais conhecidas são a movimentada **Bloomingdale's** (1.000 Third Avenue com 59th Street), a **Macy's** (151 W. 34th Street), a **Lord & Taylor** (424 Fifth Avenue com 39th Street) e a **Saks Fifth Avenue** (611 Fifth Avenue). Os espertos consumidores de Nova York também frequentam muito os *flea markets* [mercados de objetos de segunda mão]. O favorito atualmente é o Hell's Kitchen Flea Market (a área já foi um famoso bairro de cortiços de imigrantes europeus). Comerciantes, colecionadores e pechincheiros, a elite da moda, celebridades e caçadores de barganhas correm para a W. 39th, entre as ruas 9th e 10th, todos os sábados e domingos.

New Jersey

Nestes tempos de domínio de música baixada da internet, a **Princeton Record Exchange** (20 South Tulane Street) continua firme, comprando e vendendo CDs, DVDs e LPs, com mais de 140 mil títulos novos, usados e obscuros. A **Princeton Corkscrew Wine Shop** (49 Hulfish Street) oferece uma extraordinária seleção de vinhos artesanais de produção caseira. Lambertville é repleta de lojas de antiguidades. Em Morristown, a loja de departamentos Century 21 vende roupas e acessórios de grandes estilistas com altos descontos. A Enjou Chocolat, na Dehart Street, afirma que sua confeitaria é a melhor de New Jersey.

Pensilvânia

Na Filadélfia, muitas butiques de alta costura alinham-se nas ruas em torno de Liberty Place e Rittenhouse Square. O maior centro de compras da cidade fica na Market Street, a leste da Broad Street. Aqui, você vai encontrar a **Lord & Taylor** (13th com Market), a "avó" das lojas de departamentos da Filadélfia, sediada num ponto de referência em frente à Prefeitura. Mais para leste, na **Market Street**, depois das lojas barateiras, dos artigos esportivos, eletrônicos, calçados e roupas, fica **The Gallery**, um *shopping* moderno que ocupa três quadras e quatro andares entre as ruas 11th e 8th, com mais de 200 lojas e restaurantes em volta do átrio arejado e iluminado pelo céu, incluindo três lojas de departamentos e uma praça de alimentação surpreendentemente interessante, prática para refeições rápidas e baratas ou lanches. O **Market Place East** fica perto do **The Gallery**, na Market com 8th Street. Ocupando uma magnífica estrutura de ferro batido, onde anteriormente funcionava a loja de departamentos **Lit Brothers**, esse complexo com uma quadra de extensão e múltiplos usos está hoje dividido entre escritórios e cerca de 25 lojas e restaurantes. Para gostos mais aventureiros, o lugar é a **South Street**. As lojas e restaurantes da South Street ou nas proximidades, da 9th Street até a Front Street, têm de tudo, de lojas *punks* e galerias de arte até bares de *rock* e restaurantes finos. Essa é parte alternativa e de vanguarda da cidade, popular entre os jovens, mas não limitada a eles. Antigamente, a South Street atravessava um grande bairro judeu. Um resquício daqueles dias ainda pode ser encontrado na **Fabric Row**, ao longo da 4th Street, ao sul da South Street. O gigantesco **King of Prussia Mall** só é ultrapassado em tamanho pelo Mall of America, em Minnesota.

Maryland

Há algumas lojas divertidas ao longo da 36th Street de Baltimore, um bairro que se orgulha de suas peculiaridades e excentricidades. Fells Point, no limite leste do porto, é outro refúgio de singulares lojas com personalidade. A North Howard Street é conhecida como o "corredor de antiguidades". **Harborplace and The Gallery** é um *shopping* sensacional no n. 200 da East Pratt Street, com mais de 100 lojas, restaurantes e cafés, a maioria de varejistas nacionais. Em Annapolis, a Main Street, de Church Circle até City Dock, e a Maryland Avenue, perto de State Circle, mantêm dezenas de lojas de propriedade local.

Virgínia

Os *outlets* são uma grande atração na Virgínia. O **Potomac Mills Mall** (2.700 Potomac Mills Circle, Woodbridge), na Saída 156 da I-95, tem mais de 200 lojas da maioria dos grandes nomes, de Ralph Lauren a L.L. Bean. Williamsburg tem um monte de *outlets*, inclusive a sólida Pottery Factory Outlets – que realmente faz e vende cerâmica – e estoques de qualquer coisa que você imaginar, como artigos importados de 20 países diferentes. Staunton é famosa pelas instalações no centro. O mercado diário de Roanoke é imperdível. Artesanatos e artistas locais têm galerias e cooperativas em muitas cidades menores. Fique atento aos cartazes anunciando exposições de artes e artesanatos.

Carolina do Norte

Tradicionalmente, este estado é conhecido pela qualidade e variedade de seus móveis – você conseguiria facilmente mobiliar uma casa num dos *showrooms* que ladeiam as muitas estradas. O varejo de moda também é forte na maioria das cidades. Um dos maiores *shoppings* é o **Hanes Mall**, em Winston-Salem, com mais de 200 lojas e 7.861 vagas no estacionamento. Durham transformou vários armazéns de tabaco em ateliês e cooperativas de artistas. Nas montanhas, procure artesãos locais.

Carolina do Sul

Um artesanato incomum da Carolina do Sul são as cestas feitas de erva-doce americana pela cultura *gullah* – trançadas à mão, elas são uma forma de arte de origem africana que tem muitos desenhos intricados. Para compras tradicionais, o **Market Common**, construído na antiga Myrtle Beach Air Force Base, recria o ambiente de um vilarejo, com uma mistura de restaurantes e propriedades residenciais. O calçadão de madeira de Wilmington, de quase 2 km, é ladeado por lojas. Já em Georgetown, muitas lojas têm entradas pelos fundos, acessíveis pelo calçadão ao longo do rio.

Geórgia

A River Street de Savannah, com calçada de pedra, tem muitas galerias de arte; as ruas Broughton e Bull são famosas pelos antiquários, e a área da Ellis Square, em volta do antigo mercado da cidade, é um centro de ateliês de artistas e lojas especializadas. Os *shoppings* incluem **Oglethorpe Mall** (7.804 Abercorn Street), **Savannah Festival Factory Stores** (11 Gateway Boulevard, South) e **Savannah Mall** (Rio Road com Abercorn Extension).

Flórida

As compras na Flórida ou vão conquistar você, ou vão deixá-lo sacudindo a cabeça em sinal de reprovação. Parece que algumas pessoas realmente precisam de uma coleção de flamingos de plástico para colocar no jardim. E os muitos *flea* markets do estado são os lugares perfeitos para encontrá-los. De gosto melhor (literalmente) é a variedade de frutas, como laranjas, tangerinas, limões, laranjinhas japonesas e toranjas, que podem ser entregues em casa por uma taxa. Mas, se você procurar um pouco mais, a Flórida também tem uma série de produtos de qualidade para comprar durante a viagem. Há lojas que vale a pena visitar, com roupas de grife a preço de fábrica, arte haitiana primitiva, antiguidades *art déco* e originárias da Flórida de outros tempos, artesanatos nativos e conchas que vão lembrar o mar para sempre.

A **Gold Coast** tem a maior variedade de *shoppings*, especialmente Miami, Fort Lauderdale e Boca Raton; basta pedir aos funcionários do seu hotel mais informações sobre os melhores *shoppings* da área.

A **Miccosukee Indian Village**, a oeste da entrada do Shark Valley, no Everglades National Park, vende artesanato nativo americano a preços altos. A Worth Avenue, na elegante Palm Beach, abriga algumas das butiques mais sofisticadas do país. A **Gingerbread Square Gallery**, no n. 1.207 da Duval Street, em Key West, vende obras de artistas locais. O **Aventura Mall**, no n. 19.501 do Biscayne Boulevard, é um dos muitos *shoppings* de Miami. Tem mais de 200 lojas com meia dúzia das redes nacionais importantes, incluindo **Macy's**, **Abercrombie & Fitch** e muitas outras.

Rota Norte

Massachusetts

Três áreas de compras importantes em Boston atraem quem está só passeando e quem está disposto a comprar. A **Newbury Street**, em Back Bay, que se estende por oito quadras, do Public Garden até a Massachusetts Avenue, é ladeada de butiques, salões de beleza e galerias. O lado do Public Garden atrai os grandes gastadores; já na direção da Massachusetts Avenue, a atmosfera é mais original e os consumidores são estudantes, e não turistas internacionais. Também em Back Bay: **Copley Place** e **Prudential Center**, com varejo de luxo, lojas especializadas e outros *outlets* ao longo dos *shoppings* envidraçados. O **Downtown Crossing**, um centro de compras para pedestres ao ar livre, é ancorado pela Macy's. As mais de 150 lojas e restaurantes do **Faneuil Hall Marketplace** atraem mais de 1 milhão de visitantes por mês. Os quiosques de comida enchem os Quincy Market Buildings, ladeados por carrinhos de mão coloridos, que vendem artesanato e suvenires. Em Cambridge, lojas independentes alinham-se na **Massachusetts Avenue** e nas praças; a área da **Harvard Square**, no entanto, com numerosas lojas de rede e independentes, é o centro de compras mais importante da cidade. Dizem que aqui fica a maior concentração de livrarias do país. A maioria delas fica na praça ou em volta dela; algumas abrem até meia-noite.

New Hampshire

Em Portsmouth, a **New Hampshire Art Association-Robert Lincoln Levy Gallery** expõe pinturas, fotografias e gravuras para venda. A regional **League of NH Craftsmen**, sem fins lucrativos, representa alguns dos melhores artistas do estado. A exposição deles em agosto, em Mount Snapee, é recomendada. A **Dorr Mill Store**, em Newport, é uma loja de artesanato em tapeçaria, trançado e matelassê de lã. As lojas enchem a **área costeira** revitalizada de Portsmouth, perto das ruas Market, Bow e Ceres. A Route 16, em North Conway, com mais de 200 *outlets*, é um dos melhores destinos de compras da região. Sem os impostos de 5 a 6% sobre as vendas comumente cobrados em outros estados, as ofertas ficam ainda mais tentadoras.

Maine

A **Bayview Gallery** de Portland representa artistas importantes de Nova Inglaterra. A **Stonewall Kitchens**, em York, oferece amostras grátis dos molhos, conservas e temperos que produz; tem também lojas em Portland e Camden. Freeport é a base da lendária L.L. Bean, aberta 24h, todos os dias. As muitas lojas *outlet* da Kittery e da Freeport são os principais destinos para caçadores de barganhas. Os vários ceramistas fazem de Blue Hill sua sede.

Vermont

A **F.H. Gillingham and Sons** de Woodstock é o empório da cidade há mais de 125 anos, e sua **Sugarbush Farm** é uma das muitas fazendas produtoras de xarope de bordo [*maple syrup*] do estado de Vermont abertas para visitas. A **Danforth Pewter**, em Middlebury, Quechee, Waterbury e Burlington, também merece uma visita. A enorme loja **Orvis**, em Manchester, tem tudo o que é necessário para atividades ao ar livre, e a cidade é sede de várias fábricas de lojas *outlet*. A **Ben & Jerry's Ice Cream Factory**, em Waterbury, é uma grande atração turística. Para ver a fabricação de sorvete, venha num dia de semana. Você pode comprar seu estoque de café java no **Green Mountain Coffee**, na estação Waterbury, em Waterbury Village. Também em Waterbury fica uma das melhores cooperativas de queijo do estado, a **Cabot Annex Store**, que deixa os visitantes provarem os produtos. A cidra e as rosquinhas são produzidas o ano todo no **Cold Hollow Cider Mill**, onde há uma imensa loja de varejo. O Frog Hollow Craft Center de Vermont, em Burlington, expõe trabalhos de alguns dos melhores artesãos do estado.

Estado de Nova York

A livraria **Lyrical Ballad**, em Saratoga Springs, é especializada em livros esgotados, primeiras edições e raridades. Para artesanato, a **Crafters Gallery de Saratoga Springs** expõe as obras de artesãos locais desde 1993. Para produtos frescos especiais, visite o **Eagle Mills Cider Mill**, que tem roda d'água e trilhas, ou **Steininger's**, em Salem, pelos chocolates. Para antiguidades, visite o **Ballston Spa**, cerca de 15 minutos ao sul de Saratoga Springs: ele é repleto delas!

No Leatherstocking District, os antiquários estão ao longo de todas as rodovias e nas cidades maiores. Entre eles, **Wood Bull Antiques**, em Cooperstown. Entre as lojas fora de série em Cooperstown está a **Brewey Omnegang**, que produz autêntica cerveja belga às margens do rio Susquehanna.

Os **Premium Outlets**, em Waterloo, têm mais de 100 lojas. O **Windmill Farm and Craft Market** vende produtos menonitas e *amish*, e fica aberto sábado, de abril até o começo de dezembro.

Na região metropolitana de Niagara, podem-se comprar antiguidades nos **Canal Country Artisans**, em Medina. Os **Fashion Outlets** de Niagara Falls têm mais de 150 *outlets* de grife. Em Buffalo, visite o **Broadway Market**, no bairro histórico de Broadway-Fillmore, onde mais de 40 comerciantes vendem comida étnica.

Pensilvânia

O mercado de sábado em Middletown vende de tudo, de comida a antiguidades. A parte externa fica aberta aos fins de semana até 15 ou 16h, e a interna, apenas no sábado. A loja de referência e "livraria em contínuo funcionamento mais antiga do mundo", a **Moravian Book Shop**, fica na área histórica de Bethlehem.

Ohio

A **Hall China Company**, sediada em East Liverpool, tem uma loja de fábrica. Suas cerâmicas mais famosas são o bule náutico e a jarra em forma de rosquinha. O **North Union Farmers Market**, na histórica Shaker Square, na região leste de Cleveland, é reconhecido pelo American Farmland Trust como um dos 20 melhores mercados desse tipo no país. Já a **Malley's Chocolates** tem 17 lojas em todo o estado – os morangos mergulhados, um a um, no chocolate são recomendados. A **Libbey Glass** tem *outlet* em Toledo e hoje é a segunda maior produtora de objetos de vidro no mundo. As cestas de madeira de bordo feitas à mão da Longaberger, empresa de administração familiar, podem ser compradas em feiras e mercados.

Indiana

A **Clay City Pottery**, empresa de administração familiar, produz cerâmica tradicional em Clay City; já a **DeBrand Fine Chocolates**, pequena chocolateria artesanal, tem três lojas em Fort Wayne. Em Valparaiso, os fãs de beisebol devem parar na **Hoosier Bat Company**, cujos tacos são usados por jogadores da primeira e da segunda divisão. A **Mundt's Candies** é uma caverna de Aladim em Madison – imperdível! Fundada em 1893, é conhecida pelas balas com formato de peixe e pela *soda fountain*.

Illinois

Chicago tem vários *shoppings* verticais, em particular ao longo da N. Michigan Avenue. Também tem várias das melhores lojas de departamentos do país e uma infinidade de butiques. A **Magnificent Mile** (Michigan Avenue, do rio Chicago até Oak Street) é uma área de compras glamorosa, que inclui **Tiffany** e **Cartier**. O **Chicago Place Mall** (700 N. Michigan Avenue) tem 50 lojas especiais, incluindo **Saks Fifth Avenue** e **Williams-Sonoma**. As excepcionais lojas da Oak Street enfatizam diversidade e qualidade. O centro dos antiquários fica em North Side, em Lakeview, e há também várias lojas e *shoppings* em W. Kinzie Street, incluindo o **Chicago Antique Center**. Uma das lojas mais famosas de Chicago é a **Ikram**, afetuosamente chamada de "the Red Box". A loja e café, pintados de vermelho e ocupando três andares, fica no n. 15 da East Huron Street, no centro de Chicago, e tem o vestuário feminino mais excepcional que você já viu. A proprietária, Ikram Goldman, é uma consultora de moda assídua da primeira-dama Michele Obama, entre outras mulheres elegantes.

Wisconsin

Conhecido como "estado dos laticínios" e "capital nacional do queijo", Wisconsin é o maior produtor de gado leiteiro do país, portanto, queijo e outros derivados do leite são as compras óbvias. Também é conhecido pela produção de cerveja, com o grande fabricante **MillerCoors Brewing Company** sediado em Milwaukee. Duas das cervejas mais populares são Coors Light e Miller Lite.

Minnesota

Em Minneapolis, a **Ingebretsen's** está situada num mercado na East Lake Street e vende comida e artesanato escandinavos. O **Nicollet Mall** fica num calçadão no centro da cidade, ladeado por butiques e lojas de departamentos, e ligado a outras lojas pelo sistema de passadiços elevados. O **World Trade Center**, em St Paul, no n. 30 da East Seventh Street, tem lojas especializadas e restaurantes. O Mall of America (apelidado de "Megamall") tem mais de 500 lojas e um aquário, cinema e parque de diversão.

Dakota do Sul

A **South Dakota Store**, no The Empire Mall, na 41st com Louise Avenue, em Sioux Falls, só tem mercadorias produzidas no estado ou, de algum modo, ligadas a ele. Elas vão de literatura, ouro de Black Hills, música e artesanato nativos, safiras do rio Missouri e gravuras das paisagens do estado. A Prairie Star Gallery, no n. 207 da South Phillips Avenue, em Sioux Falls, também tem belas artes e bijuterias nativas; a proprietária Linda Boyd pode contar a história de tudo o que há em sua galeria.
Produtos feitos à mão, como joias, móveis, tapetes e velas de cera de abelha, podem ser encontrados na maioria das cidades grandes e pequenas, e não apenas nas maiores, Sioux Falls e Rapid City.

Wyoming

Wyoming é o lugar para comprar camisas com botões de pressão, chapéus e botas de vaqueiro, e todos os objetos relacionados aos caubóis. A rua principal de Sheridan é ladeada por lojas de roupas *country*. Visite **Dan's Western Wear**, no n. 540 da N. South Tschirgi Street, a poucas quadras da Main Street, para chapéus Stetson e Resistol, botas Tony Lama e outras marcas famosas. Descendo a quadra, na **King's Saddlery**, 184 North Main Street, há arreios típicos, que vão da autêntica corda de vaqueiro à sela de couro feita à mão; há também uma seleção de lindas bijuterias, carteiras e presentes. Jackson Hole tem uma mistura interessante de lojas, das roupas *country* e do equipamento para esqui e outras atividades ao ar livre até moda de grife, arte e joias. A praça histórica de Jackson Hole e a vizinha Teton Village são as melhores áreas para fazer compras.

Montana

Montana é um bom lugar para comprar material para atividades ao ar livre, como esquis, botas de caminhada, mochilas, sacos de dormir, equipamento de pesca, barracas, equipamento para *camping* e montanhismo, além de roupas de frio. A maioria das cidades tem comércio de varejo de mercadorias para atividades ao ar livre e esportes, com bons estoques.
En Missoula, The Trail Head oferece uma parada única para toda a família. A Schnee's, em Bozeman, com três lojas na cidade, é famosa pelas botas forradas e pelo material para caça e atividades ao ar livre. Também em Bozeman fica o **Country Mall Antiques** (8.350 Huffine Lane), com cerca de duas dúzias de bancas com antiguidades e objetos para coleção.
Em Helena, **Reeder's Alley** (100 South Park Avenue) tem uma loja que vende antiguidades restauradas numa área que se desenvolveu durante a corrida do ouro.

Idaho

O **Cedar Street Bridge Public Market**, no centro de Sandpoint, fica numa ponte coberta histórica que atravessa o riacho Sand. Tem lojas de arte e artesanato, decoração, uma joalheria e roupas feitas de lã de alpaca natural na **Pedro's Pride Fashions**. Coeur d'Alene tem de tudo, de grandes *shoppings* até lojas especializadas na pitoresca **Sherman Avenue**, calçada de pedras, no centro da cidade.

Washington

No estado de Washington, os melhores pontos de compras ficam em Seattle. Além da surpreendente quantidade de bancas de produtos frescos, o popular **Pike's Peak Market** tem lojas de mercadorias *gourmets*, utensílios de cozinha, camisetas e suvenires. Os *shoppings* **Westlake Center** e **Pacific Place**, e também as lojas de departamentos **Macy's** e **Nordstrom's**, aglomeram-se em volta do cruzamento de Fifth Avenue com Pine Street. Butiques sofisticadas, como **Louis Vuitton** e **Gucci**, são encontradas na Rainier Square, que também faz parte da concentração de lojas do centro da cidade. O **Pioneer Square Antique Mall** tem mais de 60 comerciantes de joias antigas, brinquedos e objetos de coleção. A Pioneer Square é também o centro do cenário artístico de Seattle, com muitas galerias e ateliês de artistas para explorar.

Rota Central

Washington, D.C.

Duas das melhores áreas de compras de Washington estão em lados opostos do Potomac: em **Georgetown**, no lado do Distrito de Colúmbia, e em **Old Town**, em Alexandria, no lado da Virgínia. Ambas eram pontos movimentados no século XIX. Os desgastados edifícios de tijolos avermelhados que restaram foram transformados em lojas da moda, com muitas galerias de arte, antiquários, cafés etc. As lojas do centro da cidade incluem as sérias e tradicionais **Brooks Brothers** (1.201 Connecticut Avenue) e **J. Press** (1.801 L Street, NW). Um dos melhores *shoppings* é **Georgetown Park**, na M Street com Wisconsin Avenue, que tem um charme vitoriano.

Virgínia
A **Made in Virginia Store**, na Caroline Street, em Fredericksburg, reúne o que há de melhor em produtos regionais. Escolha presuntos, vinhos, artesanato e livros de culinária cheios de receitas sulistas, no meio de muitas roupas fabricadas no estado. Em Staunton, há uma loja semelhante, a **Virginia Made Shop**.

Carolina do Norte
Estado líder na produção nacional de tabaco, conhecido por produzir algodão, porcos, frangos para assar e peru. O melhor lugar para suvenires ou para experimentar os produtos típicos do estado são os **Western North Carolina Farmers Markets** – um deles fica no centro de Asheville, com vistas para Biltmore Estate. Uma das cinco áreas ao ar livre é reservada para os fazendeiros que vendem direto ao consumidor. Há também um café e um centro com viveiro de flores e plantas. Aberto diariamente.

Tennessee
Boas compras incluem instrumentos musicais (instrumentos de corda acústicos e guitarras elétricas) e equipamento de gravação em estúdio, além, é claro, do uísque do Tennessee, que deve ser produzido no estado para ter essa denominação. As duas destilarias são **Jack Daniels**, em Lynchburg, que produz a famosa marca Old n. 7, e **George Dickel**, em Normandy, entre Nashville e Chattanooga.

Arkansas
Prove as maçãs escuras do Arkansas, vendidas em **bancas de beira de estrada**, na região das montanhas Ozark, e a água mineral de Hot Springs, onde também se podem comprar pedras de amolar. A arte em ferro de Mountain View e os cristais de quartzo de Mt Ida são boas compras locais. A Rock Town Distillery, na Sixth Street, em Little Rock, produz "White lightning" [marca de cidra], vodca, gim, uísque e rum. Passeios à destilaria acontecem todos os sábados, às 13h30 e às 15h30, com degustação para os maiores de 21 (pago).

Oklahoma
O típico boné de **John Deere Tractor** (fabricante de máquinas agrícolas) é parte do vestuário de quase todos os fazendeiros ou trabalhadores rurais; por isso, se achar um num *flea market*, compre! Vasos, louças e jarros de Frankoma Pottery, em Sapulpa, que foi fechada em 2010, são agora itens de colecionador, encontrados em antiquários e nas principais lojas de museus do oeste. O vinho proveniente dos vinhedos de Bristow, Geary, Stroud e Vinita, o refrigerante de **Weber's Superior Root Beer**, em Tulsa, e o sorvete do Braum's são boas compras locais.

Texas
Fora os suvenires *kitsch* – como pratos rasos com motivos do oeste, chapéus de caubói e outros produtos do oeste na loja de presentes do Big Texan Steak Ranch, em Amarillo –, a Route 66, em todo o Texas, oferece muito pouco para comprar.

Novo México
Santa Fe é um dos maiores mercados de arte dos Estados Unidos. Galerias que vendem todos os tipos de pintura e escultura contemporâneas e de primeira alinham-se em **Canyon Road**, e outras podem ser encontradas no centro da cidade, na **Plaza** e ao redor dela, e no bairro Railyard. Santa Fe é um bom lugar para comprar arte e artesanato nativos, principalmente joias de prata e turquesa, cerâmica *pueblo* com desenhos tradicionais, tapetes, cerâmica e artes folclóricas *navajos* e bonecas *hopi kachina*. Alguns dos melhores artesãos nativos vendem seu trabalho, com a permissão do Museum of New Mexico, debaixo da fachada do **Palace of the Governors**. Certamente, as lojas de presentes do Museum of New Mexico, nos museus do centro e no Museum Hill, são seguramente bons lugares para comprar artes e artesanatos autênticos, assim como em Case Trading Post, em Wheelwright Museum, no Museum Hill. O **Indian Market** é realizado na Plaza anualmente em agosto e atrai artistas nativos e compradores de todo o mundo para o maior evento de exposição de arte de sua categoria. Você também pode visitar alguns dos *pueblos* em torno de Santa Fe e Albuquerque e comprar arte diretamente desses artistas em seus ateliês domésticos. Também são realizados na Plaza o **Traditional Spanish Market** e o **Contemporary Spanish Market**, ambos em julho. No início desse mês acontece o imensamente popular International Folk Art Market, no Museum Hill, onde é possível comprar artes e artesanatos de todo o mundo e encontrar os artesãos.
Em Albuquerque, a **Old Town Plaza** é o lugar para encontrar uma charmosa série de galerias e lojas de presentes que vendem joias indígenas, arte e artesanato do sudoeste.

Arizona
Sedona é uma das atrações *new age* mais populares dos Estados Unidos, o que se reflete na quantidade de lojas espalhadas por toda a cidade, que vendem cristais, amuletos contra pesadelos, entre outros itens. A cidade também é um mercado líder de arte, com numerosas galerias que vendem pintura, escultura e outras obras de artistas de renome nacional. Como as terras das nações *hopi* e *navajo* cobrem a maior parte do norte do estado, este é o lugar para comprar arte e artesanato indígena, cestas, joias, tapetes e tecidos. Há postos de troca e lojas de presentes em Flagstaff e em toda a região. Alguns bons *outlets* para visitar são o histórico **Cameron Trading Post**, Highway 89N, aproximadamente 85 km ao norte de Flagstaff, e **Navajo Arts and Crafts Enterprise**, perto da rota 264, ao lado da Navajo Nation Inn, em Window Rock.

Califórnia
Para consumidores corajosos, Los Angeles, apesar de ser uma cidade grande, tem bairros comerciais que estão a par dos principais destinos de compras, como Nova York, Paris, Londres e Hong Kong. Alguns dos maiores nomes da moda sofisticada têm lojas exclusivas ao longo da deslumbrante **Rodeo Drive**, em Beverly Hills, como **Chanel**, **Armani** e **Ungaro**. Um passeio pela **Melrose Avenue**, em West Hollywood, leva a modas mais ousadas. O **Pacific Design Center** – The Blue Whale – tem 200 *showrooms* de *designers* na esquina da San Vicente; depois, seguem-se várias quadras de lojas baratas, entre **Croft** e **La Brea**. Garment District, no centro de Los Angeles, é o lugar das roupas de marca com preços mais baixos. Mais de mil lojas vendem por atacado, com descontos de até 70%.

A animada **Chinatown**, onde predominam os aromas de ervas, peixe seco, ginseng e gengibre, é a principal fonte de produtos asiáticos importados. Para quem gosta de *shoppings*, o sul da Califórnia é o paraíso. Os preferidos são **Beverly Center**, nos limites de Beverly Hills e West Hollywood, com mais de 200 lojas, e **Westfield Century City Shopping Center**.

Os arredores do vale de San Fernando são famosos pelos *shoppings*. Os maiores e mais conhecidos são **Glendale Galleria**, **Northridge Fashion Center** e **Sherman Oaks Fashion Square**. Ainda mais à frente, há o **South Coast Plaza**, em Orange County, o **Del Amo Fashion Square**, em Torrance, e o arejado **Fashion Island**, em Newport Beach, com ares de vilarejo mediterrâneo.

Rota Sul

Geórgia
A Geórgia é conhecida pelos pêssegos, tomates e por outras frutas, que são melhores na beira da estrada, em Chattahoochee Hill Country, ou no

Saturday Green Market, em Atlanta. A maioria dos bons pontos de compras da região rural fica em Atlanta ou nos arredores. No centro da cidade, **The Mall at Peachtree Center** tem 250 lojas, distribuídas em quatro andares. A pequena **Five Points** é um bom lugar para comprar presentes mais excêntricos, como moda retrô e cristais, e para restaurantes modernos. **Atlantic Station**, em Midtown, é uma animada comunidade de 56,5 hectares de trabalho e diversão, com mais de 20 hotéis, lojas e restaurantes. Lenox Square, na área residencial de Buckhead, no limite norte da cidade, é um lugar agradável para passear e fazer compras; tem os restaurantes mais finos da cidade e o **Whole Foods Market**. O **North Georgia Premium Outlets**, em Dawsonville, 45 minutos ao norte de Atlanta, oferece um centro de pontas de estoque sofisticadas, no estilo de um vilarejo, com 140 lojas, inclusive Ann Taylor e Michael Kors.

Alabama

Estado majoritariamente rural, como a Geórgia, o Alabama é conhecido pelas nozes-pecã e pelos morangos, cultivados em pequenas cidades como Castleberry, que se declara "capital do morango do Alabama". As uvas muscadíneas, dos vinhedos de Perdido, resultam principalmente em vinhos doces para venda.

O centro histórico de Montgomery é um bom lugar para encontrar antiguidades, livros, pôsteres, cartões e outros objetos que enaltecem os direitos civis no **Southern Poverty Law Center**, e produtos frescos, flores e alimentos caseiros no **Montgomery Curb Market**, na Madison.

A cidade mais rica e moderna do estado é Mobile, na Costa do Golfo, com muitos shoppings grandes nos arredores. As comunidades residenciais menores, do outro lado da baía de Mobile, como Fairhope, são famosas pelas flores – principalmente pelas azaleias –, pelas lojinhas especiais e restaurantes. O bairro histórico, no centro, tem antiguidades interessantes e uma fábrica de velas.

Mississippi

O Mississippi foi duramente atingido pelo furacão Katrina na Costa do Golfo. O **Hard Rock Hotel/Casino**, em Biloxi, reabriu e está vendendo suas famosas camisetas e outros suvenires, mas a maior parte do que você vai encontrar é objetos sem graça de lojas de rede. O lugar mais interessante para fazer compras é Ocean Springs. O centro da cidade, agradável para andar a pé, tem várias galerias de arte charmosas, fornecedores de produtos alimentícios, butiques de roupas e lojas de presentes. Os amantes da arte vão encontrar reproduções de belas pinturas e cerâmicas de Walter Anderson na incrível lojinha do **Walter Anderson Museum of Art**. A **Shearwater Pottery**, fundada em 1928 por Peter, irmão de Anderson, vende a cerâmica vitrificada produzida por seu filho Jim. E a premiada **Miner's Doll and Toy Store** tem brinquedos clássicos e lindas bonecas.

Louisiana

A região *cajun* oferece muitas possibilidades intrigantes nas compras. New Orleans, com seu compacto **French Quarter**, uma colmeia comercial, é o melhor ponto para concentrar as compras. A **Royal Street**, paralela à Bourbon Street, é um ótimo local para encontrar bonitas antiguidades. A turística **Decatur Street**, ao longo da orla marítima, tem várias lojas de suvenir que vendem lembranças da Terça-feira Gorda, temperos para o prato típico *gumbo*, mistura para *jambalaya*, molhos picantes e os famosos confeitos de amêndoa. O luxuoso **Canal Place Shops** tem cinema e lojas de roupas sofisticadas. Em Lafayette e na região vizinha de Acadiana, você vai encontrar cidadezinhas como Breaux Bridge, que vende antiguidades maravilhosas e lagostins frescos.

Texas

O destino mais procurado em Houston é **The Galleria**, que tem mais de 375 lojas especializadas e de departamentos, além de restaurantes. O histórico Houston Heights, junto com Heights Boulevard e Yale Street, tem construções vitorianas com butiques de antiguidades, moda retrô e galerias de arte.

No Second Street District, no centro de Austin, há muitas butiques locais exclusivas, incluindo a favorita **Heritage Boot**, onde o proprietário Jerry Ryan desenha cada par de seus calçados artísticos. O **23rd Street Renaissance Market**, em frente à Universidade do Texas, é um bom lugar para escolher artesanatos exclusivos. A **Waterloo Records** é famosa pelos funcionários bem informados e pela extensa coleção de gravações de músicos texanos.

San Antonio é a sede da **Luchese Boots**, fabricante de botas de caubói feitas à mão. Você vai encontrar presentes e suvenires únicos no **San Antonio Museum of Art** e em outras lojas de museus. No **Shopping North Star** (Loop 410, entre San Pedro e MacCullough), há mais de 200 lojas, incluindo muitas marcas grandes. O **Shopping El Mercado** (514 W. Commerce) tem 32 lojas especializadas de arte e artesanato mexicano. Muitos artistas renomados instalam-se em Marathon. A **Baxter Gallery** é especializada em paisagens do parque Big Bend, pintadas por artistas locais.

Marfa vende muita arte contemporânea nas galerias mais chiques que você poderá encontrar numa cidade de região rural. Entre as criações únicas, há mobília minimalista feita de zimbro, em **Benton/Garza**. A **Marfa Book Company** tem uma grande seleção de livros, incluindo volumes sobre o guru da arte em Mafra, Donald Judd. Ao longo da State Street, vários artesãos interessantes em Fort Davis vendem objetos *country* feitos à mão. Veja os chapéus *country* de feltro de castor na **Limpia Creek Custom Hats**. Muitas galerias de arte e livrarias em Alpine concentram-se na beleza agreste do Big Bend, e muitos artistas e escritores chamam esta região de "lar". Uma ótima maneira de ver o trabalho de artistas e escritores locais é visitar a cidade durante o Alpine Art Walk, que acontece todos os anos em novembro. Várias galerias de arte participam do evento, assim como a pequena e independente **Front Street Books**. El Paso é a sede da fábrica de botas de caubói **Tony Lama**. Há três pontas de estoque da fábrica na cidade.

Novo México

As opções de compra no sul do Novo México são mais limitadas do que no norte famoso. Alamogordo é conhecida pelos pomares de pistache. No **Eagle Ranch**, de administração familiar, ao norte da cidade, é possível passear pelos pomares, experimentar o produto e levar um pouco para casa.

A pequena aldeia alpina de Cloudcroft vende arte *country* exclusiva, como móveis feitos com chifres e grandes esculturas de ursos feitas com motosserra. Mescalero e **Inn of the Mountain Gods**, na reserva apache, são bons lugares para encontrar artesanato apache autêntico, como pinturas e esculturas dos espíritos *gaan* das montanhas, joias, artesanato de contas e couro trabalhado. Há várias **galerias de arte** em Ruidoso e arredores. Dave McGary, famoso por suas estátuas de bronze de nativos em tamanho natural, tem uma galeria no centro da cidade; já o artista Michael Hurd, filho dos famosos artistas do século XX Peter Hurd e Henriette Wyeth, administra a **Hurd/La Rinconada Gallery** e várias pousadas na antiga fazenda da família, perto de San Patricio.

Se você quiser tentar preparar a própria autêntica culinária do sudoeste, não perca o desvio para a minúscula Hatch, **capital mundial do** *chili*, poucos quilômetros ao norte de Las Cruces. Não há nada melhor do que a pimenta verde recém-assada, e um dos prazeres da estação da colheita em agosto é o cheiro de pimenta assada em pequenas barracas espalhadas por todo o Novo México. Moradores congelam sacos de pimenta verde assada para usá-la durante o ano todo. Depois da colheita, as pimentas são amarradas em ramos chamados *ristras* [réstias] e penduradas; quando secam, ficam vermelhas e são muito decorativas. As vagens secas adquirem um sabor complexo e podem ser tanto reidratadas e misturadas a molhos ou moídas e transformadas em pó. As pimentas secas, podem ser facilmente transportadas e são um presente perfeito do Novo México. A **praça La Mesilla** é um lugar pitoresco para comprar presentes.

Arizona

Phoenix tem vários *shoppings* grandes, além do sofisticado **Biltmore Fashion Park** (2.502 East Camelback Road) e do **Arizona Center** (Van Buren Street), no centro da cidade. Alguns dos melhores restaurantes da cidade ficam na histórica **Heritage Square** e em seus arredores, também no centro de Phoenix.

Scottsdale é famosa pelas galerias de arte contemporânea e *country*, muitas das quais ficam concentradas no Arts District do centro da cidade, vizinho da cidade velha, onde se pode comprar de tudo, de botas de caubói a bijuteria, tapete e artesanato nativo. Scottsdale também tem dois dos melhores *shoppings* da área metropolitana: Fashion Square (7.014 East Camelback Road) e Borgata, com 42 galerias, restaurantes e lojas especializadas numa aldeia de estilo toscano, com fontes e pátio.

Tucson é um bom centro para artesanato do sudoeste. No centro da cidade, na North Court Avenue, atrás do Tucson Art Museum, o Old Town Artisans é um labirinto de lojinhas que vendem cerâmica, pintura, escultura, fotografia e outras artes de alta qualidade, numa quadra de edifícios de adobe de meados do século XIX, em torno de um pátio sombreado. Na vizinhança fica o histórico centro de compras da Fourth Avenue, com mais galerias e lojas únicas no gênero. Um sucesso em Tucson é a De Grazia's Gallery in the Sun (6.300 North Swan), onde se podem comprar, na loja de presentes da galeria, reproduções das inconfundíveis pinturas do artista, inspiradas no sudoeste.

Uns 48 km ao sul de Tucson, a colônia de artistas na histórica **Tubac** é outro destino de compras muito procurado, pois tem de artes plásticas a artesanato do sudoeste e arte decorativa mexicana importada. O Tubac Festival of the Arts acontece todos os anos em fevereiro. No centro de **Yuma**, há uma agradável área de compras, com várias lojas especializadas interessantes.

Rota do Pacífico

Califórnia

Ocupando 16 quadras, o histórico **Gaslamp Quarter** de San Diego é o lugar para ver arte e artesanato no centro da cidade. Aqui também fica o **Shopping Westfield Horton Plaza**, com muitos andares. O **Seaport Village** tem mais de 70 bonitas lojas turísticas no porto; já o **Old Town Esplanade** é ladeado por lojas especializadas, muitas das quais vendem artesanato, cobertores, camisas e vestidos bordados e outros itens do México.

San Diego também fica a um pulinho de Tijuana, cidade mexicana de fronteira, onde você pode encontrar suvenires (procure artefatos de couro) a preços mais baixos. Também na fronteira, em San Ysidro, fica **Las Americas Premium Outlets**, o maior centro de pontas de estoque da região. Galerias de arte e lojas sofisticadas alinham-se no centro e nas ruas principais de Laguna Beach. As **Wyland Galleries** (509 South Coast Highway) têm obras de Wyland, um importante artista da vida marinha. Newport Beach é outro destaque nas compras, com lojas de luxo no **Fashion Island**, localizadas em torno de pátios com fontes e buganvílias, e butiques charmosas ao longo da Marine Avenue, em Balboa Island.

A **Third Street Promenade**, em Santa Monica, é um calçadão comercial originalmente projetado pelo arquiteto Frank Gehry e ladeado por arbustos podados em formatos extravagantes, entre as lojas de rede populares e pontas de estoque fora de série. Ele cruza a Arizona Avenue, onde uma **feira** fabulosa acontece às 4as e aos sábados, expondo a abundância colorida do sul da Califórnia. Ao longo da Main Street, você vai encontrar de tudo, das lojas econômicas às butiques chiques; já a careira Montana Avenue tem vestuário e mobília de grife. A **State Street** atravessa o centro da cidade de Santa Barbara, margeada por árvores, bandeiras coloridas e calçadas pavimentadas com cerâmica. Aqui, você vai encontrar uma mistura eclética de butiques que vendem calçados, moda, arte e objetos para casa. Procure pela encantadora **Retroville** (521 State Street), com artigos retrô. Nas duas extremidades da State Street, há charmosos *shoppings*, como o **La Arcada Court**, um alegre pátio em estilo espanhol, adornado com azulejos e enfeites de ferro, com joalherias de luxo e antiquários, e **Paseo Nuevo**, um atraente mercado ao ar livre, com lojas especializadas e cinemas entre arcos de adobe e palmeiras.

Existem 20 centros de compras diferentes em San Francisco. Talvez você queira começar explorando alguns ou todos: **Union Square**, que inclui a charmosa **Maiden Lane**, com butiques e galerias; **Chinatown**, entre as ruas Stockton, Kearry, Bush e Broadway, é boa para produtos frescos, peixes, aves, ervas tradicionais, antiguidades e joias; **North Beach**, que oferece uma mistura de livrarias, restaurantes e delicatéssens italianas, cafés, roupas retrô e butiques de grife; e **Fisherman's Wharf**, que se estende do **Pier 39** até a **Ghirardelli Square**, em **The Cannery**.

Oregon

Fazer compras em Oregon é principalmente econômico, pois o estado não arrecada imposto sobre as vendas. As cidades de veraneio ao longo do litoral têm lojas que vendem arte, artesanato e suvenires. Lincoln City é uma cidade comercial maior, com o **Tanger Outlet Center** no distrito comercial ao longo da Highway 101, e muitas lojas de antiguidade também localizadas aqui. A **feira** de Portland tem bancas de alimentos cultivados localmente, arte e artesanato, num ambiente animado e movimentado. A feira principal acontece aos sábados, do fim da primavera até o início do outono, nos South Park Blocks da Universidade Estadual de Portland. Outras feiras funcionam em outras partes da cidade, em dias diferentes. A **cidade velha** tem lojas especializadas num cenário encantador. Importante: todos os postos de combustíveis em Oregon têm serviço completo, uma vez que a lei do estado proíbe o autoatendimento.

Washington

A popular península de Long Beach, no sudoeste do litoral de Washington, tem pequenos vilarejos com poucas fazendas e lugares onde você mesmo pode pegar frutas, butiques, galerias de arte, lojas de suvenir e até algumas livrarias. Em Ocean Park, vá a Adelaide's Books, no prédio do Taylor Hotel, de 1887, para encontrar livros e tomar café, de 5ª a 2ª, e ao Weir Studio, um ateliê que produz bijuterias em vidro fundido. Willapa Bay Tile, em Willapa, tem belos azulejos com motivos marinhos feitos à mão por Renee O'Connor. Em Ilwaco, a Painted Lady Lavender Farm é uma parada muito relaxante para toda a família, com produtos de lavanda caseiros e um zoológico de animais domésticos e silvestres dóceis. Aos sábados, na feira de Ilwaco, procure mirtilos das Cranguyma Farms, de julho a setembro, ou pare perto da fazenda e colha-os você mesmo. Os melhores pontos de compras ficam em Seattle.

INFORMAÇÕES PRÁTICAS EM ORDEM ALFABÉTICA

A

Agências e operadoras de turismo

Os Estados Unidos têm uma variedade enorme de agências de viagem e operadoras de turismo, que oferecem pacotes de viagem comuns ou especializados. Mesmo que você esteja planejando dirigir, talvez queira contatar uma operadora local e deixar que alguém o guie pela área durante alguns dias. As operadoras de turismo norte-americanas podem ser encontradas em listas nos *sites* da **US Tour Operator Association** (USTOA, www.ustoa.com) e da **National Tour Association** (www.ntaonline.com) ou fazendo contato com o centro de informações turísticas no seu destino, onde há listas oficiais.

As melhores operadoras, que servem todo o país, incluem **Tauck Tours** (tel.: 800-788-7885; www.tauck.com), empresa de administração familiar que opera desde 1924, e **Abercrombie and Kent** (tel.: 888-785-5379; www.abercrombiekent.com), ambas especializadas em viagens de luxo para pequenos grupos. A **Smithsonian Institution** (tel.: 855-330-1542; www.smithsonianjourneys.com) oferece viagens educativas para locais de interesse arqueológico, histórico e científico nos Estados Unidos – como, por exemplo, as ruínas nativas antigas do sudoeste –, guiadas por especialistas na área de estudo. Concessionários em parques nacionais, como **Fred Harvey**, no Grand Canyon National Park, oferecem passeios de ônibus, em mulas e visitas guiadas; os funcionários dos parques têm listas dos prestadores de serviço. Peça mais informações em cada parque. A Gray Line (tel.: 303-394-6920; www.grayline.com) administra visitas guiadas de ônibus na maioria das grandes cidades do país.

Operadoras de turismo especializado oferecem viagens com guia sob medida para os interesses dos clientes, de passeios a cidades-fantasmas no Arizona a excursões históricas a pé em cidades como Santa Fe, Seattle e Boston. As prestadoras de serviços têm passeios guiados ao ar livre. O turista pode caçar, pescar, fazer *rafting*, cavalgar e esquiar com essas empresas nas montanhas do oeste; escalar e andar de bicicleta ou fazer turismo de jipe no sudoeste; observar animais silvestres na Flórida; andar de balão ou visitar vinícolas na Califórnia; fazer passeios a patrimônios culturais localizados em fazendas, reservas nativas e sítios arqueológicos no oeste; visitar campos de batalha da Guerra Civil e comunidades no sul; ou juntar-se a excursões voltadas para quem tem necessidades especiais, problemas de saúde, deficiências, para quem é solteiro, para mulheres apenas, e para a comunidade *gay* e lésbica, entre outras.

Alfândega

Você pode entrar nos Estados Unidos com **presentes de free shop de até US$ 800** (cidadãos norte-americanos) ou US$ 100 (turistas estrangeiros). Turistas maiores de 18 anos podem trazer **200 cigarros** e **50 charutos** (não cubanos) ou **2 kg de tabaco**. Quem tem mais de 21 anos pode trazer **1 litro** (34 fl. oz.) **de álcool**. Turistas com mais de **US$ 10 mil em moeda norte-americana ou estrangeira**, cheques de viagem ou ordem de pagamento devem declarar o valor na entrada. Entre as mercadorias proibidas estão carne ou derivados da carne, drogas ilícitas, armas de fogo, sementes, plantas e frutas. Para saber detalhes sobre o que é permitido, escreva para: **United States Customs and Border Protection**, 1.300 Pennsylvania Avenue NW, Washington, D.C. 20229; tel.: 877-227-5511; 703-526-4200, www.cbp.gov.

B

Banheiros públicos

Os banheiros públicos são raros nos Estados Unidos, exceto nas atrações turísticas. A maioria dos estabelecimentos comerciais permite que se use o banheiro. Em eventos especiais ao ar livre, frequentemente encontram-se banheiros químicos para atender à grande quantidade de pessoas.

C

Carona

A carona é ilegal em muitos lugares e desaconselhável em geral. É um método ineficiente e perigoso de viajar. Não peça carona!

Clima

Nos Estados Unidos, o clima é principalmente temperado, mas tropical no Havaí e semitropical na Flórida e no sudeste do país no verão; ártico no Alasca; semiárido nas grandes planícies a oeste do rio Mississippi; e árido no deserto da Grande Bacia, no sudoeste.

As baixas temperaturas de inverno no noroeste são, às vezes, suavizadas em janeiro e fevereiro pelos ventos Chinook, quentes, que sopram das encostas orientais das Montanhas Rochosas, mas as tempestades de neve são comuns na garganta do rio Columbia, na divisa dos estados de Washington e Oregon – a única via no nível do mar que atravessa a Cordilheira das Cascatas.

A temporada dos furacões, que afeta a Flórida e a Costa do Golfo e estende-se de 1º de junho a 30 de novembro, tem sido devastadora, com tempestades repentinas e chuvas torrenciais. Os tornados, a desgraça do meio-oeste, podem surgir de repente – principalmente na primavera, ou até mesmo no fim do inverno, se as condições forem favoráveis. Entre julho e setembro, no sudoeste, as chuvaradas de "monção" podem ser perigosas, causando inundações repentinas e violentas que varrem tudo o que estiver no caminho.

No oeste, a mudança nas correntes de ar durante o inverno provoca ventos de noroeste do mar para a terra sobre as montanhas; além das temperaturas gélidas, eles causam nevascas pesadas. As nevadas podem ser fortes na região dos Grandes Lagos e no nordeste, paralisando no inverno algumas das áreas mais movimentadas do país.

Quando ir

Com as escolas fechadas, os longos e preguiçosos dias de verão pela frente e as férias se acumulando, o verão é a tradicional época das viagens de carro para as famílias norte-americanas. Só pense em viajar nessa época se você não se importar com temperaturas escaldantes, clima quente e úmido na proximidade da água, tórrido, seco e poeirento no deserto e nas rodovias, hotéis, *campings* e atrações turísticas em todo o país entupidos de gente. É bem melhor programar sua viagem de carro para aproveitar as belezas específicas da primavera e do outono através da mágica paisagem norte-americana.

Depois do Dia do Trabalho, as crianças voltam para a escola; estradas, parques e *campings* ficam mais tranquilos; e as condições climáticas – geralmente, dias quentes e noites frescas – são perfeitas para atividades ao ar livre. O inverno tem seu charme particular, mas, com temperatura gélida, neve pesada, vento forte e estradas interrompidas em todo o país, não é a melhor estação para dirigir.

Apenas as Rotas Sul, do Atlântico e do Pacífico são adequadas para viajar no inverno; mesmo assim, esteja preparado para o clima ruim, que, às vezes, traz neve para áreas desérticas baixas, como Tucson. Pense duas vezes antes de pegar a estrada no inverno nas Rotas Central, Norte e do Atlântico descritas neste guia. Se o objetivo principal for esquiar, é melhor ir de avião até uma estação. A maioria dos turistas de inverno vai para o sul dos Estados Unidos, especialmente para a Flórida, onde o sol brilha 300 dias por ano e os invernos são brandos; a alta temporada vai de janeiro a abril, e os preços disparam no verão. Muitos norte-americanos planejam suas viagens para as temporadas de transição – mais calmas e ainda agradáveis –, em maio ou junho ou de outubro a dezembro.

O que vestir

O clima nos Estados Unidos é variado e bastante intenso; frequentemente, muda rápido de um extremo para outro. O melhor é vestir camadas de roupas leves, que possam ser retiradas de acordo com a temperatura; usar chapéu e óculos de sol com lentes polarizadas; calçar sapatos ou sandálias resistentes para caminhar; e, no verão, carregar uma proteção contra a chuva que seja fácil de dobrar e guardar. No inverno, roupa de baixo com mangas e pernas compridas, feitas de seda ou de tecidos tecnológicos que deixem o corpo transpirar, podem ser usadas embaixo de lã sintética ou natural, para aquecer. Não se esqueça das luvas de lã, do cachecol e do gorro, e também de um casaco leve e dobrável de pluma de ganso nas áreas elevadas ou no norte do país. Um filtro solar com fator de proteção 30 ou mais é uma boa ideia em qualquer época do ano.

Correio

Agências de correio

Até as cidades mais remotas são servidas pelo correio norte-americano. Os selos vendidos em todas as agências e também em algumas lojas de conveniência, postos de combustível, hotéis e terminais de transporte – geralmente em máquinas. A tarifa de postagem em 2014 é de US$ 0,49 por um selo nacional de primeira classe, até 1 oz (28 g), acrescida de US$ 0,21 para cada onça extra. Os cartões-postais custam US$ 0,34 cada um. A postagem de cartas para o exterior custa US$ 1,15 por 1 oz (28 g); US$ 0,85 para o México e Canadá. Atualmente, os cartões-postais para o exterior custam US$ 0,98, 0,79 para o México e 0,75 para o Canadá.

Crianças

Dois conselhos para quem viaja com crianças: primeiro, prepare-se; segundo, não espere viajar grandes distâncias. Carregue tudo aquilo de que precisa e também um *kit* geral de primeiros socorros – as cidades do oeste são pequenas e remotas, com estoques limitados. Se você precisa de fórmulas, comidas especiais, fraldas ou medicação para bebês, coloque-as na bagagem, junto com aqueles maravilhosos itens de viagem com várias utilidades, como lenços umedecidos e sacos plásticos com fecho. Jogos, livros e lápis de cor ajudam as crianças a passar o tempo no carro. Levar lanches e bebidas para o dia é útil para os momentos em que as crianças (e os adultos) ficam com fome na estrada. Reserve bastante tempo, pois as crianças não viajam no mesmo ritmo dos adultos.

Certifique-se de que áreas silvestres e outros lugares remotos são apropriados para crianças. Existem poços de mina abandonados, escadas íngremes, penhascos ou outros riscos? É preciso andar muito? Há comida, água, abrigo, banheiro e outros elementos essenciais no local? Evite a desidratação fazendo as crianças beberem bastante água antes e ao longo das atividades ao ar livre. Particularmente no verão, assegure-se de que elas usem filtro solar com fator de proteção 30 ou mais, chapéu, óculos de sol, sandálias resistentes ou botas de caminhada e roupas em camadas. Não force as crianças além do limite delas. Permita que descansem com frequência e dê tempo para que elas tirem cochilos extras.

Crime e segurança

Se estiver dirigindo, nunca dê carona a desconhecidos. Sempre tenha cuidado com quem está a sua volta. Se tiver algum problema na estrada, fique no carro e tranque as portas, acenda o pisca alerta e/ou deixe o capô aberto, a fim de aumentar sua visibilidade e chamar a atenção da ronda policial. Vale a pena carregar um aviso pedindo ajuda. Não aceite carro de aluguel que possa ser facilmente identificado. Adesivos da locadora e placas especiais podem atrair a atenção de ladrões em busca de pertences valiosos dos turistas.

Na cidade

A maioria das grandes cidades tem sua parcela de criminalidade. O bom senso é sua arma mais eficaz. Tente evitar andar sozinho à noite – pelo menos, fique nas ruas mais movimentadas e iluminadas, e movimente-se como se soubesse aonde está indo. Não carregue grandes somas de dinheiro ou equipamento fotográfico ou de vídeo caro.

Tome conta dos seus pertences. Nunca deixe o carro destrancado nem crianças pequenas sozinhas. Os hotéis geralmente avisam que não garantem a segurança dos objetos deixados nos quartos. Se estiver carregando objetos de valor ou dinheiro, você deve trancá-los no cofre do hotel. Muitos bons hotéis agora têm cofres no quarto com códigos variáveis.

Tome cuidado especial ao usar caixas eletrônicos à noite. Se ficar em dúvida sobre quais áreas são seguras, peça informação aos funcionários do hotel ou à polícia.

Deficientes

A lei para os norte-americanos deficientes, de 1995, provocou mudanças radicais nas construções do país. Hospedagens com cinco quartos ou mais devem estar adaptadas para usuários com deficiências. Pousadas mais antigas e menores e alojamentos frequentemente têm acesso para cadeirantes.

Para os deficientes visuais, muitos hotéis oferecem despertadores especiais e medidas de segurança. Para adequar-se às exigências da lei para deficientes auditivos, muitos hotéis começaram a seguir procedimentos especiais; as agências locais podem oferecer telefones adaptados e serviços de intérprete.

Verifique na recepção do hotel, ao fazer a reserva, até que ponto o estabelecimento obedece à lei. Faça perguntas específicas a respeito do banheiro, da altura da cama, do espaço para a cadeira de rodas e da disponibilidade de serviços.

Muitas atrações turísticas importantes têm cadeiras de roda para emprestar ou alugar; a maioria dos parques nacionais, hoje, também oferece trilhas pavimentadas "sem barreiras" ou "acessíveis". Alguns têm guias turísticos e intérpretes para visitantes com deficiência auditiva ou visual. A **Society for Accessible Travel and Hospitality** (tel.: 212--447-7284; www.sath.org) publica trimestralmente uma revista sobre viagem para deficientes.

Dinheiro

O dólar americano tem notas de 1, 5, 10, 20, 50 e 100, todas do mesmo tamanho. O dólar é dividido em 100 centavos. As moedas são de 1 centavo (*penny*), 5 (*nickel*), 10 (*dime*), 25 (*quarter*) e 50 (*half-dollar*) centavos e 1 dólar (as duas últimas são pouco comuns). Os cartões de crédito são aceitos em praticamente todos os lugares, embora nem todos os cartões sejam aceitos em todos os lugares. A maioria dos hotéis, restaurantes e lojas aceita os mais importantes, como American Express, MasterCard e Visa; o Diners Club é menos aceito. Junto com os cartões bancários estrangeiros ou de fora do estado, eles podem ser usados também para sacar dinheiro nos caixas eletrônicos.

Os cheques de viagem são amplamente aceitos, embora talvez

Emergências

Disque 911 (o operador transfere a ligação para a polícia, a ambulância ou o corpo de bombeiros). A chamada é gratuita em qualquer lugar dos Estados Unidos, incluindo as feitas de telefones celulares. Se não conseguir linha, **disque 0** para chamar um operador. Nos parques nacionais, é melhor **entrar em contato com um guarda-parque**. No México, para assistência gratuita de emergência na estrada, ligue para os **Green Angels**, 800-903-9200.

você tenha de apresentar algum documento de identificação quando for descontá-los em bancos (isso não é necessário na maioria das lojas). Os cheques de viagem em dólares são muito mais bem aceitos do que os cheques em outras moedas. As melhores taxas de câmbio para eles estão nos bancos. Leve seu passaporte.

Gorjeta

Embora a gorjeta raramente seja obrigatória, a renda de muitos trabalhadores da área de serviços nos Estados Unidos depende muito dela. Os valores são: **garçons e bartenders**, 15 a 20%; **motoristas de táxi**, 15%; **carregadores de bagagem em aeroporto e hotel**, cerca de US$ 1 por mala; **camareiras**, US$ 1 a 2 por dia; **porteiros**, US$ 1 por ajudar a descarregar o carro, principalmente se você tiver muita bagagem, e de US$ 4 a 5 se levar a bagagem até o quarto; **cabeleireiros**, **manicures** e **massagistas**, 15%.

E

Eletricidade

A corrente elétrica padrão na América do Norte é de 110 a 115 volts, corrente alternada de 60 ciclos. É necessário um adaptador para a maioria dos equipamentos estrangeiros, com exceção daqueles procedentes do Japão.

Embaixadas e consulados

Embaixada do Brasil em Washington

3.006 Massachusetts Avenue NW
Washington, D.C. 20008
Tel.: 202-238-2805

Consulados brasileiros nos Estados Unidos

Washington
1.030 15th Street, NW Washington
D.C. 20005
Tel.: 202-461-3000
Atlanta
3.500 Lenox Road NE, One Alliance Center, Suite 800
Atlanta, GA 30326
Tel.: 404-949-2400
Boston
20 Park Plaza, Suite 1420
Boston, MA 02116
Tel.: 617-542-4000
Chicago
401 North Michigan Avenue, suite 1850
Chicago, IL 60611
Tel.: 312-464-0244
Hartford
One Constitution Plaza, ground floor
Hartford, CT 06103
Tel.: 860-760-3139
Houston
Park Tower North

1.233 West Loop South, suite 1150
Houston, TX 77027
Tel.: 713-961-3063
Los Angeles
8.484 Wilshire Blvd, suite 300
Beverly Hills, CA 90211
Tel.: 323-651-2664
Miami
80 SW 8th Street – 26th floor
Miami, FL 33130-3004
Tel.: 305-285-6200
Nova York
1.185 Avenue of the Americas, 21st floor
New York, NY 10036-2601
Tel.: 212-827-0976
San Francisco
300 Montgomery Street, suite 300
San Francisco, CA 94104
Tel.: 415-981-8170

Embaixada dos Estados Unidos em Brasília

SES Avenida das Nações quadra 801
lote 3
Brasília, DF – CEP 70403-900
Tel.: (61) 3312-7000

Estudantes

A **Carteira de Estudante Internacional ISIC** é reconhecida em todo o mundo. As maiores cidades dos Estados Unidos, como Nova York e Atlanta, aceitam a carteira e oferecem descontos consideráveis em tudo, de diversão e restaurantes a alojamento e estacionamento em aeroporto. A **Carteira de Viagem Internacional para Jovens IYTC** oferece aos turistas menores de 26 anos tarifas reduzidas em ônibus, trens, voos e hotéis. Ambas as carteiras custam US$ 25 por ano. A ISIC inclui uma apólice de seguro de viagem abrangente, e a ISIConnect é uma ferramenta de comunicação completa, com cartão telefônico e opções de celular. Para mais informações, ligue para 800-223--7986 nos Estados Unidos ou acesse www.isic.com.

A **STA Travel** (tel.: 800-781-4040; www.statravel.com) também oferece descontos para estudantes em passagens aéreas. Para estudantes, o preço dos ingressos nas atrações turísticas em todos os Estados Unidos é geralmente alguns dólares mais baixo do que o ingresso inteiro (para adultos). Para crianças menores de 12 anos, a entrada geralmente é gratuita. Verifique no lugar para onde você vai.

Etiqueta

Os turistas geralmente associam os Estados Unidos com um comportamento descontraído. Embora isso seja verdade até certo ponto, principalmente na maneira de se vestir e nos hábitos à mesa, você também deve estar preparado para muitos norte-americanos – particularmente os que vivem nas áreas conservadoras do meio-oeste e do sul – surpreendentemente polidos e formais na fala, no vestuário e na intricada dança da interação social.

Em geral, os norte-americanos são positivos, curiosos sobre os outros, comumente tolerantes com as diferenças, calorosos, efusivos e táteis. Por ser uma nação de imigrantes, na sociedade educada, geralmente toma-se cuidado para não ofender nenhum grupo. O nacionalismo exacerbado e o racismo, embora evidentes, não são tolerados na maioria das situações sociais; por isso, tome cuidado com piadas inconvenientes ou suposições sobre as diferentes regiões do país.

A visita às reservas nativas, que são terras soberanas dentro dos Estados Unidos, com suas próprias leis e códigos morais, requer sensibilidade especial e consciência cultural. Faça um esforço para se misturar, vista-se discretamente, comporte-se com modéstia – principalmente nas danças nativas, que são rituais religiosos – e nunca entre numa casa sem ser convidado (nem recuse uma refeição, se for convidado num dia festivo, pois isso é considerado grosseria). Muitas tribos obtêm renda do turismo; por isso, construíram em suas terras de grande beleza *resorts* de luxo que rivalizam com qualquer um de Las Vegas. Em áreas mais remotas, geralmente vão pedir a você que pague uma pequena taxa para tirar fotos dos membros de uma família.

F

Fotografia

Mesmo em tempos de câmeras digitais de visualização instantânea, o filme fotográfico ainda é bastante vendido no país inteiro. *Shoppings* e supermercados geralmente têm serviços de revelação rápida ou impressão de fotos digitais em papel. Os Estados Unidos são espetacularmente fotogênicos. Algumas das fotos mais felizes são as tiradas em eventos culturais, como desfiles de fantasia, danças nativas e vida silvestre.

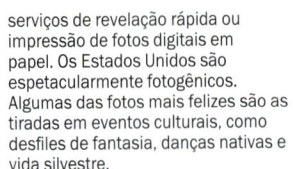

Se você pretende tirar fotos no deserto, evite a luz chapada e sem cor do meio do dia. Fotografe no começo da manhã ou à noite. Dias nublados oferecem contraste melhor do que os dias de sol brilhante.

Siga o que manda a etiqueta ao fotografar nativos norte-americanos. No Novo México geralmente exige-se que se pague uma taxa para fotografar no interior dos *pueblos* e durante as danças. Em geral, os nativos posam satisfeitos para os turistas em troca de uma pequena taxa. Antes de fotografar qualquer pessoa, sempre peça permissão e obtenha uma cessão de direitos, caso a foto tenha objetivo comercial.

Fumantes

Não existe proibição federal ao fumo, mas hoje muitos estados e cidades grandes e pequenas proíbem fumar em locais de trabalho, no transporte público, nos bares, hotéis, restaurantes, aeroportos, nos edifícios públicos e seus arredores, e nos parques públicos; portanto, sempre verifique isso antes de acender um cigarro.

G

Gays e lésbicas

Em geral, as áreas urbanas dos Estados Unidos são locais mais seguros para os turistas homossexuais do que os destinos rurais distantes das cidades. Nessas regiões, adote uma postura discreta, particularmente na conservadora região do sul conhecida como *Bible Belt*, a fim de evitar problemas. Isso posto, o lucrativo mercado GLBT é um dos mais movimentados dos Estados Unidos; a maioria dos estados oferece informações sobre viagens agradáveis para os homossexuais em suas comunidades – cidades como Nova York, South Beach (Miami), Seattle, San Francisco, Los Angeles, Phoenix e Tucson desenrolam um tapete vermelho para eles. Cidades universitárias ou artísticas menores, como Santa Fe, Austin e Flagstaff, também têm comunidades *gays* surpreendentemente grandes.

Para mais informações, consulte as **Gay and Lesbian Yellow Pages** (tel.: 713-942-0084; 800-697-2812; www.glyp.com). A **Damron Company** (tel.: 415-255-0404; 800-462-6654; www.damron.com) publica guias para turistas homossexuais e lista hospedagens de propriedade de homossexuais e voltadas para homossexuais em todo o país.

Guarda-volumes

Por segurança, atualmente, a maioria dos aeroportos e das estações de trem dos Estados Unidos não oferece serviço de guarda-volumes aos turistas, embora algumas empresas particulares operem maleiros automáticos. Verifique em cada local. A maioria dos hotéis permite que o turista faça o *check out* e deixe a bagagem numa área de armazenagem segura. Deixar a bagagem no carro é um risco calculado. Na prática, se você trancar todos os valores (especialmente computadores portáteis e outros eletrônicos) fora de vista, provavelmente estará seguro.

H

Horário de funcionamento

Bancos das 9h às 17h, dias de semana. A maioria fecha aos sábados ou abre apenas de manhã.
Correio das 8h às 16h ou 17h30, dias de semana. Aos sábados geralmente abre apenas de manhã, especialmente nas cidades pequenas.
Lojas das 9h às 17h, diariamente; mais tarde em áreas turísticas; os *shoppings* costumam abrir das 10h às 21h, 2ª-sáb., das 12h às 17h, aos domingos.
Serviços 24h A grande maioria das cidades tem restaurantes, lojas de conveniência e supermercados 24h.
Museus Geralmente abrem 3ª-dom. e fecham 2ª.

Bar gay *em San Francisco.*

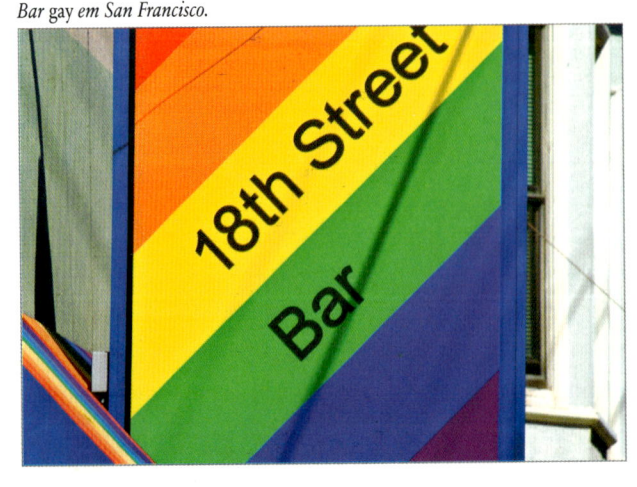

Feriados

Feriados comemorados exatamente no dia da semana em que caírem:
1º de janeiro Ano-Novo
4 de julho Dia da Independência
11 de novembro Dia dos Veteranos
25 de dezembro Natal
Outros feriados:
Terceira segunda-feira de janeiro
Martin Luther King Jr Day [Dia de Martin Luther King Jr.]
Terceira segunda-feira de fevereiro
Presidents' Day [Dia dos Presidentes]
Março/Abril
Sexta-feira Santa, Domingo de Páscoa
Última segunda-feira de maio
Memorial Day [Dia dos Soldados Mortos em Combate]
Primeira segunda-feira de setembro
Labor Day [Dia do Trabalho]
Segunda segunda-feira de outubro
Columbus Day [Dia de Colombo]
Quarta quinta-feira de novembro
Thanksgiving [Dia de Ação de Graças]

Impostos

A maioria dos estados arrecada imposto sobre as vendas. O percentual varia de estado para estado (até cerca de 8%, em alguns deles) e invariavelmente não está incluído no preço de etiqueta. Talvez também seja necessário pagar imposto municipal sobre a venda. Ao olhar as etiquetas, preste atenção a outros custos que podem ou não estar embutidos no preço declarado, por exemplo, imposto sobre hospedagem e sobre as refeições nos restaurantes, as bebidas e o aluguel de carros. Eles são particularmente pesados nas cidades turísticas, como Miami. Se tiver dúvida, pergunte.

Informações turísticas

Acesse o *site* www.usa.gov e clique em "Visitors to the United States" e depois em "Travel, Study, and Work", a fim de obter os *links* para os centros de informações turísticas do governo, incluindo os centros dos governos tribais, em todos os 50 estados. Os **Welcome Centers** geralmente localizam-se nas divisas. São administrados por voluntários, que podem lhe fornecer mapas e informações gerais sobre sua estadia, além de banheiro, água e, com frequência, um café quentinho. A maioria das comunidades tem centros com informações e planos de viagem para atender aos turistas. Ao visitar parques nacionais, pare primeiro na recepção. Os guardas florestais podem ajudar você a aproveitar melhor o tempo que passar na área.

O *site* **www.usa.gov** posta alertas de viagem e informações sobre condições de estradas e rodovias, preços de combustível e transporte público, além de dar dicas de direção. O *site* **www.byways.org** tem informações sobre as **estradas secundárias panorâmicas** dos Estados Unidos – uma atração pouco conhecida, de grande interesse para os estradeiros que serpenteiam pelas inspiradoras *blue highways* (estradinhas traçadas em azul nos mapas) do país.

Route 66

National Historic Route 66 Federation
Tel.: 909-336-6131
www.national66.com

Centros de informações turísticas estaduais

Alabama Tourism Department
Tel.: 334-242-4169
www.alabama.travel
Arizona Office of Tourism
Tel.: 866-275-5816
www.arizonaguide.com
Arkansas Department of Parks and Tourism
Tel.: 501-682-7777
www.arkansas.com
California Tourism
Ligação gratuita: 877-225-4367
www.visitcalifornia.com
Connecticut Commission on Culture and Tourism
Ligação gratuita: 888-288-4748
www.ctvisit.com
Visit Florida
Ligação gratuita: 888-735-2872
www.visitflorida.com
Georgia Department of Economic Development
Ligação gratuita: 800-847-4842
www.exploregeorgia.org
Idaho Division of Tourism Development
Ligação gratuita: 800-VISITID
www.visitidaho.org
Illinois Bureau of Tourism – Chicago Office
Ligação gratuita: 800-226-6632
www.enjoyillinois.com
Indiana Office of Tourism Development
Ligação gratuita: 800-677-9800
www.in.gov/visitindiana
Louisiana Office of Tourism
Tel.: 225-342-8119
www.louisianatravel.com
Maine Office of Tourism
Ligação gratuita: 888-624-6345
www.visitmaine.com
Maryland Office of Tourism Development
Ligação gratuita: 866-639-3526
www.mdisfun.org
Massachusetts Office of Travel and Tourism
Ligação gratuita: 800-227-MASS
www.massvacation.com
Explore Minnesota Tourism
Ligação gratuita: 888-868-7476
www.exploreminnesota.com
Mississippi Division of Tourist Development
Ligação gratuita: 866-733-6477
www.visitmississippi.org
Travel Montana
Ligação gratuita: 800-847-4868
www.visitmt.com
New Hampshire Department of Resources and Economic Development
Tel.: 603-271-2665
www.visitnh.gov
New Jersey Division of Tourism and Travel Information
Ligação gratuita: 800-VISIT NJ
www.visitnj.org
New Mexico Department of Tourism
Tel.: 505-827-7400
www.newmexico.org

Loja de presentes na Route 66, em Seligman, Arizona.

Horário de verão

Começa todos os anos às 2h do segundo domingo de março, quando os relógios são adiantados em 1 hora (*spring forward*), e termina às 2h do primeiro domingo de novembro (*fall back*). O Arizona e Indiana não adotam o horário de verão; no entanto, ele é adotado pela enorme reserva navajo, que cruza Arizona e Novo México – o que é confuso para os turistas.

New York State Tourist Information
Ligação gratuita: 800-225-5697
www.iloveny.com
North Carolina Division of Tourism
Ligação gratuita: 800-847-4862
www.visitnc.com
Ohio Division of Travel and Tourism
Ligação gratuita: 800-BUCKEYE
www.discoverohio.com
Oklahoma Tourism and Recreation Department
Ligação gratuita: 800-652-6552
www.travelok.com
Oregon Tourism Commission
Ligação gratuita: 800-547-7842
www.traveloregon.com
Pennsylvania Tourism Office
Ligação gratuita: 800-847-4872
www.visitpa.com
South Carolina Department of Tourism
Ligação gratuita: 866-224-9339
www.discoversouthcarolina.com
South Dakota Office of Tourism
Ligação gratuita: 800-732-5682
www.travelsd.com
State of Tennessee Department of Tourist Development
Ligação gratuita: 800-462-8366
www.tnvacation.com
Texas Tourism
Ligação gratuita: 800-8888-TEX
www.traveltex.com
Vermont Department of Tourism and Marketing
Ligação gratuita: 800-VERMONT
www.1-800-vermont.com
Virginia Tourism Corporation
Ligação gratuita: 800-847-4882
www.virginia.org
Washington State Tourism Division
Ligação gratuita: 800-544-1800
www.experienceWA.com
Washington, D.C.: Destination D.C.
Tel.: 202-789-7000
www.washington.org
Wisconsin Department of Tourism
Ligação gratuita: 800-432-8747
www.travelwisconsin.com
Wyoming Travel and Tourism
Tel.: 302-777-777
www.wyomingtourism.org

Internet e *sites*

Muitas bibliotecas públicas, lojas de fotocópia, hotéis e aeroportos oferecem serviços de acesso à internet de banda larga (DSL) ou sem fio (*wi-fi*). Alguns lugares (com exceção, geralmente, das bibliotecas) cobram pelo acesso, seja ele feito nos computadores do local, seja feito em seu *laptop*. Surpreendentemente, a taxa é menos cobrada nas redes hoteleiras mais baratas do que nos lugares caros. Em todas as lojas da Starbucks, o *wi-fi* é gratuito, assim como em muitos outros cafés e restaurantes. Em alguns aeroportos é preciso comprar um passe T-Mobile Hot Spot ou Boingo (cerca de US$ 9,95/dia) antes de logar. Os *modems* de muitos *laptops* e computadores de mão estrangeiros não funcionam nos Estados Unidos. Pode ser que você tenha de comprar um *modem* universal antes de viajar ou um cartão de rede local ao chegar aos Estados Unidos. Para mais informações, acesse www.teleadapt.com.

M

Mapas

Um mapa rodoviário detalhado é essencial em qualquer viagem. Há muitos deles nos centros de informações turísticas das cidades e nos centros de boas-vindas estaduais, nas grandes livrarias como a Barnes & Noble, em quiosques, postos de combustível, supermercados e lojas de conveniência. Para o turista que atravessa o país, pode ser útil adquirir um guia rodoviário com mapas dos 50 estados, como o que é publicado pela Rand McNally. A American Automobile Association (AAA) fornece, gratuitamente, mapas excelentes a seus sócios. Mapas gratuitos dos parques nacionais, florestas e outras áreas públicas geralmente são oferecidos na recepção da agência governamental que administra as atrações. Mapas topográficos bem detalhados dos estados podem ser comprados no US Geological Survey (www.usgs.gov/pubprod). Os mapas topográficos geralmente são encontrados em livrarias de qualidade e lojas que vendem equipamento para atividades ao ar livre.

Mídia

Jornais

Nestes tempos de publicações eletrônicas em rápida expansão e informação gratuita na internet, a mídia impressa sofreu uma redução significativa. Mesmo assim, a maioria das comunidades dos Estados Unidos ainda publica edições impressas de jornais, além das edições eletrônicas.

Os **dez maiores jornais** em circulação nos Estados Unidos são: *USA Today, Wall Street Journal, New York Times, Los Angeles Times, San Jose Mercury News, Washington Post, New York Daily News, New York Post, Chicago Tribune* e *Chicago Su-Times*. Os três primeiros estão disponíveis em todo o país.

Televisão

Ao contrário de muitos países, os Estados Unidos não têm uma rede nacional de televisão; em vez disso, três canais importantes – ABC, CBS e NBC – são retransmitidos nos mercados locais por afiliadas que também produzem programação regional e notícias, que geralmente podem ser assistidas gratuitamente. Além dessas três grandes, a rede conservadora Fox Broadcasting Corporation está conquistando uma parcela cada vez maior do mercado. A Univision, rede de canais de língua espanhola, é a quinta maior do país.

A transmissão não comercial tem papel muito menor na TV dos Estados Unidos do que na de outros países, mas veicula uma programação excelente, liderada pelas estações do Public Broadcasting System (PBS).

Entre os canais de interesse público mais populares a cabo ou por satélite estão: CNN, ESPN, MSNBC, Discovery Channel, Food Network, USA Network, TNT, TLC, BRAVO, Disney, National Geographic e BBC America. Os canais de filmes incluem HBO, Showtime, Stars, TMC, TCM e filmes pagos oferecidos por provedores por satélite, como DirecTV e Dish.

Rádio

Uma boa maneira de aprender sobre a cultura norte-americana é ligando o rádio. As cidades têm uma quantidade enorme de estações, que veiculam do programa de Rush Limbaugh, que defende posições direitistas, à música, com *hip-hop*, *rock* clássico e contemporâneo. Nas longas e solitárias rodovias, a música *country* e a religiosa predominam, junto com programas em espanhol e de comentários em AM. Há uma programação

Fusos horários

O território continental dos Estados Unidos abrange quatro fusos horários, divididos da seguinte maneira:
Eastern [Oriental] (Hora de Greenwich menos cinco horas)
Central (Hora de Greenwich menos seis horas)
Mountain [Montanha] (Hora de Greenwich menos sete horas)
Pacific [Pacífico] (Hora de Greenwich menos oito horas)

mais cultural nas extremidades do mostrador do rádio. A National Public Radio (NPR), formada por grupos de estações de rádio locais, transmite os programas públicos mais ouvidos no país, além de óperas, música clássica, *jazz* e, frequentemente, programas indígenas.

No sudoeste, a Hopi Radio (KUYI FM em 88.1) e a Navajo Radio (660 KTNN AM) transmitem localmente nos idiomas nativos. A Cajun Radio (1470 AM), em Lake Charles, Louisiana, canta alto música *zydeco* e *cajun* em todo o país dos *cajuns*. Você pode sintonizar a Radio Sonora (96.9 FM) para curtir ao vivo a música do norte influenciada pela polca, enquanto viaja pelo sul do Arizona, perto da fronteira dos Estados Unidos com o México.

Um programa de rádio dedicado à Route 66 é transmitido na estação de Saint Louis KMOX (1120 AM), todos os sábados, das 20h à 1h. Informações sobre as condições locais da estrada e as atrações geralmente podem ser sintonizadas em 93 AM. Caminhoneiros com equipamento Faixa do Cidadão conversam uns com os outros em canais exclusivos – geralmente, pelo Canal 19 na maior parte do país (Canal 17 na Costa Oeste). Também existe um canal de caminhoneiros na imensa grade de programação das rádios por satélite SiriusXM Radio, disponíveis na maioria dos carros alugados. A SiriusXM tem estações dedicadas a todo tipo de música, inclusive músicas antigas de diferentes décadas.

Mulheres em viagem

Dirigir é uma forma maravilhosa e, geralmente, segura de a mulher viajar pelos Estados Unidos. Provavelmente, você não vai ter problemas e, na segurança do seu veículo, vai curtir uma sensação incomum – e possivelmente viciante – de verdadeira aventura e liberdade.

Embora seja divertido conhecer pessoas novas na estrada, se estiver sozinha, tome um pouco de cuidado para não atrair atenção indesejada. Seja discreta nas roupas e evite se relacionar com festeiros, principalmente grupos de homens em bares, onde as coisas podem sair do controle de repente. Se estiver sozinha, não vá para casa com estranhos nem dê carona.

Planeje hospedar-se em motéis e *campings* públicos um pouco mais caros e adquira o hábito de manter as portas do carro travadas o tempo todo. Evite andar à noite em áreas mal iluminadas, na cidade ou no campo, e fique em lugares públicos. Tente informar alguém sobre seu trajeto.

O

Objetos perdidos

Se perder algum objeto, o melhor é informar imediatamente a administração da atração turística ou do hotel onde ele foi perdido e, em seguida, registrar a ocorrência pessoalmente na delegacia de polícia local. Algumas delegacias permitem que o boletim de ocorrência seja feito por e-mail. Todas as companhias aéreas têm balcões de objetos perdidos e, geralmente, enviam as malas extraviadas para seu destino.

Orçamento de viagem

Os Estados Unidos são bastante atrativos para os turistas, principalmente para aqueles que viajam de carro, pois o gasto principal é com aluguel de veículo, combustível, hospedagem e alimentação, e há pechinchas pelo caminho.

Consegue-se fazer uma grande economia acampando, hospedando-se em motéis econômicos, comendo em restaurantes caseiros, como os moradores do local, ou levando a própria comida para um piquenique, e mantendo-se dentro do orçamento nas atrações turísticas. Reserve cerca de US$ 80 a 100 por dia para hospedagens de boa qualidade para duas pessoas, embora as diárias de hotéis e pousadas realmente inesquecíveis costumem chegar a US$ 150 (principalmente em cidades grandes). Do outro lado do espectro, há uma série de albergues e *campings* agradáveis, com instalações completas e diárias de US$ 16 a 18; é possível encontrar hospedagem em motéis básicos por menos de US$ 50, e redes confiáveis ficam na faixa de US$ 60 a 80 (procure descontos na AAA e ofertas *on-line* em redes como Best Western e La Quinta).

É provável que você consiga viajar com US$ 30 por dia por pessoa, para as refeições básicas, se optar por cafeterias, cafés, mercados e restaurantes econômicos e não consumir bebida alcoólica. As refeições em restaurantes melhores custam muito mais, mas, se estiver decido a visitar um estabelecimento chique e não tiver dinheiro, a dica é almoçar lá – muitos dos pratos do cardápio do jantar são servidos no almoço a preços bem inferiores e, assim, você vai poder dizer que comeu num restaurante da moda.

Reserve no mínimo US$ 3,50 por galão de combustível para o carro alugado; a maioria dos carros econômicos faz 30 milhas (48 km) por galão. Bondes, trens leves, ônibus e outros transportes públicos em cidades como Tampa, Miami, San Francisco e Atlanta custam apenas alguns dólares, o que lhe dá a chance de circular gastando bem menos.

P

Pesos e medidas

Os Estados Unidos adotam o sistema universal de pesos e medidas. Algumas conversões básicas para o sistema métrico são:

Comprimento
1 *inch* (in, polegada) = 2,54 cm
1 *foot* (ft, pé) = 30,48 cm
1 *yard* (yd, jarda) = 91,44 cm
1 *mile* (mi, milha) = 1,609 km

Volume
1 *fluid ounce* (fl oz, onça fluida) = 29,57 ml
1 *gallon* (gal, galão) = 4,54 l

Massa
1 *ounce* (oz, onça) = 28,34 g
1 *pound* (lb, libra) = 453,59 g

Preço dos ingressos

Em geral, museus públicos e particulares, atrações turísticas e parques estaduais e nacionais cobram ingresso. Como regra, os preços são inferiores a US$ 10 por pessoa, embora locais muito frequentados, como o Grand Canyon e exposições itinerantes especiais em museus famosos no país, cheguem a cobrar até US$ 20. Os museus geralmente oferecem ingressos a preços reduzidos ou entrada gratuita em certos dias ou noites.

Leve em consideração a compra de **passes que deem acesso a várias atrações** nas cidades maiores, quando eles existirem. Os centros de informações turísticas podem ajudar no planejamento; muitos deles também oferecem cupons de desconto, com excelentes ofertas para atrações, hotéis e restaurantes locais.

Recomenda-se, enfaticamente, a compra de um **passe anual** (US$ 80 em 2014), que permite a entrada ilimitada em terras públicas da administração federal em todos os Estados Unidos, a quem planeja visitar vários parques nacionais. Esses passes podem ser comprados na recepção dos parques nacionais ou pelo *site* www.nps.gov/findapark/passes.htm.

R

Religião

A maioria dos norte-americanos acredita em Deus, e muitos deles assistem regularmente a sessões religiosas ou espirituais em suas comunidades. Catolicismo romano, Protestantismo e Cristianismo evangélico são as expressões religiosas mais visíveis em todo o país, mas você também encontrará sinagogas judaicas (a maioria nas grandes cidades e seus subúrbios), tabernáculos e templos mórmons, casas de oração *quakers*, templos budistas, cerimônias pagãs *wicca*, encontros evangélicos de reavivamento nas reservas nativas e outros locais de congregação religiosa nos lugares mais improváveis, como remotos parques nacionais.

Os turistas são bem-vindos à maioria das congregações religiosas; no entanto, brancos em cultos dominicais realizados em igrejas evangélicas de maioria negra no sul devem preparar-se para certa dose de desconfiança.

Restrições de idade

Poucas restrições de idade são impostas nas atrações turísticas. Os parques temáticos, como Disney World, costumam estabelecer restrições de idade, peso e altura por questões de segurança. Na maioria dos estados, para entrar em locais que servem bebida alcoólica é preciso ser maior de 21 anos.

S

Saúde e atendimento médico

Os serviços médicos são muito caros. Viaje sempre com um seguro abrangente, que cubra tratamento e emergências. Leia o texto em letras miúdas – a maioria das apólices exclui tratamento em casos de acidentes em esportes aquáticos, de inverno ou de montanha, a menos que seja incluída uma cobertura adicional.

Se precisar de atendimento médico, consulte as Páginas Amarelas, a fim de localizar o médico ou o farmacêutico mais próximo. Às vezes, os hotéis maiores têm médico residente. Nas cidades grandes, geralmente há um telefone de serviço de encaminhamento médico na lista.

Se precisar de assistência imediata, vá diretamente a um pronto-socorro hospitalar; a maioria fica aberta 24 h. Talvez lhe peçam comprovação da cobertura do seguro antes de ser atendido. Para indisposições mais leves, as clínicas médicas de pronto atendimento são muito mais baratas do que os prontos-socorros dos hospitais.

Tome cuidado com a desidratação e a exposição excessiva ao sol. No deserto ou em grande altitude, isso pode acontecer rapidamente, mesmo em dias nublados. Roupas leves, protetor solar com fator alto, chapéu e uma garrafa com 1 litro de água são acessórios imprescindíveis. Evite excesso de álcool, cafeína e açúcar para diminuir a desidratação e controle seu ritmo em lugares elevados. Reserve um dia ou dois para acostumar-se com a altitude que muda gradualmente.

T

Telefones

Em tempos de telefonia celular, você vai ver poucos **telefones públicos** em saguões dos hotéis, restaurantes, farmácias, garagens, quiosques de beira de estrada, lojas de conveniência e em outros locais. O custo de uma ligação local de 3 minutos num telefone público varia de US$ 0,50 a 0,75; para ligações de longa distância ou minutos extras, o valor pode ser astronômico. Para fazer uma ligação de longa distância de um telefone público, use um **cartão telefônico pré-pago**, vendido em aeroportos, agências de correio e outros estabelecimentos comerciais, ou seu cartão de crédito, que pode ser usado em qualquer telefone: disque 800-CALLATT, digite o número do seu cartão de crédito e espere a conexão. Em muitas áreas, as chamadas locais mudaram para o sistema de dez dígitos, que utiliza o código de área. Preste atenção às taxas de conexão nos quartos dos hotéis mais sofisticados – é mais barato usar o telefone público do saguão. O mesmo acontece com conexões de internet de banda larga ou sem fio no seu quarto: muitos saguões de hotel e "centros de negócios" oferecem acesso sem fio gratuito, mas cobram por ele nos quartos dos hóspedes. Pergunte antes.

Ligações gratuitas

Quando estiver nos Estados Unidos, use os números gratuitos. Eles começam com 800, 888, 866 ou 877. É preciso discar 1 antes desses números.

Tarifas mais baratas

As tarifas de longa distância são mais baratas depois das 17h nos dias de semana, e o dia todo nos fins de semana. Muitos planos *Wi-fi* oferecem minutos ilimitados gratuitos no celular, nos fins de semana e entre 21h e 6h.

Números úteis

Telefonista: 0 (disque se estiver com algum problema na linha de qualquer telefone)
Lista local: 411
Lista de longa distância: 1 + código de área + 555-1212
Lista de números gratuitos: 800-555-1212

Códigos telefônicos

Talvez o uso do telefone seja maior nos Estados Unidos do que em qualquer outro país. No entanto, hoje, com a proliferação das linhas de fax, dos *modems* e celulares, o sistema está seriamente sobrecarregado. Para enfrentar essa demanda, o país tem sido forçado a dividir e subdividir seus códigos de área telefônicos – em alguns casos, a cada seis meses. Embora tenhamos nos empenhado para manter atualizados os prefixos telefônicos listados aqui, sempre é uma boa ideia verificar com o telefonista em caso de dúvida sobre um número.

V

Vistos e entrada no país

Os procedimentos de imigração e visitação podem mudar rapidamente dependendo das ameaças, possíveis e reais, à segurança. Verifique os *sites* listados aqui para obter informações atualizadas.

Para entrar nos Estados Unidos, os estrangeiros precisam de passaporte e muitos também precisam de um visto. Será solicitado um comprovante de que você tem a intenção de deixar o país ao final da sua visita (geralmente a passagem de retorno para o país de origem ou de saída para outro país).

Não precisa de visto o turista residente em um dos 27 países que participam do Visa Waiver Program (VWP) e cuja estadia nos Estados Unidos seja inferior a 90 dias. Contudo, é preciso fazer o registro no *site* do Electronic System for Travel Authorization [Sistema Eletrônico para Autorização de Viagem] (esta.cbp.dhs.gov), pelo menos 48 horas antes de viajar, e submeter informações pessoais e detalhes da viagem; o seu formulário pode ser aceito e será válido para várias visitas por 2 anos) ou você pode ser informado da necessidade de solicitar um visto.

Qualquer pessoa que queira ficar no país por mais de 90 dias deve solicitar um visto entrando em contato com a embaixada ou consulado dos Estados Unidos mais próximo. Prorrogações de visto podem ser obtidas nos Estados Unidos a partir dos escritórios do United States Immigration and Naturalization Service. Os formulários podem ser baixados no *site* [wwn1/travel.state.gov].

Para obter informações do Department of Homeland Security [Departamento de Segurança Interna], acesse dhs.gov/xtrvlsec.

HIV: Turistas portadores de HIV positivo não podem entrar no país pelo Visa Waiver Program e devem solicitar um visto. Para mais informações, acesse travel.state.gov.

Exigências quanto à vacinação

Acesse travel.state.gov para obter uma lista completa das exigências de imunização do país.

LEITURA COMPLEMENTAR

Geral

Basin and Range, In Suspect Terrain, Rising from the Plains, Annals of the Former World, and Assembling California, de John McPhee. Considerações sobre a geologia dos Estados Unidos e sobre o tempo que o autor passou com as pessoas que estudaram o assunto.
The Great Deluge: Hurricane Katrina, New Orleans, and the Mississippi Gulf Coast, de Douglas Brinkley. O historiador Brinkley, que mora em New Orleans e sobreviveu ao furacão, capta a experiência e a política da tempestade mortal.
Great Plains e **On the Rez**, de Ian Frazier. O primeiro é um sério relato de viagem do escritor do New Yorker sobre sua odisseia de 25 mil milhas através do centro histórico dos Estados Unidos. O segundo é o relato de vida sobre as modernas reservas dos nativos do oeste.
This House of Sky: Landscapes of a Western Mind, de Ivan Doig. As memórias de infância do romancista na vastidão de Montana das décadas de 1940 e 1950.
Writing New York e **Writing LA, Library of America**. Duas antologias soberbas, de ficção e não ficção, revelam as personalidades desses lugares vastos, complexos e tipicamente norte-americanos.

Ficção

The Border Trilogy, de Cormac McCarthy. O autor capta o sentimento da fronteira, dos vaqueiros machões e seu amor pelos cavalos.
Brokeback Mountain, de Annie Proulx [O segredo de Brokeback Mountain, trad. Adalgisa Campos da Silva]. Um conto comovente sobre o amor duradouro entre dois vaqueiros, que evoca o verdadeiro Oeste americano dos anos 1960, com prosa enxuta, personagens inquietantes e um autêntico espírito local.
Death Comes to the Archbishop, de Willa Cather [A morte vem buscar o arcebispo, trad. José Paulo Paes]. Baseado na vida do arcebispo Lamy, de Santa Fe, no século XIX, que trabalhou para "civilizar" a cidade.
The Friends of Eddie Coyle, de George Higgins [filme: Os amigos de Eddie Coyle]. Ambientado numa irmandade criminosa de Boston, este romance é celebrado pelos diálogos e pela autenticidade.

The Grapes of Wrath, de John Steinbeck [As vinhas da ira, trad. Herbert Caro e Ernesto Vinhaes]. Este romance clássico acompanha as experiências dos membros de uma família de Oklahoma como trabalhadores migrantes nos campos da Califórnia durante os anos de seca e tempestades de areia da Grande Depressão. Ainda atual.
Ernest Hemingway: muitos dos romances e contos de Hemingway foram escritos nos 10 anos em que ele viveu em Key West, mas To Have and Have Not [Ter e não ter, trad. Ênio Silveira] é o único ambientado na cidade (publicado em 1937). O livro **The Nick Adams Stories** [Os contos de Nick Adams] traz leitores aos diferentes refúgios de Hemingway, os bosques e os lagos do norte de Michigan, onde ele passava o verão na juventude.
Carl Hiassen: jornalista do Miami Herald, Hiassen escreve histórias de suspense cômicas ambientadas na Flórida, incluindo Native Tongue (1992), que faz piada com os parques temáticos.
Tony Hillerman: os romances do ex-jornalista sobre os policiais navajos, sargento Joe Leaphorn e detetive Jim Chee, fazem revelações sobre o povo navajo e sua enorme reserva.
Lake Wobegon Days, de Garrison Keillor [O lago das águas paradas, trad. Luzia Machado da Costa]. Histórias cheias de encanto sobre o cotidiano num vilarejo mítico de Minnesota, baseadas no popular programa de rádio Prairie Home Companion.
Lonesome Dove, de Larry McMurtry. A clássica evocação da vida em uma boiada do Texas.

Dê sua opinião

Fazemos de tudo para assegurar que as informações de nossos guias sejam o mais precisas e atualizadas possível. Os guias são atualizados regularmente usando contatos locais, mas alguns detalhes podem mudar, por isso contamos com o retorno de nossos leitores.
Pode ser que tenhamos recomendado um hotel de que você tenha gostado (e outro de que não tenha gostado) ou que você tenha descoberto uma nova atração que deixamos passar.
Daremos crédito a todas as contribuições que recebermos.

Tales of the City, de Armistead Maupin [Histórias de uma cidade, trad. Luciana Fernandes]. Uma série de histórias ambientadas na comunidade gay de San Francisco.

Na estrada

Blue Highways: A Journey into America, de William Least Heat Moon. Esta exploração da vida seguindo as blue highways (estradas traçadas no mapa com linhas azuis) ainda é uma leitura essencial sobre as viagens de carro.
The Lost Continent: Travels in Small Town America, de Bill Bryson. Um olhar extremamente engraçado sobre crescer no meio-oeste, escrito por um norte-americano que mora no Reino Unido.
North Country, de Howard Frank Mosher. O escritor de Vermont viaja a fronteira entre os Estados Unidos e Canadá, contando sobre pessoas e lugares.
On the Road, de Jack Kerouac [On the Road: Pé na estrada, trad. Eduardo Bueno]. História de uma viagem desenfreada, contado num jazz de ritmo sincopado, que capta o romance da estrada e dos estilos de vida loucos, movidos a estimulantes, dos poetas beatniks dos anos 1950.
Roadfood, de Jane e Michael Stern. Guia completo sobre os autênticos lugares para comer nos Estados Unidos, detalha centenas de restaurantes, churrascarias, sorveterias e outros lugares que não fazem parte de grandes redes.
Route 66 Adventure Handbook: Expanded Edition, de Drew Knowles. Um volume completo, com muito chame pessoal.
Route 66 Magazine, revista trimestral, PO Box 1.129, Port Richey, FL 34673-1129, tel.: 928-853-8148, www.route66magazine.com
Travels with Charley: In Search of America, de John Steinbeck [Viajando com Charley, trad. A.B. Pinheiro de Lemos]. Um livro clássico de viagem de carro, cujos personagens principais são um poodle e um vasto continente.

Outros Insight Guides

Os Insight Guides contemplam destinos de todo o mundo, trazendo informações sobre cultura e todas as principais atrações, além de uma belíssima fotografia. Entre os mais variados títulos estão os seguintes destinos: Argentina, Cuba, Espanha, Índia e Peru.

CRÉDITOS

(T = topo da página; M = meio da página; B = base da página; C = centro da página; D = direita; E = esquerda)

AL Gulf Coast CVB 254B
Alabama Tourism 253B, 254T, 255
Alamy 28, 32, 114, 116, 210, 245T, 261, 279B, 312, 369, 377, 383B
Alex Demyan/Apa Publications 258
Apa 119T, 128T, 257T, 259T, 308T, 347T
Arizona Tourism 311T
Arkansas Tourist Board 197, 198T, 198B, 199
Atlanta Tourism 245B, 249
AWL Images 7MD, 10/11, 12/13, 14/15, 142, 202, 366
Beauvoir, Richard Flowers 260
Bellingrath Gardens 257B
Bigstock 55, 62, 64, 66, 71, 77, 85B, 112, 143, 148T, 152, 167T, 252, 270T, 275, 356, 359B, 370, 373T, 376T, 381
Buffalo Bill Historical Center 154T
Busch Entertainment Corporation 88
Carol M. Highsmith/Library of Congress 230/231
Caroline Jones/Apa Publications 107T
Chris Gimmeson/Buffalo Bill Historical Center 154B
Chris Hollo/Hollo Photographics, Inc. 193
Corbis 26, 27, 41
Country Music Hall of Fame 194/195B
David Dunai/Apa Publications 1, 6/7T, 8B, 9B, 94/95, 122, 123, 140B, 140T, 141, 235, 236B, 236/237T, 237T, 318/319, 320, 321B, 322BD, 323T, 323B, 324, 325, 328, 329, 330T, 330B, 331, 332, 333B, 333T, 334B, 334T, 337T, 339, 340, 341, 342, 343T, 343B, 346, 347B, 348T, 348B, 349, 353, 355T, 355B, 357T, 357B, 362T, 362B, 371B, 386, 427B, 427T, 428, 432, 461
Dockside Guest Quarters 403
Dreamstime 21B, 52/53T, 59, 65B, 86, 93T, 109B, 110B, 113B, 119B, 127B, 130B, 135B, 146, 155, 156, 162, 163, 164, 165, 167B, 168, 169B, 170, 181T, 200, 201, 205, 206, 212, 213B, 251T, 253T, 296, 311B, 373B
East Bay Inn 398
Fotolia 65T, 149, 151, 231T, 265, 344, 359T
Galveston Historical Society 273B, 273T
Getty Images 19, 30E, 50, 68, 246, 363

Hilton 406
iStockphoto 6MD, 7BD, 7ME, 8T, 9T, 18, 40, 51B, 54, 57B, 57T, 58T, 60B, 61B, 63, 70B, 70T, 74B, 74T, 75, 76B, 78T, 79, 81, 83T, 83B, 84T, 84B, 89T, 91, 92B, 93B, 96/97, 99T, 100/101T, 105T, 106, 107B, 109T, 111, 113T, 125B, 126, 129, 131, 132, 133T, 133B, 134, 135T, 145T, 150B, 158T, 158B, 159, 160, 161, 171, 172/173T, 173B, 185, 186T, 187B, 218T, 222, 225T, 228T, 233, 237B, 238/239, 240/241, 242, 243T, 243B, 247, 259B, 263, 267, 268, 271, 272, 276, 278, 279T, 280, 283, 285, 288, 291T, 291B, 321T, 322/323T, 322BC, 327, 336/337B, 345, 358, 360, 361T, 361B, 367, 368, 371B, 374, 376B, 378, 379B, 379T
John McCarty 127T
Library of Congress 20D, 21T, 24/25, 38
Louisiana Office of Tourism 264, 269
Macon GA CVB 251B
Maid of the Mist 7BE, 121
Martyn Goddard 2/3, 61T, 69, 72T, 72B, 90B, 108, 110T, 128B, 153, 176/177, 179T, 187T, 289
Martyn Goddard/Apa Publications 4/5, 42/43, 229, 231B, 352, 364, 365, 384, 395
Mary Evans 23
Maryland Office of Tourism 60T
Matt H. Wade 118
Memphis Tourist Board 182, 183, 196B, 196T
Metropolitan Museum of Art 215T
Myrtle Beach SC Tourism 73
National Cowboy & Western Heritage Museum 208
National Park Service 270B
New Mexico Museum of Space History 290
New Mexico Tourism 281, 286B, 292T, 293, 294T, 295, 297
New Orleans TB 262
NY Public Library 30D, 31E, 31D
NYC & Company 52BE, 52BD
Oklahoma City 207
Oklahoma Tourism 203
Oregon Tourism 375
Paul Karr/Apa Publications 125T, 130T
Philadelphia Tourism 58B
Photoshot 115, 244B, 372

Robert Harding 117, 218B, 232, 256
Ronald Grant Archive 29
Route 66 Magazine 34, 35, 36, 37, 39
Route 66 Museum 209B
Rudioso Valley Chamber of Commerce 292B
San Antonio Tourism 284B
Savannah Tourism 78B
Seneca Lake 120
South Carolina Tourism 76T
South Dakota Tourism 136, 137, 138, 139, 145B, 147B, 147T, 148B, 150T
Team Nowitz/Apa Publications 6B, 6BE, 6ME, 6/7T, 17T, 44/45, 46/47, 51T, 53E, 53T, 80, 85T, 87, 89B, 90T, 98, 99B, 100B, 101B, 101T, 102, 103, 105B, 174/175, 178, 179B, 180/181T, 180B, 181B, 209T, 213T, 214, 215B, 216, 217, 219, 220, 221, 223B, 223T, 224, 225B, 226, 227T, 227B, 228B, 234, 298, 299, 300B, 300T, 301T, 301B, 302, 303, 304B, 304T, 305, 306, 307B, 307T, 308B, 309, 310, 313, 314, 315B, 315T, 316/317, 338, 350, 351D, 351E, 387, 389, 393, 394, 400, 408, 414, 415, 431, 436, 450, 463, 467
Tennessee Tourism 190B, 190T, 191, 192, 194T
Texas Tourism 211, 274B, 274T, 277B, 277T, 284T, 287
The Coca-Cola Company 244/245T
The Georgia Trust for Historic Preservation 250
The Kobal Collection 33
The National Archives UK 286T
Tim Thompson/Apa Publications 157, 172BD, 172MC, 173T, 383T
TopFoto 16, 17B, 20E, 22
Virginia Tourism Corporation 67, 186B, 188, 189
Visit Baton Rouge 266
Visit Florida 92/93T
Washington State Tourism 166, 169T, 380, 382
White Sands Missile Range 294B

© 2016 Martins Editora Livraria Ltda., São Paulo, para a presente edição.
© 2013 APA Publications (UK) – Ltd.
Esta obra foi originalmente publicada em inglês sob o título *Insight Guides United States On the Road*.

EDITORIAL INSIGHT GUIDES

Editor de projeto
Siân Lezard

Gerente da série
Carine Tracanelli

Editor de arte
Tom Smyth

Produção dos mapas
Original cartography Colourmap Scanning Ltd e Phoenix Mapping, atualizado por Apa Cartography Department

Produção
Tynan Dean, Linton Donaldson e Rebeka Ellam

EDITORIAL MARTINS FONTES – SELO MARTINS

Publisher
Evandro Mendonça Martins Fontes

Coordenação editorial
Vanessa Faleck

Produção editorial
Susana Leal

Tradução
Mônica Saddy Martins

Preparação
Andrea Vidal e Paula Passarelli

Revisão
Renata Sangeon e Julio de Mattos

Diagramação
Douglas Yoshida

Dados Internacionais de Catalogação na Publicação (CIP)
(Câmara Brasileira do Livro, SP, Brasil)

EUA: com os pés na estrada / Insight Guides; tradução Mônica Saddy Martins. – São Paulo: Martins Fontes – selo Martins, 2016.

Título original: United States on the Road.
ISBN 978-85-8063-278-1

1. Estados Unidos – Descrição e viagens – Guias 2. Viagens de automóvel 3. Viagens de automóvel – Estados Unidos – Guias I. Insight Guides.

16-04132   CDD-917.3

Índices para catálogo sistemático:
1. Estados Unidos: Guias de viagem 917.3

Todos os esforços foram feitos para creditar devidamente os detentores dos direitos autorais das imagens aqui reproduzidas. No caso de eventuais equívocos ou omissões inadvertidamente cometidos, nos prontificamos a corrigi-los em futuras edições.

Todos os direitos desta edição reservados à
Martins Editora Livraria Ltda.
Av Dr Arnaldo, 2076
01255-000 São Paulo SP Brasil
Tel.: (11) 3116 0000
info@emartinsfontes.com.br
www.emartinsfontes.com.br

ÍNDICE

A

Abbeville, LA 269
Aberdeen, WA 383
Acadiana, LA 266, 267
Acoma Sky City, NM 218
Adrian, TX 213
Afton, OK 204
agências e operadoras
 de turismo 461
Alabama 243, 251
Alamo, O, TX 282
Alamogordo, NM 291
Albion, CA 357
Albuquerque, NM 217
alfândega 461
Algodones Dunes, CA 312
All American Canal, CA 313
Alligator Alley, FL 88
Alpine, TX 288
Amarillo, TX 213
Amboy, CA 231
Amerind Foundation
 Museum, AZ 302
Amish 128
Amistad National Recreation
 Area, TX 285
Anchor Bay, CA 356
Annapolis, MD 62
Apache Junction, AZ 306
Apache Trail, AZ 306
Apaches 51, 179
Appalachian Trail 111
Arcadia, CA 235
Arcadia, OK 207
Arcata, CA 362
Arizona 179, 221, 243, 299
Arizona-Sonora Desert
 Museum, AZ 304
Arkansas 179, 197
Arlington, MA 103
Arlington, VT 113
Ascutney, VT 109
Ash Fork, AZ 227
Astoria, OR 379
Atchafalaya Swamp
 Freeway, LA 267
atividades 450
atividades ao ar livre 452
Atlanta, GA 243, 244, 247
Atmore, AL 255
Auburn, NY 118
Austin, TX 243, 275
Autry, Gene 31
Avenida dos gigantes, CA 359

B

Badlands, SD 99, 137
Badlands National Park, SD 138
Bahia Honda State Park, FL 91
Baía de St Louis, MS 261
Balboa Island, CA 332
Baltimore, MD 51, 60, 62
Bandera Volcano e
 Ice Cave, NM 219
Bandon, OR 370
banheiros públicos 461
Barstow, CA 232
Baton Rouge, LA 243, 266
Battenkill River, VT 112
Battle Rock, OR 369
Bayou La Batre, AL 258
Bayou Teche, LA 269
Bayport, FL 85
Beaufort, SC 77
Bellingrath Gardens and
 Home, AL 258
Benson, AZ 302
Bentonville, AR 201
Big Basin Park, CA 349
Big Bear, CA 234
Big Bear, lago, CA 235
Big Belt, montanhas, MT 161
Big Bend National Park, TX 243, 286
Big Creek Baldy Mountain,
 MT 165
Big Horn Basin, WY 154
Big Horn County Historical
 Museum, MT 153
Big Pine Key, FL 91
Big Sur, CA 321, 344
Big Sur Village, CA 345
Bighorn Canyon, MT 153
Bighorn Mountains, WY 150, 154
Billings Farm & Museum, VT 110
Biloxi, MS 259
Biltmore Estate, NC 189
Biosphere 2, AZ 305
Bisbee, AZ 243, 302
Bixby Bridge, CA 346
Black Hills, SD 137
Black Hills, SD/WY 99, 145
Black Hills National Forest,
 WY 149
Black Swamp, OH 126
Blackfeet Reservation, MT 164
Blue Earth, rio 135
Blue Ridge Parkway 179, 187
Blue Ridge Parkway, VA 67
Blyn, WA 169
Bodega Bay, CA 355
Bolinas, lagoa, CA 353
Bonita Canyon Drive, AZ 300
Bonners Ferry, ID 166
Boston, MA 99, 100, 103
Bozeman, MT 160
Bradenton, FL 88
Brandywine Valley 62
Bread Loaf, VT 112
Breaux Bridge, LA 268
Bridgewater Corners 111
Bristow, OK 207
Brocton, NY 124
Brookings-Harbor 367
Browning, MT 164
Brownsville, TN 197
Brunswick, GA 82
Buffalo, NY 120, 123
Buffalo, WY 151
Buffalo Bill Dam, WY 155
Buffalo Gap National
 Grassland, SD 139
Bullards Beach State Park,
 OR 370
Burma Shave 38
Busch Gardens, FL 87

C

Cabinet, montanhas, MT 166
Cabo Arago Beach Loop, OR 370
Cabo Blanco State Park, OR 369
Cabo Disappointment State
 Park & Lighthouse, WA 381
Cabo Flattery, WA 171
Cabo Foulweather, OR 374
Cabo Mears Lighthouse, OR 377
Cabo Mendocino Lighthouse,
 CA 361
Cabo Perpetua, OR 373
Cadillac Ranch, TX 213
Calico Archeological Site, CA 234
Calico Ghost Town, CA 233
Califórnia 179, 230, 312
Calistoga, CA 355
Cambria, CA 343
Cambridge, MA 103
Cambridge, NY 114
Camel Farm, AZ 312
Camillus, Y 118
Canandaigua, NY 119
Cannon Beach, OR 378
Canoe, AL 255
Canton, OH 126
Canyon, rio 307
Canyon Ferry, lago, MT 161
Capitola, CA 349
Carlsbad, CA 328

Carlsbad Caverns National Park, TX 290
Carmel, CA 347
Carolina do Norte 51, 69, 188
Carolina do Sul 51, 74
carona 461
Carver, George Washington 252
Cascade Head, OR 375
Castroville, CA 348
Castroville, TX 285
Catoosa, OK 205
Cave of the Mounds, WI 130
Cayucos, CA 343
Center Harbor, NH 107
Center of the World, CA 312
Chain O' Lakes State Park, IN 128
Chamizal National Memorial, TX 289
Chandler, OK 207
Channel Islands National Park, CA 339
Chapel Hill, NC 70, 72
Charleston, OR 370
Charleston, SC 75
Charlottesville, VA 66
Chattahoochee, rio 252
Cherokee, NC 190
Cherry Valley, NY 116
Chestnut Hill, TN 191
Chevalier, Michel 18, 23
Chevelon Canyon, AZ 223
Chicago, IL 35, 99, 129, 140
Chimney Rock State Park, NC 190
Chinook, WA 381
Chiricahua National Monument, AZ 300
Chiricahua, montanhas, AZ 299
Chisholm, trilha 210
Chisos Basin, TX 286
Chittenango, NY 117
Chloride, AZ 229
Circle Trail, MN 136
Citrus Tower, FL 85
Ciudad Acuña, México 285
Ciudad Juárez, México 288
Claremont, CA 235
Claremont, NH 109
Claremore, OK 205
Clark, William 24, 160, 161
Clearwater Beach, FL 87
Cleveland National Forest, CA 313
Cleveland, OH 125
clima 461
Cline's Corners, NM 217
Clinton, OK 210
Cloudcroft, NM 292
Cloverdale, OR 377
Cochise Stronghold, AZ 301
Cody, William F. (Buffalo Bill) 25, 152, 154

Cody, WY 154
Coeur d'Alene, ID 166
Coeur d'Alene, lago, ID 166
Colorado, planalto 299
Colorado, rio 230, 276, 299
Columbia, rio 168, 380
compras 454
Concord, MA 104
Confusion Hill, CA 359
Connecticut Valley 108
Connor Battlefield, WY 152
Coon Valley, WI 131
Cooper, James Fenimore 29
Cooperstown, NY 116
Coos Bay, OR 370
Coquille River Lighthouse, OR 370
Cordilheira das cascatas, WA 168
Cornish, ME 107
Corona del Mar, CA 332
correio 462
Cottonwood, SD 138
Coulee City, WA 168
Courtland, AZ 301
Crazy Horse Memorial, SD 147
Crescent City, CA 365
crianças 462
crime e segurança 462
Crockett, Davy 283
Cross Creek, FL 84
Crow Indian Reservation, MT 152
Cubero, NM 218
Cumberland Island, GA 83
Custer, George Armstrong 99, 145
Cuyahoga Valley, OH 126

D

Daggett, CA 232
Dakota do Sul 99, 135, 136, 143
Dallas, TX 276
Dana Point, CA 330
Dandridge, TN 191
Darien, GA 82
Dark Hollow Falls, VA 185
Dateland, AZ 306, 309
Davenport, CA 349
Davenport, OK 207
Davis Mountains State Park, TX 288
De Tocqueville, Alexis 18, 23
Deadwood, SD 148
Deadwood Trail, SD 137
Dean Creek Elk Viewing Area, OR 372
deficientes 462
Del Mar, CA 327
Del Norte Coast Redwoods State Park, CA 364

Del Rio, TX 285
Delaware, vale do rio, NJ 57
Deming, NM 296
Denver, CO 150
Depew, OK 207
Depoe Bay, OR 375
Desert View Tower, CA 313
Detroit, MI 127
Devils Tower, WY 150
Devil's Gulch, SD 136
Devil's Punchbowl, OR 374
Devil's Rope Museum, TX 212
dinheiro 463
Discovery Bay, WA 169
Disneylândia, CA 39, 334
Divisória Continental 99, 161, 163, 164, 243, 297
Dodgeville, WI 130
Dorset, VT 112
Dragoon Mountains, AZ 301
Dripping Springs, TX 278
Drive-Thru Tree, CA 360
Dungeness, WA 170
Dunkirk, NY 123
Durham, NC 70
Dylan, Bob 131

E

Ecola State Park, OR 379
Edison National Historic Site, NJ 55
Edison (Thomas) 55
Edmonds, WA 168
El Cajon, CA 313
El Centro, CA 313
El Malpais National Monument, NM 219
El Morro National Monument, NM 219
El Paso, TX 243, 288
El Reno, OK 209
eletricidade 463
Elk City, OK 211
Elk River Fish Hatchery, OR 369
Elk, CA 357
embaixadas e consulados 463
emergências 463
Enaville Resort, ID 167
Encinitas, CA 327
Endless Caverns, VA 186
Erick, OK 211
Erie, PA 124
Erie Canal, NY 99, 103, 114, 117
Esperance, NY 115
Essex, CA 231
estudantes 463
etiqueta 463
Eunice, LA 268
Eureka, CA 361
Everglades, FL 51, 89
Evergreen, AL 255

F

Fairlee, VT 110
Fayetteville, AR 200
Fayetteville, NC 72
feriados 465
Fern Canyon, CA 364
Ferndale, CA 360
festivais 450
Filadélfia, PA 51, 58
filmes de estrada 33
Finger Lakes, NY 117
Flagstaff, AZ 179, 223
Flathead Indian Reservation, MT 162
Flathead Lake, MT 163
Flathead National Forest, MT 163
Florence, OR 372
Flórida 51, 83
Florida Keys, FL 51, 90
Floyd, VA 187
Folklore Village, WI 130
Ford, Henry 26
Forks, WA 170
Fort Bliss Military Reservation, TX 289
Fort Bowie, AZ 300
Fort Bragg, CA 358
Fort Clatsop, OR 379
Fort Davis National Historic Site, TX 288
Fort De Soto Park, FL 87
Fort Herkimer Church, NY 116
Fort King George State Historic Site, GA 82
Fort Myers, FL 88
Fort Phil Kearny, WY 151
Fort Reno, OK 210
Fort Ross State Historic Park, CA 355
Fort Smith, AR 199
Fort Smith, MT 153
Fort Snelling, MN 133
Fort Stanton, NM 292
Fort Stevens State Park, OR 379
Fortuna, CA 360
Foss, OK 211
fotografia 464
Foyil, OK 204
Fredericksburg, TX 279
Fredericksburg, VA 63
Fredonia, NY 124
Front Royal, VA 184
Frost, Robert 112
Fry, Stephen 31
fumantes 464
fusos horários 466

G

Gainesville, FL 84
Gallatin National Forest, MT 159
Gallup, NM 219
Galveston, TX 243, 272
Garberville, CA 359
Gardiner, OR 372
Garibaldi, OR 378
Garretson, SD 136
Garvan Woodland Gardens, AR 199
Gasquet, CA 365
Gatlinburg, TN 191
Gaviota State Park, CA 341
gays e lésbicas 464
Geary, OK 210
Geneva, NY 118
George Washington National Forest, VA 67
Georgetown, SC 75
Geórgia 51, 77, 81, 243, 247
Gila Bend, AZ 308
Gila Cliff Dwellings National Monument, NM 297
Gillette, WY 150
Glacier National Park, MT 157, 163
Gleeson, AZ 301
Glendora, CA 235
Glenmont, NJ 56
Gloucester, MA 105
Goffs, CA 231
Going to the Sun Road, MT 163
Gold Beach, OR 369
Golden and Silver Falls State Natural Area, OR 370
Golden Bluffs Beach, CA 364
Goldfield Ghost Town, AZ 306
Goldroad, AZ 229
Golfo do México, FL 51, 85
Gorham, ME 107
gorjeta 463
Gorman, Dave 31
Graceland, TN 196
Grand Canyon, AZ 39, 179, 226
Grand Chenier, LA 270
Grand Coulee Dam, WA 168
Grandes Lagos 99, 123
Grant, Richard 30
Grants, NM 218
Gray Whale Cove State Beach, CA 349
Grayland, WA 383
Great Plains, MT 157
Great River Road, MN 132
Great Smoky Mountains National Park, NC 179, 190
Green Gulch Farm Zen Center, CA 353
Green Mountain National Forest, VT 112
Greensboro, NC 70
Groom, TX 212
Gros Ventre Range, WY 159
Guadalupe Mountains National Park, TX 290
Guadalupe, CA 342
Gualala, CA 356
guarda-volumes 464
Gulf Islands National Seashore, MS 259
Gulfport, MS 261
Guthrie, Woody 32

H

Half Moon Bay, CA 349
Hamburg, NY 123
Hanging Garden Trail, MT 163
Hanover, NH 109
Harris Beach State Park, OR 368
Harris Neck National Wildlife Refuge, GA 82
Hawthorne, Nathaniel 29, 105
Haystack Rock, OR 378
Hearst Castle, CA 321, 343
Heart Mountain, WY 154
Heat-Moon, William Least 30
Heceta Head, farol, OR 372
Helena, MT 161
Hemingway, Ernest 91
Hermitage, TN 192
Hermosa Beach, CA 335
Hiawatha Lake, MN 136
Hickory Nut Falls, NC 190
High Island, TX 272
Highline Trail, MT 163
Hildene, VT 113
Hofwyl-Broadfield Plantation, GA 82
Hoh, vale do rio, WA 170
Holbrook, AZ 221
Hole-in-the-Wall, WY 149
Holly Beach, LA 270
Homestake Gold Mine, SD 148
Homolovi Ruins State Park, AZ 222
Hondo, TX 285
horários de funcionamento 464
hospedagem 394
Hot Springs, AR 198
House on the Rock, WI 130
Houston, TX 243, 274, 275
Hudson, vale, NY 113
Hudson River 114
Humboldt Bay National Wildlife Refuge, CA 361
Humboldt Redwoods State Prk 360
Humbug Mountain, OR 369
Hungry Horse, MT 163
Huntington Beach, CA 332
Hydro, OK 210

ÍNDICE ◆ 475

I

Idaho 99, 166
Ilion, NY 116
Ilwaco, WA 381
Imperial Sand Dunes Recreation Area, CA 312
Imperial Valley, CA 312
impostos 465
Independence National Historical Park, PA 58
Indian Museum of North America, SD 147
Indiana 127
informações turísticas 465
internet e *sites* 466
Intracoastal Waterway, LA 271
Inverness, CA 354
Iron Mountain Road, SD 145

J

Jackson, Andrew 192
Jackson, Dan 31
Jackson, Thomas J. (Stonewall) 183, 186
Jackson, TN 195
Jackson, WY 159
Jackson Hole, WY 159
Jacksonville, FL 83
Jacumba, CA 313
Jarrell Plantation State Historic Site, GA 250
Jasper, MN 136
Jean Lafitte Scenic Byway, LA 269
Jedediah Smith Redwoods State Park, CA 365
Jefferson, Thomas 24, 65
Jenner, CA 355
Jerome, AZ 225
Jewel, caverna, SD 147
John Pennekamp Coral Reef State Park, FL 90
Johnson, Lyndon Baines 278
Johnson, Robert 32
Johnson City, TX 278
Johnson Estate Winery, PA 124
Joplin, MI 201
Joseph City, AZ 222
Julia Pfeiffer Burns State Park, CA 345
Juliette, GA 250

K

Kalispell, MT 163
Kartchner Caverns State Park, AZ 302
Kelleys Island, OH 126
Kellyville, OK 207
Kennebunk, ME 106

Kennebunkport, ME 106
Kennedy Space Center, FL 86
Kerouac, Jack 30
Kettle Moraine State Forest, WI 129
Key Largo, FL 90
Key West, FL 91
Killington, VT 111
King Jr., Martin Luther 252, 254
King Range National Conservation Area, CA 359
Kingman, AZ 229
Kingston, ID 167
Kingston, WA 168
Kissing Rock, OR 368
Klamath, CA 364
Knippa, TX 285
Knoxville, TN 179, 191
Kootenai Falls, MT 166
Kootenai National Forest, MT 165

L

La Jolla, CA 325
La Luz, NM 292
La Mesa, CA 313
La Mesilla, NM 295
La Push, WA 170
La Verne, CA 235
Lafayette, LA 268
Lago Arcadia, OK 207
Lago Arrowhead, CA 234
Lago Calcasieu, LA 270
Lago Erie 123
Lago Erie State Park, NY 124
Lago Geneva, WI 129
Lago Michigan 99
Lago Pend d'Oreille, ID 166
Lago Pontchartrain Causeway, LA 261, 265
Lago Sunapee, NH 108
Lago Superior 133
Lago Winnipesaukee, NH 107
Laguna Beach, CA 331
Laguna Pueblo, NM 218
Lajitas, TX 287
Lambertville, NJ 57
Langlois, OR 370
Langtry, TX 286
Las Cruces, NM 294
Las Vegas, NV 230
Le Sueur, MN 135
Lead, SD 147
Leadbetter Point State Park, WA 382
Leatherstocking District, NY 115
Leavenworth, WA 168
Lee, Robert E. 183, 187
Left Hand Spring Camp, OK 210
Leggett, CA 359
Legoland California, CA 328

leitura complementar 469
Leo Carrillo, CA 339
Lewis & Clark, expedição 17, 24, 161, 379, 381
Lewis e Clark National Historical Park, OR 379
Lewis Rock, MT 161
Lewis, Meriwether 24, 161
Lexington, MA 103
Lexington, VA 186
Ligonier, IN 128
Limberlost State Historic Site, IN 127
Lincoln City, OR 375
Little Bighorn Battlefield, MT 153
Little Falls, NY 116
Little Norway, WI 130
Little Rock, AR 179, 197
Little White House State Park, GA 251
Live Oak Springs, CA 313
Livingston, MT 160
Lockport, NY 120
Loleta, CA 360
Lompoc, CA 341
Long Beach, CA 333
Long Beach, MS 261
Long Beach, WA 382
Long Key State Park, FL 90
Long Trail, VT 111
Longfellow, Henry Wadsworth 269
Looe Key, FL 91
Lordsburg, NM 297
Loretta Lynn's Ranch, TN 195
Los Angeles, CA 179, 235, 236, 335
Los Padres National Forest, CA 345
Louisiana 243, 261, 265
Lovell, WY 154
Luckenbach, TX 279
Ludlow, CA 232
Luray, cavernas, VA 186

M

Macon, GA 243, 247, 249
Madison, WI 130
Maine 99, 106
Makah Indian Nation, WA 171
Malbis, AL 256
Malibu, CA 339
Mammoth Hot Springs, WY 158
Manassas National Battlefield Park, VA 183
Manchester, VT 112
Mandeville, LA 265
Manhattan Beach, CA 336
Mankato, MN 135
Manzanita, OR 378

ÍNDICE

mapas 466
Marathon, FL 91
Marathon, TX 286
Marblehead, farol, OH 126
Marfa, TX 287
Marias Pass, MT 165
Marina del Rey, CA 335
Marsh-Billings-Rockefeller National Historical Park, VT 111
Marshes of Glynn, GA 83
Maryland 62
Massachusetts 103
Massai Point, AZ 300
McDonald, riacho, MT 163
McDonald Observatory, TX 288
McKinleyville, CA 363
McLean, TX 212
Medicine Wheel, WY 154
Medina, NY 120
Melville, Herman 29
Memphis, TN 196, 197
Mendocino, CA 357
Mendonoma, CA 356
Meredith, NH 107
Mesa, AZ 307
Mescalero Apache Indian Reservation, NM 293
Meteor Crater, AZ 223
Miami, FL 51, 90, 92
Miami, OK 204
Micanopy, FL 84
Miccosukee Indian Village/Resort, FL 89
Middlebury, VT 112
mídia 466
Midway, GA 81
Minneapolis, MN 99, 132
Minnesota 99, 132
Minnesota State Fair, MN 134
Minute Man National Historical Park, MA 104
Misery Bay, PA 124
Mission Bay, CA 325
Mission San Antonio de Pala, CA 329
Mission San Juan Capistrano, CA 321, 330
Mission San Xavier del Bac, AZ 304
Mission Trail, AZ 304
Mississippi 243, 256
Mississippi River 99, 131, 133, 135, 197, 200
Missoula, MT 162
Missouri 201
Missouri, rio 135
Mitchell, SD 137
Mobile, AL 243, 256
Mohawk, NY 116
Mojave Desert, CA 179, 232, 243, 312

Monroe, James 64
Monrovia, CA 235
Montana 99, 149, 152, 159
Montana de Oro State Park, CA 342
Monterey, CA 348
Montgomery, AL 243, 253
Monticello, VA 65
Montshire Museum of Science, VT 109
Monument Valley, AZ 223
Moonshine Beach, CA 363
Moorcroft, WY 150
Moriarty, NM 217
mórmons 119, 165
Morristown, NJ 56
Morro Bay, CA 342
Mount Airy, NC 69, 188
Mount Equinox, VT 113
Mount Horeb, WI 130
Mount Magazine State Park, AR 199
Mount Moriah Cemetery, SD 148
Mount Rushmore National Memorial, SD 146
Mount Tamalpais State Park, CA 353
Mount Washington, NH 107
Muir Woods National Monument, CA 353
Mule Mountains, AZ 302
mulheres em viagem 467
Muscle Beach, CA 336
Museum of Appalachia, TN 192
Myers Flat, CA 360
Myrtle Beach, SC 74

N

Nahcotta, WA 382
Napa, vale do, CA 354
Naples, CA 333
Naples, FL 88
Nappanee, IN 128
Nashville, NC 190
Nashville, TN 179, 193
National Bison Range, MT 162
National Bottle Museum, NY 114
National Elk Refuge, WY 159
National Solar Observatory and Apache Point Observatory, NM 292
Natural Bridge, VA 67
Navajo Nation, NM 219
Neah Bay, WA 171
Needles, CA 231
Needles Highway, SD 147
Nesika Beach, OR 369
Neskowin, OR 377
New Hampshire 105, 107
New Hope, PA 57
New Jersey 55

New London, NH 108
New Market, VA 186
New Orleans, LA 243, 261, 262
New Prague, MN 135
Newberry Springs, CA 232
Newport, NH 108
Newport, OR 373
Newport Beach, CA 332
Niagara Falls, NY 120
No Name Key, FL 91
Nogales, AZ 304
Norris Dam, TN 192
Norskedalen, WI 131
North Bend, OR 371
North East, PA 124
Northwest School of Wooden Boatbuilding, WA 169
Norwich, VT 109
Nova Inglaterra 99
Nova York (cidade) 51, 55
Nova York (cidade), NY 52
Nova York (estado) 113
Novo México 179, 213, 243, 290
Noyo Harbor, CA 358

O

Oak Creek Canyon, AZ 224
Oak Ridge, TN 192
Oatman, AZ 229
objetos perdidos 467
Ocala, FL 85
Ocean Springs, MS 259
Oceanside, CA 328
Ocmulgee National Monument, GA 250
Ocotillo, CA 313
Ohio 125
Ojai, CA 340
Ojinaga, México 287
Oklahoma 179, 203
Oklahoma City, OK 179, 208
Oklahoma Route 66 Museum, OK 210
Old Faithful, WY 158
Old Salem, NC 188
Oliver M. Lee Memorial State Park, NM 291
Olympia, WA 383
Olympic Mountains, WA 168
Olympic National Forest, WA 169
Olympic National Park, WA 170
Olympic Peninsula, WA 99, 168
onde comer 427
Oneida, NY 117
Opelousas, LA 268
Open Cut, SD 148
Oracle, AZ 305
Oregon 365, 367
Oregon Dunes National Recreation Area, OR 371
Oregon Trail 24

Organ Pipe Cactus National Monument, AZ 304
Orick, CA 364
Orlando, FL 51, 85, 86
Orondo, WA 168
Oswald West State Park, OR 378
Outer Banks, NC 71
Oysterville, WA 382

P

Pacific Coast Highway 321, 339, 353
Painted Desert, AZ 39
Painted Desert Inn National Historic Landmark, AZ 221
Palmyra, NY 119
Palo Duro Canyon State Park, TX 213
Palos Verdes, CA 335
Paris, TN 195
Parks, AZ 225
parques nacionais 453
Pascagoula, MS 258
Paso Robles, CA 343
Pass Christian, MS 261
Pass-a-Grille Beach, FL 87
Patrick's Point State Park, CA 363
Pawlet, VT 112
Paynes Prairie State Preserve, FL 84
Peach Springs, AZ 228
Pearce, AZ 301
Pebble Beach, CA 347
Peloncillo Mountains AZ 299
Península Balboa, CA 331
Península Bolivar, TX 272
Pensilvânia 58, 124
Pepin, WI 132
Perdido, AL 255
pesos e medidas 467
Petaluma, CA 354
Petrified Forest National Park, AZ 179, 221
Petrolia, CA 359
Pfeiffer Big Sur State Park, CA 345
Phillipsville, CA 359
Phoenix, AZ 243, 307, 314
Picacho Peak, AZ 306
Piedmont National Wildlife Refuge, GA 250
Piedmont Plateau, VA 185
Piedras Blancas, CA 344
Pierre, SD 137
Pierson, George F. 26
Pigeon Forge, TN 191
Pigeon Point, farol, CA 349
Pinal Pioneer Parkway, AZ 306

Pine Ridge Indian Reservation, SD 139, 143
Pipestone, MN 135
Pismo State Beach, CA 342
Poarch Creek Indian Reservation, AL 255
Poe, Edgar Allan 29
Point Arena, farol, CA 356
Point Dume, CA 339
Point Lobos State Natural Reserve, CA 347
Point Reyes National Seashore, CA 353
Polson, MT 163
ponto mais meridional, FL 91
Pony Express 25, 222
Port Angeles, WA 170
Port Bolivar (balsa), TX 272
Port Gamble, WA 169
Port Orford, OR 369
Port Townsend, WA 169
Portland, ME 106
Portland, OR 321, 378
Portland, WA 376
Portsmouth, NH 105
Prairie Creek Redwoods State Park, CA 364
preço dos ingressos 467
Prehistoric Gardens, OR 369
President Calvin Coolidge State Historic Site, VT 111
Presidio, TX 287
Presley, Elvis 196, 200
Presque Isle, PA 125
Princeton, NJ 57

Q

Quapaw, OK 203
Quartzsite, AZ 308
Quechee, VT 109
Quechee Gorge, VT 110
Queen Mine Tour, AZ 302
Quilayute Indian Reservation, WA 170
Quinault Rainforest, WA 171

R

Rainbow Basin, CA 233
Raleigh, NC 71
Ranchester, WY 152
Rancho Cucamonga, CA 235
Ranger Peak, TX 289
Rapid City, SD 144
Rattlesnake Mountain, WY 155
Raymond, WA 382
Red Wing, MN 132
Redondo Beach, CA 335
Redwood National Park, CA 364
Reedsport, OR 372
religião 468

Rendezvous Mountain, WY 159
restaurantes 427
restrições de idade 468
Revere, Paul 104
Richfield Springs, NY 116
Richland Center, WI 131
Richmond, VA 64
Rim of the World Drive, CA 234
Rio Grande 243, 284, 285
Ripton, VT 112
River Road, TX 287
Roanoke, VA 67, 187
Robert Frost Interpretive Trail, VT 112
Rochester, NY 119
rochosas, montanhas 99, 161
Rockaway Beach, OR 378
Rockfish Gap, VA 186
Rogers, Roy 31
Rome, NY 117
Roosevelt, Franklin D. 251
Roosevelt, lago, AZ 307
Route 66 35, 179, 201, 203
Rowlatt, Justin 31
Ruby Beach, WA 171
Ruidoso, NM 293
Ruskin, FL 88
Rye Beach, NH 105

S

Sabine National Wildlife Refuge, LA 271
Saguaro National Park, AZ 303
Salem, MA 105
Salinas, CA 348
Salmon Harbor, OR 372
Salt Lake City, UT 165
Salt Point State Park, CA 356
Samuel H. Boardman State Scenic Corridor, OR 367
San Antonio, TX 243, 271, 279, 281
San Antonio Missions National Historical Park, TX 283
San Augustine Pass, NM 294
San Bernardino, CA 234
San Bernardino National Forest, CA 234
San Clemente, CA 329
San Diego, CA 243, 313, 321, 322, 325
San Dimas, CA 235
San Francisco, CA 349, 353
San Luis Obispo, CA 342
San Pedro, CA 334
San Simeon, CA 343
Sandpoint, ID 166
Sanford, NC 72
Sanibel Island, FL 88
Santa Barbara, CA 340
Santa Catalina Island, CA 329

Santa Cruz, CA 349
Santa Fe, NM 179, 215
Santa Monica, CA 35, 337
Santa Rosa, NM 214
Sappho, WA 170
Sapulpa, OK 206
Sarasota, FL 88
Saratoga National Historical Park, NY 114
Saratoga Springs, NY 114
Sausalito, CA 353
Savannah, GA 77, 78, 247
Savoy, SD 149
Sayre, OK 211
saúde e atendimento médico 468
Scenic, SD 143
Schama, Simon 31
Schenectady, NY 114
Schoharie, NY 115
Scott Creek, CA 349
Sea Island, GA 83
Sea Lion, cavernas, OR 372
Seal Beach, CA 333
Seaside, OR 379
Seattle, WA 99, 168, 172, 321, 383
Second Gallatin City, MT 161
Sedona, AZ 225
segurança 462
Seligman, AZ 227
Seneca, lago, NY 118
Seneca Falls, NY 118
Sequim, WA 169
Seven Mile Bridge, FL 91
Seventeen-Mile Drive, CA 347
Shakespeare, NM 297
Shamrock, TX 212
Shark Valley, FL 90
Shenandoah, cavernas, VA 186
Shenandoah National Park, VA 184
Shenandoah Valley, VA 184
Sheridan, WY 151
Shi-Shi Beach, WA 171
Shore Acres State Park, OR 370
Shoshone Canyon, WY 155
Shoshone National Forest, WY 155
Silver City, NM 296
Silver Creek, NY 123
Sinkyone Wilderness State Park, CA 359
Sioux Falls, SD 137
Siskiyou Coast, OR 367
Sitgreaves Pass, AZ 229
Skyline, cavernas, VA 186
Siuslaw National Forest, OR 377
Skyline Drive 179, 184, 185
Smith, Joseph 119
Snake, rio 159
Snoqualmie National Forest, WA 168
Solana Beach, CA 327

Sonnenberg Gardens, NY 119
Sonoma, CA 354
Sonoma Coast State Beach, CA 355
Sonora, deserto 299
Sonora, deserto, AZ 303
South Bend, WA 382
Spearfish Canyon, SD 148
Spinreel, OR 371
Split Rock Creek, SD 136
Spokane, WA 167
Spouting Horns, OR 375
Springsteen, Bruce 32
St Anthony Falls, MN 133
St Augustine, FL 51, 84
St Helena, CA 355
St Ignatius, MT 162
St Martinville, LA 269
St Mary, MT 164
St Paul, MN 99, 132
St Simons Island, GA 83
Staunton, VA 186
Steinbeck, John 26, 29, 37, 203
Stewarts Point, CA 356
Stinson Beach, CA 353
Stockbridge, VT 112
Stone Mountain Park, GA 248
Stroud, OK 207
Sugarloaf Key, FL 91
Summit Inn, CA 234
Sundance, WY 149
Sunset Beach, CA 333
Superstitious Mountains, AZ 305, 306
Sycamore Inn, CA 235
Syracuse, NY 117

T

Taliesin, WI 131
Tamiami Canal, FL 88
Tampa, FL 51, 87
Tarpon Springs, FL 87
telefones 468
Tempe, AZ 307
Tennessee 179, 190
Território Cajun, LA 265
Teton Range, WY 159
Texas 179, 212, 243, 271
Texas Hill Country Trail 278
Texola, OK 211
Theodore, AL 258
Theodore Roosevelt Dam, AZ 306
Thomas Creek Bridge, OR 368
Thoreau, Henry 104
Three Capes Scenic Drive, OR 377
Three Forks, MT 161
Three Rivers Petroglyph Site, NM 291

Tigua Indian Reservation, TX 289
Tillamook, OR 377
Tillamook Lighthouse, OR 377
Titan Missile Museum, AZ 305
Toledo, OH 126
Tombstone, AZ 243, 301
Tonto National Forest, AZ 306
Tonto National Monument, AZ 307
Topeka, IN 128
Topock, AZ 230
Torrey Pines Scenic Drive, CA 326
Torrey Pines State Reserve & Beach 326
Tortilla Flat, AZ 307
Townsend, MT 161
Trans-Pecos Texas, TX 281
transporte 386
transporte, revolução no 23
Trenton, NJ 58
Trinidad, CA 363
Trinity Site National Historic Landmark, NM 294
Troup, Bobby 37, 40
Troy, MT 166
Tubac, AZ 305
Tucson, AZ 243, 303
Tucumcari, NM 214
Tulsa, OK 205
Tumacácori National Historical Park, AZ 304
Tuskegee, AL 252
Twain, Mark 25, 29, 30, 39
Two Guns, AZ 223

U

Umpqua Bay, OR 371
Universal Orlando Resort, FL 86
Utica, NY 116
Uvalde, TX 285

V

Valparaiso, IN 129
Van Damme State Park, CA 357
Van Horn, TX 288
Vega, TX 37, 213
Venice, CA 336
Venice, FL 88
Ventura, CA 339
Vermont 109
Vermont Institute of Natural Science, VT 110
Victorville, CA 234
Vinita, OK 204
Virginia 51, 63, 179, 183
vistos 468

ÍNDICE ◆ 479

W

Waddell Creek, CA 349
Walden Pond State Reservation, MA 104
Waldport, OR 373
Wall Drug, SD 144
Walnut Canyon National Monument, AZ 223
Walt Disney World, FL 86
Warm Springs, GA 251
Warner, Charles Dudley 25
Washington Crossing State Park, NJ 58
Washington (estado) 99, 167, 381
Washington, Booker T. 252
Washington, D.C. 63, 179, 180, 183
Washington, George 64, 181
Waterbury, VT 112
Waterloo, NY 118
Weatherford, OK 210
Wedding Rock, CA 363
Weeki Wachee, FL 85
Wells National Estuarine Reserve, ME 106
Wenatchee National Forest, WA 168
West Woodstock, VT 110
Westfield, NY 124
Westport, CA 358
Westville, IN 128
Wheeler, OR 378
White Sands Missile Range, NM 291
White Sands National Monument, NM 293
Whitman, Walt 29
Wilder, Laura Ingalls 132, 137
Willapa Bay Interpretive Center, WA 382
Williams, AZ 225
Williams, Hank 31
Williamsburg, VA 66
Wilmington, NC 73
Wilson, Woodrow 26
Wind Cave, SD 147
Window Rock, NM 219
Windsor, VT 109
Winnewissa Falls, MN 136
Winona, AZ 223
Winslow, AZ 222
Winston-Salem, NC 69, 188
Winterhaven, CA 312
Wisconsin 129
Woodstock, VT 110
Wounded Knee, SD 143
Wounded Knee, WY 99
Wyoming 99, 149

Y

Yachats, OR 373
Yaquina Head Outstanding Natural Area & Lighthouse, OR 374
Ybor City, FL 87
Yellowstone National Park, WY 155, 157
York, ME 106
Ysleta Mission, TX 289
Yukon, OK 209
Yulee, FL 83
Yuma, AZ 309
Yuma, deserto, CA 313

Z

Ziolkowski, Korczak 147
Zuma, CA 339
Zuni, NM 219

Rota do Atlântico

	Nova York, NY	Baltimore, MD	Roanoke, VA	Savannah, GA	Orlando, FL	Miami, FL	Key West, FL
New York, NY		202	543	811	1.170	1.597	1.761
Baltimore, MD	202		341	609	968	1.395	1.559
Roanoke, VA	543	341		268	627	1.054	1.218
Savannah, GA	811	609	268		359	786	960
Orlando, FL	1.170	968	627	359		427	591
Miami, FL	1.597	1.395	1.054	786	427		164
Key West, FL	1.761	1.559	1.218	960	591	164	

Rota Central

	Washington, D.C.	Memphis, TN	Joplin, MO	Amarillo, TX	Gallup, NM	Flagstaff, AZ	Los Angeles, CA
Washington, D.C.		940	1.371	1.850	2.270	2.452	2.922
Memphis, TN	940		431	910	1.330	1.512	1.982
Joplin, MO	1.371	431		479	899	1.081	1.551
Amarillo, TX	1.850	910	479		420	602	1.072
Gallup, NM	2.270	1.330	899	420		182	652
Flagstaff, AZ	2.452	1.512	1.081	602	182		470
Los Angeles, CA	2.922	1.982	1.551	1.072	652	470	

Rota Norte

	Boston, MA	Buffalo, NY	Chicago, IL	Pierre, SD	Cody, WY	Seattle, WA	Cape Flattery, WA
Boston, MA		872	1.419	2.309	2.891	3.961	4.095
Buffalo, NY	872		547	1.437	2.019	3.089	3.223
Chicago, IL	1.419	547		890	1.472	2.542	2.676
Pierre, SD	2.309	1.437	890		582	1.652	1.786
Cody, WY	2.891	2.019	1.472	582		1.070	1.204
Seattle, WA	3.961	3.089	2.542	1.652	1.070		134
Cape Flattery, WA	4.095	3.223	2.676	1.786	1.204	134	

Rota Sul

	Atlanta, GA	New Orleans, LA	Houston, TX	San Antonio, TX	Lordsburg, NM	Phoenix, AZ	San Diego, CA
Atlanta, GA		473	825	1.070	1.989	2.213	2.572
New Orleans, LA	473		352	597	1.516	1.740	2.099
Houston, TX	825	352		245	1.164	1.388	1.747
San Antonio, TX	1.070	597	245		919	1.143	1.502
Lordsburg, NM	1.989	1.516	1.164	919		224	583
Phoenix, AZ	2.213	1.740	1.388	1.143	224		359
San Diego, CA	2.572	2.099	1.747	1.502	583	359	

Rota do Pacífico

	San Diego, CA	Los Angeles, CA	San Francisco, CA	Eureka, CA	Crescent, OR	Newport, OR	Seattle, WA
San Diego, CA		124	504	785	867	1.108	1.399
Los Angeles, CA	124		380	661	743	984	1.275
San Francisco, CA	504	380		281	363	604	895
Eureka, CA	785	661	281		82	323	614
Crescent, OR	867	743	363	82		241	532
Newport, OR	1.108	984	604	323	241		291
Seattle, WA	1.399	1.275	895	614	532	291	

Rota do Atlântico
Nova York (NY) – Key West (FL)

Rota Norte
Boston (MA) – Cape Flattery (WA)

Rota Central
Washington, D.C. – Los Angeles (CA)

Rota Sul
Atlanta (GA) – San Diego (CA)

Rota do Pacífico
San Diego (CA) – Seattle (WA)

Todas as distâncias em milhas (1 mi = 1.609 km).